Unserem unermüdlichen
Max in alter Verbundenheit

Rudi Strametz
(Dr. Rudi Strametz)

MARTIN WUTTE
KÄRNTENS FREIHEITSKAMPF 1918—1920

ARCHIV FÜR VATERLÄNDISCHE GESCHICHTE UND TOPOGRAPHIE

Herausgegeben vom Geschichtsverein für Kärnten
Geleitet von Wilhelm Neumann

69. BAND

KLAGENFURT 1985
VERLAG DES GESCHICHTSVEREINES
FÜR KÄRNTEN

KÄRNTENS FREIHEITSKAMPF 1918–1920

von
Dr. phil. und Dr. jur. h. c. Martin WUTTE

Verbesserter Neudruck der zweiten umgearbeiteten
und vermehrten Auflage von 1943

KLAGENFURT 1985
VERLAG DES GESCHICHTSVEREINES
FÜR KÄRNTEN

ISBN 3-85454-043-4

© Alle Rechte bei Geschichtsverein für Kärnten, Klagenfurt, Museumgasse 2
Gesamtherstellung: Ploetz GmbH, Wolfsberg

VORWORT ZUR NEUAUFLAGE

Der Geschichtsverein für Kärnten legt 65 Jahre nach der Volksabstimmung vom 10. Oktober 1920 Martin Wuttes Arbeit über diese für unsere Heimat schicksalhafte Zeit neu auf.

Dafür gibt es mehrere Gründe: Wuttes Arbeit erschien mitten im Zweiten Weltkrieg und erreichte damals nur einen kleinen Teil interessierter Leser. Nach dem Krieg war dieses Werk nur unter besonders glücklichen Umständen über das Antiquariatswesen greifbar. Nach wie vor gelten aber die Untersuchungen Wuttes unter Fachleuten als das wissenschaftlich bedeutendste Werk über den Abwehrkampf und seine Folgen. Wir sind daher der Meinung, daß diese Arbeit in einer Zeit, da nur mehr wenige Augenzeugen der Ereignisse von 1918—1920 am Leben sind, einem möglichst großen Leserkreis zugänglich gemacht werden soll.

Gleichzeitig ist diese Wiederauflage ein später Dank des Geschichtsvereins für Kärnten an Martin Wutte, der für die Landesgeschichte unendlich viel geleistet hat.

Zu danken haben wir auch den Erben des Verfassers, die in uneigennütziger Weise dem Geschichtsverein die Urheberrechte überlassen haben.

Der Vorstand des Geschichtsvereines für Kärnten:

Dr. Johann Lessiak
Direktor

Dr. Valentin Einspieler
Sekretär

Hans Jordan
Kassier

Arthur Lemisch

Kärntens Landesverweser
in schwerster Zeit
gewidmet

INHALT

Vorwort zur ersten Auflage	XI
Aus dem Vorwort zur zweiten Auflage	XIII
Einleitung zur Neuauflage: Martin Wutte. Sein Leben und seine Leistung für Kärnten (Wilhelm Neumann)	XV
Ehrungen Martin Wuttes	XXIV

VORGESCHICHTE

I. Natur und völkische Entwicklung 3

II. Die slowenisch-nationale Frage in Kärnten bis zur Entstehung der großserbischen Bewegung (1848—1903) 19
   1. Die Anfänge der slowenisch-nationalen Bewegung in den Jahren 1848 und 1849. — 2. Ruhe nach dem Sturm. — 3. Neue Kämpfe.

III. Kärnten und der deutsche Einheitsgedanke 39

IV. Die Slowenen und die südslawische Bewegung vor dem Weltkrieg (1903—1914) 43

V. Die südslawische Bewegung während des Weltkrieges (1914—1918) ... 48
   1. Der jugoslawische Ausschuß in London. — 2. Verhalten der österreichischen Südslawen und ihrer gesetzlichen Vertreter. — 3. Die deutsche Abwehr.

DER KAMPF UM DIE VOLKSABSTIMMUNG

I. Gründung des serbisch-kroatisch-slowenischen Königreiches (SHS) und der Republik Österreich. Neuordnung der Verwaltung in Kärnten 59

II. Die Kärntner Grenzfrage 68
   1. Grenzforderungen der Slowenen. — 2. Standpunkt der Kärntner.

III. Kärntens Ohnmacht 76
   1. Die Lage in Kärnten nach dem Zusammenbruch Österreich-Ungarns. — 2. Der Einbruch slowenischer Banden aus Krain und Untersteier. — 3. Südslawische Verwaltungsmaßnahmen. Zustände im besetzten Gebiet. Rückwirkungen auf das freie Kärnten.

IV. Kärntens Erwachen 107
    1. Der geistige Abwehrkampf. — 2. Der Landtagsbeschluß vom 5. Dezember. — 3. Verhandlungen in Laibach. — 4. Der Kampf um Grafenstein. — 5. Nutzloser Notenkampf. — 6. Die Volkserhebung im Lavanttale. — 7. Ausbau der Kärntner Wehrkraft.

V. Die Befreiung des Gail- und Rosentales 132

VI. Waffenstillstandsverhandlungen in Graz und die amerikanische Kommission 145

VII. Vorgänge und Zustände während des Waffenstillstandes (vom 14. Jänner bis 29. April 1919) 163

VIII. Die ersten Verhandlungen über die Kärntner Grenzfrage in Paris (Februar bis April 1919) 182

IX. Der südslawische Überfall am 29. April 1919 197

X. Die Befreiung Kärntens (vom 2. Mai bis 8. Mai 1919) 213

XI. Höhepunkt der Verhandlungen in Paris (von Anfang Mai bis 2. Juni 1919) 236

XII. Der jugoslawische Generalangriff (28. Mai bis 6. Juni 1919) 253
    1. Die militärische Lage. — 2. Der Endkampf. — 3. Die Verlegung der Landesregierung nach Spittal, die Waffenstillstandsverhandlungen in Krainburg und Laibach und die Besetzung Klagenfurts.

XIII. Paris und St. Germain (vom 2. Juni bis 20. Juli 1919) 285

XIV. Klagenfurt während der jugoslawischen Besetzung (vom 6. Juni bis 31. Juli 1919) 301

XV. Schluß der Friedensverhandlungen 313

DIE VOLKSABSTIMMUNG

I. Vorbereitungen zur Volksabstimmung (vom September 1919 bis Juli 1920) 325
    1. Taktik der Südslawen. — 2. Die Propaganda der Landesagitationsleitung und des Kärntner Heimatdienstes. — 3. Diplomatische Vorbereitungen.

II. Die Durchführung der Volksabstimmung 358
    1. Die Tätigkeit der Abstimmungskommission. — 2. Die Propaganda des Heimatdienstes und seines Gegners. — 3. Der 10. Oktober und seine Ergebnisse.

NACHKLÄNGE UND ENDGÜLTIGE BEFREIUNG 401

ANHANG I

1. Gutachten des Dechants Rabitsch in Kappel i. Rosental, 1849 419
2. Gutachten des Bezirkskommissärs Kronig in Haimburg, 1849 420
3. Aus dem Berichte des Landespräsidenten Graf Hohenwart, 1867 420

ANHANG II (Diplomatische Aktenstücke)

1. Aus der Verhandlungsschrift Nr. 9 der „Kommission zum Studium der rumänischen und jugoslawischen Gebietsfragen" („Gebietskommission"). 1919 März 2.[1]) 422
2. Aus dem Bericht Nr. 2 der Gebietskommission. 1919 April 6.[1]) 425
3. Aus dem Entwurf der von der Gebietskommission zur Einfügung in den Vertrag mit Österreich beantragten Artikel. 1919 April 6.[1]) 427
4. Schreiben des italienischen Botschafters in Paris Grafen Bonin an den Minister des Äußern. 1919 Mai 2.[1]) 428
5. General Pesnić, Chef der Militärmission der Delegation der Serben, Kroaten und Slowenen, an Marschall Foch. 1919 Mai 6.[1]) 429
6. Aus dem Protokoll der Sitzung der Außenminister. 1919 Mai 9.[1]) 430
7. Protokoll einer Sitzung der Außenminister. 1919 Mai 10. Mit Beilage A. Bericht der Gebietskommission an den Rat der Außenminister. 1919 Mai 10.[1]) 432
8. Protokoll einer Besprechung des Obersten Rates bei Pichon. 1919 Mai 12.[1]) 437
9. Memorandum an die amerikanischen Kommissäre für die Vorbereitung des Friedens. 1919 Mai 27.[1]) 439
10. Aus dem Bericht Aldrovandi-Marescottis über die Sitzung des Viererrates. 1919 Mai 29.[2]) 441
11. Friedensvertrag mit Österreich. Teil III, Abschnitt II, 7. Fassung. 1919 Mai 31.[3]) 442
12. Vorschläge der jugoslawischen Delegation für die Volksabstimmung im Klagenfurter Becken. 1919 Mai 12.[1]) 444

---

[1]) Übersetzungen aus dem Englischen.
[2]) Übersetzung aus dem Italienischen.
[3]) Übersetzung aus dem Französischen.

13a. Telegramm Schumys aus St. Germain an die Kärntner Landesregierung vom 3. Juni 1919 445

13b. Bericht Schumy-Wutte aus St. Germain vom 3. Juni 1919............... 445

14. Denkschrift D. Johnsons über das Klagenfurter Becken. 1919 Juni 2.[1]) 447

15. Protokoll der Versammlung des Rates der Vier bei Wilson. 1919 Juni 4.[1]) 450

16. Verhandlungsschrift Nr. 28 der Gebietskommission. 1919 Juni 6.[1]).... 455

17. Aus dem Protokoll einer Sitzung der Außenminister bei M. Pichon. 1919 Juni 18. Mit Beilage C. Entwurf eines Berichtes der jugoslawischen Kommission. 1919 Juni 18.[1]) 462

18. Protokoll einer Sitzung der Außenminister bei M. Pichon. 1919 Juni 19. Mit Beilage A. Note der Gebietskommission an den Rat der Alliierten. 1919 Juni 18.[1]) 465

19. Aus der am 16. Juni 1919 von der deutsch-österreichischen Delegation der Friedenskonferenz überreichten Denkschrift über Kärnten.[1]) 467

20. Note der SHS-Delegation zu den die österreichisch-jugoslawische Grenze betreffenden Bemerkungen der österreichischen Delegation zu den Friedensbedingungen mit Österreich. 1919 August 11.[1]) 468

21. Bericht des Generalsekretärs der jugoslawischen Sektion der Abstimmungskommission über eine Unterredung mit Oberst Peck. 1920 August 3.[4]) 469

ANHANG III

Ergebnisse der Abstimmung.. 471

ANHANG IV

Die interalliierte Abstimmungskommission übergibt die Zone A an die Regierung der Republik Österreich. 1920 November 18.[1]) 473

VERZEICHNIS DER PERSONENNAMEN 475

---

[4]) Übersetzung aus dem Kroatischen.

VORWORT ZUR ERSTEN AUFLAGE

Die Zeit vom Zusammenbruche der habsburgischen Monarchie im November 1918 bis zur Volksabstimmung am 10. Oktober 1920 ist einer der bedeutsamsten und inhaltsreichsten Abschnitte der ganzen, mehr als tausendjährigen Geschichte Kärntens. Nur einmal war vorher der Bestand des Landes in ähnlicher Weise bedroht wie in den Jahren von 1918 bis 1920, das war zur Zeit, als Oberkärnten von Unterkärnten getrennt war und zu dem von Napoleon neugeschaffenen Königreich Illyrien gehörte (1809—1814). Während aber damals die Befreiung Oberkärntens nur eine Folge der siegreichen allgemeinen Erhebung der unterdrückten Völker Europas gegen ihren Zwingherrn war, hat sich Kärnten in den Jahren 1919 und 1920 zweimal durch eigene Kraft befreit, das erstemal mit den Waffen in der Hand, das zweitemal nach einem bei den gegebenen Verhältnissen erklärlichen militärischen Rückschlage durch die Volksabstimmung.

Es ist daher eine dankbare Aufgabe, den zähen und erfolgreichen Kampf Kärntens um seine Freiheit zu schildern. Doch kann das vorliegende Buch seinen Gegenstand weder erschöpfen noch abschließen. Es will nur in großen Umrissen zeigen, wie die Kärntner Frage geworden ist und wie sie sich vom Zusammenbruche des alten Österreich bis zum 10. Oktober 1920 entwickelt hat. Der leitende Gedanke war, die tieferen Ursachen aufzudecken, die zum Siege der kärntnerischen Sache am Abstimmungstage geführt haben. Als Quellen dienten zahlreiche Akten und Schriften, zum Teil auch persönliche Erlebnisse.

Die Schilderung der militärischen Ereignisse und die militärischen Skizzen stellte Herr Oberst Ludwig Hülgerth, der ehemalige Landesbefehlshaber von Kärnten, bei. Herr Oberleutnant in der Reserve Hans Steinacher lieferte den Stoff für die Darstellung der Ziele und Arbeiten der Landesagitationsleitung und des Kärntner Heimatdienstes. Ihnen beiden sei auch an dieser Stelle der wärmste Dank ausgesprochen.

Eine wichtige Ergänzung der folgenden Darstellung ist Josef Friedrich Perkonigs packendes Buch „Heimat in Not". Will jene ein Bild der allgemeinen Entwicklung geben, so schildert Perkonig in der beredten Sprache des Dichters und mit der kundigen Feder des Chronisten, was ein einzelnes Tal, das Rosental, in der ereignisreichen Zeit von 1918 bis zur Volksabstimmung erlebt hat.

Abgeschlossen zu Ostern 1922.   Dr. Martin Wutte.

AUS DEM VORWORT ZUR ZWEITEN AUFLAGE

Grundlage der folgenden Darstellung ist in erster Linie der reiche schriftliche Nachlaß der in der Kampfzeit 1918—1920 bestandenen amtlichen und halbamtlichen Stellen: der Vorläufigen Kärntner Landesversammlung, des Kärntner Landesausschusses, des Präsidiums der Landesregierung, des Wehrausschusses, des Landesbefehlshabers, des Nationalpolitischen Ausschusses, der Landesagitationsleitung und ihres Nachfolgers, des Kärntner Heimatdienstes, der Vertretung der Landesregierung bei der interalliierten Mission und der österreichischen Vertretung in der interalliierten Abstimmungskommission. Die Akten aller dieser Stellen wurden vom Verfasser auf Beschluß der Vorläufigen Landesversammlung vom 2. Juni 1921 Nr. 761 im Kärntner Landesarchiv gesammelt, zum Teil erst nach dem Erscheinen der 1. Auflage. Außerdem konnte auch einige neue Literatur herangezogen werden, vor allem die großen amerikanischen Veröffentlichungen von Akten der Pariser Friedenskonferenz von D. H. Miller (My Diary at the Conference of Paris. 1928) und N. Almond und R. H. Lutz (The Treaty of St. Germain. 1935) sowie Miß Wambaughs gründliche Darstellung der Kärntner Volksabstimmung und L. Aldrovandi-Marescottis Guerra Diplomatica. Diese Werke gewähren erst Einblick in den außerordentlich schwierigen und manchmal geradezu dramatischen Verlauf der Verhandlungen auf der Pariser Friedenskonferenz.

Schließlich konnten auch zahlreiche Akten aus dem Belgrader Außenministerium herangezogen werden, die von der Archivkommission des Auswärtigen Amtes in Berlin zur Verfügung gestellt wurden und wichtige Ergänzungen der diplomatischen Abschnitte ermöglichten.

Die 2. Auflage des Buches ist auf den doppelten Umfang der 1. angewachsen, nicht nur wegen Erschließung neuer Quellen, sondern auch deshalb, weil beim Erscheinen der 1. Auflage manches nicht reif war für eine öffentliche Erörterung. Auch die „Vorgeschichte" ist umfangreicher geworden, weil es notwendig schien, die geographischen, geschichtlichen, kulturellen und biologischen Grundlagen der volkspolitischen Verhältnisse Kärntens in großen Zügen darzustellen. Da auch die Anlage und Gliederung neu gestaltet wurde, so ist die 2. Auflage ein neues Buch geworden.

Die militärischen Ereignisse wurden bereits von berufener Seite, General der Inf. a. D. Siegmund K n a u s, im Auftrag des Oberkommandos des Heeres im 7. Bande der „Darstellungen aus den Nachkriegskämpfen deutscher Truppen und Freikorps" bearbeitet. Gleichwohl schien es mir notwendig, die bereits vor längerer Zeit fertig vorliegenden militärischen Abschnitte beizubehalten, um so die Wechselwirkung zwischen den militärischen Vorgängen einerseits, dem geistigen Kampfe und den parallel laufenden diplomatischen Verhandlungen anderseits aufzuzeigen und dem Leser ein abschließendes Gesamtbild des Freiheitskampfes zu bieten.

Martin Wutte.

EINLEITUNG ZUR NEUAUFLAGE

Martin Wutte.
Sein Leben und seine Leistung für Kärnten

Martin Wutte wurde am 15. Jänner 1876 in Obermühlbach bei St. Veit an der Glan als Sohn einer kinderreichen Bauernfamilie geboren; sein Vater war durch zwanzig Jahre Bürgermeister der Gemeinde. Die väterlichen Vorfahren lassen sich in dieser Gegend bis in die Mitte des 17. Jahrhunderts nachweisen, die mütterlichen stammen aus dem oberen Drautal zwischen Greifenburg und Oberdrauburg. Die burgenreiche und geschichtsträchtige Landschaft seiner Kindheit weckte früh das Interesse für die Vergangenheit[1].

Von der Mutter für den geistlichen Beruf bestimmt, trat er 1888 in das Staatsgymnasium in Klagenfurt ein und mußte im ersten Jahr seinen Mittagstisch wechselnd bei wohltätigen Familien suchen, da seine Eltern nicht in der Lage waren, das Kostgeld aufzubringen. Von der 2. bis 4. Klasse war er im bischöflichen Knabenseminar Marianum untergebracht, dort machte er bereits mit dem Kärntner Nationalitätenproblem Bekanntschaft. Da er sich zum Priester nicht berufen fühlte, wechselte er an das Staatsgymnasium in Villach, wo er in der Studentenstiftung Widmaneum auf Grund seiner Studienerfolge einen Freiplatz erhielt. Er maturierte 1896 mit Auszeichnung und bezog mit einem Stipendium der Kärntner Landesregierung die Universität Graz, um sich bei hervorragenden Lehrern dem Studium der Geschichte und Geographie zu widmen. Die Verbindung beider Fächer durch den Vertreter der Historischen Geographie Eduard Richter, dessen Assistent er wurde, besonders gefördert, blieb für sein wissenschaftliches Wirken bestimmend; hier schloß er auch die lebenslang dauernde Freundschaft mit Hans Pirchegger. Mit einer bei Loserth gearbeiteten Dissertation über die Reformation und Gegenreformation in Villach wurde er 1901 zum Dr. phil. promoviert und trat nach Ablegung der Lehramtsprüfung zunächst an der Oberrealschule in Graz, dann an der Lehrerbildungsanstalt in Marburg/Drau in den Schuldienst ein, wo ihn eine slowenische Zeitung mit dem Bemerken „Auch einer, der nicht hingehört" empfing.

---

[1] Martin Wutte, Mein Lebenslauf, in: Carinthia I 1949 (139. Jg.) 3—7; Peter Tosoni, Martin Wutte, phil. Diss. (maschinschriftlich), Univ. Graz 1966.

Seit 1902 mit der Lehrerin Ernestine Hoffmann verheiratet, aus welcher Ehe drei Töchter stammen, erreichte er 1904 seine Versetzung an das Staatsgymnasium nach Klagenfurt. Hier fand er neben seinem Beruf ein reiches wissenschaftliches Betätigungsfeld im Geschichtsverein und im eben (1904) gegründeten Kärntner Landesarchiv, mit dessen Direktor August von Jaksch er durch die gemeinsame Arbeit an den Erläuterungen zum Historischen Atlas der österreichischen Alpenländer in enge und freundschaftliche Verbindung trat. Erste bedeutende Frucht dieser Arbeit waren die von Wutte bearbeiteten und 1912 veröffentlichten Kärntner Gerichtsbeschreibungen und die 1914 gemeinsam mit Jaksch publizierten Erläuterungen/Kärnten.

1905 erschien sein erster Beitrag in der Carinthia I, deren Schriftleitung er 1913 von Jaksch übernahm und bis 1938 führte; seit 1907 war er bis 1938 Sekretär des Geschichtsvereins, daneben lief seine Mitarbeit im Deutschen Schulverein. Wutte war ein beliebter und toleranter Lehrer, ein wesentliches Anliegen war es ihm, den Schülern slowenischer Muttersprache über sprachliche Schwierigkeiten hinwegzuhelfen. Die Verbindung von Lehrberuf und Wissenschaft, damals noch eine verbreitete Erscheinung, stützte sich wechselseitig durch eine klare Sprache zu Gunsten der letzten und die Einbringung reichen heimatgeschichtlichen Anschauungsmaterials.

Durch seine aus der Umwelt der Monarchie und der Kärntner Zweisprachigkeit genährten Interessen für Nationalitätenfragen und seine nationalitätenstatistischen Arbeiten aus der Zeit vor dem Ersten Weltkrieg war er wie kein anderer dazu berufen, in der Umbruchszeit 1918/1920, als die Landeseinheit durch den Einfall der Jugoslawen bedroht war, die geistigen Waffen der Abwehr und Widerlegung durch zahlreiche Denkschriften zu schmieden. Dies geschah durch Mitarbeit in der von den Parteien gebildeten Landesagitationsleitung, dem späteren Kärntner Heimatdienst. Krönung dieser Leistung war seine Entsendung als Sachbearbeiter für Kärnten in die österreichische Delegation für den Friedensvertrag von Saint Germain 1919. Nach dem Erfolg des 10. Oktober 1920 widmete er sich sofort der Analyse des Ergebnisses und stellte von Anbeginn deutlich heraus, daß dieses nur durch die Entscheidung von ca. 10.000 slowenischsprachigen Kärntnern für Österreich erreicht worden sei, was er stets zu betonen nicht müde wurde. Bis 1930 stand er als Obmann dem Kärntner Heimatbund vor, und daraus erwuchs in Zusammenhang mit der damals den nationalen Slowenen angebotenen Kulturautonomie seine Schrift „Deutsch — Windisch — Slowenisch" (1927), eine grundlegende Analyse der volklichen und sprachlichen Strukturen im gemischtsprachigen Landesteil.

Schon 1922 erschien die Erstfassung des in erweiterter Neufassung 1943 publizierten Buches „Kärntens Freiheitskampf", wozu die Carinthia I seit 1919 bereits Beiträge gebracht hatte. Es war ein Vorteil, daß sich in Wutte die persönlichen Erfahrungen eines im Zentrum der Ereignisse gestandenen Mannes mit seiner Befähigung zum Historiker in geradezu idealer Weise verbanden. Dazu kam noch, daß sich alle Kärntner Parteien der Wichtigkeit dieser Aufgabe bewußt waren und die Voraussetzungen schufen: Bereits am 22. Dezember 1920 hatten die Abgeordneten Dr. Angerer (Deutschdemokrat), Dr. Pomaroli (Sozialdemokrat) und Dr. Reinprecht (Christlichsoziale Partei) im Kärntner Landtag einen Antrag für die „Bestellung einer wissenschaftlichen Kraft für die Sammlung und Verarbeitung der Dokumente und Erinnerungen aus der Zeit des Kampfes um die Einheit Kärntens" eingebracht, dem mit Beschluß der Vorläufigen Landesversammlung vom 2. Juni 1921 entsprochen wurde. Es heißt darin: „Für die Sammlung und Verarbeitung der Dokumente und Erinnerungen aus der Zeit des Kampfes um die Einheit Kärntens wird als wissenschaftliche Kraft Herr Professor Dr. Martin Wutte bestellt . . .". Die Beurlaubung vom Schuldienst schuf die Voraussetzung für das rasche Erscheinen des Buches, und die mit 1. Jänner 1923 erfolgte Bestellung Wuttes zum Direktor des Kärntner Landesarchivs in der Nachfolge von Jaksch bot ihm die Möglichkeit, sowohl die Sammlung der Quellen wie deren darstellende Verarbeitung bis in die Zeit des Zweiten Weltkrieges fortzusetzen.

Martin Wutte trat 1939 wegen seines ihn zeitlebens begleitenden Herzleidens vorzeitig in den Ruhestand, doch brachten es die Kriegsereignisse mit sich, daß er während dieser Zeit die wissenschaftliche Betreuung des Landesarchivs wieder übernehmen mußte. Frucht der Weiterarbeit aus zwei Jahrzehnten ist die Neufassung von „Kärntens Freiheitskampf", die 1943 in den von der Kärntner Wissenschaftlichen Gesellschaft herausgegebenen „Kärntner Forschungen I" unter der Schriftleitung von Gotbert Moro erschien; wie Wutte selbst sagt, ist es „ein neues Buch geworden". Es beruht nicht nur auf der vollständigen Sammlung aller erreichbaren Quellen, sondern verarbeitet auch die in der Zwischenzeit publizierten wissenschaftlichen Darstellungen, die Memoirenliteratur und Publizistik, auch die der Gegenseite. Das Buch ist eine pragmatische Darstellung von großer Eindringlichkeit, die natürlich den Kärntner und österreichischen Standpunkt vertritt, aber den Gegner nicht in unrechtes Licht setzt.

Es war ein großes Glück, daß diese Aufarbeitung der Kärntner Frage der Jahre 1918—1920 zu dem Zeitpunkt schon vorlag, als sie neuerlich zu einem Problem der europäischen Politik, nun in einem durch den Hinzutritt der Sowjetunion erweiterten Rahmen, wurde. Daß das Werk den österreichischen Standpunkt trotz des Erscheinungsjahres und Wuttes gesamtdeutscher Einstellung wahrt, kann niemand in Abrede stellen, der sich darin vertieft. Abgesehen von wenigen Passagen mit zeitbedingter Phraseologie, die hier den an solcher Kontrolle Interessierten offen mitgeteilt seien, vgl. die Seiten: 38, 90, 167, 224, 268, 283, 343, 385, 411, 415f., konnte die Neuauflage unverändert bleiben. Minimale Eingriffe beseitigten Druckfehler und vereinheitlichten Namenschreibungen; der Titel wird nun durch Hinzufügung der Jahresangaben verdeutlicht. Die Aufnahme als 69. Band in die älteste Publikationsreihe des Geschichtsvereins, das „Archiv für vaterländische Geschichte und Topographie", in dem Wuttes erste große Arbeit erschien, ist sinnvoll.

Vergleicht man die beiden Auflagen von 1922 und 1943, so ergibt sich, daß die weltpolitische Situation der Jahre 1918—1920 keinerlei verändernde Bewertung erfahren hat. So konnte das Buch auch als praktische Arbeitsgrundlage für jene Männer dienen, die sich im Mai 1945 in Kärnten neuerlich vor die Aufgabe gestellt sahen, die Landeseinheit gegen die Gebietsansprüche Jugoslawiens zu verteidigen bzw. den Verantwortlichen der Kärntner und der österreichischen Politik das passende Werkzeug dafür in die Hand zu geben. Daß damals Wutte trotz seines zeitweise sehr elenden Gesundheitszustandes selbst die Initiative ergriff, ist eine wohl in Jugoslawien, aber nicht in Kärnten und Österreich bekannte oder gar gewürdigte Tatsache; davon wird noch die Rede sein. Daher ist es sinnvoll, daß die Neuauflage im Jahr der 65. Wiederkehr der Volksabstimmung, im 30. Jubiläumsjahr des Staatsvertrages und in dem zum Jahr der Zeitgeschichtsforschung in Österreich erklärten Jahr 1985 für die Allgemeinheit zugänglich gemacht wird, denn für die Zeitgeschichtsforschung kommt ihm zumindest in Österreich die Priorität einer Pionierleistung zu, ganz abgesehen davon, daß es einen der wichtigsten und abschließenden Akte der Staatswerdung der Republik im Jahr 1920 zum Gegenstand hat. Die erst seit 1969 an dem Buch versuchte und gegen seinen Verfasser gerichtete, rein ideologisch angeheizte Kritik, die bis zur Forderung des Neuschreibens dieser Geschichte hochstilisiert wurde, ist wie schon 1970 gezeigt und seither bestätigt wurde, völlig gescheitert[2]. Das wird auch die einmal fortzusetzende Geschichte der österreichischen Historiographie feststellen. Hier ist jedoch die bisher nie dargestellte von Martin Wutte am Ende seines Lebens erbrachte Leistung für Kärnten nachzutragen. Ihr kommt, gerade weil sie in einer Umbruchszeit gemeinsam von in verschiedenen Lagern beheimateten Männern erbracht wurde, ein Ehrenplatz in der Landesgeschichte zu.

Noch am 4. Mai 1945 hatte Wutte den kurz vor dem Abgang stehenden Gauleiter von Kärnten Dr. Friedrich Rainer darauf hingewiesen, daß es an der Zeit sei, Vorbereitungen zur Widerlegung der von seiten Jugoslawiens zu erwartenden Gebietsforderungen zu treffen. Darüber habe er sich in den letzten Wochen Gedanken gemacht und Vorarbeiten geleistet; ein „Vorläufiger Plan" war dem Schreiben beigeschlossen. Die am folgenden Tag durch den Gauleiter an den Gauhauptmann Meinrad Natmeßnig gerichtete Weisung in der Sache ging noch von illusionären Voraussetzungen aus. Nach dem am Abend des 7. Mai durch Natmeßnig geförderten Machtwechsel, der Bildung der Provisori-

---

[2]) Wilhelm Neumann, Abwehrkampf und Volksabstimmung in Kärnten 1918—1920 (Das Kärntner Landesarchiv 2), Klagenfurt 1970 und in 2. erweiterter Auflage 1985, 155 ff.

schen Kärntner Landesregierung noch vor dem am 8. Mai erfolgten Einmarsch britischer Truppen und von Einheiten der jugoslawischen Partisanenarmee in Klagenfurt[3] verfolgte Wutte sein Ziel mit staunenswerter Energie und ohne Rücksicht auf seine Person weiter. In einem vom 11. Mai datierten sehr ausführlichen Schreiben an den neuen Landeshauptmann Hans Piesch wiederholte er die Vorschläge und erklärte die Bereitschaft, seine „Erfahrungen und Kenntnisse und meine letzten Kräfte, die mir noch geblieben sind", auch der neuen Landesregierung, deren Bildung er lebhaft begrüße, zur Verfügung zu stellen. Auslösend dafür war die Festsetzung einer von West nach Ost durch Kärnten gezogenen Demarkationslinie durch den britischen Oberbefehlshaber Feldmarschall Alexander. Wutte bemerkt dazu, dies scheine „einen politischen Hintergrund" zu haben, als ob „England die Südgrenze der Republik Österreich (Karawankengrenze) noch nicht als endgültig betrachte". Möglicherweise sei dafür die geringe Mehrheit von 522 Stimmen (0,8%) veranlassend, die bei der Volksabstimmung von 1920 Jugoslawien südlich der Drau erzielt habe. Schon damals habe es dies zum Anlaß genommen, die Abtrennung dieses Gebietes zu verlangen, was die Botschafterkonferenz im Juni 1921, weil im Widerspruch zum Friedensvertrag stehend, abgelehnt habe. Der Beweis dafür, daß diese verschwindende Mehrheit nur das Ergebnis des Druckes in der von den Jugoslawen verwalteten Zone A gewesen sei und das Gebiet mit dem übrigen Kärnten eine untrennbare Einheit bilde, sei leicht zu erbringen. Im Brief sind die Abstimmungsergebnisse dieses Gebietes gemeindeweise unter Zitierung der einschlägigen Stellen aus Wuttes Buch detailliert dargelegt.

Über den Inhalt der am 15. Mai einsetzenden Besprechungen mit der Landesregierung hat Wutte in einem kleinen Notizheft Aufzeichnungen gemacht, worin auch die Namen von Teilnehmern und Mitarbeitern (Viktor Paschinger, Hermann Braumüller, Eberhard Kranzmayer, Gotbert Moro u. a.) genannt werden. Weitere Besprechungen folgten am 12., 18., 26. Juni, 13. Juli und 1. August, darunter drei bei leitenden Beamten der Provisorischen Landesregierung, so die vom 12. und 16. Juni bei Hofrat Dr. Viktor Kommetter, mit Wutte schon aus der Zeit des Abwehrkampfes befreundet, als Kommetter 1920 der österreichischen Delegation der Plebiszitkommission in Klagenfurt angehörte. Dieser Beamte war sachlich besonders geeignet und zuständig, da er auch die Korrekturbogen der 2. Auflage von 1943 mitgelesen hatte, wofür ihm Wutte im Vorwort den Dank aussprach. Die Besprechung vom 26. Juni fand beim Regierungsdirektor (= Landesamtsdirektor) Karl Newole statt. Dieser wies in einem vom 9. Juli datierten Schreiben an Wutte darauf hin, daß die Zeit dränge und „die Ereignisse schneller ablaufen, als vorausgesetzt wurde", weshalb er um

---

[3]) Wilhelm Wadl, Das Jahr 1945 in Kärnten. Ein Überblick, Klagenfurt 1985, 29—45.

die Mitteilung des Termins bitte, zu dem die „von Ihnen liebenswürdigerweise übernommene Arbeit fertiggestellt" werden könne.

Inzwischen hatte der damals in Kärnten anwesende a. o. Gesandte und bevollmächtigte Minister a. D. Max Hoffinger, der als österreichischer Vertreter in der Abstimmungszeit und in Belgrad verdienstvoll gewirkt hatte, in einem „Klagenfurt, am 23. Mai 1945" datierten Schreiben an die Kärntner Landesregierung im gleichen Sinne wie Wutte argumentiert: „Als einer der rangältesten diplomatischen Beamten des alten österreichischen Außendienstes und zugleich als Veteran der politischen Kämpfe um die Integrität Kärntens in den Jahren 1918—1920" wies er auf die trotz des Abzuges der Titotruppen für Kärnten weiter bestehende Gefahr hin und daß man auf Grund der einstigen Erfahrungen mit einer „skrupellos geführten politischen Kampagne" rechnen müsse, „um die Großmächte für die jugoslawischen Ansprüche zu gewinnen".

Angesichts der gegebenen Verhältnisse in Wien, der Nichtanerkennung der Regierung Renner durch die Westmächte müsse die Kärntner Landesregierung „in die Bresche springen", um eine günstige Lösung herbeizuführen. Eine Klärung der Ziele und der einzuschlagenden Taktik sei nötig, was Hoffinger im einzelnen genau ausführt. Er empfiehlt, der britischen Militärregierung ein Memorandum mit der Bitte um Weiterleitung an die Verbündeten zu überreichen, und dann folgt der Satz: „Für die Ausarbeitung dieses Memorandums dürfte die Mitwirkung des schon 1919 auf diesem Gebiet so hoch verdienten Hofrates Wutte unentbehrlich sein. . . . Ich halte mich lediglich zur Verfügung, um das Elaborat für die angelsächsische Mentalität zu adaptieren und es schließlich in englische Form zu gießen"; die Besatzungsmacht müsse den Eindruck gewinnen, „daß es in dieser Frage keine Parteien, sondern nur Kärntner gibt".

Zweifellos wurde durch diese Denkschrift Wuttes Initiative wesentlich gefördert, wie die oben angeführte Zeitabfolge der Besprechungen schließen läßt, hat sie ihr aber keineswegs erst zum Durchbruch verholfen. Die von einem eher am Rande Beteiligten gegebene und die eigene Rolle übertreibende Darstellung[4], in der an keiner Stelle von Wuttes Arbeitskreis die Rede ist, wurde inzwischen bereits berichtet[5]. Daß die neue aus den demokratischen Parteien gebildete Landesregierung diese Ratschläge sofort tatkräftig verwirklichte, gereicht ihr angesichts der Vielfalt der sehr schwierigen Aufgaben dieser Zeit[6] zur höchsten Ehre. Als Ergebnis konnte sie zwei schon mit 12. September und 1. Oktober 1945 datierte Memoranden in der von Hoffinger vorgeschlagenen

---

[4]) Josef Hans, Zwei Kärntner Denkschriften vom September 1945, in: Carinthia I 1960 (150. Jg.), 879—885.

[5]) W. Wadl (Anm. 3), 44; hier ist bereits auf die Grundlage „der zahlreichen von Kärntner Fachleuten verfaßten wissenschaftlichen Arbeiten" verwiesen.

[6]) W. Wadl, wie Anm. 3.

Form der britischen Militärregierung überreichen, das zweite mit einer instruktiven 10 farbige Landkarten umfassenden Beilage. Alles ist auf gutem Papier gedruckt und wurde auch in gleichartigen englischen und französischen Ausgaben vorgelegt; die Texte scheinen bei Kleinmayr in Klagenfurt gedruckt zu sein, die von Paschinger und Wutte gemeinsam entworfenen Karten wurden bei A. Wall in Graz hergestellt.

Während die „Denkschrift [1] betreffend die endgiltige Anerkennung der auf dem Vertrag von Saint Germain (1919) und den Ergebnissen der Kärntner Volksabstimmung (1920) beruhenden Grenze zwischen Österreich und Jugoslawien" dessen Ansprüche mit geographischen, wirtschaftlichen, Verkehrs- und historischen Argumenten widerlegt, die geschichtliche Entwicklung des Nationalitätenproblems ebenso ausführlich wie die Ereignisse nach 1918 und in der Zwischenkriegszeit darstellt und die Bereitschaft erklärt, „die vom früheren Naziregime der Bevölkerung des jugoslawischen Banats Slowenien und den Kärntner Slowenen zugefügten Schäden gutzumachen", behandelt das „Memorandum Nr. 2 betreffend die Unmöglichkeit der von Jugoslawien beanspruchten Draugrenze" unter denselben Gesichtspunkten die im Brief Wuttes an Landeshauptmann Piesch vom 11. Mai dargelegte Problematik und weist das Argument der „Mäßigung" (40.000 Menschen) gegenüber der ursprünglichen Maximalforderung (180.000 Menschen, 2470 km²)[7] als unbegründet zurück.

Beim Lesen der Memoranden sowie anderer in dieser Zeit ohne Verfasserangabe erschienener gleichgerichteter Publikationen wird jedem mit dem Stil von Wutte Vertrauten klar, daß hier zumindest mit seiner Mitarbeit zu rechnen ist. Die Bestätigung hat nicht nur der bereits dargestellte Ablauf, sondern jetzt auch die Einsicht in die von Wutte sorgsam aufbewahrten Schriften dieser Jahre[8] erbracht. Der Verfasser ist den Töchtern Wuttes Frau Prof. i. R. Dr. Ilse Manhart und Frau Inge Pippan sowie Herrn Dr. Herbert Pippan sehr zu Dank für die Erlaubnis zur Benützung dieses Nachlasses verpflichtet. Allein dadurch wurde die vollständige Klärung über eine entscheidende Zeit ermöglicht und allen damals Beteiligten für die Nachwelt ihr Anteil an den Ereignissen sichergestellt.

Wutte hatte sowohl die verschiedenen von ihm entworfenen Verteilungen der beabsichtigten Themen als auch die Durchschläge ihrer Ausarbeitungen wie auch der eigenen sorgsam gesammelt und sie mit den Namen der Verfasser (vgl. S. XIX) versehen. Von den insgesamt 195 eng beschriebenen Maschinschriftseiten zur ersten Denkschrift stammen gut 78 von Wutte selbst. Als Verfasser der 13 Seiten umfassenden Vorlage für das Memorandum 2 über die Draugrenze

---

[7]) Gerald Stourzh, Geschichte des Staatsvertrages 1945—1955. Österreichs Weg zur Neutralität, Graz-Wien-Köln 1980, 22.

[8]) Im Familienbesitz.

gibt Wutte Viktor Paschinger an, doch ist sein eigener Anteil für die jüngere Vergangenheit seit 1918 und den nationalitätenstatistischen Teil im Sinne seiner Ausführungen im Brief an den Landeshauptmann vom 11. Mai unverkennbar.

Die endgültige bedeutend komprimierte Form des ersten Memorandums ist zweifellos, ebenso wie die Übersetzungen, durch die Arbeitsgruppe Hoffinger-Hans erfolgt, wobei gewiß der Anteil Hoffingers bei weitem überwiegt[9]. Er hat die umfangreichen wissenschaftlichen, materialgesättigten Beiträge in die auf die Mentalität der Militärs und Diplomaten zugeschnittene wirkungsvolle Kurzform gebracht. In ihrer ganzen Materialfülle wären sie kaum unmittelbar praktikabel gewesen, was übrigens auch für die durch Jugoslawien 1946 vorgelegte Schrift des „Koroški zbornik" zutrifft. Daher hat auch Jugoslawien daneben die Form einer propagandistischen Kurzfassung gewählt; diese wurde den Alliierten in einer viersprachigen Ausgabe in Englisch, Russisch, Französisch und Serbokroatisch vorgelegt[10] und ist noch stark vom Stil der Kriegspropaganda geprägt.

Jedenfalls hatte Kärnten einen Vorsprung von einem ganzen Jahr erreicht. Beide Kärntner Denkschriften werden auch dazu beigetragen haben, daß die österreichische Regierung in Beantwortung einer parlamentarischen Anfrage der Kärntner Abgeordneten Enzfelder, Populorum, Grossauer u. a. durch Außenminister Gruber mit Berufung auf die Volksabstimmung von 1920 die Kärntner Grenzfrage als eine „res judicata" vor Beginn der vom 16. Jänner bis 25. Februar 1947 in London stattfindenden Verhandlungen zum Staatsvertrag erklären konnte[11]. Der österreichischen Delegation gehörten als Kärntner Vertreter Hans Piesch, Vinzenz Schumy und Dr. Alois Karisch an. Jugoslawien hat dann angesichts der Ablehnung durch die Westmächte auf der Moskauer Außenministerkonferenz im April 1947 mit der Reduktion seiner Forderungen begonnen, aber auch diese scheiterten im Sommer 1949 in Paris infolge der inzwischen eingetretenen weltpolitischen Änderungen und des Bruches zwischen Moskau und Belgrad[12].

---

[9]) G. Stourzh (Anm. 7), 24.

[10]) Es kennzeichnet die damalige Situation, daß sich der Originalbrief Wuttes und die Weisung des Gauleiters an Natmeßnig heute in Jugoslawien zu befinden scheinen, da beide in der oben erwähnten jugoslawischen Denkschrift als Faksimile wiedergegeben sind. Der noch ganz im Stil der Kriegspropaganda dazugesetzte englische Text lautet: „The Nazi Wutte, who was the first in Carinthia to be given Hitler's prize in 1942 for his »scientific works«, wrote Rainer a few days before the capitulation of Germany: . . .". — Wutte stand dem Nationalsozialismus nicht ohne Vorbehalte gegenüber. Sehr kennzeichnend dafür ist, daß er trotz seiner Bejahung des Anschlusses 1938 der NSDAP nicht beitrat, sondern diesen Schritt erst 1942, wenige Tage vor der Verleihung des Wissenschaftspreises vollzog, um einem Wunsch des Gauleiters zu entsprechen, und auch dies nur unter gewissen Vorbehalten tat.

[11]) G. Stourzh (Anm. 7), 25.

[12]) Ebenda, 52—57.

Martin Wutte, dessen Leben am 30. Jänner 1948 endete[13], hat den endgültigen Erfolg nicht mehr erlebt, doch konnte er mit Zuversicht in die Zukunft sehen. Trotz schwindender Kräfte stellte er seine Mitarbeit immer noch in den Dienst der Sache. Schon der durch das Minderheitenreferat der Landesregierung im November 1945 eröffnete „Pressedienst" wurde mit einem sehr wirksamen Artikel aus seiner Feder „Die Kärntner Volksabstimmung eine Fälschung?" eröffnet, ein Thema, das immer wieder und bis in die Gegenwart herein versucht wird zur Diskussion zu bringen[14]. Auf seine weitere Arbeit für Kärnten durch oft korrigierende Korrespondenz mit Publizisten kann hier nur hingewiesen werden; dies hat ihn gewiß sehr beansprucht.

Um Mißverständnissen vorzubeugen: Niemand wird behaupten wollen, daß die Leistung Wuttes seit Kriegsende und die von Hoffinger redigierten Kärntner Memoranden das erstrebte Ergebnis bewirkt hätten. Als Historiker war Wutte kein Illusionist und wußte um die komplexen Verflechtungen der Machtpolitik. Ein wertvolles Informationsmaterial zumindest für die vor begreiflicherweise verwirrende neue Aufgaben gestellte britische Besatzungsmacht und ihre Alliierten waren die Memoranden gewiß. Der von Österreich konsequent vertretene Standpunkt, daß die Kärntner Frage infolge des international überwachten Plebiszits von 1920 ein für allemal entschieden sei, wurde durch sie wirksam unterbaut.

Abgesehen von Wuttes Leistung nach 1918 und seit 1945 eröffnet sein Werk in beiden Fassungen die Zeitgeschichtsforschung in Österreich[15], und das rechtfertigt — ganz abgesehen von der staatsbürgerlichen Funktion, die dieses Buch erfüllen kann und soll — seine Neuausgabe im 65. Jahr der Kärntner Volksabstimmung.

Wilhelm Neumann

---

[13]) Vgl. die Nachrufe von Gotbert Moro, Hans Pirchegger und Josef Gölles, in: Carinthia I 1949 (139. Jg.).

[14]) Dazu zuletzt widerlegend: Claudia Fräss-Ehrfeld, Die alliierte Kontrolle der Verwaltung in den Kärntner Abstimmungszonen, in: Kärntens Volksabstimmung 1920, hrsg. von Helmut Rumpler, Klagenfurt 1981, 158—177, besonders 171 ff.; ferner ebenda: A. Ogris, Kärnten 1918—1920: Bilanz der wissenschaftlichen Diskussion zwischen zwei Jubiläen 1970—1980, 382—403, besonders 391, wo auch schon auf die Autorschaft Wuttes für die Nr. 1 des Pressedienstes hingewiesen wird.

[15]) Damit erledigen sich die Bemerkungen von Helmut Konrad in MIÖG 87 (1979), 287, daß das Thema der Kärntner Grenzziehung nur von wenigen Historikern behandelt worden sei. Wenn dies für die übrige österreichische Forschung vor 1970 einige Geltung hat, so erklärt sich das daraus, daß sie sich mit Recht der Gesamtdarstellung Martin Wuttes anvertrauen konnte, was die seitherigen Diskussionen erneut bekräftigt haben.

Ehrungen Martin Wuttes

1920 Allgemeines und Besonderes Kärntner Kreuz für außerordentliche Leistungen

1928 Goldenes Ehrenzeichen für Verdienste um die Republik Österreich

1936 Ehrenmitglied des Geschichtsvereines für Kärnten

Festgabe für Martin Wutte zum 60. Geburtstag: Beiträge zur Geschichte und Kulturgeschichte Kärntens (Archiv für vaterländische Geschichte und Topographie 24. und 25. Jg., Klagenfurt 1936)

Ehrenbürger der Gemeinde Obermühlbach

1942 Wissenschaftspreis des Reichsgaues Kärnten

1943 Mozartpreis der Johann-Wolfgang-Goethe-Stiftung zur Förderung der geistigschöpferischen Kräfte im deutschen Alpenraum, verliehen von der Universität Graz

Ehrendoktorat der rechts- und staatswissenschaftlichen Fakultät der Universität Graz

Ehrenmitglied der Universität Innsbruck

Dr. Dr. h. c. Martin Wutte (1876—1948)
Aus dem Ölgemälde von Richard Knaus im Besitz
des Geschichtsvereines für Kärnten

VORGESCHICHTE

I. NATUR UND VÖLKISCHE ENTWICKLUNG

Kein Land in Mitteleuropa ist von Natur aus so klar umgrenzt, keines in bezug auf Talgliederung und Entwässerung, Verkehrs- und Wirtschaftsleben so einheitlich gestaltet wie Kärnten[1]). Ringsum von einem mächtigen, 1600 bis 2300 Meter über die Talsohlen sich erhebenden wasserscheidenden Gebirgswall umschlossen, wird es durch e i n e Hauptwasserader, die Drau, entwässert. Fast sämtliche Flüsse und Bäche des Landes führen ihre Wässer der Drau zu, nur Fella und Kanker entspringen in jenseits der Wasserscheide liegenden Randgebieten Altkärntens und verlassen es nach kurzem Lauf. Alle im Westen, Norden und Süden gelegenen Täler öffnen sich gegen eine zwischen den Karawanken und den Ausläufern der Gurktaler Alpen und der Saualpe, der Villacher Alpe und den Bleiburger Bergen eingebettete, teils ebene, teils hügelige und bergige Beckenlandschaft, das K l a g e n f u r t e r B e c k e n. Auch die Täler im Osten, das Lavant- und das Mießtal, sind von diesem nur durch niedrige, leicht überschreitbare Wasserscheiden getrennt und durch bequeme Übergänge mit ihm verbunden. Wie die Flüsse und Täler, so streben auch alle wichtigeren Verkehrswege Kärntens dem Klagenfurter Becken zu, das infolgedessen den Verkehr zwischen West- und Ostkärnten vermittelt. Es ist jedoch nicht nur der verkehrsreichste, sondern mit seinem nördlichen Ausläufer, dem Krappfelde, auch der volksreichste und wirtschaftlich wichtigste Teil des Landes. Die reizenden Ufer des Wörthersees haben den stärksten Fremdenverkehr, in den weiten Ebenen und an den sonnigen Gehängen seiner Berg- und Hügelzüge liegt mehr als die Hälfte des Kärntner Ackerbodens, obwohl es nur ein Sechstel der Fläche von Kärnten einnimmt. So ist das Klagenfurter Becken durch seine hohe Bedeutung für Verkehr und Wirtschaft, durch seine Lage und Größe die Kernlandschaft von Kärnten, mit der das Land steht und fällt.

Im Klagenfurter Becken liegen auch die wichtigsten Verkehrsknotenpunkte und bedeutendsten Siedlungen des Landes, vor allem die Landeshauptstadt K l a g e n f u r t (1920: 26 000 Einwohner, mit Vororten 35 000). Fast in der Mitte des Beckens gelegen, war Klagenfurt bis 1918 Kreuzungspunkt der durchgehenden Bahnlinien Wien - Triest und Franzensfeste - Marburg und ist es Ausgangspunkt der diese Bahnlinien begleitenden Hauptverkehrsstraßen und von sechs weiteren, durchaus natürlichen Verkehrsfurchen folgenden

---

[1]) V. Paschinger, Landeskunde von Kärnten. Klagenfurt 1937, S. 324. — Ders., Kärnten als geographische Einheit. Naturgeschichtliches aus dem Abstimmungsgebiet. Sonderheft der Carinthia II 1930 S. 5.

Straßenzügen. Es ist daher der natürliche Verkehrs- und Wirtschaftsmittelpunkt des Beckens, der, wie Stadt und Land wohl wissen, mit seiner näheren und weiteren Umgebung und mit dem ganzen Lande auf Gedeih und Verderb verbunden ist. An den äußersten Westrand des Beckens schmiegt sich die zweitgrößte Stadt des Landes, V i l l a c h (1920: 22 000 Einwohner), der wichtigste Bahnknotenpunkt der Ostalpenländer, in dem drei mitteleuropäische Bahnlinien: Wien - Udine - Rom, München - Triest und Franzensfeste (Fortezza) - Marburg - Agram oder Budapest sich schneiden. Am Nordrand liegt die alte Landeshauptstadt S t. V e i t (1920: 6000 Einwohner), wo die Linie St. Veit - Klagenfurt - Rosenbach - Aßling - Triest von der Bahn Wien - Feldkirchen - Villach - Udine abzweigt. Dem Nordostrand nähert sich die alte deutsche Brückenstadt V ö l k e r m a r k t (1920: 2200 Einwohner), das dem Bahnverkehr zwar ziemlich entrückt ist, einst aber als Kreuzungspunkt der Straßen Klagenfurt - Lavanttal einerseits, Friesach, Hüttenberg und Wolfsberg - Völkermarkt - Seeberg - Triest anderseits ein lebhafter Handelsplatz war. Im Rosentale liegen F e r l a c h mit seiner einst weltberühmten Gewehrfabrikation, ferner U n t e r l o i b l und F e i s t r i t z mit ehemals blühender Eisenindustrie, im Jauntale die stille Stadt B l e i b u r g und der Bahnknotenpunkt K ü h n s d o r f, von dem eine schmalspurige Bahn über Eberndorf zum alten Markte E i s e n k a p p e l an der Seebergstraße führt.

Infolge der scharfen Geschlossenheit des Landes nach außen hin und der innigen natürlichen Zusammenstellung im Innern bildet Kärnten seit Jahrhunderten auch eine p o l i t i s c h e E i n h e i t. Wohl reichte das Herzogtum Kärnten, als es von Kaiser Otto II. von Bayern abgetrennt wurde (976), mit den dazugehörigen Marken weit über seine ihm von Natur gegebenen Grenzen hinaus. Aber schon im zwölften Jahrhundert hatte es im ganzen und großen die Grenzen, die es beim Zusammenbruche der österreichischen Monarchie besaß[2]).

Die Verschiedenheit der natürlichen Verhältnisse und der Naturprodukte im Donaulande und in Italien erzeugte schon früh ein lebhaftes Bedürfnis nach einem Warenaustausche. Der Verkehr zwischen Nord und Süd folgte den natürlichen Verkehrsfurchen, die von Norden her über den Mallnitzer Tauern, den Katschberg, den Neumarkter- und Obdachersattel nach Kärnten und über Villach, das Kanaltal und den Predil weiter nach Italien führen. So wurde Kärnten durch seine natürliche Lage ein Durchzugsland für den Handel zwischen dem Donauland und Italien und stand es seit der Karolingerzeit in lebhaften Beziehungen zum d e u t s c h e n N o r d e n, mit dem es auch politisch und kulturell seit mehr als einem Jahrtausend verbunden ist.

Schon zu Ende des fünften und im sechsten Jahrhundert war Kärnten unter germanischer Herrschaft gestanden, da es nicht nur zum Reiche des Ostgoten-

---

[2]) M. Wutte, Die Kärntner Landesgrenze und ihre geschichtliche Entwicklung. Carinthia I 1919 S. 26.

königs Theoderich, sondern nach 568 teilweise auch zum langobardischen Reiche gehört hatte. Als dann zu Ende des 6. Jahrhunderts unter der Herrschaft der Awaren stehende slawische Stämme, vor allem S l o w e n e n, in Karantanien, wie man damals Kärnten und die Nachbarländer nannte, eindrangen, stießen sie im Pustertale auf die Bayern, im Gailtal auf die Langobarden. Von den Awaren hart bedrängt, wandte sich der Slawenfürst Boruth um 742 an Herzog Odilo von Bayern um Hilfe. Odilo folgte dem Rufe, besiegte die Awaren, behielt sich aber die Oberherrschaft über Karantanien vor. Odilos Nachfolger, Herzog Tassilo III., befestigte die bayrische Herrschaft in Karantanien, wurde aber von Karl dem Großen 788 gestürzt, worauf Karantanien zugleich mit Bayern dem fränkischen Reiche einverleibt wurde. Die Slowenen standen noch einige Zeit unter eigenen Stammesfürsten. Nach wiederholten Aufständen verloren sie um 820 ihr Stammesfürstentum und wurde Karantanien der Verwaltung bayrisch-fränkischer Grafen unterstellt, von denen der erste 828 nachweisbar ist.

Die Slowenen, namentlich jene in Kärnten und im steirischen Drautal, wurden von den Deutschen als „Winden" oder „Windische" bezeichnet, und nannten sich auch selbst so[3]). Die Slowenen im Sanntal und in Krain hießen bis ins 19. Jahrhundert hinein „Krajnci"[4]). Erst nach dem Erwachen des slowenischen Nationalbewußtseins in der ersten Hälfte des 19. Jahrhunderts brachten die Führer der Bewegung, vor allem die Slawisten Kopitar und Metelko, den Gesamtnamen „Slowenen" zur Geltung, so daß er auch bei den Deutschen gebräuchlich wurde[5]).

Im 9. Jahrhundert, wahrscheinlich um 828 gelegentlich der Bestellung des ersten der bayrisch-fränkischen Grafen, entstand am Fuße des Ulrichsberges, im Mittelalter „Mons Carantanus" oder „Kärntner Berg" genannt, in der Karolinger-Pfalz K a r n b u r g für einige Zeit der politische Mittelpunkt des Landes. König Arnulf, Karlmanns großer Sohn (887–899, 896 Kaiser), hat dort 888 das Weihnachtsfest gefeiert. Bei Karnburg stand ursprünglich der gegen-

---

[3]) Der Kärntner Gutsmann schrieb 1777 eine „Windische Sprachlehre" und 1789 ein „Deutschwindisches Wörterbuch mit einer Sammlung verdeutschter windischer Stammwörter", der Untersteirer Sellenko 1791 eine „Windische Grammatik", der gleichfalls aus Untersteier stammende L. Schmigoz 1812 eine „Windische Sprachlehre", P. Dajnko ein „Lehrbuch der windischen Sprache", Graz 1824. Der Kärntner Slawist Urban Jarnik spricht anfangs von „windischer", später erst von „slowenischer" Sprache. Dagegen schrieben B. Kumerdey und G. Japel „Krainerische Grammatiken".

[4]) H. Pirchegger, Geschichte der Steiermark, I. Aufl. 1920 S. 74 u. 252. — L. Hauptmann, Erläuterungen zum Hist. Atlas d. österr. Alpenländer IV Krain S. 316.

[5]) Die Laibacher Slawisten Kopitar und Metelko gebrauchen anfangs die Bezeichnung „windisch" oder „slowenisch", später nur mehr „slowenisch". Metelko verweist in seinem „Lehrgebäude der slowenischen Sprache" (Laibach 1825 S. XXVI) auf Dobrovsky, der 1822 von den Windischen in Kärnten, in der Steiermark und in den westlichen Komitaten Ungarns, dann von den „Krainern" spricht.

wärtig im Museum des Geschichtsvereines in Klagenfurt aufgestellte Fürstenstein, an dem noch 1414 die oft geschilderte Herzogseinführung durch die freie Bauernschaft stattfand. War dieser merkwürdige Brauch damals in den Augen der adeligen Stände auch nur mehr eine lächerliche Komödie, so reicht er doch bis in die Karolingerzeit zurück und kam in ihm altes, durch das Aufkommen der Stände im 13. Jahrhundert überholtes Volksrecht und — trotz der windischen Sprache, in der der Herzogbauer seine Fragen stellte — uraltes deutsches Brauchtum zum Ausdruck. Doch hatte er in der Zeit, für die er überliefert wird, d. i. das 13. bis 15. Jahrhundert, keinesfalls mehr die Bedeutung einer „Herzogseinsetzung", wie man meinte und insbesondere die slowenische Propaganda behauptete, denn die Rechtsgrundlage des Kärntner Herzogtums war zu dieser Zeit einzig und allein die Belehnung durch den deutschen König.

Ein anderes einzigartiges deutsches Rechtsdenkmal, der Herzogstuhl, steht heute noch unweit Karnburg auf seinem ursprünglichen Standort mitten im Zollfeld, ein Sinnbild der Eigenberechtigung und Selbständigkeit des 976 neu begründeten und 1335 an die Habsburger verliehenen deutschen Herzogtums Kärnten, des ersten auf dem Boden der Alpenländer. Hier beschworen die Herzöge von Kärnten oder deren Vertreter bis 1651 die Rechte und Freiheiten des Landes, empfingen sie die Huldigung der Landstände, verteilten sie die Lehen und sprachen sie zum erstenmal Recht. Und noch ein altehrwürdiges Kulturdenkmal erhebt sich hier an dem Karnburg gerade gegenüber liegenden Ostrande des Zollfeldes: der aus dem 15. Jahrhundert stammende Dom von Maria Saal. Die erste Kirche wurde hier schon zur Zeit der Begründung der bayrischen Herrschaft durch Tassilo III. von dem durch Bischof Virgil von Salzburg (745—784) als Glaubensboten nach Kärnten entsandten Chorbischof Modestus erbaut. Bis ungefähr 950 Sitz eines Chorbischofs, wurde Maria Saal der kirchliche Mittelpunkt der Umgebung, von dem aus die Christianisierung erfolgte. Noch ist dort in der Kirche das Grabmal des Bischofs Modestus zu sehen.

So ist das im Kärntner Freiheitskampf von den Slowenen beanspruchte Zollfeld und seine nächste Umgebung überreich an geschichtlichen Erinnerungen, die jedem Kärntner heilig und Zeugen uralter deutscher Herrschaft und deutscher Kulturtätigkeit sind.

Mit der Begründung der bayrisch-fränkischen Herrschaft begann nicht nur die Christianisierung, sondern auch die Kolonisierung Kärntens[6]).

---

[6]) F. v. Krones, Die deutsche Besiedlung der österr. Alpenländer. Forsch. z. dt. Landes- u. Volkskunde III 5. — E. Klebel, Die Brixner Besitzungen in Kärnten. Carinthia I 1933 S. 61 ff.

Ders., Die mittelalterliche deutsche Siedlung im deutsch-magyarischen und deutsch-slowenischen Grenzraum. In „Die Südostdeutsche Volksgrenze" 1934 S. 31 ff. — Vgl. auch Klebel in Carinthia I 1925 S. 35 ff. — M. Wutte, Zur Geschichte des deutschen Handwerks in Klagenfurt. Carinthia I 1920 S. 8.

Deutsche Bistümer und Klöster, wie Salzburg, Brixen, Freising, Bamberg, Admont und andere, und deutsche Adelige, namentlich aus Bayern, wurden von den Karolingern und später von den deutschen Königen mit reichen Ländereien bedacht. Unter dem Schutze und auf Veranlassung der deutschen Grundeigentümer kamen im Laufe der Zeiten zahllose deutsche Priester, Bauern, Handwerker und Kaufleute ins Land. Diese deutsche Einwanderung vollzog sich nicht frontal und nicht schrittweise von Norden nach Süden und von Westen nach Osten, vielmehr folgten die deutschen Kolonisten zunächst den alten, noch von der Römerzeit her bestehenden Straßenzügen, die von Norden und Westen in das Herz des Landes führten. Sie zogen hinunter bis an den Süd- und Ostrand des Landes, ließen sich zuerst neben und unter den Winden in Gegenden nieder, die schon im Altertum kultiviert waren, wo es aber noch immer genügend Land für Rodungen gab, und drangen später tiefer in die unkultivierten Waldgebiete vor. Schon im frühen Mittelalter sind in Landesteilen, in denen um 1900 die windische Sprache vorherrschte, zahlreiche deutsche Siedler urkundlich nachweisbar, so im 9. Jahrhundert in der Gegend von Trixen, im oberen Rosental und um Maria Wörth, im 10. und 11. Jahrhundert auf den Brixner Besitzungen im Jauntal und im 12. und 13. Jahrhundert im Sattnitzgebiet bei Hollenburg. Ja im südlichen Jauntal ist nach einem herzoglichen Urbar von 1267 die Zahl der überlieferten deutschen Orts- und Personennamen in der Gegend zwischen Rechberg und Bleiburg weitaus größer als die der slowenischen. Ursprünglich slowenische Ortsnamen in Südkärnten, wie Reifnitz, sind nach Lessiak und Kranzmayer schon in althochdeutscher Zeit, also vor 1100, eingedeutscht worden, ein Beweis, daß schon damals Deutsche in großer Zahl dort wohnten, und in einem Urbar von St. Peter am Wallersberg aus dem 15. Jahrhundert sind 70 vom Hundert der Ortsnamen deutsch. Deutsches Blut war somit in Südkärnten schon im frühen Mittelalter stark vertreten.

Durch alle Jahrhunderte hindurch läßt sich die Einwanderung von Norden her verfolgen. Von 168 Riemergesellen z. B., die in Klagenfurt 1597 bis 1759 arbeiteten, stammten 47 aus Kärnten (größtenteils aus den deutschen Städten und Märkten), 46 aus den rein deutschen Alpenländern und 58 aus den übrigen Ländern des deutschen Reiches. Das Riemerhandwerk in Völkermarkt erhielt 1733 bis 1773 ausschließlich Zuzug aus den deutschen Gebieten. Die starke deutsche Zuwanderung erhielt Städte und Märkte deutsch, während die deutschen Bauern, die im Süden des Landes im ganzen genommen die Minderheit bildeten, größtenteils in den Winden aufgingen. Zeugnis von diesen windisch gewordenen deutschen Bauern geben die vielen deutschen Orts-, Haus- und Flurnamen, die heute noch im gemischtsprachigen Gebiet gebräuchlich sind und sich weit in das Mittelalter zurückverfolgen lassen, und die zahlreichen deutschen Personennamen, die nicht bloß in alten Urkunden und Urbaren, sondern auch in allen Friedhöfen und bei der lebenden Generation der Kärntner Windischen zu finden sind[7]).

Die deutschen Einwanderer brachten auch eine höhere K u l t u r ins Land, die für die ganze geistige und materielle Entwicklung der folgenden Zeit von entscheidender Bedeutung wurde. Sie führten eine höhere staatliche Ordnung auf deutscher Grundlage ein, machten weite, von der spärlichen slowenischen Bevölkerung unbebaut gelassene Wald- und Sumpflandschaften urbar, eröffneten Bergwerke und brachten Gewerbe, Handel und geistiges Leben zur Blüte. Sie bauten im Laufe der Zeit Kirchen und Klöster, Straßen und Brücken, Städte und Märkte, Burgen und Schlösser und schufen schon in romanischer und gotischer Zeit herrliche, auch für die gesamtdeutsche Kunst bedeutungsvolle Denkmäler der Baukunst, Plastik und Malerei. Im Anschlusse an den berühmten Regensburger Steinmetztag von 1455, an dem auch Kärntner Steinmetze teilnahmen, bildete sich 1463 in Maria Saal, an dessen Dom damals gerade gebaut wurde, die erste Kärntner Steinmetzzunft[8]). Im Kloster Millstatt entstanden Ende des zwölften Jahrhunderts religiöse Dichtungen, die ältesten Denkmäler deutscher Literatur in Österreich, erhalten in der berühmten, im Archiv des Geschichtsvereines aufbewahrten Millstätter Handschrift. Im dreizehnten Jahrhundert blühte der deutsche Minnegesang in Kärnten und tauchten im Gegensatz zu den bisher allein gebräuchlichen lateinischen Urkunden die ersten deutsch geschriebenen Urkunden und die ersten Schulen auf, so in St. Veit und Völkermarkt. Aus dem vierzehnten Jahrhundert stammen die deutschen Stadtrechte von St. Veit, Klagenfurt, Wolfsberg, Friesach, Gmünd, Völkermarkt, Straßburg und Bleiburg und die Bestätigung der Privilegien der Kärntner Stände, geschrieben in deutscher Sprache, der „lingua materna" der Stände, wie der gelehrte Zeitgenosse Abt Johann von Viktring sagt. Im fünfzehnten Jahrhundert schreibt der Pfarrer Jakob Unrest in Sankt Martin am Techelsberg, hoch über dem Gestade des Wörthersees, in einer Gegend, die noch vor wenig Jahrzehnten eine windische Mehrheit hatte, deutsche Chroniken. Alle Aufzeichnungen des bäuerlichen Rechtes, die Weistümer, sind in deutscher Sprache abgefaßt. Manche von ihnen gehen bis ins Mittelalter zurück. Von Jahrhundert zu Jahrhundert wurde der deutsche Kultureinfluß stärker. Alle großen Bewe-

---

[7]) Beispielsweise haben von den in der 1919 erschienenen slowenischen Propagandaschrift Moravskis, Slovenski Korotan, aufgezählten 22 in Kärnten geborenen slowenischen Geistlichen, die 1918/19 flüchteten, 8 deutsche Namen (Trunk, Einspieler, Limpl, Fugger, Singer, Schenk, Lasser, Ebner), von den übrigen 19 slowenischen Flüchtlingen 11 (Grafenauer, Reichmann, Rauter, Schaller, Müller, Haderlapp, Aichholzer, Hochmüller, Biser [Wieser], Lamprecht, Poschinger). — Vgl. auch (P. Lessiak), Die Einheit Kärntens im Lichte der Namenkunde und Sprache (1919) S. 5f. — Was uns die Kärntner Friedhöfe erzählen. Kärntner Landsmannschaft Nr. 14 vom 10. April 1919.

[8]) R. Wissell, Kärntner Archive als wichtige Quellen zur Geschichte des alten Hüttenbundes der Steinmetzen. Carinthia I 1938 S. 47.

gungen des geistigen Lebens, die in Deutschland erstanden, schlugen ihre Wellen bis zu Kärntens Karawankengrenze.

Mittelpunkt des Kärntner Geisteslebens war, seit es Kärntens Landeshauptstadt geworden war, K l a g e n f u r t. Hier gab es schon zu Anfang des 14. Jahrhunderts eine deutsche Schule, an der um 1355 ein Johann von Preußen als Schulmeister wirkte, und war das gesamte Schulwesen bis herab zu den gegenwärtigen Schulen stets rein deutsch. 1612 wurde die „Klagenfurter Reimchronik" des Klagenfurter Ratsherrn und Bäckermeisters Lorenz Khepitz vollendet und erschienen die deutsch geschriebenen „Annales Carinthiae" von Hieronymus Megiser, dem Rektor der protestantischen Schule in Klagenfurt, die erste Landesgeschichte Kärntens. Seit 1730 hat Klagenfurt ein ständiges deutsches Theater, 1775 wurde die „Klagenfurter Zeitung" gegründet, 1811 die heute noch erscheinende „Carinthia", die drittälteste ununterbrochen bestehende Zeitschrift auf deutschem Boden. Die Wissenschaft wurde durch die Musealvereine, den Geschichtsverein (gegründet 1844) und den Verein Naturhistorisches Landesmuseum (gegründet 1847), gepflegt. Schon 1658 erhielt Klagenfurt die erste deutsche Druckerei. Die Zahl der deutschen Bücher, die in Klagenfurt erschienen, geht in die Tausende.

Die höhere deutsche Kultur ging auch auf die windischen Kärntner über. Unter ihrem Einflusse vertauschte der größte Teil der windischen Bevölkerung im Laufe der Jahrhunderte allmählich die windische Sprache mit der deutschen. Sie übernahm zunächst von den Deutschen eine Fülle von neuen Einrichtungen des praktischen Lebens und damit auch deren deutsche Bezeichnungen, strebte aber auch bewußt nach Kenntnis der deutschen Sprache, denn diese war für sie die Voraussetzung für geistigen, wirtschaftlichen und sozialen Aufstieg. Je vielfältiger das praktische Leben wurde, je mehr der einzelne Slowene aus seiner engsten Umgebung herauswuchs und in einen weiteren Lebenskreis eintrat, je mehr er mit den deutschen Nachbarn in Berührung kam, desto stärker machte sich für ihn das Bedürfnis nach Kenntnis der deutschen Sprache fühlbar. Mit Recht sagt der windische Pfarrer Urban J a r n i k, ein von den nationalen Slowenen hochgeschätzter Forscher und Erwecker des slowenischen Nationalgefühls, schon 1826[9]: „Die fortschreitende Germanisierung Kärntens ist ein Strom, der sich schon vor Jahrhunderten aus natürlichen Veranlassungen bildete und den man, weil das Volk einmal diese Richtung eingenommen hat, nicht leicht Einhalt tun wird." Und weiter: „Die Germanisierung befördern nicht so viel die Schulen, als vielmehr das fortgesetzte praktische Leben unter den Deutschen. Diese Schule ist bei weitem eine wirksamere und von bleibenderen Folgen für die Aufnahme deutscher Zunge." Darum schickten wohlhabendere windische Eltern zur Zeit, als es am Lande noch zu wenig Schulen gab

---

[9]) Andeutungen über Kärntens Germanisierung. Carinthia 1826 S. 106.

und die windische Jugend daher noch nicht genügend Gelegenheit hatte, die deutsche Sprache in der heimatlichen Schule zu lernen, ihre Kinder in die deutschen Schulen der Städte und Märkte, ärmere aber auf längere Zeit zu deutschen Bauernfamilien, damit sie dort Deutsch lernen. Jarnik erzählt, daß sich jährlich ungefähr 4000 Winden, teils bleibend, teils wandernd, auf deutscher Seite aufhalten, „eine große Schule zur Erlernung deutscher Sprache", so daß die Sommerschulkurse in den windischen Gegenden nur schwach besucht waren. Als dann nach Erlaß des Reichsvolksschulgesetzes von 1869 die utraquistischen Schulen, wie die Bevölkerung es wünschte, den Kindern die Erlernung der deutschen Sprache ermöglichten, hörten die Wanderungen windischer Kinder und Jugendlicher auf die deutsche Seite auf.

Der Aufenthalt der windischen Jugend bei deutschen Familien führte zahlreiche Wechselheiraten herbei. Diese hatten nicht nur eine neuerliche starke B l u t m i s c h u n g zur Folge, sondern waren auch, wie Jarnik berichtet, ein weiterer, ganz besonders wichtiger Grund der Eindeutschung, um so mehr, als sie infolge der großen Längserstreckung und Breite der Mischzone sowie infolge der zunehmenden Auflockerung des slowenischen Gebietes immer zahlreicher wurden. Denn bis zur Mitte des 19. Jahrhunderts waren fast Dreiviertel des Landes deutsch geworden, während der Rest ein Mischgebiet blieb, in dem die windische Sprache vorherrschend war.

Wie und wann die E i n d e u t s c h u n g der einzelnen Landesteile und Orte erfolgte und wie sich allmählich eine deutsch-windische Sprachgrenze bildete, läßt sich nicht genau verfolgen, da Nachrichten nur sehr spärlich vorliegen. Das eine ist sicher, daß die Verkehrsmittelpunkte und die breiten Talfurchen und Senken, die von Norden her in das Innere des Klagenfurter Beckens führen, früher deutsch wurden als die verkehrsentrückten Hänge der Ossiacher Tauern und der Saualpe. Nach Aeneas Silvio P i c c o l o m i n i [10], dem späteren Papst Pius II., hatte „Steiermark deutsche Sitte und Herrschaft angenommen und haben auch die Corner, welche man Kärntner und Carniolen nennt, dasselbe getan, so daß die Quellen der Drau und Sawe in den Bereich des deutschen Rechtes fallen". Nach Sigismund von H e r b e r s t e i n [11], der die Domschule in Gurk besucht hatte und die Verhältnisse in Kärnten daher sehr wohl kennen konnte, redeten die Kärntner zu seiner Zeit im Süden bis herauf zur Drau die „slavonische", d. i. „die windische Sprache, welche jetzo gemeinlich, aber nit recht, sclavonisch genennt wird". Ist dies richtig, so muß schon damals das dem Nordufer der Drau anliegende Gebiet mehr deutsch als windisch gesprochen haben. Zu M e g i s e r s Zeiten (um 1600) konnte man in Kärnten — gemeint ist Südkärnten — „schier keine Stadt noch einen Ort fin-

---

[10] De ritu, situ, moribus et condicione theutonica descriptio 1458. Zitiert nach E. Meynen, Deutschland und Deutsches Reich. Leipzig 1935 S. 141.

[11] Reise nach Moskau. 1557. Einleitung.

den, da man nicht zugleich deutsch oder windisch redet, sonderlich zu Klagenfurt, Völkermarkt, Bleiburg, Gutenstein, Windischgrätz und dergleichen Orten mehr". Das von den Jugoslawen mit Unrecht als slowenisches Heiligtum hingestellte und so heiß begehrte Maria Saal war seit dem frühen Mittelalter ein d e u t s c h e r Kulturmittelpunkt und Sitz von deutschen Pröpsten, Chorherren und Beamten, die zum großen Teil aus Salzburg stammten. Soweit wir unterrichtet sind, wurde hier die Mehrzahl der Predigten in deutscher Sprache gehalten[12]. Ein zweiter deutscher Kulturmittelpunkt in der Gegend der von ihren Anfängen an deutschen Stadt Klagenfurt war das von den Spanheimern gegründete Zisterzienserkloster V i k t r i n g. Nach einem Verzeichnis von 1353 stammten von den 18 Mönchen des Klosters 6 aus dem Rheinland, 2 aus Flandern, 1 aus Preußen, 5 aus dem reindeutschen Teile von Kärnten, 1 aus Obersteier, 2 aus Böhmen. Dank der eifrigen Kolonisationstätigkeit des Klosters entstand hier eine Reihe von neuen Siedlungen: Neudorf, Gereuth, Stein, Weingarten, Höflein, Bach, Berg, Alm u. a. Von den Bewohnern des ehemaligen Steuerbezirkes Viktring, der sich mit der heutigen Gemeinde Viktring

---

[12]) Nach den Kapitel-Statuten von 1602 (Kapitelarchiv Maria Saal) wurde dort an zwei aufeinanderfolgenden Sonn- oder Feiertagen deutsch, am dritten Sonn- oder Feiertag „sclavonisch" gepredigt, nach den Statuten von 1626 an jedem ersten Sonntag im Monat und an jedem dritten Feiertag „sclavonisch", an allen übrigen Sonn- und Feiertagen aber deutsch. Die Statuten von 1738 ordnen für alle Aposteltage eine „sclavonische", für alle übrigen Sonn- und Feiertage eine deutsche Predigt an. An Wallfahrtstagen war in der Kirche stets eine deutsche, am Friedhof eine windische Predigt zu halten. — Im Jahre 1644 nimmt der salzburgische Schaffer in Maria Saal in einem Schreiben an das salzburgische Vizedomamt in Friesach gegen Gerüchte Stellung, daß zum Stift Maria Saal kein Dechant oder Kanonikus promoviert werden solle, der die windische Sprache nicht reden könne, weil bei dieser Stift nicht mehr als 3 in der windischen Sprache erfahrene Priester notwendig seien, einer für die Pfarre Maria Saal wegen etlicher darin vorkommender windischer Beichtkinder, die beiden anderen für die Filialkirchen St. Thomas und St. Georgen; noch vor wenigen Jahren seien Dechant Simon Dorn und andere Kanoniker dagewesen, welche die windische Sprache nicht reden konnten, und seien „einhellig die Gottesdienste zu höchstem Lob Gottes gar auferbaulich verrichtet worden". Reichsgauarchiv, Abt. Graz, Maria Saal Nr. 176. Simon Dorn war um 1600 letzter Dechant in Maria Saal, der zugleich Pfarrer zu Klagenfurt war. 1603 wurde die Pfarre Klagenfurt von der Pfarre Maria Saal getrennt. Die Propstei Maria Saal war bis zu ihrer Vereinigung mit dem Bistum Lavant (1781) fast durchwegs mit deutschen Pröpsten besetzt, ebenso die Dechantei. Erst im 18. Jahrhundert tauchen Dechante mit windischen Namen auf und erst in der zweiten Hälfte des 19. Jahrhunderts wurde das Kapitel durch den Einfluß der slowenisch-nationalen Bewegung mit slowenischen Kanonikern besetzt. 1874 waren alle drei Kanoniker nationale Slowenen. Als diese im gleichen Jahre die Kapitel-Statuten neu auflegten, wurde darin erklärt, daß zur Besetzung von wirklichen Kanoniker-Stellen die slowenische Sprache unumgänglich notwendig sei. Da deutsche Priester die Kenntnis der slowenischen Sprache in der Regel nicht besaßen, so waren sie von der Bewerbung so gut wie ausgeschlossen und hatte die überwiegend und zuletzt reindeutsche Pfarre Maria Saal bis in die Zeit nach der Volksabstimmung im Gegensatz zu den früheren Verhältnissen fast nur mehr slowenische Dechante und Kanoniker, von denen einige eifrig in slowenisch-nationalem Sinne tätig waren.

ohne die Steuergemeinde Neudorf deckte, waren nach einer Gutsbeschreibung von 1802[13]) 573 deutsch (79%), 153 windisch, von den Hausvätern 60 deutsch (76%), 29 windisch.

Die Statistiker H a i n und C z o e r n i g [14]), deren Angaben auf den ersten amtlichen Sprachenerhebungen vom Jahre 1846 beruhen, ziehen um die Mitte des 19. Jahrhunderts übereinstimmend die Grenze des r e i n deutschen Sprachgebietes von Zauchen (östlich Villach) — das weiter westlich gelegene Gebiet kommt nicht in Betracht —, über Dellach (am Ursprung der Glan), Moosburg, Tigring, Nußberg, St. Peter am Bichl, Kading (bei Möderndorf), St. Michael, St. Donat, St. Sebastian, St. Gregor, Schmieddorf (südöstlich Brückl), Hoch-Feistritz, Wölfnitz, Wriesen, Pustritz, Langegg, Gönitz, Granitztal, Eis, Lavamünd und Rabenstein. Nach H a i n umfaßte das deutsche Sprachgebiet den westlichen und nördlichen Teil des Landes, so daß der erstere „beiläufig mit dem Meridian der Westseite des Wörthersees, der letztere aber durch den Parallelkreis von Klagenfurt abgegrenzt ist". Das Faakerseetal und das obere Rosental bis herab nach Maria Elend bezeichnet Hain als gemischtsprachig. Bei Maria Elend übersetzte nach ihm die „das gemischte und das slowenische Gebiet trennende Linie" die Drau, folgte dann dem Wörthersee und ging südlich von Klagenfurt bis zum gemischten Ebental, hierauf in Windungen bis gegen Maria Saal und von dort nordostwärts und längs der Gurk bis zum deutschen Gebiet bei St. Johann am Brückl. Auch östlich von Klein-St. Veit lag nach Hain ein gemischter Bezirk, der bis Völkermarkt reichte und den im Norden und Süden von slowenischen Ortschaften umgebenen Markt Griffen umfaßte. Außerdem hatten nach Hain mehrere Ortschaften und ganze Bezirke auf slowenischem Boden eine gemischte Bevölkerung. Der bedeutendste von diesen Bezirken war die Gegend um Bleiburg. Nach C z o e r n i g s Ethnographie war im Süden der Grenze des reindeutschen Sprachgebietes das ausgedehnte Gebiet von Arnoldstein bis Feistritz im Rosental, dann ein Strich am Wörthersee und um Klagenfurt mit einer Ausbuchtung über Viktring bis Hollenburg und einer zweiten über die Drau bis Gupf (am Freibach, wo ein in deutschen Händen befindliches Hammerwerk stand), ferner die Umgebung von Völkermarkt und Griffen bis Eberndorf und ein vom Lavanttal bis Unterdrauburg laufender Landstrich „vorwie-

---

[13]) RGA. (= Reichsgauarchiv Klagenfurt), Allg. Handschriftensammlung des Gesch.-Ver. A. 212.

[14]) J. Hain, Handbuch der Statistik des österr. Kaiserstaates. Wien 1852. K. Freiherr v. Czoernig, Ethnographische Karte der Österr.-Ungar. Monarchie. Wien 1855. — Ders., Ethnographie der Österr.-Ungar. Monarchie. Wien 1856. — A. Ficker, Völkerstämme der Österr.-Ungar. Monarchie. Wien 1869. Vgl. Carinthia I 1919 S. 72. Nach Hain (I 271) war dem — leider verschollenen — handschriftlichen Werk Czoernigs ein Repertorium sämtlicher Ortschaften beigefügt, in dem für jeden Ort der Monarchie außer dem Flächenraum, der Häuser- und der Bewohnerzahl auch die daselbst herrschenden Sprachen und im großen die Verhältniszahlen der allfälligen Mischungen angegeben waren.

gend deutsch, so daß erst jenseits dieses Distriktes das rein slowenische Gebiet begann". Damit stimmt auch Czoernigs ethnographische Karte überein. Die Grenze des reindeutschen Gebietes ist hier als schmales blaues Band eingetragen, das reindeutsche und das vorwiegend deutsche Gebiet rot, das slowenische Gebiet blau bezeichnet. Am Südhang der Ossiacher Tauern ist eine kleine slowenische Sprachinsel mit den Orten Tiebitsch, St. Martin am Techelsberg, St. Bartlmä und Pernach verzeichnet, eine zweite am Südhang der Saualpe mit den Ortschaften Greutschach, Grafenbach und Großenegg. Das slowenische Gebiet erstreckt sich nördlich der Drau nur über die Sattnitz östlich von St. Ruprecht bei Ludmannsdorf mit Ausnahme der oben genannten Ausbuchtungen nach Hollenburg und Gupf, dann das Gebiet zwischen St. Jakob an der Straße, Windisch St. Michael und Gumisch, die Gegend von Weinberg, Unarach und Unterberg bei Völkermarkt und die Gegend nördlich von Unterdrauburg, südlich der Drau über das untere Rosental, das Jaun- und Mießtal. Doch ist die Gegend von Eberndorf, St. Kanzian und Kühnsdorf zum deutschen Sprachgebiet gezogen, die Umgebung von Bleiburg, ein Streifen Landes von Mieß bis Pfarrdorf sowie die Märkte Eisenkappel und Gutenstein und der Ort Schwarzenbach als gemischtsprachig bezeichnet, ebenso auch das Drautal von Lavamünd bis Unterdrauburg.

Obwohl Czoernig die Zone zwischen der Grenze des reindeutschen und der des slowenischen Sprachgebietes als vorwiegend deutsch bezeichnet, so ist es doch nicht sehr wahrscheinlich, daß die Bevölkerung des oberen Rosentales, der westlichen Sattnitz und der Umgebung von Völkermarkt schon damals von Haus aus überwiegend deutschsprachig war. Wohl aber muß die deutsche Sprache im öffentlichen Verkehr auch hier schon so stark im Gebrauch gestanden sein, daß man auch dieses Gebiet zum deutschen Sprachgebiet rechnen konnte. Vorwiegend deutsch war, wie man mit Sicherheit auf Grund einer Reihe von Quellen behaupten kann, die Gegend nördlich und nordwestlich von Klagenfurt. Hier sind in den Steuergemeinden zwischen der St. Veiter Straße und Krumpendorf-Drasing die in den Flurbüchern des josefinischen Katasters von 1787/88 und in den Katastralmappen von 1826 genannten, althergebrachten Flurnamen mit wenigen Ausnahmen entweder deutsch (wie Pirkwiesen, Buchenwald, Haidach, im Raut, bei der Vogelthesen, im Griebel, in der Leiten usw.) oder, wenn sie eine slowenische Wurzel haben, alteingedeutscht (Rudnigbachl, Raunach, Röberacker u. a.). Die zahlreichen Parzellennamen, die 1787/88 aufgenommen wurden, sind durchaus, die Haus- und Familiennamen überwiegend deutsch.

Aus diesen deutschen Namen geht hervor, daß diese Gegend schon in der zweiten Hälfte des 18. Jahrhunderts eingedeutscht war. Die Eindeutschung erfolgte nicht, wie die slowenische Propaganda behauptete, künstlich, sondern ist einerseits auf den Verkehr mit dem deutschen Klagenfurt und dem deutschen Norden zurückzuführen, andererseits auf die zahlreichen Schlösser und anderen Herrensitze, die sich seit altersher in deutschen Händen befinden und deutsche

Sprache und Kultur ausstrahlten[15]). Sie war, wie aus zwei weiteren Quellen hervorgeht, eine dauernde.

In einer vom Bezirkskommissär Anton W e r z e r im Jahre 1812 verfaßten Beschreibung des Werbbezirkes der vereinigten Herrschaften Mageregg, Annabichl und Seltenheim[16]), der im Süden bis einschließlich Gurlitsch und Freienturn und bis zur Nordgrenze des Bezirkes Klagenfurt reichte, heißt es: „In diesem Werbbezirk scheidet sich die windische Sprache von der deutschen. Hier spricht man durchaus deutsch, aber folgende Ortschaften sprechen nicht mehr windisch: Im Bezirk Seltenheim: Gabriel, Retschach, Ponfeld, Mörtschen, St. Martin, Faning, Großbuch, Weißenbach, Pitzelstätten, Ehrenbichl, Emmersdorf, Wriesnitz, Winklern, Lind, Karnburg, Stegendorf, St. Peter a. B.; im Bezirk Mageregg und Annabichl: Sagrad, Kuchling, Kading, Höfern und Zollfeld." Alle diese Ortschaften waren also rein deutsch. Die südlichsten von ihnen sind: Retschach, Ponfeld, Pitzelstätten, Emmersdorf, Wriesnitz und Karnburg. Aber auch in allen weiter südlich gelegenen Orten des Bezirkes: Ameisbichl, Tultschnig, Wölfnitz, Lendorf, Waltendorf, Poppichl, Tessendorf, Feschnig, Goritschitzen, Gurlitsch, Freienturn und Maria Loretto sprach man nach dieser Beschreibung „durchaus deutsch", nur wurde daneben auch windisch gesprochen. Daher konnte im Werbbezirk Annabichl und Mageregg schon um 1760 nach dem Berichte des damaligen Herrschaftsinhabers an die Kommission des Grafen Villana Perlaß ein Pfleger angestellt sein, der die Kenntnis der windischen Sprache nicht besaß[17]).

Auf einer Karte des Klagenfurter Kreises von 1835[18]) geht die „Grenze zwischen Deutschen und Winden" südlich von Moosburg und Hallegg, westlich von St. Primus, dann über die Lendkanalbrücke beim Paternioner zur Glanfurt, hierauf nach dieser bis zu ihrer Mündung in die Glan, von dieser glanaufwärts bis zur Straße Klagenfurt-St. Veit, folgt dieser bis in die Nähe des Herzogstuhls, läuft hierauf in nordöstlicher Richtung südlich von Ottmanach zur Gurk zwischen St. Gregor und Schmieddorf und nördlich von Diex auf die Saualpe. Von da geht sie auf der Wasserscheide zwischen Wölfnitz und Granitzbach zur Drau, die sie westlich von Wunderstätten erreicht, dann nach der

---

[15]) Erwähnt seien: Krumpendorf, Drasing, Hornstein, Falkenberg, Freien- und Rothenturn, Hallegg, Seltenheim, Eibishof, Pitzelstätten, Tentschach, Ehrenbichl, Emmersdorf, Mageregg, Ehrental, Ehrenhausen, Annabichl und Sandhof. — Meine 1906 (Carinthia I 168) auf Grund der mir damals bekannten Quellen ausgesprochene Ansicht, die Sprachgrenze sei hier erst in der zweiten Hälfte des 19. Jahrhunderts nach Süden gerückt, ist unhaltbar.

[16]) Steiermärkisches Landesarchiv, Abt. Joanneum, Fasz. 41 Nr. 4401.

[17]) RGA., Herrschaft Mageregg, Fasz. I.

[18]) Karte vom Kreis Klagenfurt, Entworfen mit Benützung der neuesten Vermessungen, Camillo Freiherr v. Schmidburg, Gouverneur im Königreich Illyrien, dediziert von A. K. K u z e l, Katastral-Schätzungsinspektor, J. L a u n s k y v. Tieffenthal, Katastral-Schätzungskommissär und L. S a l z m a n n, Katastral-Schätzungs-Adjunkt.

Drau bis zum Multererbach, schließlich nach diesem bis zum Hühnerkogel. Klagenfurt lag also 1834 im geschlossenen deutschen Sprachgebiet.

Im Widerspruch zu den bisher angeführten Gewährsmännern steht eine vom Schätzungskommissär des Rechnungsdepartements des Laibacher Guberniums Petz im Jahre 1844 verfaßte Beschreibung der sprachlichen Verhältnisse in Kärnten[19]) sowie eine Gruppe von Quellen, die slowenischen Ursprungs sind und offenbar miteinander zusammenhängen. Dazu gehören Urban Jarnik, der Personalschematismus der Diözese Gurk von 1849, eine handschriftlich in eine Sigmundische Karte von Kärnten eingetragene Sprachgrenze und P. Kozlers Karte des slowenischen Landes (Zemljovid Slovenske dežele, 1861). P e t z zählt alle damals bestehenden Steuerbezirke, in denen angeblich die slowenische Sprache vorherrschend war, auf, darunter auch die Gemeinden Wernberg, Neudorf, Trabenig und Sand des Bezirkes Landskron, den Bezirk Rosegg, der bis hinauf zu den Ossiacher Tauern reichte, ferner die Bezirke Pörtschach, Krumpendorf, Moosburg, Tentschach, Seltenheim, Magaregg, Annabichl, Klagenfurt (mit Ausnahme der Stadt), Maria Saal und Viktring. Wie wenig jedoch den ganz allgemein gehaltenen Angaben Petzens zu glauben ist, ersieht man schon daraus, daß er auch Bezirke, die selbst nach slowenischen Quellen überwiegend deutsch waren, wie Moosburg, Tentschach und die nördlichen Teile der Bezirke Seltenheim, Annabichl und Maria Saal zu jenen rechnet, in denen das Windische vorherrscht. Übrigens bemerkt er selbst, daß in den Städten und Märkten der von ihm aufgezählten Bezirke vorherrschend deutsch gesprochen werde und im größeren Teil dieser Bezirke viele Bewohner der deutschen und windischen Sprache kundig seien. Urban J a r n i k (Carinthia I, 1826, S. 59) und der Personalschematismus von 1849 bezeichnen die Pfarren am Südhang des Tauernzuges, ferner die Pfarren Pirk und Tultschnig als slowenisch, Moosburg, Karnburg (im Schematismus als deutsch bezeichnet), Maria Saal, Ottmanach und St. Filippen bei Reinegg als deutsch und slowenisch. Übereinstimmend damit verläuft die deutsch-slowenische Sprachgrenze nach der Sigmundischen Karte auf dem Kamm der Ossiacher Tauern, dann über Moosburg, Ponfeld, südlich von Karnburg, nordöstlich von Maria Saal, über Ottmanach und nordöstlich von St. Filippen zur Gurk. Denselben Verlauf nimmt die Sprachgrenze auf der Karte K o z l e r s , so daß ein Zusammenhang zwischen ihr und den Eintragungen auf der Sigmundischen Karte offensichtlich ist. Alle diese Quellen sind trübe, weil sie die irreführende Predigtsprache zur Grundlage haben. (Vgl. S. 191.)

Die jahrhundertelange Kultur- und Lebensgemeinschaft der windischen Kärntner mit den deutschen hat auch ihre windische **Mundart** wesentlich beeinflußt. Nicht nur, daß zahllose Ausdrücke für Berufe, vor allem für die verschiedenen Handwerke, für Gebrauchsgegenstände in Haus und Feld, Kleidungs-

---

[19]) RGA., Allg. Handschriftensammlung des Geschichtsvereines Nr. 1499.

stücke, Teile des Hauses und der Wirtschaftsgebäude, für Speisen, abstrakte Begriffe, für Zeit und Raum, für Tiere und Pflanzen, ja sogar deutsche Zeitwörter und Umstandswörter als Lehnwörter in das Windische Eingang fanden: auch die Wort- und Satzbildung im Windischen lehnt sich vielfach an das Deutsche an, so daß das Windische mit Recht als Mischsprache bezeichnet werden kann[20]). Es unterscheidet sich daher wesentlich von der slowenischen Schriftsprache, die erst im vorigen Jahrhundert durch Aufnahme zahlreicher Wörter und Formen aus anderen slawischen Sprachen gebildet und daher auch als n e u slowenische Schriftsprache bezeichnet wurde.

Aber nicht nur in der Sprache, auch in bezug auf Wirtschaftsformen, Hausbau, Sitte und Brauch, Sage und Lied, haben sich die Kärntner Windischen vielfach den Deutschen angeglichen. So hat sich eine deutsch und windisch sprechende Zwischenschichte entwickelt, die sich selbst nach dem alten Namen als „windisch" bezeichnet, aber keineswegs eine eigene Nation darstellt, sondern durch ihre Abstammung sowie durch Heimat-, Lebens-, Schicksals- und Kulturgemeinschaft mit den Deutschen innig verbunden ist und sich zur deutschen Volksgemeinschaft bekennt[21]).

Alle diese Vorgänge vollzogen sich in ruhiger und friedlicher Weise, „ein langsamer, zwangloser Weg zur Natur", wie sich Jarnik ausgedrückt hat. Nie hören wir von nationalen Streitigkeiten bis herauf in die zweite Hälfte des vorigen Jahrhunderts, im Gegenteil haben Deutsche und Windische in Kärnten Freud und Leid stets getreulich miteinander geteilt.

*

In der zweiten Hälfte des 19. Jahrhunderts haben die vielfachen wirtschaftlichen und kulturellen Beziehungen der Windischen zu den Deutschen, die Durchsetzung des gemischtsprachigen Gebietes durch die wirtschaftlich führenden deutschen Sprachinseln, die Zunahme von Industrie, Handel und Verkehr und der Aufschwung des Fremdenverkehrs die Verbreitung der deutschen Sprache beschleunigt und einen weiteren Rückgang der windischen Sprache zur Folge gehabt, namentlich dort, wo der Verkehr am größten ist, das ist in der Gegend um Villach und Klagenfurt und am Wörthersee. Dazu kommt noch, daß im größeren, vorwiegend landwirtschaftlichen Teil des slowenischen Mehrheitsgebietes infolge der starken Abwanderung und des verhältnismäßig geringen Geburtenüberschusses ein Bevölkerungsrückgang eingetreten und eine

---

[20]) P. Lessiak, Alpendeutsche und Alpenslawen in ihren sprachlichen Beziehungen. Germanisch-romanische Monatsschrift II 273 ff. — Ders., Die Einheit Kärntens usw. — E. Kranzmayer in: Handwörterbuch des Grenz- u. Auslandsdeutschtums, 2. Bd. S. 613.

[21]) Lessiak, a. a. O. — G. Graber, Deutsche Einflüsse in Brauchtum und Sitte der Kärntner Slowenen. Wiener Zeitschrift f. Volkskunde, Jg. 36, 1931. — Ders., Volksleben in Kärnten, Graz 1934. — M. Wutte, Deutsch-Windisch-Slowenisch. In „Kampf um Kärnten 1918—1920". Herausgegeben von J. F. Perkonig, Klagenfurt (1930).

stärkere deutsche Zuwanderung erfolgt ist[22]). So ist die Zahl der Bewohner mit slowenischer Umgangssprache im Zeitraum von 1880 bis 1910 von 30 v. H. auf 21 v. H. gesunken.

Zahlenmäßig bekannten sich 1910 301000 Einwohner (= 79 %) zur deutschen und 80 600 (= 21 %) zur slowenischen U m g a n g s s p r a c h e. Von einem geschlossenen slowenischen Sprachgebiete konnte schon damals nicht gesprochen werden. Denn einerseits entsandte das geschlossene deutsche Sprachgebiet zwei tiefe Einbuchtungen nach Süden, eine südlich von Villach über Arnoldstein, Tarvis und Raibl bis zur alten österreichischen Landesgrenze, eine andere südlich von Klagenfurt bis Ferlach, so daß das Gebiet mit slowenischer Mehrheit in drei Teile geteilt war, einen westlichen im unteren Gailtale, einen mittleren südlich vom Wörthersee (Rosental und Sattnitzgebiet) und einen östlichen in Südostkärnten. Andererseits war jeder dieser drei Teile von zahlreichen deutschen Sprachinseln und Gemeinden mit starken deutschen Minderheiten durchsetzt. Im westlichen Teile bildeten Tarvis, Malborghet und der frühere Grenzort Pontafel, alle heute in italienischem Besitz, im mittleren Teile der Markt Ferlach, im östlichen Teile die Städte Völkermarkt und Bleiburg und die Märkte Eisenkappel und Griffen, sowie die 1919 an Südslawien abgetretenen Märkte Gutenstein und Unterdrauburg deutsche Sprachinseln. Daher war denn auch das Gebiet südlich der Sprachgrenze noch immer von rund 24 000 Deutschen (= 25 % der Gesamtbevölkerung dieses Gebietes) bewohnt. die Sprachgrenze selbst hatte einen so vielfach gewundenen Lauf, daß man sie nur auf einer Karte größeren Maßstabes verfolgen konnte. Die Zahl der deutschen und slowenischen Gemeinden vor und nach dem Zwangsfrieden von St. Germain und ihre sprachliche Mischung von 1910 zeigt folgende Tabelle:

	% slowenisch					% deutsch					Gesamtzahl der Gemeinden
	95-100	80-95	65-80	50-65	Summe	50-65	65-80	80-95	95-100	Summe	
1910	15	25	12	7	59	9	3	11	181	204	263
1919	12	20	10	6	48	8	2	10	179	199	247

Die Abgeschlossenheit des Landes gegen Krain und Untersteier und die innige Verbundenheit mit den deutschen Nachbarn bewirkten, daß sich auch die windischen Kärntner im bewußten Gegensatze zu den sprachverwandten Krainern stets als K ä r n t n e r fühlten. Schon Megiser sagt in seinen Annales Carinthiae (1612), die windischen Kärntner hätten sich mit den deutschen Kärntnern also gewaltiglich vereinigt, daß aus ihnen beiden einerlei Volk geworden

---

[22]) M. Wutte, Die Bevölkerungsbewegung in Kärnten 1881—1934. Carinthia I 1938 S. 36. — Handwörterbuch des Grenz- und Auslandsdeutschtums, 2. Bd. S. 585 f.

sei. Und der slowenischnationale Professor Apih erklärt 1890[23]), daß die Slowenen durch die höchst ungünstige Konfiguration des von ihnen bewohnten Gebietes zersplittert wurden und sich infolgedessen gesonderte politische Einheiten bildeten, die naturgemäß zu Kultur- und Interesseneinheiten wurden, so daß die große Masse mit der Zeit das Bewußtsein der Zugehörigkeit zum slowenischen Volke verlor, ja der „Steirer", der „Krainer", der „Kärntner" und der „Meeranwohner" sogar feindliche Brüder wurden.

Dieses in Natur und Geschichte wurzelnde Kärntner Heimatgefühl und das Bewußtsein der unlösbaren Verbundenheit mit deutscher Kultur und Wirtschaft waren stärker als der nationale Zusammenhang der windischen Bevölkerung Kärntens mit den Slowenen in Krain und Untersteier. Sie traten ganz besonders dann in Erscheinung, wenn sich jenseits der Karawanken politische und kulturelle Einigungsbestrebungen zeigten, deren Ziel die Loslösung Südkärntens von Kärnten und dem deutschen Norden war, und erklären die n a t i o n a l e u n d p o l i t i s c h e H a l t u n g, die die Kärntner Windischen nach dem Erwachen der slowenisch-nationalen Bewegung an den Tag legten. Diese Haltung war bestimmt durch den Wunsch, die Verbindung mit den deutschen Nachbarn und dem deutschen Kultur- und Wirtschaftskreis um jeden Preis aufrecht zu erhalten. Die Kärntner Windischen standen daher seit dem Jahre des Völkerfrühlings 1848 politisch stets auf Seite der Deutschen. Nur eine Minderzahl der Bevölkerung mit slowenischer Umgangssprache, die nationalen Slowenen, suchte unter Führung der Geistlichkeit Verbindung mit den Slowenen außerhalb Kärntens.

Diese Scheidung der Bevölkerung mit slowenischer Umgangssprache in deutsch-gesinnte Windische und nationale Slowenen zeigte sich auch im Vereinsleben. In den letzten Jahren vor dem Weltkrieg gab es in den gemischtsprachigen Teilen von Kärnten nicht weniger als 285 deutsche, aber — nach slowenischer Angabe — nur 131 slowenische Vereine. Dabei ist diese Zahl sicher zu hoch gegriffen, da bei der Behörde nur 67 slowenische Vereine angemeldet waren. Bezeichnend ist die Verbreitung der nationalen Schutzvereine. Während es nämlich im gemischtsprachigen Kärnten kurz vor dem Kriege 42 Ortsgruppen des deutschen Schulvereines mit über 2800 Mitgliedern und 29 Ortsgruppen der „Südmark" mit 2153 Mitgliedern gab, bestanden an slowenischnationalen Schutzvereinen nur 16 Ortsgruppen der „Slovenska Straža" („Slowenische Wacht") in Laibach, 7 Ortsgruppen des slowenischen Schulvereines und 13 Ortsgruppen des Cyrill- und Methodvereines. Klagenfurt, das von der Laibacher Propaganda als halbslawische Stadt hingestellt wurde, zählte 1914 bei rund 24 300 deutschen und 600 slowenischen Einwohnern nur 14 behördlich gemeldete slowenische, aber über 300 deutsche Vereine.

---

[23]) Österr. Jahrbuch 1890 S. 87.

II. DIE SLOWENISCH-NATIONALE FRAGE IN KÄRNTEN BIS ZUR ENTSTEHUNG DER GROSZSERBISCHEN BEWEGUNG (1848—1903)

1. Die Anfänge der slowenischnationalen Bewegung in den Jahren 1848 und 1849

Während das deutsche Schrifttum in Kärnten bis weit in das Mittelalter zurückreicht und im Laufe der Jahrhunderte reiche und schöne Blüten trieb, fallen die ersten schüchternen literarischen Versuche der Slowenen insgesamt, abgesehen von Trubers und Dalmatins Bibelübersetzung und anderen religiösen Schriften, erst in die Zeit der Kaiserin Maria Theresia. In Kärnten waren sie bis in das neunzehnte Jahrhundert hinein auf Gebet- und Erbauungsbücher und Oswald Gutsmanns († 1790) „Windische Sprachlehre" und „Deutsch-windisches Wörterbuch" beschränkt. Erst Anton S l o m š e k [24]), der hochgepriesene „Apostel der Slowenen", geboren in Ponikl in Untersteier, 1846—1862 Bischof von Lavant, verfaßte als Spiritual im Klagenfurter Priesterseminar (1829—1838) die ersten windischen Lesebücher für das Volk. Urban J a r n i k († 1844), Pfarrer in Moosburg, der erste nationalbewußte slowenische Schriftsteller in Kärnten, schrieb seine Aufsätze in deutscher und windischer Sprache. In deutscher Sprache sind auch seine „Andeutungen über Kärntens Germanisierung" erschienen, eine für die damalige Zeit bedeutende Arbeit, in der er auf Grund von Fluß-, Berg- und Ortsnamen den Nachweis lieferte, daß Kärnten einst zum großen Teile von Slowenen bewohnt war. Die Deutschen bereiteten Jarnik und den übrigen windischen Schriftstellern nicht nur keine Schwierigkeiten, sondern förderten sie, soviel sie konnten. Gutsmanns Werke erschienen mit Unterstützung des Grafen Rudolf von Goëß und die von slowenischem Volksbewußtsein erfüllten Aufsätze Jarniks wurden in der „Carinthia" abgedruckt, wiewohl sie manchmal über das Ziel schossen und die Carinthia seit ihrer Gründung von Deutschen herausgegeben und geleitet wurde.

Slomšek und Jarnik waren die Erwecker des slowenischen Nationalbewußtseins in Kärnten. Von entscheidender Bedeutung für seine weitere Entwicklung war, daß die Diözese Lavant, die sich über ganz Ostkärnten und Südsteiermark erstreckte und daher überwiegend windisch war, kein eigenes Priesterseminar besaß und ihre Priester 1811—1851 im Priesterseminar in Klagenfurt ausgebildet wurden. Dadurch kam das stärkere slowenische Empfinden der südsteirischen Slowenen in das Priesterhaus nach Klagenfurt, wo es auch die windischen Theologen aus Kärnten in seinen Bann zog. Slomšek sammelte während seiner Tätigkeit in Klagenfurt die windischen Alumnen um sich, unterwies sie

---

[24]) Kosar F., Anton Martin Slomšek. Marburg 1863. — Spomini sedemdesetletnice smrti Antona Martina Slomšeka Posvečnje zgodovinsko Društvo v Mariboru. Arhiv za zgodovino in Narodopisje knjega I. Uredil Fr. Kovačič. Maribor 1930f.

in der slowenischen Sprache, gab ihnen Lesestoff und gründete eine Art literarischen Verein. Dadurch stärkte er, obwohl er jede Einseitigkeit bekämpfte und auch für die Pflege der deutschen Sprache eintrat — bekannt ist sein Ausspruch: „Die slowenische Sprache sei unsere rechte, aber die deutsche unsere linke Hand" —, den nationalen Sinn der slowenischen Theologen. Es entstand unter diesen eine slowenisch-nationale Tradition, die im Klagenfurter Priesterhaus bis in die jüngste Zeit erhalten blieb, obwohl die Diözese Lavant ein eigenes Priesterseminar in St. Andrä und später in Marburg erhielt und 1859 Ostkärnten vom Bistum Lavant getrennt und mit dem Bistum Gurk vereinigt wurde. Den slowenisch-nationalen Geist, den die jungen Priester im Seminar empfingen, nahmen sie mit sich hinaus in die Landpfarren. Hier konnten sie ihn, weit über Slomšek hinausgehend, um so mehr betätigen, als der Pfarrgeistlichkeit auf Grund des Konkordats vom Jahre 1855 bis zum Erscheinen des Reichsvolksschulgesetzes im Jahre 1869 ein entscheidender Einfluß auf die Volksschulen zustand.

Dagegen hat die vom Kroaten Ludwig Gaj begründete i l l y r i s c h e B e w e g u n g (1835—1848) in Kärnten keinerlei Bedeutung erlangt. Ihr Ziel war, zunächst eine gemeinsame Literatursprache für die Südslawen zu schaffen, ein Gedanke, den selbst nationale Slowenen wie F. Simonič und Jos. Apih als absonderliche Idee und utopischen Plan bezeichneten[25]. In Kärnten fand die Bewegung einen Vertreter in Matthias Majer, einem slowenischen Geistlichen aus dem Gailtale, 1848 Kaplan an der Domkirche zu Klagenfurt. Allein Majer war eine vereinzelte Erscheinung und die anderen nationalen Führer der Kärntner Slowenen wie Einspieler und Janežič wandten sich vom Gedanken bald wieder ab. Slomšek, der 1846—1859 in St. Andrä im Lavanttale residierte, schreibt 1848, das übertriebene Treiben des überspannten Majer errege in Kärnten allgemeine Indignation, niemand nehme Anteil an dieser Agitation.

Die Führung in den literarischen Bestrebungen der Slowenen vor und nach 1848 hatte die Hauptstadt des slowenischen Kernlandes Krain, L a i b a c h. Hier gab Dr. Joh. Bleiweis, der „Vater der Slowenen", seit 1843 die epochemachenden „Novice" (Neuigkeiten) heraus, die lange Zeit den „Mittelpunkt der gesamten schriftstellerisch tätigen Welt der Slowenen" bildeten[26]. Hier lebte die Mehrzahl der slowenischen Schriftsteller und entstanden 1848 vier slowenische Zeitungen, ein slowenischer literarischer und ein politischer Verein. Hier sollte auch eine slowenische Universität gegründet werden und wurde 1863 die „Slovenska Matica" (Slowenisches Mütterchen) zur Herausgabe wissenschaftlicher Werke in slowenischer Sprache ins Leben gerufen. Darum wurden auch die 1848 neueingeführten Farben der Provinz Krain, blau-weiß-rot, die slowe-

---

[25] Franz Simonič, Die slowenische Literatur bei Šuman. Die Slowenen. Wien 1881 S. 153. — Apih (s. Anm. 27) I 83.

[26] Simonič, a. a. O. S. 156.

nischen Nationalfarben. Es muß diese führende Stellung Laibachs festgestellt werden, weil in der slowenischen Propagandaliteratur der letzten Jahre unter Hinweis auf den Klagenfurter Realschulprofessor Andreas Einspieler, Landtagsabgeordneten und Herausgeber der slowenischen Zeitung „Mir" (gest. 1888), und Anton Janežič, Professor der slowenischen Sprache am Gymnasium zu Klagenfurt, der ein slowenisches Wörterbuch und slowenische Sprachbücher verfaßt und eine slowenische Zeitschrift herausgegeben hat, immer wieder fälschlich behauptet wurde, Klagenfurt habe in der slowenischen Literatur nach 1848 die Führung übernommen und sei der Mittelpunkt des geistigen Lebens der Slowenen gewesen.

*

Als im Jahre 1848 die nationale Frage aufgerollt wurde, traten auch die nationalbewußten Slowenen, die damals selbst in Krain und Untersteier noch sehr gering an Zahl waren, mit Forderungen auf den Plan[27]. Führer der Bewegung waren die slowenischen Kreise in Laibach, ferner die in Wien und Graz wohnenden slowenischen Akademiker. In Laibach stellte J. Bleiweis am 29. März 1848 als erster die Forderung auf, „daß die slowenischen Gebiete in eine einzige administrative Einheit mit der Bezeichnung ‚Königreich Slowenien' vereinigt werden"[28]. Am gleichen Tage richteten 44 in Wien lebende Slowenen unter Führung des bekannten Slawisten Miklosich an den Krainer ständischen Landtag eine Adresse, in der sie unter anderem die Sicherstellung der slowenischen Nationalität in Krain, im Küstenland und in den slowenischen Bezirken Steiermarks und Kärntens verlangten. Der Krainer Landtag ging jedoch auf die Forderung nicht weiter ein. Im Laufe des April gründeten die in Graz und Wien lebenden Slowenen politische Vereine unter dem Namen „Slovenija". Ihre Ziele waren: Auflösung der alten Gliederung Österreichs nach Kronländern und Umwandlung Österreichs in einen Nationalitätenstaat, somit Ersatz der „historisch-politischen Individualitäten" durch nationale Verwaltungsgebiete, Schaffung eines einheitlichen slowenischen Verwaltungsgebietes, ferner Unabhängigkeit Sloweniens vom Frankfurter Parlament und Gleichberechtigung der slowenischen Sprache in Schule und Amt. Ähnliche Forderungen stellte auch der Untersteirer Stanko Vraz namens der Slowenen auf dem Ende Mai 1848 abgehaltenen 1. Slawenkongreß in Prag auf.

Allein diese Forderungen wurden selbst von Slowenen nicht gebilligt. Als Bleiweis den angeblichen Wunsch des slowenischen Volkes nach Vereinigung

---

[27] Apih, Jos. (slow.-nat.), Die Slowenen und die Märzbewegung von 1848. Österr. Jahrbuch 1890, 79 f. (I.). — Ders., Die slowenische Bewegung im Frühjahr und Vorsommer 1848. Ebenda 1892 175 f. (II.). — Ders., Die Slowenen und der konstituierende Reichstag 1848/49. Ebenda, 1894, 15 f. (III.). — Ders., Die Slowenen und das österreichische Verfassungswerk von 1848/49. Ebenda 1896 119 f. (IV.).

[28] Apih, I 98.

dem Erzherzog Johann vortrug, dem man in Krain großes Vertrauen entgegenbrachte, richtete der Prinz an ihn die Frage, ob das, was die Krainer wünschten, auch der Wunsch der Kärntner, Steirer und übrigen Slowenen sei. Diese Frage konnte Bleiweis nicht bejahen. Auch Slomšek sprach sich gegen die Gründung eines Königreichs Slowenien aus und tadelte die Beteiligung mancher Priester an der Agitation zugunsten Sloweniens[29]).

In Kärnten war die slowenischnationale Bewegung auf einige wenige Geistliche beschränkt. An ihrer Spitze stand zuerst Matthias M a j e r , dann Andreas Einspieler. Majer veröffentlichte am 29. März 1848 einen Aufruf an die Slowenen und sammelte Unterschriften für eine slowenische Petition im Sinne Bleiweis', fand aber bei den Slowenen keinen Beifall. Slomšek schreibt am 6. April 1848 an Abt Vodušek in Cilli: „Der Klagenfurter Slawist Matija Majer fängt an, den Verstand zu verlieren und macht Petitionen ganz eigener Art, wozu er Unterschriften sammelt; sollte er sich auch an den Klerus Untersteiermarks wenden, so ersuche ich, ihm jede Teilnahme zu versagen." Majer wurde später wegen seiner aufreizenden Tätigkeit von seiner kirchlichen Oberbehörde auf den Luschariberg im Kanaltal versetzt und suchte auf dem Wege dahin einige Gemeinden des unteren Gailtales, seiner engeren Heimat, zu bewegen, an der Wahl für das Frankfurter Parlament nicht teilzunehmen, hatte jedoch keinen Erfolg. Einspieler gründete in Klagenfurt im Sommer 1848 einen slowenischen Lesezirkel, der sich im Herbst in einen slowenischen Verein umwandelte, aber nach kurzer Zeit einging, „da die nationale Lethargie der Slowenen Kärntens dem Verein ein kräftiges Auftreten nicht gestattete"[30]). In der Klagenfurter Zeitung vom 29. Mai 1848 wandte sich ein geborener Slowene, Bezirkskommissär Preschl, gegen die Errichtung eines Königreiches Slowenien.

Im Juli 1848 trat der erste österreichische R e i c h s t a g zusammen. Zum erstenmal zeigte sich hier zwischen den Deutschen in Böhmen und den Deutschen in den doppelsprachigen Alpenländern jener Gegensatz der politischen Ziele, der später so oft zutage getreten ist und die deutsche Politik in Österreich so sehr gehemmt hat. Dieser Gegensatz trat namentlich in der Frage der künftigen inneren Ausgestaltung Österreichs zutage. Drei Forderungen tauchten in den politischen Programmen dieser Zeit auf: Zentralismus und Beibehaltung der bisherigen Länder als historisch-politische Individualitäten, Föderalismus auf Grund dieser historisch-politischen Individualitäten und Föderalismus auf Grund der Nationalitäten. Während die ersten zwei Forderungen von den Deutschen der Alpenländer verfochten wurden, traten die Deutschen in Böhmen und die Slowenen mit der 3. auf den Plan.

Schon wenige Tage nach dem Zusammentritt des Reichstages wurden Anträge eingebracht, die Kärnten aufs tiefste berührten. Der deutschböhmische

---

[29]) Apih, I 104f. [30]) Apih, II 180.

Abgeordnete von Saaz, Ludwig von L ö h n e r , beantragte, die bestehenden Provinzen aufzulösen und an ihrer Stelle nach dem Muster der französischen Departements national begrenzte Kreise zu schaffen. So sehr dieser Antrag vom deutschböhmischen Standpunkt aus begreiflich war, so schwer traf er die gemischtsprachigen Alpenländer, die dadurch in ihrem Bestande als Verwaltungseinheiten bedroht wurden. Ebenso bedrohlich war für diese Länder ein Antrag, der von slawischer Seite ausging oder ausgehen sollte. Auch danach sollten an Stelle der bisherigen Provinzen neue, nach ethnographischen Verhältnissen umgrenzte Verwaltungsgebiete geschaffen werden. Damit wäre auch die Bahn für das Königreich „Slovenija" freigeworden.

Die beiden Anträge lösten in K ä r n t e n bei Deutschen und Slowenen stärkste Beunruhigung aus. Am 17. August wies der Abgeordnete J a k o m i n i im provisorischen Landtage darauf hin, daß eine ethnographische Einteilung Kärntens wegen der ausgebreiteten Sprachenvermengung unausführbar und wegen der engen Verschlingung aller volkswirtschaftlichen und politischen Bestrebungen in Kärnten verderblich, ja geradezu zerstörend wäre[31]. Er beantragte, der Landtag möge erklären, in keinen der beiden Anträge einwilligen zu können, und diese Erklärung dem Gesamtministerium mit dem Ersuchen vorlegen, sie dem Reichstag zur Kenntnis zu bringen. Ein Slowene, Dr. R u l i t z , aus dem Rosentale gebürtig, unterstützte den Antrag und setzte hinzu, daß er, obschon selbst Slowene, feierlichst gegen die Abtrennung der slowenischen Gebietsteile von Kärnten und deren Vereinigung mit Krain protestieren müsse und zur Abgabe einer solchen Erklärung auch im Namen der slowenischen Bevölkerung in der Gegend seiner Heimat Ferlach berechtigt sei. Der Abgeordnete K a r n e r pflichtete Rulitz als Vertreter des slowenischen Bezirkes Hollenburg bei. Der Antrag Jakominis wurde einstimmig angenommen. Die Denkschrift an das Ministerium, für die im Lande überall Unterschriften gesammelt wurden, nimmt besonders gegen den zweiten Antrag Stellung, der Kärnten „unter Vernichtung seiner Nationalität" zu zerreißen und selbst dem Namen nach verschwinden zu machen drohe. „Beide diese Vorschläge", heißt es darin, „haben im ganzen Lande bei Deutschen und Slowenen den gleichen Schmerzenslaut tiefer Entrüstung hervorgerufen. Wir finden uns in unseren heiligsten Gefühlen verletzt." Als dann am 31. August der Verfassungsentwurf des Landes Kärnten zur Verhandlung kam, wurde im § 1 Kärnten als ein unteilbares Herzogtum erklärt.

Der Grundsatz der U n t e i l b a r k e i t   d e s   L a n d e s beherrschte fortan die Kärntner Landespolitik. Er war umso berechtigter, als Kärnten die Nachteile einer Teilung in den Jahren 1809—1825 genugsam verspürt hatte. In dieser Zeit war nämlich der Klagenfurter Kreis vom Steirischen Gubernium in Graz verwaltet worden, während der Villacher Kreis 1809—1814 dem französischen Gouver-

---

[31] RGA., Sitzungsprotokoll des prov. kärntn. Landtages v. J. 1848 Bl. 326 ff.

nement in Laibach und 1814—1825 dem dortigen österreichischen Gubernium untergeordnet war, woraus sich für beide Kreise die schwersten Schäden ergaben. Erst 1825 wurde auch der Klagenfurter Kreis dem Gubernium Laibach unterstellt, so daß Kärnten wenigstens ein und derselben Behörde unterstand. Aber die Unterordnung unter das Laibacher Gubernium brachte dem Lande neue Nachteile, denn das Laibacher Gubernium behandelte jetzt Kärnten geradezu stiefmütterlich, wie es früher den Villacher Kreis behandelt hatte und wie auch der Klagenfurter Kreis vom Grazer Gubernium behandelt worden war. Immer wieder wurden die Interessen des kleineren Landes denen des größeren, in dem sich auch der Sitz der Verwaltung befand, hintangesetzt und sehr oft wurden Verordnungen erlassen, die allein auf den in der größeren Provinz gemachten Erfahrungen beruhten. Dazu war Klagenfurt, die frühere Landeshauptstadt, zu einer vom Staat gänzlich vernachlässigten Kreisstadt herabgesunken, während Laibach, vom Staate als Sitz eines Guberniums auf mannigfaltige Weise gefördert, lebhaften Aufstieg nahm. Während die Bevölkerung Klagenfurts im Zeitraum 1794—1846 nur um ein Viertel zugenommen hatte, war sie in Laibach um die Hälfte, in Graz auf nahezu das Doppelte gestiegen. Seit Jahrzehnten strebte man daher in Kärnten nach Trennung vom Gubernium Laibach und nach Wiedererrichtung einer selbständigen Landesstelle. Auch in diesem Streben war Dr. R u l i t z Wortführer. Auf seinen Antrag richtete der Landtagsausschuß an das Ministerium und an die Reichstagsabgeordneten in Wien Denkschriften[32]), in denen ersucht wurde, für Kärnten eine eigene, unmittelbar unter dem Ministerium stehende Landesbehörde zu schaffen. In der ersten Denkschrift wurde unter anderem darauf hingewiesen, daß die Erwerbsquellen und die Lebensart des Kärntners von denen der Bewohner Krains so verschieden seien, daß der erstere mit den letzteren durchaus jede Verschmelzung in politischer Beziehung vermieden haben wolle.

Als im Jänner 1849 der Verfassungsausschuß des österreichischen Reichstages zusammentrat, wurde im Ausschusse auch über die Teilung Kärntens gesprochen[33]). Die Stellung, welche die slowenischen Abgeordneten dazu einnahmen, ist höchst bezeichnend. Kärnten war im Verfassungsausschuß durch einen Deutschen, Landrat Scholl aus Villach, vertreten, Krain durch den Advokaten Dr. Kavčič, einen radikalen Führer der nationalen Slowenen, ferner durch Kreishauptmann V. Laufenstein, nach Apih trotz seines Namens Slowene von Gesinnung, Untersteier durch Dr. Krainz, den Abgeordneten von Win-

---

[32]) Siehe den ausführlichen Bericht Dr. Rulitz' in der Sitzung des Landtagsausschusses vom 17. Oktober 1848, abgedruckt in der Klagenfurter Zeitung Nr. 54 vom 4. November 1848. Vgl. auch A. v. Jaksch, Kaiser Franz Josef u. Kärnten 1848—1873. Carinthia I 1917 S. 97 ff.

[33]) Springer, Anton, Protokolle des Verfassungsausschusses im österr. Reichstage 1848 bis 1849. Leipzig 1885.

dischgraz, „einen gediegenen, aufgeklärten Mann von (slowenisch) nationaler Gesinnung" (Apih). Abgeordneter S c h o l l beanspruchte für Kärnten provinzielle Selbständigkeit und wies darauf hin, daß Kärnten immer ein selbständiges Herzogtum gewesen sei und bis 1804 auch eine selbständige Landesstelle gehabt habe. L a u f e n s t e i n forderte die Trennung der administrativen Verbindung der zwei Länder Kärnten und Krain, die stets abgesonderte Landstände gehabt hätten und durch die Sprache und die territorialen Verhältnisse getrennt seien. Dr. K a v č i č meinte, man solle bei der provinziellen Einteilung dem Grundsatze der Nationalität und dem der Konvenienz Rechnung tragen, und verlangte, daß bei der provinziellen Einteilung jede Nationalität berücksichtigt werde, sprach sich aber gegen unnatürliche Landesverbindungen aus, die ein Fluch der Menschheit seien. Er schlug die Einteilung Österreichs in 14 Provinzen vor, darunter die Provinz „Deutsch-Steiermark und Kärnten", dann die Provinz Slowenien, bestehend aus Slowenisch-Steiermark, Krain und Slowenisch-Küstenland. Kavčič trug also den natürlichen Verhältnissen Rechnung und wollte die Einheit Kärntens nicht antasten. Dr. K r a i n z erklärte den Antrag Kavčič, soweit er die Slowenen betreffe, als ideal. Auch er bekannte sich zum Grundsatze der Konvenienz, weil man jedenfalls nationale Rücksichten auf Kosten des materiellen Wohles in der Humanität nicht auf die Spitze treiben dürfe; er werde daher nicht für die Teilung Böhmens und nicht für die Teilung Kärntens stimmen, weil dort eine Sonderung der Nationalitäten nicht so möglich sei wie in Steiermark. Alle slowenischen Redner sprachen sich also gegen eine Teilung Kärntens aus. Nur die tschechischen Abgeordneten Palacky und Rieger schlugen eine Einteilung Österreichs vor, nach der Deutsch-Kärnten und Deutsch-Steiermark zu Deutsch-Österreich, die slawischen Teile von Kärnten und Steiermark zu Illyrisch-Österreich kommen sollten. Angenommen wurde schließlich nahezu einstimmig der Antag B r e s t e l : Es sei die alte Provinzialeinteilung beizubehalten; doch seien die großen Provinzen in zwei oder mehrere möglichst nationale Kreise zu teilen. Bei der Abstimmung über die einzelnen Provinzen ergaben sich als je ein Bestandteil die Länder Steiermark, Kärnten, Krain usw. Die Länder Galizien und Lodomerien, Böhmen, Mähren, Österreich unter der Enns, Tirol, Steiermark sollten in Kreise eingeteilt werden, die übrigen Länder ungeteilt bleiben, so auch Kärnten.

Der Verfassungsentwurf des Verfassungsausschusses blieb auf dem Papier, da der Reichstag am 7. März 1849 aufgelöst wurde. Nach der oktroyierten Verfassung vom 4. März 1849 sollte Kärnten zum Königreich Illyrien gehören, das außerdem noch Krain, Görz und Gradiska, Istrien und Triest umfassen sollte. Allein schon am 11. März erfloß eine Ministerialverordnung, nach welcher Kärnten vom Gubernium Laibach losgelöst wurde und eine e i g e n e L a n d e s b e h ö r d e erhielt. Unbeschreiblich war der Jubel der Kärntner. Am 13. März wurde ein Fackelzug vor das Gebäude der Landesregierung in Klagenfurt veranstaltet und die Stadt festlich beleuchtet. Eine Dankadresse an den Kaiser wurde abgeschickt, in der es heißt:

„Unsere Berge, unsere Täler widerhallen von Jubel, er dringt in die Hütten, er tönt in die Schächte, er steigt als heißes Dankgebet zum allmächtigen Gott empor. Euer Majestät segensreiche Hand hat unserem Lande seine Selbständigkeit gegeben, Eure Majestät haben die Fesseln abgestreift, welche seit einem halben Jahrhundert das Herzogtum Kärnten an die Nachbarländer ketten, . . . haben Ihrem treuen Kärnten seine nationale Ehre wiedergegeben . . . Als kaiserliches Kronland erklärt, mit Gewährleistung seiner eigenen Landesregierung beglückt, verehrt das Herzogtum Kärnten in Eurer Majestät seinen größten Wohltäter . . .".

Der erste Versuch, Kärnten nach den Nationalitäten zu teilen, hatte bei Deutschen und Slowenen den erbittertsten Widerstand gefunden und war gescheitert, ja Kärnten hatte sich gegenüber dem Gubernium Laibach seine vollständige Freiheit erkämpft.

2. Ruhe nach dem Sturm

Die politisch-nationale Bewegung der Slowenen flaute nach 1849 ab, besonders seit der Wiedereinführung des Absolutismus (1851), der den Slowenen in mancher Hinsicht entgegenkam. Die politischen Bestrebungen der Slowenen wurden durch literarische abgelöst. Die Wiener „Slovenija" löste sich auf, die „Slovenija" in Graz und der politische slowenische Verein in Laibach verwandelten sich in literarische Vereinigungen. In Klagenfurt wurde 1851 auf Anregung des Bischofs Slomšek der Hermagorasverein zur Herausgabe slowenischer Bücher und 1864 ein slowenischer Leseverein gegründet. Ein Aufruf zum Beitritt zum Hermagorasverein erschien auch in der „Carinthia", die auch Aufsätze Einspielers brachte, worin er für slowenischnationale Forderungen eintrat. So konnte Heinrich Hermann, der bekannte Geschichtsschreiber Kärntens, 1860 in der „Carinthia" (S. 114) mit Recht schreiben: „Bei uns in Kärnten kann man diese nationale Sonderung nicht wahrnehmen, da der deutsche Grundstock sich bereitwillig erweist, jede fremde Abstammung und Einzelheit, ohne Aufgebung derselben zu verlangen, sich gleichzustellen und mit ihr seine geistigen Errungenschaften zu teilen."

Allerdings trieb das junge, überschäumende slowenische Nationalgefühl in literarischer Hinsicht seltsame Blüten, die man auf deutscher Seite nur mit Verwunderung aufnehmen konnte. Besonders eifrige Slowenen suchten den Slowenen in der Vergangenheit für ganz Europa und besonders auch für Kärnten eine Bedeutung zu geben, die ihnen niemals zukommen konnte. Davorin T e r s t e n j a k, Religionsprofessor in Marburg, einer der führenden Köpfe der Slowenen, erblickte in einem Aufsatz über den Klagenfurter Lindwurm[34] im Lindwurm-Töter ein Symbol des slawischen Sonnengottes Radogast und in einem nach Ginhart[35] aus der Zeit um 1200 stammenden Bogenrelief in Lie-

---

[34] Archiv für vaterl. Geschichte u. Top. IV 1858.
[35] Ginhart, Kunstdenkmäler Kärntens S. 735.

ding im Gurktale ein Symbol des slawischen Sonnengottes Krak. Ein anderer, wenig bedeutender Schriftsteller, Thomas J a r i t z , erklärte in einer 1853 in Villach erschienenen Schrift „Über die größtenteils slawische Abstammung der Bewohner deutscher Lande" die Helvetier, Bataver, Friesen, Franken, Sueben, Cherusker, Markomannen, Quaden, Hermunduren usw. als slawische Völker und die Nemeter als das einzige wahrhaft deutsche Volk. Die Namen „Germane" und „Hermann der Cherusker" sind nach ihm slawisch, denn „Germane" und „Hermann" sind von grm die Staude herzuleiten, bedeuten also so viel wie Staudenbewohner, „Staudacher", und „Cherusker" kommt von geruski, dieses von görouski, heißt also „Berger". Thusnelda kommt von tui se ne u da, d. i. eine, „die nicht aus der Nation hinausheiratet" und Deutsche von „daite sche", d. h. „Gebt nur!", weil die Deutschen von den Slowenen immer wieder willkürlich Abgaben verlangten.

Ernster als diese lächerlichen, auch von Slowenen wie A. Einspieler abgelehnten Phantastereien waren die Versuche slowenischer Gebildeter zu nennen, römische oder gar deutsche Inschriften als slowenisch zu deuten. Da nämlich die Tschechen in der gefälschten, damals auch in Kärnten für echt gehaltenen Königinhofer Handschrift frühmittelalterliche Dichtungen zu besitzen glaubten, so hoffte man in gebildeten Kreisen der Kärntner Slowenen, auch in Kärnten altslawische Schriftdenkmäler finden zu können. Allein die mittelalterlichen Inschriften auf den Lichtsäulen zu Völkermarkt und Maria Saal, die für slowenisch gehalten und auch gedeutet wurden, erwiesen sich als deutsch, die Inschrift am Herzogstuhl, die nach Jarnik bedeuten sollte: „er hat den heiligen Glauben", als römisch. Die Inschrift am Herzogstuhl wurde sogar von Frevlerhand heimlich erneuert, um ihr für immer einen slawischen Anstrich zu geben. Doch wurde die Fälschung allsogleich vom Geschichtsverein entlarvt (Carinthia 1861, 58).

Folgenschwerer war die Slowenisierung von deutschen O r t s n a m e n , die 1849 unter dem den Slowenen sehr günstig gesinnten Statthalter Baron Schloißnigg (1849—1860) einsetzte[36]). Sie wurde dadurch veranlaßt, daß das Landesgesetz- und Regierungsblatt für Kärnten in deutscher und slowenischer Sprache erschien und daher auch eine Kurrende der politischen Organisierungskommission für Kärnten mit einem Verzeichnis der Katastralgemeinden in beiden Sprachen aufgelegt wurde (Landes-Ges. u. Reg.-Blatt Nr. 36, Jg. 1850). Da nun die deutschen Ortsnamen in rein deutschen Gegenden keine windischen Entsprechungen haben, so wurden zahlreiche slowenische Ortsnamen frei erfunden, auch für Orte, die weit entfernt vom gemischtsprachigen Gebiet gelegen sind, teils durch Übersetzung, teils durch Übertragung oder Umbildung. Aus Sagritz und Winklern im Mölltal wurde Zagorica (nach dem gleichnami-

---

[36]) Aug. Jaksch, Über Ortsnamen und Ortsnamenforschung mit besonderer Rücksicht auf Kärnten. Klagenfurt 1891. — P. Lessiak, Die kärntnerischen Stationsnamen. Carinthia I 1922.

gen Ort in Krain) und Kot (Winkel), aus Berg bei Greifenburg Gora, aus Weitensfeld Bajtensfeld, aus Waldenstein im oberen Lavanttal Baltenštanj usw. Das waren nicht historisch gewordene, vom Volk geprägte Namen wie die deutschen Ortsnamen im gemischtsprachigen Kärnten, sondern künstliche Erzeugnisse nationaler Bestrebungen. Trotzdem sollten sie später unter Taaffe wieder auftauchen.

Seit den Märztagen 1848 war die Einführung der slowenischen Sprache in S c h u l e und A m t die Hauptforderung der nationalen Führer der Slowenen. In Kärnten suchte Statthalter Baron S c h l o i ß n i g g dieser Forderung Rechnung zu tragen. Allein die praktischen Bedürfnisse der Kärntner Windischen erwiesen sich stärker als ihr Verständnis für die Wünsche einiger weniger nationaler Vorkämpfer. „Eine feste Sprachgrenze", erklärte der Minister B a c h am 5. Juli 1849 in einem Amtsvortrage beim Kaiser, „läßt sich (in Kärnten) nicht auffinden, da beide Volksstämme weder geographisch, noch in Beziehung auf den Verkehr oder sonstige Interessen gesondert sind und die erfreuliche Erscheinung eines friedlichen, durch separatistische, den Grundsatz der Gleichberechtigung verkennende Bestrebungen wenig gestörten Zusammenlebens bieten." Das windische Volk in Kärnten blieb gegenüber den heißen Bemühungen der slowenisch-nationalen Vorkämpfer kalt und teilnahmslos, ja es trat ihnen sogar vielfach entgegen. Daher erlebten denn auch Einspieler und seine wenigen Freunde mancherlei Enttäuschungen.

Für die sprachliche Einrichtung der Kärntner V o l k s s c h u l e n war es von entscheidender Bedeutung, daß die Kenntnis der deutschen Sprache bei der windischen Bevölkerung Kärntens ein allgemeines und zwingendes Bedürfnis war. Darum sprach sich auch Slomšek für doppelsprachige Schulen im gemischtsprachigen Gebiete aus[37]). Trotzdem wurden hier die Volksschulen in den 50er Jahren unter Schulinspektor Simon Rudmasch, einem eifrigen slowenischen Geistlichen, der 1850—1858 an der Spitze des gesamten Volksschulwesens in Kärnten, auch des deutschen (!), stand, durch die slowenische Pfarrgeistlichkeit zum größten Teil slowenisiert. Die Folgen blieben nicht aus. A. Ficker stellte 1869 fest[38]), daß in einzelnen Außenposten der deutsche Laut, der früher dort häufiger gehört worden war, allmählich verklang und der Alleinherrschaft der alteinheimischen slowenischen Sprache Platz machte.

Da nun aber die slowenischen Volksschulen den Kindern die Kenntnis der deutschen Sprache nicht mehr wie bisher vermitteln konnten, kam es zu zahlreichen Klagen und Beschwerden der Bevölkerung. „Man suchte unter uns seit jeher vereinten Kärntnern", schrieb der windische Bürgermeister von Hohenturn im Gailtale 1860 in einer Beschwerde, „eine Zwietracht zu stiften, während wir Kärntner als eine vereinte Nation friedlich und einverständlich mit-

---

[37]) Vgl. das Gutachten Slomšeks vom 8. Oktober 1851 bei Wutte, „Die utraquistische Volksschule in Kärnten" S. 6. [38]) Ficker, Völkerstämme S. 39.

einander leben wollen." Als Schulrat Pavissich 1859 die Schulen bereiste, wurde er fast überall ersucht, dafür zu sorgen, daß der Unterricht in der deutschen Sprache wieder eingeführt werde. Desgleichen hatten die slowenisch-nationalen Bestrebungen bei der M i t t e l s c h u l e nur geringen Erfolg. Der neue Lehrplan für Gymnasien von 1849 führte die slowenische Sprache für Schüler mit windischer Muttersprache als obligaten Unterrichtsgegenstand ein, wie Einspieler es wiederholt gefordert hatte. Die windischen Schüler zogen es aber vor, sich als deutsche Schüler eintragen zu lassen, um so dem Zwange, den Unterricht in der slowenischen Sprache zu besuchen, zu entgehen[39]).

Nicht besser ging es mit den Versuchen, die slowenische A m t s s p r a c h e einzuführen, weil es an einer allgemein verständlichen slowenischen Schriftsprache fehlte. Am 24. April 1849 beschloß der Kärntner Landtagsausschuß auf Antrag des Slowenen Millonig, den Landeschef zu ersuchen, es mögen die Gesetze und Verordnungen für die slowenische Bevölkerung im Kärntner Dialekt herausgegeben werden, weil der Krainer Dialekt, in dem die Übersetzungen der Kurrenden und Patente abgefaßt wurden, den Slowenen Kärntens unverständlich sei. Darauf ersuchte Baron Schloißnigg eine Anzahl von Bezirkskommissären des gemischtsprachigen Gebietes, ihre Ansicht über folgende Punkte zu äußern: 1. ob die hierlands erteilten slowenischen Kurrenden im allgemeinen vom Landvolk beim Lesen oder doch beim Vorlesen und Erklären verstanden werden; 2. wenn dies nicht der Fall sei, worin der Grund des Nichtverstehens liege, und 3. wie dem abzuhelfen sei[40]). Die Bezirkskommissäre antworteten im allgemeinen dahin, daß die slowenischen Kurrenden dem Landvolk tatsächlich entweder gar nicht verständlich seien oder nur durch Vorlesen und deutliche Erklärung in der ortsüblichen Mundart oder in deutscher Sprache verständlich würden. Als Gründe führten sie an, daß die Kurrenden viele neue Worte und abstrakte Begriffe enthielten, die selbst dem gebildeten Slowenen fremd seien, daß ferner die slowenischen Mundarten in Kärnten zu sehr von der für die Kurrenden gewählten Mundart abwichen und bei den Übersetzungen eine neue Schreibart und Orthographie angewendet werde, schließlich, daß das Landvolk in der slowenischen Sprache zu wenig ausgebildet und sein allgemeiner Bildungsstand noch tiefer sei als der des deutschen, was bei der geringen Entwicklung des damaligen Volksschulwesens nicht verwunderlich war. Besonders bezeichnend sind die Gutachten des Dechants Rabitsch in Kappel i. R. und des Bezirkskommissärs Kronig in Haimburg, die daher im Anhang I (Nr. 1 und 2) abgedruckt sind.

Was die Bezirkskommissäre berichten, wurde durch die Praxis bestätigt. Die slowenischen Kanaltaler ersuchten, man möge ihnen statt der slowenischen deutsche Texte schicken. Anderwärts schickten slowenische Bauern die slowe-

---
[39]) Apih, IV S. 153.
[40]) RGA., „Landesbehörde", Fasz. 1849.

nischen Verordnungsblätter zurück und verlangten dafür deutsche (Apih). In der „Carinthia" 1851 verlangte ein „Stockslowene", daß wegen der vielen slawischen Dialekte in Illyrien in einer Sprache, in der deutschen, amtiert werde; die große Mehrzahl der Slowenen lese lieber den deutschen Text als slowenische Übersetzungen, die nur der Übersetzer verstehe und sonst kein Mensch.

Trotz der Slowenisierung der Volksschulen nahm das Verständnis für slowenische Gesetzblätter doch nicht zu, ein Beweis, daß die Schwierigkeiten in der geringen Entwicklung der slowenischen Sprache begründet waren. Im Jahre 1860 gaben sämtliche Gemeinden Kärntens mit einer einzigen Ausnahme (Windisch-Bleiberg) die Erklärung ab, die Reichsgesetzblätter in deutscher Sprache erhalten zu wollen, da sie die slowenische Sprache, namentlich die Terminologie des Reichsgesetzblattes, nicht verstünden[41]). In den sechziger Jahren wurden die Gemeinden befragt, ob sie das Landesgesetzblatt in deutscher oder in slowenischer Sprache zu erhalten wünschten. Es meldeten sich nur drei Gemeinden für die slowenische Ausgabe. Auch diese verzichteten nach kurzer Zeit darauf. In den siebziger Jahren wurden slowenische Übersetzungen der „Landwirtschaftlichen Mitteilungen" herausgegeben. Nach wenigen Jahren mußte man davon wieder abkommen, da diese Übersetzungen nur 38 Abnehmer hatten.

Das Justizministerium ordnete am 29. Oktober 1850 an, daß in den windischen Bezirken von Kärnten und Krain nicht bloß das Deutsche, sondern auch das Slawische als G e r i c h t s s p r a c h e anzusehen sei, die Protokolle in Strafsachen mit Personen, die nur der slowenischen Sprache mächtig seien, und Aussagen solcher Zeugen daher in dieser Sprache aufgenommen werden sollen. Aber die Aufnahme slowenischer Protokolle führte wegen des Mangels einer slowenischen juridischen Terminologie und der geringen Entwicklung der slowenischen Schriftsprache arge Verwicklungen herbei, so daß das Justizministerium bereits am 17. März 1851 sich zur Verordnung veranlaßt sah, daß Protokolle mit den bloß der windischen Sprache kundigen Personen zugleich in slowenischer und deutscher Sprache aufzunehmen sind.

In den Jahren 1860 bis März 1862 gab E i n s p i e l e r eine Zeitschrift in deutscher Sprache, die „Stimmen aus Innerösterreich" heraus, in deren erster Nummer er sein nationales Programm entwickelte. Mit Absicht nennt er dieses Programm „Kärntens Selbständigkeit". Er gab darin zunächst seiner Freude Ausdruck, daß der Kärntner — nach Abtrennung Kärntens von der Statthalterei Graz, der es kurz vorher untergeordnet worden war — wieder in seinem eigenen Hause wohne, und forderte im wesentlichen: Errichtung slowenischer Schulen in slowenischen Pfarren, slowenische Verlautbarung der Gesetze und Verordnungen, Kenntnis der slowenischen Sprache seitens der Beamten in den slowenischen Bezirken, Abgrenzung der Wahlkreise möglichst nach Nationa-

---

[41]) Bericht des Statthalters Freiherrn von Schloißnig vom 23. Juni und 24. August 1860 Zl. 637 u. 1134 Präs. S. Anhang I Nr. 3.

lität. In einer späteren Aufsatzreihe, „Neuösterreich" betitelt (1862, S. 223), spricht er sich ausdrücklich für die Aufrechterhaltung der bestehenden Länder und Landtage aus und nennt er das südslawische Königreich eine Erfindung, die den Zweck habe, die Slowenen zu verdächtigen. Einspielers Forderungen nach slowenischen Schulen stießen auch jetzt beim slowenischen Volk vielfach auf Widerstand.

Da er seine föderalistischen und nationalen Forderungen mitunter in sehr heftiger Weise vertrat, scharfe Ausfälle gegen die Bürokratie unternahm und gegen die durch das kaiserliche Patent vom 8. April 1861 eingeführte Gleichberechtigung der Protestanten Stellung nahm, so erhielt er 1862 vom Innenminister auf Veranlassung der Kärntner Landesregierung eine Verwarnung[42]. Im folgenden Jahre wurde er wegen Aufreizung zum Haß und zur Verachtung gegen die Landtage von Kärnten und Steiermark, begangen durch eine von ihm ergänzte und in den „Stimmen aus Innerösterreich" veröffentlichte Korrespondenz aus Windisch-Bleiberg, zu einem Monat Arrest, 60 Gulden Kautionsverlust und Tragung der Gerichtskosten verurteilt. Seine Rekurse an das Oberlandesgericht Graz und an den Obersten Gerichtshof wurden abgewiesen. Bischof Wiery wies ihn daraufhin an, sofort die Arreststrafe im Servitenkloster zu Luggau anzutreten[43]. Die „Stimmen aus Innerösterreich" gingen ein, da Einspieler die Schriftleitung zurücklegte und der Verleger keinen Ersatz für ihn fand.

3. Neue Kämpfe

Die Einführung der Verfassung im Jahre 1861 und besonders 1867 hatte sofort ein Wiederaufleben der nationalen Bewegung der Slowenen zur Folge. Sie ging diesmal von Untersteier aus, wo sie von Josef Vošnjak aus Schönstein erweckt wurde[44]. 1865 wurde in Marburg das erste allslowenische Programm aufgestellt, das die Schaffung eines einheitlichen slowenischen Verwaltungsgebietes wieder in den Vordergrund schob. Um die Bevölkerung für diese Forderung zu gewinnen und ihr mehr Nachdruck zu verleihen, wurden in den Jahren 1868—1870 in Untersteier, Krain, Görz und zuletzt auch in Kärnten große slowenische Volksversammlungen unter freiem Himmel, sogenannte Tabore, veranstaltet. In Kärnten fanden solche Tabore im Juli 1870 in Feistritz bei Bleiburg und im September 1870 in Selpritsch bei Velden statt. Als Sprecher trat in den letztgenannten Taboren u. a. der radikale Jungslowene Dr. Zarnik, ein Laibacher Rechtsanwalt und Krainer Landtagsabgeordneter, auf. In Selpritsch wies Zarnik auf die deutschen Siege in Frankreich hin und

---

[42] Stimmen aus Innerösterreich. Jg. 1862, S. 434.
[43] RGA., Abt. Landesbehörde Nr. 444, 1863. — Ebenda, Strafakten des Landesgerichtes, Fasz. IV, 1863. — Klagenfurter Zeitung Nr. 91 vom 23. April 1863.
[44] F. Wahrmund, Dr. Vošnjaks Lebenserinnerungen. (Spomini/Laibach 1905 u. 1906). Cillier Zeitung 1928 Nr. 31 ff.

forderte, daß den preußischen und deutschen Anstürmen ein vereinigtes Slowenien entgegengestellt werde. Die slowenische Mehrheit des Krainer Landtags verlangte im August 1870 in einer Adresse an den Kaiser sogar die Vereinigung aller Gebiete, in denen das slowenische Volk wohne, zu einem administrativen und so weit als möglich staatsrechtlichen Ganzen. Noch weiter ging der am 3. Dezember 1870 in Laibach abgehaltene südslawische Kongreß, an dem auch Kroaten teilnahmen. Er beschloß das Laibacher südslawische Programm, nach dem Kroatien und Slawonien aus dem ungarischen Staatsverband ausgeschieden und mit Slowenien, Dalmatien und der Militärgrenze vereinigt werden sollten. In Kärnten hatte E i n s p i e l e r 1865 ein slowenisches Blatt, den „Slovenec", gegründet, das für das einheitliche slowenische Verwaltungsgebiet eintrat, aber nach zwei Jahren wieder einging. Auf deutscher Seite blieb diese neuerliche Bedrohung der Einheit Kärntnes nicht unbeachtet. Die deutsche Presse, die „Klagenfurter Zeitung", die „Süddeutsche Post" und die 1870 gegründeten „Freien Stimmen" nahmen scharf gegen die Tabore und den Laibacher Kongreß Stellung.

Um diese Zeit begannen auch die Versuche auswärtiger Politiker, sich in die Verhältnisse in Kärnten einzumischen. Im Jahre 1867 überreichten 7 slowenische Reichsratsabgeordnete aus Krain und Untersteier der Regierung eine Denkschrift über die angeblichen Wünsche der slowenischen Bevölkerung in Steiermark, Kärnten, Krain und dem Küstenlande nach Einführung der slowenischen Amts- und Schulsprache. Der damalige Landespräsident von Kärnten, Graf H o h e n w a r t , der 1871 an der Spitze eines deutschfeindlichen Ministeriums stand, 1873 vom Oberkrainer Landgemeindenbezirk in den Krainer Landtag gewählt wurde und den Slowenen gewiß sehr gewogen war, wies jedoch in einem eingehenden Bericht vom 23. August 1867 Zl. 1034/Präs. an Minister Taaffe[45]) nach, daß die in der Denkschrift aufgestellten Forderungen den tatsächlichen Wünschen der slowenischen Bevölkerung in Kärnten geradezu entgegenliefen. Auch der Kärntner Landesausschuß verwahrte sich in einer Eingabe an das Ministerium des Innern vom 19. September 1867 gegen die Einmischung auswärtiger und daher unberufener und mit den Verhältnissen nicht vertrauter Politiker in Kärntner Angelegenheiten und warnte die Regierung, den in der Denkschrift niedergelegten a n g e b l i c h e n Wünschen der Bevölkerung Rechnung zu tragen. Auch er wies auf die Beschwerden hin, die gerade von seiten slowenischer Gemeinden erhoben worden waren, weil ihnen durch die slowenische Geistlichkeit gegen ihren Willen die slowenische Sprache als Unterrichtssprache in ihren Schulen aufgedrängt worden sei, und gab seiner Meinung Ausdruck, daß „eine radikale Abhilfe nur durch eine Emanzipation der Schule vom Klerus" geschaffen werden könne. Diesem Wunsche des Landesausschusses wurde im Reichsvolksschulgesetze von 1869 Rechnung getragen.

---

[45]) Siehe Anhang I Nr. 3.

Der Kärntner Landtag hatte schon im Jahre 1866 Gelegenheit, zur S c h u l -
f r a g e Stellung zu nehmen; denn schon 1866 hatten sich zahlreiche gemischt-
sprachige Gemeinden, in denen die Schule slowenisiert worden war, an den
Kärntner Landtag mit der Forderung nach Wiedereinführung der deutschen
Unterrichtssprache gewendet. Am 19. Dezember 1866 fand die erste große
Schuldebatte im Kärntner Landtag statt, der noch viele andere folgen sollten.
Schon damals traten deutsche Abgeordnete für das Selbstbestimmungsrecht der
Gemeinden ein[46]).

Gelegentlich der Durchführung des Reichsvolksschulgesetzes von 1869 verlangten nahezu alle windischen Gemeindeausschüsse und Ortsschulräte eine
sorgfältige Pflege der deutschen Sprache und die meisten die deutsche Sprache
als Unterrichtssprache in allen oder wenigstens in den mittleren und oberen
Klassen, weil nur dadurch die deutsche Sprache auch wirklich erlernt werde.
Auf Grund dieser Äußerungen der Gemeinden ordnete der Landesschulrat an,
daß der Anfangsunterricht in der slowenischen (windischen) Muttersprache zu
erteilen, mit der Erlernung der deutschen Sprache aber erst im ersten, zweiten
oder dritten Schuljahr zu beginnen sei. So entstanden die doppelsprachigen
oder utraquistischen Schulen. Die slowenischen Heißsporne diesseits und jenseits der Karawanken verlangten jedoch ohne Rücksicht auf die Bedürfnisse
und Wünsche der Bevölkerung, daß das Slowenische durch alle 8 Jahrgänge als
ausschließliche Unterrichtssprache verwendet und die deutsche Sprache in den
letzten 3 oder 4 Schuljahren, die noch dazu durch Sommerbefreiungen sehr beschränkt waren, als obligater oder nicht obligater Gegenstand gelehrt werde.
Wäre diese Forderung erfüllt worden, so hätten die windischen Kinder die
deutsche Sprache überhaupt nicht mehr erlernt. Der Verkehr zwischen Deutschen und Windischen wäre nach und nach, sehr zum Schaden der letzteren,
außerordentlich erschwert und eine Schranke zwischen ihnen errichtet worden,
die den Laibacher Politikern sehr erwünscht gewesen wäre, denn sie wäre eine
gute Vorbereitung gewesen zum Ziel, das sie seit 1865 aufs neue verfolgten: zur
Vereinigung Südkärntens mit Krain und Untersteier. Es war daher klar, daß
man in Kärnten im Interesse der deutschen und windischen Bevölkerung und
des ganzen Landes auf diese Forderung auf keinen Fall eingehen konnte. Doch
kam der Landesschulrat 1891/92 den Wünschen nach stärkerer Pflege der Muttersprache durch Einführung eigener Stunden für den Unterricht in der slowenischen Sprache entgegen. Die weitaus überwiegende Mehrheit der windischen
Bevölkerung war mit den utraquistischen Schulen vollauf zufrieden und nahm
gegen die Versuche der slowenisch-nationalen Führer in und außer Kärnten,

---

[46]) M. Wutte, Die utraquistische Volksschule in Kärnten. Klagenfurt 1919. — Abwehr u. Verständigung. Herausgegeben vom Kärntner Heimatbund. Klagenfurt 1938. — Eine zusammenhän-
gende Darstellung des Nationalitätenkampfes in Kärnten bietet V. Miltschinsky, Kärntens hundert-
jähriger Grenzlandkampf. Wien 1937.

diese Schulen zu beseitigen und an ihre Stelle slowenische zu setzen, immer wieder entschieden Stellung[47]).

Wie wenig Anklang die slowenisch-nationale Bewegung auch jetzt in Kärnten fand, zeigte sich bei den W a h l e n. Trotz lebhafter Unterstützung seitens der Geistlichkeit drangen die slowenisch-nationalen Wahlwerber bei den Landtagswahlen von 1867 und 1870 nicht einmal in den Landgemeinden des überwiegend slowenischen Bezirkes Völkermarkt durch, sondern wurden auch hier die beiden deutschen Wahlwerber mit großer Mehrheit gewählt. Bei der Landtagswahl im folgenden Jahr erhielt im gleichen Bezirk A. Einspieler 48 und einer der beiden deutschen Kandidaten 51 Stimmen der Wahlmänner. Bei der nächsten Wahl im Jahre 1878 drang Einspieler nicht mehr durch.

Anders wurde es erst unter dem langlebigen Ministerium T a a f f e (1879 bis 1893), dessen slawenfreundliche Bestrebungen auch in Kärnten sehr bald fühlbar wurden. Die 1849 begonnene Slowenisierung der deutschen Ortsnamen in reindeutschen Gegenden wurde unter Taaffe wieder aufgenommen. Das Ortsrepertorium von 1883 brachte für zahlreiche Orte neben den deutschen Ortsnamen auch die erfundenen slowenischen (Hlg. Blut, Sv. Kri; Gmünd, Savodje; Obermühlbach, Zgornje Mlinice; Wullroß, Volovroz usw.). Sogar die Vorstädte reindeutscher Städte erhielten slowenische Bezeichnungen, so beispielsweise alle Stadtteile von St. Veit (Innere Stadt: Notranjo mesto; Weitensfelder Vorstadt: Bajtensfelsko predmestje usw.) oder die Obere und Untere Stadt in Wolfsberg: Zgornje mesto und Spodnje mesto. Viele dieser Ortsnamen gingen auch auf die gerade damals neu erscheinenden Spezialkartenblätter und in das Postlexikon über (so noch in das von 1910), das auch im Ausland verbreitet war. Auf diese Weise sollte ganz Kärnten das Aussehen eines gemischtsprachigen Landes erhalten. Erst auf dringendes Verlangen maßgebender Stellen wurden die erfundenen slowenischen Ortsnamen in deutschen Gegenden aus amtlichen Publikationen ausgemerzt.

Bald begannen auch Vorstöße gegen den herrschenden Sprachgebrauch bei G e r i c h t. Justizminister Pražak[48]), ein Tscheche, erließ 1882 eine Verordnung über den Sprachgebrauch bei Gericht, wonach bei den Gerichten der von Slowenen bewohnten Teile des Sprengels des Oberlandesgerichtes Graz, zu dem auch Kärnten gehörte, alle in Zivil- und Strafsachen vorkommenden slowenischen Eingaben angenommen werden sollten, auch wenn die überreichende Person der deutschen Sprache mächtig war. Diese Verordnung legte in einseitiger Weise ein Recht der überreichenden Person fest, ohne auf das Recht der Gegenpartei Rücksicht zu nehmen und war um so ungerechter, als die Kärnt-

---

[47]) Vgl. Wutte-Lobmeyr, Die Lage der Minderheiten in Kärnten und in Slowenien. Klagenfurt, 1926, S. 54. — Abwehr und Verständigung S. 27.

[48]) A. Fischel, Das österr. Sprachenrecht. Brünn 1901. — O. Lobmeyr, Kärnten. In: K. G. Hugelmann „Nationalitätenrecht des alten Österreich. Wien 1934. S. 486f.

ner Slowenen fast durchwegs Deutsch konnten, während die Deutschen nur ausnahmsweise Slowenisch verstanden. Sie gab überdies den zwei slowenischen Rechtsanwälten, die sich in Klagenfurt niedergelassen hatten, vor allem dem 1903 aus Flitsch eingewanderten Dr. B r e j c , Anlaß zu neuen, mutwilligen Vorstößen, indem sie, obwohl sie die deutsche Sprache vollkommen beherrschten, den Gerichten im reindeutschen Klagenfurt slowenische Eingaben überreichten und Verhandlungen in slowenischer Sprache zu erzwingen suchten, auch wenn die Gegenpartei kein Wort Slowenisch verstand. Diese offenkundigen Herausforderungen riefen den lebhaften Widerspruch der Deutschen hervor und führten wiederholt zu eindrucksvollen Kundgebungen.

Dazu kamen erneute Einmischungsversuche slowenischer Reichsratsabgeordneter aus Krain und Südsteiermark in Kärntner Angelegenheiten, namentlich in die Schulverhältnisse, obwohl sich die deutsche und windische Bevölkerung des gemischtsprachigen Gebietes dagegen immer wieder in zahllosen Protesten verwahrte. Unter anderem überreichte der Abgeordnete Gregorec aus Görz im Jahre 1887 im Abgeordnetenhaus eine Interpellation an den Unterrichtsminister wegen der Ernennung des Fürstbischofs Josef K a h n von Gurk, da er die slowenische Sprache nicht beherrsche. Derselbe Fürstbischof Kahn hat während seiner langen Amtstätigkeit (1887—1910) die Slowenen sehr begünstigt und Maßnahmen getroffen, die für den weiteren Verlauf der nationalpolitischen Entwicklung geradezu verhängnisvoll wurden. Schon in den siebziger Jahren war das Blatt der Deutsch-Klerikalen, das „Kärntner Blatt", eine Zeitlang vom Führer der Slowenen Andreas Einspieler herausgegeben worden. In den achtziger Jahren schlossen sich im Abgeordnetenhaus Slawen, Deutsch-Klerikale und Feudale unter Führung Gf. Hohenwarts zum „Eisernen Ring" der Regierungsmehrheit zusammen. Auch in Kärnten gingen bis ins 20. Jahrhundert hinein die Deutsch-Klerikalen mit den Slowenen. Um dem Priestermangel abzuhelfen, berief Fürstbischof Kahn zahlreiche slawische Priester aus Untersteier, Krain, dem Küstenland und den Sudetenländern nach Kärnten, die den traditionellen slowenisch-nationalen Geist des slowenischen Klerus noch stärkten. Dies wirkte sich bis in die Zeit des Weltkrieges und der Abwehrkämpfe aus. Im Jahre 1917 gab es in Kärnten unter 363 Weltpriestern 215 Deutsche und 148 Slowenen, unter diesen 79 Kärntner, 37 Krainer und Untersteirer, 29 Tschechen und 3 andere. Es waren also 41% der Weltgeistlichen Slawen, während sich 1910 von der Bevölkerung nur 21% zur slowenischen Umgangssprache bekannt hatten. Dieser ungesunde Zustand brachte es mit sich, daß nicht bloß alle slowenischen und gemischtsprachigen Pfarren, sondern auch alle deutschen Grenzpfarren und Sprachinselpfarren mit slawischen Geistlichen besetzt wurden, was die deutsche Bevölkerung mit Erbitterung erfüllte; denn die slawische Geistlichkeit war fast durchwegs eifrig in slowenisch-nationalem Sinn tätig und nahm auf die sprachlichen Bedürfnisse der Deutschen vielfach keine Rücksicht. Die slawische Geistlichkeit begann auch die Matriken slowenisch zu führen, deutsche Eigennamen zu slowenisieren und Matrikenscheine (Trauungsscheine, Taufscheine usw.) auch an deutsche Pfarrinsassen in slowenischer Sprache auszustellen, was zahllose Beschwerden an das Ordinariat und an die Regierung sowie im Kärntner Landtag zur Folge hatte. Schließlich suchte sie im Verkehr mit den geistlichen und weltlichen Behörden via facti die slowenische Sprache einzuführen. Fürstbischof Kahn trat diesem rücksichtslosen Verhalten der slawischen Geistlichkeit entweder gar nicht oder nicht nachhaltig genug entgegen, nahm in nationalen Fragen oft auch selbst einen deutschfeindlichen Standpunkt ein und verlor schließlich bei der jüngeren Geistlichkeit jedes Ansehen und jede Gewalt. Eine Besserung der Verhältnisse trat, wie Landespräsident Graf Lodron schon 1916 in einem Geheimberichte feststellte, erst unter Fürstbischof Adam Hefter (1914—1939) ein.

So erfuhr die slowenisch-nationale Bewegung in Kärnten unter dem Ministerium Taaffe und unter Fürstbischof Kahn neuen Auftrieb[49]. Andreas Einspieler begründete im Jahre 1882 in Klagenfurt ein neues radikal slowenisch-nationales Blatt, den „Mir" („Friede"), das bis zur Kärntner Volksabstimmung bestand. Drei Jahre später wurde in Laibach, hauptsächlich zur Förderung des slowenischen Schulwesens, der „Cyrill- und Method-Verein" gegründet. Der Kult der beiden Heiligen sollte eine Vereinigung der römisch-katholischen mit der orthodoxen Kirche herbeiführen, hatte daher einen ausgesprochen panslawistischen Hintergrund und wurde auch von südslawischen Politikern gefördert, da sie hofften, daß die religiöse Vereinigung die politische erleichtern werde. Schon im Jahre 1880 war der 5. Juli als Patroziniumstag der beiden Heiligen eingeführt worden. Obwohl sie mit Kärnten nicht den geringsten Zusammenhang haben, wurden doch auch hier bis 1914 16 Ortsgruppen des Vereines gegründet und anstatt der früher auch bei den Slowenen üblichen Sonnwendfeuer Cyrill- und Methodfeuer am Vorabend des 5. Juli eingeführt.

Die politische Führung übernahm der 1890 gegründete „Katholisch-politi-

---

[49] Man sieht dies auch an der in den achtziger Jahren einsetzenden Zunahme der slowenischen G r a b s c h r i f t e n . Im Jahre 1923 wurden auf Veranlassung des Kärntner Heimatdienstes hauptsächlich durch die Lehrerschaft auf 64 Friedhöfen gemischtsprachiger Pfarren (von insgesamt ungefähr 100 Friedhöfen) Erhebungen über die Inschriften auf Grabsteinen und Grabkreuzen gepflogen. Hierbei wurden gegen 6600 deutsche und bloß rund 3450 slowenische Grabinschriften gezählt. Von den deutschen Grabschriften stammten 60 aus der Zeit vor 1850, 414 aus der Zeit von 1850—1880, von den slowenischen nur 9 bzw. 87. Dagegen stieg die Zahl der slowenischen Grabschriften in den Jahrzehnten 1880—1890, 1890—1900, 1900—1910 und 1910—1920 rasch auf 171, 377, 862, 1456. Der älteste deutsche Grabstein stammt aus dem Jahre 1553, der älteste slowenische aus dem Jahre 1814. Die Grabschriften der Mutter des slowenischen Abgeordneten Franz Grafenauer in Egg im Gailtal und Urban Jarniks in Moosburg sind in deutscher Sprache abgefaßt. Vgl. M. Wutte, Was uns die Friedhöfe erzählen. In: Kärntner Landsmannschaft Nr. 14 vom 10. April 1919.

sche und wirtschaftliche Verein für die Kärntner Slowenen", von dem fortan alle Angriffe gegen das Deutschtum in Kärnten ausgingen. Er suchte unter Leitung Dr. Brejc' sogar beim Magistrat Klagenfurt die slowenische Amtssprache durchzusetzen und fand hierbei auch die Unterstützung des Justizministeriums, obwohl die Zahl der in Klagenfurt anwesenden Bewohner mit slowenischer Umgangssprache nach der Zählung von 1890 nur 550 = 3.5 v. H., nach Abzug der slowenischen Pfleglinge des Landeskrankenhauses, der slowenischen Studenten und der slowenischen Häftlinge gar nur 327 = 1,85 % der Gesamtbevölkerung betrug. Zu den genannten Vereinen kamen noch der slowenische Schulverein (1905) und die 1910 in Laibach gegründete Slovenska Straža (Slowenische Wacht), die ein Gegengewicht gegen die Südmark bilden sollte und 1914 in Kärnten 13 Ortsgruppen zählte, ferner eine Anzahl von Lese-, Gesangs-, Turn- und verschiedenen anderen Vereinen. Doch war die Zahl der deutschen Vereine im gemischtsprachigen Gebiet größer als die der slowenischen. (Siehe oben S. 18). Schließlich schloß sich auch die Mehrzahl der slowenischen wirtschaftlichen Genossenschaften (Spar- und Darlehnskassen, Wirtschaftsgenossenschaften), die seit Ende der achtziger Jahre im gemischtsprachigen Gebiet neben den deutschen Genossenschaften entstanden waren, an die slowenische Zentralgenossenschaft in Laibach an. Die Zahl dieser slowenischen Genossenschaften betrug 1914 43, die der deutschen im gemischtsprachigen Gebiet 35.

Unter diesen Umständen war es nicht verwunderlich, daß die nationalen Slowenen seit Beginn der Ära Taaffe in Kärnten auch bei den Wahlen größere Erfolge erzielten[50]).

So versuchten die außerordentlich rührigen Führer der nationalen Slowenen, unterstützt von der Regierung, von kirchlichen Behörden und ihren Volksgenossen jenseits der Karawanken, seit Beginn der achtziger Jahre des vergangenen Jahrhunderts auf allen Gebieten des politischen und kulturellen

---

[50]) Bei den Landtagswahlen im Jahre 1884 und 1890 drangen in den Landgemeinden des politischen Bezirkes Völkermarkt beide slowenischen Wahlwerber durch, 1884 Andreas Einspieler und Franz Muri in Oberseeland, 1890 und 1897 Muri und G r e g o r Einspieler, der spätere Domherr, 1897 außerdem noch im Wahlbezirk Arnoldstein, Hermagor, Kötschach, Tarvis mit Hilfe der Deutsch-Klerikalen Franz Grafenauer, Slowene, trotz seiner deutschen Herkunft. Die nächsten Wahlen in den Jahren 1903 und 1906, die nicht mehr wie bisher durch Wahlmänner, sondern unmittelbar durch die Urwähler und auf Grund einer neuen Wahlbezirkseinteilung erfolgten, brachten den Slowenen wieder empfindliche Niederlagen, da von den slowenisch-nationalen Kandidaten nur Grafenauer in den Landgemeinden der Bezirke Bleiburg und Eisenkappel durchdrang. Die Zahl der Landtagsabgeordneten betrug damals 33 (darunter 12 Abgeordnete der Landgemeinden). Bei den letzten Landtagswahlen im Jahre 1909 wurde außer Grafenauer noch ein nationaler Slowene in den Landgemeinden der Bezirke Völkermarkt und Eberndorf gewählt. Im Reichsrat waren die nationalen Kärntner Slowenen seit 1907 durch Grafenauer vertreten.

Lebens gegen das Deutschtum in Kärnten vorzustoßen und mußte dieses alle seine Kräfte aufbieten, um diese Angriffe abzuschlagen. Wenn das Endziel der slowenisch-nationalen Politik: die Verwirklichung des 1848 aufgestellten Programms der Vereinigung aller von Slowenen bewohnten Gebiete mit Einschluß Südkärntens zu einem gemeinsamen Verwaltungsgebiet Slowenien, zunächst auch nicht sonderlich in Erscheinung trat, so handelte es sich für die Deutschen in Kärnten in diesen Kämpfen doch schon vor dem Weltkrieg nicht bloß um die Erhaltung und Festigung des Deutschtums in diesem südlichsten Grenzstreifen des deutschen Volks-, Sprach- und Kulturbodens, sondern auch um die Wahrung der Einheit des Landes. Dank ihrer Ausdauer und Opferbereitschaft im nationalen Kampfe und der klugen Politik ihrer Führer gelang es ihnen, beide Aufgaben zu erfüllen und so die Voraussetzungen für die großen Ereignisse der Jahre 1918—20 und 1938 zu schaffen. Hierbei fanden sie nachhaltige Unterstützung durch die beiden deutschen Schutzvereine, den Deutschen Schulverein und die Südmark, die nicht nur in reindeutschen Landesteilen, sondern auch im gemischtsprachigen Südkärnten kräftige Wurzeln schlugen, so daß Kärnten sowohl in den Leistungen als auch in den Erfolgen der Schutzvereinsarbeit stets in der vordersten Reihe stand. Nicht unerwähnt dürfen auch die deutschen Lehrer bleiben, die, allen Anfeindungen fanatischer Gegner zum Trotz, auf ihren Posten ausharrten und hier ihre schwere Pflicht unter den schwierigsten Verhältnissen getreulich erfüllten.

Die politische Führung der Deutschen hatten seit Einführung der Verfassung die Deutsch-Liberalen, seit Anfang der neunziger Jahre die antisemitischen Deutsch-Nationalen. Diese waren seit 1896, mit Ausnahme der Alldeutschen, die seit 1902 eine eigene Gruppe bildeten, in der Deutschen Volkspartei zusammengefaßt. Die anderen Parteien spielten eine geringe Rolle. Von den 76 Reichsratsabgeordneten der Jahre 1873—1911 waren 10 Mitglieder der Verfassungspartei, 19 deutschliberal, 38 deutschnational, einer Mitglied der Regierungspartei, einer christlichsozial, einer Sozialdemokrat, einer Wilder und 3 Slowenen. Bei der letzten Reichsratswahl im Jahre 1911 erhielten die Deutschnationalen 51, die Sozialdemokraten 28, die Christlichsozialen 13 und die Slowenen 8 % der Stimmen.

Auf dem Lande entfalteten in den siebziger Jahren die Demokratenvereine eine lebhafte Tätigkeit. Sie hatten mit den Wiener Demokraten nichts zu tun, bestanden hauptsächlich aus Bauern und kleinen Industriellen, hatten sich den Kampf gegen Reaktion und Klerikalismus zum Hauptziel gesetzt und erstreckten ihre Tätigkeit auch über das Jaun- und Rosental. Führend war der 1869 gegründete Glantaler Demokratenverein. 1886 wurde der Kärntner Bauernbund gegründet, der sich bald zu einer machtvollen Organisation entfaltete, auch die freiheitlich gesinnten windischen Bauern erfaßte und dadurch die geistige Bindung der Windischen mit den Deutschen wesentlich stärkte. In derselben Richtung wirkten die wirtschaftlichen bäuerlichen Organisationen, die von der Landwirtschaftsgesellschaft und später vom Landeskulturrat ausgingen.

In Klagenfurt hatte die politische Führung der 1870 von Strohal, dem späteren Leipziger Universitätsprofessor, gegründete Deutschnationale Verein (seit 1871 Deutscher Verein). Er ging 1883 ein. Das Jahr darauf trat der „Deutsche Volksverein für Kärnten" ins Leben. Dieser löste sich Anfang Dezember 1918 auf.

Das politische Verhältnis zwischen Stadt und Land war in Kärnten viel inniger als in anderen Ländern, da infolge des Mangels an Großstädten die Berührung zwischen Stadt und Land viel enger war als anderwärts. Die Politik wurde weniger von der Hauptstadt aus geführt, sondern mehr vom Lande, wo viele Intellektuelle: Großgrundbesitzer, Groß- und Mittelbauern, Kleinindustrielle politisch tätig waren, während es in den Kleinstädten viele Ackerbürger gab. Die Gegensätze zwischen Stadt und Land waren daher gering. Stadt und Land waren von deutsch-freiheitlicher Gesinnung erfüllt, wodurch die deutschfreiheitliche Politik starke Stoßkraft erhielt. Erst im Weltkrieg kam es infolge der Nahrungsschwierigkeiten der Städte und der durch den Krieg bedingten Zwangsmaßnahmen gegen die Bauern zu einer Gegnerschaft zwischen den städtischen und ländlichen Wählerschichten, wodurch auch der politische Zusammenhalt zwischen Stadt und Land gestört wurde. Äußerlich kam dies dadurch zum Ausdruck, daß an Stelle der früheren deutschen Volkspartei zwei deutschfreiheitliche Parteien entstanden, die Deutschdemokraten (Dezember 1918, seit September 1920 Großdeutsche Volkspartei) und der Landbund (1922). Im Frühjahr 1920 erfolgte auch die Neuorganisierung der Deutschen nationalsozialistischen Arbeiterpartei, die schon vor dem Weltkrieg in Kärnten da und dort Wurzel gefaßt hatte.

III. KÄRNTEN UND DER DEUTSCHE EINHEITSGEDANKE

Wie wenig tief die slowenisch-nationale Bewegung in Kärnten ging, zeigt die Tatsache, daß sich die Wahlen in das Frankfurter Parlament trotz der Gegenagitation Einspielers und Majers auch in den gemischtsprachigen Gebieten Kärntens ohne Schwierigkeiten vollzogen. Ein geborener Windischer aus St. Michael bei Bleiburg, der ausgezeichnete Volkswirt Jakob S c h e l i e ß n i g, wurde gleichzeitig in zwei Wahlbezirken, St. Veit und Völkermarkt, gewählt, ein Zeugnis für das gute Einvernehmen beider Volksstämme.

Die Deutschkärntner nahmen den deutschen Einheitsgedanken mit Begeisterung auf[51]). Am 5. April hißte die kurz vorher gebildete Klagenfurter Natio-

---

[51]) Näheres über die Entwicklung des deutschen Einheitsgedankens in Kärnten in Carinthia I 1940 S. 3.

nalgarde unter tausendfachem Jubelruf die deutsche Bundesfahne auf dem Stadtpfarrturme zu Klagenfurt. Die „Klagenfurter Zeitung" schrieb dazu: „Glückliche Zeit, wo wir, Oesterreichs Untertanen, es Europa auch laut und deutlich zeigen können, was schon lange in unseren Herzen glühte: Deutschlands Freiheit und Einigkeit!" Und in der Zeitschrift „Carinthia" wurde das frohe Ereignis am 15. April in mehreren Gedichten gefeiert, von denen eines von Franz F r a n z i s z i , dem Begründer der Kärntner Volkskunde, stammt und mit der Strophe beginnt:

„Vom Thurme weht die Fahne
Des deutschen Bundes nieder,
Daß mit dem Ruf sie mahne:
Eint Euch, Ihr deutschen Brüder!"

Der erst im Dezember 1847 gegründete Klagenfurter Männergesangverein brachte in seinem ersten Konzert am 17. März 1848, vier Tage nach dem revolutionären Sturm in Wien, nach Kalliwodas „Deutschem Lied" auch ein die deutsche Einheit verherrlichendes „Volkslied der Deutschen" unter stürmischem Jubel zum Vortrag und in den Straßen von Klagenfurt sang man Arndts Lied „Was ist des Deutschen Vaterland?" Als die aufständischen Italiener ins Kanaltal einzubrechen drohten, rückte eine Schar Klagenfurter Freiwilliger zur Verteidigung der Landesgrenze ins Kanaltal ab. Ihre Fahne war nicht weiß-rot wie die damalige Kärntner Landesfahne und nicht schwarz-gelb, sondern schwarz-rot-gold, da man sich als Vorposten Großdeutschlands betrachtete. Auch die Fahne des akademischen Korps der Klagenfurter Nationalgarde zeigte dieselben Farben, denn „die bedrohte heimatliche Grenze ist", so heißt es in der Adresse, die von den Spendern, Mitgliedern des Kärntnerischen Freiwilligen-Korps in Graz, gelegentlich der Weihe der Fahne an das Korps gerichtet wurde, „auch die Grenze deutschen Landes und deshalb prangt unsere Fahne im deutschen Farbenschmuck . . . Übersehet auch nicht die heimatlichen Farben, das Weiß und Rot, mit denen die Fahnenbänder sich schmücken, und übersehet das Kärntner Wappen nicht, das uns deuten soll, daß wir, eben weil wir Kärntner sind, auch Deutsche seien". In diesen Worten kommen die stärksten Triebkräfte, die den Kärntner schon damals beseelten, zum Ausdruck: die Liebe für das deutsche Vaterland, Heimat und Freiheit.

Doch nur zu bald sollte man auch in Kärnten die Schwierigkeiten erkennen, die einer Vereinigung der deutschen Teile des Völkerstaates Österreich mit dem übrigen Deutschland entgegenstanden. Lange hoffte man, daß die Vereinigung schließlich doch möglich sein werde. Vinzenz R i z z i , der hoch angesehene Schriftleiter des Kärntner Amtsblattes, der „Klagenfurter Zeitung", ein edelgesinnter Mensch und Priester, fordert in der ersten von ihm herausgegebenen Nummer des Blattes vom 3. Juli 1848 die Sonderstellung Galiziens und sucht die Slowenen, deren Sympathien für ihre Stammesgenossen er wohl versteht, zu überzeugen, daß der Anschluß an Deutschland eine Notwendigkeit sei. An die Abgeordneten des österr. Reichstages richtet er die dringende Aufforderung, eher vom Reichstag auszutreten als Beschlüsse zuzulassen, die dem Anschluß an Deutschland Gefahr bringen. Den Männern der Wirtschaft aber, die vom Gesichtspunkt der Industrie und des Handels gegen die Vereinigung Einwendungen erhoben, ruft er zu: „Die erste Bedingung des Gedeihens von Industrie und Handel ist Ordnung und Sicherheit und diese finden wir nur, wo die Macht ist, und diese liegt im großen deutschen Vaterland."

Noch aber war die Zeit nicht reif für das große deutsche Vaterland. Trotz aller anfänglichen Begeisterung für den Zusammenschluß stimmten die drei anwesenden Kärntner Abgeordneten in der Sitzung des Frankfurter Parlamentes vom 28. Oktober 1848 mit 32 anderen österreichischen Abgeordneten gegen die §§ 2 und 3, die die Einführung einer bloßen Personalunion zwischen den deutschen und den nichtdeutschen Ländern der österreich. Monarchie zur Folge gehabt hätten. Sie befürchteten, daß eine derartige Lockerung des Verbandes der österreichischen Länder sehr bald den vollständigen Zerfall Österreichs herbeiführen würde, obwohl die überwiegende Mehrheit seiner Völker und besonders die deutschösterreichischen Provinzen für eine Erhaltung desselben seien. Aber diese Befürchtung war für sie, wie sie in einem gemeinsamen offenen Schreiben an ihre Wähler ausführten, nicht allein maßgebend, sondern auch der Gedanke, daß eine Teilung Österreichs nicht bloß s e i n e n Interessen, sondern auch denen G r o ß d e u t s c h l a n d s entgegen sei; Österreichs Kraft würde, so heißt es in diesem Schreiben weiter, für immer gebrochen, seine weltgeschichtliche Stellung nach Osten gelähmt; die Zersplitterung Österreichs könnte das slawische Element zu einem dem Deutschen offen feindlichen gestalten, dagegen sei ein feindseliges Auftreten der Slawen gegen deutsche Interessen bei dem Bestand des österreichischen Gesamtstaates kaum zu besorgen, weil dieser durch seine deutschen Provinzen das deutsche Element mit dem slawischen vermittle und es auf gleiche politische und wahrhaft deutsche Bahnen führe; Kärnten aber würde durch die Nachteile, die eine Abtrennung des lombardisch-venetianischen Königreiches für die Industrie und den Durchgangshandel ergeben würde, verarmen.

Aber trotz der Ablehnung der beiden Paragraphen sprachen sich die Abgeordneten für eine Gesamtverfassung Deutschlands aus, doch nur für eine solche, die alle in das österreichische Gesamtleben unberechtigt eingreifenden Bestimmungen unterlasse.

Die ablehnende Haltung der Kärntner Abgeordneten gegenüber den §§ 2 und 3 war also durch Erwägungen bestimmt, die nicht nur dem österreichischen Staatsgedanken und den Bedürfnissen der Kärntner Wirtschaft, sondern auch den gesamtdeutschen Interessen Rechnung zu tragen suchten. Diese Haltung wurde in Kärnten von der überwiegenden Mehrheit der Bevölkerung gebilligt. Im Laufe des Aprils 1849 traten die Kärntner Abgeordneten wie die übrigen Österreicher aus dem Frankfurter Parlament aus, nachdem die §§ 2 und 3 vom Parlament in zweiter Lesung angenommen worden waren. —

Der Traum eines Großdeutschland war vorläufig zu Ende. Bestrickt durch die Rolle des Kulturträgers und befangen vom Wahn, Österreich deutsch erhalten zu können, glaubte man im Interesse Gesamtdeutschlands am Kaiserstaate Österreich festhalten zu müssen. Vinzenz Rizzi aber schrieb am 25. August mit tiefbekümmerter Seele in der Carinthia: „Die deutschen Österreicher werden, wenn es soweit kommen soll (d. h. wenn die Einigung nicht gelingen sollte), der Stunde fluchen, wo sie, verlockt von Syrenentönen dem deutschen Vaterland nur die halbe Hand zur Einigung reichten; sie werden es einsehen, daß sie dadurch Deutschland geschwächt, ohne selbst stärker zu werden."

Trotz des Mißerfolges der Frankfurter Nationalversammlung und der Unterdrückung von Volksregungen durch den Absolutismus der fünfziger Jahre lebte der gesamtdeutsche Gedanke auch in Kärnten fort. Kärntner Dichter, wie besonders G. B o g e n s b e r g e r und F e r c h e r v. S t e i n w a n d , huldigten ihm in begeisterten Worten. Deutsche Gedenktage wurden gefeiert, die großen deutschen Turn-, Sänger- und Schützenfeste im Bewußtsein ihrer gesamtdeutschen Bedeutung beschickt. Der Deutsche Fürstentag in Frankfurt (1863) erweckte neue Hoffnungen auf politische Einigung, die allerdings enttäuscht wurden. Die Schleswig-Holsteinische Frage veranlaßte den Klagenfurter Gemeinderat zu einem Gesuch an das Wiener Ministerium, seinen Einfluß dahin geltend zu machen, daß sie gemäß den Anforderungen deutscher Ehre und deutschen Rechtes entschieden werde. Nach dem schmerzlichen Ausscheiden Österreichs aus dem Deutschen Bunde begrüßte die Kärntner Presse, insbesondere die Klagenfurter Zeitung, die Bestrebungen, Nord- und Süddeutschland zu einigen, wodurch der Beweis erbracht sei, daß das deutsche Einheitsbewußtsein nicht erstickt und der Geist der Sonderbestrebungen zu Grabe getragen sei. Die Ergebnislosigkeit der Zusammenkunft Kaiser Franz Josephs und Napoleons in Salzburg (1867) wurde mit Befriedigung aufgenommen. Der Deutschnationale Verein in Klagenfurt forderte, daß die Deutschen in Österreich rein deutsche Politik treiben sollen nach dem Grundsatz: Deutschösterreich den Deutschösterreichern, verlangte, daß sich Österreich jedes störenden oder hemmenden Einflusses auf das im außerösterreichischen Deutschland sich vollziehende Einigungswerk unbedingt enthalte und erklärte jede deutschfeindliche Allianz Österreichs mit einem fremden Staate — gemeint ist Frankreich — als Verrat am deutschen Volk. Hellauf flammte deutsches Denken und Empfinden zur Zeit des deutsch-französischen Krieges. Der Klagenfurter Gemeinderat, der Deutschnationale Verein in Klagenfurt und die Demokraten- und Volksvereine nahmen gegen die anfänglichen Absichten der Regierung, an der Seite Frankreichs am Kriege teilzunehmen, Stellung, ja einzelne von ihnen verlangten, daß

Österreich am Schluß des Krieges, wenn es notwendig sein sollte, seinen ganzen Einfluß aufbiete, daß kein Fuß breit deutschen Landes verloren gehe. In ganz Kärnten wurde für deutsche Verwundete gesammelt, die deutschen Siege und der Friedensschluß trotz des Verbotes und der Einschränkungsversuche der Regierung in mehreren Städten und Märkten begeistert gefeiert. Das politische Ziel der Kärntner Deutschnationalen war damals die Herstellung eines freundschaftlichen Verhältnisses zum neuen Deutschen Reich. Jeder Politik, die zu einem Gegensatz zu den deutschen Stammesgenossen im Reich führen könnte, wurde der äußerste Kampf angesagt.

Erst seit 1871 wurde ein Bündnis angestrebt. Nach dem Abschluß des Bündnisses von 1879 trat die politische Einigungsbewegung zurück und wurde die Aufrechterhaltung und Vertiefung des Bündnisses auch in Kärnten Ziel deutscher Politik. Insbesondere aber mußten seit Beginn der achtziger Jahre in Kärnten alle Kräfte darauf gerichtet werden, die Stellung des Deutschtums gegen die Slowenisierungsversuche des Ministeriums Taaffe und seiner Nachfolger zu verteidigen. Doch blieb der gesamtdeutsche Gedanke in Kärnten auch weiterhin erhalten und kam er in allen deutschfreiheitlichen Kreisen, und diese waren bis zum Zusammenbruch nach dem Weltkrieg tonangebend, immer wieder zum Ausdruck. Symbole dieser Gesinnung waren vor allem die „Wacht am Rhein", die trotz wiederholten Verbotes immer wieder erklang, und die deutsche Dreifarb, die, zumindest als Zeichen untrennbarer kultureller Zugehörigkeit zum großen deutschen Volk, bei allen Festen und Veranstaltungen deutscher Vereine und Organisationen ausgesteckt wurde, ganz besonders in Hoch-Zeiten des völkischen Kampfes. Daher war denn auch Kärnten bei Hof und Regierung als radikaldeutsches und freiheitliches Land wenig beliebt. Das war mit ein Grund, warum Klagenfurt und Kärnten von Wien aus so stiefmütterlich behandelt wurden, im Gegensatz zu Laibach und Krain, die sich der freigebigen Huld der Regierung erfreuten.

IV. DIE SLOWENEN UND DIE SÜDSLAWISCHE BEWEGUNG VOR DEM WELTKRIEG
(1903—1914)

Das politische Leben der slowenischen Bevölkerung in Krain und Untersteier wurde bis zum Zusammenbruch der habsburgischen Monarchie von zwei Parteien beherrscht, der Partei der Liberalen und der 1905 durch J. K r e k gegründeten christlichsozialen slowenischen Volkspartei, die 1909 ihre Organisation auf Untersteier, Görz und das gemischtsprachige Kärnten ausdehnte und sich daher „Allslowenische Volkspartei" nannte. Das führende Blatt der liberalen Partei war der „Slovenski Narod", das der Volkspartei der „Slovenec". Beide Blätter erschienen in Laibach. Die Sozialdemokraten und ihr Blatt, der

"Naprej", spielten vor dem Zusammenbruch nur eine geringe Rolle. In Kärnten standen die slowenischen Geistlichen und ihr Anhang im Lager der Volkspartei[52]).

Im Krainer Landtage hatte die Allslowenische Volkspartei seit der Wahlreform von 1908 mit 27 Mandaten gegen 12 slowenisch-liberale und 11 deutsche (Großgrundbesitz und Gottschee) die absolute Mehrheit, mithin die unbedingte Herrschaft. Beide slowenische Parteien waren einig in der Bekämpfung des Deutschtums, beide strebten seit der Annexion Bosniens und der Herzegowina (1908) nach staatsrechtlicher Vereinigung mit den übrigen Südslawen der Monarchie. Aber im Endziele gingen ihre Wege auseinander. Die Allslowenische Volkspartei strebte im Sinne des Programmes der kroatischen Rechtspartei von 1893 die Bildung eines die Slowenen, Kroaten und Serben umfassenden südslawischen Staates unter der Führung der katholischen Kroaten innerhalb der habsburgischen Monarchie an. Nach ihrem Wunsche sollte an Stelle des dualistischen Österreich-Ungarn ein trialistisches Österreich-Ungarn-Jugoslawien geschaffen werden. Diesem Gedanken stand auch der Thronfolger Erzherzog Ferdinand und ein Teil der deutschen christlichsozialen Partei nahe. Dagegen suchte ein Teil der slowenisch-liberalen Partei die Lösung der südslawischen Frage durch den Anschluß an das Königreich Serbien.

Bald nach dem Sturze der Obrenović (1903) trachteten vereinzelte Anhänger der liberalen Partei, eine Verbindung mit Belgrad herzustellen. Durch südslawische Künstler- und Journalistentage und Besuche serbischer Journalisten in Laibach und slowenischer Journalisten in Belgrad sollte die südslawische Idee immer mehr vertieft werden. Am 8. September 1908 fand in Laibach ein allslawischer Journalistenkongreß statt, an dem auch der russische Kadettenführer Miljukow teilnahm. Die Erinnerung an das alte großserbische Reich des Königs Stefan Duschan (gest. 1355) wurde im Volke aufgefrischt. In einem Kalender von 1908/09, der im Süden der Monarchie verbreitet wurde, wird auf eine Karte des französischen Historikers Thiers hingewiesen, nach der dieses Reich bis Villach gereicht haben soll! („Südland", S. 547.) Auch die alte illyrische Idee Gajs wurde wieder hervorgeholt. Dr. Bogumil V o š n j a k , Privatdozent an der Agramer Universität, arbeitete auf eine möglichst weitgehende Angleichung der slowenischen und serbokroatischen Sprache hin. Unter dem Deckmantel der Pflege südslawischer Kultureinheit, deren Mittelpunkt Belgrad sei, wurden hochpolitische Ziele verfolgt.

Aber nicht nur auf Belgrad, auch auf Petersburg waren die Blicke der Laibacher Liberalen gerichtet. Ivan H r i b a r , der Bürgermeister von Laibach,

---

[52]) Austriacus. Von Laibach bis Belgrad. Serbische Umtriebe in Südösterreich. Cilli 1909. — L. v. Südland, Die südslawische Frage und der Weltkrieg. Wien 1918. — Gilbert In der Mauer, Die Slowenen einst u. jetzt. Leipzig u. Wien 1936.

fuhr, wie er selbst in seinen Erinnerungen[53]) erzählt, vor dem Weltkrieg wiederholt nach Petersburg, um dort einflußreiche Persönlichkeiten für die Slowenen zu interessieren. Bei seinem zweiten Besuch in Petersburg machte er den Außenminister Sasonov auf die Bedeutung aufmerksam, die das slowenische Gebiet durch seine Lage an der Adria für Rußland habe, da sowohl die Italiener, als auch die Deutschen nach dem Besitze von Triest strebten, ein jugoslawisches Triest aber ein fester Stützpunkt der russischen Marine wäre. Auch besuchte er Belgrad, Sofia und Paris, wo er mit dem serbischen Gesandten M. V e s n i ć in Verbindung trat. Nach Ausbruch des Krieges wurde Hribar verhaftet und längere Zeit in Abtenau bei Salzburg interniert, aber schon im Mai 1917 aus der Haft entlassen.

Die Erfolge der Serben im Balkankriege entflammten das südslawische Nationalbewußtsein und lösten namentlich in Laibach lebhafte Begeisterung aus. Selbst der „Slovenec" brachte trotz der gefährlichen Krise, die damals zwischen Österreich-Ungarn und Serbien herrschte, serbenfreundliche Artikel und in Kärnten legte der vom Domvikar Franz S m o d e j, einem geborenen Untersteirer, geleitete „Mir" eine so serbenfreundliche Haltung an den Tag, daß das christlichsoziale „Kärntner Tagblatt" dagegen sehr scharf Stellung nahm. Pfarrer D o l i n a r von St. Margarethen am Töllerberg bei Völkermarkt hat später die verräterischen Gedanken, die viele slowenische Geistliche schon damals gehegt haben, verallgemeinert, indem er im „Slovenec" vom 21. Jänner 1920 schrieb: „Die slowenischen Geistlichen in Kärnten waren schon 1914 und noch früher im klaren. Ich kenne auch nicht einen slowenischen Geistlichen, der mit den Serben nicht sympathisiert hätte, wenn auch nur im Herzen."

Während die radikalen Mitglieder der liberalen Partei Fäden nach Belgrad spannen, hielt die Allslowenische Volkspartei, hinter der die Volksmassen standen, am Trialismus fest. „Slovenec" nahm wiederholt gegen die systematische Aufreizung der slowenischen Bevölkerung durch die slowenischen Radikalen Stellung. Als die Bluttat von Sarajewo geschah, war die Allslowenische Volkspartei aufs tiefste erschüttert. Der Laibacher Bischof J e g l i č, der nach dem Zusammenbruche von 1918 eine führende politische Rolle spielte, erließ einen Hirtenbrief, in dem er Gott bat, Österreich zu einem vollen Siege über die Serben zu helfen. Am 5. Juli 1914 wurde in Laibach eine großartige Trauerkundgebung für den Thronfolger veranstaltet. Der „Slovenec" veröffentlichte eine Reihe von leidenschaftlichen Aufsätzen gegen die Serben, die „größten Feinde des slowenischen Volkes", und gegen die großserbische Bewegung. Als dann Österreich an Serbien den Krieg erklärte, dankte „Slovenec" vom 27. Juli unter kaum mehr zu überbietenden Schmähungen gegen die Serben dem Kaiser, daß er zur Ehre und Verteidigung des gemeinsamen Vaterlandes das Schwert ergrif-

---

[53]) J. Hribar, Moji Spomini, Laibach 1928.

fen habe. So wie der „Slovenec", dachten und fühlten auch die Massen des slowenischen Volkes. Nur ein Teil der liberalen Intelligenz stand auch jetzt im Herzen auf Seite Serbiens.

Wurde die großserbische Bewegung vom slowenischen Volke in Krain mit geringen Ausnahmen abgelehnt, so hatten die Kärntner Slowenen in ihrer Mehrheit nicht nur für ein südslawisches Reich unter serbischer, sondern auch für ein solches unter kroatischer Führung innerhalb der habsburgischen Monarchie und für die allslowenische Bewegung kein Verständnis. Die Mehrheit der slowenischsprechenden Bevölkerung war nach wie vor deutschfreundlich, wie sehr sich auch der „Mir" und der „Katholisch-politische und wirtschaftliche Verein der Slowenen in Kärnten" bemühten, sie in das Fahrwasser der Allslowenischen Volkspartei zu bringen. Bei der Reichsratswahl 1911, die bereits nach dem allgemeinen, gleichen und direkten Wahlrecht stattfand, wurde der Wahlwerber der slowenischen Volkspartei F. G r a f e n a u e r gegen V. Schumy im Wahlkreise III, der aus den am stärksten slowenischen Bezirken Bleiburg, Eberndorf, Eisenkappel und Ferlach bestand, für die Slowenen daher so günstig als nur möglich war, bei starker Wahlbeteiligung nur mit einer Mehrheit von 51 Prozent gewählt. Im Kärntner Landtage waren die gemischtsprachigen Bezirke der Landgemeindenkurie — und die allein kamen für die zu 70 vom Hundert aus Bauern bestehenden Slowenen in Betracht — durch zwei nationale Slowenen, zwei deutschfreundliche Windische und drei Deutsche (darunter zwei Abgeordnete der zu 30 und 56 Prozent slowenischen Bezirke Klagenfurt-Umgebung und Ferlach) vertreten.

Immerhin machten sich in den letzten Jahren vor dem Weltkriege die Wirkungen der südslawischen Agitation in Laibach auch in Kärnten bemerkbar. Es war dies hauptsächlich das Werk des Rechtsanwaltes Dr. Janko B r e j c und des „Mir" und seiner geistlichen Mitarbeiter, vor allem des Schriftleiters Domvikar S m o d e j. „Mir" vom 25. Mai 1912 bezeichnete es als Hauptaufgabe der politischen Führer der Kärntner Slowenen, daß sie alle Kräfte in der Allslowenischen Volkspartei betätigen, welche früher oder später auf eine allsüdslawische Politik im Rahmen der österreichisch-ungarischen Monarchie übergehen müsse. Als Nordgrenze des an Südslawien anzugliedernden Gebietes von Kärnten wurde die „Volksgrenze" bezeichnet, die „nördlich von der Drau" liege. Alle Slowenen südlich von dieser Grenze müßten ohne Rücksicht auf die politische Gesinnung an den südslawischen Staat angeschlossen werden, schreibt „Mir" von 17. August 1912. Der Kroate B j e l o v u č i ć zog diese Grenze auf einer 1910 erschienenen Karte des zu gründenden südslawischen Staates über Hermagor, die Gegend von Kellerberg, dann nach der Drau bis Villach, das außerhalb der Grenze bleibt, hierauf über die Ossiacher Tauern bis in die Gegend des Ulrichsberges, dann südlich um Klagenfurt herum und weiter über die Gegend von Maria Saal und Ottmanach, von da über Diex und die Saualpe bis

St. Andrä, endlich die Lavant abwärts zu ihrer Mündung und von dieser hinauf auf den Hühnerkogel. Dagegen ist die Nordgrenze Südslawiens auf einer 1909 erschienenen „Trias-Karte" von Hanau nach dem Vorschlage des christlichsozialen Abgeordneten Prinz Liechtenstein von den Karawanken gerade nach Norden gegen Villach und von hier ostwärts längs der Drau gezogen.

Im Jahre 1911 wurde die Hauptversammlung der das Jahr zuvor als Gegenorganisation gegen den Verein „Südmark" gegründeten „Slovenska Straža" mit Absicht in Klagenfurt abgehalten, „um zu bekunden, daß Klagenfurt auf slowenischem Boden liege". Bei dieser Gelegenheit verwies Dr. Brejc zum erstenmal auf das Zollfeld als das slowenische Mekka, zu dem alle Slowenen pilgern müßten. In Wirklichkeit ist das Zollfeld gerade eine Stätte der ehrwürdigsten Erinnerungen an die deutsche Vergangenheit des Landes Kärnten. (Siehe S. 6.) Fortan waren das Zollfeld und die Fürstensteinzeremonie zwei der wichtigsten slowenischnationalen Agitationsmittel, zumal 1914 gerade 500 Jahre vergangen waren, seit der Fürstensteinbrauch zum letztenmale stattfand. Vor allem suchte man die slowenischen Bauern aufzustacheln, indem man ihnen vortäuschte, daß ihre Vorfahren, die angeblich einst das Recht der Herzogseinsetzung gehabt hätten, von den Deutschen mit Blut und Eisen unterjocht und niedergehalten worden seien. Auch diesmal fanden die Angriffe gegen Kärnten kräftige Unterstützung in Laibach, wo der Tag der letzten Herzogseinführung, der 18. März 1414, nicht bloß durch verschiedene Vereine, sondern auch durch einen Streik der Mittelschüler gefeiert wurde.

Schon das Jahr zuvor unternahm der Katholisch-politische und landwirtschaftliche Verein für die Slowenen in Kärnten unter der Führung Dr. B r e j c' durch die in seinem Verlag erschienene Schrift „Aus dem Vilajet Kärnten" einen Großangriff gegen Kärnten. Diese Schrift war in den folgenden Jahren das Arsenal, aus dem man die Giftpfeile entnahm, die gegen Kärnten geschleudert wurden, ja sie wurde von den slowenischen Mitgliedern der jugoslawischen Friedensdelegation sogar bei den Verhandlungen auf der Pariser Friedenskonferenz als „Beweismittel" für die Rechtmäßigkeit der slowenischen Forderungen verwendet. Schon der Titel zeigt, daß es sich um eine leidenschaftliche Schmähschrift gegen Kärnten handelt. In Wahrheit ist sie eine durchaus einseitige Darstellung des Sprachenkampfes in Kärnten. Ihr oft böswilligen Entstellungen und Übertreibungen, beleidigenden Anwürfe und Verdächtigungen wurden durch eine vom Deutschen Volksverein für Kärnten herausgegebene Abwehrschrift „Die Wahrheit über Kärnten" widerlegt.

Auf deutscher Seite riefen die von Jahr zu Jahr zunehmende allslowenische Propaganda und die damit verbundenen Herausforderungen Sorge und Unruhe hervor. Der Abgeordnete J. W. D o b e r n i g wies 1910 und 1913 in den österreichischen Delegationen und im Abgeordnetenhaus in eindringlichen Reden auf die Gefahren hin, die aus den südslawischen Bestrebungen für das Deutschtum in Österreich, aber auch für den Staat erwachsen müßten. Am 19. April 1914 fand in Kühnsdorf bei Völkermarkt ein hauptsächlich von windischen Bauern besuchter Kärntner Tag statt, der zu einer großartigen Kundgebung für die Einheit Kärntens und die Aufrechterhaltung des guten Einvernehmens zwischen Deutschen und Windischen in Kärnten wurde. Als Antwort darauf wurde von den slowenischnationalen Führern dies- und jenseits der Karawanken ein Tabor in St. Michael bei Bleiburg veranstaltet, an dem Dr. J. K r e k , der geistige Führer der Allslowenischen Volkspartei, die Slowenen aufforderte, nicht zum kalten Norden, sondern zum warmen Süden zu blicken, und die Vereinigung der Slowenen mit den Kroaten unter habsburgischem Szepter forderte. Im Juni 1914 planten die Laibacher eine große „Wallfahrt" nach Maria Saal ins Zollfeld und nach Klagenfurt, die augenscheinlich auch eine politische Demonstration werden sollte. Schon war ein Sonderzug vorbereitet. Die Nachricht von diesem Plane wurde in Kärnten mit Entrüstung aufgenommen. Deutsche und windische Bauern versammelten sich um den Herzogstuhl, um den fremden Eindringlingen den Zutritt zu verwehren. Im letzten Augenblicke wurde der Sonderzug von der Regierung verboten, so daß die „Wallfahrt" unterbleiben mußte.

So schlugen die Wogen der slowenischnationalen Bewegung knapp vor Ausbruch des Weltkrieges von Laibach über die Karawanken herüber in das bisher verhältnismäßig noch ruhige Kärnten. Auch hier legten die nationalen Slowenen eine kaisertreue Gesinnung an den Tag. Als die Nachricht von der Ermordung des Thronfolgers nach Klagenfurt kam, war Dr. Brejc der erste, der beim Landespräsidenten erschien, um das tiefste Beileid und den Abscheu vor dem Mord auszusprechen, und als am 12. Juli 1914 unter dem Vorsitze Smodejs ein großer slowenischer Tabor in St. Jakob im Rosentale stattfand, wurde namens der Versammlung ein Beileids- und Huldigungstelegramm an den Kaiser abgesandt, das mit den Worten schloß: „Die Eiche und der Berg werden erschüttert, die Treue der Slowenen aber schwindet nicht." Kurz nach Kriegsausbruch erschien Smodej im Präsidium der Landesregierung und gab dort namens der Kärntner Slowenen eine Loyalitätserklärung ab.

V. DIE SÜDSLAWISCHE BEWEGUNG WÄHREND DES WELTKRIEGES (1914—1918)

1. Der Jugoslawische Ausschuß in London

Als der Weltkrieg ausbrach, flüchteten sich die Führer der österreichfeindlichen südslawischen Bewegung in das Ausland. Am 1. Mai 1915 gründeten sie in Paris den Jugoslawischen Ausschuß. Er hatte seinen Hauptsitz später in London (daher auch Londoner Ausschuß genannt) und bestand aus 18 Mitgliedern. Vorsitzender war Rechtsanwalt Dr. Anton T r u m b i ć , ehemals Bürgermeister in Spalato und Abgeordneter von Zara im österreichischen Abgeordnetenhause. Von den Mitgliedern waren nur drei Slowenen: Dr. Josef J e d l o v s k i , Sekretär des slowenischen Vereines „Edinost" in Triest, der uns schon bekannte Dr. Bogumil V o š n j a k aus Görz und Dr. Niko Z u p a n i č aus Krain, Kustos des ethnographischen Museums in Belgrad, einst Redakteur des „Slovenski Jug". Im Mai 1915 kam dann noch der Abgeordnete Dr. G u s t a v G r e g o r i n aus Görz hinzu. Bald darauf wurde die Agitation auch nach Nord- und Südamerika ausgedehnt. Seit April 1917 bestritt die Finanzierung des jugoslawischen Ausschusses die „Jugoslovenska Narodna Odbrana" Südamerikas in einer Höhe von jährlich 400000 Francs. Damit war die Arbeit des Ausschusses gesichert und er selbst vollkommen unabhängig, auch gegenüber Serbien[54]).

Das Hauptziel des Londoner Ausschusses war die Losreißung der auf dem Boden der österreichisch-ungarischen Monarchie wohnenden Slowenen, Serben und Kroaten von der Monarchie und die Vereinigung dieser „dreinamigen Nation" zu einem selbständigen südslawischen Staat, der sich auf Grund einer freien Vereinbarung mit Serbien zu einem südslawischen Bundesstaate zusammenschließen und seine Verfassung durch eine konstituierende Nationalversammlung erhalten sollte. Dagegen strebte der serbische Ministerpräsident P a š i ć , der schon am 23. November 1914 in der Skupština erklärt hatte, daß Serbien für die Befreiung und Einigung der gesamten Nation der Serben, Kroaten und Slowenen kämpfe, nach einem Großserbien, das durch Ausdehnung der serbischen Herrschaft über die noch nicht zum serbischen Staat gehörigen Südslawen gebildet werden sollte, somit nach einem jugoslawischen Einheitsstaat unter serbischer Führung[55]).

Anfang Mai 1915 überreichte der Jugoslawische Ausschuß der französischen und englischen Regierung Denkschriften, die über das nationale Programm der Südslawen unterrichten sollten und insbesonders auch gegen die italienischen Aspirationen Stellung nahmen[56]).

---

[54]) E. Holzer, Die Entstehung des jugoslawischen Staates. Diss. Berlin 1929 S. 17 f.

[55]) Holzer, a. a. O., S. 18 f. — Wie man sich die Nordgrenze des neuserbischen Reiches dachte, zeigt ein Kartenentwurf, den die österreichischen Truppen bei ihrem Einmarsch in Belgrad im Dezember 1916 vorfanden und Prof. Oberhummer im Septemberheft 1920 der Petermannischen Mitteilungen veröffentlicht hat. Dieser Entwurf wurde bereits im September 1914 „gemäß der politischen Lage und den nationalen Bestrebungen" gezeichnet und begrenzt das neuserbische Reich im Norden durch eine Linie, die von Pontafel nach Villach und von Villach nach Osten längs der Drau bis Barcz unterhalb der Mündung der Mur in die Drau verläuft. Südwestkärnten, im Osten bis zur Linie Tarvis—Villach und im Norden bis zur Drau reichend, sollte an Italien fallen, der Rest bei Österreich bleiben. Kärnten sollte also nicht bloß geteilt, sondern sogar gedrittelt werden. Nach einem anderen Plane, den der russische Kadettenführer Miljukow in einem im Jahre 1916 veröffentlichten Buch über die russischen Kriegsziele mitteilte, sollte ganz Unterkärnten und ein Teil von Oberkärnten an den neuserbischen Staat fallen. (Vgl. Carinthia I 1921 S. 77.)

[56]) J. Brunngereuth, Wie das Reich zerfiel. Klagenfurter Zeitung vom 24., 27. u. 28. Oktober 1920. — Gilbert in der Mauer. a. a. O.

Die Denkschriften beanspruchten für den südslawischen Staat auch Unterkärnten und Untersteier; denn die gemischtsprachigen Gegenden an der äußersten Peripherie seien Erscheinungen, welche auf den Kontakt mit den Nachbarrassen zurückzuführen seien, beziehungsweise künstliche Produkte einer feindlichen Politik ohne Bedeutung für den nationalen Charakter des Gebietes; auch könnten die Slowenen ihrer Aufgabe als Alpenwacht des Adriatischen Meeres nur dann gerecht werden und sich nur dann dem drohenden Vordringen der Germanen gegen das Mittelländische Meer entgegenwerfen, wenn sie in den Besitz der Länder Kärnten und Steiermark kämen. Wir begegnen hier einem Gedankengange, der sich später immer wieder in der Laibacher Presse und in der slowenischnationalen Propagandaliteratur findet. Österreich wird als Vorhut des Pangermanismus hingestellt und Kärnten, durch das der kürzeste Weg zur Adria führe, als erste Linie der Slowenen, die dem stärksten Ansturm ausgesetzt gewesen sei[57]). Die „halbgermanisierten" Städte Villach, Klagenfurt und Marburg seien nur die Pfosten, die der gemeinsame Gegner — Deutschland — in die slowenische Erde getrieben habe und müßten wieder ausgerissen werden[58]).

Nach dem serbischen Zusammenbruche (Herbst 1916) beschlossen die Mitglieder der serbischen Regierung und die Vertreter des Londoner Ausschusses am 20. Juli 1917 die Erklärung von Korfu, wonach der zu gründende Staat der Serben, Kroaten und Slowenen ein freies, unabhängiges, konstitutionelles, demokratisches und parlamentarisch regiertes Königreich unter der Dynastie Karageorgjević und mit dem Namen „Königreich der Serben, Kroaten und Slowenen" bilden und alle Länderteile umfassen sollte, in welchen die dreinamige Nation geschlossen und ohne Lücken wohne.

Diese im Gegensatz zur Mai-Deklaration des Jugoslawischen Klubs des österreichischen Abgeordnetenhauses (siehe S. 52) stehende Erklärung wurde veröffentlicht und den Regierungen der verbündeten Mächte mitgeteilt. Am Tage der Krönung Kaiser Karls zum König von Ungarn (18. Dezember 1916) veröffentlichte die Londoner „Times" eine Erklärung des Jugoslawischen Ausschusses als einzig „berufener Vertretung der Jugoslawen", daß das jugoslawische Volk vom Eide der Treue gegenüber der habsburgischen Dynastie entbunden und das Band mit der österreichisch-ungarischen Monarchie durchschnitten sei. Der Ausschuß protestierte darin weiters gegen jeden Versuch, das jugoslawische Volk durch eine Umgestaltung der Monarchie noch weiter in deren Grenzen zurückzuhalten und verlangte die Loslösung der von Serben, Kroaten und Slowenen bewohnten Länder der Monarchie und deren Vereinigung mit Serbien unter der Dynastie der Karageorgjević. Damit waren von seiten des

---

[57]) So L. Ehrlich in „La Carinthie". Vgl. S. 192.
[58]) Dr. Zbašnik im Laibacher „Slovenski Narod" vom 11. März 1919.

Jugoslawischen Ausschusses in London die entscheidenden Schritte zur Lossagung von der Monarchie getan.

Da die Engländer die Bestrebungen des Jugoslawischen Ausschusses mit Mißtrauen aufnahmen, so bemühte sich der Ausschuß, die Sympathien der Engländer durch eine rege Propagandatätigkeit zu gewinnen. Zu diesem Zwecke ließ er von Zeit zu Zeit ein „Boullletin Yougoslave", Flugschriften und Karten in mehreren Sprachen erscheinen. Bogumil Vošnjak, auf literarischem Gebiete der fähigste Kopf des Ausschusses, gab ein Buch nach dem anderen in englischer Sprache heraus. Eine seiner Schriften befaßt sich mit dem Fürstensteinbrauch bei Karnburg und sucht im Sinne der englischen Aufklärungsphilosophen den Nachweis zu erbringen, daß das slowenische Volk, wenn es mit dem Herrscher nicht zufrieden sei, ein Recht zur Revolution habe[59].

Ein anderer Mittelpunkt der südslawischen Agitation war Genf. Hier entstand nach Kreks Tod (1917) eine südslawische Vereinigung „Johann Krek"[60] und gab Dr. Lazar Markovič ein Wochenblatt „La Serbie" heraus, in dem ein bezahlter serbischer Agent, Vladko Fabiančič, der schon 1914 eine serbophile Studentenverschwörung in Laibach angezettelt hatte, leidenschaftliche Artikel über das „ganz mit Blut befleckte" Kärnten erscheinen ließ (1917), den „Schauplatz zahlreicher Morde", die „alte jugoslawische Provinz", wo die Deutschen die Bäche mit slowenischem Blute gerötet hätten, wo man Schullehrer aus deutschen Ländern, sogar aus Preußen, herbeigeholt habe, um das Land zu germanisieren, wo vor und nach Ausbruch des Weltkrieges Hunderte slowenischer Lehrer und Beamter, Priester und Bauern in den Kerker geworfen und die slowenischen Nationalgüter eingezogen worden seien (!). Von diesem Kreise aus wurden auch die französischen Blätter in der Schweiz bedient. Auch Gabrys' „Carte Ethnographique de l'Europe" (1:5 000 000. Lausanne 1918)[61], auf der die Sprachgrenze in Kärnten über Spittal und nördlich von Friesach läuft, ist von diesem jugoslawischen Propagandaherd in Genf beeinflußt. Wenn auch diese und ähnliche Veröffentlichungen schon an sich den Stempel der Erfindung tragen, so waren sie doch geeignet, im feindlichen und neutralen Auslande, wo man Kärnten kaum dem Namen nach kannte und vielfach nur allzu geneigt war, deutschfeindlichen Ausstreuungen zu glauben, Stimmung gegen Kärnten und für die Pläne der Südslawen zu machen, die die angeblich so hart und grausam behandelten Kärntner Slowenen „befreien" wollten.

---

[59] Vgl. die Besprechung von Dr. Jaksch in Carinthia I 1919 S. 93.
[60] Oblak, Koroška Slovenja, Ljubl. 1919 S. 19.
[61] Die Wilson, dem „Schöpfer eines neuen Europa", gewidmete Karte Gabrys erweckt durch ihr umfangreiches Literaturverzeichnis den Eindruck eines gründlichen und streng wissenschaftlichen Werkes, enthält aber dessen ungeachtet ungeheuerliche Fehler. Nach Zeitungsnachrichten soll sie der Friedenskonferenz vorgelegt worden sein. Gabrys war Generalsekretär der „Union des Nationalités" in Lausanne. Vgl. Carinthia I 1919 S. 86.

In einer Erklärung vom 12. Februar 1919, abgedruckt im „Slovenec" vom 26. Februar 1919, behauptet der Londoner Ausschuß, Dr. Trumbić habe schon im Jahre 1914 bei einer Zusammenkunft der „jugoslawischen nationalen Abgeordneten" das formelle Mandat erhalten, das jugoslawische Volk der habsburgischen Monarchie in den Staaten der Verbündeten zu vertreten. Der Ausschuß berief sich auch auf „verschiedene Erklärungen der jugoslawischen nationalen Vertreter und auf die Kundgebungen des öffentlichen Fühlens des jugoslawischen Volkes in Österreich-Ungarn" und gab sich so den Anschein eines bevollmächtigten Vertreters der österreichisch-ungarischen Jugoslawen. Ein Versuch des Ausschusses, seitens der Entente die Anerkennung als verbündete Macht zu erlangen, scheiterte jedoch am Widerstand Italiens und des serbischen Ministerpräsidenten Pašić, der die Entstehung eines zweiten jugoslawischen Staates befürchtete.

2. Verhalten der österreichischen Südslawen und ihrer gesetzlichen Vertreter

Die Ziele der überwiegenden Mehrheit der südslawischen Abgeordneten waren jedoch ganz andere als die des Londoner Ausschusses. Sie sind in der Erklärung niedergelegt, welche die 32 Abgeordneten des durch den Zusammenschluß der beiden bisherigen Parteien gebildeten Jugoslawischen Klubs im österreichischen Abgeordnetenhause am 30. Mai 1917, dem auch der Kärntner Abgeordnete Grafenauer angehörte, abgaben. Diese für die weitere Entwicklung der südslawischen Frage in Österreich grundlegende „Mai-Deklaration" betont neben den nationalpolitischen Forderungen die Treue zur Dynastie und lautet:

„Die gefertigten, im jugoslawischen Klub vereinigten Abgeordneten erklären, daß sie auf Grund des nationalen Prinzips und des kroatischen Staatsrechtes die Vereinigung aller von Slowenen, Kroaten und Serben bewohnten Gebiete der Monarchie zu einem selbständigen, von jeder nationalen Fremdherrschaft freien, auf demokratischer Grundlage aufgebauten Staatskörper unter dem Zepter der habsburgisch-lothringischen Dynastie fordern und daß sie für die Verwirklichung dieser Forderung ihrer einheitlichen Nation einstehen werden. Mit diesem Vorbehalte werden die Gefertigten an den Arbeiten des Parlamentes teilnehmen."

Das Ziel der Mai-Deklaration war also ein südslawischer Staat auf Grund des kroatischen Staatsrechtes. Der Zusatz „unter dem Zepter der habsburgisch-lothringischen Dynastie" stieß bei keinem einzigen Mitglied des Klubs auf Widerstand. Auch seine radikalsten Mitglieder hielten ihn aus taktischen Gründen für notwendig.

Dieser Erklärung schlossen sich auch die Slowenen an. In Laibach nahmen die Landesvertreter beider Parteien, der Allslowenischen Volkspartei sowohl als auch der Slowenisch-liberalen, die Mai-Deklaration an. Die slowenischen Reichsratsabgeordneten Dr. Korošec, Dr. Krek, Pogačnik, Roškar, Doktor Rybar und Verstovšek legten im Abgeordnetenhause wiederholt Bekenntnisse zur habsburgischen Monarchie ab. Dr. Žolger, derselbe, der 1919 als jugoslwischer

Delegierter nach Paris geschickt wurde, gehörte von August 1917 bis Mai 1918 als Vertreter der Südslawen dem Ministerium Seidler an[62]). Als im Juni 1918 italienische Flieger in Krain Flugzettel abwarfen, auf denen Dr. Trumbić zum Abfall von der habsburgischen Monarchie aufforderte, wies der Landesausschuß von Krain noch am 19. Juni „den niederen Versuch des Hochverräters Ante Trumbić und seiner Genossen, die Bevölkerung unseres Landes in den Hochverrat zu ziehen, mit Entrüstung zurück und erklärte er, daß die krainische Bevölkerung ihre glückliche Zukunft auch fürderhin allein unter dem Zepter der habsburgisch-lothringischen Dynastie suche". Eine ähnliche Verwahrung legten auch die beiden Obmänner der Allslowenischen Volkspartei und der Jugoslawischen Demokratischen Partei ein[63]). War dies Ernst oder Tarnung, sicher ist, daß im August 1918, als der Stern der deutschen Waffen auf den französischen Schlachtfeldern bereits gesunken war, die Österreich feindlichen Kreise bei den Slowenen bereits die Oberhand besaßen.

Die Erklärung des Jugoslawischen Klubs vom 30. Mai 1917, deren Verwirklichung zu einer Teilung K ä r n t e n s geführt hätte, zwang auch die Bevölkerung dieses Landes, dazu Stellung zu nehmen. Entschiedene Anhänger der Mai-Deklaration waren hier vor allem die slawischen Geistlichen. Ebenso entschieden, wenigstens nach außen hin, war aber auch ihre Ablehnung des großserbischen Gedankens. Am 26. April 1918 ließen 104 slawische Geistliche in Kärnten im „Mir" eine feierliche Zustimmungserklärung zur Mai-Deklaration erscheinen. Sie verlangten darin die Lösung der Kärntner Probleme im Sinne der jugoslawischen Deklaration, betonten aber nachdrücklich, daß der neue jugoslawische Staat im Rahmen der Monarchie unter dem Zepter der habsburg-lothringischen Dynastie bleiben solle. Sie gaben diese Zustimmungserkärung ab als eine „entschiedene Verwahrung gegen alle äußeren Feinde, welche die Jugoslawen von Österreich abtrennen wollen", wünschten ein großes, mächtiges Österreich, welches gleichzeitig eine mächtige Stütze der katholischen Kirche sein soll, und verwahrten sich auf das entschiedenste gegen jede Verdächtigung der Aufrichtigkeit ihres Patriotismus, als ob der von ihnen ersehnte jugoslawische Staat gegen Österreich gerichtet sei.

Im Frühjahr 1918 wurde eine Sammlung von Unterschriften zugunsten der südslawischen Erklärung eingeleitet. Die Sammeltätigkeit besorgten hauptsäch-

---

[62]) Schon unter dem Ministerium Beck (1906—1908) hätte nach Hribar ein slowenischer Landsmannminister berufen werden sollen. In Aussicht genommen war Oskar Graf Christalnigg, der damals in Görz lebte und später Besitzer des Fideikommisses Eberstein wurde. Die Ernennung wurde durch Dr. Šušteršič untergraben, der selbst nach einem Ministerstuhl strebte, aber lieber ein Ressortministerium gehabt hätte. Hribar, a. a. O.

[63]) Siehe Beilage 379 des Sitzungsprotokolls der Konstit. Nationalversammlung, Bericht der deutsch-österr. Friedensdelegation I 228 f.

lich die slowenischen Geistlichen, obwohl Fürstbischof Hefter durch einen vertraulichen Erlaß vom 1. März jede agitatorische Betätigung des Klerus in dieser Angelegenheit, insbesonders das persönliche Sammeln von Unterschriften, untersagt hatte. Hierbei bedienten sie sich zumeist der ganz unter ihrem Einflusse stehenden Mitglieder der Jungfrauen- und Marienvereine, denen sie einzureden suchten, daß es sich um ein gottgefälliges Werk und eine religiöse Pflicht handle. Auch von der Kanzel wurde zur Unterschrift ermuntert. Nicht bloß Erwachsene und Schulkinder unterschrieben die Zustimmungserklärung, auch die Namen noch nicht schulpflichtiger Kinder wurden aufgeschrieben. Nach amtlichen Berichten wurden die Unterschriften in vielen Fällen unter Vorspiegelung falscher Tatsachen erworben, indem man als Zweck der Sammlung die Herbeiführung eines baldigen Friedens, die Aufhebung des Ablieferungszwanges, die Gründung eines neuen Vereines und dergleichen hinstellte. Trotzdem wurden nach Lambert Ehrlich („La Carinthie") bei 80 000 Bewohnern mit slowenischer Umgangssprache nur 19 000 Unterschriften aufgebracht. Die Regierung hatte die Sammlung der Unterschriften zugelassen, da immer wieder die kaisertreue Gesinnung und der patriotische Zweck hervorgehoben wurden.

3. Die deutsche Abwehr

Je länger der Krieg währte, desto ernster wurde die Lage der Deutschen in Österreich. Aber gerade dieser Ernst der Lage stärkte so wie der gemeinsame Waffenkampf das gesamtdeutsche Bewußtsein in Kärnten. Der Abgeordnete A. Lemisch erklärte schon am 18. Mai 1917 kurz vor der Einberufung des Abgeordnetenhauses in einer zu Klagenfurt abgehaltenen Versammlung der Landesvertrauensmänner: „Wir leben in einer furchtbar ernsten Zeit. Nicht durch das Parlament ist den Deutschen in Österreich der Weg vorgeschrieben. Das Deutschtum in der Ostmark und die Deutschen in Kärnten insbesondere haben — ohne auf Hilfe hoffen zu dürfen — ihren klar vorgezeichneten Weg weiterzugehen im Interesse Alldeutschlands, wie sie ihn bisher gegangen sind."

Für den 30. Mai 1917 war das Parlament einberufen worden. Schon die erste Sitzung brachte Klarheit, wo Österreich stand. Nicht bloß die Südslawen, auch die Tschechen verlangten ein eigenes Staatswesen. Die Deutschen lehnten diese Forderung ab. Die Regierung aber machte, obwohl die Deutschen im Krieg ungeheure Opfer für den Staat brachten, im Juli durch Zurückstellung der deutschen Forderungen und durch die Gewährung einer Amnestie für alle durch die Militärgerichte verurteilten politischen Verbrecher eine deutliche Schwenkung zugunsten der Slawen. Zu dieser Verschlechterung der politischen Lage kam noch, daß die Ernährungsverhältnisse immer trostloser wurden und sich in den zahlreichen Wirtschaftszentren die Macht des Judentums zeigte wie noch nie. Die Abgeordneten waren nicht imstande gewesen, die Schwenkung der Regierung zu verhindern und konnten auch die herrschenden Mißstände nicht beseitigen. Die national fühlende Bevölkerung wagte es unter dem Drucke der Verhältnisse lange Zeit nicht, sich zu rühren.

Die allgemeine Mißstimmung, die infolgedessen zwischen dem Volke und seinen Abgeordneten entstanden war, kam auf einem am 13. Jänner 1918 in Villach abgehaltenen, von 2000 Personen aus allen politischen Lagern, mit Ausnahme der Sozialdemokraten, besuchten D e u t s c h e n V o l k s t a g zum Ausdruck. Als Redner trat u. a. der Abgeordnete K. H. W o l f und der Geschäftsführer des Zentralverbandes der Deutschen Arbeiter in Wien G a t t e r - m e i e r auf, der insbesondere den Bankenkapitalismus geißelte und das nationalsoziale Programm der Deutschen Arbeiter-Partei erörterte. Die Versammlung faßte unter großer Begeisterung eine Entschließung, in der u. a. folgende Forderungen aufgestellt wurden: Aufrechterhaltung und Vertiefung des Bündnisses mit dem Deutschen Reich in politischer, wirtschaftlicher und militärischer Hinsicht, bedingungslose Voranstellung der deutschen Belange vor den staatlichen, grundsätzliche Ablehnung des von den Tschechen angestrebten Staatsgebildes und der südslawischen Bestrebungen nach Abtrennung von Ländern und Landesteilen, insoferne dadurch der für die Entwicklung des Staates und des Deutschtums unbedingt notwendige, über Krain und das Küstenland führende freie Weg zum Adriatischen Meer gesperrt würde, schärfster Kampf gegen die politische und wirtschaftliche Herrschaft des Judentums. Der Regierung und den Abgeordneten gegenüber wurde erklärt, daß jene deutschen Abgeordneten, die bisher die Verwirklichung der deutschen Volksnotwendigkeiten aus allerlei Rücksichten zurückgestellt haben, das Vertrauen des deutschen Volkes nicht mehr genießen. Ein Telegramm an die Kabinettskanzlei des Kaisers brachte die Hoffnung zum Ausdruck, daß der Kaiser jenem Volke, das ihm stets die Treue halte, diese Treue nicht versagen werde. Ein zweites Telegramm ging an Hindenburg, es lautete: „Wir Deutschen im Kärntnerlande besitzen die Nerven, um durchzuhalten."

Der Villacher Tag brachte einen frischen Zug in das politische Leben in Kärnten. Er zeigte sich in der noch im Jänner stattgefundenen Abwehrversammlung in Klagenfurt und auf den Volkstagen zu Wolfsberg und Völkermarkt. Auch die Deutsche national-soziale Partei Österreichs hielt im Juli mit Dr. R i e h l eine Versammlung in Klagenfurt ab. Sie faßte eine Entschließung gegen die Mißwirtschaft und gegen die geplante Zerreißung Kärntens und verlangte die Erfüllung der auf den Kärntner Volkstagen vorgebrachten Wünsche.

In all diesen Versammlungen regte sich bereits jener frische und einigende Wille zur Tat, der sich später im Kärntner Freiheitskampf bewährte. Er kam auch in der Abwehr der Kärntner gegen die südslawische Propaganda für die Mai-Erklärung des südslawischen Klubs zum Ausdruck, die ja nicht nur den Staat, sondern vor allem auch das Land bedrohte und daher allenthalben große Erregung hervorrief. Vom deutschen Volksrat für Kärnten, einem schon 1908 gegründeten, alljährlich von einer Versammlung deutsch-freiheitlicher Vertrauensmänner gewählten Ausschuß unter dem Vorsitze Max R. v. Burgers, aufgefordert, sich über die Mai-Deklaration zu äußern, erhoben von 263 Gemeinden Kärntens 239, darunter 35 gemischtsprachige, durch ihre gewählten Gemeindeausschüsse Einsprache gegen sie. Nur neun slowenische Gemeinden schlossen sich ihr an, 15 faßten keinen Beschluß. Auch der 1915 gegründete deutsche Priesterbund nahm in einer zahlreich besuchten Versammlung entschieden Stellung gegen die auf die Errichtung eines südslawischen Staates hinzielenden Bestrebungen, die Hineinzerrung der Religion in den politischen Kampf um Südslawien und jede das religiöse Gefühl verletzende Form der Agitation. Am 20. Mai 1918 erklärten die im Wappensaale des Landhauses in Klagenfurt versammelten Vertreter fast aller Gemeinden Kärntens in Gegenwart und mit Zustimmung der kärntnerischen Mitglieder des österreichischen Reichsrates und des Kärntner Landtages, unverbrüchlich an der Einheit und Unteilbarkeit des Landes festzuhalten, allen Bestrebungen nach Errichtung eines selbständigen südslawischen Staates, dem auch Teile von Kärnten und Steiermark angegliedert werden sollen, den schroffsten Widerstnd entgegenzusetzen und den heiligen Heimatboden mit allen Kräften zu verteidigen. Ein windischer Abgeordneter und Bürgermeister brachte hierbei die Ansicht der windischen Kärntner kurz und bündig mit dem Satze zum Ausdruck: „Wir Slowenen sind Kärntner und wollen Kärntner bleiben!" Vier Tage später erschienen unter Führung des Landeshauptmannes Leopold Freiherrn v. Aichelburg zwanzig angesehene Männer aus verschiedenen Teilen des Landes, darunter sieben Windische, bei Kaiser Karl, um gegen die geplante Teilung Kärntens Verwahrung einzulegen.

DER KAMPF UM DIE VOLKSABSTIMMUNG

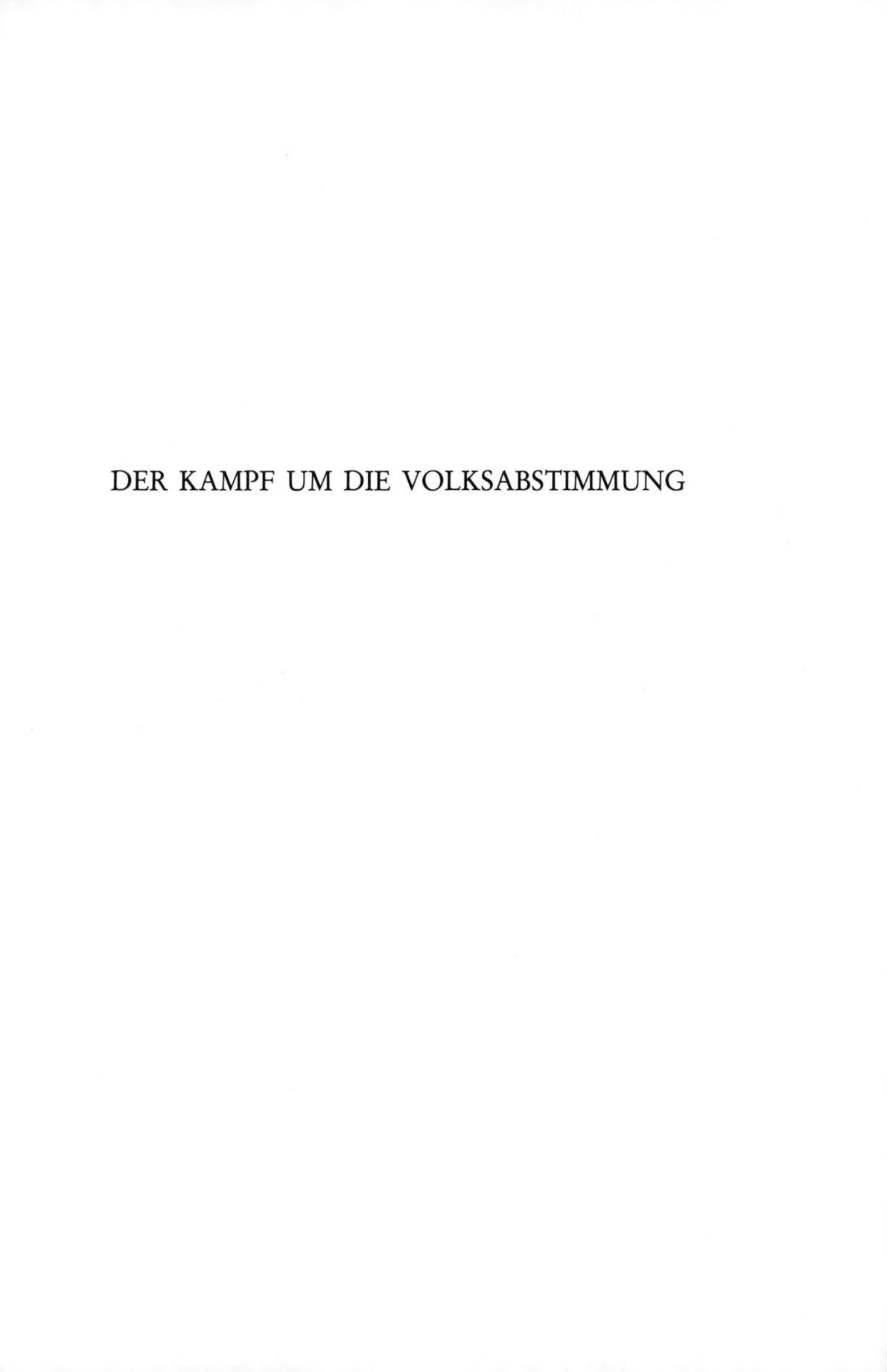

I. GRÜNDUNG DES SERBISCH-KROATISCH-SLOWENISCHEN KÖNIGREICHES (SHS) UND DER REPUBLIK ÖSTERREICH[1])

NEUORDNUNG DER VERWALTUNG IN KÄRNTEN

Nach der erfolglosen Offensive an der Piave und den Mißerfolgen auf dem deutschen Kriegsschauplatz im Juli und August 1918 schien sich das Geschick der Mittelmächte in Bälde erfüllen zu wollen. Die staatsfeindlichen Führer der slawischen Völker in Österreich hielten daher die Zeit für gekommen, die letzten Schritte zum Abfalle zu tun. Am 16. August wurde in Laibach in einer Versammlung von Vertretern der Allslowenischen Volkspartei, der im Juni 1918 gegründeten Jugoslawischen Demokratischen Partei und anderer Verbände — auch der Katholisch-politische Verein für die Slowenen in Kärnten war vertreten — ein aus 40 Mitgliedern bestehender slowenischer Nationalrat („Narodni Svet") als oberste politische Organisation der Slowenen gebildet. Die Sozialdemokraten lehnten die Entsendung von Vertretern ab, erklärten sich jedoch bereit, in allen wichtigen politischen Fragen von Fall zu Fall mitzuwirken. Aufgabe des Nationalrates war nach den Satzungen die Zusammenfassung der südslawischen Völker der österreich-ungarischen Monarchie in einem selbständigen Staat. Den Vorsitz erhielt der ehemalige österreichische Reichsratsabgeordnete und spätere jugoslawische Minister A. Korošec. Zur Durchführung der Arbeiten wurden mehrere Ausschüsse gebildet, darunter ein Organisationsausschuß, dem auch Vikar Smodej angehörte. Weiters sollten Bezirksausschüsse für Triest, Istrien, Görz, Kärnten und Untersteier bestellt werden. Diese hatten auch das Material für die Grenzfragen zu sammeln. Tatsächlich wurden in den nächsten Wochen slowenische Volksräte in den genannten Gebieten errichtet, so auch einer in Klagenfurt. Damit war der erste Schritt zur Loslösung von der habsburgischen Monarchie getan, denn von einem südslawischen Staat unter habsburgischem Zepter war nicht mehr die Rede.

Tags darauf fand in Laibach eine Tagung von tschechischen, polnischen und jugoslawischen Abgeordneten statt. Die offizielle Mitteilung über die Verhandlungen dieser Tage besagte, die Konferenz habe sich mit allen kulturellen, wirtschaftlichen und sozialen Problemen beschäftigt, die die Verwirklichung des Selbstbestimmungsrechtes der beteiligten Völker betreffen, sowie auch mit der Frage, wie die Verhältnisse dieser Völker untereinander und zu anderen Staaten geregelt werden sollten; hierbei sei sowohl hinsichtlich der Grundsätze als auch

---

[1]) Holzer a. a. O. — Gilbert in der Maur a. a. O. — K. Schilling, Die Entstehung des jugoslawischen Staates. Dresden 1939.

der taktischen Fragen zur Erreichung des Endzieles vollständige Übereinstimmung erzielt worden.

Am 6. Oktober trat, hauptsächlich auf Betreiben des Laibacher Nationalrates, der „Nationalrat der Slowenen, Kroaten und Serben" (Narodno vijeće Slovenaca Hrvata i Srba) in Agram zusammen, der sich fortan bis zum 1. Dezember 1918 als oberste Vertretung der auf dem Boden der österreichisch-ungarischen Monarchie lebenden Südslawen betrachtete.

Indes hatte die österreichisch-ungarische Regierung durch das Friedensangebot an Wilson vom 4. Oktober die 14 Punkte Wilsons vom 8. Jänner 1918 und damit auch das im Punkt 10 geforderte Recht der autonomen Entwicklung der Völker Österreich-Ungarns anerkannt. Am 16. Oktober teilte Ministerpräsident Hussarek den Parteiführern mit, daß die Bildung von 4 Nationalstaaten in Aussicht genommen sei, eines deutsch-österreichischen, eines tschechoslowakischen, eines südslawischen und eines ruthenischen. Tags darauf erschien das bekannte kaiserliche Manifest vom 16. Oktober, wonach Österreich, „entsprechend dem Wollen und unter Mitwirkung der Völker ein Bundesstaat werden und jeder Volksstamm auf seinem Siedlungsgebiet ein eigenes staatliches Gemeinwesen bilden sollte". Allein Tschechen und Südslawen gingen darauf nicht ein und Präsident Wilson, der schon am 26. September Vertreter der slawischen Völker der österreichisch-ungarischen Monarchie, darunter den Kroaten Dr. Hincovich als Vertreter des jugoslawischen Nationalrates, empfangen und ihnen seine aufrichtige Sympathie ausgedrückt hatte, lehnte am 18. Oktober das Friedensangebot ab; denn seit der Punkt 10 seiner 14 Bedingungen, so heißt es in der vom Staatssekretär Lansing unterzeichneten Note, ausgesprochen worden sei, habe die Regierung der Vereinigten Staaten den tschecho-slowakischen Nationalrat als kriegführende Macht und die nationalen Freiheitsbestrebungen der Südslawen als gerecht anerkannt; der Präsident sei daher nicht mehr in der Lage, die bloße Autonomie dieser Völker als Grundlage für den Frieden anzuerkennen, sondern sei gezwungen, darauf zu bestehen, daß s i e und nicht er Richter darüber sein sollen, welche Maßnahmen der österreichisch-ungarischen Monarchie genügen, um die Ansprüche und die Auffassung der Völker von ihren Rechten und von ihrer Bestimmung als Mitglieder der Familie der Nationen zu befriedigen. Graf Andrassy, der letzte österreichisch-ungarische Minister des Äußeren, stimmte namens seiner Regierung in der Note vom 27. Oktober der Auffassung Wilsons über die Rechte der Völker Österreich-Ungarns, insbesonders auch jene der Südslawen, bedingungslos zu und ließ damit den nationalen Bestrebungen der slawischen Völker der Monarchie freien Lauf.

Der Agramer Nationalrat hatte das kaiserliche Manifest schon am 19. Oktober durch eine Kundgebung an die südslawischen Völker beantwortet, in der er die im Manifest niedergelegten Grundsätze als nicht befriedigend erklärte und auf Grund des Selbstbestimmungsrechtes einen einheitlichen, vollkommen selbständigen jugoslawischen Nationalstaat auf allen Territorien, wo Slowenen, Kroaten und Serben wohnen, ohne Rücksicht auf irgendwelche Staats- und Landesgrenzen und lediglich unter Berücksichtigung der ethnographischen Zugehörigkeit verlangte.

Am 29. Oktober wurde in Laibach im Namen des slowenischen Nationalrates in einer feierlichen Ansprache die Loslösung Sloweniens von der österreichischen Monarchie und der Anschluß an den S t a a t d e r S l o w e n e n, S e r b e n u n d K r o a t e n verkündet. Am gleichen Tag erklärte auch der kroatische Landtag, alle staatsrechtlichen Beziehungen zwischen den Königreichen Kroatien, Slawonien und Dalmatien einerseits und Österreich-Ungarn andererseits für gelöst. Zugleich verkündete er, daß diese drei Länder dem Staat der Slowenen, Kroaten und Serben beitreten. Von diesem Tage gab es auf dem Boden der ehemaligen habsburgischen Monarchie einen jugoslawischen Staat, den „Staat der Slowenen, Kroaten und Serben". Seine oberste Regierung war der Nationalrat in Agram. Er bestand jedoch nur vom 29. Oktober bis zum 1. Dezember 1918. Wenn im folgenden von einem „Jugoslawischen Staat" und von „Jugoslawen" oder „Südslawen" die Rede ist, so sind darunter in den ersten Wochen des Abwehrkampfes nicht der spätere Staat der Serben, Kroaten und Slowenen und die Jugoslawen im späteren staatsrechtlichen Sinn zu verstehen, sondern der „Staat der Slowenen, Kroaten und Serben" und seine Angehörigen, in erster Linie aber die Slowenen und ihre Führung in Laibach und Marburg, die für das Vorgehen in Kärnten die Verantwortung tragen.

Am 30. Oktober übernahm der Laibacher Nationalrat die Regierungsgewalt über alle von Slowenen bewohnten Gebiete und forderte er die Bevölkerung auf, Ortsausschüsse und Nationalräte zu bilden.

Am 31. Oktober wurde die Nationalregierung in Laibach auf Grund eines Übereinkommens zwischen den Parteien und im Einverständnisse mit dem Nationalrat in Agram aufgestellt. Sie bestand aus einem Präsidenten, Josef R. v. P o g a č n i k, und 12 Kommissären, darunter Dr. Janko B r e j c für Inneres, Dr. W. R a v n i h a r für Justiz, Dr. L o v r o P o g a č n i k für nationale Verteidigung. Sie hieß seit Jänner 1920 wieder Landesregierung.

Am gleichen Tage teilte der Agramer Nationalrat den Ententestaaten die Gründung des alle Jugoslawen der ehemaligen habsburgischen Monarchie umfassenden Staates der Slowenen, Kroaten und Serben mit. Doch wurde der neue Staat durch die Westmächte mit Rücksicht auf Italien, das im Londoner Vertrag vom 26. April 1915 von den Slowenen beanspruchte Gebiete im ehemaligen österreichischen Küstenlande zugesprochen erhalten hatte, nicht anerkannt. Auch der serbische Ministerpräsident P a š i ć konnte nur sehr schwer und nur unter dem Drucke Frankreichs am 8. November zur Anerkennung des Agramer Nationalrates als rechtmäßiger Regierung der auf dem Gebiet der österreich-ungarischen Monarchie lebenden Kroaten und Slowenen bewogen werden, da er auf jeden Fall die Hegemonie Serbiens im südslawischen Gesamtstaat und die Vertretung aller Südslawen auf der Friedenskonferenz durch Serbien sichern wollte. Auch strebte die serbische Regierung in erster Linie zum ägäischen Meer und war der Anschluß Sloweniens und Kroatiens eine Belastung Serbiens mit der schwierigen Frage der Nordgrenze, vor allem aber der Westgrenze gegen Italien, das zu den Siegermächten gehörte. Pašić mußte fürchten, daß da Verwicklungen mit Italien entstehen könnten und sich die Ansprüche Serbiens im Süden nicht so leicht werden verwirklichen lassen, wenn gleichzeitig auch die Italien im Londoner Vertrag zugesprochenen slowenischen und kroatischen Gebiete beansprucht werden.

Nach einer am 4. November beim Vollzugsausschuß in Klagenfurt eingelangten telephonischen Mitteilung aus Laibach hatte sich der Staat der Slowenen, Kroaten und Serben zwei Tage vorher für neutral erklärt.

In den nächsten Wochen gab es in Laibach erbitterte Kämpfe zwischen der Allslowenischen Volkspartei und den Demokraten. Während nämlich die Allslowenische Volkspartei ebenso wie die Kroaten eine Republik anstrebte, deren Mittelpunkt Agram sein sollte, traten die Demokraten für eine Monarchie unter der Dynastie Karageorgjević ein. Schon damals zeigte es sich, daß es mit der Einheit der Jugoslawen nicht weit her war. Schließlich beschloß der Agramer Nationalrat am 24. November, die Konstituierung des Staates der Slowenen, Kroaten und Serben sofort zu vollziehen und einen Ausschuß von 28 Mitgliedern zu bevollmächtigen, „im Einverständnis mit der Regierung des Königreiches Serbien und Vertretern aller Parteien in Serbien und Montenegro unverzüglich die Errichtung des vereinigten Staates nach den vorgeschlagenen Richtlinien herbeizuführen". Die endgültige Regelung der schwebenden Fragen sollte der verfassunggebenden Nationalversammlung überlassen bleiben. Entscheidend für diesen Beschluß war der Gedanke, daß nur die Vereinigung mit Serbien ein kraftvolles Auftreten gegen Italien ermögliche.

Am 1. Dezember erklärte der Sonderausschuß des Agramer Nationalrates in feierlicher Audienz beim Prinzregenten A l e x a n d e r in Belgrad, es sei Wunsch und Wille der Kroaten und Slowenen, sich mit Serbien und Montenegro in einen einheitlichen nationalen Staat der Serben, Kroaten und Slowenen zu vereinigen, worauf Alexander „die Vereinigung Serbiens mit den Ländern des unabhängigen Staates der Slowenen, Kroaten und Serben in das einheitliche K ö n i g r e i c h d e r S e r b e n , K r o a t e n u n d S l o w e n e n" verkündete. Damit war die Gründung des Königreiches SHS vollzogen. Der Staat der Slowenen, Kroaten und Serben und der Agramer Nationalrat hatten aufgehört zu bestehen.

Am 20. Dezember erhielt das Königreich SHS sein erstes Ministerium mit dem Serben Stojan P r o t i ć als Vorsitzenden, dem Slowenen K o r o š e c als dessen Stellvertreter und dem Kroaten Dr. T r u m b i ć als Minister des Äußeres. Mitte Jänner 1919 wurde Dr. B r e j c zum Landespräsidenten von Slowenien ernannt. Die Anerkennung der Alliierten (mit Ausnahme Italiens) erreichte das Königreich erst am 1. Mai 1919. Bis dahin galt der außerordentliche Gesandte V e s n i ć in Paris nur als Vertreter des Königreiches Serbien, nicht aber des Königreiches der Serben, Kroaten und Slowenen. (Vgl. S. 185 Anm. 44.)

Der SHS-Staat kam somit erst nach Überwindung starker Gegensätze und mannigfacher Schwierigkeiten zustande. Das erklärt die zögernde Haltung, die Serbien in den ersten Monaten des Kärntner Abwehrkampfes gegenüber den Wünschen der Slowenen einnahm. —

Mittlerweile hatte sich auch die Gründung der Republik D e u t s c h - Ö s t e r r e i c h vollzogen. Die schweren Schicksalsschläge des Oktobers 1918 trafen die Deutschen in Österreich gänzlich unvorbereitet. Die österreichische Regierung ging ihre eigenen Wege. Die Deutschen aber schlugen endlich, da der von ihnen getragene Staat nun zusammenbrach, eine reine Volkspolitik ein. Die in Klagenfurt versammelten deutschen Volksräte Südösterreichs sprachen sich am 13. Oktober in Übereinstimmung mit dem deutschen Volksrat für Österreich in Wien für ein uneingeschränktes Selbstbestimmungsrecht des deutschen Volkes aus und forderten die Abgeordneten auf, sofort eine aus allen deutschen Parteien bestehende Nationalversammlung zur entschiedenen Vertretung der unverrückbaren, aus dem Selbstbestimmungsrecht sich ergebenden Forderungen der Deutschen in Österreich zu bilden. Die deutschen Abgeordneten des Abgeordnetenhauses erklärten sich am 21. Oktober im Wiener Landhaus unter dem Vorsitze des Präsidenten des Deutschen Nationalverbandes, des Kärntner Abgeordneten Viktor W a l d n e r , als Vorläufige Nationalversammlung des deutschösterreichischen Volkes und beschlossen auf Grund des Selbstbestimmungsrechtes, Deutsch-Österreich als selbständigen Staat zu errichten. Dieser Beschluß wurde am 30. Oktober Präsident Wilson mitgeteilt. Am gleichen Tage übertrug die Vorläufige Nationalversammlung die Regierungs- und Vollzugsgewalt einem von ihr gewählten Staatsrat. Am 12. November rief die Nationalversammlung Deutsch-Österreich als demokratische Republik aus. Ende Dezember erging eine ausführliche Denkschrift über die internationale, politische und wirtschaftliche Stellung Deutsch-Österreichs an die Vereinigten Staaten, die Ententemächte und die neutralen Staaten, in der auch für Südkärnten das Recht der Selbstbestimmung gefordert wurde. Aber erst am 29. Mai 1919 wurde der neue Staat durch die Friedenskonferenz unter dem Namen „Republik Österreich" anerkannt.

Auch K ä r n t e n lehnte die im kaiserlichen Manifest vom 16. Oktober in Aussicht genommene Neuordnung des österreichischen Staates ab. Am 25. Oktober erklärte der Landesausschuß in seiner vorletzten Sitzung Kärnten für unteilbar, „da die Slowenen in Kärnten, mit Ausnahme von Seeland, nicht in geschlossenen Siedlungen leben und das Land im Süden durch die Gebirgskämme seine natürliche Grenze finde". Am nächsten Tage versammelten sich, entsprechend einem Vorschlage des Vollzugsausschusses der deutsch-österreichischen Nationalversammlung, die Vertreter des Landesausschusses und der deutschen politischen Parteien Kärntens unter dem Vorsitze des Obmannes des Deutschen Volksrates, des Handelskammerpräsidenten Max R. v. B u r g e r, im Landhause zu Klagenfurt, erklärten sich bis zum Zusammentritte der Landesversammlung als p r o v i s o r i s c h e L a n d e s v e r t r e t u n g (auch provisorische L a n d e s v e r s a m m l u n g genannt) und wählten aus ihrer Mitte einen aus 7 Mitgliedern bestehenden Vollzugsausschuß mit Max R. v. Burger als Vorsitzenden. Auf Antrag Dr. L e m i s c h s wurde beschlossen, mit Rücksicht auf das kaiserliche Manifest folgende Kundgebung an die deutschösterreichische Nationalversammlung in Wien abgehen zu lassen:

„Die provisorische Landesversammlung lehnt die Schaffung eines Bundesstaates, der den Keim des Verfalles in sich tragen würde, ab und spricht sich für die Bildung eines freien und unabhängigen Staates (Ostmark) aus, der über seine Verfassung, Regierungsform und Vertretung nach außen aus eigener Machtvollkommenheit durch Beschlüsse der aus Vertretern der nationalpolitischen und wirtschaftlichen Organisationen und aus dem Frontdienste zurückgekehrten Vaterlandsverteidiger ergänzten Nationalversammlung verfügt und durch seine ehemöglichst zu bildende Regierung seine Abgrenzung und seine Beziehung zu den übrigen Staaten regelt."

Am 31. Oktober übernahm Dr. Arthur L e m i s c h den Vorsitz im Vollzugsausschuß. Damit trat ein Mann an die Spitze des Landes, der, seit 1895 im öffentlichen Leben stehend, große politische Erfahrung besaß und wegen der Geradheit, Schlichtheit und unbedingten Festigkeit seines Charakters sowie wegen seiner Uneigennützigkeit auch bei seinen politischen Gegnern hohe Achtung und volles Vertrauen genoß. Er hatte seit dem 11. November 1918 trotz der weitgehenden Befugnisse der Landesversammlung und des Landesrates gerade in kritischen Tagen und Stunden, in denen weder die Landesversammlung noch der Landesrat versammelt war, die letzte Entscheidung in der Hand und hat, ohne nach außen viel hervorzutreten, Kärntens Geschicke in dessen ernstester Zeit klug und weise gelenkt. Seine Menschenkenntnis befähigte ihn, den richtigen Mann an die richtige Stelle zu setzen. Auch besaß er den persönlichen Mut, vor schwersten Entscheidungen nicht zurückzuschrecken und war er Kärntens eigentliches Rückgrat. So hat er auch die militärischen Operationen zur Landesverteidigung gedeckt. Politiker und Soldat waren in Kärnten einig, wenn auch der Politiker, der in erster Linie die Verantwortung trug, dem stürmischen Drängen der jüngeren Soldaten nicht immer sofort Rechnung trug. Darum hat Kärnten im Gegensatz zu anderen österreichischen Grenzländern den einzig richtigen Weg zu seiner Verteidigung eingeschlagen, der zwar zu neuem blutigen Kampf, aber schließlich zum Erfolge führte. Auch in Südmähren, im Burgenland und in Steiermark standen Kräfte zum Kampf mit den Waffen bereit. Was dort versagte, waren die Politiker und die Zivilgewalt. Darum gingen Südmähren, Ödenburg und Marburg verloren.

Landesverweser Dr. Arthur Lemisch
Nach einem Gemälde von Hans Kleinert

Der Vollzugsausschuß war bis zum 11. November die oberste vollziehende Behörde des Landes. Die k. k. Landesregierung war bereits vollständig ausgeschaltet. Am 1. und 2. November wurden die Staats- und Landesbeamten und die deutschen Offiziere durch Angelobung zur Dienstleistung für den deutschösterreichischen Staat und für Kärnten verpflichtet. Zur Bewältigung der Geschäfte bestellte der Vollzugsausschuß mehrere Unterausschüsse, und zwar: einen Ernährungsausschuß (später Wirtschaftsausschuß genannt, Obmann: Tierzuchtinspektor Ing. Vinzenz S c h u m y), einen Verkehrsausschuß (Gustav A x m a n n), einen Wehrausschuß (Prof. Dr. A n g e r e r, seit 11. November der Sozialdemokrat Peter M e l c h e r) und einen Finanzausschuß.

Am 11. November hielten der alte, seit 1914 nicht mehr tagende Kärntner Landtag und der Landesausschuß ihre letzten Sitzungen ab. Landeshauptmann Leopold Freiherr von A i c h e l b u r g - L a b i a widmete den gefallenen Kärntner Helden, die zwar den Zerfall des alten Staates durch ihren Heldenmut nicht hätten aufhalten können, aber unbewußt für die Einigung und Erlösung unseres Deutschtums gekämpft hätten, warme Worte des Dankes und legte in seinem und des Landesausschusses Namen das Amt zurück.

Unmittelbar darauf wurde die Vorläufige Landesversammlung von Arthur L e m i s c h eröffnet. Sie war nach dem Schlüssel der letzten Reichsrats- und Landtagswahlen von 1911 zusammengesetzt und bestand aus 27 deutschfreiheitlichen (14 Bauernbündlern, 6 Volksparteilern, 5 Alldeutschen und 2 Vertretern des Verbandes „Deutsche Einheit" in Villach), 11 christlichsozialen und 18 sozialdemokratischen Abgeordneten, endlich aus je einem Vertreter der Offiziere und Mannschaften der Kärntner Truppen. Das gemischtsprachige Gebiet war durch 5 Abgeordnete vertreten. Die nationalen Slowenen hatten eine Beteiligung abgelehnt.

In der ersten Sitzung am 11. November beschloß die Vorläufige Landesversammlung die Konstituierung des Landes Kärnten und die vorläufige Landesverfassung. Die Konstituierungsurkunde wurde durch Maueranschlag verkündet. Die Landesversammlung erklärt darin im Namen des von ihr vertretenen Volkes und Gebietes, daß das „Land Kärnten eine gesonderte, eigenberechtigte Provinz des Staates Deutsch-Österreich sei" und daß sie „hiermit den Beitritt zu diesem Staate vollziehe und unter Wahrung des vollen Selbstbestimmungsrechtes der Landesversammlung die Montag, den 21. Oktober 1918, zu Wien konstituierte Nationalversammlung von Deutsch-Österreich anerkenne".

Damit war das Land Kärnten auf Grund seines Selbstbestimmungsrechtes dem Staate Deutsch-Österreich beigetreten und die jahrhundertealte staatsrechtliche Verbindung mit den anderen österreichischen Alpenländern aufrechterhalten.

Gemäß der neuen Landesverfassung wählte die Landesversammlung einen zehngliedrigen Landesausschuß, später Landesrat genannt, und auf Vorschlag des eben gewählten Landesausschusses die neue Landesregierung. Diese bestand aus dem Landesverweser Dr. Arthur L e m i s c h (deutschnational) und dessen zwei Stellvertretern August N e u t z l e r (Sozialdemokrat) und Dr. Gustav F r a n k (christlichsozial). Der k. k. Landespräsident Karl Graf L o d r o n - L a t e r a n o war schon früher zurückgetreten und hatte sich von seinen Beamten bereits am 11. November in einem Abschiedsschreiben verabschiedet. Am 14. November übergab er namens der bestandenen k. k. österreichischen Regierung dem Landesverweser Dr. Arthur Lemisch und seinen Stellvertretern die Amts- und Vollzugsgewalt der politischen Behörden sowie die Geschäfte der k. k. Landesregierung, worüber eine vom Übergebenden und von den Übernehmern unterzeichnete Urkunde in doppelter Ausfertigung ausgestellt wurde. Damit war in wenigen Tagen die Macht der alten Monarchie auch in Kärnten zusammengebrochen. Die k. k. Wiener Regierung schien wie weggefegt und ließ den Dingen ihren Lauf. Graf Lodron, dessen amtliche Tätigkeit während der Kriegszeit alle Parteien anerkannten, wurde von Vertretern der Parteien gebeten, seine Fähigkeiten auch in der neuen Zeit Kärnten zu widmen, lehnte diesen ehrenvollen Antrag jedoch aus persönlichen Gründen ab. Als Leiter des inneren Dienstes der ehemaligen k. k. Landesregierung wurde der rangälteste Verwaltungsbeamte, Landesregierungsvizepräsident O. v. L o b m e y r - H o h e n l e i t e n, bestätigt.

Die neue Landesregierung war zugleich das Präsidium des Landesausschusses. Die vom Vollzugsausschuß gebildeten Unterausschüsse wurden neu gewählt, der Wirtschaftsausschuß, der Verkehrsausschuß und der Wehrausschuß am 18. November mit dem Rechte der selbständigen Erledigung und Durchführung der in ihren Wirkungskreis fallenden Verwaltungsaufgaben ausgestattet. Dadurch war ihnen die Möglichkeit gegeben, sofort einzugreifen und die Geschäfte rasch abzuwickeln.

Das Präsidium und die Ausschüsse waren aus Mitgliedern der drei Parteien der Deutschfreiheitlichen, der Christlichsozialen und der Sozialdemokraten zusammengesetzt. Dem Wehrausschuß war überdies je ein Vertreter der Verbände der Berufsoffiziere, Reserveoffiziere, der Berufsunteroffiziere und des Landessoldatenrates beigegeben. Die vier deutschfreiheitlichen Parteien: der Bauernbund, die Deutsche Volkspartei, die Alldeutschen und der Völkischsoziale Verband „Deutsche Einheit" schlossen sich in eine „Deutschdemokratische Partei" zusammen. Die Sozialdemokraten hatten schon in der konstituierenden Sitzung der Landesversammlung auf die nach ihrer Ansicht unüberbrückbaren Klassengegensätze hingewiesen und als ihr Endziel die sozialdemokratische Gesellschaftsordnung bezeichnet. Auch zwischen den bürgerlichen Parteien dauerten die alten Gegensätze fort, wenn auch mehr unter der Decke. So kam es auch in der Abwehrzeit in der Landesversammlung öfters zu heftigen parteipolitischen Auseinandersetzungen. Von den Sozialdemokraten wurde auch die Straße zu Demonstrationen benützt. In e i n e m waren aber alle Parteien grundsätzlich einig; in der Verteidigung des Landes gegen die Jugoslawen. Die Führung in dieser Frage hatten die Deutschfreiheitlichen.

Nicht berührt wurde in der Konstitutionsurkunde die Frage des A n - s c h l u s s e s an das Deutsche Reich. Der deutsche Volksrat für Kärnten hatte sich schon in zwei Versammlungen am 18. und 26. Oktober für den Anschluß Österreichs an das Deutsche Reich als einzig mögliche Lösung ausgesprochen. Wie sich die berufene Vertretung des Landes, die Vorläufige Landesversammlung, dazu stellte, ist aus der mit lebhaftem Beifall aufgenommenen Eröffnungsrede A. L e m i s c h s zu entnehmen, die nach dem Sitzungsprotokoll mit den Worten schloß: „Aus Unglück zum Glück entstehe du, neues Vaterland, in dessen Dienst wir Kärntner uns mit ganzer Seele und mit allen unseren Kräften stellen wollen. Wir wollen nur das eine, daß die teure Heimat, das Volk, die deutsche Ostmark, aus dem Ungemach gestärkt, wieder kräftig gedeihe, auf daß es lebe und gedeihe, d a s n e u e D e u t s c h e R e i c h !" Auch die Abgeordneten G r ö g e r und A n g e r e r erklärten sich namens ihrer Partei für den Anschluß an das Deutsche Reich.

Am Tage nach der Konstituierung des Landes Kärnten beschloß die Nationalversammlung in Wien einstimmig das Gesetz über die Staats- und Regierungsform des Staates Deutsch-Österreich. Es bestimmte in dem einstimmig angenommenen § 2: „Deutsch-Österreich ist ein Bestandteil der Deutschen Republik." Diese Bestimmung wurde durch das Gesetz der neugewählten Konstituierenden deutschösterreichischen Nationalversammlung vom 12. März 1919 über die Staatsform „wiederholt; bestätigt und feierlich bekräftigt".

Diese Beschlüsse waren auch für Kärnten bindend. In beiden Fällen hatten sämtliche Vertreter Kärntens für das Gesetz gestimmt. Die Vorläufige Landesversammlung hat überdies noch am 11. Februar durch ihr Präsidium ein Begrüßungstelegramm an die verfassunggebende Deutsche Nationalversammlung in Weimar gerichtet, in dem sie die bestimmte Erwartung auf baldigen Anschluß Österreichs an Deutschland zum Ausdruck brachte. Auch die Handels- und Gewerbekammer beschloß in ihrer Sitzung vom 7. April einstimmig eine Kundgebung, in der sie sich vom Standpunkt der Wirtschaft aus für den Anschluß Deutsch-Österreichs an Deutschland aussprach und der Hoffnung Ausdruck gab, daß der Anschlußgedanke oder besser gesagt Anschlußwille, der auch in der Bevölkerung voll Wurzel gefaßt habe, trotz aller Quertreibereien zum Druchbruch gelangen werde.

Mit den Beschlüssen vom 12. November 1918 und 12. März 1919 hat die deutsch-österreichische Nationalversammlung vom Selbstbestimmungsrecht Gebrauch gemacht, das Wilson in seiner Rede vom 12. Februar 1918 verkündet hatte und auch für die Deutschen in Österreich galt. Die Erklärungen Wilsons waren auch von der Entente anerkannt worden und durch die Note des amerikanischen Staatssekretärs Lansing vom 5. November 1918[2]) Gegenstand eines völkerrechtlichen Vorfriedens geworden, der für beide kriegführende Parteien die rechtsverbindliche Grundlage des künftigen Friedens darstellte.

Nach dem Beschluß der deutsch-österreichischen Nationalversammlung vom 12. November war somit Kärnten wie das übrige Deutsch-Österreich seit diesem Tage ein Bestandteil der Deutschen Republik. Es fehlte nur noch die Durchführung des Anschlusses und die Anerkennung seitens der Friedenskonferenz im Sinne der Note Lansings vom 5. November. Die Kärntner kämpften daher in ihrem Abwehrkampf gegen die eingedrungenen Krainer und untersteirischen Slowenen nicht bloß für ihre Heimat, sondern auch für einen Teil des großen deutschen Vaterlandes, nicht bloß um Kärntens Südgrenze, sondern auch um die Grenze des völkerrechtlich allerdings noch nicht anerkannten Großdeutschen Reiches. Sie taten beides aus tiefstem Herzensgrund. Kärntner Heimkehrer trugen wie die Freiwilligen des Jahres 1848 schwarz-rot-goldene Abzeichen und waren überzeugt, daß sich die Vereinigung mit dem übrigen Deutschland in Kürze vollziehen werde. Und so wie sie dachten tausend andere.

II. DIE KÄRNTNER GRENZFRAGE

1. Grenzforderungen der Slowenen

Schon am 17. Oktober 1918 hatte der gerade gegründete slowenische Nationalrat für Kärnten in dem drei Nichtkärntner, Franz Smodej, Dr. Johann Brejc, der kurz vorher aus Krain zugewanderte Holzhändler Janko Tavčar, und ein Kärntner Rechtsanwalt Dr. Josef Müller das entscheidende Wort führten, beschlossen, das ganze Gebiet des Herzogtums Kärnten, „wo in den letzten Jahrhunderten das slowenische Volk gewohnt habe", für den Staat der Slowenen, Kroaten und Serben zu fordern. Diese Maximalforderung wurde vom Laibacher „Slovenec" Ende Oktober damit begründet, daß ganz Kärnten eine Einheit sei, die zu teilen unnatürlich wäre; Kärnten dürfe daher nicht geteilt, sondern müsse in seiner Gänze an das südslawische Reich angegliedert werden, einerseits wegen der slowenischen Vergangenheit des Landes und als Entschädigung für die Verluste, die die Slowenen im Laufe der Jahrhunderte erlitten hätten, und anderseits, weil Südslawien natürliche Grenzen haben müsse. Da nun die Drau nicht

---

[2]) In dieser Note heißt es: „Die verbündeten Regierungen sind bereit, mit der Deutschen Regierung einen Frieden auf der Grundlage der Prinzipien vom 8. Jänner und der späteren Erklärungen zu schließen, machen aber zwei Vorbehalte" (bezüglich der Freiheit der Meere und der Wiedergutmachung). Allerdings war diese Note an die deutsche Regierung und nicht auch an die österreichische gerichtet. Allein Wilson hatte die von ihm am 8. Jänner, 12. Februar und 4. Juli 1918 verkündeten Punkte als allgemein gültige Grundsätze aufgestellt und die Erklärung vom 12. Februar über das Selbstbestimmungsrecht war die Antwort auf die Reden des deutschen Reichskanzlers und des österreichischen Außenministers Graf Czernin.

Grenze sein könne und die Karawanken noch weniger, so müßten es die Hohen Tauern werden. Übrigens sei es auch die Meinung des verewigten Krek gewesen, daß Kärnten südslawisch werden müsse, und habe gerade Krek die Unteilbarkeit Kärntens aus natürlichen Ursachen begründet. Dieses Vermächtnis Kreks müsse aufgenommen und durchgeführt werden.

So richtig die Ausführungen des „Slovenec" über die Unteilbarkeit Kärntens auch waren, so sah man in den führenden slawischen Kreisen doch ein, daß derlei maßlose Forderungen nicht durchzusetzen wären. Die Ansprüche auf ganz Kärnten wurden daher bald fallen gelassen. Nun galt es aber, eine Teilungslinie zu suchen. Aber wie immer man eine solche Linie auch zog, stets gab es Schwierigkeiten. Und über allen schwebte die große Frage, ob eine Teilung für die Bevölkerung überhaupt tragbar und diese damit einverstanden sein werde. Die Schwierigkeiten wurden auch den Laibachern sehr bald bekannt.

Dem nationalen Prinzip hätte es bei oberflächlicher Betrachtung am besten entsprochen, als künftige Staatsgrenze die Sprachgrenze zu verlangen. Allein wer die Verhältnisse in Südkärnten kennt, weiß, daß es stark gemischt ist und daß die Sprache kein ausreichendes Merkmal für die Volkszugehörigkeit ist, sondern hierfür allein das Bekenntnis maßgebend sein konnte. Überdies zeigt ein Blick auf die Sprachenkarte von 1910, daß eine so vielfach gewundene, an vielen Stellen ohne jeden natürlichen Anhaltspunkt verlaufende Linie als Staatsgrenze undenkbar war. Die slowenischnationalen Politiker dies- und jenseits der Karawanken mußten daher eine andere Linie ausfindig machen. Das war jedoch eine schwierige Aufgabe. Durch Monate hindurch bemühte man sich, eine befriedigende Grenze zu finden. Im ganzen tauchten etwa neun verschiedene Grenzvorschläge auf. Gerade dieses krampfhafte Suchen nach einer geeigneten Grenzlinie ist ein schlagender Beweis, daß eine Teilung Kärntens ein Unding gewesen wäre. Um den Willen der Bevölkerung hat man sich in diesen Kreisen überhaupt nicht gekümmert.

In den Laibacher Verhandlungen (9. bis 12. Dezember 1918)[3] verlangte Dr. B r e j c für Südslawien alle jene Gebiete Kärntens, in denen Slowenen wohnen. Dabei stellte er den Grundsatz auf, daß Slowene sei, wer slowenisches Blut in den Adern habe, und daß der Slowene Slowene bleibe, auch wenn er deutschfreundlich sei und sich nicht als Slowene bekenne, ja selbst dann, wenn er nicht einmal slowenisch sprechen könne. Als Grundlage für die Grenzziehung betrachtete man die sogenannte „lebende ethnische Grenze", die S m o - d e j schon Anfang November in den Verhandlungen mit den Vertretern der deutschen Parteien verlangt und durch eine Linie bestimmt hatte, die westlich von Hermagor verläuft, dann vom Spitzegel ostwärts nach dem Kamm der Gailtaler Alpen bis zum Dobratsch, hierauf zur Gail und diese entlang bis

---

[3] Vgl. unten S. 114.

Perau, weiters nach der Drau bis zur Wernberger Schlinge, von hier auf die Ossiacher Tauern, dann südlich Moosburg gegen Krumpendorf und Loretto, von da nach der Glanfurt bis Ebental, dann an St. Peter und Maria Saal vorüber über den Magdalensberg und den Christophberg nach St. Johann am Brückl, von hier nach der Grenze des politischen Bezirkes Völkermarkt bis gegen die Drau zu, schließlich über die Gegend von Lavamünd auf die Ausläufer der Koralpe. Die Städte Klagenfurt und Villach bezeichnete Smodej als strittig, das Gebiet südlich der genannten Linie als zweifellos slowenisch. Da man aber wußte, daß Südkärnten ohne Klagenfurt und Villach nicht lebensfähig sei, so ging man sehr bald über die von Smodej angegebene „ethnische" Linie hinaus und verlangte auch Klagenfurt und Villach für Jugoslawien. Dr. Brejc dachte schon im November 1918 an die Besetzung von Hermagor, Villach, Feldkirchen, St. Veit, St. Johann am Brückl, St. Andrä und St. Paul und erklärte am 15. Jänner 1919 als Landespräsident von Slowenien gegenüber einem Berichterstatter der „Neuen Freien Presse", daß Kärnten wirtschaftlich so zusammenhänge, daß eine Trennung schwierig sei, daß aber eben deshalb die den Südslawen zukommenden Gebietsteile so gestaltet werden müßten, daß sie lebensfähig seien; die Südslawen müßten daher die Nordlinie mit einigen überwiegend deutschen Städten wie Klagenfurt und Villach haben. Zu diesen überwiegend deutschen Städten gehörte auch St. Veit und sogar Friesach, in dessen Umgebung Brejc ein Gut (Grießerhof) und ein Talkbergwerk besaß.

Schon am 4. Jänner hatte nämlich der slowenische Nationalrat in Laibach auf Antrag Smodejs beschlossen, als Maximalgrenze eine Linie zu verlangen, die dem Kamme der Gailtaler Alpen vom Thörlnock an der tirolisch-kärntnischen Grenze bis zum Kowesnock folgt, die Drau bei Gummern schneidet und weiter über die Görlitzen, über Gnesau, den Knittel, die Haidnerhöhe, längs der kärntnisch-steirischen Grenze zwischen Wintertalernock und Preßneralpe, von da über die Große und Kleine Saualpe und schließlich längs der Nordgrenze des Gerichtsbezirkes St. Paul läuft.

Diese Grenze weist nicht nur Klagenfurt und Villach, sondern auch das ganze große reindeutsche Gebiet zwischen diesen Städten und der nördlichen Landesgrenze, ja sogar das reindeutsche mittlere und obere Gailtal und Lesachtal Jugoslawien zu. Begründet wurde die Forderung durch den Hinweis, daß Kärnten schwer teilbar sei und das Gailtal sowie das Klagenfurter Becken geographische und wirtschaftliche Einheiten darstellten, daß ferner das ganze Flußgebiet der Gurk und Glan nach Klagenfurt neige und der ausgedehnte Großgrundbesitz des slowenischen Grafen Christallnig um Eberstein (vgl. Anmerkung 62 S. 53) sowie das Gut des Dr. Brejc dort liege. Der serbischen Regierung gegenüber wurde der Besitz des Bahnknotenpunktes Treibach-Althofen als strategische Notwendigkeit hingestellt, weil nach der Besetzung Klagenfurts durch die Jugoslawen St. Veit Sitz und Sammelpunkt der „deutschen Kärnt-

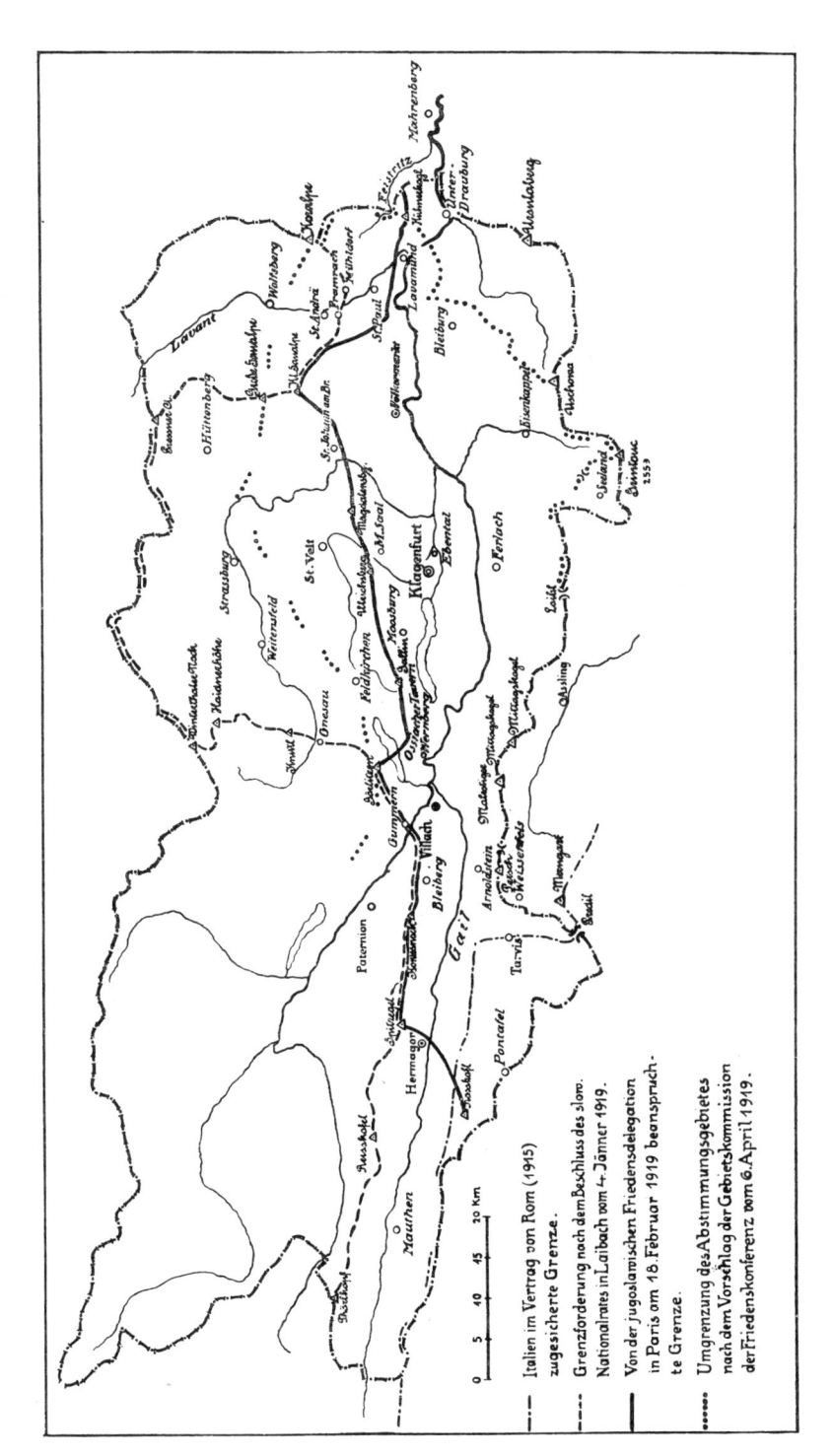

––– Italien im Vertrag von Rom (1915) zugesicherte Grenze.

–·–·– Grenzforderung nach dem Beschluss des slow. Nationalrates in Laibach vom 4. Jänner 1919.

——— Von der jugoslawischen Friedensdelegation in Paris am 18. Februar 1919 beanspruchte Grenze.

······· Umgrenzung des Abstimmungsgebietes nach dem Vorschlag der Gebietskommission der Friedenskonferenz vom 6. April 1919.

ner Clique" würde und diese von Treibach-Althofen aus versorgt werden könnte. Die ethnische Grenze wurde fallen gelassen, da sie das Klagenfurter Becken durchschneide, der slowenische Teil von Kärnten ohne Klagenfurt und Villach keinen wirtschaftlichen Verwaltungsmittelpunkt hätte und sich infolge der Karawanken auch nicht anderwärts anschließen könnte. Die Einheit des Klagenfurter Beckens, die von den Deutschen immer und immer wieder betont wurde, war also auch für die Slowenen der Hauptbeweisgrund der Grenzforderungen.

Diese unsinnige Grenzforderung, durch deren Erfüllung Kärnten in drei Teile zerschlagen worden wäre, wurde nach dem Erscheinen der amerikanischen Kommission in Kärnten und Laibach (vgl. unten S. 150f.) aufgegeben, da es unmöglich war, das nationale Prinzip auf der einen Seite — in Kärnten — in so krasser Weise zu verletzen, auf der anderen aber — gegen die Italiener, die die slowenischen Teile des ehemaligen Küstenlandes und einen Teil von Krain besetzt hatten und für sich beanspruchten — zu verfechten.

Schließlich einigten sich die Laibacher Politiker auf eine Linie, die durch die Punkte: Roßkofel (nordwestlich Pontafel), Punkt knapp östlich Hermagor, Spitzegel, Kowesnock, Mittagsnock (östlich Kowesnock), Drautalenge bei Gummern, Hochpirkach, Oswaldiberg, Görlitzen, Ossiacher Tauern, Ulrichsberg, Magdalensberg und Kleine Saualpe bestimmt ist und das Lavanttal zwischen St. Paul und Lavamünd schneidet[4]). Diese Grenze wurde auch offiziell in der am 18. Februar 1919 der Friedenskonferenz überreichten Denkschrift Žolgers verlangt (vgl. S. 188f.). Daß sie unnatürlich ist und die Karawanken eine viel bessere Grenze darstellen, war auch den Slowenen klar. „Die Karawanken sind," schrieb einmal der Laibacher „Slovenec", „ganz falsch aufgestellt. Sie sollten in der Linie Villach-Feldkirchen-St. Veit-Wolfsberg stehen. Diese von Natur aus ungeschickt aufgestellte Mauer ist schuld daran, daß die Kärntner Slowenen nach Klagenfurt zum naturgemäßen Mittelpunkt, anstatt nach Laibach neigen."

Das ganze Gebiet östlich und südlich dieser Linie beanspruchten die slowenischnationalen Führer b e d i n g u n g s l o s für Jugoslawien. Da sich ihre Grenzforderungen auch auf rein deutsche Gebiete erstreckten und sie wohl wußten, daß sich bei einer Volksabstimmung in Kärnten nicht einmal bei der

---

[4]) Die Linie Ossiacher Tauern usw. war schon von Lubor Niederle, Prof. der Archäologie und Ethnographie an der tschechischen Universität in Prag, in seinem 1910 mit Unterstützung der Petersburger Akademie der Wissenschaften herausgegebenen und später ins Französische übersetzten Werk „Slovansky svet" (Prag 1910) fälschlich als ethnographische Grenze zwischen Deutschen und Slowenen bezeichnet worden. Auf Niederle beruft sich Leon Dominian in seinem 1917 von der amerikanischen Geographischen Gesellschaft in New York herausgegebenen Werke „The Frontieres of Language and Nationality in Europa", das infolge einer Verwechslung des F l u s s e s G u r k mit dem O r t Gurk die Sprachgrenze auf einer Kartenskizze sogar über den Markt Gurk zieht. Vgl. oben S. 12f. sowie Carinthia I, 1919, S. 85.

slowenisch sprechenden Bevölkerung eine Mehrheit für den Anschluß an Südslawien finden würde, so lehnten sie eine Volksabstimmung von Anfang an ab.

Das beanspruchte Gebiet zählt rund 3240 Quadratkilometer (über ein Drittel von Kärnten), 114000 Deutsche und 80000 Slowenen, zusammen 194000 Einwohner (1910), das ist mehr als die Hälfte der damaligen Einwohnerzahl Kärntens. Wären diese Ansprüche durchgedrungen, so wäre die Verbindung zwischen Wien und Italien durch einen südslawischen Streifen Landes zwischen dem Ossiacher See und Pontafel unterbrochen worden. Österreich hätte ein landwirtschaftlich sehr leistungsfähiges Gebiet verloren, Kärnten aber wäre dem wirtschaftlichen Ruin preisgegeben und verkehrstechnisch zerstückelt worden. Denn die Täler der oberen Gail, der oberen Drau, der Glan, der oberen und mittleren Gurk und der Görtschitz wären vor oder unmittelbar nach ihrer Einmündung in das Klagenfurter Becken durch die neue Staatsgrenze geschnitten und der Verkehrszusammenhang zwischen ihnen unterbunden worden. Überdies hätte der Verlust des Bezirkes Völkermarkt die Verbindung zwischen dem Lavanttal und dem übrigen Kärnten aufgehoben. Der bei Österreich verbleibende Rest von Kärnten wäre also in mehrere voneinander durch die natürliche Bodengestaltung getrennte Landschaften zerfallen, was die Vernichtung Kärntens bedeutet hätte.

Zur Begründung ihrer weitgehenden Forderungen verwiesen die slowenischnationalen Politiker auf die frühmittelalterliche slowenische Besiedlung des Landes und die angeblich gewaltsame Germanisierung in den letzten 60 Jahren. Weil ein großer Teil Kärntens, erklärte Dr. O b l a k im „Slovenec" vom 15. November 1918, meist gewalttätig dem slowenischen Volk entfremdet worden sei, so gehöre eigentlich ganz Kärnten bis zu den Hohen Tauern den Slowenen; wenn sich diese mit weniger begnügten, so sei das ein unverdientes Geschenk an die Deutschen. Villach und Klagenfurt wurden trotz ihrer unzweifelhaft rein deutschen Vergangenheit und trotz ihres gegenwärtigen rein deutschen Charakters als halbslowenische Städte hingestellt. In Villach und Klagenfurt, so schrieb „Mir" am 6. Dezember 1918, sei die Mehrzahl der Kaufleute und Gewerbetreibenden und auch der anderen Bürger aus slowenischen Orten eingewandert; Klagenfurt habe daher ein deutsches Gesicht und slowenisches Blut, weshalb es keine Schwierigkeiten machen werde, daß sich auch die sogenannten Deutschen an ihre richtige Muttersprache erinnern werden. Dr. Oblak bezeichnete im „Slovenec" vom 2. Dezember 1918 das Deutschtum in Villach und Klagenfurt als ein Kartenhäuschen, das beim ersten Windhauch zusammenfallen werde. Klagenfurt sei zu zwei Dritteln slowenisch; nur eine deutsche Clique stehe an der Spitze. Ähnliche Übertreibungen und Fälschungen finden sich auch in offiziellen süslawischen Darstellungen. (Vg. die Denkschrift Žolgers, S. 188 ff.)

Die Grundlosigkeit dieser Behauptungen ergibt sich schon aus dem, was oben S. 6 und 17 über die deutsche Besiedlung und die gegenwärtigen sprachlichen Verhältnisse Kärntens gesagt wurde. Was die völkische Abstammung der heutigen Bevölkerung der Stadt Klagenfurt betrifft, so läßt sich an der Hand der Volkszählungen nachweisen, daß die Einwanderung aus slowenischen Gebieten sehr gering war. Nach der Volkszählung von 1910 zum Beispiel stammten 62% der Bewohner der Stadt aus Klagenfurt selbst oder anderen reindeutschen Gebieten, der Rest hauptsächlich aus den überwiegend deutschen Bezirken Hermagor, Villach und Klagenfurt-Land und nur zum geringen Teil aus dem Bezirke Völkermarkt, dessen Bewohner selbst wieder zu 37% deutsch sind, und aus den Karstländern.

Das Ergebnis dieser zum Teile bewußt falschen Propaganda im In- und Auslande war, daß das Ausland, wenigstens für die nächste Zeit, von den Verhältnissen in Kärnten und besonders in Klagenfurt ein ganz falsches Bild erhielt. Als im Juni 1919 in Klagenfurt serbische Truppen einrückten und französische Offiziere erschienen, waren Serben und Franzosen nicht wenig erstaunt, eine reindeutsche Stadt an Stelle der vermeintlich slowenischen zu finden, und als zur selben Zeit ein Berichterstatter des Laibacher „Naprej" nach Klagenfurt kam, mußte er nach Laibach berichten: „Ich lief in Klagenfurt von frühmorgens bis zum späten Abend umher, durchstöberte dieses freundliche Städtchen von einem Ende bis zum andern, aber die Eindrücke, die ich als Slowene empfangen habe, waren sehr niederdrückend. Wohin sind die Anzeichen des slowenischen Klagenfurt geschwunden? Wohin verkroch sich jener unterdrückte Rajah, welcher angeblich den Tag der Befreiung kaum erwarten konnte?" (Naprej vom 28. Juni 1919.) Glücklicherweise fanden sich Mittel und Wege, um noch zur rechten Zeit die Wahrheit über Kärnten verbreiten zu können.

2. Standpunkt der Kärntner

Während die Laibacher Politiker und ihr Kärntner Anhang die gemischtsprachigen Gebiete von Kärnten ohne Rücksicht auf den Willen der Bevölkerung unter südslawische Herrschaft zwingen wollten, forderten die Kärntner Landesvertretung und die deutsche Bevölkerung Kärntens ohne Unterschied der Partei, weit entfernt, auf die slowenischen Landsleute irgendeinen Zwang ausüben zu wollen, für die strittigen Landesteile bis hinunter zu den Karawanken von Anfang an das volle, freie Selbstbestimmungsrecht. Wohl hatte die überwiegende Mehrheit der Bevölkerung des gemischtsprachigen Gebietes die Lostrennung von Kärnten schon wiederholt klar und deutlich abgelehnt, allein bisher hatte es sich nur um die Eingliederung in ein neues Verwaltungsgebiet desselben Staates gehandelt. Nunmehr aber sollte Südkärnten nach dem Wunsche der nationalen Slowenen jenseits der Karawanken und ihres kleinen Anhangs in Kärnten an einen neuen, auf nationaler Grundlage aufgebauten Staat angeschlossen werden. Es war daher nur billig, daß den rund 80 000 Bewohnern mit slowenischer Umgangssprache und den zahlreichen deutschen Bewohnern des gemischtsprachigen Kärnten und der deutschen Grenzgebiete Gelegenheit geboten werde, auch zur neuen Form der Frage Stellung zu nehmen und selbst über ihre künftige staatliche Zugehörigkeit zu entscheiden.

Für die Zuerkennung einer Volksabstimmung an die von den Jugoslawen beanspruchten Gebiete Kärntens sprachen außer geographischen, wirtschaftlichen, geschichtlichen und moralischen Gründen auch die Erklärungen W i l s o n s vom 12. Februar und 4. Juli 1918. Im Punkt 3 der Erklärung an den Kongreß vom 12. Februar hatte Wilson nämlich verlangt, „daß jede Lösung einer durch den Krieg aufgeworfenen Gebietsfrage im Interesse und zugunsten der betroffenen Bevölkerungen und nicht als Teil eines bloßen Ausgleiches oder Kompromisses der Ansprüche rivalisierender Staaten getroffen werden müsse", und im Punkt 2 seiner Rede vom 4. Juli 1918 hatte er als Ziel, das erreicht werden müsse, bevor der Friede geschlossen werden könne, aufgestellt die „Regelung aller Fragen, sowohl der territorialen wie der Souveränitatsfragen, der wirtschaftlichen und politischen Fragen auf Grundlage der freien Annahme dieser Regelung durch das Volk, das unmittelbar davon betroffen ist, und nicht auf Grundlage des materiellen Interesses oder Vorteiles irgendeines anderen Landes, das eine andere Regelung zur Ausbreitung seines Einflusses oder seiner Herrschaft wünscht". Diese beiden Punkte sprachen so klar für das Selbstbestimmungsrecht der strittigen Gebiete in Kärnten, daß die slowenischnationalen Politiker sich wohl hüteten, in der Kärntner Frage die Grundsätze Wilsons auch nur zu erwähnen.

So schlug denn die deutsch-österreichische Nationalversammlung schon in der Note an Präsident Wilson vom 30. Oktober 1918 unter Anerkennung der von Wilson am 12. Februar und 4. Juli 1918 aufgestellten Grundsätze vor, daß die Bevölkerung der umstrittenen Gebiete berufen werde, selbst durch eine allgemeine Volksabstimmung zu entscheiden, zu welchem Staate sie gehören wolle. Die Regierungsvorlage für das Staatsgebietsgesetz vom 22. November 1918 bestimmte vorläufig bezüglich Kärntens, daß sich das Gebiet der Republik Deutsch-Österreich über ganz Kärnten mit Ausnahme der jenseits des Seebergs gelegenen Gemeinde Seeland erstrecke. Als aber der jugoslawische Hauptmann Lavrič am 19. November 1918 Ferlach besetzte und der Landesverweser-Stellvertreter Gröger in der Nacht vom 19. auf den 20. Staatssekretär Dr. Otto B a u e r in Wien telephonisch um Einleitung sofortiger Verhandlungen mit der Laibacher Landesregierung ersuchte, bezweifelte Gröger die Durchführbarkeit dieses Gesetzentwurfes in vollem Umfange. Darauf erklärte Dr. Bauer, der offenbar jeden Zusammenstoß mit den Jugoslawen vermeiden wollte und daher auch bereit war, Südkärnten preiszugeben, wörtlich: „Diese Dummheit ist hier gemacht worden und muß korrigiert werden." Tatsächlich wurde der Entwurf abgeändert und lautete schließlich das Staatsgebietsgesetz im einschlägigen Satz: „Die Republik Österreich umfaßt . . . Steiermark und Kärnten mit Ausschluß der geschlossenen jugoslawischen Siedlungsgebiete." Diese Fassung war nicht nur unklar, sondern auch sehr bedenklich, da die Jugoslawen ganz Südkärnten als geschlossenes slowenisches Siedlungsgebiet betrachteten. Erst die Vollzugsanweisung des deutsch-österreichischen Staatsrates vom 3. Jänner 1919 bezog ganz Kärnten mit Ausnahme der Gemeinde Seeland, doch unter Angliederung der Gemeinde Weißenfels in Krain in das deutsch-österreichische Staatsgebiet wieder ein.

Viel klarer ist das erste Hauptstück der von der vorläufigen Kärntner Landesversammlung am 11. November 1918 beschlossenen Konstituierungsurkunde. Danach wird das Land Kärnten „durch das geschlossene deutsche Siedlungsgebiet des ehemaligen Herzogtums Kärnten und jene gemischtsprachigen Siedlungsgebiete dieses Herzogtums gebildet, die sich auf Grund des Selbstbestimmungsrechtes ihrer Bewohner dem Staatsgebiete des Staates Deutsch-Österreich verfassungsmäßig anschließen". Dieser Beschluß wurde von der Kärntner Landesversammlung vom 21. Februar 1919 bestätigt und bekräftigt.

Damit waren die Grundlagen für die weiteren Grenzverhandlungen geschaffen.

Bevor jedoch an die endgültige Regelung der Grenze geschritten werden konnte, mußte die Frage entschieden werden, was mit den strittigen Gebieten vor der Volksabstimmung geschehen solle. In dieser Hinsicht beschloß die Kärntner Landesversammlung im III. Hauptstück der Konstituierungsurkunde vom 11. November, daß jene gemischtsprachigen Siedlungsgebiete des ehemaligen Herzogtums Kärnten, die den Anschluß an den Staat Deutsch-Österreich nicht verfassungsgemäß vollziehen, einstweilen bis zur Durchführung der endgültigen Grenzbestimmung zwischen dem deutsch-österreichischen und dem südslawischen Staat unter der Verwaltung des Landes Kärnten bleiben. Dieser Beschluß konnte allerdings nicht aufrechterhalten werden, weil die Südslawen schon im Laufe des Novembers und Dezembers einen großen Teil des gemischtsprachigen Gebietes gewaltsam besetzten.

III. KÄRNTENS OHNMACHT

1. Die Lage in Kärnten nach dem Zusammenbruch Österreichs

Die Tage zu Anfang November 1918 gehören zu den bewegtesten und gefährlichsten, die Kärnten je erlebt hat. Der Kärntner Vollzugsausschuß und später die vorläufige Landesversammlung sowie die neue Landesregierung sahen sich vor die schwierigsten Aufgaben gestellt. Der Zusammenbruch der Monarchie hatte eine Auflösung der bisherigen staatlichen Ordnung zur Folge. Eine neue mußte erst geschaffen werden. Die gewohnte Staatsordnung war einem Teile der Bevölkerung so in Fleisch und Blut übergegangen, daß hie und da die Meinung herrschte, da es keinen Kaiser mehr gebe, so brauche man sich auch an die Gesetze und Verordnungen nicht mehr zu halten. Durch Jahre hindurch hatte die Bevölkerung gehungert und nun wollte sie sich einmal gründlich den Hunger stillen. Die Disziplinlosigkeit mancher Truppenteile, die ärarisches Gut plünderten, reizte zur Nachahmung. So kam es namentlich auf den Bahnhöfen in Villach zu wüsten Plünderungen der Lebensmittelmagazine. Im Warmbad plünderten kriegsgefangene Russen die Militärvorräte. Auch in Hermagor, Spittal, St. Veit, St. Ruprecht bei Klagenfurt, Velden, Weizelsdorf, Eberstein, Leifling und im Mießtal wurde geplündert. Wilde Gerüchte durchschwirrten die Luft und vermehrten die Erregung. In Klagenfurt hieß es, Villach sei von meuternden Soldaten und Banden in Brand gesteckt worden. In Wirklichkeit hatte eine Benzinexplosion am Bahnhof große Verheerungen und Brände verursacht.

Aber dieser Sturm der entspannten Not dauerte nur kurze Zeit. Schon am 1. November hatte der Vollzugsausschuß in weiser Voraussicht die Gemeinden aufgefordert, zum Schutze von Leben und Gut der Bevölkerung Bürgerwehren zu gründen. In wenigen Tagen waren die Wehren in den größeren Orten aufgestellt und konnten sie weitere Ausschreitungen verhindern. In Klagenfurt, wo es besonders viele Magazine mit Lebensmitteln und anderen Bedarfsartikeln gab und die Soldaten die Kasernen einfach verließen und nach Hause zogen, übernahmen wackere Offiziere den Wachdienst, bis die hauptsächlich aus Beamten, Angestellten und Studenten bestehende Bürgerwehr unter Magistratssekretär K o p p e r den größten Teil der Wachen besorgen konnte. Am 6. November konnte der Vollzugsausschuß verkünden, daß Ruhe herrsche in Stadt und Land. Da aber die Lage noch immer gespannt war, so stellten sich ungerufen 20 Bauern aus der weitentfernten Reichenau im Gurktal unter Führung des wackeren Hans S i e g l in Gnesau freiwillig für 14 Tage zum Wachdienst im Landhaus zu Klagenfurt: ein schönes Beispiel des Zusammenhaltens von Land und Stadt.

Von der Front kamen höchst beunruhigende Gerüchte. In den letzten Tagen des Oktobers wurde der R ü c k z u g d e r VI. A r m e e angekündigt. Am 30. Oktober marschierten die ersten Truppen, es waren Kroaten, gegen Klagenfurt. Sie wurden um Klagenfurt herum nach Grafenstein und von hier mit der Bahn in die Heimat geführt. Auch einige tausend reichsdeutsche Truppen kamen am Nordufer des Wörthersees in voller Ordnung angerückt. Man hoffte, sie für den Grenzschutz zu gewinnen, aber sie zogen alsbald wieder ab. Ein Honved-Regiment marschierte über den Seeberg nach Völkermarkt und von hier nach Hause. Vom 2. November an kamen Truppen in Massen von Italien und Tirol herangezogen. Bald herrschte auf der Bahn ein wirres Durcheinander und mangelte es an Kohlen und Wagen. Aber rasch wurde der Verkehrsausschuß Herr über die Schwierigkeiten. Die Soldaten wurden größtenteils schon in Oberkärnten einwaggoniert, die Züge rollten über St. Veit oder Klagenfurt ab und fuhren leer über die Tauern wieder nach Kärnten zurück. 1700 frei gewordene italienische Kriegsgefangene, die Stadt und Land gefährdeten, da sie nur schwer verpflegt werden konnten, wurden unter Kommando eines italienischen Majors von Klagenfurt nach Aßling gebracht. Die Disziplin und die Leistungen der Eisenbahner waren bewunderungswürdig. Am 6. November allein wurden 70 000 Mann mit der Bahn heimbefördert. Aber nicht nur auf der Bahn, auch auf den Hauptstraßen vollzog sich der Rückzug. Die Straße von Klagenfurt nach Villach war zeitweise so vollgepfropft, daß es für Kraftwagen unmöglich war durchzukommen. Tag und Nacht zogen Truppen, Autokolonnen, Trains, Viehherden, von einem außergewöhnlich milden Herbstwetter begünstigt, der Heimat zu. In der Nacht waren da und dort Lagerfeuer zu sehen. In Spittal, Villach und Klagenfurt trieben sich im Schnee Tausende von Pferden herum, die von abtransportierten Truppen zurückgelassen worden waren. Die meisten Tiere waren tagelang sich selbst überlassen, viele brachen vor Hunger und Durst zusammen. Bis zum 19. November war der Rückzug nahezu vollendet. Eine halbe Million Soldaten hatten in nicht ganz drei Wochen Kärnten durchflutet. Meutereien blieben glücklicherweise fast ganz aus, da die Soldaten nur den einen Drang hatten, so rasch als möglich heimzukommen.

Große Sorge bereitete die Lebensmittelversorgung, da nicht nur die einheimische Bevölkerung, sondern auch die durchmarschierenden Truppen verpflegt werden mußten. Doch brachte der Ernährungsausschuß unter der tatkräftigen und umsichtigen Leitung Schumys die Ernährungsfrage bald in geordnete Bahnen. Die hungernde Bevölkerung verlangte stürmisch nach Zuteilung von Lebensmitteln. 40 Waggon Mehl, deren Lieferung Wien versprochen hatte, waren Mitte November noch immer nicht eingetroffen und die Vorräte der Kriegsgetreideverkehrsanstalt reichten nur mehr für wenige Wochen. Glücklicherweise konnten die vorhandenen militärischen Vorräte zum größten Teil vor Plünderung bewahrt und für die erste Zeit der Versorgung der Truppen und der Zivilbevölkerung zugeführt werden. Auch die zahlreichen herrenlosen, vielfach mindertauglichen und räudigen Militärpferde konnten zu Nahrungszwecken verwendet werden. Ein großer Teil davon wurde in kluger Voraussicht zu Gefrierfleisch für die im Frühjahr zu erwartende Krisenzeit verarbeitet. Wie schwierig die Nahrungslage war, ist daraus zu ersehen, daß die Landesregierung infolge des Versagens der Wiener Regierung am 12. November beschloß, den Landesausschuß zu ermächtigen, zur Wahrung der wirtschaftlichen Interessen Kärntens von Fall zu Fall im Einvernehmen mit dem Staatsrat geeignete Persönlichkeiten als Landesvertreter nach Prag, Budapest und Agram zu entsenden, um dort Lebensmittel gegen Holz einzutauschen. Der Landesausschuß machte von dieser Ermächtigung allerdings keinen Gebrauch, da sich die Ernährungslage schließlich doch durch Zuschub ärarischer Lebensmittel besserte. Aber im Dezember und Jänner sah sich die Landesregierung neuerdings veranlaßt, an die Schweizer und die holländische Regierung über ihre Gesandtschaften in Wien mit der Bitte um Hilfe für die notleidende Bevölkerung heranzutreten, ohne jedoch einen Erfolg zu erzielen. Erschwert wurde die Lage noch dadurch, daß das gemischtsprachige Gebiet wohl in gleicher Weise wie das deutsche beteilt wurde, die slowenischen Bauern dieses Gebietes aber ihrer Ablieferungspflicht nicht mehr nachkamen, weil der von der Laibacher Nationalregierung ernannte Generalkommissär Smodej im „Mir" die Weisung gegeben hatte, daß nichts mehr abgeliefert zu werden brauche, und dies sogar von einzelnen Geistlichen, wie in Stift Griffen und in Vorderberg im Gailtale, von der Kanzel herab verkündet wurde. Da der Laibacher Nationalrat sich über parteiisches Verhalten gegenüber den Slowenen beschwerte und unter Hinweis auf einen Beschluß des Wohlfahrtsausschusses in Graz, zwei Vertrauensmänner in den Laibacher Nationalrat zur Nahrungsmittelkontrolle in Südsteiermark zu entsenden, um Einleitung von Verhandlungen über die Lebensmittelkontrolle im „slowenischen Gebiet" von Kärnten ersuchte, so entsandte der Vollzugsausschuß am 4. November drei Bevollmächtigte nach Laibach. Es stellte sich jedoch heraus, daß es Dr. Brejc in erster Linie um die Übergabe Südkärntens an die Verwaltung der Laibacher Nationalregierung zu tun war. In diesem Falle wäre die Nationalregierung bereit gewesen, auch die Verpflegung der Städte Villach und Klagenfurt zu übernehmen. Unter solchen Umständen mußten die Verhandlungen ergebnislos verlaufen.

Schon Anfang November hatte sich ein großer M a n g e l a n B a r g e l d bemerkbar gemacht, da die Filiale der österreichisch-ungarischen Bank nicht in der Lage war, dem Notenbedarf zu entsprechen, und das Land viele außergewöhnliche Zahlungen für den Staat übernehmen mußte. Es wurde daher beschlossen, ein Landespapiergeld herauszugeben, das in Kärnten Zwangskurs besitzen und sofort wieder eingezogen werden sollte, wenn genügend Barmittel vorhanden seien. Die Noten waren bereits gedruckt, doch konnte von ihrer Ausgabe abgesehen werden, da der Mangel an Noten behoben wurde.

Übel war es auch mit den s a n i t ä r e n Verhältnissen bestellt. Unter den Soldaten war eine Ruhr- und Typhusepidemie ausgebrochen. Da die Militärpfleger ihren Dienst aufgaben, verließen 240 Kranke eigenmächtig das Spital und brachten auch Gesunde in Gefahr. Zum Glück für Klagenfurt zogen auch sie schleunigst nach Hause. Da nicht genügend Totengräber vorhanden und auch andere Arbeiter nur schwer aufzutreiben waren, so blieben zahlreiche Leichen bis zu einer Woche unbeerdigt liegen. Ebenso fehlte es in den Pferde-Sammelstellen Spittal und Klagenfurt an Leuten, die die Kadaver verendeter Militärpferde aufgearbeitet hätten. Es mußten daher zur Beseitigung der Kadaver Arbeiter aus Bleiberg und Raibl herangezogen werden. In zahlreichen Gemeinden herrschte die Maul- und Klauenseuche, die Schweinepest und die Räude der Pferde. —

Nicht minder schwierig war die m i l i t ä r i s c h e Lage Kärntens. Das Land war bisher in militärischer Hinsicht dem Militärkommando in Graz untergeordnet gewesen. Der Zusammenbruch der Monarchie hatte jedoch auch im Militärwesen eine vollständig neue Lage geschaffen. Wien kümmerte sich bis Mitte November überhaupt nicht um Kärnten. Die k. k. Kommanden waren erloschen, an ihrer Stelle hatte in Kärnten der Wehrausschuß der Landesversammlung die Leitung der militärischen Angelegenheiten übernommen. Damit war er die oberste, der Landesversammlung gegenüber verantwortliche militärische Stelle im Lande geworden. Da die Verhältnisse in Kärnten von Graz aus weder überblickt noch beurteilt werden konnten, so löste sich der Wehrausschuß schon am 8. November vom Kommando Graz los. Am 12. November beschloß er, Oberstleutnant Ludwig Hülgerth, der schon am 1. November in einer Offiziersversammlung in Klagenfurt und am folgenden Tag vom Wehrausschuß mit der Durchführung aller Maßnahmen zur Aufrechterhaltung der Ruhe und Ordnung betraut worden war, zum Oberkommandanten von Kärnten zu bestellen und ihn zu ermächtigen, alle zur Bildung einer Volkswehr in Kärnten erforderlichen Maßnahmen zu treffen. Zwar ernannte der Oberkommandierende der deutsch-österreichischen Wehrmacht in Wien einen Feldmarschalleutnant zum Oberkommandanten von Kärnten, der dem Militärkommando in Graz unterstehen sollte, doch erklärten sich die Landesregierung und der Wehrausschuß mit dieser ohne Einvernehmen mit den Kärntner Stellen erfolgten Ernennung nicht einverstanden. Schließlich wurde Hülgerth am 25. November auch vom Staatsamt für Heereswesen als „Befehlshaber von Kärnten" bestätigt. Dadurch erhielt Kärnten ein eigenes Militärkommando und wurde es von Graz, das im Abwehrkampf infolge des roten Druckes versagte, glücklicherweise unabhängig. Die erste Tätigkeit Hülgerths war, das Kommando aufzustellen und für den Wachdienst verwendbare Truppenteile zu schaffen. Durch Erlaß des Staatsamtes für Heerwesen vom 27. Dezember 1918 wurde das Militärkommando in Klagenfurt umbenannt in „Landesbefehlshaber in Klagenfurt".

Der Vollzugsausschuß hatte sich schon Ende Oktober in Vorahnung der kommenden Ereignisse beim k. k. Oberkommando bemüht, die Rückberufung der Kärntner Freiwilligen Schützen, die damals am Stilfserjoch standen, durchzusetzen. Allein das Oberkommando hatte erklärt, eine Abberufung der Kärntner Freiwilligen Schützen sei unmöglich, weil keine Truppen für deren Ersatz vorhanden seien und die Italiener, falls die Kärntner Freiwilligen Schützen abgezogen würden, über das Reschenscheideck ins Inntal vorrücken könnten, ohne Widerstand zu finden; das Armeeoberkommando habe daher dem Armeekommando FM. v. Boroević befohlen, an Stelle der Kärntner Freiwilligen Schützen das Infanterieregiment Nr. 7 nach Kärnten zu dirigieren. Dieses brauchte jedoch 14 Tage, bis es in Klagenfurt eintraf.

Beim Umsturze befanden sich in Klagenfurt die Ersatzbataillone des Infanterie-Regiments Nr. 7, des Gebirgsschützen-Regiments Nr. 1 und des Kärntner Freiwilligen-Schützen-Regiments. In St. Andrä im Lavanttale stand eine Ersatzbatterie. Außerdem lagen in Klagenfurt und in einigen anderen Orten des Landes verschiedene Depots und Reserveanstalten der Armee im Felde. Diese Formationen und Anstalten lösten sich größtenteils selbst auf, teils wegen des leider auch von einzelnen maßgebenden bürgerlichen Persönlichkeiten verbreiteten Schlagwortes: „Wir brauchen keine Armee und keine Offiziere mehr!", teils infolge des blinden Vertrauens auf die Gerechtigkeit der bisherigen Feinde und das so oft versprochene Selbstbestimmungsrecht der Völker. Mit größter Mühe konnte nur ein geringer Teil der Mannschaften, die kein Heim hatten, an ihrem Dienstorte zurückgehalten werden. Die Disziplin und der innere Halt der in Klagenfurt liegenden Abteilungen verschwand vollends. So standen dem Stadtkommando nur etwa 150 Mann brauchbare Soldaten zur Verfügung.

Durch den Einmarsch Malgajs[5]) in das Mießtal aufgeschreckt, berief der Wehrausschuß am 7. November alle zum Waffendienst geeigneten Männer vom 18. bis zum 36. Lebensjahr ein. Aber schon am 12. mußte die Einberufung wieder rückgängig gemacht werden, weil das Staatsamt für Heerwesen mittlerweile eine Verordnung erlassen hatte, wonach die Mannschaft über 42 Jahre sofort zu entlassen war und den Soldaten unter 42 Jahren freigestellt wurde, sich für die neuaufzustellende Volkswehr zu melden.

Im Laufe des Novembers wurde als Wehrmacht der Republik von der Staatsregierung in Wien die Volkswehr geschaffen und auch in Kärnten mit der Aufstellung von drei Bataillonen in Klagenfurt begonnen. Später sollte je ein Bataillon in jeder Bezirkshauptmannschaft aufgestellt werden. Die Volkswehr war, wie einem Berichte des Landesbefehlshabers vom 22. August 1919 zu entnehmen ist, in ihrer Hauptverwendung als republikanische Schutztruppe zur Sicherung der neuen Regierungsform und zur Aufrechterhaltung der Ruhe im Inneren gedacht und ihrer Organisation nach eine Söldnertruppe. Die Aufnahme geschah durch freiwilligen Eintritt, der Austritt konnte nach 14tägiger Kündigung erfolgen. Den Kern der Klagenfurter und Villacher Volkswehrbataillone bildeten Angehörige der alten Kärntner Regimenter. Die Kärntner Freiwilligen Schützen hatten in der Nacht vom 30. zum 31. Oktober das letzte siegreiche Gefecht am Stilfserjoch bestanden und am 3. November die Stellungen verlassen. Sie fuhren dann am 6.—8. November über Innsbruck und Obersteier in ihre Heimat zurück. In Zeltweg wurden die Lavanttaler entlassen, auf den weiteren Stationen der Rest. Ein Bataillon des Gebirgsschützenregimentes Nr. 1 traf am 9. in Klagenfurt ein, der auf etwa 100 Gewehre zusammengeschmolzene Rest des Infanterie-Regiments Nr. 7, das noch am 27. Oktober den Monte Pertica erstürmt und am 31. den Monte Prassolan zurückerobert hatte, am 13. November, beide in vollster Ordnung, aber hart hergenommen. Mitte November wurde aus Soldaten des Gebirgsschützen-Regiments Nr. 1 das

---

[5]) Siehe unten S. 91.

Volkswehr-Bataillon 1, aus Soldaten des Infanterieregimentes Khevenhüller Nr. 7 das Volkswehr-Bataillon 2 aufgestellt, Ende November das Volkswehr-Bataillon 3 aus Soldaten der Kärntner Freiwilligen Schützen. Außerhalb Klagenfurts ging die Aufstellung der Volkswehr nur sehr langsam vor sich.

Bis zum 5. Dezember hatte das Oberkommando seine Weisungen vom Wehrausschuß entgegenzunehmen. Der Landesbefehlshaber war also nichts anderes als das ausführende Organ des Wehrausschusses. Als dann die Landesversammlung am 5. Dezember den Beschluß faßte, dem Landesbefehlshaber in allen rein militärischen, mit der Landesverteidigung im Zusammenhang stehenden Angelegenheiten vollkommen freie Hand zu lassen, wurde das Landesbefehlshaberamt weiter ausgebaut. Der Wehrausschuß war fortan ein Bindeglied zwischen dem Landesbefehlshaber und der Landesversammlung und hatte nur mehr Entscheidungen über die Abrüstung der ehemaligen österreichisch-ungarischen Wehrmacht sowie über die Aufstellung, Organisation und Verwaltung der neuen Wehrmacht zu treffen. Die Tätigkeit des Landesbefehlshabers brachte es mit sich, daß bei vielen Verfügungen das Einvernehmen mit den politischen Parteien gepflogen werden mußte. Hierbei hat sich der Wehrausschuß mit Erfolg bemüht, die großen Schwierigkeiten, die durch die oft sehr übertriebenen Forderungen einzelner radikaler Elemente entstanden, zu ebnen.

Große Gefahr und schwere Hemmnisse entstanden der neuen Wehrmacht in den S o l d a t e n r ä t e n, die bei allen militärischen Formationen aus Heimkehrern, zum großen Teil aber aus Etappenleuten gebildet wurden. Sie standen anfangs ganz unter dem Einfluß umstürzlerischer Wortführer, die aus der russischen Gefangenschaft zurückgekehrt und daher mit bolschewistischen Ideen erfüllt waren und diese Ideen weiterverbreiteten. Der Haß der verhetzten Soldaten richtete sich vor allem gegen die Offiziere, die vielfach unverdienten Herabsetzungen und Beschimpfungen ausgesetzt waren.

Am 10. November erklärte sich eine große Soldatenversammlung bereit, die nach demokratischen Grundsätzen zusammengesetzte vorläufige Landesversammlung als höchste kompetente Vollzugsgewalt für Kärnten anzuerkennen und zu stützen, verlangte aber zugleich die sofortige Durchführung folgender Forderungen: Wahl sämtlicher Kommandanten durch die Mannschaften, Ablegung der Charge aller Offiziere und Militärbeamten, die von der Mannschaft mit keinem militärischen Dienstposten betraut wurden, Abschaffung der Offiziersmessen und Einführung von Einheitsküchen, Bevorzugung geeigneter Invaliden bei Anstellung im Kanzlei- und Ordonnanzdienste vor allen übrigen Bewerbern u. a. m. Diese Forderungen wurden angesichts einer großen Versammlung von Soldaten im Landhaushof am 11. November der vorläufigen Landesversammlung überreicht. Die überraschte Landesversammlung stimmte den Forderungen zu und übertrug deren Durchführung dem erst neu zu wählenden Wehrausschuß. Die Wahl der Offiziere wurde nur insoferne eingeschränkt, als die von der Mannschaft gewählten Kommandanten durch das Oberkommando dem Wehrausschuß zur Bestätigung vorgeschlagen werden sollten.

Die Soldatenräte hatten einen Vertreter beim Wehrausschuß, zwei beim Oberkommando und einen in dessen Kanzlei. Bestrebt, die Machtmittel an sich zu reißen, verlangten sie im November 1918 sogar ständigen Aufenthalt eines ihrer Mitglieder im Dienstzimmer des Oberkommandanten und Gegenzeichnung aller vom Oberkommandanten gegebenen schriftlichen Weisungen, was jedoch vom Oberkommando energisch zurückgewiesen wurde. Auch sonst erlaubten sich die Soldatenräte vielfach Übergriffe. So beschlagnahmte beispielsweise der Soldatenrat Klagenfurt einmal die Panzerautos des Wehrausschusses, ein andermal das Auto des Oberkommandos. Verfügungen des Oberkommandos wurden manchmal vom Soldatenrat umgestoßen. Besonders radikal war der bolschewistisch angehauchte Soldatenrat in Villach, der mit den Arbeiterräten Hand in Hand ging, auch in verschiedenen Kriegsämtern Anhänger hatte und ganz offenkundig nach politischer Macht strebte. Dagegen besserten sich die Verhältnisse beim Soldatenrat in Klagenfurt schon Ende November durch das Eingreifen einiger junger Offiziere des Infanterie-Regiments Nr. 7 (Oblt. H. Steinacher und Oblt. A. Maier-Kaibitsch) und des Gebirgsschützen-Regiments Nr. 1 (Hauptmann Gerstmann und Oblt. Sorko, des 1941 gefallenen Ritterkreuzträgers). Durch eine Neuwahl wurden die radikalen Elemente am 29. November aus dem Soldatenrat hinausgedrängt und durch besonnenere ersetzt. Dennoch gab es bei den einzelnen Formationen auch weiterhin Schwierigkeiten, da die Beteiligung am Kampf nicht selten vom guten Willen der Soldaten abhing. Da und dort kam es auch vor, daß der Gehorsam verweigert und der kommandierende Offizier bedroht wurde oder daß bei Artilleriständen der Soldatenrat das Recht für sich beanspruchte zu beschließen, ob geschossen werden solle oder nicht. Oft wurde auch über die Teilnahme an Kampfhandlungen abgestimmt. Noch liegen die Stimmlisten zweier Züge der St. Veiter Volkswehr aus dem Frühjahr 1919 vor. Die Stimmliste des einen Zuges enthält die Erklärung: „Ich stehe für eine weitere Verteidigung der Heimat ein" und hat 34 Unterschriften. Bei der Abstimmung des 2. Zuges hatte jeder Soldat mit „ja" oder „nein" zu erklären, ob er zu einem Angriff bereit sei. Ein einziger beantwortete die Frage mit „ja", 25 mit „nein", 10 beantworteten sie gar nicht.

Wie groß die durch die Verwirrung der Umsturztage hervorgerufene Disziplinlosigkeit der Mannschaft einzelner Volkswehr-Formationen noch im Frühjahr 1919 war, zeigt auch ein Vorfall bei der Spittaler Volkswehr-Kompanie Nr. 1, die damals in Rosenbach, also unmittelbar an der Front, stand. Nach einem Berichte des dortigen Abschnittskommandos an den Landesbefehlshaber stellten im Februar 39 Mann dieser Kompanie die ultimative Forderung, nach Spittal fahren zu dürfen, da sie mit der ihnen gebotenen Verpflegung in Rosenbach keinen Dienst mehr versehen könnten und bei der Wahl in Spittal sein müßten. Alle Versuche, sie zurückzuhalten, alle Hinweise auf die schwere wirtschaftliche Lage und die Gefahr eines jugoslawischen Angriffes am Wahltage waren vergeblich, so daß die Entlassung der Volkswehrleute beantragt werden mußte.

Die kommunistische Propaganda, die namentlich unter den Heimkehrern in Villach, aber auch in Klagenfurt und Wolfsberg stark verbreitet war, hielt bis in das Jahr 1920 hinein an und wurde durch eine vom Landesbefehlshaber herausgegebene Flugschrift H. Steinachers „Kärntner Heimkehrer" wirksam bekämpft.

Anfangs ging jeder Soldatenrat auf eigene Faust vor. Im Dezember 1918 bildete sich als Vertreter aller Soldatenräte ein Kärntner Landessoldatenrat. Er stand unser sozialdemokratischer Führung, zählte aber neben manchen unlauteren Elementen auch Männer zu seinen Mitgliedern, die die beste Absicht hatten, nach ihrer Einsicht und Überzeugung mitzuarbeiten. Im Kampf gegen die Jugoslawen erfüllten die meisten Soldatenräte, so heißt es in einem dem Landesbefehlshaberamte nahestehenden Bericht vom August 1919, voll und ganz ihre Pflicht. Die radikalen Soldatenräte waren anfangs, den Parteigrundsätzen der internationalen Solzialdemokratie entsprechend, gegen jeden Kampf. Sie mußten aber, wollten sie nicht allen Einfluß verlieren, der Volksstimmung Rechnung tragen und ebenfalls mittun. Bedauerlich war es, daß gegen die Überleitung der Kärntner Soldatenräte in ruhigere Bahnen durch den radikalen und zum Teil kommunistischen „Reichsvollzugsausschuß der Landessoldatenräte" in Wien Störungsversuche unternommen wurden. Dieser erfreute sich der besonderen Fürsorge des Staatssekretärs Deutsch und suchte bei den Soldatenräten in den Ländern ähnliche Zustände zu schaffen, wie sie in Wien bestanden, fand aber glücklicherweise in Kärnten keinen günstigen Boden.

Mit Argwohn betrachteten die Soldatenräte die Bürgerwehren und Alarmkompanien, da sie in ihnen eine gegen sie gerichtete bewaffnete Einrichtung erblickten, die nur auf den Augenblick laure, gegen sie loszugehen. Im Februar 1919 stellte der Soldatenrat dem Wehrausschuß eine auf 24 Stunden befristete Forderung nach Entwaffnung der Bürgerwehren. Tatsächlich setzte er einen Beschluß des Wehrausschusses durch, wonach die Waffen der Bürgerwehr eingelagert und nur im Fall eines von der Landesregierung und den maßgebenden Stellen angeordneten Alarms verteilt werden durften.

Das Oberkommando suchte die Mängel, die in militärischer Hinsicht in der Volkswehr herrschten, so viel als möglich zu beseitigen, um die Truppe für den Kampf verwendbar zu machen. Diese schwierige Aufgabe konnte nur mit Hilfe der Offiziere gelöst werden. Die Kommandanten und Oberkommandanten der einzelnen Abteilungen hatten hierbei einen sehr schwierigen Stand, da an Stelle des Befehlens im alten militärischen Sinn ein Anordnen mit Zureden und vielfach nur ein Ersuchen getreten war. So hing der Einfluß, den der Offizier bei den Soldaten und Soldatenräten hatte, ganz von seiner Persönlichkeit ab. Dem tüchtigen Offizier ordneten sich Soldaten und Soldatenräte unter, während energielose, schwache Kommandanten den Soldatenräten gegenüber die Führung verloren. Die militärischen Erfolge, die im Abwehrkampf erzielt wurden, sprechen also für eine ganz besondere Tüchtigkeit der Offiziere, die ohne Machtmittel das zu erreichen wußten, was unter normalen Verhältnissen oft nur mit strenger Disziplin zu erreichen ist.

Der Kampfwert der Unterabteilungen der Volkswehr war je nach ihrer Zusammensetzung verschieden. Doch stand dem größeren Teile der Volkswehr die Verteidigung des Heimatlandes und der Freiheit höher als alles andere. Dieser größere Teil trug während der ganzen Kärntner Kämpfe die Hauptlast. Er stand ununterbrochen in der Front und hat mehr geleistet, als man von der ganzen Volkswehrorganisation erwarten konnte. Sonderbestrebungen einzelner konnten bei dem guten Kerne dieses Teiles keinen fruchtbaren Boden finden. Die den militärischen Wert im günstigen Sinne beeinflussenden Elemente behielten die Oberhand. Zu diesem Teile der Volkswehr gehörten in erster Linie die Bataillone Klagenfurts Nr. 1, 2 und 3, in denen der alte militärische Geist der Kärntner Hausregimenter und der Kärntner Freiwilligen Schützen wieder erwachten. —

So war die Zeit, in der Kärntens Schicksalsfrage vom Süden her aufgeworfen wurde. Beide Nachbarn an Kärntens Südgrenze, die Italiener und die Jugoslawen, erschienen auf dem Plan.

Nach Punkt 4 des Waffenstillstandsvertrages vom 3. November durften sich Truppen der Alliierten auf jeder Straße und auf jeder Eisenbahn des österreich-ungarischen Gebietes frei bewegen und hatten die Alliierten das Recht, alle strategischen Punkte in Österreich-Ungarn für die ihnen nötig erscheinende Zeit mit verbündeten Kräften zu besetzen, zu dem Zwecke, dort zu wohnen oder die Ordung aufrecht zu halten. Auf Grund dieser Bestimmung rückten die I t a l i e n e r in der ersten Hälfte des Novembers in das Kanaltal ein und besetzten am 16. Tarvis, am 21. Thörl.

Die L a i b a c h e r N a t i o n a l r e g i e r u n g betrachtete Südkärnten als ihr eigen, obwohl es tatsächlich und rechtlich noch zum deutsch-österreichischen Staate gehörte, denn niemals hatte Deutsch-Österreich die Gebietshoheit über Südkärnten aufgegeben. Ihr Ziel war, in Kärnten bis zur Friedenskonferenz eine vollzogene Tatsache zu schaffen. Darum ernannte sie schon am 2. November in der Person des Domvikars S m o d e j einen Generalkommissär für das „Slowenische Kärnten" und suchte sie im November und Dezember Südkärnten so weit als möglich in ihre Gewalt zu bekommen. Smodej schlug seinen Sitz im Hotel Trabesinger in Klagenfurt auf und hißte dort am 4. November die südslawische Fahne, die alsbald durch eine Militärpatrouille wieder entfernt wurde.

Als die Kärntner Landesversammlung zusammentrat, wurde Smodej eingeladen, namens der nationalen Slowenen Vertreter für die Landesversammlung namhaft zu machen. Allein Smodej lehnte ab und bestand hartnäckig darauf, daß zunächst alle slowenischen Gebiete südlich von der „lebenden ethnischen Grenze" (siehe oben S. 69) dem slowenischen Nationalrat unterstellt werden und der slowenische Nationalrat zur Mitarbeit an der Verwaltung in Klagenfurt und Villach zugelassen werde; die vorgeschlagene Grenze sollte jedoch nicht als Grenze des jugoslawischen Staates betrachtet, vielmehr sollte diese später bestimmt werden[6]).

Die slowenischen Blätter führten eine sehr anmaßende und siegessichere Sprache. „Klagenfurt gehört selbstverständlich zum südslawischen Staate", schrieb zum Beispiel der „Mir" vom 9. November 1918. „Die Frage, wie weit das südslawische Reich in Kärnten reichen werde", heißt es an einer anderen Stelle desselben Blattes, „werden die Sieger, die Amerikaner, Engländer, Franzosen und Italiener, besonders aber die Serben und Tschecho-Slowaken entscheiden, überdies noch die übrigen slawischen Nationen, ganz besonders die Vertreter der Laibacher Nationalregierung. Eines ist sicher: daß nicht e i n Slowene dem südslawischen Reiche verloren gehen wird." Zugleich wurden vom „Mir" und den Laibacher Blättern die abenteuerlichsten Nachrichten über Klagenfurt verbreitet, wo der Bolschewismus herrsche und der Slowene seines Lebens nicht sicher sei. Eine Versammlung der Allslowenischen Volkspartei in Laibach am 21. November 1918 beschloß eine geharnischte Verwahrung gegen die Gewalt, welche die „usurpatorische kärntnische deutsche Regierung" in Kärnten ausübe, und wählte zur Führung aller nationalpolitischen Geschäfte in Kärnten einen Sonderausschuß, bestehend aus 22 Mitgliedern, darunter Dr. Brejc, Smodej und Grafenauer.

Der erste Versuch eines Anschlusses an den noch gar nicht bestehenden jugoslawischen Staat wurde schon Anfang November in F e r l a c h unternommen. Hier nötigte ein slowenischer Heißsporn, Jakob Poschinger, schon am 2. November den Gemeindeausschuß in Abwesenheit des Bürgermeisters Josef Ogris durch Vorspiegelung falscher Tatsachen zum Rücktritt. Sein Mithelfer war Pfarrer Trunk, den er zum Gemeindekommissär bestellte. Am Kirchturm und am Gemeindehaus wurde die jugoslawische Fahne gehißt. Aber schon nach wenigen Tagen war die Herrlichkeit Poschingers dank dem tatkräftigen Einschreiten des zurückgekehrten Bürgermeisters und namentlich der Arbeiterschaft, die geschlossen Poschinger die Gefolgschaft verweigerte, zu Ende. Poschinger mußt einen kläglichen Rückzug antreten, da es sich noch dazu herausstellte, daß der slowenische Nationalrat von seinem Vorgehen überhaupt keine Kenntnis hatte.

---

[6]) Florian Gröger, Von unten auf (Selbstverlag, Klagenfurt 1926). S. 29f.

In der zweiten Hälfte des Novembers sandte die Laibacher Regierung Dr. K o r o š e c und Dr. Ž e r j a v nach P a r i s, um mit französischen Politikern, dem Jugoslawischen Ausschuß und dem serbischen Ministerpräsidenten Pašić, der damals in Paris weilte, Fühlung zu nehmen. Nach ihrer Rückkehr berichtete Dr. Korošec nach dem „Slovenec", sie seien in Paris auf das herzlichste begrüßt und unter anderem auch von Clemenceau, Pichon und dem amerikanischen Oberst House, einem einflußreichen Vertrauensmann Wilsons, empfangen worden; die Lage bezüglich der Nordgrenze gegenüber den Deutschen sei sehr günstig und die Erfüllung der nationalen Forderungen zur Gänze gesichert. Wie sich später herausstellte und es bei der Lage der Dinge auch nicht anders sein konnte, war bezüglich der Grenzen in Wirklichkeit noch gar nichts entschieden. Der Zweck der falschen Berichte war offenbar, Freund und Feind zu täuschen, jenen, um ihn zu ermutigen, diesen, um ihn einzuschüchtern. Tatsächlich lebten auch führende Laibacher Politiker auf Grund des Berichtes der beiden Abgesandten in der Hoffnung, daß Laibach im Norden freie Hand habe und „sich nehmen dürfe, was es noch verdauen könne"[7]. Brejc, Hribar und andere drängten daher immer mehr zur Besetzung Klagenfurts. Es war ein Glück, daß sich Laibach damals in einer ähnlichen Lage befand wie Klagenfurt und Mangel an Militär hatte, was allerdings in Klagenfurt nicht bekannt war. —

Während das Selbstgefühl der slowenisch-nationalen Politiker und Blätter keine Grenzen kannte, herrschte in der deutschen und deutschfreundlichen Bevölkerung Kärntens infolge der niederschmetternden Ereignisse im Oktober und November und der von allen Seiten drohenden Gefahren tiefe Bestürzung und Niedergeschlagenheit. Dabei war sich so mancher des Ernstes der Gefahr, die von den Südslawen her drohte, noch gar nicht recht bewußt. Viele hofften, befangen von den Ideen und Versprechungen Wilsons, der Krieg sei nun endgültig aus der Welt geschafft und ein Friede der Gerechtigkeit, aufgebaut auf dem Willen der Bevölkerung und nicht auf Gewalt, werde kommen. Wieder andere glaubten, daß man auf dem Wege von Verhandlungen mit Laibach doch zu irgendeiner, wenn auch nur vorläufigen Verständigung gelangen werde. Die Abneigung gegen einen neuen Krieg war allgemein und besonders groß bei den unter dem Einfluß Wiens stehenden Sozialdemokraten. Selbst einzelne nationale Abgeordnete verfielen Anfangs November der sozialdemokratischen Psychose „Nie wieder Krieg!". Dazu kam noch, daß man in den in Kärnten eingebrochenen slowenischen Banden irrtümlich, aber, wie wir sehen werden, nicht ohne Grund, serbische Soldaten, also Entente-Soldaten vor sich zu haben glaubte, für die Punkt 4 des Waffenstillstandsvertrages vom 3. November gelte.

Dies alles, besonders aber das Bewußtsein der eigenen Schwäche, lähmte lange Zeit den Verteidigungswillen und erklärt die schwächliche Haltung, die die

---
[7] Dr. Ravnihar in „Slovenski Narod" vom 22. Juni 1919.

Kärntner Stellen bis Ende November gegenüber dem Vorgehen der Jugoslawen einnahmen. Der Vollzugsausschuß wies am 7. November alle Staats- und Gemeindeämter des bedrohten Gebietes an, bei Eintreffen südslawischer Kommissionen, die die Verwaltung an sich reißen wollen, zu erklären, daß sie die Verwaltung in der bisherigen Weise weiterführen wollen, bis die Entscheidung über die staatsrechtliche Zugehörigkeit der einzelnen Teile Kärntens getroffen sei, und bis dahin nur der Gewalt weichen. Am 8. November beschloß der Wehrausschuß unter dem Einfluß der Wiener Regierung, daß die militärischen Kommandanten und die Kommandanten der Bürgerwehr bei allfälliger Besetzung von Gebieten des Landes Kärnten durch Truppen oder Kommissionen der Entente zu erklären haben, daß sie und die ihnen unterstellten Abteilungen nicht zum Kampf, sondern nur zur Aufrechterhaltung der Ruhe und Ordnung bestimmt seien. Dieser Beschluß wurde am 12. November von der Landesversammlung bestätigt.

Bezog sich dieser Beschluß nur auf Truppen der Entente, der nach dem Waffenstillstandsvertrag vom 3. November das Besetzungsrecht zustand, so konnte sich der Wehrausschuß auch nicht zu einem bewaffneten Einschreiten gegen einbrechende jugoslawische Banden entschließen. Als Oberkommandant Hülgerth am 14. November im Wehrausschuß über den Einbruch jugoslawischer Truppen bei Eisenkappel, Ferlach und Kühnsdorf berichtete und mitteilte, er habe beschlossen, die Hollenburger Brücke zu besetzen und demonstrativ durch Abgabe von Schüssen das Überschreiten jugoslawischer Truppen zu verhindern, erklärte der Vorsitzende Melcher (Sozialdemokrat), unsere Kräfte seien zu schwach, um den Einmarsch zu verhindern, ein Widerstand wäre vergeblich; es würde die friedliche (!) Besetzung von einzelnen Orten zu einer feindlichen Invasion gemacht, wenn die Jugoslawen bewaffneten Widerstand fänden; er selbst könne sich aus politischen Gründen für keinerlei bewaffneten Widerstand erklären und müßte erst einen Beschluß seiner Partei erwirken.

Selbst der deutschfreiheitliche Abgeordnete Dr. Pflanzl gab zu, daß er zwar zuerst für einen Widerstand gewesen sei; nach den Ausführungen Melchers aber sei er von der Vergeblichkeit eines solchen überzeugt. Er beantragte, demonstrativ zu wirken, die Brücke und einen südlichen Kopf zu besetzen, einer feindlichen Übermacht aber zu weichen; schwächere Abteilungen sollte man versuchen abzuhalten. Schließlich beschloß der Wehrausschuß einstimmig, die Hollenburger Brücke zu besetzen; wenn von den Slawen Waffengebrauch angedroht werde, habe sich die Besatzung mit Protest zurückzuziehen. Vergeblich wies der Oberkommandant darauf hin, daß daraus dem Kommandanten ungeheure Schwierigkeiten erwüchsen und man sich durch eine Politik des Protestes bei Freund und Feind nur lächerlich mache.

Am nächsten Tage berichtete Hülgerth im Wehrausschuß über die militärische Lage vom 15. November Nachmittag. Es standen damals 5 Offiziere in

Fregattenkapitän a. D. Albert Peter-Pirkham

Rosenbach, 2 Offiziere, 20 Mann, 2 Maschinengewehre und 1 Autokanone bei der Hollenburger Brücke, 1 Offizier, 15 Mann und 1 Maschinengewehr am Loiblpaß, 1 Offizier, 27 Mann und 1 Maschinengewehr bei der Annabrücke; 15 Gendarmen waren auf dem Weg nach Ferlach und 32 Matrosen und 1 Panzerauto standen als Reserve in Klagenfurt, zusammen also 9 Offiziere, 109 Mann, 4 Maschinengewehre, 1 Autokanone und 1 Panzerauto. Auf Grund dieses Berichtes faßte der Wehrausschuß folgenden Beschluß:

„Die Besetzung der gemischtsprachigen Gebiete Kärntens kann nur so weit unter Protest geduldet werden, als durch den Mangel an Truppen und Sicherheitsorganen bei Unruhen Eigentum und Leben der Bevölkerung in Gefahr ist. In sämtlichen Gebieten, in welchen Ruhe herrscht oder durch die Anwesenheit von Sicherheitsorganen des Landesausschusses Kärntens diese gewährleistet ist, wird eine Besetzung nur als Störung der öffentlichen Ordnung angesehen."

Im Sinne der Beschlüsse vom 14. und 15. November erließ der Wehrausschuß am 16. November an die Kommandanten der kleinen Wachabteilungen, die nach Schwarzenbach, Miklauzhof und auf den Loibl gegen die einbrechenden slowenischen Banden geschickt worden waren, den Befehl, gegen das Vordringen der Jugoslawen Einsprache zu erheben, aber keinen Widerstand zu leisten, wenn sie mit Gewalt drohen, sondern nötigenfalls zurückzugehen.

Diese Beschlüsse und Weisungen wurden den Laibachern bald bekannt und wirkten sich in der nächsten Zeit geradezu verhängnisvoll aus. Denn einerseits verhinderten sie jeden Widerstand, auch zu einer Zeit, wo die militärischen Kräfte schon stärker waren und man an Widerstand hätte denken können, und andererseits wurden die Kommandanten der jugoslawischen Banden durch das kampflose Zurückweichen der Kärntner Abteilungen zu immer weiterem Vordringen ermuntert. Irgendwelche Schranken waren ihnen nicht gezogen; denn die Demarkationslinie des Waffenstillstandes vom 3. November ging von den Karnischen Alpen über die „Berge von Tarvis" auf den Predil und von da nach der Wasserscheide der Julischen Alpen über den Mangart und Triglav und weiter nach Süden. Zur Festsetzung einer Demarkationslinie in Kärnten war ein Anlaß nicht gegeben gewesen, da die „Jugoslawen", d. h. der Staat der Slowenen, Kroaten und Serben, von der Entente nicht als kriegführende Macht anerkannt worden waren und zwischen Österreich und diesem Staate niemals ein Kriegszustand geherrscht hatte. —

Kärnten war in dieser stürmisch bewegten Zeit voll innerer Schwierigkeiten und äußerer Gefahren ganz auf seine eigenen Kräfte angewiesen. Die W i e n e r S t a a t s r e g i e r u n g war vollständig von ihren eigenen Angelegenheiten in Anspruch genommen, so daß sie sich um die Länder nicht viel kümmerte. In Klagenfurt erfuhr man amtlich überhaupt nichts von den Wiener Stellen. „Wir hören von Wien nichts und müssen ganz auf eigene Faust arbeiten. Bitten, Verbindungen namhaft zu machen. Narodni Svet nimmt sich um alle Kärntner Belange an", lautet ein Telegramm, das Anfang November vom

Vollzugsausschuß an den Staatsrat in Wien abging. Man sah sich in Kärnten von den Wiener Staatsstellen vollkommen im Stiche gelassen. Die Landesversammlung und die Landesregierung gingen daher infolge des Versagens der Wiener Zentralstellen gegenüber der Laibacher Nationalregierung fast selbständig vor. Die Landesregierung nahm auch mit Vertretern anderer Regierungen Fühlung, so mit Italienern und Amerikanern. Bei den folgenden Verhandlungen in Marburg, Laibach und Graz begnügte sich der Staatsrat damit, Vertreter zu senden. Die Verhandlungen selbst wurden von den Vertretern Kärntens geführt. Kärnten hatte in dieser Zeit das Glück, für die Verhandlungen mit den Vertretern auswärtiger Mächte, namentlich der Vereinigten Staaten, Italiens und später in der Abstimmungszeit — Großbritanniens und Frankreichs einen ausgezeichneten Diplomaten in der Person des Fregattenkapitäns a. D. Albert P e t e r - P i r k h a m zu besitzen, dem es auf Grund seiner Welterfahrung, seiner diplomatischen Begabung und seiner Sprachkenntnisse gelang, die Vertreter der fremden Nationen für Kärnten und dessen Wünsche und Bedürfnisse zu interessieren und zu gewinnen. Dagegen hatten Mitglieder des Staatsrates, wie Staatssekretär für Äußeres Dr. Otto Bauer und Staatssekretär für Heerwesen Dr. Julius Deutsch, für die Kärntner Frage nur wenig Verständnis. So mußte anfangs Dezember der Wehrausschuß schärfste Verwahrung gegen Deutsch einlegen, da dieser, wie Zeitungsnachrichten zu entnehmen war, nach einer Bereisung Kärntens in Wien berichtet hatte, daß sich hier alles in Ruhe befinde und keine Störung von auswärts bemerkbar sei, während doch die Öffentlichkeit durch den Einmarsch der slowenischen Banden und die widerrechtliche Besetzung deutsch-österreichischen Gebietes auf das stärkste beunruhigt war, die eingedrungenen Banden bereits Völkermarkt besetzt hatten und Klagenfurt bedrohten und die Staatsämter für Heerwesen und für Äußeres wiederholt von den Vorgängen in Kärnten unterrichtet worden waren. Deutsch hatte es nicht für notwendig erachtet, sich gelegentlich seiner Anwesenheit in Kärnten Klarheit zu verschaffen und betrachtete offenbar das widerrechtlich besetzte Gebiet als „jugoslawisch".

Unter diesen Umständen war es nicht verwunderlich, daß man in Kärnten das Vertrauen auf Wien verlor und hier im Dezember eine Bewegung entstand, die die Gründung einer selbständigen Republik Kärnten zum Ziele hatte. Man hoffte auf diese Weise die Einheit Kärntens leichter aufrecht erhalten zu können als durch Wien. Doch verlief diese, von einem kleinen Kreise ausgehende Bewegung schon im Jänner 1919 im Sande.

2. Der Einbruch slowenischer Banden aus Krain und Untersteier

Am 5. und 6. November 1918 plünderten Scharen von Arbeitern und Bauern aus der Umgebung einen militärischen Verpflegszug in Prävali sowie die deutschen Kaufläden und Gasthäuser in den Industrieorten des M i e ß t a l e s. In Mieß und Schwarzenbach wurde die Ruhe durch die unter dem Kommando des Lts. Leukert stehende Militärwache aus Klagenfurt wieder hergestellt. Dagegen konnten Gutenstein und Prävali infolge des Mangels an Soldaten keine Hilfe aus Klagenfurt bekommen und wurden daher so wie der am Südufer der Drau auf steirischem Boden gelegene Bahnhof Unterdrauburg am 7. von einer Abteilung des Infanterie-Regimentes Nr. 87 aus Cilli unter Oblt. Franz Malgaj ohne Widerstand besetzt. Obwohl zwischen dem Wehrausschuß und Generalkommissär Smodej ein Übereinkommen getroffen worden war, wonach von beiden Seiten Truppen nur zur Herstellung der Ruhe, nicht aber zu politischen Zwecken verwendet werden sollten, setzte Malgaj, der sehr bald Verstärkung aus Windischgraz und Cilli erhielt, sofort mit politischen Maßnahmen ein, indem er den Gemeindeausschuß von Gutenstein und die dortige Bürgerwehr auflöste und die Gendarmerie entwaffnete. Ein Protest der Kärntner Landesregierung gegen dieses Vorgehen Malgajs hatte keinen Erfolg. Am 14. November rückten 300 Jugoslawen in Mieß ein und entwaffneten die dortige Bürgerwehr. Lt. Leukert mußte sich am 16. auf Weisung des Wehrausschusses unter Protest aus Schwarzenbach zurückziehen. Am 23. November besetzte Malgaj, wie er im Gemeinderat kühn behauptete, „im Namen der Entente", die Stadt B l e i b u r g. Seine Mannschaft trug zum Teil serbische Uniformen. Die Kärntner Schutzwache wurde entwaffnet und zog von Bleiburg ab.

Mittlerweile hatte das Präsidium der Laibacher Nationalregierung in der Absicht, das von ihr beanspruchte Gebiet mit Gewalt zu besetzen, am 8. November dem ehemaligen österreichischen Generalstabshauptmann Alfred L a v r i č[8]) den Auftrag erteilt, das „slowenische Kärnten von Pontafel bis Pirk (östl. Kühnsdorf) militärisch zu organisieren und dem jugoslawischen Staat anzugliedern". Lavrič erhielt als Oberkommandant in diesem Abschnitt auch Vollmacht, als Vertreter der Nationalregierung zu verhandeln, und sollte zunächst seine Tätigkeit nach einer Weisung des Kommissärs für Landesverteidigung auf das Gebiet südlich der Drau erstrecken. Da ihm jedoch die Laibacher Militärbehörde keine militärischen Hilfskräfte zur Verfügung stellen konnte, so sollte er die nötige Mannschaft in Kärnten selbst ausheben. Daher entsandte Lavrič am 11. und 12. November Leutnant Heinrichar und Hauptmann Knez mit etwa 60 Mann und 5 Maschinengewehren auf Autos über den Seeberg nach Eisenkappel und Miklauzhof. In Eisenkappel wurde die eingebrochene Truppe vom dortigen Pfarrer, einem gebürtigen Krainer, empfangen. Hauptmann Knez löste sofort die Gemeindevertretung auf, bestellte einen slowenischen Gerenten und organisierte einen slowenischen Volksrat. Die in Miklauzhof befindliche

---

[8]) Alfred Lavrič von Zaplaz, ein ebenso entschlossener als begabter und gebildeter Offizier, konnte als Sohn eines Feldmarschalleutnants, der in verschiedenen österreichischen Garnisonen diente, nicht Slowenisch. Er hatte die Militärakademie und die Kriegsschule in Wien besucht, wurde dann in den österreichischen Generalstab aufgenommen und starb, von den Slowenen fast vergessen, 1935 in Marburg im Privatdienst.

Kärntner Wache erhielt, nachdem sie das Einrücken der slowenischen Soldaten nach Klagenfurt gemeldet hatte, vom Wehrausschuß den Auftrag, Protest zu erheben, sich aber in kein Gefecht einzulassen, sondern sich allenfalls unter formalem Protest zurückzuziehen. Daher konnte ein Teil der eingedrungenen slowenischen Mannschaft unter Hauptmann Knez am 14. ungehindert E b e r n d o r f und K ü h n s d o r f besetzen, während der andere unter Leutnant Heinrichar am gleichen Tag in das unbesetzte F e r l a c h einrückte. Auf der Fahrt über St. Margarethen nach Ferlach wurden alle deutschen Aufschriften und Tafeln am Wege beseitigt.

Der Landesausschuß gab hierauf am 18. November dem Wehrausschuß im Sinne des Beschlusses der Landesversammlung vom 12. November die Weisung, nach Kühnsdorf und Eberndorf Wachen zu schicken, die die slowenischen an Stärke übertreffen und die slowenischen Offiziere höflich, aber ohne Androhung von Gewalt zum Abzug oder doch zur Einstellung ihrer Tätigkeit auffordern sollten. Das Kärntner Oberkommando war jedoch infolge des Mangels an Soldaten noch nicht in der Lage, eine Verstärkung nach Kühnsdorf zu senden. Schließlich zog sich auch hier die Kärntner Abteilung befehlsgemäß unter Protest hinter die Steiner Brücke zurück. So blieben Eberndorf und Kühnsdorf in der Hand der slowenischen Eindringlinge. Dagegen zog Lt. Heinrichar infolge eines Protestes des Oberkommandos von Kärnten von Ferlach über den Loibl ab. Darauf erhielt Oblt. Huß, der bis dahin die Hollenburger Brücken bewacht hatte, den Auftrag, den Loibl zu besetzen, wieder mit der Weisung, bei dem Vordringen der Jugoslawen keinen Widerstand zu leisten. Die Werbungen der Laibacher in Kärnten hatten, wie Majster berichtet[9]), nicht den geringsten Erfolg und stießen auf vollständige Gleichgültigkeit, z. T. sogar auf offenkundiges Mißtrauen und feindselige Haltung der Bevölkerung. Lavrič war daher genötigt, in Oberkrain zu werben.

In der Nacht vom 18. auf den 19. November überschritt L a v r i č mit 7 Offizieren, 60 Mann und 3 Maschinengewehren den Loibl. Oblt. Huß wich bis zur Sapotnitza zurück und brachte hier seine 2 Maschinengewehre in Stellung. Es entspann sich ein Geplänkel, das jedoch bald abgebrochen wurde, da Huß auf eine telefonische Anfrage vom Wehrausschuß die Weisung erhielt, das Feuer sofort einzustellen und auf das linke Drauufer zurückzugehen.

Am frühen Morgen des 19. besetzte Lavrič F e r l a c h. In einer noch am gleichen Tage in Ferlach stattgefundenen Besprechung mit den Bevöllmächtigten des Kärntner Landesausschusses, Oberstleutnant Hülgerth und Dr. Pflanzl, verlangte er die Zurückziehung sämtlicher südlich der Drau stehenden deutsch-österreichischen Wachen und betonte er wiederholt, daß das jetzt zur Besetzung in Aussicht genommene Gebiet südlich der Drau nur ein Teil jenes Ge-

---

[9]) R. Majster, Das erste Kapitel des Kärntner Plebiszits. Slovenski Narod Nr. 231 vom 11. Oktober 1922.

bietes sei, über welches seine Regierung ihre Oberhoheit erstrecken wolle. In einer Note an den Wehrausschuß zeichnet er sich als „Bevollmächtigter des Staates Jugoslawien" und spricht er „im Namen des souveränen Staates Jugoslawien", den es damals völkerrechtlich gar nicht gab.

Wenig Glück hatten die Südslawen dagegen in den gemischtsprachigen Gemeinden des G a i l t a l e s. Wohl wurden hier im November einige Orte von südslawischer Gendarmerie besetzt, allein überall mußten die eingerückten Gendarmen binnen wenigen Tagen wieder abziehen. Bezeichnend für die Stimmung der Bevölkerung sind die Vorfälle, die sich in der Gemeinde S t. S t e f a n im Gailtale zutrugen. Dort erschienen am 24. November fünf slowenischnationale Burschen, um eine Werbeversammlung für Jugoslawien abzuhalten und im Einverständnis mit dem südslawisch gesinnten Bürgermeister das Gemeindeamt zu übernehmen. Sie wurden jedoch von mehreren kärntnisch gesinnten windischen Bauern und Arbeitern aus Matschiedl und St. Stefan überrascht, als sie sich gerade bei der Gemeindekasse zu schaffen machten, in Haft genommen und bis zur Gemeindegrenze geführt. Hier bedeutete man ihnen, daß sie solange zu laufen hätten, bis sie St. Stefan nicht mehr sehen könnten. Dem Bürgermeister wurde gedroht, daß er in den Schweinestall eingesperrt würde, falls er seine südslawischen Umtriebe fortsetze. Als wenige Tage später südslawische Gendarmerie und Soldaten in St. Stefan erschienen, wurde ihnen so arg zugesetzt, daß sie alsbald wieder das Weite suchten. Zu Anfang Dezember hieß es dann, daß am 5. d. M. 80 Mann Südslawen mit der Bahn nach St. Stefan kommen würden. Daraufhin bezog eine Schar bewaffneter Bauern unter Führung des Oberlehrers J. Millonig den Bahnhof St. Stefan-Vordernberg, um die Südslawen zu empfangen. Diese unterließen jedoch den beabsichtigten Vorstoß. Um einer Überrumpelung vorzubeugen, wurde der Bahnhof und der Brückenkopf an der Gail von Bauern aus St. Stefan und Vordernberg eine Zeitlang Tag und Nacht bewacht.

Das Vorgehen der Gemeinde St. Stefan war vorbildlich. In wenigen Tagen war die südslawische Gendarmerie aus allen Gemeinden und Orten westlich der Gailitz von der einheimischen windischen Bevölkerung vertrieben, so aus Göriach, Feistritz, Achomitz, Nötsch und Hohenthurn. Die in Achomitz einquartierten Gendarmen wurden von Bauern und Burschen aus Hohenthurn in der Nacht überfallen, gefangen, auf 3 Wagen zur Grenze geführt und ohne Waffen in der Richtung nach Arnoldstein abgeschoben.

Sehr tapfer verhielten sich auch einige Bauern aus M a r i a G a i l, die unter Führung des Gastwirtes Stephan Moser eine in Mosers Gasthaus eingebrochene und durch eine slowenische Bande verstärkte jugoslawische Gendarmeriepatrouille überwältigten und gefangen nach Villach führten.

Das Präsidium des Kärntner Landesausschusses hatte schon am 16. November den Staatssekretär für Äußeres in Wien ersucht, mit der Laibacher Nationalregierung möglichst rasch Verhandlungen über die vorläufige Regelung der Grenzfragen anzuknüpfen, da sich die Lage von Tag zu Tag zu ungunsten Kärntens verschiebe. Allein die Laibacher Nationalregierung lehnte auf eine Anfrage des Außenamtes Verhandlungen so lange ab, als „slowenische Gebiete" in Kärnten von deutschen Truppen besetzt seien, und teilte dem Präsidium des Landesausschusses auf dessen Anfrage mit, sie habe Lavrič nur zum Schutze der slowenischen Bevölkerung nach Kärnten entsendet, eine Grenze seines Operationsgebietes sei ihm nicht gesteckt. Das Präsidium des Landesausschusses erhob daher gegen alle, über den Schutz der Bevölkerung und die Aufrechterhaltung der Ruhe und Ordnung hinausgehenden Maßnahmen und Forderungen Lavričs Einspruch. Da die Laibacher Nationalregierung nochmals erklärte, daß Verhandlungen nicht möglich seien, solange deutsche Truppen auf „slowenischem Boden" stünden, so wurde auch die Wache in Rosenbach, die letzte südlich der Drau, zurückgezogen, so daß Lavrič am 25. November auch R o s e n b a c h und R o s e g g kampflos besetzen konnte.

Am 21. November reiste L a v r i č nach Laibach. Hier war der Nationalregierung gerade eine Liste gegenüber den Italienern geglückt, die alsbald auch in Kärnten angewendet wurde. Die italienischen Truppen waren am 19. über die im Waffenstillstand festgesetzte Demarkationslinie hinaus bis Oberlaibach vorgerückt, so daß sie bereits Laibach bedrohten. Da sandte Oberstleutnant Svabič als Kommandant der kleinen Abteilung des ehemals kriegsgefangenen und nun freigewordenen serbischen 26. Infanterie-Regimentes an den Kommandanten der italienischen Truppen eine Note, in der es hieß, die serbischen Abteilungen hätten die Weisung erhalten, das ehemalige Kronland Krain bis zur Demarkationslinie zu besetzen; jede Überschreitung dieser Linie würde einen Bruch des Waffenstillstandes bedeuten; es wäre sehr zu bedauern, wenn es aus diesem Anlaß zu neuerlichem Blutvergießen käme. Tatsächlich gingen die Italiener auf die Demarkationslinie zurück und Laibach war gerettet. Die Laibacher verfügten einschließlich der oben erwähnten Teile des serbischen 26. Infanterie-Regimentes an der Demarkationslinie kaum über 300 Mann, während die Italiener an der Grenze gegen Krain 5 Divisionen stehen hatten[10]).

Dem Beispiele des Svabič folgend, teilte Lavrič von Laibach aus am 22. November dem Oberkommando in Klagenfurt mit, er sei ermächtigt bekanntzugeben, daß mit dem Einrücken königlich serbischer Truppen in Kärnten zu rechnen sei, die auch weiterhin der königlich serbischen Regierung unterstünden, und daß die königlich serbische Regierung im Falle unfreundlicher Akte gegen ihre Truppen die entsprechenden Folgerungen ziehen würde.

Am 23. November fand in Ferlach eine neuerliche Besprechung zwischen

---

[10]) V. Andrejka, Die Entwicklung der Wehrmacht und die militärischen Vorfälle vom Umsturz bis heute. In: „Slovenci v dezetletju, Laibach 1928.

den Kärntner Bevollmächtigten Oberstlt. Hülgerth und Dr. J. Pflanzl einerseits und Hauptmann Lavrič andererseits statt. Die Kärntner erklärten, daß sie in der Besetzung kärntnerischen Gebietes südlich der Drau eine feindliche Handlung erblicken, sahen sich aber genötigt, mit Lavrič ein vorläufiges Übereinkommen zu schließen. In diesem Übereinkommen wurde eine Demarkationslinie bestimmt, die an der italienischen Besetzungslinie bei Thörl begann und von da entlang der Gailitz bis zur Mündung in die Gail, dann nach der Gail bis zu ihrer Mündung in die Drau und schließlich die Drau abwärts bis Pirk, südöstlich von Völkermarkt verlief; das Gebiet südlich von dieser Linie wird, so heißt es im Abkommen weiter, vom Staate „Jugoslavia" militärisch organisiert und besetzt, doch üben die bisherigen Ämter und Behörden ihre administrative Tätigkeit weiter aus; die Unverletzlichkeit der Person und des Eigentums ohne Rücksicht auf die Nationalität wird gewährleistet und auf die zum Deutschtum sich bekennenden Einwohner südlich der Demarkationslinie wird während der Kommandoführung durch Lavrič kein Zwang ausgeübt. Das Übereinkommen konnte jederzeit mit 12stündiger Frist von den vertragschließenden Parteien gekündigt werden. Lavrič beantragte noch, die vorläufige Demarkationslinie von der Einmündung der Gailitz in die Gail gailaufwärts bis Mauthen zu ziehen. Der Zweck dieses Antrages war offenbar, den Italienern, die damals bereits in Thörl standen, einen Riegel vorzuschieben. Die Kärntner Bevollmächtigten gingen jedoch auf diesen Antrag nicht ein und erklärten, ihn ihrer Regierung zur Kenntnis zu bringen. Das südlich der Drau und östlich Pirk gelegene Gebiet wurde, wie Lavrič mitteilte, vom militärischen Höchstkommando in Laibach General Majster in Marburg unterstellt[11]).

Der Kärntner Landesausschuß bestätigte in Abwesenheit des Landesverwesers am 25. November das Übereinkommen, vorbehaltlich der endgültigen

---

[11]) Rudolf Majster, geb. 1874 in Stein in Krain, gest. 1934, war beim Zusammenbruch Major des Verpflegungsdienstes in Marburg. Er riß am 1. November 1918 das Militärkommando in Marburg an sich und wurde auf sein Verlangen vom slowenischen Nationalrat (!) in Marburg zum General befördert. Obwohl er anfangs nur über 7 Offiziere und 87 Soldaten verfügte, wagten es unbegreiflicherweise weder die Kommandanten der in Marburg befindlichen österreichischen Regimenter noch der vom Grazer Militärkommando nach Marburg entsandte Brigadier, ihm entgegenzutreten. Nachdem ein Teil der deutschen Truppen Marburg schon am 3. November verlassen hatte, entwaffnete Majster am 23. November den Rest des deutschen Militärs und der Bürgerwehr. Er bildete dann das „Steirische Grenzkommando", das noch im November über Ostkärnten ausgedehnt wurde, und zwar zuerst bis Pirk, dann bis zur Linie Travnik (1437, östl. Uschova) — Bleiburg — Mündung des Feistritzbaches nördlich von Aich. — Vgl.: „Wie brachte ich Marburg in meine Gewalt". Erinnerungen des Generals Rudolf Majster, mitgeteilt nach der Veröffentlichung im Slovenec vom 1. November 1928, Nr. 251 (slowenisch) von Brunngereuth, Klagenfurter Zeitung Nr. 255 und 256 vom 7. und 8. November 1928; Andrejka, a. a. O. Über die Vorgänge in Untersteier siehe Plachki, A., Die Deutschen in Untersteiermark. Alpenlandbuchhandlung, Graz 1928, und H. Lechner, Der Abwehrkampf im unteren Murtal, ebenda 1928.

Grenzbestimmung durch die Friedenskonferenz bzw. die Volksabstimmung, lehnte jedoch den Antrag, die Demarkationslinie längs der Gail bis Mauthen zu ziehen, ab. Hauptmann Lavrič wurde für die gelungene Besitznahme des Gebietes südlich der Drau von der Nationalregierung in Laibach zum Major befördert.

Die Laibacher Nationalregierung nahm vom getroffenen Abkommen begreiflicherweise „mit Befriedigung" Kenntnis und konnte im Zurückweichen der Kärntner nur ein Zeichen der Schwäche erblicken. Sie sprach daher sofort die Erwartung aus, daß auch das nördlich der Drau gelegene „slowenische Gebiet" geräumt werde, für welchen Fall sie sich zur sofortigen Eröffnung von Verhandlungen bereit erklärte. Auch L a v r i č ging alsbald einen Schritt weiter, indem er am 26. November bekanntgab, daß er genötigt sei, am nächsten Tag seinen Sitz nach Klagenfurt zu verlegen und zum Schutz der auf seinem Quartier zu hissenden jugoslawischen Trikolore eine serbische Abteilung von 2 Offizieren und 40 Mann dorthin mitzunehmen, da seine Forderung, die Demarkationslinie bis nach Mauthen zu ziehen, abgelehnt worden sei. Der wahre Grund war jedoch die durch ein Gerücht hervorgerufene Befürchtung, die Italiener könnten ihm in der Besetzung Klagenfurts zuvorkommen. Als sich die Haltlosigkeit des Gerüchtes herausstellte und die Kärntner Bevollmächtigten erklärten, daß das Erscheinen serbischer Soldaten in Klagenfurt Unruhen hervorrufen könnte, gab Lavrič sein Vorhaben, sein Quartier nach Klagenfurt zu verlegen, vorläufig auf.

Am 28. November vormittag erschien Lavrič unter Bedeckung von 6 mit Handgranaten bewaffneten Soldaten im Landhaus zu Klagenfurt und kündigte an, daß er vom Militärkommando II in Laibach die Verständigung erhalten hätte, daß die ganze Bezirkshauptmannschaft Völkermarkt dem General Majster unterstellt worden sei. Am Nachmittag fand eine Besprechung zwischen den Kärntner Bevollmächtigten einerseits, Smodej und Lavrič andererseits statt, in der Smodej zum größten Erstaunen der Kärntner mitteilte, daß tags vorher in Marburg in einem zwischen General Majster und dem Vertreter des Wohlfahrtsausschusses und des Militärkommandos in Graz, Oberst Passy, geschlossenen Abkommen General Majster das Recht zugesprochen worden sei, in Kärnten die Linie St. Paul-Griffen-Haimburg-Windisch St. Michael-Karnburg-Feldkirchen-Villach-Hermagor zu besetzen; südlich dieser Linie sollten sich die Truppen General Majsters unbehindert bewegen und garnisonieren dürfen; eine feindliche Aktion gegen die Schutzabteilungen des Generals Majster sollte weder von seiten der deutsch-österreichischen Regierung noch des Militärkommandos Graz noch eines sonstigen militärischen oder Volkswehrkommandos stattfinden. Mit diesem Vertrage wäre also auch Klagenfurt dem General Majster preisgegeben worden. Wie es sich später herausstellte, hatte der Oberst, ohne von seiten der Grazer Landesregierung dazu bevollmächtigt zu sein, eine ihm von General Majster vorgelegte Vereinbarung unterschrieben.

Die Kärntner Landesregierung konnte selbstverständlich ein solches Übereinkommen nicht anerkennen und brachte Major Lavrič nach längeren Verhandlungen und nach Androhung eines bewaffneten Widerstandes dazu, daß er sich bereit erklärte, mit Vertretern des Präsidiums des Landesausschusses nach Marburg zu reisen, um dort die Grenzfrage zu bereinigen. Auf eine an das Staatsamt des Äußeren in Wien gerichtete telephonische Anfrage lief die Antwort ein, daß der fragliche Vertrag im Einvernehmen mit der Landesregierung in Graz und der Nationalregierung in Laibach annulliert worden und daher als ungültig zu betrachten sei, daß ferner am 29. November in M a r b u r g neue Verhandlungen zwischen der steirischen Landesregierung und General Majster stattfänden und es sich empfehlen würde, daß sich auch die Kärntner Landesregierung an diesen Verhandlungen beteilige. Die steirische Landesregierung erklärte die zwischen Majster und Oberst Passy getroffenen Vereinbarungen für null und nichtig und gab Landesverweser Dr. Lemisch mit dem Ausdruck des Bedauerns Aufklärung.

Das Erscheinen Lavričs rief in Klagenfurt nicht geringe Aufregung hervor. Während seiner Anwesenheit im Landhaus versammelte sich eine große Menschenmenge im Landhaushof. Nur ihrer Disziplin war es zuzuschreiben, daß es nicht zu einem Blutbad kam. Abends fand ein Soldatenumzug statt, bei dem vier Tafeln mit slowenischen Aufschriften (an der Hermagorasdruckerei und der Laibacher Kreditbank sowie bei den zwei slowenischen Rechtsanwälten Dr. Brejc und Dr. Müller) — mehr gab es in Klagenfurt nicht — ohne Wissen der Regierung entfernt wurden. Das war die Antwort darauf, daß das slowenische Militär in allen Orten, die es in Kärnten besetzte, die deutschen Aufschriften mit Gewalt beseitigt hatte, so in Gutenstein, Bleiburg, Ferlach u. a. In Laibach waren die deutschen Aufschriften schon am 29. Oktober entfernt worden.

Am 29. November erschien eine Abordnung der 2. Komp. des VWBaons 2 unter Führung Oblt. Steinachers beim Wehrausschuß und forderte energische Gegenmaßnahmen gegen das herausfordernde Vorgehen der Jugoslawen. Abends nahm der neu konstituierte Soldatenrat in seiner ersten Sitzung unter dem Vorsitze seines neuen Obmannes W. Pietschnig zum Verhalten gegen die Jugoslawen Stellung. Nach lebhaften Erörterungen, in denen insbesondere Oblt. Steinacher als Offiziersvertreter für den Widerstand eintrat, wurde folgende Entschließung gefaßt:

„Dem weiteren provokatorischen Vorgehen der angeblich im Auftrage der Laibacher Nationalregierung nach Kärnten ziehenden serbo-slawischen Abteilungen ist unbedingt Einhalt zu tun. Der Soldatenrat gibt seine Zustimmung zu einer demonstrativen Aktion an der jetzigen Demarkationslinie und betrachtet Abteilungen, welche sich nicht mit einer Vollmacht der Entente oder des kompetenten südslawischen Nationalrates auszuweisen vermögen, als Ruhestörer. Doch soll durch vorstehenden Beschluß weder einem neuen Krieg noch neuem Blutvergießen Vorschub geleistet werden."

Enthielt dieser Beschluß auch nur eine Zustimmung zu einer Demonstration ohne Blutvergießen, so war er doch die erste Äußerung des erwachenden Abwehrwillens und blieb er nicht ohne Eindruck.

Die Verhandlungen in M a r b u r g [12]) dauerten vom 29. bis 30. November. Am ersten Tage verlangte General Majster für sich das Recht, Abteilungen von je 10—20 Offizieren nach Klagenfurt, Villach und St. Veit zur Aufsicht über die Bergung und Verwertung der Abrüstungsgüter zu verlegen und den politischen Bezirk Völkermarkt auch nördlich der Drau zu besetzen. Diese und andere Forderungen wurden von den Kärntner Bevollmächtigten nach telefonischer Anfrage bei Landesverweser Dr. Lemisch unter der Drohung, daß die Kärntner zur Selbsthilfe greifen könnten, abgewiesen. Am nächsten Tag brach Majster die Verhandlungen ab, da er aus Klagenfurt die Nachricht erhalten habe, daß am Tage zuvor, also während der Verhandlungen in Marburg, in Klagenfurt das Hotel Trabesinger, wo Smodej seinen Sitz hatte, und das Gebäude der Laibacher Kreditbank demoliert und Smodej selbst bedroht worden sei, woran kein wahres Wort war.

Kurz vor der Abfahrt von Marburg am 30. November erhielten die Kärntner Bevollmächtigten von Major Lavrič, der am gleichen Tage von der Laibacher Nationalregierung zum Militärbevollmächtigten für Südkärnten mit Ausnahme des politischen Bezirkes Völkermarkt ernannt worden war, eine herausfordernde Note. Er kündigte darin neuerdings die Verlegung des „Jugoslawischen Militärkommandos für Kärnten" und einer königl.-serbischen Schutzwache von 30 Mann und einem Offizier nach Klagenfurt sowie das Eintreffen von jugoslawischen Offiziers-Kontrollabteilungen in Klagenfurt, Villach und St. Veit an, beanspruchte für sich das Recht der Exterritorialität und machte für allfällige unfreundliche Akte deutsch-österreichischer Militär- oder Zivilpersonen das deutsch-österreichische Militärkommando und das Bürgermeisteramt in Klagenfurt verantwortlich.

Als die Kärntner Bevollmächtigten in der Nacht mit Kraftwagen nach Hause fuhren, trat ihnen zu ihrer Überraschung am Osteingang Völkermarkts eine jugoslawische Wache entgegen. Die Stadt war bereits am 30. um 9 Uhr vormittags von Oblt. Malgaj mit etwa 80 Mann (darunter 20 Serben) und unter Führung von 10 Offizieren (darunter einem Serben) unter Verletzung des Abkommens vom 23. November, das die Drau bis Pirk östlich Völkermarkt als Demarkationslinie bestimmt hatte, besetzt worden. Da Malgaj in Bleiburg gestanden war, so muß er von General Majster den Befehl zur Besetzung schon zu einer Zeit erhalten haben, in der die Verhandlungen in Marburg noch nicht abgebrochen waren. Malgaj gab in Völkermarkt die Erlaubnis, nach Klagenfurt zu telefonieren, doch durfte nur die irreführende Nachricht gegeben werden: „E n t e n t e - T r u p p e n haben Völkermarkt besetzt."

---

[12]) F. Reinprecht, Mit den Kärntner Unterhändlern in Marburg. In: Perkonigs „Kampf um Kärnten", Klagenfurt (1930), S. 75.

Nach Klagenfurt zurückgekehrt, richteten die Kärntner Bevollmächtigten an Lavrič am 1. Dezember eine Note, in der sie erklärten, daß die Verlegung des Amtssitzes des jugoslawischen Militärkommandos nach Klagenfurt und von jugoslawischen Offizierkontrollabteilungen überhaupt nicht, die Verlegung eines königlich-serbischen Detachements nach Klagenfurt aber nur dann zugelassen werde, wenn der Kommandant vor seinem Einrücken der Kärntner Landesregierung die entsprechende Ermächtigung vorweisen könne und die königl.-serbische Regierung gewährleiste, daß die serbische Abteilung nur aus Soldaten des ehemaligen Königreiches Serbien als alliierter Macht der E n t e n t e bestehe, eine Forderung, die auch durch die Neutralitätserklärung der Laibacher Nationalregierung begründet sei.

Dessenungeachtet kündigte Lavrič neuerdings das Eintreffen königl.-serbischer Truppen in Klagenfurt für die allernächste Zeit an, und zwar in einer Stärke, die die bisher genannte Zahl wesentlich überschreiten werde. Offenbar hoffte er, daß die Reise Dr. Brejcs nach Belgrad von Erfolg begleitet sein werde[13]). Doch blieb der angekündigte Einmarsch serbischer Truppen in Klagenfurt aus, weil sich die Hoffnungen der Laibacher auf Belgrad nicht erfüllten.

Am gleichen Tage, an dem Völkermarkt von den Jugoslawen besetzt wurde, beschloß der Landesausschuß, nach vorheriger Beratung mit den Offizieren, die die Unternehmung durchführen sollten, einstimmig, einen Versuch zur Befreiung Völkermarkts zu machen. Er konnte sich jedoch noch nicht entschließen, einen Befehl zum Kampf zu geben, sondern ordnete bloß die Entsendung eines Parlamentärs nach Völkermarkt an mit dem Auftrage, den Oblt. Malgaj aufzufordern, Völkermarkt zu räumen oder wenigstens zuzugeben, daß neben der südslawischen Besatzung auch eine österreichische in der Stadt liege. Um dem Parlamentär einen entsprechenden Nachdruck zu geben, wurde ihm eine Abteilung von etwa 200 Mann vom VWBaon 1 und 2, zwei Panzerautos und eine Autokanone beigegeben. Kampfhandlungen waren von vornherein nicht in Aussicht genommen, vielmehr sollte der Kommandant, Oberstleutnant Schenk, den Gebrauch der Waffen verhindern, da die Truppen keine Kampf-, sondern nur Sicherungstruppen seien.

Die Abfahrt mittels Autos sollte ursprünglich, um den Gegner zu überraschen, abends, dann befehlsgemäß um 7 Uhr früh erfolgen, mußte aber, da die Autos nicht rechtzeitig zur Stelle waren, auf 9.45 Uhr verschoben werden, so daß eine Überraschung ausgeschlossen war und es bei der Entschlossenheit der Truppen und des Gegners zum Kampf kommen mußte. Vom Wirtshaus Rack an wurde der Abmarsch gegen Völkermarkt um etwa 3 Uhr nachtmittags zu Fuß angetreten.

---

[13]) Vgl. unten S. 114, 116. Die Noten Lavrič' vom 30. November und die Antwort der Kärntner Bevollmächtigten vom 1. Dezember wurden in den Kärntner Tagesblättern veröffentlicht.

Unmittelbar vor dem Abmarsch wurde der Parlamentär, Oberstleutnant der Gendarmerie Verständig, nach Völkermarkt vorausgeschickt. Als dieser den Oblt. Malgaj aufforderte, das jugoslawische Militär über die Drau zurückzuziehen, lehnte Malgaj diese Forderung rundweg ab und erklärte, er bleibe in Völkermarkt; eine Besetzung der Stadt durch deutsch-österreichische Soldaten lasse er nicht zu, er werde vielmehr die Stadt bis zum letzten Mann verteidigen.

Eine Durchführung des Auftrages ohne Kampf war daher unmöglich. Da jedoch der Landesausschuß einen Kampf mit Waffen vermieden wissen wollte und der Auftrag daher Kampfhandlungen nicht vorsah, da weiters die Truppen bei der Rückkehr des Parlamentärs schon am Stadtrand, 500 Schritte westlich der Maut, angelangt waren, so mußte so rasch als möglich Fühlung mit der Landesregierung gesucht werden. Eine Verbindung mit Klagenfurt war nur in Völkermarkt erreichbar. Oberstlt. Verständig begab sich daher im Auftrag des Kommandanten ein zweites Mal nach Völkermarkt. Er wurde diesmal von einem Offizier empfangen, der sich als serbischer Leutnant legitimierte und drohte, die Stadt anzünden und plündern zu lassen, falls die Deutschen zum Angriff übergehen würden, ihn selbst aber, den Parlamentär, mit eigener Hand zu erschießen, wenn ein Schuß falle.

Oberstlt. Verständig bat den Offizier, das Telefon benützen zu dürfen, benachrichtigte die Landesregierung telefonisch vom Ergebnis der Verhandlungen und teilte ihr mit, daß es beim Vorgehen der deutsch-österreichischen Truppen zu einem Kampfe kommen müsse. Hierauf kam es zu folgendem Gespräch zwischen dem Landesverweser und dem Parlamentär:

Landesverweser: „Können Sie den Auftrag durchführen?"

Parlamentär: „Nein!"

Landesverweser: „Ist der Kommandant serbisch oder jugoslawisch?"

Parlamentär: „Ein serbischer Offizier und 37 Mann serbische Mannschaft."

Landesverweser: „Ist es richtig, daß der gegnerische Kommandant die Plünderung und das Anzünden der Stadt angedroht hat?"

Parlamentär: „Ja!"

Landesverweser: „Können Sie das Anzünden verhindern?"

Parlamentär: „Nein!"

Landesverweser: „Können Sie die Plünderung verhindern?"

Parlamentär: „Nein!"

Landesverweser: „Können Sie wenigstens die Draubrücke bei Kühnsdorf am nordseitigen Ufer halten?"

Parlamentär: „Nein!"

Landesverweser: „Können Sie sich wenigstens an die Bezirksgrenze westlich Völkermarkt an die Gurk zurückziehen und die beiden Gurkbrücken halten?"

Parlamentär: „Ja!"

Landesverweser: „Ich bitte dies zu tun!"

Diese Weisung wurde nach Erstattung des mündlichen Berichtes der abends zurückgekehrten Offiziere von allen, auch den anwesenden zwei Vertretern des Soldatenrates, gebilligt und in Anbetracht der Umstände als einzig möglich anerkannt. Tatsächlich bestand nach den Erklärungen des Parlamentärs für Völkermarkt die Gefahr der Brandschatzung und Plünderung, die von den deutsch-österreichischen Truppen auch nicht abgewendet werden konnte.

Während der Parlamentär noch in Völkermarkt weilte, rückte Oberleutnant Steinacher mit der 2. Kompanie des VWBaon 2 auf der Straße vor und es kam zwischen den Kärntner Truppen und den Jugoslawen zum Kampf. Oberstleutnant Schenk hatte seinen Truppen zwar den ausdrücklichen Befehl gegeben, erst auf Befehl das Feuer zu eröffnen, allein plötzlich wurden die Kärntner Truppen von den Jugoslawen beschossen. Als das feindliche Feuer lebhafter und auch von den Kärntner Truppen ohne Befehl erwidert wurde, gab der Kommandant den Angriffsbefehl. Oblt. Steinacher rückte, vom Panzerauto unterstützt, mit seiner Kompanie, einer MG.-Abteilung und einer Freiwilligen-Abteilung längs der Straße bis zu den ersten Häusern bei der Maut nach Völkermarkt vor, Oblt. Sorko mit einer Abteilung des VWBaons 1 über Penk gegen die Draubrücke, Feldwebel Unterkreuter mit der 1. Kompanie des VWBaons 2 über Kohldorf gegen den Nordrand der Stadt. Die Jugoslawen eröffneten ein lebhaftes MG.- und Gewehrfeuer vom Kirchturm in St. Ruprecht und vom Postgebäude, das von den Kärntnern ebenso lebhaft erwidert wurde. Da kam der Parlamentär aus der Stadt zurück und es erfolgte der Befehl: „Schießen unbedingt einstellen, keinen Schritt weiter vorwärts, in die Ausgangsstellung zurück!" Erbittert über den Abbruch des Kampfes traten die Kärntner den Rückzug an[14]. Es war dies das letztemal, das sich der Beschluß der Landesversammlung vom 12. November auswirkte.

Die Völkermarkter hatten von der geplanten Unternehmung keinerlei Kenntnis gehabt. Schon am 30. November nachmittags, also einen Tag vor dem Angriff am 1. Dezember, wurden fünf Gemeindevertreter den allenfalls anrückenden Kärntner Truppen entgegengeschickt, um sie vor weiterem Vorrücken abzuhalten, damit der Stadt die von den Jugoslawen angedrohten Folgen erspart blieben. Dennoch ließ Malgaj nunmehr in Völkermarkt und in den benachbarten Gemeinden das Standrecht verkünden und Geiseln ausheben.

---

[14]) Gefechtsbericht Schenk, Lbh. (= Akten des Landesbefehlshabers im Reichsgauarchiv Klagenfurt) 13, Nr. 158. — Gefechtsbericht Steinacher, Lbh. 6 a/n. — Gleichzeitige Niederschrift Dr. Lemischs. — Bericht des Landesausschusses in der Klagenfurter Zeitung Nr. 278 vom 3. Dezember 1918. — Steinacher, Eine historische Erinnerung. In: „Kärntner Landsmannschaft" Nr. 83 vom 10. November 1920. — J. Lukas, Eine unvergeßliche Sitzung in Perkonig „Kampf um Kärnten" (1930), S. 70. — Andrejka, a. a. O. Nach Andrejka erhielt der Parlamentär auf seinen e i g e n e n V o r s c h l a g von Klagenfurt den Befehl, umzukehren und die Linie an der Gurk zu besetzen.

Das abermalige Zurückweichen der Kärntner hatte neue Vorstöße der Jugoslawen zur Folge. Sie besetzten am 2. Dezember die Märkte G r i f f e n und U n t e r d r a u b u r g, wo der schneidige Kriegsinvalide Lt. Gönitzer vergeblich Widerstand zu leisten versuchte und mit seiner kleinen Mannschaft entwaffnet wurde, am 3. die Märkte L a v a m ü n d und S t. P a u l sowie am 8. K l e i n S t. V e i t nordwestlich von Völkermarkt, am 9. T a i n a c h, am 15. A r n o l d s t e i n, wo eine Kompanie mit 2 Maschinengewehren einrückte. In Unterdrauburg und St. Paul wurden Serben festgestellt.

Die Landesregierung durchschaute sehr wohl das kecke Spiel, das Malgaj neuerdings durch Vortäuschung von Ententetruppen trieb. Landesverweser Dr. Lemisch richtete daher am 3. Dezember telegraphisch an das deutsch-österreichische Staatsamt des Äußern die dringende Bitte, bei allen Ententeregierungen einen energischen Protest zu überreichen und im Sinne des Waffenstillstandsvertrages vom 3. November zu fordern, daß die Besetzung von strategisch wichtigen Punkten ausschließlich auf Grund eines vorzuweisenden Auftrages des zuständigen Ententekommandos durch Ententetruppen erfolge und daß Truppen des jugoslawischen Staates nicht durch Zuziehung serbischer Offiziere oder Mannschaften Rechte von Ententetruppen beanspruchen und im Namen der Entente einseitig im Interesse des neutralen jugoslawischen Staates vorgehen.

3. Südslawische Verwaltungsmaßnahmen. Zustände im besetzten Gebiete. Rückwirkungen auf das freie Kärnten.

Der slowenische Nationalrat für Kärnten und die Laibacher Nationalregierung taten so, als ob die Kärntner Landesregierung überhaupt nicht mehr bestehe und Südkärnten schon von Rechts wegen zum Staate der Slowenen, Kroaten und Serben gehöre. Der Nationalrat gab schon am 30. Oktober an die Bezirkshauptmannschaften in Klagenfurt, Völkermarkt und Villach die Weisung, daß von requirierten Lebensmitteln nicht ein Körnchen außerhalb des eigenen Bezirkes gesendet werden dürfe. Am 17. November ließ er in einer Sonderausgabe des „Mir" verkünden, die frühere Regierung in Kärnten bestehe nicht mehr, für das „slowenische Kärnten" sei nur die „Nationalregierung der Slowenen, Kroaten und Serben" und der von der Nationalregierung bestellte Kommissär für Kärnten maßgebend; nur jene Behörden, die auf den „südslawischen Staat" beeidet seien und von der Nationalregierung des „südslawischen Staates" Vollmachten besäßen, hätten im „slowenischen Gebiete in Kärnten" das Recht, zu befehlen und Verordnungen zu erlassen.

Die Nationalregierung suchte sich vor allem des Sicherheitsdienstes und der politischen Verwaltung Südkärntens zu bemächtigen. Schon am 8. November übersandte Dr. Brejc als Kommissär für innere Angelegenheiten an die Bezirkshauptmannschaft Völkermarkt und alle anderen Bezirkshauptmannschaften „im Geltungsbereich der Nationalregierung SHS" eine Verordnung des Landesgendarmeriekommandos in Laibach, nach der am Sitze jeder Bezirkshauptmannschaft ein dem Laibacher Landesgendarmeriekommando unterstehendes Bezirksgendarmeriekommando errichtet werden sollte. Am 21. November ließ die Nationalregierung im „Slovenski Narod" eine Verordnung erscheinen, in der sie die ganze Verwaltung für Krain, Görz, Stadt Triest und Gebiet, dann Steiermark und Kärnten, soweit diese zwei Länder einen Teil des Staates Jugoslawien bildeten, in Anspruch nahm. Schon im November sandte sie den Bezirkshauptmannschaften in Völkermarkt, Klagenfurt, Villach und Hermagor zahlreiche Erlässe über alle Zweige der Verwaltung. Am 22. November bezeichnete sie in einem Protest an das Oberlandesgericht Graz als Machtbereich des „jugoslawischen Staates" das Gebiet südlich der Linie St. Veit-Spittal (!) und am 10. Dezember erklärte sie, daß für den „jugoslawischen Staat" nur die Orte nördlich der Linie St. Veit-Spittal als strittig angesehen würden, Villach und Klagenfurt aber samt ihren Gerichtsprengeln für Südslawien nicht als streitig gelten können. Die Anregung des Oberlandesgerichtes Graz, eine Vereinbarung in bezug auf einzelne Fragen der Justizverwaltung zu treffen, lehnte sie ab. Nach der Besetzung Südkärntens unterstellte die Nationalregierung die Bezirksgerichte Rosegg und Ferlach dem Oberlandesgerichte Laibach, die Bezirksgerichte Bleiburg, Eberndorf, Eisenkappel und Völkermarkt dem neuen Oberlandesgericht in Marburg. Die bisherigen Richter wurden ihres Amtes enthoben. Im Eisenbahnwesen wurde von der Laibacher Nationalregierung die Verwaltung über alle Strecken östlich von Spittal beansprucht. Am 2. Dezember unterstellte ein Telegramm des Kommissärs für Verkehrswesen bei der Laibacher Regierung „ohne Präjudiz für Erweiterung des jugoslawischen Machtbereiches" alle im augenblicklichen Machtbereiche des „südslawischen Staates" gelegenen Eisenbahnlinien dem neu errichteten Betriebsinspektorat in Laibach, darunter auch die Strecken Marburg-Kühnsdorf und Kühnsdorf-Eisenkappel. Endlich verlangte die Laibacher Nationalregierung am 3. und 6. Dezember durch einen Bevollmächtigten von den zuständigen Forst- und Domänenverwaltungen die Übergabe der Staatsforste bei Hermagor, Arnoldstein, Tarvis und Villach.

Die Laibacher Finanzprokuratur teilte Mitte November dem Landesgericht Klagenfurt mit, daß sie auf Weisung des Finanzministeriums in Laibach ihre Wirksamkeit über das ganze Gebiet des Landesgerichtes Klagenfurt, also über ganz Kärnten ausdehne.

Alle diese Verordnungen und Forderungen wurden von den Kärntner Behörden entweder zurückgewiesen oder nicht zur Kenntnis genommen. Nur im besetzten Gebiet gelang es der Laibacher Nationalregierung, die gesamte Verwaltung an sich zu reißen. Sie entfernte hier die österreichischen Beamten und errichtete eine neue Bezirkshauptmannschaft in Ferlach, die ebenso wie die Bezirkshauptmannschaft Völkermarkt mit südslawisch gesinnten Beamten besetzt wurde. Die neuen Machthaber lösten alle ihr nicht genehmen Gemeindevertretungen auf und übertrugen die Gemeindeverwaltung südslawisch gesinnten Gerenten. Die Steuerämter wurden der Finanzdirektion in Laibach untergeordnet. Ende Dezember erließ die Laibacher Regierung eine Kundmachung, durch welche die Jahrgänge 1895 und 1899 einberufen wurden. Doch wurde der Einberufung in Kärnten nicht Folge geleistet.

Mit diesen einseitigen Maßnahmen der Laibacher Nationalregierung waren jedoch die Hoheitsrechte des deutsch-österreichischen Staates nicht beseitigt. Das Staatsamt des Äußeren stellte sich mit Recht auf den Standpunkt, die Besetzung verhindere zwar die Ausübung der Hoheitsrechte Deutsch-Österreichs, hebe aber die Hoheitsrechte selbst nicht auf und könne nie und nimmer einen Anlaß zu einem Verzicht auf die Hoheitsrechte geben; die Festsetzung der staatlichen Grenzen sei vielmehr der Friedenskonferenz vorbehalten. Diese Auffassung entsprach auch ganz den Erklärungen der interalliierten Mächte, daß die gewaltsame Besetzung strittiger Gebiete die Entscheidung der Friedenskonferenz nicht beeinflussen könne. Die konstituierende Nationalversammlung legte noch im März 1919 auf Grund des Art. I des Gesetzes vom 12. März 1919, St. G. Bl. Nr. 175, Verwahrung ein gegen die gewaltsame Besetzung einzelner von Deutschen bewohnter Teile der ehemaligen österreichisch-ungarischen Monarchie, insbesondere auch gegen die Besetzung der südlichen Grenzgebiete Kärntens und erklärte diese Gebiete kraft des Selbstbestimmungsrechtes der Nationen als unverzichtbare Bestandteile Deutsch-Österreichs. Der Standpunkt der Kärntner Landesregierung war durch das 3. Hauptstück der Konstituierungsurkunde vom 11. November 1918 gegeben, nach dem die strittigen Gebiete einstweilen bis zur endgültigen Grenzbestimmung durch die Friedenskonferenz unter der Verwaltung des Landes Kärnten bleiben sollten. (Vgl. B II.)

Mit dem ersten Augenblick der Besetzung begannen die südslawischen Kommanden und neu eingesetzten Zivilbehörden die deutsche und deutschfreundliche Bevölkerung zu unterdrücken und in Furcht und Schrecken zu versetzen. In den größeren Orten wurde sofort das Standrecht verkündet, so in Gutenstein, Mieß, Unterdrauburg, St. Paul, Völkermarkt samt der deutschfreundlichen Umgebung, Bleiburg und in anderen Orten. Besonders hart ging Oblt. M a l g a j vor. Schon in Bleiburg drohte er, er werde im Falle eines Widerstandes die Stadt anzünden lassen und Rache nehmen für Belgrad. In V ö l k e r m a r k t richtete er ein wahres Schreckensregiment ein. Bereits am zweiten Tage drohte er, die ganze Stadt in Flammen aufgehen und die männliche Bevölkerung erschießen zu lassen, wenn bei einem Angriff einer seiner Leute falle. Am Hauptplatz und an den Stadtausgängen wurden Maschinengewehre aufgestellt, die Einrichtungen in den Räumen des Turnvereins und des Gesangvereins — Turngeräte, Musikinstrumente, Noten usw. — vernichtet, die Volks- und Bürgerschule mit Militär belegt, sämtliche deutsche Geschäfts- und Amtstafeln entfernt, eine strenge Zensur eingeführt und der Verkehr mit dem übrigen Kärnten unterbunden. Wiederholt fanden bei den Bürgern rücksichtslose Hausdurchsuchungen statt und wurden angesehene Bürger als Geiseln verhaftet, auf die gemeinste Weise beschimpft, in elenden Räumen zugleich mit Gesindel eingesperrt und zum Teil verschleppt. Um jeden Widerstand als aussichtslos erscheinen zu lassen, wurde der Bevölkerung immer wieder vorgetäuscht, die eingerückten Truppen seien Ententetruppen. Am 13. Dezember erschien eine Kundmachung des Kommandanten des „3. Bataillons des 26. Infanterie-Regiments der serbischen Truppen", Kapitän Milovan Milosavljević, „Kommandanten der Besatzung der Stadt Völkermarkt", in der das Standrecht verschärft wurde und Milosavljević zum Schluß behauptete, er sei im Auftrage der Entente in Völkermarkt eingezogen, um für Ruhe und Ordnung zu sorgen. Eine andere am 11. Jänner 1919 in Völkermarkt angeschlagene Kundmachung besagte, wenn e i n Schuß von der Zivilbevölkerung auf das Militär abgegeben werde, würden die eingezogenen 10 Geiseln auf dem Hauptplatze justifiziert. Die Bevölkerung wurde durch zweckloses Schießen und Werfen von Handgranaten mitten in der Stadt und in deren unmittelbarer Nachbarschaft geängstigt. Ein Feilenhauer erhielt aus nichtigen Gründen 25 Stockstreiche, ein Knecht in Griffen deren 15. Am Weihnachtsabend prangte in einem Schaufenster des südslawischen Telefonzimmers in Völkermarkt ein Weihnachtsbaum in den südslawischen Farben, behangen mit Lebensmittelpäckchen, die die Aufschrift trugen: „Für die braven Slowenen" und Päckchen mit Handgranaten und Munition mit der Aufschrift: „Passende Weihnachtsgeschenke für die Deutschen". Die Waffen mußten abgeliefert werden, auch Jagdgewehre, und verschwanden auf Nimmerwiedersehen. In der Umgebung wurden Bauernhäuser geplündert und Requisitionen ohne Bezahlung vorgenommen. Trotzdem blieb der Mut der Völkermarkter ungebrochen.

Ähnlich hausten die Slowenen gegen die Deutschen in Unterdrauburg, Gutenstein, Eisenkappel, Griffen, Ferlach usw. Überall wurden die deutschen und utraquistischen Schulen in reinslowenische umgewandelt und die deutschen und deutschfreundlichen Bewohner durch einen furchtbaren Druck niedergehalten. Die Gleichheit des Vorgehens läßt darauf schließen, daß alles nach einem genau bestimmten Plane geschah. Verwahrungen, die die Kärntner Landesregierung gegen diese Drangsalierungen nach Laibach richtete, hatten nicht den geringsten Erfolg. Geängstigt und verschüchtert schwiegen die Gemeinden. Kaum aber wurde eine von ihnen frei, erhob sie ihre Stimme. Besonders wacker hielt sich die Gemeinde A r n o l d s t e i n. Als hier die am 4. Dezember eingerückte jugoslawische Gendarmerie die Übergabe der Ämter verlangte, faßte der erweiterte Gemeindeausschuß am 8. Dezember folgende Beschlüsse:

„1. Es ist bei jeder Gelegenheit mit größtem Nachdrucke zu betonen, daß wir Deutsch-Österreicher sind und gegen die Angliederung an das südslawische Reich protestieren. 2. Ein zwölfgliedriger Sonderausschuß mit dem Bürgermeister an der Spitze soll in allernächster Zeit unter Hervorhebung des Umstandes, daß das Übereinkommen (vom 23. November bezüglich der Demarkationslinie) über unsere Köpfe hinweg getroffen wurde, mit den Vertretern der Südslawen in Verhandlungen treten und dabei verlangen, daß keine slawische Fahne mehr ausgesteckt werde, daß alle Ämter bleiben wie bisher und gegebenenfalls die deutsch-österreichische Gendarmerie wieder zurückkehre. 3. Der von den Südslawen zum Gemeindeadministrator bestellte Pfarrer darf als solcher nicht anerkannt werden. 4. Dem Pfarrer ist zu eröffnen, daß die Gemeindevertretung als gesetzlich bestellte Machthaberin der Pfarr- und Schulgemeinde auf keinen Fall gestatten kann, daß in Kirche und Schule Politik betrieben werde. Es ist ihm ferner nahezulegen, auf seine Pfarre freiwillig zu verzichten."

Diese Forderung wurde gegenüber dem Kommandanten der jugoslawischen Gendarmerie mit Nachdruck vertreten. Der Erfolg war, daß die jugoslawische Fahne wieder eingezogen wurde und die Gemeindevertretung bis zur Befreiung im Jänner im Amte blieb. Doch gelang es den Arnoldsteinern trotz dieser mannhaften Haltung nicht, die südslawische Gendarmerie zu vertreiben.

Die Nachrichten, die insbesondere durch Flüchtlinge aus dem besetzten Gebiete über die Bedrückungen der Landsleute bereits im November in das freie Kärnten kamen, verstärkten hier die Erregung, die schon durch die Besetzung Südkärntens und die dadurch drohende Zerreißung Kärntens, durch die Herausforderungen der slowenischen Presse und durch die Kunde von der Verfolgung der Deutschen in Krain und Untersteier entstanden war. Groß war der Unmut der Bevölkerung namentlich gegen die slowenische Geistlichkeit, die mit wenigen Ausnahmen mit den Jugoslawen sympathisierte. Es ist menschlich begreiflich, daß die vielen slowenischen Priester aus Krain und Untersteier, die unter Bischof Kahn nach Kärnten berufen worden waren (vgl. A II, 3), eine Angliederung Südkärntens an Jugoslawien, ihre Heimat, wünschten und auch die heimischen slowenischen Geistlichen dafür zu gewinnen suchten. Aber ebenso begreiflich war es, daß sich die kärntnisch gesinnte Bevölkerung, und sie bildete die Mehrheit, von ihrer Heimat nicht trennen lassen wollte und daher über die Werbearbeit der slowenischen Geistlichkeit für Jugoslawien empört war. Zudem beteiligten sich viele dieser Geistlichen mit geradezu fanatischem Eifer an der Propaganda und machten sich manche auch des Mißbrauches ihres priesterlichen Amtes schuldig. Wie weit die Serbenfreundlichkeit der slowenischen Geistlichkeit ging, zeigen die oben angeführten Äußerungen des Pfarrers Dolinar und folgendes Telegramm, das im Jänner 1919 in Ferlach einlief, nachdem die Kärntner Truppen in Ferlach eingerückt waren:

Belgrad, 4. Jänner (17. Jänner neuen Stils) 1919.
An Sodalität der slowenischen Geistlichen Kärntens Pfarrer Valentin Limpl,
Weizelsdorf, Kärnten.
Ausdruck der Ergebenheit slowenischer Geistlichkeit aus dem leidenden Teil unserer Erde haben mich unermeßlich gefreut. Ich kenne die Arbeit der slowenische Geistlichkeit Kärntens. Für die Slowenen Kärntens ist der Tag nicht mehr weit, an dem das slowenische Kärnten mit dem freien Mutterlande der Slowenen, Kroaten und Serben für immer vereinigt werden wird.
Alexander.

Dieses Telegramm war in Belgrad offenbar abgegangen, weil man dort von den Vorgängen in Kärnten nichts wußte, und stellt jedenfalls die Antwort auf eine Huldigungsdepesche dar, die Pfarrer Limpl als Obmann des Verbandes slowenischer Priester an den Thronfolger Alexander gerichtet hat, und zwar zu einer Zeit, wo die Friedenskonferenz noch gar nicht zusammengetreten und über das Schicksal Kärntens noch nicht das geringste entschieden war. Pfarrer Limpl war geborener Kärntner.

Es ist daher erklärlich, wenn da und dort außerhalb des besetzten Gebietes Übergriffe der erregten Soldaten und der empörten Bevölkerung gegen einzelne Slowenen vorkamen. Doch waren das einzelne Fälle und sind die deutsch-österreichischen Behörden im Gegensatz zu den südslawischen dagegen sofort mit Nachdruck eingeschritten. Die Bevölkerung Klagenfurts bewahrte gegenüber den slowenischen Herausforderungen vollständige Ruhe. Smodej, einer der Haupturheber des Unglücks, das über Kärnten hereinzubrechen drohte, und sein Helfershelfer Dr. Müller konnten sich in Klagenfurt frei und unbelästigt bewegen. Der „Mir", der Nummer für Nummer die gehässigsten Ausfälle gegen Kärnten brachte, wurde ohne Störung bis Mai in der Hermagorasdruckerei in Klagenfurt gedruckt und sein Erscheinen erst am 3. Mai 1919 durch behördlichen Auftrag eingestellt, während die Verbreitung der deutschen Zeitungen im besetzten Gebiet gleich nach der Besetzung verboten wurde. Erst infolge des herausfordernden Auftretens Lavričs in Klagenfurt kam es hier zu der bereits erwähnten Entfernung der slowenischen Aufschriften. Die Laibacher Blätter berichteten darauf, in Kärnten herrsche Anarchie und Bolschewismus und die Regierung sei nicht mehr Herr der Lage, ja der „Slovenec" wußte am 30. November sogar zu berichten, daß die Nationalregierung in Agram der Laibacher Nationalregierung den Auftrag gegeben habe, beim Landesausschuß in Klagenfurt gegen jede an der slowenischen Bevölkerung verübte Gewalttat zu protestieren und die Mitglieder des Landesausschusses persönlich für die Wiederherstellung und Aufrechterhaltung der Ruhe und Ordnung verantwortlich zu machen.

IV. KÄRNTENS ERWACHEN

1. Der geistige Abwehrkampf

Schon Ende Oktober 1918 wurde mit den Vorbereitungen zur wissenschaftlichen Begründung des Kärntner Standpunktes begonnen. Anfang Jänner lag bereits als Sonderdruck der „Carinthia I" eine Aufklärungsschrift „Deutsche und Slowenen in Kärnten" vor, ebenso auch gedruckte Übersetzungen in französischer und englischer Sprache. Sie behandelte auf wissenschaftlicher Grundlage in Kürze alle in Betracht kommenden geschichtlichen und kulturellen, geographischen und wirtschaftlichen, völkischen und sprachlichen Tatsachen und enthielt auch eine Sprachenkarte auf Grund der eben erschienenen Volkszählungsergebnisse von 1910. Außerdem erschienen zahlreiche Aufsätze in der Kärntner Tagespresse.

Aber auch die Slowenen waren nicht müßig. Unter dem Decknamen „Moravski" und „Carantanus" veröffentlichte der Sekretär des Hermagoras-Vereines Dr. Valentin Rožič (aus Moravče = Moräutsch in Krain, später Professor an einer technischen Mittelschule in Laibach und Senator in Belgrad) zwei Broschüren unter dem Titel „Slovenski Korotan" (Das slowenische Kärnten), Klagenfurt 1919 und „Koroška" (Kärnten), Laibach 1919, in denen er zu beweisen suchte, daß Südkärnten mit Einschluß von Klagenfurt slowenischer Boden sei. Auch ein Rechtsanwalt, Dr. Oblak, ließ zahlreiche Zeitungsaufsätze und eine selbständige Schrift über Kärnten (Koroška Slovenija, Laibach 1919) erscheinen, in der er sich hauptsächlich mit der Möglichkeit einer Teilung Kärntens befaßte. B. Vošnjak, Lektor an der Agramer Universität und Mitglied des Jugoslawischen Ausschusses in London, veröffentlichte eine Schrift in englischer und slowenischer Sprache über die Fürstensteinzeremonie, der Laibacher Theologie-Professor Gruden eine Geschichte der Slowenen. Alle diese Arbeiten wurden in der Carinthia I 1919 kritisch beleuchtet.

Im Laufe der nächsten Monate wurde das wissenschaftliche Rüstzeug, zum großen Teil unter Mitwirkung des Geschichtsvereines für Kärnten, weiter ausgebaut. Primus Lessiak zeigte in seiner Schrift „Die Einheit Kärntens im Lichte der Namenkunde und Sprache" die kulturelle Einheitlichkeit Kärntens, das Ergebnis eines tausendjährigen Mischungsprozesses zweier Völker im Zeichen deutschen Geistes und deutscher Gesittung. Georg Graber wies in seiner von der Akademie der Wissenschaften veröffentlichten Abhandlung über den „Herzogseinritt" beim Fürstensteine nach, daß die einzelnen Teile der Fürstensteinzeremonie deutschen Ursprungs oder wenigstens nicht ausgesprochen slawisch sind und die Zeremonie nicht eine „Einsetzung" des Herzogs durch den Herzogbauer als Vertreter des slowenischen Volkes sein könne, eine Ansicht, die schon vor Graber Goldmann, Jaksch, Dopsch und andere ausgesprochen hatten. Max Pirker schilderte in seinem Buche „Die Zukunft der deutschen und österreichischen Alpenländer" unter anderem auch die kulturellen und wirtschaftlichen Verhältnisse Kärntens. Sehr gute Dienste leistete das Oberlerchersche Schulrelief von Kärnten, da es die Einheit des Landes in ausgezeichneter Weise veranschaulicht. Als die amerikanische Kommission in Klagenfurt weilte, wurde nicht versäumt, das Relief in ihrem Vorzimmer aufzustellen. Lichtbilder des Reliefs wurden mit erläuterndem deutschen, englischen, französischen und italienischen Text versehen und als Aufklärungsschrift verbreitet. Sie wurde später auch in die Note der deutsch-österreichischen Friedensdelegation vom 16. Juni 1919 aufgenommen. Endlich erschienen nach und nach Studien über die von slowenischnationaler Seite so heftig bekämpfte utraquistische Schule in

Kärnten, über die geschichtliche Entwicklung der Kärntner Landesgrenze, über die Haltlosigkeit der slowenischen Statistik und die ethnographischen Verhältnisse im Klagenfurter Becken, über die deutsche Vergangenheit des von den Slowenen so heiß begehrten Klagenfurt und anderes. Hierbei leisteten der ausgezeichnete wissenschaftliche Apparat des Geschichtsvereins, die „Monumenta Carinthiae" A. v. Jakschens und seine Arbeiten über die Ortsnamenforschung in Kärnten sowie die umfangreichen Vorarbeiten zum historischen Atlas der österreichischen Alpenländer wesentliche Dienste. Im März 1919 wurden handschriftliche Karten im Maßstab 1 : 75 000 aufgelegt, die in Form von Kreisen und Punkten auch die absoluten Zahlen der deutschen Minderheiten darstellten, da diese auf den bisherigen Sprachenkarten wegen der territorialen Kleinheit der deutschen Sprachinselgemeinden nicht entsprechend zum Ausdruck kamen, ferner Karten über die Stellungnahme der slowenischen Gemeinden zur Erklärung des südslawischen Klubs vom 30. Mai 1917, die Ergebnisse der letzten Wahlen u. dgl. Als dann in St. Germain einige offizielle Denkschriften der jugoslawischen Delegation bekannt wurden, mußte der wissenschaftliche Abwehrkampf aufs neue aufgenommen werden. —

Am 18. November beschloß der Landesausschuß die Bildung einer Nationalpolitischen Gruppe. Ihr Obmann war bis Mai 1919 der Rechtsanwalt Dr. Jakob Reinlein. Sie hatte sich mit allen Fragen zu beschäftigen, welche die Abgrenzung Kärntens und die Besetzung von Gemeinden durch die Südslawen betrafen, die Verbindung mit den Vertrauensmännern des besetzten Gebietes aufrechtzuerhalten, die in- und ausländische Presse zu verfolgen und den unwahren Darstellungen des „Mir", der Laibacher Presse und namentlich des Laibacher Korrespondenzbüros entgegenzutreten. Weiters hatte sie das wissenschaftliche Rüstzeug zu verwerten, die heimische Bevölkerung durch Flugschriften und Aufsätze in den Kärntner Blättern im laufenden zu halten und mit dem Gedanken der Volksabstimmung vertraut zu machen. Durch Beschluß der Landesversammlung vom 18. Dezember 1918 wurde die Nationalpolitische Gruppe, jetzt auch Nationalpolitischer Ausschuß genannt, dem Landesverweser unterstellt und ihr ein aus Vertretern der politischen Parteien bestehender Beirat zur Seite gegeben. Auf Beschluß der Landesversammlung vom 9. Mai 1919 wurde sie in eine rein parlamentarische Körperschaft umgewandelt, deren Mitglieder von der Landesversammlung gewählt wurden. Sie bestand bis zur Errichtung des Heimatdienstes am 10. März 1920.

Durch die Bildung des Nationalpolitischen Ausschusses wurde die geistige Abwehr Kärntens auf eine einheitliche Grundlage gestellt, was sich in der Folgezeit aufs beste bewährte. In ständiger Verbindung mit der Landesregierung hat der Nationalpolitische Ausschuß und seine von F. Wouk und Dr. E. Samonig geleitete Kanzlei während seines fast anderthalbjährigen Bestandes eine

Fülle von Arbeit geleistet und viel dazu beigetragen, daß der Kampf um die Volksabstimmung von Erfolg begleitet war.

Um seinen Aufgaben gerecht zu werden, gab der Nationalpolitische Ausschuß eine größere Anzahl von Flugblättern in deutscher und slowenischer Sprache heraus, ferner ab 9. Jänner 1919 wöchentlich einmal die „Kärntner Landsmannschaft", die zunächst bis zur Besetzung Klagenfurts durch die Südslawen im Juni 1919 erschien. Das südslawische Gegenstück dazu war der „Jugoslovanski Korotan", erschienen vom Dezember 1918 bis April 1919.

Eine schwierige, aber sehr wichtige Aufgabe war es, aufklärende Nachrichten über Kärnten in die große Presse zu bringen. Durch die welterschütternden Ereignisse jener Tage wurden die Zeitungen dermaßen in Anspruch genommen, daß für das kleine Kärnten kein Raum übrig zu bleiben schien. Aber schließlich gelang es der unermüdlichen Arbeit der Presseabteilung des Nationalpolitischen Ausschusses doch, die Verbindung mit der Zeitungswelt herzustellen. Anfangs Dezember 1918 erschienen die ersten Nachrichten über die Zustände und Vorgänge in Kärnten in Schweizer Blättern. Ende Jänner begann sich die italienische Presse mit Kärnten zu befassen. Von Februar an brachten auch französische und englische Blätter ab und zu kurze Nachrichten über Kärnten.

Bei der Nationalregierung in Laibach wurde zunächst eine „Abteilung für die besetzten Gebiete", d. h. für die von den Italienern besetzten slowenischen Teile von Krain, Görz, Triest und Istrien und für die von den Jugoslawen besetzten Teile Kärntens und Steiermarks, eingerichtet. Die Vorarbeiten für die Friedensverhandlungen hatte die innerhalb der Regierung errichtete „Kommission für die Friedenskonferenz" zu besorgen. Ihr Vorsitzender war zuerst J. Žolger, ehemals österreichischer Minister, später Vertreter der Slowenen in der jugoslawischen Friedensdelegation in Paris, sein Stellvertreter Dr. Vodopivec. Die Kommission hatte das ethnographische, geographische, verkehrswirtschaftliche und wirtschaftliche Material für die Grenzfragen, die Liquidation des alten Staates auf slowenischem Boden, für Verkehrsfragen und künftige Handelsverträge zu sammeln und die aufzustellenden Forderungen zu vereinbaren. Für die Grenzfragen bestand innerhalb der Kommission je ein Referat für Görz, Kärnten, Steiermark, Übermurgebiet und Triest. Das Referat für Kärnten lag in den Händen Smodejs, doch ging die Führung bald an den Klagenfurter Theologieprofessor Dr. Lambert Ehrlich über, der eine Zeitlang in England studiert hatte und im März als Sachverständiger nach Paris berufen wurde. Die Presse wurde durch ein eigenes Pressebüro der Nationalregierung bedient.

2. Der Landtagsbeschluß vom 5. Dezember

Die Besetzung von Völkermarkt durch die Jugoslawen und der klägliche Ausgang der Unternehmung vom 1. Dezember rief vor allem bei den Soldaten

Erbitterung hervor. Vertreter von Klagenfurter Formationen (Volkswehrbataillon 3, Marinekompanie und Panzerautozug) richteten am 4. Dezember über das Militärkommando an den Landesausschuß das Ersuchen, zu einem Entschluß zu kommen, ob Kärnten dem slawischen Einfall Widerstand leisten soll oder nicht, und mit der Durchführung des Entschlusses das Militärkommando allein zu betrauen, das dem Landesausschuß und damit dem Kärntner Volk verantwortlich bleibe; keine Stelle und kein Ausschuß soll das Recht haben, militärische Befehle zu geben oder Abänderungen zu verlangen. Mit Recht wurde auch gefordert, daß zwischen serbischen und südslawischen Soldaten kein Unterschied gemacht werde, weil sich bei jeder südslawischen Truppe ein paar wirkliche oder Pseudo-Serben mit einem in der Cyrillica verfaßten Schriftstück befinden können. Dieser Beschluß wurde am 6. Dezember auch vom Soldatenrat gebilligt, langte aber erst am 9. Dezember beim Oberkommando ein und wurde von diesem an den Wehrausschuß abgetreten.

Aber auch die Zivilbevölkerung begann langsam einzusehen, daß mit dem fortgesetzten Verhandeln, Protestieren und Zurückweichen alles gefährdet werde und daher Taten gegen die eingedrungenen slowenischen Abteilungen nötig seien. So bedeutet der Fall Völkermarkts zwar den Tiefpunkt in der Kärntner Landesverteidigung, aber er führte auch den Wendepunkt herbei.

Wenn auch die von Lavrič angekündigte serbische Abteilung nicht eintraf, so war doch aus seinem und Majsters Vorgehen sowie aus abgehorchten Telefongesprächen mit Sicherheit zu entnehmen, daß die Jugoslawen über kurz oder lang versuchen werden, auch Klagenfurt in ihre Gewalt zu bekommen. Angesichts dieser von Tag zu Tag zunehmenden Gefahr wurde auf Veranlassung des Landesverwesers Dr. Lemisch die Vorläufige Landesversammlung für den 5. Dezember zu einer vertraulichen Sitzung einberufen mit dem Zwecke, Abwehrmaßnahmen zu beschließen. In dieser Sitzung stellten die deutschfreiheitlichen Abgeordneten Dr. Dörflinger, Dr. Angerer, Burger, Dr. Bartel, J. Winkler und Ing. Schueller folgenden Dringlichkeitsantrag:

„Angesichts des dem Selbstbestimmungsrechte der Völker hohnsprechenden Vorgehens jugoslawischer Truppen in Kärnten beschließt die Landesversammlung, dem Eindringen jugoslawischer Truppen mit allen Kräften entgegenzutreten.

Das Militärkommando wird beauftragt, die hierfür erforderlichen Vorkehrungen und Anordnungen selbständig zu treffen. Für die richtige Durchführung bleibt es der Vorläufigen Landesversammlung verantwortlich.

Ententetruppen, die sich als solche ordnungsmäßig ausweisen, ist kein Widerstand entgegenzusetzen.

Von diesem Beschlusse ist der Staatsrat in Wien sofort zu verständigen."

Dieser Antrag fand bei den Sozialdemokraten, die jedes Blutvergießen vermeiden wollten und alle Hoffnungen auf die Friedensverhandlungen setzten, und bei den Christlichsozialen lebhaften Widerstand, wurde aber schließlich nach längerer Wechselrede, in der außer Dr. Dörflinger insbesondere auch Dr.

Pflanzl und Schumy für ihn eintraten, einhellig angenommen[15]). Doch gaben die sozialdemokratischen Abgeordneten eine schriftliche Erklärung ab, daß sie zwar den Einmarsch der jugoslawischen Truppen in Kärnten und die Besetzung deutschen Gebietes als Gewalttat sowie als Verletzung des Selbstbestimmungsrechtes und Vorgreifen gegenüber den Beschlüssen der Friedenskonferenz erachten, aber für den Antrag Dörflinger nur mit dem Vorbehalte stimmen, daß genügend verläßliche Truppen und Munition vorhanden seien, daß sich auch das Bürgertum zur Verfügung stelle — was doch selbstverständlich war —, daß ferner die zur Abwehr benötigten Truppen nicht zwangsweise ausgehoben werden und daß ihre Stellungnahme nur bis zum Abschluß der geplanten Laibacher Verhandlungen gelte.

Nach der vertraulichen Sitzung fand nachmittags eine öffentliche statt. In dieser faßte die Landesversammlung eine zweite Entschließung, in der sie feierlich Verwahrung gegen die Eigenmächtigkeiten und Übergriffe der Laibacher Nationalregierung einlegte und die deutsch-österreichische Staatsregierung aufforderte, „sich dieser entschiedenen Einsprache voll anzuschließen und aufs rascheste die Herstellung des alten Rechtszustandes im Verhandlungswege mit der südslawischen Regierung zu sichern". Zugleich verlangte die Landesversammlung, „daß zu den Vorbesprechungen über die Grenzfrage sowie zur Friedenskonferenz selbst im Hinblicke auf alle nationalen und wirtschaftlichen Fragen der deutschen Bevölkerung in Kärnten ein von der kärntnerischen Landesregierung bestimmter, in die tatsächlichen Verhältnisse genau eingeweihter Vertrauensmann zur beständigen Aufklärung der Unterhändler beigeordnet werde."

Durch die mannhafte Entschließung der vertraulichen Sitzung der Landesversammlung wurden die unseligen Beschlüsse des Wehrausschusses von Mitte November aufgehoben. Der sehnlichste Wunsch der Soldaten, aber auch weiter Schichten der Kärntner Bevölkerung, die mit Sorge und Unmut das Vorgehen

---

[15]) Der Beschluß ist abgedruckt in den „Veröffentlichungen über die Beratungen der Kärntner Vorläufigen Landesversammlung" S. 31, Nr. 74. Der Zusatz bezüglich der Ententetruppen mußte wegen des der Entente laut des Waffenstillstandsvertrages vom 3. November 1918 zustehenden Besetzungsrechtes aufgenommen werden. Da Waffenstillstand herrschte, so konnte stillschweigend angenommen werden, daß die Entente oder die einrückende Ententemacht die Besetzung vorher ankündigen werde. — Der im Original im Reichsgauarchiv Kärnten vorliegende Antrag wurde von Dr. Dörflinger und Gen. auf eigenen Antrieb gestellt und von der Landesversammlung ohne jeden Druck von außen angenommen. Die nachträglich aufgetauchte Legende, daß die Landesversammlung den Beschluß erst gefaßt habe, nachdem sich im Landhaushof Abteilungen von Soldaten unter Führung von zwei Offizieren aufgestellt und diese dem tagenden Landesparlament erklärt hätten: „Entweder wird nun sofort der Beschluß gefaßt, daß dem Feind im Kampf entgegenzutreten ist, oder die Versammlung wird zum Teufel gejagt und die Soldaten werden das Schicksal Kärntens selbst in die Hand nehmen", entspricht nicht den Tatsachen.

der Jugoslawen und die scheinbare Untätigkeit der Regierung verfolgt hatten, war erfüllt: der Weg zum Kampf mit den Waffen war frei.

Eben darum kam der Beschluß der Landesversammlung Staatssekretär Bauer sehr ungelegen. Denn Bauer lehnte grundsätzlich jeden Kampf mit den Waffen ab und befürchtete überdies, daß ein bewaffneter Widerstand in Kärnten die Verhandlungen, die am 9. Dezember über Lebensmittelzuschübe mit Laibach beginnen sollten, vereiteln würde. Er suchte daher schon am 7. Dezember die Kärntner vom beschlossenen Widerstand abzubringen, indem er die Kärntner Landesregierung aufmerksam machte, daß nach fachkundiger Äußerung ein Widerstand nur durch wenige Tage möglich sei, da die Südslawen zweifellos große Verstärkungen zuschieben würden; auch würde die Entente die jugoslawischen Truppen unter serbisches Kommando stellen und als Ententetruppen erklären, wogegen nichts eingewendet werden könnte. Die Kärntner Landesregierung ließ sich jedoch vom eingeschlagenen Weg nicht abhalten. Die folgenden Ereignisse zeigten, daß die angeblichen Befürchtungen Bauers unbegründet waren.

Die militärische Lage des Landes wurde durch den Beschluß der Kärntner Landesversammlung vom 5. Dezember von Grund aus geändert. Erst jetzt konnte der Landesbefehlshaber, von der bisherigen Bevormundung durch den Wehrausschuß befreit, entschiedener auftreten. Mit weitgehenden Rechten ausgestattet, trug er von jetzt an allein die Verantwortung für alle militärischen Maßnahmen. Das Militärkommando wurde nunmehr weiter ausgebaut und zur Vorbereitung der bevorstehenden Kampfhandlungen und zu ihrer einheitlichen taktischen Führung eine Generalstabsabteilung mit der Bezeichnung „Operationsabteilung" errichtet, mit deren Leitung Hauptmann Franz X. K o h l a betraut wurde. Stellvertreter des Landesbefehlshabers war Major Th. K l i m a n n. Als Hauptmann Kohla am 8. Mai 1919 nach Abschluß der siegreichen Maikämpfe aus Gesundheitsrücksichten Urlaub nahm, wurde Oberstleutnant Siegmund K n a u s vom Landesbefehlshaber zum Leiter der Operationsabteilung ernannt.

In den maßgebenden Körperschaften des Landes war man sich von vornherein klar, daß ein auf seine eigenen schwachen Kräfte angewiesenes Kärnten einen Krieg mit dem südslawischen Staate nicht führen könne und daß es unmöglich sei, der südslawischen Regierung die Kärntner Anschauungen über die Grenzfrage aufzuzwingen. Man mußte sich daher zunächst darauf beschränken, die Besetzung weiterer vom südslawischen Staate beanspruchter, aber kärntnisch gesinnter Landesteile durch südslawische Truppen solange hinzuhalten, bis die Friedenskonferenz die Grenzen zwischen Österreich und Südslawien bestimmt habe. Darum wurden vom Landesbefehlshaber sofort längs der Gail, Drau und Gurk mehrere Verteidigungsabschnitte gebildet und am 11. Dezember genaue Anordnungen zur Landesverteidigung erlassen.

3. Verhandlungen in Laibach

Schon am 20. November hatte das deutsch-österreichische Staatsamt für Äußeres auf Ersuchen der Kärntner Landesregierung bei der Laibacher Nationalregierung angeregt, über die Grenz- und verschiedene wirtschaftliche Fragen in Unterhandlungen zu treten. Die Laibacher Regierung erklärte sich hierzu zwar grundsätzlich geneigt, fand aber immer wieder einen Vorwand, um die Verhandlungen hinauszuschieben. Offenbar wollte sie Zeit zu weiteren Besetzungen gewinnen. Erst am 9. Dezember wurden die Verhandlungen in Laibach eröffnet. Sie waren der letzte Versuch einer friedlichen Lösung. Es nahmen daran einerseits Vertreter der Republik Deutsch-Österreich und der Landesregierungen von Kärnten und Steiermark, anderseits Vertreter der Nationalregierung in Laibach teil.

Die Verhandlungen waren außerordentlich schwierig und verliefen zum Teil sehr stürmisch. Die Laibacher waren sehr selbstbewußt und siegessicher. Kurz vorher hatte nämlich Dr. Korošec von Paris sehr günstige Nachrichten über die Nordgrenze mitgebracht (siehe S. 87). Dr. Brejc hoffte auch auf die zwei Bataillone regulären serbischen Militärs, die man ihm, wie wir hören werden, in Belgrad versprochen hatte. Überdies betrachteten sich die Delegierten der Laibacher Nationalregierung gewissermaßen als Verbündete der Entente, da sich ja am 1. Dezember die jugoslawische Vereinigung vollzogen hatte, und schließlich bauten sie auf die Ohnmacht der Kärntner, die den slowenischen Vorstößen bisher nicht den geringsten Widerstand entgegengesetzt hatten. So glaubten die Laibacher Delegierten, vor allem Dr. Brejc, in ihren Forderungen so weit als möglich gehen und den Gedanken einer Volksabstimmung von vornherein ablehnen zu dürfen. Im Gegensatze hierzu war die Stimmung der Kärntner infolge der mißlichen Lage in Kärnten noch immer sehr gedrückt. War doch das ganze Gebiet südlich der Drau, dazu die Stadt Völkermarkt samt Umgebung und das untere Lavanttal bis herauf nach St. Paul bereits in Händen der Laibacher Nationalregierung!

Den Gegenstand der Verhandlungen sollten in erster Linie wirtschaftliche und Verkehrsfragen bilden. Eine Bereinigung dieser Fragen war jedoch ohne vorläufige Regelung der Verwaltung, die natürlich nur bis zur endgültigen Ordnung der Verhältnisse durch die Friedenskonferenz gelten und dieser in keiner Weise vorgreifen sollte, schwer möglich. Zur Regelung der Verwaltung aber bedurfte es wieder der Feststellung einer vorläufigen Grenze. So kam gleich am ersten Tage der Verhandlungen die Grenzfrage zur Sprache. Der Vorsitzende Dr. Triller, erklärte im vorhinein, daß sich die Kärntner darauf gefaßt machen müßten, auf Klagenfurt und Villach zu verzichten. Dr. Brejc verlangte zunächst die Übergabe der Gebiete, wo die Slowenen geschlossen wohnen, d. i. der Gebiete bis zur „lebenden ethnischen" Grenze (Seite 69). Darüber hinaus aber drohte er mit einer „Operation mit milder Gewalt", die sich auf Klagenfurt und Villach erstrecken sollte. Dabei ließen die Laibacher durchblicken, daß die Entente ihnen als Angehörigen eines Bundesgenossen bereits bindende Zusagen gemacht hätte. Die Kärntner Delegierten zeigten ein übergroßes Entgegenkommen und erklärten sich unter dem Drucke der gegebenen Verhältnisse bereit, die Verwaltung des Gebietes südlich der Drau und östlich vom Freibach, d. i. der Gerichtsbezirke Bleiburg, Eberndorf und Eisenkappel, vorbehaltlich der endgültigen Grenzbestimmung durch die Friedenskonferenz zu überlassen. Dieses Angebot wurde mit Entrüstung zurückgewiesen, namentlich von Brejc, der auf der Übergabe von Klagenfurt bestand. „Über Villach ließe sich noch reden"; äußerte er sich, „aber wenn Sie uns Klagenfurt nicht geben wollen, so war es zwecklos, daß Sie hierher gekommen sind". Die Laibacher Nationalregierung brach daraufhin die Verhandlungen ab, „da eine provisorische und unpräjudizierliche Lösung, die beide Teile befriedigen würde, nicht zu erreichen sei". Dagegen wurden die Verhandlungen über die wirtschaftlichen und die Verkehrsfragen, die gesamtstaatliche Interessen betrafen, durch die Wiener und Grazer Delegierten fortgeführt. Die Kärntner reisten noch während der Verhandlungen ab.

4. Der Kampf um Grafenstein

Nach dem vertraulichen Beschluß der Vorläufigen Landesversammlung vom 5. Dezember sollte Ententetruppen kein Widerstand geleistet werden. Es handelte sich also zunächst darum, endgültig festzustellen, ob die eingebrochenen Truppen Ententetruppen waren oder nicht. Lavrič hatte immer wieder von königl. serbischen Truppen gesprochen, aber niemals eine Ermächtigung der serbischen Regierung vorgewiesen. Sicher war auch, daß Malgajs Behauptung, er besetze Bleiburg und Völkermarkt im Namen der Entente, Geflunker war, aber ebenso gewiß bestand ein Teil seiner Truppen aus Serben. Es fragte sich nur, ob es Truppen der serbischen Regierung waren. In diesem Fall waren sie zum mindesten Truppen einer mit der Entente verbündeten Macht. Damit war aber noch immer nicht festgestellt, ob der Waffenstillstand vom 3. November auch für sie galt. Denn der Waffenstillstand war von den Italienern abgeschlossen worden und es war kaum anzunehmen, daß die Italiener den Serben das Recht eingeräumt hätten, strategisch wichtige Orte in Kärnten zu besetzen. Die Klärung brachte der Kampf von Grafenstein.

Die Verhandlungen mit Lavrič und Majster zeigten bereits deutlich, daß beide auch Klagenfurt in den Bereich ihrer Eroberungspläne gezogen hatten. Genaueres über diese Pläne wurde erst durch die Veröffentlichungen Lavričs, Majsters und Hribars bekannt. Lavrič dachte ernstlich an einen Handstreich gegen Klagenfurt, aber er glaubte, daß hierzu mindestens 3—4 Bataillone mit einiger Artillerie und genügendes Personal für die Zivilverwaltung notwendig sei, was beides nicht zur Verfügung stand. Er plante daher nach seinen eigenen Worten,

„den Klagenfurter Lindwurm mit einem Netz zu umgeben, zu fesseln und zu bändigen", nach Klagenfurt selbst aber nur eine kleine „serbische" Abteilung zu Täuschungszwecken zu werfen und vorläufig weiter zu verhandeln, um Zeit zu gewinnen. Ähnliche Absichten verfolgte General Majster, als er in Marburg verlangte, nach Klagenfurt, St. Veit und Villach Offiziersabteilungen zu entsenden und Völkermarkt besetzen zu dürfen. Die Ablehnung dieser Forderung durch die Kärntner Unterhändler brachten seine Pläne zum Scheitern.

Auch in Laibach beschäftigte man sich, von Generalkommissär Smodej und seinem Stellvertreter Dr. Müller dazu gedrängt, von Anbeginn an mit dem Gedanken einer Besetzung Klagenfurts. Die Meinungen der Nationalregierung waren jedoch geteilt. Dr. Brejc war bereit, dem Drängen Smodejs nachzugeben. Der militärische Sachverständige der Nationalregierung, Oberstlt. Ulmansky, hielt eine Besetzung Klagenfurts vom militärischen Standpunkt aus noch Ende November für möglich. Der Kommissär für Landesverteidigung, Dr. Lovro Pogačnik, glaubte, daß das westliche Gurkufer befestigt sei, eine Besetzung Klagenfurts daher Blutvergießen erfordern würde, das er vermeiden wollte. Der Kommissär für Ernährungsfragen Dr. Franz Tavčar erklärte, er könne infolge Mangels an Lebensmitteln die Verpflegung Klagenfurts nicht übernehmen und rate, das Militär möge bloß Grafenstein besetzen und Klagenfurt nur bedrohen. Die Nationalregierung beschloß daher am 2. Dezember, von einer Besetzung Klagenfurts derzeit abzusehen und General Majster, der wiederholt eigenmächtig vorgegangen war und Klagenfurt gerne das Schicksal Marburgs bereitet hätte, zu beauftragen, daß er ausschließlich die militärischen Befehle Laibachs auszuführen habe und nichts auf eigene Faust veranlassen dürfe.

Um die militärische Lage zu verbessern, war Dr. Brejc bemüht, Hilfe von Serbien zu bekommen. Gelegenheit hierzu bot sich ihm, als er Anfang Dezember mit anderen führenden Laibacher Persönlichkeiten nach Belgrad fuhr, um an der Gründungsfeier des SHS-Staates teilzunehmen. Im Kriegsministerium wurde ihm auch die Entsendung von zwei serbischen Bataillonen bis Weihnachten versprochen. Einige Tage später reisten auch Dr. Müller und Janko Tavčar nach Belgrad, um wegen militärischer Unterstützung vorzusprechen. Mit Hilfe Hribars erlangten sie eine Audienz bei Thronfolger Alexander, der ihnen, wie Janko Tavčar in einem Briefe an Hribar berichtet, zugesagt haben soll, alles zu tun, damit Kärnten bis Weihnachten „befreit" sei. Müller und Tavčar wurden hierdurch mit solcher Zuversicht erfüllt, daß sie in Belgrad vier lange Fahnen kauften, die nach der Besetzung auf dem Neuen Platz in Klagenfurt aufgezogen werden sollten. Allein die serbische Hilfe blieb vorläufig aus. Erst gegen Ende des Jahres entsandte die Belgrader Regierung eine aus dem General Krsta Smiljanić und dem Generalstabschef Oberstlt. Milutin Nedić bestehende Militärkommission nach Laibach, die die Aufgabe hatte, die Wehrmacht Sloweniens im Anschluß an die serbische Armee neu zu gliedern, und erst mit 1. Februar übernahm Smiljanić als Kommandant der neu aufgestellten Draudivision die Befehlsgewalt über alle vorhandenen Truppen in Slowenien, ohne jedoch auf die Kämpfe einen entscheidenden Einfluß zu nehmen. In Laibach glaubte man jedoch nach der Rückkehr der Abordnung aus Belgrad mit serbischer Hilfe unbedingt rechnen und daher gegen Klagenfurt rascher vorgehen zu können[16]).

Von allen diesen Einzelheiten erhielt man in Klagenfurt begreiflicherweise keine Kenntnis. Doch waren hier die Pläne der Laibacher gegen Klagenfurt nicht ganz unbekannt geblieben. Schon am 21. November hatte der Postmeister in Kühnsdorf ein auf die Besetzung Klagenfurts bezügliches Gespräch zweier südslawischer Offiziere belauscht und wurde ein Telefongespräch Smodejs mit Laibach abgehorcht, in dem Smodej neuerdings anregte, Klagenfurt, insbesondere die dortigen Postämter, so bald als möglich zu besetzen. Um einen Vorwand zur Besetzung zu haben, wurde von den Laibacher Blättern, die von der Kanzlei Dr. Müllers in Klagenfurt bedient wurden, das falsche Gerücht verbreitet, daß ein großer Teil der Klagenfurter Bevölkerung sich bereits mit dem Gedanken vertraut gemacht habe, zu Südslawien zu kommen, und nur eine Minderheit damit nicht einverstanden sei, die Intelligenz und die Hausbesitzer aber geradezu eine Besetzung Klagenfurts wünschten. In Villach rechnete man tatsächlich schon Ende November mit einer Besetzung durch die Südslawen und forderte die Bevölkerung durch Plakate auf, sich ruhig zu verhalten, wenn südslawische Truppen in die Stadt einrückten. Besonders bezeichnend war die am 8. Dezember, also kurz vor den Laibacher Verhandlungen, aufgefangene Nachricht, daß die südslawischen Truppen von Ferlach nach Klagenfurt erst marschieren würden, wenn Lavrič von Laibach zurückgekommen sei. Diese Meldung zeigt, daß man zumindest in der Umgebung des süslawischen Kommissärs in Klagenfurt die Laibacher Verhandlungen nur als Scheinmanöver betrachtete. Am 11. Dezember richtete Bezirkshauptmann K a k l in Völkermarkt nach Laibach telefonisch die dringende Bitte, doch endlich Klagenfurt besetzen zu lassen, wo die Deutschen ohnehin niemand leiden möge (!). Am selben Tag erteilte S m o d e j von Laibach aus an Kakl telefonisch den Auftrag, den Oberleutnant Malgaj anzuweisen, er möge sich zum weiteren Vorrücken bereithalten. Am 14. teilte Major Lavrič dem Kommando in St. Jakob i. R. mit, die Verhandlungen in Laibach seien gescheitert, er hoffe, in einigen Tagen mit der Offensive beginnen zu können.

So war also nach dem ergebnislosen Abschluß der Laibacher Verhandlungen ein Angriff auf Klagenfurt zu erwarten.

Die militärische Lage in der ersten Hälfte des Dezembers ist aus neben-

---

[16]) Hribar, a. a. O. — Lavrič-Zaplaz, Meine Antwort auf das Buch „Der Kärntner Freiheitskampf", Slovenski Narod vom 1. Nov. bis 8. Dez. 1922.

stehender Skizze zu ersehen. Diese zeigt, daß die Verbindung von Klagenfurt in das Lavanttal nur auf dem Umweg über Obersteiermark möglich war. Diese umständliche und zeitraubende Verbindung machte sich in jeder Hinsicht auf das unangenehmste fühlbar.

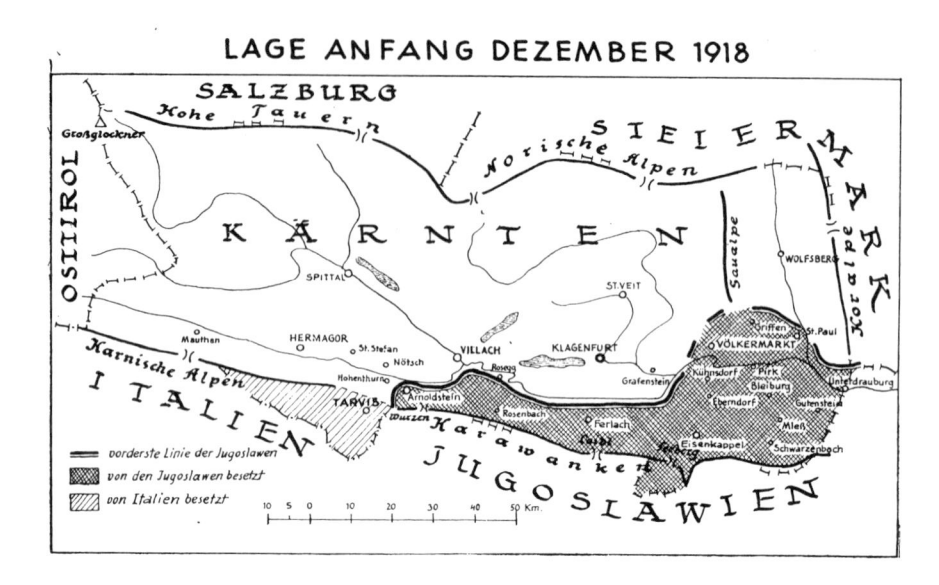

LAGE ANFANG DEZEMBER 1918

Dem Landesbefehlshaber standen in den ersten Tagen des Monats Dezember im ganze Lande etwa 600 kampfbereite Männer der Volkswehr zur Verfügung. Davon waren etwa 250—300 Mann durch Bewachungsaufgaben örtlich gebunden. Mit dem Rest sollte eine von Arnoldstein bis zum Hühnerkogel bei Unterdrauburg reichende Front von 125 Kilometern gesichert werden. Angesichts der drohenden Gefahr mußte also die Wehrkraft des Landes möglichst rasch durch den weiteren Ausbau der Volkswehr und durch Organisierung von freiwilligen Abteilungen erhöht werden. Daher wurden vom Wehrausschuß, dem Soldatenrat, der Stadtgemeinde und vom Oberkommando Aufrufe an die wehrhaften Teile der Bevölkerung zum Eintritt in die Volkswehr oder in die Bürgerwehr erlassen, die jedoch nur allmählich Erfolg hatten.

Die Wehrmacht des Gegners war bereits Ende November bedeutend stärker als die Kärntens und war am 30. November nach Lavrič folgendermaßen gruppiert:

I. Front in Steiermark und Kärnten:
   a) Steiermärkisches Grenzkommando des Generals Majster (bis Völkermarkt reichend): 5 Bataillone, ¼ Eskadron und 2 Batterien oder ungefähr 1300 Gewehre, 30 Maschinengewehre und 8 Geschütze; 3 weitere Batterien waren in Aufstellung begriffen.

b) Kärntner Kommando des Majors Lavrič: ½ Bataillon und 1 Geschütz oder 200 Gewehre, 9 Maschinengewehre und 1 Geschütz.

II. Reservegruppe im Hinterlande: Oberst Polak: 4 Bataillone und 5 noch in Aufstellung begriffene Batterien oder 1000 Gewehre, 12 Maschinengewehre; dazu gehörten noch 2 Formationen von Nichtkombattanten, 1 Wachbataillon und 1 Bataillon ehemaliger serbischer Kriegsgefangener.

Nach dem Scheitern der Laibacher Verhandlungen wurde die jugoslawische Besatzung von Rosenbach durch ein Bataillon des Laibacher Infanterieregiments unter Hauptmann Martinčič, die von Völkermarkt durch ein aus serbischen Kriegsgefangenen und Untersteirern bestehendes Bataillon verstärkt. —

Wie Major Lavrič die Lage in Kärnten beurteilte, zeigt sein in deutscher Sprache verfaßter Bericht an die Nationalregierung in Laibach vom 13. Dezember 1918, der bei der Einnahme von Ferlach im Jänner 1919 erbeutet wurde. Darin heißt es u. a.:

„Beurteilung der Situation: Ich melde, daß ich auf Grund meines einmonatigen Aufenthaltes in dem Kärntner Grenzraum, auf Grund meiner persönlichen Wahrnehmungen, auf Grund der Orientierung durch den Generalbevollmächtigten Vikar Smodej, auf Grund zahlreicher persönlicher Vorsprachen, auf Grund der Verhandlungen mit den Vertretern der Gegenpartei, dann auf Grund der Zeitungsnachrichten des eigenen und feindlichen Lagers folgenden Überblick über die Situation gewonnen habe: Unter dem überwiegenden Teile der Bevölkerung des Kärntner Territoriums, speziell südlich der Linie Hermagor—Villach-Feldkirchen—St. Veit—St. Johann am Brückl—St. Paul, macht sich, unterstützt durch den hochw. slowenischen nationalen Klerus, das dringende, durch keine andere Rücksicht einschränkbare Bedürfnis nach ehester, klarer Unterstellung unter die südslawische Staatsoberhoheit offenkundig bemerkbar.

Ausnahmen in diesem geographischen Gebiete bilden die Stadt Klagenfurt und die Stadt Villach, wo unter dem moralischen und materiellen Zwange, dann unter der Einwirkung ränkevoller Überredungskünste der derzeit noch geltenden deutschnationalen Machthaber der slowenische Teil der Bevölkerung durch Drohungen und offenkundige Gewaltsamkeiten eingeschüchtert ist und die Stunde der Befreiung mit aller Sehnsucht erwartet. Der Freistaat Jugoslawien, auf rein demokratischer Basis ruhend, hätte in dem Sinne des ersten Grundsatzes der Demokratie, das ist des Zubekenntnisses zu den Menschheitsrechten, die unbedingte Pflicht, mit allen Kräften die unverzügliche Einverleibung dieses unerlösten Gebietes in das heilige Territorium der Jugoslavija durchzuführen, eine Forderung, die von dem Volke einmütig verlangt wird und der sich demnach die Regierung nicht verschließen darf. Die eheste Besetzung des Kärntner Territoriums inklusive der genannten Demarkationslinie und die darauffolgende eheste Übernahme dieser Gebiete durch die jugoslawischen Verwaltungs- und Verkehrsbehörden ist daher dringend geboten. Mit Ausnahme des Territoriums der beiden angeführten Städte wird eine eigenerseits eingeleitete militärische Besetzung im wesentlichen ohne besondere Friktionen durchgeführt werden können.

Die militärische Kraft von Villach ist mit zirka 500 Mann, die von Klagenfurt mit zirka 1000 Mann und zwei Batterien einzuschätzen.

Der Militärkommandant von Kärnten, Oberstleutnant Hülgerth, hat anscheinend unter den gegenwärtigen anarchistischen Verhältnissen die militärische Kommandogewalt verloren und bekleidet seine Stelle lediglich als Ehrenamt. Die wahre Gewalt ruht in den Händen des Soldatenrates, der Deutschradikalen und der anarchistischen Elemente.

Ich erlaube mir daher, die hohe Regierung Jugoslawiens in Laibach auf Grund meiner persönlichen Überzeugung zur ehesten Besitznahme des Kärntner Territoriums südlich der schon einmal genannten Linie einzuladen."

Zur Erreichung dieses Zieles schlug Lavrič vor, entweder Klagenfurt gleichzeitig im Osten von Völkermarkt und im Westen von Rosegg aus angreifen, im Süden aber an allen Drauübergängen Scheinangriffe unternehmen zu lassen, um den Gegner zu täuschen, oder, falls dieser Vorschlag wegen Verpflegsschwierigkeiten und Personalmangel nicht angenommen werden sollte, die vollständige Übernahme des Gebietes südlich der Drau und des ganzen politischen Bezirkes Völkermarkt durch jugoslawische Behörden und die Neutralisierung des Gebietes nördlich der Drau bis zur Linie Hermagor-St. Veit-Brückl-Nordgrenze des Bezirkes Völkermarkt anzustreben; Klagenfurt solle unter dem Kommando des deutsch-österreichischen Militärs bleiben und zur Aufrechterhaltung der Ruhe und Ordnung eine deutsch-österreichische Garnison von 600 Mann und 25 Offizieren behalten, aber ebenso wie Villach mit einem serbischen Detachement von zwei Offizieren und 100 Mann belegt werden; der deutsch-österreichischen Regierung solle die Verpflichtung auferlegt werden, die Propaganda der deutschen Presse und der deutschen Agitation zu unterdrücken.

Die folgenden Ereignisse zeigten, daß Lavrič von seinen Gewährsmännern falsch unterrichtet worden war, daß er die gesamte Lage und namentlich die nationalen und politischen Verhältnisse ganz unrichtig beurteilte und seine Schlußfolgerungen somit auf unrichtigen Voraussetzungen beruhten. Die Laibacher Nationalregierung ging auf seine Vorschläge nicht ein, sondern gab ihm den Auftrag, sich jeder Aktion nördlich der Drau zu enthalten, dagegen reichlich „zu demonstrieren". Klagenfurt sollte von Völkermarkt aus durch Truppen General Majsters zu Fall gebracht werden. —

Der lange geplante Vorstoß gegen Klagenfurt ging daher nicht von Ferlach über Hollenburg, sondern sollte — für die Kärntner überraschend — von Völkermarkt über Grafenstein erfolgen.

Schon am 10. Dezember kam es westlich von Kl. St. Veit zu einem Geplänkel zwischen einer Streifwache des VWBaons 8 St. Veit unter Lt. Pratnecker (Jänner 1942 in Rußland gefallen) und einer serbischen Patrouille, wobei ein Serbe fiel, einer schwer verwundet und drei gefangen wurden. Es war das der erste blutige Zusammenstoß im Kärntner Freiheitskampf.

Am 14. Dezember fing der am Bahnhof in Klagenfurt eingerichtete Horchdienst eine telefonische Mitteilung eines jugoslawischen Leutnants aus Völkermarkt an ein Mitglied des „Slowenischen Volksrates" in Klagenfurt auf, wonach Grafenstein in wenigen Stunden besetzt werden sollte. Tatsächlich marschierten am Nachmittag des 14. Dezember zwei von General Majster entsendete jugoslawische Kompanien mit einigen Maschinengewehren unter dem Kommando des serbischen Hauptmanns Milosavljević von Völkermarkt nach Grafenstein. Die Kärntner Feldwache bei St. Peter östlich Grafenstein wurde überrannt, die bei der Annabrücke in der Nacht von rückwärts überrascht und mit Handgranaten zersprengt. Oblt. Steinacher, der an der Gurkbrücke bei Schloß Rain, 4 km nordwestlich Grafenstein, mit der 2. Kompanie des VWB. 2 Stellung bezogen und vom Vormarsch der Jugoslawen gegen Grafenstein durch einen Bauer Kunde erhalten hatte, schickte eine Reiterpatrouille dahin, die bei der Eisenbahnstation sofort beschossen wurde. Der Zweck, den die Jugoslawen mit der Besetzung Grafensteins verfolgten, war klar. Sie war der erste Schritt zum Vormarsch nach Klagenfurt, das nur 12 km weiter westlich liegt. Steinacher meldete daher den Vorfall sofort dem Oberkommando in Klagenfurt, alarmierte seine Mannschaft und ließ um 10 Uhr abends den Nord- und Südausgang von Grafenstein, den Bahnhof und die Eisenbahnbrücke über die Gurk mit seiner einzigen Kanone beschießen. Das waren die ersten Kanonenschüsse im Kärntner Freiheitskampf. In Klagenfurt verkündeten der Bevölkerung und dem Militär 10 durch den Landesbefehlshaber veranlaßte Alarmschüsse vom Stadtpfarrturm die drohende Gefahr.

Das Oberkommando übertrug die Führung des Gegenstoßes dem Abschnittskommandanten Major Srstka (VWBaon 2). Ab 4 Uhr früh rückten gemäß dem Angriffsbefehle Hülgerths[17]) die 1. Kompanie des VWBaons 2 unter Oblt. Thomas Rauter (115 Mann), die Maschinengewehrabteilung unter Oblt. A. Maier-Kaibitsch und zwei Panzer-Autos unter Oblt. Drexler von Schloß Rain, den Bahnhof im Norden umgehend, gegen die Ortschaft Grafenstein, die Soldatenwache (52 Mann mit 2 MG.) unter Lt. Erich Pirkenau von der Eisenbahnbrücke über die Gurk südlich der Bahnlinie gegen den Bahnhof Grafenstein vor. Während es der Soldatenwache gelang, den Bahnhof im ersten Ansturm nach kurzem Kampf zu nehmen, erhielt die Gruppe Rauter vom Schulhaus aus, in dem der Großteil der Jugoslawen untergebracht war, heftiges MG.-Feuer. Sie wandte sich hierauf, um Verluste zu vermeiden, gegen die Bahnhofswirtschaft, stürmte diese trotz des starken feindlichen Feuers, sodann das Schloß und die ersten Häuser des Ortes und schickte sich schließlich an, auch das Schulhaus zu nehmen. Überrascht durch den unvermutet heftigen Angriff, sandten die Serben einen Parlamentär. Oblt. Rauter ließ den Kommandanten, einen serbischen Hauptmann, rufen, der sich als Kommandant einer Ententetruppe ausgab, aber keine schriftlichen Befehle vorwies. Daraufhin wurde die ganze Abteilung, 7 Offiziere und 270 Mann, gefangen. 50 Mann sollen schon bei den ersten Schüssen das Weite gesucht haben. Der Angriff hatte um 5.45 Uhr morgens begonnen, um 6.30 Uhr war Grafenstein in den Händen der

---

[17]) Der Angriffsbefehl Hülgerths in Lbh. 44b. — Gefechtsbericht Mj. Srstkas in Lbh. 6a/a. — Bericht der Soldatenwache ebenda. — Gefechtsbericht Steinachers Lbh. 6a/n. — H. Steinacher, Der Kampf um Kärntens Freiheit. In: Perkonigs „Kampf um Kärnten" (1930), S. 43. — Ders., Der Auftakt zum Abwehrkampf. K. Tgbl. (Kärntner Tagblatt) Festschrift 1920/30, S. 11. — Th. Rauter, Grafenstein, ebenda, S. 11.

Kärntner. Der Gefechtsbericht Srstkas rühmt die große Begeisterung aller Beteiligten sowie das schneidige Verhalten und das initiative Vorgehen der Kommandanten, das den Erfolg ermöglicht habe.

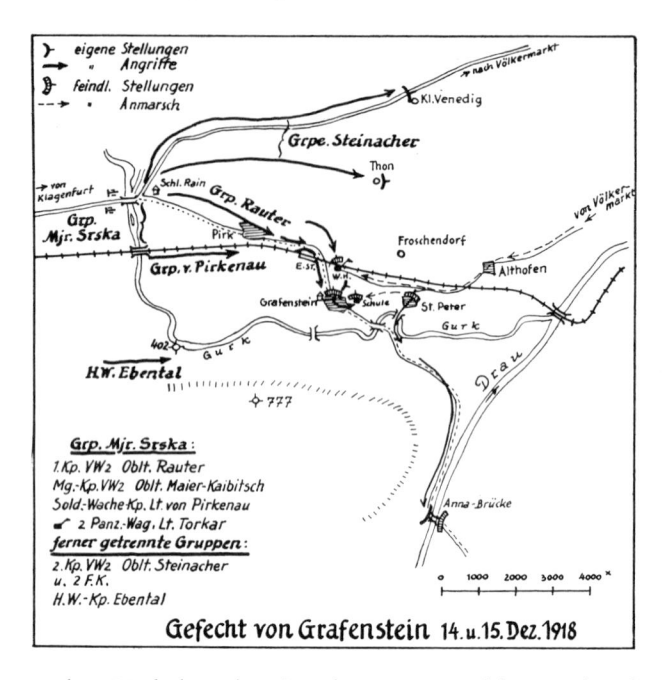

Gefecht von Grafenstein 14. u. 15. Dez. 1918

Grp. Mjr. Srska:
1. Kp. VW2 Oblt. Rauter
Mg.-Kp. VW2 Oblt. Maier-Kaibitsch
Sold.-Wache-Kp. Lt. von Pirkenau
2 Panz.-Wag. Lt. Torkar
ferner getrennte Gruppen:
2. Kp. VW2 Oblt. Steinacher
u. 2 F.K.
H.W.-Kp. Ebental

Schon aus dem Verhalten der eingedrungenen Südslawen, die ohne jede vorherige Verständigung in Grafenstein einmarschiert waren und sofort auf die Kärntner Patrouillen das Feuer eröffnet hatten, war zu ersehen, daß es sich nicht um eine Besetzung auf Grund des Waffenstillstandsvertrages vom 3. November durch Ententetruppen handeln konnte, sondern nur um einen unberechtigten Einbruch einer südslawischen Abteilung. Volle Klarheit darüber brachte das Verhör mit den gefangengenommenen Offizieren, vor allem dem königlich serbischen Hauptmann Milosavljević, und der Mannschaft. Milosavljević behauptete zwar zunächst, daß durch den Angriff der Kärntner Truppen gegen die zwei königlich serbischen Kompanien das Völkerrecht verletzt worden sei, aber er konnte weder einen Befehl der Belgrader Regierung, noch den eines Ententekommandos, sondern lediglich eine Personallegitimation eines slowenischen Kommandos in Laibach vorweisen und sich nur auf einen telefonischen Befehl aus Laibach berufen. Schließlich mußte er zugeben, daß irgendein völkerrechtswidriges Vorgehen der Kärntner Truppen nicht vorliege. Ferner wurde festgestellt, daß die gefangenen „Serben" z. T. slowenische Soldaten der früheren österreichischen Regimenter Nr. 87 und 17, die in serbische Uniformen gesteckt worden waren, zum größeren Teil aber ehemals serbische Kriegsgefangene waren. Selbst Brejc hat später zugegeben, daß die „Wachgruppe" in Grafenstein aus serbischen Kriegsgefangenen zusammengesetzt war. Die beiden Kompanien wurden schließlich mit der Bahn über Obersteier und Wiener Neustadt nach Serbien zurückbefördert. Daraufhin lief in Klagenfurt ein scharfer Protest der steirischen Landesregierung ein, wonach diese im Transport der gefangenen Jugoslawen eine „Verletzung der von ihr den Jugoslawen zugesicherten Neutralität" sah[18]).

Eigentümlich war die Haltung, die Staatssekretär Otto Bauer, dem die Vorgänge bei Grafenstein gemeldet wurden, einnahm. Trotz des Mißerfolges der Laibacher Verhandlungen und trotz der unabsehbaren Folgen, die die dauernde Besetzung Grafensteins für Klagenfurt gehabt hätte, ließ Bauer am 15. nachmittags dem Präsidium der Landesregierung telefonisch mitteilen, daß ein blutiger Konflikt unter allen Umständen vermieden werden müsse und die eingedrungenen Truppen nur dann zu entfernen seien, wenn sie keinen bewaffneten Widerstand leisten; in diesem Falle wäre er damit einverstanden, daß sie dem nächsten Ententekommando übergeben werden; sollte es aber ohne bewaffneten Widerstand der Serben nicht abgehen, so wäre es besser, sie in Grafenstein zu belassen; wenn sie sich nach Völkermarkt zurückziehen sollten, hätte er nichts dagegen. Zum Glück waren die Kämpfe in Grafenstein längst vorüber, als diese sonderbare Weisung des Staatssekretärs in Klagenfurt eintraf.

Der jugoslawische Überfall auf Grafenstein war zweifellos nichts anderes als ein Überrumpelungsversuch der slowenischen Nationalregierung in Laibach. Die erfolgreiche Abwehr befreite Klagenfurt von einer schweren Gefahr, nahm von der Bevölkerung den Druck, der von dem Worte „Ententetruppen" ausgegangen war und gab den führenden Männern in Kärnten die Freiheit des Handelns.

5. Nutzloser Notenkampf

Die Schlappe der Südslawen bei Grafenstein führte zu einem lebhaften Notenwechsel zwischen Klagenfurt und Wien einerseits, Laibach andererseits. Die Laibacher Nationalregierung, obwohl selbst Angreifer, spielte die Rolle des unschuldig Angegriffenen und protestierte schon am 16. Dezember unter vollständiger Verdrehung der Tatsachen gegen den „sowohl die Waffenstillstandsbedingungen als auch besondere Vereinbarungen gröblich verletzenden Angriff auf die zum Schutze der Sicherheit und Ordnung nach Grafenstein gesandte serbische Miltärabteilung, also eine Ententetruppe". Die Kärntner Landesregierung verwahrte sich gegen diese bewußten Entstellungen und Irreführungen in einer scharfen Note vom 17. Dezember, in der sie darauf hinwies, daß Ruhe und Ordnung bis zum Einmarsche der Südslawen in Grafenstein vollkommen un-

---

[18]) F. X. Kohla, Eine Episode. In: „Kärntner Landsmannschaft" Nr. 37, Oktober 1934, S. 3.

gestört waren und es sich nicht um Ententetruppen handeln könne, da die angreifenden Truppen keinen Ententebefehl gehabt und Ententetruppen nicht ohne vorherige Ankündigung bei Nacht und Nebel eine ruhige Ortschaft überfallen und sogleich das Feuer gegen die zur Aufrechterhaltung der Ruhe und Ordnung entsandte deutsch-österreichische Wachmannschaft eröffnet hätten. Im übrigen erklärte sich die Landesregierung auch jetzt zu Verhandlungen bereit. Die Laibacher Nationalregierung wußte auf die Feststellungen der Kärntner Landesregierung nichts zu erwidern, sondern teilte am 19. verlegen mit, sie werde die Note vom 17. nicht beantworten, da dies Sache der serbischen Regierung als einer Ententeregierung sei. Zugleich verlangte sie gewissermaßen zur Sühne für Grafenstein, daß einer „serbischen" Abteilung, die angesagt nach Grafenstein kommen und dort bleiben werde, die Waffen der gefangenen serbischen Truppen ausgefolgt und die deutsch-österreichischen Besatzungen östlich der Gurk bis einschließlich Klein St. Veit zurückgezogen werden, ferner, daß ein 5 km westlich der Gurk liegender Streifen als neutrales Gebiet anerkannt werde. Dieses kecke Verlangen wurde von der Kärntner Landesregierung selbstverständlich nicht zur Kenntnis genommen. Vielmehr erklärte diese in einer Note vom 24. Dezember neuerdings, daß Kärnten mit Ausnahme der Gemeinde Seeland bis zur Feststellung der Staatsgrenzen durch den Friedenskongreß unter Gebietshoheit des deutsch-österreichischen Staates stehe und daher die Laibacher Regierung kein Recht zu militärischen Maßnahmen und Eingriffen in die Verwaltung des Landes habe; die Berufung auf die Waffenstillstandsbedingungen sei unstichhältig, da die Besetzung strittiger Punkte nur den Alliierten zustehe und daher ein Befehl des Ententekommandos, nicht aber der einer neutralen Regierung, wie es die Laibacher Nationalregierung sei, vorliegen müsse.

Die Antwort der Laibacher Nationalregierung auf die Proteste der Kärntner Landesregierung war eine umfangreiche Denkschrift vom 24. Dezember, in der sie der Kärntner Landesregierung jedes Recht, sich um die Verwaltung der „slowenischen" Landesteile zu kümmern, absprach und gegen einzelne, namentlich angeführte Vorfälle protestierte. Die Kärntner Landesregierung erwiderte am 8. Jänner mit einer ausführlichen Gegendenkschrift, worin sie die Vorwürfe der Gegenseite Punkt für Punkt widerlegte, das gewaltsame, imperialistische, gegen den Willen der Bevölkerung gerichtete Vorgehen der Laibacher Nationalregierung, die Drangsalierung der Deutschen und der kärntnischgesinnten Slowenen und die Verwirrung und Unordnung, die durch die Entfernung der alten Verwaltungsbehörden im besetzten Gebiete entstanden war, schilderte, die völkerrechtswidrigen Versuche der Laibacher Regierung, noch vor der Friedenskonferenz eine vollzogene Tatsache zu schaffen, zurückwies und sich neuerdings auf den Standpunkt stellte, daß für eine endgültige Regelung der strittigen Grenzfragen einzig und allein die Wilsonsche Forderung vom Selbstbestimmungsrechte der Völker maßgebend sei.

Da infolge der unversöhnlichen Haltung der Laibacher Nationalregierung eine Verständigung unmöglich und ein weiterer Notenwechsel daher zwecklos war, richtete die Kärntner Landesregierung am 10. Jänner an das Staatsamt für Äußeres die Bitte, die Denkschrift den neutralen und Ententeregierungen zur Kenntnis zu bringen und Schritte zu tun, um die Entsendung einer neutralen Untersuchungskommission nach Kärnten zu erwirken, der das gesamte Material über die bisherigen Vorfälle in Kärnten zur Entscheidung vorgelegt werden sollte. Weitere Bemühungen in dieser Hinsicht wurden durch die Ereignisse überholt. —

Schon seit Ende November strebte die Kärntner Landesregierung danach, durch die Staatsregierung in Wien eine Besetzung oder Neutralisierung des strittigen Gebietes durch amerikanische oder britische Truppen — solche standen damals in Cormons und in Südtirol — oder durch eine neutrale, nicht selbst interessierte Macht zu erreichen, um auf diese Weise ihr Endziel, die freie und unbeeinflußte Volksabstimmung, zu sichern. Das Staatsamt für Äußeres konnte sich jedoch nicht entschließen, sich in dieser Angelegenheit unmittelbar an eine Ententemacht zu wenden, da es befürchtete, daß durch ein solches unmittelbares Einschreiten die Friedensverhandlungen ungünstig beeinflußt werden könnten. Wohl aber bat es die Schweizer und später die schwedische Gesandtschaft in Wien um Vermittlung und gestattete es der Kärntner Landesregierung, selbst an Entente-Unterbefehlshaber mit dem Ersuchen um Besetzung der Städte Klagenfurt, Villach und Völkermarkt heranzutreten, um so die drohende Besetzung durch die Jugoslawen zu verhindern; nur sollte das Ersuchen um eine solche Hilfeleistung absolut als lokale Angelegenheit Kärntens erscheinen. Doch erklärte der Staatssekretär Otto Bauer, daß die Wiener Regierung für die Kosten einer solchen Besetzung nicht aufkomme. Das Interesse der Staatsregierung am Schicksale Kärntens war also so gering, daß sie nicht einmal dieses Opfer auf sich nehmen wollte.

Die Landesregierung erklärte sich daher trotz der Armut des vom Krieg besonders hart mitgenommenen Landes bereit, die Besetzungskosten selbst zu übernehmen, und bat das Staatsamt, da es ein eigenes unmittelbares Einschreiten bei einer Ententemacht abgelehnt hatte und der Vorstoß der Jugoslawen auf Grafenstein keinen Zweifel über deren Absichten gegen Klagenfurt ließ, um ein Akkreditiv für eine Abordnung, die sie selbst an die italienische Militärmission in Wien und den Kommandanten der französischen Orientarmee in Budapest, Franchet d'Esperay, entsenden wollte mit der Bitte, eine Kontrollkommission von etwa 120 Offizieren und Unteroffizieren nach Kärnten zu schicken, die die Aufgabe hätten, sich durch eigene Anschauung von der wahren Sachlage in Kärnten zu überzeugen und ihren Regierungen Bericht zu erstatten. Tatsächlich reiste eine Abordnung der Landesregierung zu Weihnachten 1918 nach Wien, doch unterblieben weitere Schritte, sei es, daß der Staatssekretär mit dem Plane nicht einverstanden war, sei es, weil es schien, als ob die Bemühungen der Staatsregierung auf dem Wege über die Schweizer und die schwedische Gesandtschaft Erfolg haben sollten. Ende Dezember erhielt das Staatsamt nämlich die Nachricht, daß sich die britische Regierung bei der französischen dafür eingesetzt habe, die Frage der Besetzung der strittigen Gebiete in Kärnten durch amerikanische oder britische Truppen bei den Militärbehörden anhängig zu machen. Am 9. Jänner 1919 teilte das Staatsamt der Landesregierung mit, daß laut Mitteilung der Regierung in Washington Präsident Wilson den Antrag auf Besetzung der strittigen Gebiete Kärntens durch amerikanische oder britische Truppen demnächst der in Paris zusammentretenden Konferenz zur eingehenden Prüfung übermitteln werde. Doch kam es über diese Anfangserfolge nicht hinaus. Wieviel Menschenleben wären verschont, wieviel schwere Stunden, Aufregungen und materielle Schäden der Bevölkerung erspart worden, wäre dem Wunsche nach Neutralisierung Rechnung getragen worden!

Wirkungslos blieben lange Zeit auch die Beschwerden und Proteste, welche die deutsch-österreichische Regierung gegen die gewaltsame Besetzung deutscher Gebiete im Norden und im Süden des deutsch-österreichischen Sprachgebietes bei den Vereinigten Staaten, den Entente- und den neutralen Mächten erhob. Das französische Außenministerium lehnte in einem Antwortschreiben an die Schweizer Regierung vom 20. Dezember jede Entscheidung über die von Deutsch-Österreich gestellte Forderung nach einer sofortigen Volksabstimmung oder Einsetzung eines Schiedsgerichtes ab und erklärte, daß die Gebietsfragen nur vom Friedenskongreß gelöst werden können. Ähnliche Erklärungen gaben im Jänner auch die englische und die italienische Regierung ab. Von größerer Bedeutung war die Erklärung, die der Oberste Rat der Friedenskonferenz am 24. Jänner unmittelbar nach seinem Zusammentritt amtlich veröffentlichen ließ. Er warnte darin, Gebiete, über deren rechtmäßige Rückforderung die Friedenskonferenz zu bestimmen berufen sei, mit Gewalt in Besitz zu nehmen, und machte eindringlich darauf aufmerksam, daß jeder Besitz, der mit Hilfe von Gewalt errungen worden sei, der Sache jener den größten Schaden zufüge, die zu solchen Mitteln greifen. Diese hauptsächlich gegen die Polen, Tschechen und Slowenen gerichtete Erklärung zeigte mit voller Klarheit, daß das Vorgehen der Laibacher Nationalregierung eine Eigenmächtigkeit war und nicht im Einverständnis oder gar im Auftrage der Ententemächte geschah.

6. Die Volkserhebung im Lavanttal

Der siegreiche Kampf um Grafenstein war eine rein militärische Angelegenheit, angeordnet vom Oberkommando und durchgeführt durch die Volkswehr. Damit aber war die Not und Gefahr, die der Einfall der Jugoslawen nach Kärnten gebracht hatte, nicht beseitigt. Die Unterdrückung der kärntnisch gesinnten Bevölkerung im besetzten Landesteil und die Bedrohung der angrenzenden Gebiete dauerte fort. Die Erregung der Bevölkerung diesseits und jenseits der Demarkationslinie wurde daher immer stärker und immer mehr drang die Überzeugung durch, daß dem unerträglichen Zustand nur durch Waffengewalt und Selbsthilfe ein Ende gemacht werden könnte. So erwachte in der Bevölkerung aus dem Drang, die Freiheit gegenüber den fremden Eindringlingen zu behaupten, und aus reinem völkischen Empfinden spontan der Wille zur Verteidigung und griff sie an mehreren Punkten der Front ohne viel Vorbereitung und ohne Zutun von außen zu den Waffen, um die eingedrungenen Jugoslawen von ihrer Heimat abzuwehren oder zu vertreiben. Der Kampf gegen die Jugoslawen war also in seinen Anfängen nicht von oben her künstlich geschaffen, sondern ein Volkskrieg in wahren Sinne des Wortes, in dessen weiterem Verlauf naturgemäß das reguläre Militär, die Volkswehr, die Führung übernahm.

Die erste derartige Erhebung, abgesehen von der Vertreibung der jugoslawischen Gendarmerie im Gailtal, erfolgte beim B i r b a u m e r w i r t, einem Gehöfte auf dem Scheitelpunkt des Griffner Berges, 13 km nordöstlich von Völkermarkt. Hier wurde der Kommandant einer von Oblt. Malgaj nach Griffen verlegten jugoslawischen Abteilung auf Verlangen der Bauern wegen seiner Propaganda für Jugoslawien von einer Patrouille der in Aufstellung begriffenen Wolfsberger Volkswehr verhaftet und nach Wolfsberg abgeführt. Als Malgaj die sofortige Freilassung des Verhafteten verlangte und mit Repressalien drohte, sammelten sich die Bauern des nahegelegenen Bergdorfes Pustritz und der benachbarten Dörfer, meist Heimkehrer, die ihre Waffen von der Front mitgebracht hatten und auch zwei Maschinengewehre besaßen, um die angedrohten Repressalien abzuwehren. Am folgenden Tage, den 20. Dezember, erschien eine 20 Mann starke jugoslawische Patrouille beim Birbaumerwirt, wurde jedoch, als sie zu feuern begann, von den Bauern beschossen und zurückgeschlagen. Erst als die Jugoslawen mit einer bedeutenden Übermacht und Artillerie wiederkehrten, und ein Nachbargehöft in Brand schossen, mußten die Bauern infolge Munitionsmangel — die Pustritzer hatten ihre letzte Patrone verschossen — weichen. Sie bildeten nun selbst eine Alarmkompanie, deren einzelne Abteilungen wechselweise Dienst taten, wie sie es im Kriege gelernt hatten. Der Birbaumerwirt wurde zwar von den Jugoslawen vollständig ausgeplündert, Pustritz aber blieb unbesetzt und frei[19]).

Diese kleine, aber für den Mut und die Stimmung der Bergbauern am Griffner Berg bezeichnende Episode fand wenige Tage hernach Nachahmung im u n t e r e n L a v a n t t a l.

---

[19]) Bericht Oblts. Maierhofer, Beilage zum Landesausschußprot., Sitzung vom 31. Dez. 1918. — Bericht des Oberkommandos vom 20. Dez. 1918, Lbh. 13/Op. 283. — B. Pliemitscher, Tagebuchblätter. In: Perkonigs „Kampf um Kärnten", S. 290.

Für die Weihnachtsfeiertage (24.—27. Dezember) wurde auf Veranlassung der Bischöfe von Klagenfurt und Laibach ein Waffenstillstand geschlossen. Während dieser Zeit fanden zwischen der Laibacher Nationalregierung und dem Präsidium des Kärntner Landesausschusses Vorbesprechungen statt, um neuerliche Verhandlungen herbeizuführen. Der vereinbarte Waffenstillstand wurde aber am 26. Dezember von einer südslawischen Patrouille unter Führung eines Leutnants gebrochen, indem diese Petrouille die Lavantbrücke bei Ettendorf (6 km südöstlich von St. Paul) überschritt. Es kam in Ettendorf zu einem Kampf, in dem der Leutnant gefangen genommen wurde. Als die Meldung hierüber in St. Paul eintraf, ging ein Teil der dortigen südslawischen Besatzung nach Ettendorf ab und hielt dort Strafgericht über die am Kampfe beteiligt gewesenen Bewohner, indem sie deren Häuser plünderte und 12 Mann als Geiseln abführte. Auf das hin bemächtigte sich der ohnehin schon auf das äußerst erbitterten Bevölkerung des mittleren Lavanttales eine derartige Erregung, daß Oblt. M a i e r h o f e r , Kommandant des in Aufstellung begriffenen Wolfsberger Volkswehrbataillons Nr. 10, den Entschluß faßte, noch in derselben Nacht die Slowenen aus St. Paul zu vertreiben.

Der Plan wurde am frühen Morgen des 27. Dezember von der Lavanttaler Volkswehr und freiwilligen Bauern aus Rojach, St. Georgen und Granitztal unter dem Kommando Oblt. Maierhofers ausgeführt[20]). Die Angreifer bildeten mehrere Gruppen. Eine Gruppe, bestehend aus zwei Zügen Volkswehr aus St. Andrä und Granitztaler Freiwilligen, wandte sich unter dem Kommando des Lts. E. Gönitzer gegen das Schulhaus, in dem die jugoslawische Mannschaft untergebracht war, und gegen den Markt. Gemäß dem Angriffsbefehl Gönitzers drang Feldwebel Schober mit Sanitätsleutnant H. Hochl und einer kleinen Abteilung vom Hofe her in das Schulhaus ein, während Gönitzer mit dem Rest seiner Gruppe das Schulhaus von vorne her betrat. Die im Schlafe überraschten Jugoslawen wurden kampflos gefangen genommen. Hierauf überraschte Gönitzer im Stift auch den jugoslawischen Kommandanten Oblt. Jurkowitsch im Schlafe und nahm ihn gefangen. Die zweite Gruppe, zwei Züge Volkswehr aus Wolfsberg und Freiwillige aus Rojach, nahm unter Führung Oblt. Maierhofers nach kurzem Kampf den Bahnhof. So wurden im ganzen zwei Offiziere und 94 Mann, darunter 78 Serben, gefangen, der Rest hatte Reißaus genommen. In den ersten Vormittagsstunden war der Markt zur freudigen Überraschung der Bewohner frei. Während der Vorgänge in St. Paul hielten Freiwillige von

---

[20]) Bericht des Oblts. Maierhofer vom 29. Dezember 1918 an das Militärkommando. Wehrausschuß, Fasz. II, Abt. III/5. — V. Maierhofer, Kampf im Lavanttal. In: Perkonigs „Kampf um Kärnten", S. 93. — A. Fürnschlief, „Der Kärntner Freiheitskampf im Lavanttale". Jahresbericht des Stiftsgymnasiums St. Paul. 1920. — V. Maierhofer-E. Gönitzer, Wer hat St. Paul von den Jugoslawen befreit? In: „Freie Stimmen" Nr. 210 vom 11. Sept. 1930, S. 6. — J. Tangl, Der Streit um die Befreiung St. Pauls. Ebenda Nr. 214 vom 16. Sept. 1930.

St. Georgen unter Korporal Klingbacher die jugoslawische Besatzung in Ettendorf in Schach.

Am Nachmittag trugen Freiwillige der Volkswehr unter Lt. Poppmeier, Bauern aus Rojach unter Führung Faschings, insg. Hollaufs, und aus St. Georgen unter Führung des Feldwebels Sternath den Angriff gegen Ettendorf und Lavamünd vor. Die Bahnhofsbesatzung von Ettendorf wurde von St. Georgenern überwältigt. Die Jugoslawen büßten hierbei zwei Mann ein und verloren 18 Gefangene. Die Gruppe Poppmeier drang auf der Straße gegen Lavamünd vor und wurde beim Altacher Wirt heftig beschossen. In Lavamünd hatten die Bewohner die jugoslawische Gendarmerie bereits auf die erste Nachricht von der Einnahme St. Pauls entwaffnet. In den Morgenstunden des 28. Dezembers stieß Lt. Poppmeier gegen Unterdrauburg vor, doch konnte der Angriff auf den Markt wegen zu starker feindlicher Besetzung nicht durchgeführt werden. Die Kärntner hatten in diesen Kämpfen einen Toten und drei Verwundete zu beklagen.

Begeistert richteten die Rojacher am 28. Dezember ein vom Bürgermeister, dem Pfarrer und 30 Bauern unterzeichnetes Schreiben an den Wehrausschuß, in dem es heißt:

„Das deutsche Lavanttal ist vom jugoslawischen Joche frei und verlangt nun auch entschieden, daß es von der deutschen Bevölkerung des übrigen Landes Kärnten tatkräftig sofort unterstützt werde, damit es das, was es bis jetzt erreicht hat, auch erhalten und bewachen kann. Es verlangt, daß nicht bloß immer vom bedrohten Deutschtum gesprochen werde, sondern daß jetzt die Zeit des Handelns gekommen, und fordert daher, daß der Wehrausschuß seine Amtstätigkeit mit Taten zeige und das deutsche Volk von ganz Kärnten das vollenden helfe, was wir als Volk getan und begonnen haben: Jugoslawen über die Drau.

Das deutsche Volk des Lavanttales in Waffen."

Das entschlossene und tatkräftige Handeln der Lavanttaler wirkte in der Tat zündend auf die ohnehin schon stark erregte und kampflustige heimattreue Bevölkerung, insbesonders auf die Gailtaler.

7. Ausbau der Kärntner Wehrkraft

Während dieser Vorgänge im Lavanttale herrschte auch an den übrigen Teilen der Front beständige Unruhe. Fast täglich wurde Infanterie- und Maschinengewehrfeuer, manchmal auch Artilleriefeuer gewechselt. Bei Trixen und an der Reinegger Brücke (nordwestlich Völkermarkt) kam es wiederholt zu Patrouillenzusammenstößen. In der Gegend von Augsdorf mußten slowenische Burschen wegen ihrer feindseligen Haltung von der Gendarmerie und der Veldner Volkswehr entwaffnet und ihr Führer, ein ehemaliger slowenischer Lehrer und Reserveoberleutnant, im Pfarrhause verhaftet werden. Die Gerüchte von einem nahe bevorstehenden Versuch der Jugoslawen, sich der Stadt Klagenfurt zu bemächtigen, mehrten sich. Tatsächlich zogen die Jugoslawen im besetzten Gebiet Verstärkungen und Artillerie heran.

Um so eifriger wurde auf seiten der Kärntner für V o l k s w e h r und B ü r g e r w e h r geworben. In Klagenfurt fand unmittelbar nach der Einnahme von Grafenstein eine große Werbeversammlung am Neuen Platze statt, in der Vertreter aller Parteien sprachen und der unbeugsame Wille der Bevölkerung zum Ausdruck kam, jedem weiteren Angriff der Jugoslawen gegen die Landeshauptstadt mit Waffengewalt zu begegnen. Trotz der großen Erregung der Bevölkerung verlief die Versammlung — entgegen den Vorwürfen der Laibacher Regierung — ohne die geringste Verletzung der Sicherheit und des Eigentums der in Klagenfurt lebenden Slowenen. In alle Täler des Landes gingen Vertrauensmänner, von denen jeder bis Ende Dezember 50—150 Mann werben sollte. Die Werbungen hatten großen Erfolg. Die Bürgerwehr in Klagenfurt war Anfang Jänner so stark, daß sie den gesamten Wachdienst übernehmen konnte, wodurch die Volkswehr entlastet und für den Außendienst frei wurde. Begeistert meldeten sich auch gegen 200 Studenten der oberen Jahrgänge der Mittelschulen zum Eintritt in die Bürgerwehr, so daß die Schulen auf einen Monat geschlossen werden mußten. Im Laufe des Dezembers konnten die VWBaone Villach Nr. 4, St. Veit Nr. 8 und Wolfsberg Nr. 10 aufgestellt und mit der Aufstellung des VWBaons Nötsch (Gailtal) Nr. 5 sowie von Artillerieformationen begonnen werden. Seit der zweiten Hälfte des Monats leistete auch der Fliegerhorst Klagenfurt unter dem Kommando des Hauptmanns Yllam wertvolle Aufklärungsdienste.

Dennoch reichten die zur Verfügung stehenden Kräfte zur Abwehr der fast auf der ganzen Längsseite des Landes zu erwartenden jugoslawischen Angriffe nicht aus. Außerdem war keine Reserve vorhanden. Auch hatte das Staatsamt für Heereswesen in der Meinung, daß das Ergebnis der nahe bevorstehenden Friedenskonferenz einen Einsatz größerer Kräfte unnötig machen werde, keinerlei Verfügungen erlassen, um die nötigen Grundlagen für Aufbietung weiterer militärischer Kräfte zu schaffen. Im Gegenteil hatte es schon 1918 angeordnet, daß die Vorarbeiten für die Stellung im Jahre 1919 nicht durchzuführen seien, obwohl diese Vorarbeiten trotz der Friedenskonferenz von den Gemeinden ohne viel Aufsehen hätten besorgt werden können. Sollte daher das Land mit Erfolg verteidigt werden, so waren andere militärische Maßnahmen nötig.

Nun hatte es sich bereits gezeigt, daß in der Bevölkerung der bedrohten Landesteile ein starker, zu jedem Einsatz bereiter Abwehrwille erwacht war. Bauern und deren Knechte und auch Bürger hatten zu den Waffen gegriffen und, ohne sich in eine Volkswehrformation einzureihen, an der Abwehr teilgenommen. Oder sie bildeten, z. T. vom Landesbefehlshaber mit Waffen und Munition ausgerüstet, z. T. noch vom Kriege her mit Waffen versehen, dorfweise kleine Abteilungen, wählten ihre Führer und traten den anrückenden kleinen slawischen Abteilungen tapfer und selbstbewußt entgegen, so im unteren Gailtal, im Rosental und im unteren Lavanttal. Hier stellten viele Gemeinden täglich eine Anzahl von Mannschaften zum Sicherungsdienst und zur Verstärkung der Volkswehr, die vorübergehend von dieser verpflegt wurden.

Um nun diese erfreuliche Kampfesfreudigkeit in geordnete Bahnen zu lenken, organisierte das Oberkommando seit Ende Dezember „A l a r m k o m p a n i e n ". Die bei den Bezirkshauptmannschaften eingeteilten Verbindungsoffiziere wurden am 28. Dezember angewiesen, die gedienten Kärntner, die infolge persönlicher Verhältnisse nicht ständig bei der Volkswehr dienen konnten, sich jedoch im Falle wirklicher Gefahr freiwillig an der Verteidigung des Landes auf kurze Zeit beteiligen wollten, bei den einzelnen Gemeinden zu verzeichnen und in Evidenz zu führen und dafür zu sorgen, daß diese Mannschaften unter Führung von Reserveoffizieren als „Alarmkompanien" im Standorte der Bezirkshauptmannschaft zur vorübergehenden Verstärkung der Volkswehr innerhalb weniger Stunden aufgestellt werden können. Die notwendigen Ausrüstungen waren dortselbst vorzubereiten, fehlende beim Militärkommando anzusprechen. Man hoffte, bis Ende Jänner in jedem Gerichtsbezirk eine Alarmkompanie bilden zu können.

In der Tat hatte die Organisation Erfolg. Schon Anfang Jänner konnten die ersten Alarmkompanien zur Befreiung des Lavant-, Gail- und Rosentales eingesetzt werden. Sie kämpften tapfer im Verein mit der Volkswehr, die selbstverständlich die Führung der Kampfabschnitte hatte. Der Ausbau wurde nun fortgesetzt und weitere Alarmkompanien formiert. Leider setzte später gegen sie von seiten der Sozialdemokraten, die in ihnen die Werkzeuge einer reaktionären Partei erblickten, eine zum Teil sehr heftige Gegenpropaganda ein. Bezeichnend war, daß die meisten Leute sich von Anfang an nur zur Verteidigung ihrer engsten Heimat verwenden lassen wollten, für gemeinsame und weitreichende Interessen daher nicht zu haben waren. So verhielten sich der politische Bezirk Spittal, die Gerichtsbezirke Kötschach, Paternion und St. Leonhard i. L. vollständig ablehnend. Im Gerichtsbezirk Arnoldstein bestand zufolge Beschlusses der Bevölkerung nach der Befreiung von Arnoldstein eine Zwangsorganisation. Die Jahrgänge 1877—1899 hatten ortschaftsweise Züge aufzustellen und bildeten in ihrer Gesamtheit die „Ortswehr Arnoldstein". Diese stand dem Abschnittskommando Arnoldstein für den Fall der Gefahr zur Verfügung und zählte etwa 1000 Mann. Im politischen Bezirk St. Veit zeichneten sich besonders die Gurktaler unter Führung des Oberlehrers M. Trainacher, die stets verfügbare und wohldisziplinierte Alarmkompanie Treibach unter Schützenhauptmann Ing. Fattinger und die Hörzendorfer unter Hauptmann Inzinger aus. Auch im Gerichtsbezirk Feldkirchen und in den politischen Bezirken Villach und Klagenfurt war die Beteiligung der Bevölkerung eine gute. Klagenfurt stellte auch Spezialformationen, wie die fast durchaus aus Juristen und Professoren bestehende Batterie des Artillerie-Hauptmanns Dr. Fritz Dörflinger und Dr. Herbert Fresachers. Erwähnenswert sind auch die Alarmkompanien des Rosentales und die

Heimwehrkompanie der Stadt Villach, die größtenteils aus Reserveoffizieren und Beamten bestand. Besonders zahlreich war die Beteiligung im unteren Lavanttal. Dort standen die Alarmkompanien, etwa 560 Mann stark, seit Jänner vier Monate hindurch beinahe unausgesetzt in der Front. Im Alarmfalle verstärkten sie sich auf das Doppelte. Innerhalb der Kompanien fand eine turnusweise Ablösung statt, so daß die Hälfte unter Waffen war, die andere Hälfte daheim arbeitete und sowohl das eigene als auch das Anwesen der anderen bestellte. Bis Mitte April wurde der größte Teil der Alarmkompanien der Bezirke Wolfsberg, St. Veit, Klagenfurt, Villach und Hermagor zweimal in die Front eingesetzt, das erstemal im Jänner zur Befreiung des Gail- und Rosentales, das zweitemal Anfang April zur Sicherung der Verbindung Klagenfurt-Wolfsberg. Während dieser Aufgebotszeit standen sie durchschnittlich 5—8 Tage unter Waffen[21]).

V. DIE BEFREIUNG DES GAIL- UND ROSENTALES

Seit der Absperrung des Gailtales durch die Besetzung von Arnoldstein (15. Dezember) befanden sich die Gailtaler in einer sehr drückenden Lage, da ihnen der Zugang zu ihrem Hauptmarkt Villach verwehrt war. Die wirtschaftlichen Schwierigkeiten, die sich daraus ergaben, wurden von Woche zu Woche fühlbarer. Gleich schwierig war die Lage der Bauern im Raume Maria Gail-Fürnitz-Finkenstein, da die Jugoslawen den Wagenverkehr nach Villach sperrten. Aber auch die Stadt Villach litt unter den Absperrmaßnahmen der Jugoslawen sehr, da ihre Versorgung mit Lebensmitteln erschwert war.

Infolge dieses unerträglichen Zustandes wurde die Stimmung der Bevölkerung, namentlich der kampflustigen G a i l t a l e r, von Tag zu Tag gereizter. Zudem waren noch weitere Vorstöße der Südslawen zu befürchten. Der damalige Leiter der Bezirkshauptmannschaft Hermagor, Bezirkskommissär Dr. Klose, berief daher schon für den 23. Dezember eine Versammlung von Vertrauenspersonen ein, um über die Abwehr weiterer südslawischer Vorstöße zu beraten. Es nahmen daran der Vertreter des Militärstationskommandos Hermagor, Beamte der Bezirkshauptmannschaft und der Bahn, die Kommandanten der Gendarmerieposten, die Soldatenräte des Bezirkes und Major Karl Gressel aus Mauthen teil. Die Stimmung für eine Abwehr war nach dem Berichte Kloses an die Landesregierung vom 24. Dezember 1918 sehr günstig. Es war zu hoffen, daß im Falle eines Vordringens der Südslawen gegen den Bezirk fast alle in der Front gestandenen Männer zur Unterstützung der Volkswehr, die damals erst 50 Mann stark war, aber nach den Weihnachtsfeiertagen größeren Zuzug erwartete, aus dem ganzen Bezirk herbeieilen werden, um auch regelrechten Truppen so lange standzuhalten, bis Hilfe komme. Die Versammlung be-

---

[21]) Nach dem Berichte des Landesbefehlshabers vom 30. August 1919, abgedruckt in „Carinthia I", 1935, S. 157 f.

traute Major Gressel mit der Organisierung der Freiwilligen-Formationen und einigte sich auf ein Losungswort, auf das hin alle verfügbaren Männer des ganzen Tales sofort zu den vereinbarten Zughaltestellen eilen sollten. Fortan wurden alle verdächtigen Personen strenge überwacht, einige auch in Gewahrsam genommen, um Verrätereien vorzubeugen. Sofort setzte auch eine eifrige Werbearbeit in der Bevölkerung ein, um möglichst viel Kämpfer aufzubringen. Schließlich wurde die Landesregierung gebeten, eine Verbindung mit dem Militärkommando, etwa durch Entsendung eines Offiziers, herzustellen.

Ein zweiter Mittelpunkt der Abwehrbewegung war das untere Gailtal, wo in Nötsch seit dem 20. Dezember eine Volkswehrkompanie von 50 Mann unter dem Kommando des Lts. Kaspar stand. Hier hatten die Nötscher nach einem Berichte Lt. Kaspars vom 29. Dezember die Eisenbahnbrücke über die Gail, Freiwillige aus Hohenthurn die Brücken bei Gailitz auf eigenen Antrieb gesperrt. Die Vertrauensmänner der Bauern von Nötsch, Feistritz, Saak und Hohenthurn erklärten am 29. Dezember im Namen der aufs höchste erbitterten Bevölkerung, daß die Gailtaler Wehrfähigen zur Selbsthilfe greifen und binnen kürzester Frist — man sprach von 48 Stunden — losschlagen wollen, um die Bahn nach Villach bis Müllnern frei zu machen, und forderten, daß die Villacher Volkswehr die weitere Sicherung des wiedererlangten Gebietes übernehme. Für diesen Zweck stellten sich 100 Mann aus der Gemeinde Emmersdorf, je 80 aus den Gemeinden Feistritz und Hohenthurn, 50 aus der Gemeinde St. Stefan und 75 aus der Gemeinde Vorderberg zur Verfügung. Hermagor hatte eine Abteilung von 25 Mann nach Nötsch gesandt, weitere 50 sollten folgen. Schließlich wurden Munition, Sanitätsmaterial und 600 Legitimationen für wehrfähige Männer gefordert[22].

Als der vom Landesbefehlshaber ernannte Abschnittskommandant, Hauptmann Walter Mahr, in Nötsch eintraf, wurde er von der Bevölkerung von Nötsch, Feistritz und Hohenthurn sowie von der Arbeiterschaft in Gailitz zur sofortigen Säuberung Arnoldsteins aufgefordert und hierzu die Silvesternacht vorgeschlagen. Die Villacher Volkswehr sollte die Gegend von Müllnern bis Finkenstein räumen. Allein der Villacher Soldatenrat lehnte jede Teilnahme sowohl an dieser als auch an einer weiteren vom Oberkommando geplanten Unternehmung ab. Hierauf wurde in einer Führerbesprechung in Nötsch am 31. Dezember beschlossen, die Villacher noch einmal zur Mitwirkung aufzufordern und abzuwarten, was sie am nächsten Tage beschließen würden; sollten

---

[22] Bericht Kloses und Lt. Kaspars sowie Lagebericht und Angriffsplan Mahrs in Lbh. 6a/b. — L. Hülgerth, Erinnerungen aus den Zeiten von Kärntens Not u. Befreiung. In: „Kärntner Tagblatt" Festnummer 1920—30 v. 10. Okt. 1930, S. 58. — H. Gressel, Kampf um Arnoldstein. In: Perkonigs „Kampf um Kärnten" (1930), S. 96. — Ders., Die Befreiung von Arnoldstein und Fürnitz. In: „Freie Stimmen" Festnummer v. 10. Okt. 1930, S. 18. — W. Mahr, Die Erstürmung von Arnoldstein. In: „Kärntner Tagblatt" Festnummer 1920—1930, S. 13.

sie auf ihrem ablehnenden Standpunkt beharren, so würden die Gailtaler die Säuberung von Arnoldstein und die Absperrung bei Gödersdorf-Techanting und des Wurzenpasses allein durchführen. Hauptmann Mahr arbeitete einen Operationsplan aus und legte ihn samt einem genauen Bericht über die Lage dem Oberkommando vor. Nach seiner Angabe standen ungefähr 350 Mann zur Verfügung, während die jugoslawische Besatzung von Arnoldstein und den Nachbarorten nach einer Meldung der Nachrichtenstelle 208 Mann stark war. Mahrs Bericht langte erst am 3. Jänner beim Oberkommando ein.

Im Landesausschuß waren die Meinungen geteilt, da die Sozialdemokraten ihre Abneigung gegen ein bewaffnetes Einschreiten nicht aufgaben. Dagegen trat insbesondere Landesrat Schumy für einen Kampf mit den Waffen ein. Er reiste selbst in seine Heimat ins Gailtal und ermunterte hier seine engeren Landsleute zum Losschlagen.

Landesbefehlshaber Hülgerth war bereits zu Weihnachten 1918 entschlossen, den Kampf gegen die Jugoslawen aufzunehmen. Bestärkt wurde er in diesem Entschlusse, als Ende Dezember Oberlehrer Bernold und Gastwirt Stefan Moser bei ihm erschienen und ihm die Lage und die Kampfstimmung in der Umgebung von Villach und Arnoldstein in begeisterten und ehrlichen Worten schilderten. Er blieb nun, wie er selbst berichtet, von da an ständig in Verbindung mit ihnen und arbeitete mit ihnen und Mj. Sanitzer vom Volkswehrbataillon 4 Villach den Plan zu einem Angriff auf Rosenbach für die Nacht vom 1. auf den 2. Jänner aus. Doch mußte die Durchführung dieses Planes wegen des Verhaltens der Villacher Volkswehr zunächst auf die Nacht vom 2. auf den 3. verschoben werden. Zugleich aber wurde er auf Völkermarkt ausgedehnt. Eine Säuberung dieser Gebiete war zum Zwecke der Verteidigung der Landeshauptstadt und des wichtigen Verkehrsknotenpunktes Villach, nach deren Besitz die Jugoslawen strebten, dringend geboten. War doch ein jugoslawisches Völkermarkt eine ständige Bedrohung Klagenfurts und lief doch die Demarkationslinie in unmittelbarer Nähe Villachs an den Ufern der Gail und Drau! Abwehr durch Angriff mußte also die Parole der nächsten Zukunft sein und dies um so mehr, als die Stimmung und die Kampflust der Bevölkerung nicht nur im Gailtal, sondern auch an anderen Teilen der Front, namentlich auch an der Gurk, ausgezeichnet war.

Der Ausbau der Volkswehr und der Freiwilligenformationen hatte in der letzten Zeit gute Fortschritte gemacht. Dem Landesbefehlshaber standen damals Ende Dezember bereits zur Verfügung:

in Klagenfurt: die Volkswehrbataillone Nr. 1, 2 und 3, die Volkswehrkompanie Jäger Nr. 8, die Volkswehr-Reiterabteilung, die Volkswehr-Artillerieabteilung, die Volkswehr-Soldatenwache (ehemalige Militärpolizei) und die Kärntner Fliegerkompanie; in Velden: die Kärntner Marinekompanie und eine Volkswehrkompanie in Aufstellung; in Villach, Spittal, St. Veit und Wolfsberg je ein Volkswehrbataillon in Aufstellung, jedes mit einigen Teilen verwendungsfähig; im Gailtal eine Volkswehrkompanie in Aufstellung.

Alles zusammen standen am Papier beiläufig 2500 Mann. Davon waren für einen Kampf ausgerüstet und verwendbar rund 600 Feuergewehre, 25 Maschinengewehre und 6 Geschütze. Die Zahl der Freiwilligen ließ sich nicht bestimmen, da es zur Aufstellung fester und geordneter Verbände infolge der Kürze der Zeit noch nicht gekommen war.

Die Stärke der jugoslawischen Truppen schätzte Hülgerth auf beiläufig 1200 bis 1300 Mann. Davon standen in Arnoldstein etwa 80 Mann, in Rosenbach 320 Mann und 8 Maschinengewehre, in Ferlach 377 Mann, 9 Maschinengewehre und 2 Geschütze, in Kühnsdorf und Umgebung ungefähr 80 Mann, in Völkermarkt beiläufig 600 Mann mit mindestens 14 Maschinengewehren und 6 Geschützen. Nach dem später bekanntgewordenen Berichte Lavričs waren die jugoslawischen Truppen jedoch stärker und zählten sie schon Ende Dezember 1600 Mann, 42 Maschinengewehre und 7 Geschütze. Nach Andrejka standen im Dezember unter dem Grenzkommando in Westkärnten (Mj. Lavrič) ein Bataillon des Laibacher Regimentes in Rosenbach, 1 Bataillon und 2 Geschütze in Ferlach, im Grenzkommando für Ostkärnten (Mj. Žerjav, später Oberst Bleiweiß) 1 Bataillon des Laibacher und 3 Bataillone des Cillier Regimentes und 2 Batterien.

In den ersten Tagen des Jänners spitzte sich die Lage immer mehr zu. In Laibach brausten nach der Befreiung des unteren Lavanttales die Leidenschaften auf. Am Neujahrstage fand eine große Protestversammlung statt, in der sich die Redner in wüsten Beschimpfungen und Drohungen gegen Kärnten ergingen und die Gründung einer Freiwilligen-Legion für den Kampf in Kärnten beschlossen wurde. Im Frontabschnitte Ferlach gab es fast jeden Tag Schießereien. Im Westen versuchten die Jugoslawen am 1. Jänner die Eisenbahn-Draubrücke in Villach zu sprengen. In der Nacht vom 1. auf den 2. wurden die Eisenbahnschienen bei Müllnern, in der vom 2. auf den 3. die zwischen den beiden Draubrücken bei Wernberg zerstört. Wie wir heute wissen, hingen diese Anschläge mit Angriffsabsichten Lavričs zusammen, der von den Plänen des Landesbefehlshabers gehört hatte und von St. Jakob aus mit allen seinen Truppen gegen Villach vorstoßen wollte, um seinem Gegner zuvorzukommen. Laibach gab ihm jedoch den Gegenbefehl, in der Nacht zum 3. Jänner bei Ferlach über die Drau zu demonstrieren, offenbar, um die Kärntner von ihrem Angriff im Westen abzuhalten. Lavrič stieß hierauf am 3. Jänner früh bei Guntschach, östlich Hollenburg, über die Drau bis gegen Göltschach vor, wurde hier aber von einer Patrouille des VWBaons 1 und 20 Mann der Maria-Rainer-Alarmkompanie zurückgeschlagen. Tags vorher hatten die Jugoslawen den Markt Lavamünd vom südlichen Drauufer aus beschossen und bedeutenden Sachschaden angerichtet. Eine jugoslawische Abteilung drang bis zur Lavantbrücke vor und wurde hier blutig zurückgewiesen. Am 3. und 4. dauerten die Plänkeleien mit Geschütz- und Maschinengewehrfeuer fort.

Am 1. Jänner traf beim Landesbefehlshaber ein Telegramm des neuernannten „Befehlshabers der serbischen und jugoslawischen Truppen im Sawe- und Drautale", des serbischen Generals Krsta Smiljanić, ein, in der der General gegen die Überfälle auf serbische Abteilungen bei Grafenstein und St. Paul protestierte und eine Besprechung zur Untersuchung dieser Vorfälle vorschlug; während der Untersuchung sollte jede militärische Unternehmung unterbleiben. Die Antwort wurde bis 12 Uhr Mitternacht zwischen dem 2. und 3. Jänner erbeten. Der Landesbefehlshaber hatte den Eindruck, daß die Jugoslawen nur Zeit gewinnen wollten, um ihre militärische Lage durch Heranziehung von Verstärkungen zu verbessern. Wie richtig diese Vermutung war, sollte sich in den nächsten Tagen erweisen: Am 3. Jänner traf in Völkermarkt das Regiment Oberst Bleiweiß mit beiläufig 1200 Mann und mehreren Batterien ein.

Der Landesbefehlshaber lehnte daher nach Rücksprache mit dem Landesverweser Dr. Lemisch den Vorschlag Smiljanićs ab und kündigte am 2. früh Major Lavrič den Vertrag vom 23. November über die Demarkationslinie. Die Kündigung kam erst am 4. in die Hände Major Lavričs und zeugt von Mut und Entschlossenheit. Denn schon am 1. Jänner war der Kommandant der Villacher Volkswehr, Major Sanitzer, mit einem Mitglied des Villacher Soldatenrates beim Landesbefehlshaber erschienen, um ihm mitzuteilen, daß die Villacher nicht mittun wollten, da die geplante Unternehmung bereits verraten und nicht genügend vorbereitet sei. In der Tat hatte der Villacher Soldaten- und Arbeiterrat unter Führung des späteren Landtagsabgeordneten Hans Hofer schon am Neujahrstag beschlossen, jedes Vorgehen über die Demarkationslinie abzulehnen, ja sogar jedem Vorgehen über diese Linie ohne Zustimmung der gesetzgebenden Körperschaften mit allen Mitteln entgegenzutreten. Vergeblich berief sich der Landesbefehlshaber auf die Unhaltbarkeit der Lage in den Abschnitten Arnoldstein und Ferlach und auf die ihm von der Landesversammlung und dem Landesausschuß erteilte Ermächtigung, alles, was er für die Verteidigung des Landes für nötig erachte, selbständig durchzuführen; auf eine Mitwirkung der Villacher Volkswehr, die über Maria Gail nach Ledenitzen und auf der Bahn gegen St. Jakob vorstoßen sollte, war nicht zu rechnen. Der Angriffsplan für die Nacht vom 2. auf den 3. mußte daher trotz der an Lavrič ergangenen Kündigung abermals fallen gelassen werden.

Indes war die Lage im Gailtale noch kritischer geworden. Da sich nämlich die Jugoslawen Übergriffe an der Eisenbahn zuschulden kommen ließen, die auch die Italiener in Mitleidenschaft zogen, so sahen sich diese bewogen, eine italienische Besetzung der Bahn in Aussicht zu stellen und deren Bewachung durch österreichische Truppen zu verlangen. Der Landesbefehlshaber teilte daher am 4. Jänner Hauptmann Mahr durch einen Eilboten mit, daß er mit der ehesten Säuberung des Gailtales von Arnoldstein bis Finkenstein einverstanden sei, da es infolge der Kündigung des Vertrages mit Lavrič eine Demarkationslinie nicht mehr gebe; die Villacher wollten von einem offensiven Vorgehen zwar nichts wissen, er hoffe aber, daß die Gailtaler die Säuberung allein zustande bringen würden.

Am gleichen Tage wurde die Abwehrunternehmung in einer Sitzung des Wehrausschusses, an der auch Vertreter der Soldatenräte teilnahmen, beraten. Die Versammlung stand völlig unter der Herrschaft der Soldatenräte und zeigte ein trostloses Bild. Der Soldatenrat Feldkirchen ließ mitteilen, die Volkswehrkompanie Feldkirchen sei für eine Abwehraktion nur zu haben, wenn sämtliche Wehrfähige zwangsweise herangezogen würden, eine Bedingung, die nicht erfüllt werden konnte. Der Vertreter des Soldatenrates St. Veit sprach sich namens der Volkswehr in St. Veit entschieden gegen jeden Angriff in gemischtsprachiges Gebiet aus; wohl aber sei die gegenwärtige Linie gegen innere und äußere Banden zu halten. Ja, er brachte sogar den Wunsch nach einer Rückverlegung der Front bei Brückl zum Ausdruck und stellte sich auf den Standpunkt, die Volkswehr sei keine Miliz, sondern eine Heimkehrerversorgung. Ein sozialdemokratischer Abgeordneter gab bekannt, seine Partei erkläre sich für die Verteidigung des jetzigen Besitzstandes, aber gegen jedes Vorgehen in das von den Südslawen besetzte Gebiet; die Ablehnung der Offensivaktion sei Standpunkt der Reichspartei. Die Villacher sozialdemokratische Parteileitung sprach sich gleichfalls gegen jedes Vorgehen über Drau und Gail aus, überdies noch gegen jede Einmischung in unterkärntnische Verhältnisse, stimmte aber der Freihaltung der Bahn und Straße nach Arnoldstein zu. Erfreulich war dagegen die Stellungnahme des Soldatenrates Klagenfurt, dessen Vertreter erklärte, der Soldatenrat Klagenfurt halte sich an die Beschlüsse der Landesversammlung über die Landesverteidigung; die Klagenfurter Formationen seien daher für ein offensives Vorgehen und müßten geradezu zurückgehalten werden. Dr. Reinprecht (Christlichsozialer) anerkannte unter Hinweis auf den Landtagsbeschluß das Recht des Militärkommandos, notwendige Aktionen zur Verbesserung der eigenen Linie und zur Aufrechterhaltung der Verteidigung zu unternehmen und begrüßte Offensiven wie die der Lavanttaler, die unerträgliche Verhältnisse beseitigt hätten. Dr. Angerer (deutschfreiheitlich) erklärte, daß die Karawanken als natürliche Grenze angestrebt werden müßten.

Trotz der Vorstellungen des anwesenden Landesbefehlshabers und seiner Vertreter Major Klimann und Oblt. K. F. Kraus konnte sich der Wehrausschuß zu keinem positiven Beschluß aufraffen, sondern stellte lediglich dem Landesausschuß den Antrag, eine Sitzung der Landesversammlung mit der Tagesordnung: Abwehraktion einzuberufen. Glücklicherweise brach der Sturm auch ohne Zutun des Wehrausschusses los und war zu hoffen, daß der voraussichtliche Erfolg auch Zweifler und Gegner eines Angriffes mit sich fortreißen werde.

Indessen hatte die Operationsabteilung des Landesbefehlshabers die Gailtaler über die Straße von Bleiberg mit Waffen und Munition versorgt und Hauptmann Mahr vom Gesamtplan der Säuberung unterrichtet. Dabei war besonders Bedacht auf die italienische Waffenstillstandslinie bei Thörl genommen und die Sicherung des Wurzenpasses gegen Rückangriffe vorgesehen. Die Verbindung mit Klagenfurt wurde vorerst über Nötsch-Bleiberg, später über Fürnitz hergestellt.

Die Zustimmung des Landesbefehlshabers zum Angriffe gegen A r n o l d - s t e i n war für die Gailtaler eine Erlösung. Schon am 4. Jänner alarmierte Major Gressel in Mauthen die Gailtaler Freiwilligen. Am Nachmittag fuhr ein

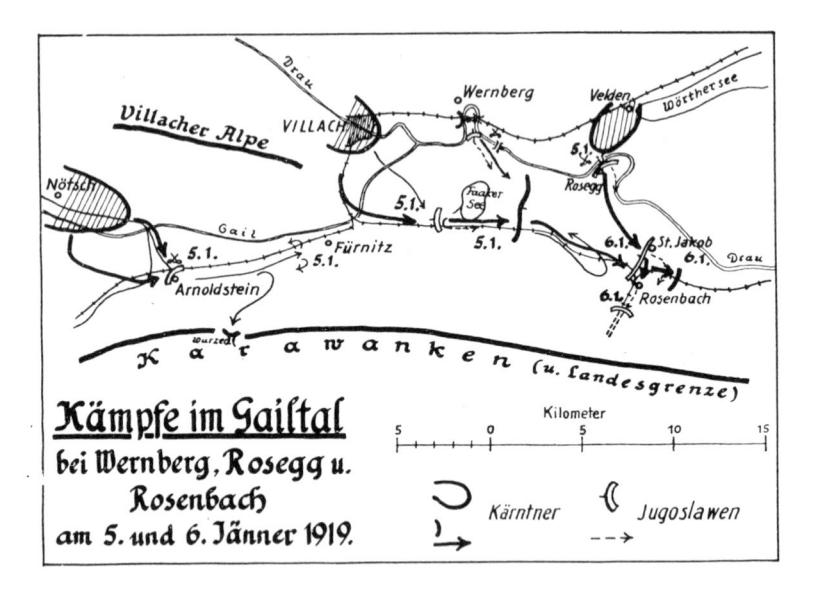

Kämpfe im Gailtal bei Wernberg, Rosegg u. Rosenbach am 5. und 6. Jänner 1919.

Sonderzug von Mauthen nach Nötsch und nahm die von den einzelnen Dörfern zuströmenden Freiwilligen auf. In Nötsch wurde die ganze Mannschaft, zusammen mit der in Aufstellung begriffenen Volkswehrabteilung etwa 300 Mann, nach dem von Hauptmann Mahr ausgearbeiteten engeren Angriffsplan in mehrere Gruppen geteilt. Am frühen Morgen des 5. begann der Angriff. Eine Gruppe unter Lt. Kaspar überrumpelte die südslawische Bahnwache und nahm sie gefangen. Bauern von Hohenthurn, Göriach und Maglern besetzten unter der Führung des tapferen Filipp Millonig das Pfarrhaus und die Post und hoben die Gendarmerie aus. Die etwa 200 Mann starke Hauptgruppe, bestehend aus der Nötscher Volkswehr und den Freiwilligen aus dem mittleren und oberen Gailtal und geführt von Hauptmann Mahr, griff das stark verteidigte Schulhaus, in dem die jugoslawische Mannschaft einquartiert war, von drei Seiten an, wobei der tapfere Gendarmeriewachtmeister Hubmann den Heldentod fand. Eine Abteilung dieser Gruppe stürmte unter Führung des Lts. Oberlehrer Josef Millonig aus Vorderberg das Erdgeschoß des Schulhauses, wurde aber hier im Stiegenhaus durch heftiges Maschinengewehrfeuer zurückgeworfen. Nach Eintritt des Schußlichtes gelang es den Kärntnern, die feindlichen Maschinengewehre im Schulhaus niederzukämpfen, worauf sich die Jugoslawen ergaben. Vier jugoslawische Offiziere und 74 Mann wurden gefangen, der Rest der feindlichen Besatzung war geflohen.

Hierauf rückten die Gailtaler planmäßig bis Fürnitz vor, überraschten hier die schwache jugoslawische Besatzung und wurden sodann vom Villacher Volkswehr-Baon 4 unter Major Sanitzer abgelöst. Dieses übernahm nun den von den Gailtalern erkämpften Raum bei Fürnitz. Der Weg nach Villach war frei! Die Gailtaler Freiwilligen betrachteten damit ihre Aufgabe für gelöst und fuhren mit demselben Zug, mit dem sie am Vortage nach Nötsch gefahren waren, wieder in ihre Heimatorte zurück. Die Nötscher Volkswehr behielt die Sicherung des Wurzenpasses.

Die 4. Kompanie des VWBaons 4 rückte nun längs der Bahn bis Unteraichwald, östlich Faak, vor und erhielt im Laufe des Nachmittags durch die Villacher Alarmkompanie (Bürgerwehr) unter Hauptmann Petz Verstärkung. Die 3. Kompanie der Villacher VW. leistete dem Befehl des Landesbefehlshabers, nach Latschach zu marschieren, keine Folge. Die erste, bei Wernberg stehende Kompanie überschritt auf Befehl noch am Nachmittag die Drau und bezog in der Linie Drau-Bogenfeld-Nordrand Faakersee Stellung. Die Verbindung dieser Gruppen mit der Operationsabteilung des Landesbefehlshabers erfolgte durch das Bahntelefon über Villach, so daß das Zusammenwirken mit der Gruppe Eglseer über Rosegg gesichert blieb. —

Der Stein war nunmehr ins Rollen gekommen, nun folgte die Befreiung des o b e r e n R o s e n t a l e s[23]). Es war von etwa 400, zum größten Teile im Raume Rosenbach-St. Jakob-Rosegg stehenden slowenischen Truppen unter Hauptmann Martinčič besetzt. Ihnen gegenüber stand in Velden unter dem Kommando Hauptmann Eglseers die „Gruppe Velden": ehemalige Marineure (die sogenannte Marinekompanie, durchwegs Kärntner), Veldner Bürgerwehr (später Veldner Volkswehr-Kompanie), 1 VWKompanie Spittal, Rosegger und Maria Gailer Freiwillige, die aus ihren von den Jugoslawen besetzten Heimat-

---

[23]) Berichte Hülgerths im Wehrausschusse am 6. u. 7. Jänner. Wehrausschußakten Abt. I/2, 7. — Gefechtsbericht Hauptmann Eglseers und Lt. Unterwelz' in Akten des Nat. pol. Ausschusses, Fasz. VII, Abt. III/7c. Gefechtsberichte der 1. Komp. des VWBaons 4 in Lbh. 70a. (Eglseer) Um den Tunnel bei Rosenbach. Kärntner Tagblatt, Festnummer 1920/30, S. 14. — A. Sanitzer, Das Villacher Volkswehrbataillon in den Abwehrkämpfen. Ebenda S. 25. — Ders., Das Volkswehrbataillon Nr. 4 in den Abwehrkämpfen. Festheft zum 10jährigen Jahrestag der Kärntner Volksabstimmung. Herausgeg. von Dr. M. Gatternigg, Villach (1930), S. 22. — K. Petz, Die Alarmkompanie Villach. Ebenda S. 41.

gemeinden geflohen waren, im ganzen etwa 140 Mann mit 2 Gebirgsgeschützen und 7 Maschinengewehren.

Noch am Tage der Einnahme von Arnoldstein erhielt Hauptmann Eglseer vom Landesbefehlshaberamte den Befehl, die Drau zu überschreiten und am Südufer einen Brückenkopf zu schlagen. In der Nacht vom 5. auf den 6. Jänner überschifften trotz des stürmischen Schneewetters bei Emersdorf oberhalb der Rosegger Brücke 2 kleine Patrouillen von Freiwilligen (Maria Gailern, Roseggern und Marinemannschaft) unter Führung des Oblts. Walter Unterwelz und des Zugführers Fritz Seidl die eistreibende Drau. Dabei sank ein vermutlich von böswilliger Hand angebohrtes Boot und ertranken 3 Mann in den hochgehenden Wogen des reißenden Flusses. Während die Patrouille Seidl Rosegg im Süden sperrte, überraschte Unterwelz mit 8 Mann die slowenische Brückenwache in Rosegg und überwältigte sie nach kurzem erbitterten Kampf. Zugleich stürmte die Hauptgruppe, Veldner und Spittaler Volkswehr, auf ein verabredetes Zeichen, Lt. Unterluggauer voran, über die mit Stacheldraht gesperrte Brücke. 13 Mann der Jugoslawen wurden gefangen, 2 Mann fielen, aber auch die Kärntner hatten einen Toten zu beklagen, 6 Mann von ihnen wurden verwundet. Von Rosegg stieß die Gruppe zunächst bis gegen St. Jakob vor.

In den Morgenstunden des 6. Jänners versuchte die Villacher Alarmkompanie Petz auf Befehl des Gruppenführers Major Sanitzer gegen die Station Rosenbach vorzudringen. Sie kam bis Schlatten, mußte sich aber von hier, nur 40 Mann stark, infolge des heftigen Feuers schwerer jugoslawischer Maschinengewehre wieder in die Ausgangsstellung bei Latschach zurückziehen.

Dagegen gelang es der Marinekompanie der Gruppe Velden, St. Jakob ohne Kampf zu nehmen, bis zum Bahnhof Rosenbach vorzudringen und diesen zu besetzen. Abends traf hier auch ein Zug der 2. Kompanie des VWBaons Villach und eine halbe Kompanie Spittaler Volkswehr ein. Diese wurde am 8. von der 1. Kompanie des Villacher Volkswehrbaons abgelöst. Der Ausgang des Tunnels und die Höhenstellungen oberhalb desselben blieben in den Händen der Jugoslawen.

Das Kommando über die im westlichen Teil des Abschnittes Rosenbach stehenden Abteilungen, den „Höhenabschnitt", übernahm auf Befehl des Landesbefehlshabers am 8. Jänner Hauptmann Banfield, während Hauptmann Eglseer das Kommando über die östlich stehenden Abteilungen, den sogenannten „Tiefen Abschnitt", zum großen Teil mit der Front gegen Osten, übertragen wurde. Sein Standort war St. Jakob.

Am 9. und 10. Jänner griff die Gesamtgruppe Rosenbach unter persönlicher Leitung Hauptmann Banfields bei strömendem Regen die jugoslawischen Stellungen knapp am Tunnelausgang an. Trotz größter Tapferkeit und schwerer Blutopfer — u. a. fiel hier auch der blutjunge Leutnant der Marinekompanie Erich Ebert — blieben diese Angriffe erfolglos. Die Jugoslawen besaßen am und im Tunnel eine fast unangreifbare Stellung und eine vorzügliche Versorgungsader, während die Kärntner wegen des nicht volldisziplinierten Villacher VW-Baons mit Verpflegs- und Munitionsnachschubschwierigkeiten zu kämpfen hatten. Auch erwies sich die Gliederung des Abschnitts in einen Höhen- und Tiefenabschnitt als unpraktisch.

Am 12. Jänner schied daher Hauptmann Banfield aus und übernahm Hauptmann Eglseer das Kommando über den ganzen Abschnitt. An Stelle der Villacher Volkswehr erhielt der Abschnitt Rosenbach den kleinen, von vorzüglichem Geist erfüllten, zumeist aus Offizieren bestehenden Stoßtrupp des Oblts. Arneitz, die Klagenfurter Soldatenwache unter Lt. E. v. Pirkenau und Maria Gailer Freiwillige unter Führung Stefan Mosers. Auch wurde für eine einheitliche Leitung der Artillerie, die durch Feldhaubitzen verstärkt wurde, gesorgt.

Am 14. Jänner waren alle Vorbereitungen zu einem neuen Angriff getroffen. Am selben Tage wurde jedoch von der Laibacher Nationalregierung und der Kärntner Landesregierung die Einstellung der Feindseligkeiten beschlossen. Damit war weiteren Kämpfen ein vorläufiges Ende gesetzt. Die Jugoslawen blieben im Besitze des Tunnelausganges.

Es wurde nun von den beiderseitigen Kommandanten, Hauptmann Eglseer und dem jugoslawischen Hauptmann Martinčič, eine Demarkationslinie festgelegt und folgende Vereinbarung getroffen:

„Beide Teile verpflichten sich ehrenwörtlich, die mündlich vereinbarte Demarkationslinie nicht zu überschreiten und bei Wiederbeginn der Feindseligkeiten den Gegner die bei Waffenstillstandsbeginn innegehabten Stellungen kampflos wieder besetzen zu lassen. Während der Waffenruhe bleiben die Stellungen unbesetzt und verpflichten sich beide Teile, ihre Räume nur durch verläßliche Patrouillen abstreifen zu lassen. Der Zeitpunkt des Wiederbeginnes eines möglichen Kampfes muß durch Parlamentäre mit dem anderen Teil festgesetzt werden."

Mündlich und vor Zeugen wurde außerdem mit Hauptmann Martinčič ehrenwörtlich festgelegt, daß die Waffenstillstandskündigungsfrist zwölf Stunden beträgt.

Auf Rosenbach folgte F e r l a c h [24]).

Nach den Vorstößen Lavričs über die Drau gegen Göltschach war nämlich zur Sicherung der Landeshauptstadt Klagenfurt beiderseits Hollenburg ein eige-

---

[24]) Bericht Hülgerths, Wehrausschußakten I/2,7. — Gefechtsbericht Oberstlts. Schenk in den Akten des Nat.-pol. Ausschusses, Fasz. VII, Abt. IV/7c. — W. Perko, Gebirgsschützen im Abwehrkampf. Mitteilungen zur Regimentsgeschichte der Kärntner Gebirgsschützen. Nr. 2, Oktober 1931. Herausgegeben vom Kameradschaftsbund des ehemal. Gebirgsschützenregiments Nr. 1. — A. Sorko, Gefecht bei Hollenburg. Perkonigs „Kampf um Kärnten", S. 104. — J. Gerstmann, Wie uns Major Lavrič in die Hände fiel. Ebenda. S. 105.

ner Abschnitt „Süd" gebildet und das Kommando dem Oberstleutnant des ehemaligen Gebirgsschützenregiments Nr. 1 Schenk übertragen worden. Auch hier wurde die Forcierung der Drau in Richtung Ferlach beim Landesbefehlshaber planmäßig vorbereitet und alle für die besonders schwere Aufgabe nötigen Ausrüstungen und Mittel bereitgestellt. Der Angriff wurde für den Abend des 7. Jänner angeordnet und hatte vollen Erfolg. Oberstleutnant Schenk gelang es, mit dem Volkswehrbaon 1, verstärkt durch die Klagenfurter Soldatenwache unter Lt. Pirkenau und die Maria Rainer Alarmkompanie unter Zugführer Lorenz Plasch, im strömenden Regen die Hollenburger Draubrücken zu nehmen. Unterstützt vom kräftigen Feuer der eigenen Maschinengewehre und der bei Maria Rain stehenden drei Feldkanonen, stürmte die 3. Kompanie unter Hauptmann Reinl die Eisenbahn- und die Straßenbrücke und griff sie das von den Jugoslawen besetzte und hartnäckig verteidigte Gasthaus Simandl in Strau an, wobei 4 Kärntner den Tod fanden. Der 3. Kompanie folgte unter andauerndem feindlichen Maschinengewehrfeuer die 1., dann auch die 2. Kompanie unter den Hauptleuten J. Gerstmann und A. Sorko. Obit. Sorko zwang die Besatzung des Gasthauses „Simandl", nachdem dieses einen Volltreffer der Kärntner Artillerie erhalten hatte, zum Rückzug. Noch am selben Abend rückten die Kärntner bis Görtschach, 1 km westlich von Ferlach, vor. Hier fiel Major Lavrič, der der jugoslawischen Besatzung im Gasthaus Simandl auf einem Fuhrwerk Munition nachschieben wollte, Maria Rainer Heimwehrleuten in die Hand. Er griff sofort zur Pistole, wurde jedoch durch zwei Schüsse der Heimwehrleute schwer verletzt und gefangen. Sein Adjutant Sirnik fiel, Versuche kleinerer Abteilungen, in der Nacht den Loiblbach zu überschreiten, scheiterten infolge des Hochwassers.

Am Morgen des 8. drangen die 1. und 2. Kompanie und die Maria Rainer Alarmkompanie längs der Straße durch die Dobrova und über das Ferlacher Grieß, die 3. Kompanie und die Soldatenwache auf der Eisenbahnbrücke über den Loiblbach trotz des heftigen feindlichen Feuers aus Häusern, von den Bäumen und vom Kirchturm in den Ort ein. Feindliche Maschinengewehrnester, die die Angreifer mit einem Hagel von Geschossen überschütteten, wurden überrannt. Der Gegner verließ fluchtartig den Ort in der Richtung gegen Waidisch. In den ersten Vormittagsstunden war Ferlach frei. Die Bevölkerung lachte und weinte vor Freude, endlich von den schweren Drangsalierungen befreit zu sein.

Diese Kämpfe wurden durch starke Artillerie, die am Nordufer der Drau bei Maria Rain eine sehr günstige Beobachtungsstelle hatte, und von Kampffliegern der Flugstaffel Annabichl unter dem Kommando Hauptmann Yllams — die auch sonst nahezu täglich die Aufklärung besorgten —, besonders durch ein von Obtl. Georg Hauger geführtes Flugzeug wirksam unterstützt. Außer der Alarmkompanie von Maria Rain hatten sich auch die Heimwehren von Köttmannsdorf und Viktring an den Kämpfen beteiligt. Die Kärntner hatten 6 Tote zu beklagen, darunter den Stabsfeldwebel Mader. Auf der Seite der Jugoslawen fielen

1 Offizier und 6 Mann, 2 Offiziere und 7 Mann wurden verwundet, 1 Offizier und 23 Mann gefangen, der Rest entkam durch den Waidischgraben. Nach dem Kampfe sperrte das VWBaon 1 die Loiblstraße, den Waidischgraben und das Rosental im Osten.

Unter den erbeuteten Akten des jugoslawischen Kommandos fand sich folgender

Stationsbefehl

Jeder Tag bringt uns dem Momente näher, wo wir nach Klagenfurt kommen. Die Zeit nähert sich, daß wir ohne Sorgen in der weichen warmen Garnison werden leben können. Unser Vorstoß muß für den Feind ein derart starker und plötzlicher Schlag sein, daß sein Widerstand völlig zunichte wird ... Noch einige Tage und die jugoslawische Dreifarb wird über Klagenfurt flattern.

Kren, Hauptmann

Es war anders gekommen! Statt der jugoslawischen Dreifarb über Klagenfurt wehte die deutsche Fahne über Ferlach!

Geringer war der Erfolg des Vorstoßes gegen Völkermarkt[25]). Das südslawische Kommando scheint hier von dem geplanten Angriff Nachricht bekommen zu haben, denn am 10. Jänner nahm es seine nach Griffen, Trixen und Tainach vorgeschobenen Abteilungen in eine engere Brückenkopfstellung bei Völkermarkt zurück. In der Nacht vom 12. auf den 13. stieß die 2. Kompanie des VWBaons 2 unter Oblt. Steinacher auf der Reichsstraße bis zum Gehöft Rack (4 km westlich von Völkermarkt), das erstürmt wurde, vor, hielt dieses trotz des andauernden feindlichen Artilleriefeuers und obwohl der erwartete Nachschub ausblieb, den ganzen Tag über, bis Nachrichten vom bevorstehenden Abschluß des Waffenstillstandes einlangten und sie durch eine Patrouille der Kompanie 1 des VWBaons 2 (Oblt. Rauter), die Tainach besetzt hatte, abgelöst wurde. Zugleich drang eine Kompanie des Volkswehrbataillons 3 bis zur Eisenbahnbrücke bei Stein, die St. Veiter Volkswehr im Raume nördlich Völkermarkt über den Trixnerbach bis Haimburg vor, während die Schönweger, Pustritzer und Gurktaler Heimwehren die Gegend von Griffen, die Granitztaler Lind und Ruden besetzten und die St. Pauler gegenüber Lippitzbach Stellung nahmen. Am 14. Jänner, an welchem Tage der Waffenstillstand in Kraft trat, lief die Stellung der Lavanttaler über Haimburg, Hirschenau, Dürnwirt und St. Lorenzen zur Drau, diese abwärts bis Lippitzbach und weiter bis Lavamünd.

Wenn auch Völkermarkt selbst nicht genommen wurde, so war es jetzt doch durch die Linie Tainach-Damisch (K. 458)-Trixen-St. Stefan-Haimburg-

---

[25]) Bericht des VWBaons 2 Op. 113 (Mj. Srstka) über die Unternehmung gegen Völkermarkt. Wehrausschuß, Fasz. II, Abt. III/5. — Gefechtsbericht H. Steinachers. Lbh. 6a/n. — Tagebuch der HWKomp. Gurktal bei Lbh. 6a/t. — Bericht Hauptmann F. Kraus' in der Wehrausschußsitzung vom 13. Jänner 1919. Wehrausschuß, Fasz. I, Abt. I/1. — Fürnschlief, Die Kärntner Freiheitskämpfe. 35. Jber. des Gymnasiums zu St. Paul 1919/20, S. 15.

Hirschenau-Dürnwirt-Drau umschlossen, so daß nördlich von Völkermarkt der Weg ins Lavanttal frei war. Außer Völkermarkt hatten die Jugoslawen am linken Ufer der Drau auch den Brückenkopf Dullach behauptet, der sich später sehr unangenehm bemerkbar machen sollte. Unterhalb Lavamünd wurde eine Demarkationslinie längs des Multererbaches und weiter bis zur Roßhütte und nach dem Höhenrücken bis St. Urban an der kärntnisch-steirischen Grenze gezogen. Die beiderseitige Lage Mitte Jänner 1919 zeigt die untenstehende Skizze.

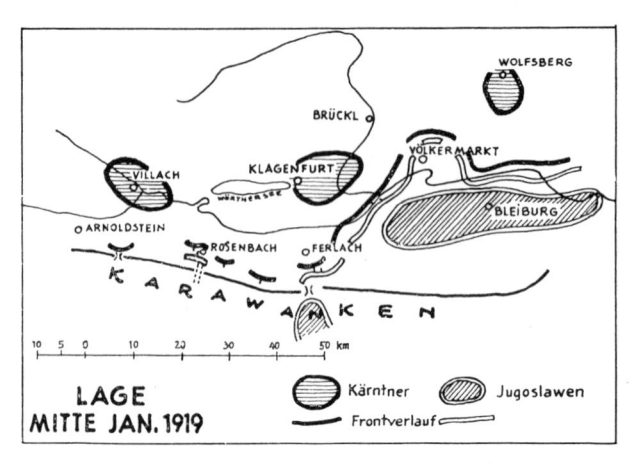

Die Abwehrkämpfe im Dezember 1918 und Jänner 1919 hatten den Kärntnern einen Verlust von 26 Toten gebracht. Sie waren von ihnen ganz aus eigener Kraft, ohne jede Hilfe von auswärts, sei es an Mannschaft, sei es an Kriegsmaterial, und gegen den Willen der Wiener Regierung geführt worden und wurden für die weitere Entwicklung der Kärntner Frage von entscheidender Bedeutung. Die führenden Kreise in Kärnten hatten aus innerster Überzeugung immer wieder in Wort und Schrift behauptet, nicht bloß die deutsche Bevölkerung der gemischtsprachigen Landesteile, sondern auch die überwiegende Mehrheit der slowenischsprechenden Kärntner sei gegen eine Loslösung von Kärnten und gegen einen Anschluß an den neuen südslawischen Staat. Diese Ansicht, so tief begründet sie auch war, hatte außerhalb Kärntens nicht den entsprechenden Widerhall gefunden. Nun aber hatten nicht bloß die deutschen Lavanttaler und Gailtaler, sondern auch die windischen Bewohner des Gailtales und des Rosentales und der Gegend von Völkermarkt aus eigenem Antrieb teils mit, teils ohne Volkswehr, die selbst wieder zum großen Teil aus Slowenen bestand, zu den Waffen gegriffen. Die Abwehrkämpfe lieferten daher den unwiderleglichen Beweis, daß die Bevölkerung der von den Jugoslawen verlangten Gebiete ihren Nacken auf keinen Fall einer Fremdherrschaft beugen wolle. Die Kunde davon drang hinaus über Kärntens Berge und lenkte die Aufmerksamkeit weiter Kreise auf das kleine, der großen Welt sozusagen unbekannte Land, das nach einem so furchtbaren viereinhalbjährigen Krieg seine Freiheit und sein Selbstbestimmungsrecht mutig verteidigte. Die Jännerkämpfe gaben auch den Anlaß, daß eine amerikanische Kommission nach Kärnten kam, ein Erfolg, den man erst später voll zu schätzen lernte.

In Kärnten aber riefen die siegreichen Kämpfe die hellste Begeisterung hervor. Ein 89jähriger Veteran, Josef Rainer, der 1848 und 1866 in Italien gekämpft und als Schützenhauptmann den Weltkrieg mitgemacht hatte, gab ihr in folgenden an die Kärntner Volkswehr gerichteten Strophen Ausdruck:

Volkswehr! hab' Acht,
Halt tapfer Wacht,
Daß unser Völkerfrühling,
Ersprossen über Nacht,
Gedeihe und erblühe
In wetterfester Pracht!

Volkswehr! hab' Acht,
Halt tapfer Wacht,
Beschütz', Gewehr zu Fuße,
Des neuen Hauses Tor:
Von innen und von außen
Steht schwerer Kampf bevor!

Volkswehr! hab' Acht,
Halt tapfer Wacht,
Im Sturm und Streite halte
Den Ehrenschild stets rein.
Und schwinge stolz die Fahne,
Laß' Schwarz-Rot-Gold sie sein!

VI. WAFFENSTILLSTANDSVERHANDLUNGEN IN GRAZ UND DIE AMERIKANISCHE KOMMISSION

Mit wachsender Wut hatte die Laibacher Presse die Vorgänge in Kärnten verfolgt. Die Nationalregierung wurde mit Vorwürfen überschüttet, daß sie Villach und Klagenfurt nicht gleich anfangs besetzt und so das Beispiel der Tschechen nachgeahmt habe. Nur so, hieß es, sei die Kärntner Frage zu lösen gewesen, denn sie sei eine harte Nuß, deren Kern auszulösen eine große Kunst sei.

In Kärnten dagegen hoffte man, daß die Laibacher Nationalregierung, nachdem sie gerade von der Bevölkerung der befreiten Gebiete eine so eindeutige Ablehnung erfahren hatte, vielleicht doch bescheidener geworden und einer friedlichen Lösung zugänglich sein werde. Sofort nach der Befreiung des Rosentales schickte daher die Kärntner Landesregierung einen Parlamentär über Marburg nach Laibach, um dort anfragen zu lassen, ob die Nationalregierung nunmehr bereit wäre, in Verhandlungen einzutreten. Die Nationalregierung verlangte, daß zunächst die Feindseligkeiten auf beiden Seiten sofort eingestellt werden, womit die Kärntner Landesregierung einverstanden war. Die Waffenruhe trat am 14. Jänner um 8 Uhr früh ein. Zugleich erklärte das Wiener

Staatsamt für Äußeres in einer Depesche vom 10. Jänner an das Präsidium der Laibacher Nationalregierung, jederzeit bereit zu sein, durch Einleitung von Verhandlungen den Kämpfen in Kärnten ein Ende zu machen und unverrückt am Rechtsstandpunkte festzuhalten, daß die endgültige Grenze nur durch Entscheidung der Friedenskonferenz, und zwar auf Grund einer unter neutraler Leitung durchzuführenden Volksabstimmung, bestimmt werde und bis dahin nur provisorische Demarkationslinien vereinbart werden könnten.

Die Verhandlungen begannen am 16. Jänner in G r a z unter dem Vorsitz des Landeshauptmannes von Steiermark Dr. v. Kaan. Es nahmen daran teil: 9 Vertreter der Kärntner Landesregierung, darunter Freiherr v. Reinlein als Obmann, die Landesräte Neutzler und Schumy sowie Freg.-Kap. A. Peter-Pirkham als Mitglieder der Verhandlungsgruppe; als Vertreter der Wiener Regierung Konsul Max R. v. Hoffinger vom Staatsamt für Äußeres; als Vertreter der Nationalregierung in Laibach u. a. Generalkommissär Smodej, Grafenauer und Major Andrejka als militärischer Vertreter. Die Verhandlungen zogen sich sehr in die Länge, da die Laibacher Landesregierung, deren Präsidium von der Regierung in Belgrad soeben Dr. Brejc übertragen worden war, ihre Vertreter nicht mit hinreichenden Vollmachten versehen hatte und diese immer wieder mit Laibach Fühlung nehmen mußten, ein Mittel, das die Jugoslawen auch sonst gerne anwendeten, wenn sie eine Angelegenheit verschleppen wollten. Offenbar wollte Brejc das Heft in der Hand behalten, weil er fürchtete, die Delegierten könnten in Graz zu nachgiebig sein. Außerdem wollte er Zeit gewinnen, um die ungünstige Lage der Jugoslawen in Kärnten durch Heranziehung von Verstärkungen zu verbessern.

Gegenstand der Verhandlungen war zunächst die Festsetzung einer Demarkationslinie. Die Kärntner schlugen hierfür eine der Natur entsprechende Linie vor, und zwar die Landesgrenze von Westen nach Osten bis zur Abzweigung des Freibaches, dann den Freibach bis zur Mündung in die Drau und die Drau bis zur Landesgrenze. Nach diesem Vorschlag hätte Völkermarkt von den Jugoslawen geräumt werden müssen. Die Laibacher erklärten dagegen, diesen Brückenkopf nicht aufgeben zu können, und beantragten, eine neutrale Zone zu schaffen, indem die Kärntner Truppen überall 5 km zurückgehen. Die Demarkationslinie bei Völkermarkt sollte längs des Trixnerbaches, dann über Gattersdorf, Haimburg, St. Stefan und den Wölfnitzbach zur Drau, zwischen Lavamünd und Unterdrauburg bei Rabenstein verlaufen. Da hierdurch die Verbindung zwischen Klagenfurt und dem Lavanttal wieder unterbrochen worden wäre und der Brückenkopf Völkermarkt, solange er sich in den Händen der Jugoslawen befand, die Landeshauptstadt Klagenfurt gefährdete, so lehnten die Kärntner den Vorschlag der Laibacher ab und schlugen ihrerseits am 18. Jänner vor, daß die Jugoslawen im Sinne eines von Major Andrejka bereits gemachten, nichtoffiziellen Vorschlages die Gerichtsbezirke Völkermarkt und St. Paul mit Unterdrauburg räumen, wogegen sich die Kärntner Landesregierung verpflichten würde, diese Bezirke militärisch nicht zu besetzen, ferner, daß beide Teile um Besetzung dieser Bezirke durch englische, französische oder amerikanische Truppen ansuchen[26]). Dieser Vorschlag wurde am 19. Jänner nach längerem Zögern von der Laibacher Regierung in schroffer Form abgelehnt. Sie erklärte sich mit dem Ansuchen um Entsendung frönzösischer, englischer oder amerikanischer Truppen zwar einverstanden, verlangte aber, daß diese ganz Kärnten besetzen und nicht nur „nicht strittige slowenische Gebiete". Die Forderung nach Räumung des „unstreitig slowenischen" Bezirkes Völkermarkt und dessen Besetzung durch französische, englische oder amerikanische Truppen wies sie als „beleidigende Zumutung" und „Erniedrigung der Jugoslawen" zurück.

So waren also die Verhandlungen zwischen den beiderseitigen Vertretern gescheitert und war zu erwarten, daß es in Kärnten zu neuem Blutvergießen kommen werde. In diesem Augenblicke griffen Amerikaner ein.

Seit Mitte Dezember befand sich in Paris eine amerikanische Studienkommission, die im Auftrage Wilsons auch Vorschläge über die Lösung der österreichischen Frage ausarbeiten sollte. Obwohl einer der amerikanischen Sachverständigen, Prof. Seymour, wie wir heute aus einer Denkschrift der amerikanischen Sachverständigen vom 27. Mai 1919[27]) wissen, schon Ende November in Kärnten aus wirtschaftlichen und geographischen Gründen eine Grenze auf den Karawanken vorgeschlagen hatte, sickerte schon Ende 1918 die Nachricht durch, die Studienkommission habe die Grenze in Steiermark und Kärnten auf einer Karte nach der Drau gezogen. Da die Draugrenze wirtschaftlich unhaltbar war, so wurde gegen diesen Vorschlag in der Klagenfurter Zeitung vom 31. Dezember 1918 sofort publizistisch Stellung genommen. Die folgenden Kämpfe zeigten, daß gerade die Draugrenze, die damals die Demarkationslinie bildete, zu einer Quelle beständiger Unruhe geworden wäre.

Tatsächlich wurde die Draugrenze auch in das sogenannte „Schwarzbuch", die vorläufigen Berichte und „Empfehlungen", aufgenommen, die die Informa-

---

[26]) Vgl. hierzu A. Lemisch, Berichte und Telefongespräche. In Perkonigs „Kampf um Kärnten", S. 81.

[27]) The Treaty of St. Germain. A Documentary History of Its Territorial and Political Clauses. Selected and editet by Nina Almond and Ralph Haswell Lutz. In: Hoover War Library Publications Nr. 5 Standford University Preß . . . California-London-Oxford 1935, S 505, Nr. 183. Im folgenden unter Almond-Lutz zitiert. — Die zahlreichen Kärnten betreffenden Stücke dieser wichtigen Dokumentensammlung wurden ebenso wie die einschlägigen Abschnitte der in den Anmerkungen 28, 29 u. 32 genannten Werke und Schriften von Legationsrat A. Peter-Pirkham in liebenswürdiger Weise übersetzt, wofür ihm auch hier bestens gedankt sei.

tionsabteilung der amerikanischen Friedensdelegation in Paris dem Präsidenten Wilson zugleich mit einer erläuternden Karte am 21. Jänner, wenige Tage nach der Eröffnung der Friedenskonferenz (18. Jänner), überreichte[28]). Auf dieser Karte waren die Grenzen eingetragen, die Deutsch-Österreich erhalten sollte, wenn es sich für die Unabhängigkeit entscheide. Nach den Empfehlungen sollten gegen Bayern, Böhmen, Mähren und Ungarn die historischen Grenzen Deutsch-Österreichs beibehalten werden. Diese Grenzen würden zwar, heißt es weiter, 250000 Deutsche in Westungarn und einen ähnlichen Block von 250000 Deutschen in Böhmen und Mähren belassen, aber eine Grenzänderung gegen Ungarn würde eine Störung seit langem bestehender Einrichtungen nach sich ziehen; eine Einbeziehung der Deutschen in Westungarn innerhalb der Grenzen Deutsch-Österreichs wäre daher unklug, solange es nicht vollkommen deutlich werde, daß sie von der in Frage kommenden Bevölkerung aufrichtig verlangt werde; die Deutschen in Böhmen und Mähren aber zögen, wie es schiene, die Vereinigung mit dem neuen tschechoslowakischen Staat vor (!), wenn auch ihre Gesinnung noch nicht ganz klar zum Ausdrucke gekommen sei, um einen bestimmten Schluß zuzulassen. Es müsse jedoch festgehalten werden, daß sich ein entschiedener Nachteil ergebe, wenn historische Einheiten, wie Böhmen und Mähren, zerstört würden. Über die Grenze gegen Italien und Jugoslawien wird in den Empfehlungen nur bemerkt, daß die vorgeschlagene Grenzziehung von der Sprachgrenze nur soweit abweiche, als es notwendig sei, um Störungen der wirtschaftlichen Beziehungen zu vermeiden. Der Verlauf dieser Grenze ist auf der den Empfehlungen beigegebenen Karte ersichtlich. Darnach verläuft sie auf dem Kamm der Karnischen Alpen, überschneidet die Gailitz in der Gegend zwischen Thörl und Goggau, folgt dem Karawankenkamm bis südlich von Villach, geht dann zur Drau bei Villach, dieses bei Österreich belassend, hierauf längs der Drau bis ungefähr Lavamünd, schließlich nördlich der Drau über die Ausläufer der Koralpe und den Posruck zur Mur.

Diese Vorschläge blieben geheim und wurden erst durch Millers 1928 erschienenes Tagebuch der Friedenskonferenz und Miß Wambaughs Werk über die Volksabstimmung bekannt. Sie leiden an inneren Widersprüchen. Die historischen Grenzen gegen Böhmen und Ungarn sollten bestehen bleiben, die viel ältere Grenze Südkärntens aber beseitigt werden. Historische Einheiten, wie Böhmen und Mähren, sollten erhalten, Kärnten, das unzweifelhaft ebenso eine historische Einheit darstellt wie Böhmen und Mähren, geteilt werden. Die unzerreißbare wirtschaftliche Einheit Kärntens wurde nicht berücksichtigt, die

---

[28]) D. H. Miller, My Diary at the Conference of Paris. New York 1928, Bd. 4, S. 243 Nr. 246; dazu die Karte in Bd. 4, Nr. 16, S. 244, übereinstimmend mit der Karte in Bd. 9, S. 476. Beilage zum Dokument 1006, Bericht Johnsons vom 2. Juni 1919. Anhang II Nr. 14. Vgl. Anhang II Nr. 9, ferner S. 242 und S. Wambaugh, Plebiscites since the World War. With a Collection of Official Documents, Washington 1933, 1. Bd. S. 171.

Frage, ob die Bevölkerung mit der vorgeschlagenen Grenze und der durch sie bedingten Teilung Kärntens einverstanden sei, gar nicht aufgeworfen. Während die Grenzen gegen Böhmen, Mähren und Ungarn ohne Rücksicht auf die Sprachgrenze gezogen wurden, wollte man bei Kärnten auch die Sprachgrenze berücksichtigen, ohne ihr jedoch völlig gerecht werden zu können.

Die amerikanischen Sachverständigen in Paris hatten also mit zweierlei Maß gemessen. Es ist klar, daß ihr Vorschlag bezüglich Kärntens nur aus einer Unkenntnis der tatsächlichen Verhältnisse entstehen konnte. Wäre er aufrecht geblieben, so hätte die Kärntner Frage ohne Zweifel auf der Pariser Friedenskonferenz eine für Kärnten ungünstige Entwicklung genommen. Zum Glück für Kärnten sollte dieser am grünen Tisch entstandene Vorschlag durch Amerikaner auf Grund eigener Studien an Ort und Stelle überprüft werden.

Anfang Jänner traf nämlich in Wien eine amerikanische Studienkommission zur Vorbereitung des Friedens ein. An ihrer Spitze stand Archibald Cary Coolidge (1928 gest.), Professor der Geschichte und Bibliotheksdirektor an der Havard-Universität in Cambridge, ein hervorragender Historiker, feinfühliger Diplomat und warmherziger, gerecht denkender Mensch, dessen Wort um so mehr in die Waagschale fiel, als er zu den persönlichen Freunden Wilsons zählte. Coolidge war 1893 kurze Zeit Sekretär der Gesandtschaft der Vereinigten Staaten in Wien gewesen. Er wurde dann im Oktober 1917 mit dem Studium der Probleme in Osteuropa und auf dem Balkan betraut und schließlich am 26. Dezember von Staatssekretär Lansing der amerikanischen Friedensdelegation in Paris mit dem Auftrage zugeteilt, an der Spitze einer aus zahlreichen Mitgliedern bestehenden Kommission nach Wien zu reisen, um von hier aus die politischen Zustände in Österreich, Ungarn und in den benachbarten Ländern zu studieren und darüber zu berichten. Von Wien aus schickte er einzelne Mitglieder der Kommission nach Warschau, Prag, Budapest und Agram. Sie hatten die Aufgabe, die ihnen zugeteilten Gebiete zu bereisen und auf Grund ihrer Beobachtungen Berichte an Coolidge zu erstatten. Für Agram wurden Oberstleutnant Shermann Miles und Leutnant Le Roy King bestimmt, für Prag u. a. Robert Kerner, Professor für slawische Sprachen an der Universität in Missouri, der in Wien studiert hatte und von tschechischen Eltern stammte, die nach Amerika ausgewandert waren. Der Kommission Coolidges gehörte auch Lawrence Martin, Professor der physischen Geographie an der Wisconsin-Universität in Madison, an. Er war ursprünglich der Abteilung für Gebiets-, Wirtschafts- und politische Informationen der amerikanischen Delegation in Paris zugeteilt, wurde von hier zu den Beobachtungen in Mitteleuropa abkommandiert und nahm später in Paris an den Verhandlungen über Kärnten teil. Die Berichte, die diese Kommissionsmitglieder erstatteten, wurden von Coolidge mit Kommentaren versehen und an die amerikanische Delegation in Paris geschickt. Auf diese Weise erhielt die amerikanische Delegation einen Schatz von Informationen, die ihr in Paris eine gewisse Überlegenheit, namentlich in der Kärntner Frage, verschafften[29]).

Als nun das Eintreffen der amerikanischen Studienkommission in Wien bekannt wurde, regte die Kärntner Landesregierung beim Staatsamt für Äußeres an, die Amerikaner zu einer Reise nach Kärnten einzuladen. Zugleich entsandte sie selbst eine Abordnung — Landtagsabgeordneten Dr. Pflanzl und Fregattenkapitän Peter-Pirkham — zu Coolidge mit der Einladung, nach Kärnten zu kommen und dort an Ort und Stelle die Verhältnisse zu studieren. Kapitän Peter-Pirkham gelang es, Coolidges Interesse für die Kärntner Frage zu erwecken und seine persönlichen Sympathien zu gewinnen, so daß er nicht abgeneigt schien, die Reise nach Kärnten und Steiermark selbst zu unternehmen. Zunächst schickte er jedoch Oberstleutnant Miles und Leutnant King zu Erkundigungen nach L a i b a c h. Miles wurde nach einem Berichte Doktor Brejcs als Vertreter Amerikas in Laibach überaus herzlich empfangen. Die Besprechungen mit der Laibacher Landeseregierung währten den ganzen Tag, sollen sich aber, wie Brejc berichtet, hauptsächlich auf die italienisch-jugoslawische Grenze bezogen haben. Nach Wien zurückgekehrt, wurde Miles von Coolidge nach G r a z entsendet, wo er am 17. Jänner eintraf[30]).

Hier wohnte er stillschweigend den Verhandlungen bei, wobei Kapitän Peter als Dolmetsch diente, auf Ersuchen Smodejs auch für die Laibacher Delegierten. Als nun die Verhandlungen zu scheitern drohten, versuchte Kapitän Peter bei Oberstlt. Miles persönliche Teilnahme zu erwecken, indem er ihn aufmerksam machte, daß auf beiden Seiten der Wille bestehe, weiteres Blutvergießen zu vermeiden und zu einer Verständigung zu gelangen; dies sei jedoch nur durch eine neutrale, ganz im Sinne der Ideen Wilsons liegenden Vermittlung möglich, wozu er, Miles, die geeignete Persönlichkeit sei. Miles ging auf den Gedankengang ein und machte, vorbehaltlich der Zustimmung seines Chefs, am 19. Jänner folgenden Vorschlag:

„Eher als zuzulassen, daß der bestehende Waffenstillstand abgebrochen und ein bereits verwüstetes Land neuerlich nutzlosen Kämpfen ausgesetzt werde, mache ich, die Zustimmung des Professors Coolidge, des Chefs unserer Delegation, sowie der kompetenten Stellen beider Teile vorausgesetzt, folgenden Vorschlag. Ich schlage dies vor, weil Feindseligkeiten keiner Seite in der gegenwärtigen Streitfrage helfen können, da die endgültigen Grenzen zwischen den beiden Ländern in Paris nach großen Richtlinien niedergelegt werden und nicht auf Grund der augenblicklichen Besetzung irgendeines Teiles des Landes durch kleine bewaffnete Abteilungen.

Ich schlage vor:

1. daß ich und Leutnant King nach Kärnten reisen, und zwar begleitet von einem Reprä-

---

[29]) Archibald Cary Coolidge, Life and Letters. Herausgegeben von Harold Jefferson Coolidge und Robert Howard Lord. Haughton Mifflin Company. Kap. XIII.

[30]) A. Peter-Pirkham, Die amerikanische Kommission. In „Kampf um Kärnten", herausgegeben v. J. F. Perkonig. — M. Wutte, Die amerikanische Kommission. Carinthia I 1935 S. 189.

sentanten jeder Partei, und daß wir nach dem Studium der Frage an Ort und Stelle die administrative Demarkationslinie festsetzen;

2. daß beide Parteien in der gegenwärtigen Streitfrage vor unserer Abreise ihre schriftliche Zustimmung dazu geben, daß sie sich unserer Entscheidung bezüglich der obigen Demarkationslinie fügen und den bestehenden Waffenstillstand unter Rücksicht auf diese Linie bis zur Entscheidung der Friedenskonferenz in Paris einhalten werden.

Keine Partei soll das Recht haben, den Waffenstillstand unter irgendeinem Vorwande zu zu kündigen;

3. daß es von allen Seiten festgehalten werde, daß die von uns festzusetzende Demarkationslinie nur provisorisch ist, und zwar nur für die Dauer der Friedenskonferenz, und daß sie in gar keiner Weise bestimmen soll, wo die endgültige Grenze zwischen den beiden Ländern verlaufen wird, noch irgendwie einer der Parteien in ihren in Paris vertretenen Ansprüchen mit Bezug auf die zukünftige Grenze präjudizieren soll;

4. daß keine neutrale Zone festgelegt werden soll, und zwar aus dem Grunde, weil eine solche Zone unter den gegenwärtigen Bedingungen nicht überwacht werden könnte und eine Verletzung ihrer Neutralität stets sowohl von der einen wie von der anderen Seite vermutet werden und so zu weiteren Mißhelligkeiten führen könnte, anstatt sie zu vermeiden;

5. daß die Demarkationslinie, wie sie oben erwähnt ist, von uns in der Weise festgelegt werden soll, daß soweit als möglich die Wünsche der Bevölkerung in bezug auf deren künftige nationale Zugehörigkeit berücksichtigt werden, vor allem aber in der Art, daß gegenwärtig eine klare, jeden Irrtum ausschließende geographische Linie zum Zwecke der provisorischen Abgrenzung zwischen den beiden Verwaltungsgebieten festgelegt werde.

Da Übereinstimmung darüber besteht, daß diese Linie nicht die endgültige Grenze darstellt, sondern nur die Trennungslinie zweier Verwaltungsgebiete bis zur Entscheidung der Friedenskonferenz, so ist es klar, daß bei deren Festlegung kein Versuch gemacht zu werden braucht, sich allen Details der schwierigen Nationalitätenfrage anzupassen, daß aber anderseits diese Linie die Frage in großen Zügen berücksichtigen muß und vor allem, daß sie durch die natürlichen geographischen Bedingungen des Terrains so klar definiert ist, daß kein Irrtum sich hierüber ergeben werde.

Die Anwendung dieser bisher festgelegten Grundsätze bei Festlegung der Linie bleibt Oberstleutnant Miles und Leutnant King überlassen und ihre Entscheidung ist endgültig."

Dieser Vorschlag wurde von beiden Parteien angenommen und unterzeichnet. Die Laibacher Vertreter zögerten allerdings einige Zeit mit der Zustimmung. Sie sahen es offenbar nicht gerne, daß die Amerikaner durch persönlichen Augenschein genauen Einblick in die Kärntner Verhältnisse gewinnen und die wahre Stimmung der Bevölkerung erfahren, gaben aber schließlich ihren Widerstand auf, da Smodej während der Verhandlungen selbst vorgeschlagen hatte, die Untersuchung über die vorgefallenen Gewalttaten einer internationalen Kommission zu übertragen, und er daher einen von neutraler Seite kommenden ähnlichen Vorschlag nicht gut ablehnen konnte.

In den nächsten Tagen fuhren Miles und King nach Wien, um Coolidge Bericht zu erstatten. Coolidge fiel es, wie er in einem Brief an die amerikanische Friedensdelegation in Paris schrieb, keineswegs leicht, den Vorschlag Miles zu genehmigen. Denn nach seinen Instruktionen hatte er keine Vollmacht, sich mit solchen Dingen zu befassen. Auch fürchtete er, daß den Vereinigten Staaten Gefahren erwachsen könnten, wenn ihre Vertreter als nicht ermächtigte Vermittler in internationalen Angelegenheiten sich betätigten. Er war sich also bewußt, seine Befugnisse zu überschreiten, wenn er den Vorschlag Miles genehmige. Er tat es dennoch aus reiner Menschlichkeit, um weiteres Blutvergießen in Kärnten zu verhindern. Doch behielt er sich den endgültigen Schiedsspruch über die Demarkationslinie vor. Als Sachverständigen gab er Oberstlt. Miles und Lt. King zunächst nur Prof. Martin bei.

Während die Kärntner Landesregierung über den Vorschlag Miles sehr befriedigt war, kam er der Laibacher Landesregierung, insbesondere ihrem Präsidenten Brejc, höchst ungelegen. Brejc dachte eine Zeitlang daran, die Zustimmung der Delegierten zu widerrufen und schickte noch am 20. Jänner 2 Vertreter nach Wien, um bei Coolidge Vorstellungen zu erheben. Allein Coolidge hielt ihnen vor, daß sie sich durch eine ablehnende Haltung vor der europäischen Öffentlichkeit ins Unrecht setzen würden. Schließlich gab die Laibacher Landesregierung ihren Widerstand auf und stimmte im vorhinein dem Schiedsspruch Coolidges vorbehaltlos zu. Auf Wunsch der Laibacher teilte Coolidge der Kommission Miles noch einen zweiten Sachverständigen zu, Prof. R. G. Kerner, der auch Slowenisch verstand.

Am 22. Jänner wurde der Vorschlag Miles von beiden Parteien endgültig angenommen. Das von Jakob Freiherrn von Reinlein, Fregattenkapitän A. Peter als Vertreter der Kärntner Landesregierung, Konsul Max Ritter von Hoffinger als Vertreter des deutsch-österreichischen Staatsamtes für Äußeres, dann Generalkommissär Franz Smodej, Major Andrejka und Dr. Žerjav, Vizepräsidenten der Laibacher Landesregierung, als Vertreter dieser Regierung unterfertigte Protokoll besagt:

„Im Sinne des Vorschlages des amerikanischen Oberstleutnants Miles unterwerfen sich beide Parteien der Entscheidung desselben bezüglich der vorläufigen Abgrenzung der beiderseitigen Verwaltungs- und Besetzungsgebiete in Kärnten bis zur endgültigen Entscheidung der Grenzfrage durch die Friedenskonferenz und verpflichten sich, bis zu diesem Zeitpunkte den Waffenstillstand einzuhalten und auf jede Kündigung desselben zu verzichten. Es besteht ferner Einverständnis darüber, daß die Bestimmung der Demarkationslinie durch Oberstleutnant Miles nur in dem Gebiete zwischen der von den italienischen Truppen besetzten Linie im Westen bis zur kärntnisch-steirischen Landesgrenze im Osten erfolgen wird."

Zugleich wurden Übereinkommen über politische, militärische und allgemeine Wirtschafts- und Verkehrsfragen geschlossen. Nach dem politischen Übereinkommen sollte Kärnten durch die von der amerikanischen Kommission bestimmte Demarkationslinie provisorisch in 2 Verwaltungsgebiete geteilt werden und die Landesregierung in Klagenfurt sowie die Landesregierung in Laibach, jede in dem ihr zukommenden Gebiete, die Gesamtverwaltung ausüben. Nach dem militärischen Übereinkommen sollten die Truppen an der Linie, an der sie augenblicklich standen, bis zur Festsetzung der neuen Demarkationslinie stehenbleiben und war jedes eigenmächtige Schießen und gewaltsame Vorgehen gegen die Bevölkerung verboten. Die Übereinkommen über die

Wirtschafts-, Eisenbahn- und Verkehrsfragen sollten erst nach Festsetzung der Demarkationslinie in Kraft treten.

Am 24. und 26. Jänner legten Kärntner und jugoslawische Sachverständige auf Wunsch Miles der Kommission verschiedene Karten und Druckschriften und andere Behelfe zur Begründung der beiderseitigen Ansprüche vor. Die Kärntner Georg Graber und M. Wutte überreichten verschiedene handschriftliche Wirtschaftskarten zum Beweise für die wirtschaftliche Einheit Kärntens, eine kartographische Darstellung der Stellungnahme der Gemeinden zur Erklärung des jugoslawischen Klubs vom 30. Mai 1917, die englische Ausgabe der obenerwähnten Schrift „Deutsche und Slowenen in Kärnten", Auszüge aus der Carinthia 1848, die bis dahin erschienenen Nummern der „Kärntner Landsmannschaft", Aufsätze des Schweizers Fred. Dubois, der in den letzten Monaten Kärnten bereist hatte u. a. Zu ihrer Freude konnte sie feststellen, daß N. Krebsens „Länderkunde der Ostalpen", in der auch das Klagenfurter Becken ausführlich behandelt wird, dem geographischen Sachverständigen der Kommission, Prof. Martin, bereits bekannt war. Ging doch daraus hervor, daß die Amerikaner sich mit wissenschaftlichem Ernst für ihre Aufgabe vorbereiteten.

Am 27. Jänner begab sich die Kommission von Graz nach M a r b u r g. Hier ereignete sich jene bekannte Schreckenstat, die allgemeines Entsetzen hervorrief: jugoslawische Soldaten schossen in die wehrlose deutsche Menge hinein, die erschienen war, um vor den Amerikanern ihr Deutschtum zum Ausdruck zu bringen. 10 Tote und 60 Verwundete blieben auf dem Platze.

Am 28. Jänner fuhr die Kommission in Begleitung von Kap. Peter-Pirkham und Generalkommissär Smodej von Marburg nach U n t e r d r a u b u r g, wo sie eine Abordnung von Deutschen empfing und beruhigte. Am nächsten Tag ging die Fahrt nach Lavamünd, Ruden und Griffen, dann auf Vorschlag Smodejs nach D i e x (1152 m) und von da über Haimburg zurück nach Völkermarkt. Da das Eintreffen der Kommission in Kärnten schon für den 27. erwartet worden war, an diesem Tage aber nicht erfolgte, so hatte man am 28. keinerlei Vorbereitungen für ihren Empfang getroffen. Trotzdem fanden sich an diesem Tage überall, wo die Kommission erschien, Leute ein, die ihrem unbedingten Willen, bei Kärnten zu bleiben, Ausdruck gaben. In L a v a m ü n d, das damals frei war, wurde der Kommission eine von sämtlichen Bürgern unterschriebene Erklärung gegen den Anschluß an Jugoslawien übergeben. In G r i f f e n, das gleichfalls frei war, hatten sich tags zuvor tausend Personen eingefunden, um die Amerikaner zu erwarten. Da sie nicht kamen, wurde eine eindrucksvolle Entschließung verfaßt, die so recht die Stimmung der gemischtsprachigen Bevölkerung zum Ausdrucke bringt und lautet:

„Wir am 27. Jänner 1919 am Platze zu Griffen versammelten deutschen und slowenischen Bürger und Bürgerinnen der Ortsgemeinden Griffen und Pustritz bekunden hiemit vor Gott und aller Welt frei und unbeeinflußt unseren festen und unbeugsamen Willen, wie bisher auch in aller Zukunft offen und treu an unserem lieben gemeinsamen Heimatlande Kärnten festzuhalten.

Wir legen ebenso feierlich wie entschieden den schärfsten Protest dagegen ein, daß unser liebes, teures Kärntnerland, das uns Deutschen und Slowenen seit Jahrhunderten schon eine gemeinsame treue Mutter gewesen war, durch fremde Gewalt zerrissen und zerstückelt und die von uns bewohnten Gebiete einem südslawischen Reich angegliedert werden, von dem uns alles trennt, was Menschen auf Erden trennen kann.

Wir wollen alle, Deutsche wie Slowenen, daß die südlichen Grenzberge Kärntens, auf die wir täglich blicken und die das Kärntnervolk einig und treu so oft gegen seine Feinde verteidigt hat, auch ferner die südliche Schutzmauer unseres Landes bleiben, als welche sie Gottes Allmacht und das Walten einer unermeßlichen Natur geschaffen haben.

Wir legen ebenso einig wie entschieden dagegen Verwahrung ein, daß volksfremde Hetzer und Gewalthaber unter dem Vorwande der „Befreiung" der Kärntner Slowenen unser friedliches und einiges Kärntnervolk zersplittern, knechten und entrechten, sowie uns mit Gewalt den südslawischen Völkern anschließen wollen, von denen uns nicht nur Blut, Sprache und Sitten, sondern vor allem unser Seelenleben und Gemüt himmelweit scheiden. Nicht bezwungene und geduldete Mitglieder eines von uns durch natürlichen Grenzwall getrennten, wirtschaftlich und verkehrspolitisch fremden Staatsgebildes und unterworfene Brüder von uns blut- und sprachenfremden Völkern wollen wir sein, sondern wie bisher wollen wir bleiben ein freies, einiges, arbeitsames und heimattreues Kärntnervolk!

Wir bestehen als ein wenn auch gemischtsprachiges, so doch einiges, durch vielfache Bande der Blutsverwandtschaft, der Liebe, Freundschaft und Treue, durch Gebräuche, Sitten und Gemütsleben seit Jahrhunderten verbundenes Volk nicht nur auf dem Rechte der Selbstbestimmung, sondern vor allem auch auf dem Rechte gegenseitiger Achtung, auf welchen beiden Grundlagen allein der uns allen von Herzen erwünschte Völkerfriede aufgebaut werden und dauernd bestehen kann.

In diesem Sinne sagen und fordern wir: ‚Kärnten den Kärntnern und Hände weg von unserer Heimat und unserem Volke!'"

Als am folgenden Tage die Amerikaner im Markte Griffen wirklich erschienen, wurde ihnen die Entschließung in Anwesenheit von etwa 300 bis 400 Personen, der Sprache nach meist Slowenen, überreicht. Als der Vertreter der Südslawen fragte, welche Leute slowenisch sprechen, erhoben sich viele Hände; als er aber an sie die Frage stellte, ob sie sich nicht zum südslawischen Staate bekennen wollten, brach ein Sturm los: „Nicht Südslawen wollen wir sein!" hieß es, „Heil Kärnten! Heil Deutschösterreich!" In R u d e n , T r i x e n , D i e x und H a i m b u r g zeigte sich dasselbe Bild, obwohl diese Orte der Umgangssprache nach fast rein slowenisch waren. In Haimburg wurde die Kommission von einer mehrhundertköpfigen Menge durch den Leitspruch des Kärntner Sängerbundes begrüßt: „Vom Tal bis an die Gletscherwand tön' deutsches Lied im Kärntnerland!"

In V ö l k e r m a r k t war vom jugoslawischen Ortskommando schon für den 22. Jänner, einen Wochenmarkttag, an dem zahlreiche Bauern in der Stadt weilten, eine Versammlung einberufen worden, die jedoch den Jugoslawen einen vollständigen Mißerfolg brachte und zu einer begeisterten Kundgebung für Kärnten wurde. Am 29. empfing die Kommission in Völkermarkt zuerst eine

Abordnung der wenigen Slowenen, dann eine Abordnung der Deutschen. Die Sprecher der Deutschen, Bezirksrichter Poetsch und die Frauen Gindl und Schlauf, die englisch sprach, überreichten der Kommission eine ausführliche Denkschrift über den rein deutschen Charakter der Stadt und die gut deutschösterreichische Gesinnung der slowenischen Bevölkerung der Umgebung, den ausschließlichen Verkehr der Stadt mit Klagenfurt, die Drangsalierung der Bevölkerung durch die Südslawen usw.

In Völkermarkt wurden von der Kommission auch 26 slowenische Flüchtlinge einvernommen, die sich während der Besetzung des Rosentales durch die Jugoslawen in der Agitation für Jugoslawien besonders hervorgetan hatten und bei der Befreiung des Rosentales nach Laibach geflüchtet waren. Die Kärntner Landesregierung hatte sich dafür eingesetzt, daß sie gehört werden und ihnen die Reise von Rosenbach über Klagenfurt nach Völkermarkt gestattet.

Am nächsten Tage fuhr die Kommission nach K l a g e n f u r t. Auf den weiteren Fahrten gab Miles das Ziel erst während der Fahrt bekannt, um so überraschend in die gewünschte Gegend zu kommen, jede Art Vorbereitung unmöglich zu machen und ein möglichst ungetrübtes Bild der wahren Stimmung der Bevölkerung zu erhalten. Auf allen weiteren Fahrten wurde die Kommission von Kap. Peter als Vertreter Kärntens und — anstatt Smodejs — Theologieprofessor Dr. Lambert Ehrlich als Vertreter der Slowenen begleitet. Wie schon am 28., so wurde die Kommission, insbesondere auch der österr. Vertreter, auch an den folgenden Tagen überall von der Bevölkerung mit Jubel begrüßt.

Am 30. Jänner besuchte die Kommission K ö t t m a n n s d o r f, G r a f e n s t e i n und die Annabrücke, am folgenden Tag V i k t r i n g, K e u t s c h a c h, S c h i e f l i n g, A u g s d o r f, V e l d e n und T h ö r l - M a g l e r n. Auf der ganzen Fahrt befragten die Amerikaner zahlreiche Leute, die sie zufällig auf der Straße trafen, über ihre Stimmung, ihre sprachliche und nationale Zugehörigkeit, ihren Markt und ihr Absatzgebiet u. a.

Am 1. Februar erschien sie überraschend in F e r l a c h, wo der Gemeindeausschuß durch den Bürgermeister Weghofer und die Arbeiterschaft durch zwei Vertreter ihren einmütigen Willen, bei Österreich und Kärnten zu verbleiben, kundgaben und auch ein Vertreter der wenigen jugoslawisch gesinnten Bewohner einvernommen wurde. Ein Flüchtling aus der von den Jugoslawen besetzten Gemeinde St. Margarethen i. R. konnte über die Gesinnung des Gemeindeausschusses und der Bevölkerung von St. Margarethen sowie über die Behandlung, die die deutschgesinnte Bevölkerung seitens der Jugoslawen erfuhr, berichten.

Von Ferlach ging die Fahrt über Feistritz nach S t. J a k o b. Wieder wurden die Leute auf der Straße und in den Dörfern befragt. In St. Jakob versammelte sich eine vielhundertköpfige Menge, sie wurde in zwei Lager geteilt. Das südslawische war in der Minderzahl. Ihr Sprecher war der von der Nationalregierung in Laibach in Rosegg eingesetzte Bezirksrichter LGR. Sitter. Beide Parteien brachten ihre Wünsche und Beschwerden in eindringlichen Worten vor. Die Begeisterung der deutschen und deutschgesinnten Bevölkerung stieg so hoch, daß der deutsch-österreichische Vertreter zum Schluß auf die Schultern gehoben wurde.

Der folgende Tag, ein Sonntag, war Ruhetag. Montag, den 3. Februar, besuchte die Kommission R o s e g g, L e d e n i t z e n, noch einmal St. J a k o b, wo diesmal nur einzelne Leute befragt wurden, dann L a t s c h a c h, M a l l e s t i g, F ü r n i t z und F e d e r a u n. Überall wurden diesmal einzelne Personen angesprochen.

Am 4. Februar fuhr die Kommission noch einmal unvermutet nach G r i f f e n, H a i m b u r g und V ö l k e r m a r k t, von da nach E b e r n d o r f und B l e i b u r g, da der Landesverweser sie gebeten hatte, auch die südlich der Drau gelegenen von den Jugoslawen besetzten Teile des Bezirkes Völkermarkt, wo die Bevölkerung stark mit deutschen und deutschfreundlichen Elementen durchsetzt sei und deutsche Arbeit und deutscher Fleiß in Miklauzhof, Rechberg, Liescha, Mieß und Schwarzenbach blühende Stätten der Industrie geschaffen hätten, zu besuchen. In Griffen kehrte die Kommission im Narodni Dom ein. Auf dem Wege nach Eberndorf erklärten sich 60% der Angehaltenen für Deutsch-Österreich. In Eberndorf brachten der von den Jugoslawen abgesetzte Bürgermeister Taurer und Oberlehrer Koberer der Kommission die Beschwerden und Wünsche der deutschen und deutschgesinnten Bevölkerung vor. Zugleich überreichten sie der Kommission eine Denkschrift. Die jugoslawisch gesinnten Bewohner erschienen unter der Führung des Kaplans Krašna, der den Amerikanern die Wünsche der jugoslawisch Gesinnten übermittelte. In Bleiburg sprach für die Deutschen und Deutschgesinnten Dr. Herbst, für die jugoslawisch Gesinnten Pfarrer Sekol aus Rinkenberg und Gerent Gvaic.

Mittwoch, den 5. Februar, fuhr die Kommission abermals ins Jauntal. Die jugoslawischen Anhänger von E b e r n d o r f und Umgebung versammelten sich diesmal unter Führung Krašnas in Gösselsdorf (Gemeinde Eberndorf). Krašna suchte die Darstellung, die den Amerikanern am Tage vorher seitens der Deutschen in Eberndorf gegeben wurde, zu entkräften. Die Fahrt ging weiter nach G a l l i z i e n. Hier verließ die Kommission die Automobile, um zu Fuß in das hochgelegene kleine Bergdorf A b t e i zu wandern, das noch von den Jugoslawen besetzt war. Dort wurde sie vom jugoslawisch gesinnten Schulleiter namens der Schulkinder und der Bevölkerung begrüßt und erklärten sich die angesammelten Bauern für Jugoslawien. Von Abtei kehrte die Kommission nach Klagenfurt zurück.

Mit Sehnsucht wurden die Amerikaner auch im M i e ß t a l erwartet. Da sie nicht kamen, richteten die Arbeiterschaft von U n t e r d r a u b u r g und M i e ß (bei Unterdrauburg) und der von den Jugoslawen abgesetzte Gemeindeausschuß von Gutenstein ausführliche Denkschriften an die Kommission, worin sie gegen die Gewaltherrschaft der Jugoslawen protestierten und um Zuteilung an ein ungeteiltes Kärnten und Anschluß an Deutsch-Österreich bzw. um eine Volksabstimmung unter neutraler Leitung baten. In Gutenstein wurde auch eine Erklärung mit 631 Unterschriften vorbereitet. Die weitere Sammlung von Unterschriften wurde von den Jugoslawen verboten. Leider ging der Wunsch der Mießtaler nicht in Erfüllung und fuhren die Amerikaner am 6. Februar nach Wien zurück, ohne das Mießtal besucht zu haben. Die Denkschriften wurden ihnen daher nach Wien nachgeschickt. —

In Kärnten herrschte das Gefühl der Dankbarkeit und Begeisterung für die Amerikaner, die sich dafür eingesetzt hatten, daß dem Lande der Schrecken eines neuerlichen Krieges erspart bleibe und eine gerechte, dem Wunsche der Bevölkerung Rechnung tragende Lösung der bestehenden Schwierigkeiten gefunden werde.

Die Kommission hatte ihre Aufgabe in strengster Objektivität und mit größter Gewissenhaftigkeit erfüllt. Dennoch hat L. Ehrlich später in einem ausführlichen Bericht versucht zu beweisen, daß das Gutachten Miles' unzuverlässig und die Kommission gar nicht in der Lage gewesen sei, die Wahrheit über die Wünsche der Kärntner Slowenen zu erfahren; denn sie habe infolge des schneereichen Winters nur die an den Hauptstraßen liegenden Orte besucht, wo die Bevölkerung deutsch und deutschfreundlich sei; die Deutschen hätten auch eine lebhafte Agitation für Deutsch-Österreich entfaltet und große Demonstrationen, zu denen sie ihre Anhänger aus anderen Orten zusammengezogen hätten, veranstaltet; deshalb und wegen des Terrors, den die Deutschen ausgeübt hätten, seien die Wünsche der slowenischen Bevölkerung gar nicht zum Ausdruck gekommen.

In Wirklichkeit hatte sich die Kommission auf schlechten Gebirgswegen, wenn die Autos im Schnee steckenblieben, auf Schlitten oder zu Fuß auch in die abgelegensten, rein bäuerlichen und als slowenisch bekannten Gebirgsdörfer wie Diex und Abtei oder die Dörfer des Keutschacherseetales begeben. Mehrere Orte hatte sie zweimal und ganz unerwartet besucht, um sich zu vergewissern, ob der Eindruck, den sie beim ersten Besuch empfangen hatte, auch richtig sei. Sie hatte sich auch nicht mit offiziellen Empfängen und Darstellungen begnügt, sondern war bemüht, sich durch unmittelbare und überraschende Fühlungnahme mit dem Volke ein Bild von der wahren Denkart und Gesinnung der Bevölkerung zu machen. „Sie befragt," so schrieb ein slowenisches Blatt (Mir vom 7. Februar) in jenen Tagen, „die Leute bei der Arbeit und auf den Straßen, in und vor den Häusern, Kinder, Frauen, alles, was sie sieht und was ihr zur Beurteilung der Verhältnisse angemessen erscheint." Und der angebliche Terror der Deutschen kann wirklich nicht groß gewesen sein, denn Ehrlich verwickelt sich in Widersprüche und bemerkt selbst, die Slowenen hätten sehr wohl gewußt, daß das anständige und ehrenhafte Betragen, das die Deutschen während der Anwesenheit der Amerikaner zur Schau getragen hätten, nur Schein gewesen sei[31]).

Wie die Kommission die Erhebungen durchführte und welche Eindrücke sie auf ihren Fahrten gewann, erzählt einer der Teilnehmer, Prof. Martin, in einer 1929 erschienenen Abhandlung[32]). Nach Martin bestand das Wesen der Erhebungen an Ort und Stelle darin, daß sie die Bauern auf ihren Besitzungen und unterwegs, die Kaufleute in den Ortschaften, die Priester in den Kirchen, die Lehrer in den Schulen, dann Rechtsanwälte, Beamte aller Grade über alles mögliche befragte: ob sie lieber von Österreich oder lieber von Jugoslawien regiert werden möchten, ob ihre Märkte vor dem Krieg nördlich gegen Wien, östlich gegen Marburg oder südwärts gegen Triest jenseits der zerrissenen Karawanken gelegen gewesen seien, ob die Mehrheit der Bevölkerung deutsch oder slowenisch sei, woher die Großväter gekommen seien, welche Sprache sie verwendet hätten, wie die utraquistische Schule eingerichtet sei. Die Kommission habe sich, berichtet Martin, auch unauffällig auf die Friedhöfe begeben, um die Inschriften der Grabsteine abzuschreiben; die Grabschriften und die jahrhundertealten Aufzeichnungen über Geburten, Todesfälle und Heiraten, die ihnen die Priester in den alten Kirchenbüchern gezeigt hätten, seien für die Kommission ausschlaggebender gewesen als die alten Karten. Um Kundgebungen zu vermeiden, seien häufig die Pläne über das Ziel der Fahrt geändert worden. Trotzdem habe es Kundgebungen gegeben.

Martin glaubte, bevor er nach Kärnten kam, die Frage, ob das Klagenfurter Becken Österreich oder Jugoslawien zugeteilt werden solle, könne einfach durch Teilung des Gebietes gelöst werden. Nachdem er sich aber damit an Ort und Stelle beschäftigt und auf den Fahrten der Kommission die Wünsche der Bevölkerung selbst kennengelernt hatte, fand er, daß eine überwiegende Mehrheit der Bevölkerung es vorzuziehen schien, daß Kärnten nicht geteilt werde, und daß sogar die Mehrheit der Slowenen auch weiterhin österreichische Staatsbürger bleiben wolle. Daraus ergab sich für ihn die klare und bestimmte Schlußfolgerung, Kärnten dürfe nicht geteilt werden und es sei für die Kärntner besser, daß das Klagenfurter Becken mit Ausnahme von Seeland bei Österreich

---

[31]) Die Kritik Ehrlichs wurde vom Chef der geographischen Abteilung der amerikanischen Friedensdelegation Mj. Douglas Johnson übernommen. Vgl. die Denkschrift der amerikanischen Sachverständigen vom 27. Mai (Anhang II, Nr. 9) sowie die Denkschrift Johnsons vom 2. Juni bei Miller, Anhang II Nr. 14. Diese stimmt zum Teil wörtlich mit den Ausführungen Brejcs in dem Buche „Slovenci v desetletju 1918—1928", S. 173, überein. Vgl. S. 242 und 285.

[32]) Martin L., The perfect day of an itinerant peacemaker. In: Essays Offered to Herbert Putnam by his Colleagues and Friends on his Thirtieth Anniversary as Librarian of Congress. New Haven Connecticut 1929.

bleibe; Jugoslawien könne keinen berechtigten Anspruch auf dieses Gebiet erheben. „Ganz persönlich und nur für mich gesprochen", schreibt er, „würde ich ganz Kärnten ohne weiteres Getue Österreich zugesprochen haben." Und mit Befriedigung konnte er am Schlusse seiner Schilderung feststellen: „Die Abstimmung war in Wirklichkeit nicht notwendig, aber es wurde eine durchgeführt und jeder vernünftige Mensch ist von dem Ergebnis befriedigt."

Am 7. Februar überreichten drei (Miles, King und Martin) der 4 Mitglieder der Kommission Coolidge einen Mehrheitsbericht, in dem sie feststellten, „daß das ganze Becken mit Ausnahme der Gemeinde Seeland eine geographische und wirtschaftliche Einheit bilde und daß es Österreich zugeteilt werden solle, weil die Mehrheit der Bevölkerung, selbst die slowenischer Nationalität es so wünsche"[33]). Prof. Kerner, das vierte Mitglied der Kommission, legte einen eigenen Bericht vor, worin er die Draugrenze vorschlug. Coolidge schloß sich dem Mehrheitsbericht mit geringen Vorbehalten an und beeilte sich, die Berichte samt den umfangreichen Beilagen der amerikanischen Delegation nach Paris zu schicken. Zugleich sandte er Oberstleutnant Miles nach Paris mit dem Auftrage, mündlich Bericht zu erstatten.

Der Mehrheitsbericht der Kommission Miles' führte bei den amerikanischen Sachverständigen in Paris mit Ausnahme Mj. Johnsons eine vollständige Änderung ihrer bisherigen Anschauungen in der Kärntner Frage herbei. Die Empfehlung vom 21. Jänner, deren Verwirklichung die Einheit Kärntens vernichtet hätte, fiel. Fortan beurteilte die amerikanische Delegation in Paris die Kärntner Frage nach dem von vollkommen unparteiischen, persönlich ganz und gar nicht interessierten amerikanischen Sachverständigen auf Grund eigener Beobachtungen erstatteten und eingehend begründeten Gutachten vom 7. Februar. Da auch Wilson von der Richtigkeit des Gutachtens überzeugt war und sich persönlich mit der Kärntner Frage befassen mußte, so hat es die endgültige Lösung dieser Frage und damit das Schicksal Kärntens entscheidend beeinflußt. —

In ganz Kärnten sah man nun mit Spannung der Veröffentlichung des Schiedsspruches der amerikanischen Kommission entgegen, auf deutscher Seite mit voller Zuversicht, auf südslawischer mit innerer Unruhe und zunehmendem Unbehagen. Schon am 1. Februar veröffentlichte „Slovenski Narod" einen Leitaufsatz in englischer Sprache, in welchem den Amerikanern geraten wurde, die Leute überhaupt nicht zu fragen und jenen, die sagen, daß sie nicht zu Südslawien kommen wollen, und die Vorteilhaftes über ihre Feinde, die Deutschen berichten, nicht zu glauben; besser wäre es, die Berge und Flüsse mit ihren slawischen Namen zu fragen; diese würden untrüglich erzählen, daß das Recht auf

---

[33]) S. Wambaugh, Bd. 1, S. 174.

südslawischer Seite stehe. „Jugoslavija" vom 8. Februar erklärte, daß die Meinung der amerikanischen Kommission nicht maßgebend sei; nicht die Äußerungen des „geknechteten Volkes" dürfe man berücksichtigen, vielmehr müsse man die Fachleute — Geschichtsforscher, Ethnographen und Ökonomen — fragen, denen bekannt sei, wie Dörfer und Ortschaften in wirtschaftlicher Hinsicht zusammengehören; dies könne nur die Konferenz in Paris regeln, nicht aber eine Kommission, die zu den verführten und geblendeten Bauern in Kärnten komme.

Die Laibacher Politiker waren sich also bewußt, daß die Ergebnisse der amerikanischen Erhebungen für sie nicht günstig waren. Sie bemühten sich daher zunächst, die Bestätigung des Schiedsspruches Miles' durch Coolidge zu hintertreiben. Zu diesem Zwecke begab sich Smodej schon wenige Tage nach der Abreise der Amerikaner nach Wien und sprach dort bei Coolidge vor. Um dieselbe Zeit versuchte auch J. Hribar, damals jugoslawischer Gesandter in Prag, bei Coolidge in der Kärntner Angelegenheit zu vermitteln, fand ihn aber, wie er in seinen Erinnerungen erzählt, „schon ganz unter österreichischem Einfluß". Er berichtete daher sofort über die Eindrücke, die er empfangen hatte, nach Belgrad. Landespräsident Dr. Brejc fuhr selbst nach Belgrad und bat die Belgrader Regierung, den von der Laibacher Landesregierung, also von ihm selbst, im Übereinkommen von Graz im vorhinein angenommenen Schiedsspruch der Amerikaner nicht anzuerkennen, weil die Landesregierung keine Vollmacht hierzu gehabt habe und nur die Staatsregierung in Belgrad hierzu berechtigt gewesen sei. Außenminister Protić richtete daraufhin einen Protest nach Paris, um die Veröffentlichung des Schiedsspruches zu verhindern.

Mittlerweile hatte Miles seinen Bericht in Paris erstattet. Der Protest des Belgrader Außenministeriums hatte jedoch zur Folge, daß sich die Amerikaner mit der Kärntner Grenzfrage vorläufig nicht mehr befaßten und die Entscheidung der Friedenskonferenz überließen. Am 22. Februar beschloß der Rat der Zehn auf Antrag des amerikanischen Außenministers Lansing, daß die Frage der Errichtung einer neutralen Zone in Kärnten demselben militärischen Ausschuß, also einem dem Obersten Kriegsrat unterstehenden Ausschuß, übertragen werden soll, der mit dem Studium zur Errichtung einer neutralen Zone im Banat und Siebenbürgen beauftragt war[34]). Am 24. erhielt Coolidge den Auftrag, in keiner Weise zu verlautbaren, daß selbst nur eine schriftliche Demarkationslinie von amerikanischen Funktionären festgestellt worden sei[35]). Als daher der slowenische Delegierte in Paris, Dr. Žolger, im Sinne eines Telegrammes der Belgrader Regierung am 26. Februar bei Lansing und auf dessen Rat am 28. beim amerikanischen General Bliss vorsprach, erhielt er von diesem die

---

[34] Miller, 15, S. 21. — Almond-Lutz, S. 363 Nr. 125 b.
[35]) A. C. Coolidge, Life and Letters, S. 207.

Antwort, daß die von Miles vorgeschlagene Demarkationslinie — „ein Gebirgszug" — keine Gültigkeit habe und die Amerikaner sich mit der Grenze nicht weiter befassen wollten.

Somit war der aus Gründen der Menschlichkeit unternommene Versuch Coolidges gescheitert und hatten die Laibacher Politiker ihr erstes Ziel: die Nichtveröffentlichung des Schiedsspruches der amerikanischen Kommission, erreicht.

Damit nicht zufrieden; versuchten die Jugoslawen nunmehr mit Hilfe der Franzosen eine Demarkationslinie durchzusetzen, die ihren Wünschen entsprochen hätte. Am 13. Februar war nämlich zwischen der Landesregierung in Graz und der Laibacher Nationalregierung unter Mitwirkung des französischen Majors Montegu von der dem Oberkommando der französischen Balkanarmee unterstehenden französischen Kommission in Agram ein Waffenstillstandsvertrag geschlossen worden, wobei 2 Demarkationslinien und zwischen beiden eine neutrale Zone, die im Norden bis zur Eisenbahnbrücke über die Sulm (südlich Leibnitz) und im Süden bis zum Bahnhof Spielfeld reichte, festgesetzt wurde. Damit hatte die steirische Landesregierung wenigstens vorläufig ganz Südsteiermark preisgegeben, während General Majster, bei den Jugoslawen die eigentlich treibende Kraft, von Graz her nichts mehr zu befürchten brauchte und die Hand gegen Kärnten fortan frei hatte.

Die Jugoslawen waren nun bestrebt, in Kärnten mit Unterstützung der Franzosen eine ebenso günstige oder noch günstigere Lage herbeizuführen wie in Steiermark. Außenminister Protić ersuchte telegrafisch den slowenischen Delegierten Žolger in Paris, unter Hinweis auf die angebliche Verfolgung der Slowenen in Kärnten und der von Klagenfurt aus drohenden bolschewistischen Gefahr dahin zu wirken, daß die steirische Demarkationslinie in Kärnten bis zur italienischen Grenze verlängert werde, und zwar sollte die südliche Demarkationslinie, die die neutrale Zone von der jugosalwischen scheiden sollte, entsprechend den offiziellen Grenzforderungen der jugoslawischen Delegation in Paris über die Koralpe, einen Punkt südlich St. Paul, die Saualpe, den Ulrichsberg, die Ossiacher Tauern, Villach, einen Punkt westlich Hermagor bis Pontafel gehen. Weiters sollte es der jugoslawischen Armee ermöglicht werden, diese Linie zu besetzen.

Inzwischen hatte sich Major Montegu im Auftrage seines Oberkommandos bereits in das von den Jugoslawen besetzte Gebiet Kärntens begeben, um die Lage zu studieren. Am 20. Februar war der französische Hauptmann Vaulande in Begleitung eines zweiten Franzosen unangesagt in Klagenfurt erschienen, wo die beiden in der Kanzlei des Dr. Müller vom Polizeireferenten Dr. Kopper und dem Stellvertreter des Landesbefehlshabers, Major Klimann, beim Studium von Karten überrascht wurden. Sie verweigerten jede Auskunft über den Zweck ihrer Reise und verließen Klagenfurt nach kurzer Zeit.

Einen Monat später, am 19. März, traf beim Landesbefehlshaber von Kärnten neuerdings ein französischer Hauptmann ein, diesmal von einer „Mission de Contrôle de Styrie-Carinthie" in Laibach, der den Besuch dieser Kommission der alliierten Mächte für die nächste Zeit ankündigte. Die Kommission sollte aus einem französischen Oberst als Chef, 8 Offizieren der alliierten Mächte und 12 Mann bestehen, in Klagenfurt amtieren und wie die amerikanische Kommission das Land bereisen, um die verschiedenen Fragen des Waffenstillstandes zu bereinigen. Doch wurde zwei Tage später dem Landesbefehlshaber vom Chef der genannten Kommission mitgeteilt, daß die Reise auf unbestimmte Zeit verschoben worden sei. Zweck dieser Kommission war offenbar die Errichtung der von den Jugoslawen gewünschten Demarkationslinie. Doch wurde sie abberufen, da sich bereits die Friedenskonferenz mit der Kärntner Grenzfrage beschäftigte.

Nunmehr versuchten die Jugoslawen das Gutachten Miles', das, solange es bestand, eine Gefahr für ihre Bestrebungen war, zu entkräften und so unschädlich zu machen. Die slowenische Gruppe der jugoslawischen Friedensdelegation trachtete vor allem danach, die amerikanischen Sachverständigen in Paris zu überzeugen, daß das Gutachten unrichtig sei. Zu diesem Zwecke wurde der obenerwähnte Gegenbericht Ehrlichs, der selbst gegen Ende März nach Paris reiste, amerikanischen, französischen und englischen Sachverständigen überreicht. Tatsächlich gelang es der jugoslawischen Delegation, Major Johnson, obwohl er anfangs den Bericht Miles' für richtig hielt, für ihre Bestrebungen zu gewinnen[36]) und auch den einflußreichsten Ratgeber Wilsons, Oberst Eduard House, für ihre Wünsche in Kärnten zu interessieren. Dagegen hielten die maßgebenden amerikanischen Sachverständigen, Prof. Day und Prof. Seymour, und mit ihnen auch Wilson am Gutachten Miles' fest.

Schließlich ersann die slowenische Propaganda einen teuflischen Plan der Brunnenvergiftung. Sie fabrizierte zwei Briefe, die von einem „Propagandaleiter J. R." in Klagenfurt an einen gleichfalls erfundenen Oblt. Novak in Kühnsdorf gerichtet waren und, angeblich um die Grenzzensur zu umgehen, in Marburg, dem Sitze des Generals Majster, aufgegeben worden sein sollen. Nach den beiden Briefen sollen Organe der Kärntner Landesversammlung dem Oblt. eine Prämie von 25 000 K für die Ermordung Miles', falls sein Schiedsspruch ungünstig für Kärnten sei, ausgesetzt haben, außerdem noch große Summen für Werbezwecke gelegentlich der Bereisung des strittigen Gebietes durch die amerikanische Kommission. Die Ermordung sollte auf jugoslawischem Boden erfolgen, um den Verdacht auf die Slowenen abzuwälzen. Eine Zeitungsnotiz mit Ausfällen gegen den „skrupellosen Machiavellismus der deutschen Nationalisten" enthüllt diesen angeblichen Mordplan. Der Geschäftsfüh-

---

[36]) Siehe Anhang II, Nr. 14.

rer der Laibacher Kommission für die Friedensverhandlungen schickte diese Briefe Anfang April dem slowenischen Delegierten Žolger in Paris zur allfälligen Verwendung, namentlich bei amerikanischen Sachverständigen. Žolger scheint jedoch keinen Gebrauch davon gemacht zu haben, da er und Ehrlich die Briefe nicht ernst nahmen.

VII. VORGÄNGE UND ZUSTÄNDE WÄHREND DES WAFFENSTILLSTANDES
(Vom 14. Jänner bis 29. April 1919)

Landesbefehlshaber Hülgerth rechnete schon bei Eintritt der Waffenruhe am 14. Jänner mit der Möglichkeit, daß die Verhandlungen in Graz scheitern könnten. Er ordnete daher schon in einer Flugschrift „Aufklärung der Lage" am 15. Jänner unter Hinweis auf die ständige Bedrohung Kärntens durch die jugoslawischen Truppen in Völkermarkt neuerdings Werbungen für die Volkswehr und die Alarmkompanien an.

Die Ziele und Absichten der Laibacher Politiker traten in der jugoslawischen Presse klar zutage. Der Laibacher „Slovenski Narod" forderte in einem programmatischen Aufsatz vom 15. Jänner, das slowenische Volk müsse der Entente beweisen, daß das Königreich SHS ein antigermanischer Staat sei, der den Drang der Deutschen nach dem Süden eindämme, und daß dieser Staat durch seine innere Festigung eine Macht vorstelle, die stark genug sei, sich selbst Geltung zu verschaffen, ohne bei jeder geringfügigen Gelegenheit die Intervention der Entente beanspruchen zu müssen; die Slowenen müßten daher noch vor der Friedenskonferenz durch die Besetzung Kärntens den Beweis erbringen, daß sie mächtig genug seien, sich selbst durchzusetzen. Ähnlich äußerte sich „Slovenec" vom 19. Jänner: „Das Vorgehen der Deutschen im kärntnischen Mazedonien kann nicht ruhig hingenommen werden; wenn uns die Entente nicht hilft, werden wir uns selbst helfen." Und „Jugoslavija" vom 28. Jänner rief nach einem slowenischen Garibaldi, der „das Volk der Märtyrer auf das Maria Saaler Feld führe, damit es ihn dort auf dem Fürstenstein zum slowenischen Fürsten erhebe". Dazu kamen aus dem besetzten Gebiet wiederholt Meldungen, die Jugoslawen hätten erklärt, sie würden eine ungünstige Entscheidung der amerikanischen Kommission überhaupt nicht anerkennen, sondern Klagenfurt und Villach mit Gewalt besetzen.

In der Tat zogen die Jugoslawen Verstärkungen an Mannschaft und Artillerie heran. Schon im Jänner war im besetzten Gebiet „auf Grund der Beschlüsse des Agramer Nationalrates und der Nationalregierung SHS in Laibach" die Mannschaft der Jahrgänge 1895 bis 1899, die bei früheren Musterungen für den Landsturmdienst mit der Waffe vorgemerkt worden war, zur militärischen Dienstleistung einberufen worden. Wiewohl diese Einberufung widerrechtlich war und sich ihr viele durch die Flucht entzogen, wurden doch Anfang März Mannschaften dieser Jahrgänge an der Front festgestellt.

Aus alledem ging mit Sicherheit hervor, daß die Jugoslawen einen neuen Vorstoß in Kärnten planten. Aber auch Landesbefehlshaber Hülgerth dachte an einen neuerlichen Angriff auf Völkermarkt, um die Jugoslawen von dort zu vertreiben. Schon Ende Jänner erließ er an die Abschnittskommandanten den Befehl, alle militärischen Vorbereitungen zu Gegenmaßnahmen zu treffen, die auf ein bestimmtes Losungswort unternommen werden sollten. Die Artillerie wurde verstärkt und ein Hilferuf nach Tirol und Salzburg geschickt.

Erfreulicherweise traf am 23. Februar ein Halbbataillon freiwilliger T i r o - l e r J ä g e r (220 Mann und 15 Offiziere) unter Führung des Hauptmannes Dragoni in Klagenfurt ein. Ihr Erscheinen war einer der wenigen Lichtblicke in dieser ernsten Zeit, in der Kärnten in größter Gefahr war und fast verlassen schien. Sie wurden in Rosenbach eingesetzt, haben daselbst an allen Kämpfen und mit schweren Verlusten teilgenommen und sind erst am 8. Mai, als Kärntens Freiheit gesichert schien, wieder in ihre Heimat zurückgekehrt.

Die Anwesenheit der amerikanischen Kommission in Kärnten gab den bedrohten Gemeinden, soweit sie nicht von den Jugoslawen besetzt waren, Anlaß, gegen deren Pläne neuerdings Stellung zu nehmen. Außer 26 rein deutschen Gemeinden legten 41 gemischtsprachige (davon 15 mit deutscher und 26 mit slowenischer Mehrheit) gegen die Angliederung an Südslawien Verwahrung ein und erklärten sich für das Verbleiben bei Kärnten. In allen Gemeinden waren die Beschlüsse der gewählten Gemeindeausschüsse fast durchwegs einstimmig gefaßt worden. Zehn gemischtsprachige Gemeinden verhielten sich abwartend, in einer erklärte die Mehrheit des Ausschusses „für eine Teilung" (Kärntens). Die meisten dieser Gemeinden liegen in der Umgebung von Rosegg.

Ab Anfang Februar wurde auf Veranlassung des Deutschen Volksrates eine P r o b e a b s t i m m u n g in den freien, von den Südslawen beanspruchten Gemeinden vorgenommen. Diese Abstimmung dürfte die erste dieser Art nach dem Weltkriege gewesen sein. Zugelassen waren alle Männer und Frauen, die das Wahlrecht für die deutsch-österreichische Nationalversammlung besaßen. Durchgeführt wurde sie in den meisten Fällen durch die Gemeinde mit Hilfe von Stimmzetteln, die durch Gemeindeangestellte von Haus zu Haus verteilt und einige Tage später wieder abgeholt wurden. Sie zeigten zwei Spalten mit den Aufschriften „Deutsch-Österreich" und „Südslawien". Nichtgewünschtes war durchzustreichen. Die Bevölkerung beteiligte sich mit großer Begeisterung an der Abstimmung. Das Ergebnis war, daß 81451 = 84,6% Wähler sich für Deutsch-Österreich und 771 = 0,8% für Südslawien erklärten. 14000 Stimmberechtigte nahmen an der Abstimmung nicht teil. Der jeweilige Stand der Abstimmung wurde von Zeit zu Zeit in den Blättern mitgeteilt und fand lebhaftes

Interesse. Sogar „Le Temps" nahm Notiz von der Abstimmung und von den Protesten der Gemeinden. Die Abstimmung wurde am 31. März abgeschlossen und fand ohne Druck, die Sammlung und Zählung der Stimmen mit größter Gewissenhaftigkeit statt. In den südslawischen Blättern aber ging alsbald ein Sturm los über den „deutschen Bluff" und die „verbrecherische Mystifikation der Öffentlichkeit", welche die Deutschen in Kärnten durch die Probeabstimmung begangen hätten. In Wirklichkeit nähert sich das Ergebnis der Abstimmung auffallend dem vom 10. Oktober 1920, wie folgende Gegenüberstellung der im nichtbesetzten Teile der späteren Zone I abgegebenen Stimmen zeigt:

	Zahl der Stimmberechtigten	Stimmen für		fehlend und ungültig
		Deutsch-Österreich	Südslawien	
Probeabstimmung 1919	26 070	16 694 = 64,0%	462 = 1,8%	8914 = 34,2%
Volksabstimmung 1920	26 529	16 405 = 61,8%	8953 = 33,8%	1171 = 4,4%

Man sieht, die Gesamtzahl der Stimmberechtigten und die Stimmen für Deutsch-Österreich sind bei beiden Abstimmungen nahezu gleich. Anderseits ist der größere Teil der bei der Probeabstimmung fehlenden und ungültigen Stimmen offenbar den Jugoslawen zuzurechnen, so daß also das Ergebnis von 1919 auch in dieser Hinsicht im großen und ganzen mit dem von 1920 übereinstimmt.

Auch die am 16. Februar durchgeführte erste W a h l in die Deutsch-Österreichische Nationalversammlung gestattete einen Schluß auf die Volksstimmung. Die südslawischen Parteiführer hatten für ihren Anhang die Losung ausgegeben, von der Wahl fernzubleiben, da eine Beteiligung an der Wahl die Zugehörigkeit zum deutsch-österreichischen Staate zum Ausdrucke bringe. Trotzdem nahmen in den von den Südslawen beanspruchten Gebieten 84,6% an der Wahl teil, nur um 2,5% weniger als in den rein deutschen Bezirken.

Aus alledem ergab sich auch ziffernmäßig, daß die überwiegende Mehrheit der Bevölkerung trotz oder vielmehr infolge der geänderten Verhältnisse nach dem Zusammenbruch einem Anschluß an Südslawien noch mehr abgeneigt war als zuvor.

Um den Erklärungen der bedrohten Gemeinden gegen den Anschluß an Südslawien ein Gegengewicht zu schaffen, trug der Laibacher Nationalrat Anfang April den Gemeindeämtern auf, von der Belgrader Regierung zu verlangen, daß sie alles daransetze, damit das ganze „slowenische" Kärnten an Südslawien falle. In der Tat traf bei der jugoslawischen Delegation in Paris eine dahingehende Bittschrift von 29 im besetzten Gebiete gelegenen „Gemeinden und

Ausschüssen" ein, die von „Bürgermeistern", Pfarrern und Lehrern unterschrieben war. Da aber die Gemeinden im besetzten Gebiete zum größten Teile nicht von den gewählten Bürgermeistern, sondern von neueingesetzten südslawischen Gerenten vertreten wurden und auch die Mehrzahl der Lehrer erst von den Südslawen nach Kärnten berufen worden war, so mußte es jedermann klar sein, daß diese Äußerungen nicht als Kundgebungen des Volkswillens angesehen werden konnten. (Vgl. S. 213.)

Auf Veranlassung der jugoslawischen Friedensdelegation in Paris ordnete auch die Landesregierung in Laibach eine Volksabstimmung in dem von ihr besetzten Gebiete an. Sie sollte durch ihr Ergebnis das Gutachten der Miles-Kommission erschüttern und sich auf die ganze Bevölkerung ohne Rücksicht auf Alter und Geschlecht erstrecken. Die Namen der Kinder und jener anderen Personen, die nicht lesen und schreiben konnten, wurden vom Hausherrn in die Zettel eingetragen. Der Stimmzettel war nur in slowenischer Sprache abgefaßt. Ein Vermerk am Kopfe lautete in deutscher Übersetzung: „Wir Gefertigten stimmen für Südslawien und verlangen die Vereinigung ganz Slowenisch-Kärntens einschließlich Klagenfurts und Villachs mit Slowenien". Am Rande war eine Rubrik für jene frei gelassen, die für die Vereinigung mit Österreich stimmten. Schon die Fragestellung an und für sich war verfänglich, weil sie den Anschluß an Südslawien mit der Verbindung mit Klagenfurt und Villach verquickte, die für die Landbevölkerung von entscheidender Bedeutung war. Die Stimmzettel wurden amtlich verteilt, in vielen Orten durch Gendarmen oder Militär, teilweise mit aufgepflanztem Bajonett, und mußten sofort ausgefüllt werden. Die südslawischen Kommissäre arbeiteten prompt. Sie brachten bei ungefähr 40000 Einwohnern 34000 Stimmen für Südslawien zusammen. Nur 604 sollen für Deutsch-Österreich gelautet haben. Bei der Abstimmung am 10. Oktober 1920 wurden in demselben Gebiet 13618 Stimmen (von Erwachsenen) für Österreich abgegeben. —

Am 5. März teilte Dr. Janko Hočevar, bisher Beamter der SHS-Regierung in Laibach, der Kärntner Landesregierung mit, daß er von der Landesregierung für Slowenien zum Stellvertreter des in die Laibacher Nationalversammlung berufenen „Kommissärs für die slowenischen Gebiete Kärntens" und zum Leiter der Kanzlei des jugoslawischen K o m m i s s a r i a t e s in Klagenfurt mit der vollgültigen Ermächtigung bestellt worden sei, „die Erlässe der Landesregierung durchzuführen und in jenen Fällen zu handeln, in denen die Landesregierung keinen direkten Kontakt und keine Möglichkeit einer Ingerenz habe". Seine Ernennung wurde von der Laibacher Landesregierung auch dem Staatsamt für Äußeres mitgeteilt. Dieses gab der Laibacher Regierung zur Antwort, daß sich die Tätigkeit des Kommissärs und seines Stellvertreters lediglich auf die jeweilig von südslawischen Truppen besetzten Gebiete erstrecken könnte; darüber hinaus käme nur die Vertretung der Interessen unstreitig slowenischer Staatsangehöriger und Landesbehörden in Frage, wozu jedoch ein Agrement des Staatsamtes nötig sei.

In Kärnten wurde die Ernennung Hočevars mit größtem Mißbehagen aufgenommen. Waren doch die Befugnisse, die Hočevar durch seine Regierung erhalten hatte, recht weitgehend und nichts anderes als die Übertragung einer förmlichen Vollzugsgewalt in den sogenannten slowenischen Gebieten Kärntens, über deren Ausdehnung die Laibacher Regierung ganz andere Vorstellungen hatte als die Kärntner! Zudem war das slowenische Kommissariat in Klagenfurt bisher gewissermaßen ein Beobachtungsposten der Laibacher Regierung und ein Mittelpunkt der südslawischen Agitation gewesen, von dem aus mit allen Mitteln in der slowenischen Presse und im geheimen für die Laibacher Regierung und gegen die Maßnahmen der Kärntner Landesregierung gearbeitet worden war. Ein slowenisches Kommissariat in Klagenfurt, das mit der Laibacher Regierung durch Kuriere verkehrte, war somit in einer Zeit, in der zwischen Kärnten und der Laibacher Regierung trotz des Waffenstillstandes eine Art Kriegszustand herrschte, untragbar.

Der Nationalpolitische Ausschuß benützte daher den Wechsel im Kommissariate, um gegen die Ernennung des slowenischen Kommissärs Stellung zu nehmen, und ersuchte die Landesregierung, dahin zu wirken, daß die Ernennung Hočevars vom Staatsamt für Äußeres nicht zur Kenntnis genommen werde. Tatsächlich vermied es das Staatsamt, Hočevar ein Agrement zu erteilen. Trotzdem blieb dieser in Klagenfurt. Schärfere Maßnahmen wurden gegen ihn nicht unternommen, weil der Leiter der staatspolizeilichen Abteilung der Landesregierung, der für die gefährliche Lage Kärntens und den sich daraus ergebenden Notwendigkeiten wenig Verständnis zeigte, im Gegensatz zur öffentlichen Meinung fand, „daß sich Hočevar eines besonderen Entgegenkommens befleißigte und eine gemäßigte und gesetzte Natur sei, die nicht den Eindruck mache, als ob sie gegen die Deutschen agitieren wolle". Hočevar selbst war unverfroren genug, sich in einer Eingabe an die staatspolizeiliche Abteilung über die ständige Beobachtung in seinem Hotel durch Gendarmen zu beschweren und zu erklären, daß er sich ausschließlich mit der Fürsorge für jugoslawische Flüchtlinge und Heimkehrer und ähnlichen harmlosen Dingen befasse und dem politischen Getriebe vollständig ferne stehe. Doch gab er zu, daß er aus menschlicher Gefälligkeit Briefe, größtenteils von deutschen Parteien, zur Beförderung nach Jugoslawien entgegennehme. Erst nach der Befreiung des besetzten Gebietes Anfang Mai wurde Hočevar interniert und schließlich von seiner Regierung abberufen.

Das Mißtrauen der Kärntner gegen Hočevar war durchaus berechtigt. Denn tatsächlich betrieb das Kommissariat, wie aus amtlichen jugoslawischen Quellen bekannt wurde, Spionage und hielt Hočevar die Laibacher Regierung über die militärischen Maßnahmen, die seitens der Kärntner, namentlich in der Gegend von Völkermarkt, getroffen wurden, ständig auf dem laufenden. Ebenso gefährlich wie diese Spionage waren die falschen politischen Berichte, die Hočevar nach Laibach schickte, obwohl sie manchmal an das Lächerliche grenzten. So berichtete er Mitte März u. a., Landesverweser Dr. Lemisch werde von Miles ständig über die Verhandlungen in Paris bezüglich der Kärntner Grenze unterrichtet und bereitete auf alle Fälle, jedenfalls aber für den Fall, daß die Verhandlungen für die Deutschen ungünstig verlaufen, eine Erhebung der Deutschen gegen die Slowenen vor; die durch und durch bolschewistisch gesinnten Soldaten planten einen Angriff gegen Klagenfurt, um dort zu rauben und zu plündern. Hočevar empfahl daher der Laibacher Regierung für den Fall, daß die Pariser Verhandlungen für die Slowenen günstig verlaufen oder es zu einer Rebellion der Soldaten kommen sollte, alle Vorbereitungen zu treffen, um das den Slowenen zugesprochene Gebiet, vor allem Klagenfurt und Villach, sofort zu besetzen. Dieser Lügenbericht wurde von der Laibacher Kommission für die Friedensverhandlungen dem slowenischen Delegierten Žolger nach Paris geschickt, noch dazu in verschärfter Form und durch Zutaten ergänzt. —

Im Jänner 1919 erschien in Wien eine in bester Absicht geschriebene **Flugschrift über Kärnten**[37]), ohne daß die maßgebenden Kreise in Klagenfurt vorher eine genauere Kenntnis von deren Inhalt erhalten hätten. Sie setzte sich zwar für die Wünsche der Kärntner, daß das Land unter Abtrennung der Gemeinde Seeland ungeteilt bei Österreich verbleibe und das Selbstbestimmungsrecht der Bevölkerung durch die Zuerkennung einer Volksabstimmung gewahrt werde, entschieden ein, schlug aber für den Fall, daß eine Zerreißung des Landes wider den Willen der Bevölkerung erzwungen werden sollte, vor, daß die Grenze von Osten nach Westen längs der Drau bis nordöstlich vom Faakersee und von hier zum Mittagskogel gezogen werde, wodurch zwei lebensfähige Gebiete geschaffen würden. Diese Flugschrift fand in Kärnten lebhaften Widerspruch, weil sie die Teilung des Landes zur öffentlichen Erörterung stellte. Die Vorläufige Landesversammlung nahm daher am 21. Februar gegen die Flugschrift Stellung und erklärte, unverrückbar auf dem in der konstituierenden Sitzung vom 11. November festgelegten Standpunkt (d. h. auf dem Selbstbestimmungsrecht) zu verharren[38]). Das Präsidium des Landesausschusses erhob im Auftrag der Landesversammlung beim Staatsamt Einspruch gegen die Flugschrift und stellte fest, daß sich diese mit den Anschauungen der in Kärnten zur Stellungnahme über die Zukunft des Landes berufenen Kreise nicht decke. In einer ausführlichen Denkschrift wurde die Entschließung der Landesversammlung

---

[37]) R. Pfaundler, Die Staatsgrenze Deutsch-Österreichs auf Kärntner Gebiet. Flugblätter für Deutsch-Österreichs Recht, Nr. 3.
[38]) Siehe oben S. 76.

begründet und neuerdings gefordert, daß der Wille der Bevölkerung gehört werde[39]). Diese Einsprache war um so notwendiger, als das Staatsamt für Äußeres es nur zu gerne gesehen hätte, daß die Kärntner ihre Hartnäckigkeit aufgeben und in eine Teilung des Landes einwilligen. Hatte es doch sogar gegen die Flugschrift Bedenken, weil sie zu stark die Unteilbarkeit Kärntens betone!

Da die Denkschrift veröffentlicht wurde, so nahm das Laibacher Korrespondenzbüro am 7. März gegen sie Stellung und behauptete u. a., das Klagenfurter Becken mit Klagenfurt und Villach sei geographisch, klimatisch, wirtschaftlich und ethnographisch eine Einheit für sich und vom übrigen Kärnten wesentlich verschieden. Eine ausführliche Gegenschrift des Kärntner Landesausschusses[40]) wies die Ausführungen des Laibacher Korrespondenzbüros Punkt für Punkt zurück. —

Nach der Abreise der Amerikaner wurde im besetzten Gebiete der jugoslawische D r u c k a u f d i e k ä r n t n i s c h g e s i n n t e B e v ö l k e r u n g noch stärker. Schon im Jänner war eine Verordnung der Landesregierung in Laibach gegen staatsgefährliche, demonstrative Handlungen erschienen, in der jede Handlung, mit welcher eine Abneigung gegen die Regierung oder ihre Organe oder eine Nichtbeachtung ihrer Verordnungen gezeigt werde, unter Androhung von strafgerichtlicher und polizeilicher Bestrafung verboten wurde. In Völkermarkt wurden die Geschütze, die vor den Amerikanern versteckt worden waren, wieder in Stellung gebracht, Drahtverhaue angelegt und Schützengräben gezogen. Im März wurden von Bleiburg aus militärische Schriftstücke versendet mit der Aufschrift: „Königliches jugoslawisches Ergänzungsbezirkskommando Klagenfurt in Bleiburg". Dadurch sollte der Bevölkerung vorgetäuscht werden, daß die Angliederung Klagenfurts an Südslawien schon so gut wie sicher sei. Plünderungen, Drohungen, Ausschreitungen betrunkener Soldaten und Herausforderungen verschiedenster Art ließen die Bevölkerung nicht zur Ruhe kommen. Eine Besserung trat dort ein, wo königlich serbische Truppen, die sich durch bessere Disziplin und gefälligeres Benehmen gegenüber der Bevölkerung auszeichneten, die Stellungen bezogen. Nach wie vor wurden viele Deutsche interniert, eingesperrt, verschleppt oder ausgewiesen. Besonders schwer zu leiden

---

[39]) Trotz dieser entschiedenen Ablehnung der Flugschrift durch die berufenen Stellen in Kärnten hat sich die jugoslawische Delegation in Paris in ihrem, an die Friedenskonferenz gerichteten Protest vom 31. Mai 1919 (vgl. S. 246) ausdrücklich auf diese Flugschrift berufen und es bedauert, daß die alliierten und assoziierten Mächte die Forderungen der Jugoslawen nicht einmal in jenen Grenzen berücksichtigt hätten, die die Deutschen nach dieser Flugschrift anzunehmen bereit gewesen wären. Desgleichen hat auch der SHS-Delegierte Vesnić in der Sitzung des Rates der Vier vom 4. Juni 1919 auf diese Flugschrift verwiesen. Siehe Anhang II, 15.
[40]) Abgedruckt in der „Kärntner Landsmannschaft" Nr. 12 vom 27. März 1919. Die Denkschrift ebenda Nr. 10 vom 13. März.

hatten jene, die sich vor der amerikanischen Kommission als Deutsche oder Deutschfreundliche bekannt hatten. Die besetzten Gebiete waren streng vom übrigen Kärnten abgeschnitten, der Briefverkehr mit dem freien Kärnten unterbunden, die Verbreitung deutscher Zeitungen bei Strafe verboten.

Schwer litten besonders die Anrainer der Demarkationslinie. Schon im Februar begannen die Jugoslawen mit Herausforderungen, Patrouillenübergriffen und Waffenstillstandsbrüchen, die bis zur Artilleriebeschießung einzelner Orte ausarteten und bisweilen Brände verursachten. Bei Völkermarkt verging fast kein Tag ohne Schießerei. Nicht viel besser war es in der Gegend von Lavamünd. Am 16. Februar beschossen die Jugoslawen den Markt vom Südufer der Drau her fast den ganzen Tag über, um die Wahl in die deutsch-österreichische Nationalversammlung zu verhindern. Proteste des Landesbefehlshabers an das Laibacher Kommando waren wirkungslos. Im besetzten Gebiet nahm die Erregung der Bevölkerung infolge der fortgesetzten Drangsalierungen und Requisitionen sowie der schlechten Versorgung der Gemeinden immer mehr zu. Wiederholt wurden Gerüchte ausgesprengt, daß die Jugoslawen demnächst Klagenfurt besetzen oder daß sie den Schiedsspruch der Amerikaner, wenn er für sie ungünstig sei, nicht beachten, sondern sich ihm, wenn nötig, mit Gewalt widersetzen würden. Abgesehen von diesen Gerüchten schien sich die Hoffnung auf eine baldige Veröffentlichung des Schiedsspruches überhaupt nicht erfüllen zu wollen. Immer lauter wurden die Hilferufe der bedrängten Landsleute des besetzten Gebietes. Anfangs März reiste daher eine Abordnung von Bauern unter Führung Dr. Reinleins und Josef Glantschnigs aus St. Stefan bei Haimburg nach Wien zu Prof. Coolidge, um ihm die unerträglichen Verhältnisse zu schildern. Sie wurden zwar von Coolidge freundlich aufgenommen, erhielten aber nur den dringenden Rat, nicht zu den Waffen zu greifen.

Am 23. März wurden die Serben zum größten Ärger Dr. Brejc' und Dr. Müllers, die ohne Unterlaß zu einem Vorstoß gegen Klagenfurt drängten, von Kärnten abgezogen, da der Kommunist Bela Kun von Ungarn aus die jugoslawischen Grenzen bedrohte. An ihre Stelle traten nun überall Slowenen. Von da an verschärfte sich die Lage von Tag zu Tag. Die Jugoslawen schossen auf pflügende Bauern und hinderten den Frühjahrsanbau. Auch weidende Herden waren vor ihnen nicht sicher. Viele Bauern standen freiwillig an der Kärntner Front und konnten, obwohl die Frühjahrsarbeiten drängten, nicht abgelöst werden, da keine Ersatzmannschaft vorhanden war. Die Stimmung der Bauern wurde immer gereizter. Auch die Mannschaft an der Front wurde der ständigen Bereitschaft allmählich müde. Um Bauern und Mannschaften zu beruhigen, begaben sich einzelne Mitglieder der Landesregierung an die Front, hatten aber nur geringen Erfolg. Einem sozialdemokratischen Landesrat riefen Abwehrkämpfer bei St. Stefan zu: „Wenn ihr Klagenfurter fortwährend bremst, so werden wir einfach nach Klagenfurt kommen und die Regierung ausheben."

Als nun die Jugoslawen in der Nacht vom 27. auf den 28. März wieder einmal Haimburg und St. Stefan angriffen und mit Artillerie beschossen, brach der Unmut los und die Bauern von Haimburg gingen unter Führung des wackeren Bauernführers Josef Glantschnig am 29. März auf eigene Faust zum A n g r i f f über. Es gelang ihnen, in die stark ausgebaute feindliche Stellung bei Dobrova trotz starken feindlichen Feuers einzudringen und bis gegen Oschenitzen vorzustoßen, während der Kabonhof vom Abschnitt Griffen aus besetzt wurde. Auch die beiderseitige Artillerie griff ein. Hierbei erhielt das Gebäude der Bezirkshauptmannschaft Völkermarkt, in dessen Nähe zwei feindliche Geschütze standen, drei Treffer, darunter einen Volltreffer, so daß das Amt nach Eberndorf verlegt werden mußte. Der Angriff blieb jedoch stecken. Am 31. bekamen die Jugoslawen durch einen Gegenstoß Dobrova wieder in ihre Gewalt, ja sie besetzten sogar einige Häuser von Haimburg, wurden jedoch von den Haimburgern im Gegenstoß wieder hinausgeworfen. Landesbefehlshaber Hülgerth beschloß nun, am 2. April den Angriff gegen Völkermarkt zu unternehmen, doch mußte er den Plan wieder aufgeben, da die Alarmkompanien — namentlich des oberen Lavanttales — versagten.

Die Freiheitsbewegung griff vom Lavanttale aus über die Landesgrenze nach S t e i e r m a r k hinüber und wurde hier vom Landesbefehlshaberamte in Klagenfurt gefördert, um die unsichere Kärntner Flügellage am Hühnerkogel zu verbessern[41]). Auch wurde die kärntnerische Patrouillen-Aufklärung fallweise bis in den Raum Eibiswald vorgetrieben, wobei wertvolle Ergebnisse über die Verhältnisse im steirischen Grenzgebiete erzielt wurden. Die Bauern der südlich von der Wasserscheide zwischen Mur und Drau liegenden steirischen Gebiete Soboth erklärten sich entschieden für Deutsch-Österreich. Einige von ihnen machten bei der Volkswehrabteilung in Ettendorf, die zur Überwachung der Jugoslawen in die Soboth gelegentlich Patrouillen entsandte, Dienst. Nachdem die Jugoslawen schon Ende Dezember und im Jänner vorübergehend in der Soboth erschienen waren, besetzten jugoslawische Gendarmen am 21. Februar das Schulhaus in Soboth. Als diese Verstärkung erhielten und versuchten, die Bevölkerung zu entwaffnen, wurden sie am 8. März von Bauern aus Soboth und dem kärntnischen Dorfe St. Vinzenz mit Unterstützung von Ettendorfer Volkswehrleuten überfallen. Ein jugoslawischer Offizier, 10 Mann und 11 Gendarmen wurden gefangengenommen und nach Kärnten abgeführt. Drei Tage später zogen die Jugoslawen mit Übermacht in die Soboth, wurden aber durch die vereinigten Sobother und Kärntner am 11. und 12. März blutig zurückgeschlagen. Aber noch am 12. gelang es ihnen, Soboth im Kampf zu besetzen, wobei zwei Kärntner aus St. Vinzenz den Tod fanden. Soboth blieb nunmehr mit kurzer

---

[41]) Tagebuch des Lbh.-Amtes, Lbh. 2. — Beilage zum Gefechtsbericht der Soldatenwache. Lbh. 6 a/m. — H. Lechner, Die Abwehrkämpfe im unteren Murtal. Graz 1928, S. 28. — M. Grisold, Oberst d. R., Drei Geschichten von der Kärntner Front, Mariborski Koledar 1936.

Unterbrechung nach dem siegreichen Vorstoß der Kärntner von Anfang Mai bis Juli 1920 in der Gewalt der Jugoslawen. Seit Mitte März verlief hier die Demarkationslinie zwischen dem Brettereck (östlich von der Eckkeusche. Siehe Spez.-K.), das von der Klagenfurter Soldatenwache unter Lt. Pirkenau, und dem Jankeckogel und der Roßhütte, die von den Jugoslawen besetzt waren. Auch hier gab es wiederholt Plänkeleien und Schießereien.

Im Laufe des April dauerten die Geplänkel und Schwierigkeiten fort. Heftig umkämpft war namentlich der felsige Höhenrücken der „Steinkögerl" bei Haimburg, der wiederholt den Besitzer wechselte. Die Lage wurde immer ungemütlicher. Das lange Warten wirkte ungünstig auf den Geist der Mannschaft. Die durch die erfolgreichen Jännerkämpfe hell aufgelodere Kampfbegeisterung begann zu schwinden, die Disziplin lockerte sich und da und dort zeigten sich sogar Zersetzungserscheinungen. Die Volkswehrkompanie Feldkirchen erklärte beispielsweise am 31. März, zum „Nachdrücken" bereit zu sein, „angreifen aber sollten die andern". Die Zahl der Mannschaften verminderte sich, da viele Volkswehrleute, die anderwärts Arbeits- und Verdienstmöglichkeit zu finden hofften, den Dienst in der Volkswehr kündigten. Reserven waren keine vorhanden, wären aber um so notwendiger gewesen, als mit der Zunahme der Schneeschmelze die zu bewachende Front länger und damit die Gefahr eines Durchbruches der Jugoslawen größer wurde. Doch war die Volkswehr nach wie vor nicht nur zu Verteidigung des Landes, sondern auch zu allen damit im Zusammenhang stehenden Vorstößen zur Säuberung von taktisch wichtigen Orten oder Gegenden bereit, aber nur bei tatkräftiger Unterstützung durch ein aus allen Kreisen der Bevölkerung sich zusammensetzendes Aufgebot. Eine Abordnung aus der Gegend von Völkermarkt und dem Lavanttale unter Führung Oblt. Maierhofers forderte Mitte April die sofortige Durchführung der Mobilisierung von wenigstens vier Jahrgängen in Kärnten und die Säuberung ganz Kärntens von den Jugoslawen, um der unhaltbaren Lage ein Ende zu machen.

Seit Mitte April konnte festgestellt werden, daß die jugoslawischen Truppen — namentlich die Artillerie — im Rosental und im Jauntal bedeutend verstärkt und in Aßling, Neumarktl sowie in Unterdrauburg Truppen zusammengezogen werden. Nach den eingelaufenen Berichten betrug damals die Gesamtstärke der jugoslawischen Truppen im besetzten Gebiet 15 000 Mann, denen auf Seite der Kärntner nur gegen 5000 Volkswehrmänner gegenüberstanden. In der zweiten Hälfte des April verdichteten sich die Gerüchte von einem Vorstoß gegen Klagenfurt. Der Leiter der Bezirkshauptmannschaft Völkermarkt erklärte, in einigen Tagen werde Klagenfurt besetzt sein. Mitte April wurden Briefe des südslawischen Kommissariates in Klagenfurt aufgefangen, die an „die südslawischen Bezirkshauptmannschaften in Klagenfurt, Villach und Hermagor und die südslawische Expositur in Feldkirchen in L a i b a c h" gerichtet waren und zeigten, daß es in Laibach bereits Ämter gab, die nach Besetzung der genannten Orte die politische Verwaltung an Ort und Stelle übernehmen sollten.

Alle diese Maßnahmen deuteten darauf hin, daß ein Vorstoß der Jugoslawen nahe bevorstand. Der Landesbefehlshaber mußte daher trachten, die Mängel, die sich während der vorhergegangenen Kämpfe bei den neuaufgestellten Truppen und Freiwilligen-Abteilungen gezeigt hatten, soviel als möglich zu beheben. Da die Volkswehrformationen an Zahl viel zu schwach waren, um den an sie gestellten Anforderungen auch nur halbwegs genügen zu können, und Werbungen für sie keinen Erfolg mehr hatten, mußte das W e h r w e s e n K ä r n t e n s auf eine n e u e G r u n d l a g e gestellt werden. Die Unterlage dazu bot das Gesetz vom 6. Februar 1919 über die bewaffnete Macht.

Der Landesbefehlshaber schilderte daher im Wehrausschuß die gefährliche Lage und die daraus sich ergebende unbedingte Notwendigkeit einer Truppenverstärkung und regte an, auf Grund dieses Gesetzes die Jahrgänge 1896 bis 1900 zur sofortigen Dienstleistung einzuberufen. Die eingerückte Mannschaft sollte dann gesichtet und in jeder Bezirkshauptmannschaft eine Infanteriekompanie und aus entsprechend ausgebildeten Wehrfähigen eine Artillerie- und eine Telephonabteilung aufgestellt werden.

Der Wehrausschuß richtete daraufhin am 15. April an den Landesausschuß das Ersuchen, eine Abordnung an den Staatsrat nach Wien zu entsenden und die sofortige Einberufung der Jahrgänge 1896 bis 1900 im Sinne des Gesetzes vom 6. Februar 1919 zu Zwecken der Landesverteidigung zu verlangen. Weiters wurde der Landesausschuß ersucht, für den Fall, daß der Staatsrat diese Forderung ablehnen sollte, sofort die Landesversammlung einzuberufen und ihr den Antrag auf Einberufung der vier Jahrgänge zur Gesetzgebung im e i g e n e n Wirkungskreis vorzulegen. Da aber das Land Kärnten die Verpflegung, Bekleidung und Ausrüstung dieses Aufgebots nicht beistellen konnte und auch die nötige Munition nicht besaß, so sollte der Staatsrat ersucht werden, dieses Material zur Verfügung zu stellen. Endlich sollte der Landesausschuß die Landesregierung beauftragen, unabhängig von der Entscheidung des Staatsrates die Aufgebotspflichtigen vom 19. bis zum 42. Lebensjahr durch die Behörden mit aller Beschleunigung verzeichnen zu lassen.

Diese Anträge wurden vom Landesausschuß einstimmig angenommen. Die maßgebenden Stellen des Landes waren sich also des Ernstes der Lage vollkommen bewußt und gewillt, das Land nötigenfalls auf e i g e n e F a u s t b i s z u m Ä u ß e r s t e n z u v e r t e i d i g e n und die hierzu notwendige Mannschaft allenfalls auch o h n e G e n e h m i g u n g d e r S t a a t s r e g i e r u n g im Lande selbst aufzubringen.

Am 22. April sprach die Abordnung der Kärntner Landesregierung unter Führung des Landesverwesers Lemisch beim Staatssekretär Deutsch vor. Dieser erklärte, die Wünsche der Deputation dem Staatsrat unterbreiten zu müssen, verwies aber darauf, daß deren Erfüllung schwierig sein werde, da die Entente gerade am Tage vorher mit Berufung auf den Friedensvertrag den ehesten Abbau der Volkswehr verlangt habe. Im übrigen versicherte er, den Wünschen nach Zuschub von Lebensmitteln, Ausrüstungsgegenständen, Monturen und Munition vorbehaltlich der Zustimmung des Staatsrates möglichst entgegenkommen zu wollen, aber nur zu Verteidigungs- und nicht zu Angriffszwecken.

Am 28. April fand in Wien eine Besprechung von Vertretern der Länder über den Abbau der Volkswehr und die Durchführung des provisorischen Wehrgesetzes statt, an der auch der Landesbefehlshaber von Kärnten teilnahm. Nach längeren Beratungen beschloß die Konferenz, daß es dem Lande Kärnten freigestellt werden solle, die aufgebotspflichtigen Jahrgänge des eigenen Landes auf Grund des provisorischen Wehrgesetzes je nach Bedarf und Notwendigkeit einzuberufen; eine allgemeine Unterstützung Kärntens durch die anderen Länder Deutsch-Österreichs könne jedoch nicht stattfinden. K ä r n t e n w a r a l s o a u c h w e i t e r h i n b e i d e r V e r t e i d i g u n g s e i n e r L a n d e s g r e n z e n , d i e d o c h a u c h G r e n z e n d e r R e p u b l i k Ö s t e r r e i c h w a r e n , a u f s e i n e e i g e n e n K r ä f t e a l l e i n a n g e w i e s e n !

Am 29. April erhielt die Landesregierung durch Beschluß des Kabinettsrates im Sinne des Wehrgesetzes zur Verteidigung des Vaterlandes gegen Angriffe äußerer Feinde die Ermächtigung, die Jahrgänge 1877 bis 1899 im Lande Kärnten aufzubieten. Damit erhielt die Landesregierung eine Gewalt, die nach dem Wehrgesetze vom 6. Februar 1919 der Nationalversammlung und nur bei Gefahr im Verzuge dem Staatsrat zustand.

Zur Verstärkung der Volkswehr wurden im Laufe des April die Alarmkompanien unter der neuen Bezeichnung „H e i m w e h r e n" weiter ausgebaut. Nach den vom Landesbefehlshaber erlassenen „Grundlegenden Bestimmungen für die Kärntner Heimwehr", die im wesentlichen auf einen Entwurf Hauptmann Kohlas vom 9. April zurückgehen, war die Heimwehr wie die Alarmkompanien eine Truppe, die sich auf freiwillig übernommene Verpflichtung zu militärischer zeitlicher Dienstleistung auf die Dauer des Bedarfes dem Lande Kärnten zur Verfügung stellte. Sie unterstand der Landesregierung. Mit der Befehlsgewalt war der Landesbefehlshaber betraut. Er war der Landesregierung hierfür verantwortlich, hatte die Aufstellung, Ausrüstung, Ausbildung und Verwaltung zu besorgen und besaß das Recht der Einberufung im Einvernehmen mit der Landesregierung. Die Gliederung der Heimwehr richtete sich nach den politischen Bezirken, Gerichtsbezirken und Gemeinden. Kommandant der Heimwehr eines politischen Bezirkes war der bei der Bezirkshauptmannschaft eingeteilte Verbindungsoffizier des Landesbefehlshabers. Die Mindeststärke der Kompanie sollte 50 Mann betragen, die Höchststärke 120. Ein Landesheimwehrrat, Bezirks- und Ortsheimwehrräte sollten zur Mitarbeit berufen werden.

Die Alarmierungsbefehle wurden vom Landesbefehlshaber erteilt und von den Bezirkskommandanten an die Kompanieführer sowie an die Gemeindeämter und Gendarmerieposten weitergegeben. Zur Sammlung der Heimwehrleute waren in den einzelnen Bezirken wie in der Türken- und Franzosenzeit auch Glockenschläge, Hornsignale und Böllerschüsse vorgesehen. Die Vorbereitungen für die meisten Heimwehren waren so getroffen, daß die Kompanie innerhalb 24 Stunden zum Abmarsch versammelt war.

Im Unterlande hatte die Organisierung der Heimwehren einen durchschlagenden Erfolg. Fast überall leisteten die Heimwehrmänner der Einberufung sofort Folge, scharten sich um ihre Kommandanten und konnten in kurzer Zeit

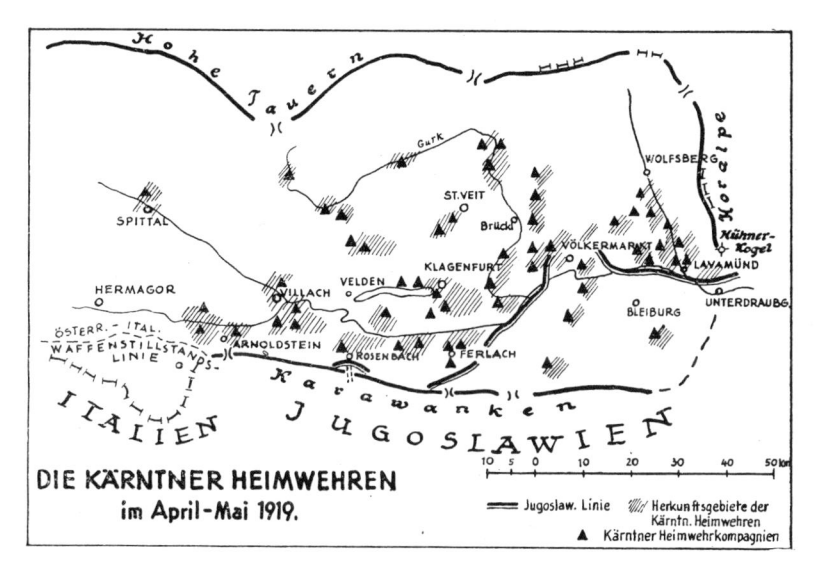

DIE KÄRNTNER HEIMWEHREN
im April–Mai 1919.

Jugoslaw. Linie   Herkunftsgebiete der Kärntn. Heimwehren
▲ Kärntner Heimwehrkompagnien

der Front zugeführt werden. Dagegen versagte sie im Oberlande fast ganz. Wieder zeigte es sich, daß die Stärke des Gemeinsinns, die Kampflust und das Bewußtsein der Verpflichtung zur Verteidigung des Landes in Gebieten, die einen feindlichen Einfall nicht zu befürchten hatten, sehr gering waren. Eine rühmliche Ausnahme machte der Bezirk St. Veit, namentlich das obere und mittlere Gurktal, dessen zahlreiche Heimwehren auch außerhalb ihres Bezirkes an die Front gingen. Die Heimwehren des unteren Lavanttales stellten in den Maikämpfen wohl das größte Kontingent und erreichten mit 2000 Mann ihren Höchststand. Die im Bezirke Feldkirchen organisierten Heimwehren erreichten zwar einen großen Stand, doch verpflichtete sich die Mehrzahl der Heimwehrmänner nur, bei Bedrohung des eigenen Bezirkes mitzutun. Bloß 200 Mann haben auswärts, aber sehr gut mitgekämpft. In Spittal hatten sich zwar auf Grund des am 19. Mai erlassenen Aufrufes des Landesbefehlshabers etwa 200 Mann gemeldet, doch sollte jeweils nur ein Drittel dieser Mannschaft an die Front gesandt werden. Im Rosental und im Bezirk Völkermarkt bildeten sich Heim-

175

wehrkompanien sofort nach der Befreiung, so daß im Bezirk Völkermarkt gelegentlich der feindlichen Offensive Ende Mai mehrere hundert Mann unter Waffen standen. Die Gesamtzahl der Heimwehren betrug Mitte Mai 1919 63.

Die Mitglieder der Heimwehren gehörten im allgemeinen allen Jahrgängen an. In der Hauptsache jedoch bestanden die Heimwehren aus älteren und ganz jungen Leuten. In den einzelnen Kompanien waren die verschiedensten Berufe vertreten. Zumeist waren es Bauern und landwirtschaftliche Arbeiter, dann auch Bürger, Beamte und Lehrer, Handelsleute und industrielle Arbeiter. Die Offiziersstellen waren größtenteils mit Reserveoffizieren besetzt. Die Heimwehrmänner gingen, wie die Mitglieder der früheren Alarmkompanien, für gewöhnlich ihrem Berufe nach und rückten turnusweise und gewöhnlich nur im Falle der Gefahr ein. Jedermann war es freigestellt, heimzugehen, wenn er wollte, es wurde kein Zwang zum Bleiben ausgeübt. Aber Heimatliebe und Opfermut geboten ihm zu bleiben.

Die Ausrüstung der Heimwehrmänner war sehr mangelhaft. Sie verblieben der Hauptsache nach in ihren Zivilkleidern und erhielten nur Waffen, Munition, Leibriemen mit Patronentaschen, Brotsäcke und je nach Vorhandensein auch Schuhe, Zelte oder Decken aus den von den Bezirkskommandanten in ihren Standorten errichteten Bezirkslagern. Schwierig und mangelhaft war die Verpflegung der kleinen Heimwehrabteilungen, da es an Kochkisten fehlte. So hatten die materiellen Vorsorgen für die Heimwehren naturgemäß improvisierten Charakter.

Die Verwendungsmöglichkeit der Heimwehrkompanien war wegen der ungenügenden Ausrüstung, wegen des Mangels an Train und eines festen militärischen Gefüges beschränkt. An Stelle des letzteren trat allerdings bei vielen Kompanien das Gefühl der Ortszusammengehörigkeit. Die Alarm- und Heimwehrkompanien haben an allen Kämpfen von Ende Dezember 1918 bis Juni 1919 teilgenommen, waren durchwegs vom besten Willen beseelt und taten ihr möglichstes, obwohl sie namentlich wegen der mangelhaften Ausrüstung unter weit schwierigeren Verhältnissen kämpften als reguläre Truppen. Um so mehr ist anzuerkennen, daß viele Heimwehrkompanien im Gefechte ganz Hervorragendes geleistet und den Gefechtshandlungen oft auch einen besonderen Zug nach vorwärts verliehen haben. In einigen Abschnitten haben Heimwehrabteilungen vorübergehend sogar die Hauptlast des Kampfes getragen. Besonders charakteristisch für alle Heimwehr- und sonstigen freiwilligen Abteilungen war ihr Anschwellen im ersten Augenblicke der Gefahr, aber auch ihre rasche Abnahme bei andauernden lebhafteren Kämpfen. Soldatenräte gab es bei den Heimwehren nicht.

Ein besonderes Augenmerk wurde auf die Ausgestaltung der Artillerie gelegt. Es gelang, mit dem im Lande befindlichen Artilleriematerial eine verhältnismäßig sehr starke Artillerie, teilweise als Volkswehr, teilweise als Heimwehr, aufzustellen. Es waren allerdings nur Improvisationen, da sehr wenig Bespannung vorhanden war und sich der größte Teil der Geschütze gelegentlich mit Autos und mit an Ort und Stelle aufgetriebenen Bauerngespannen behelfen mußte.

Am schwierigsten stand es mit der Organisation des Sanitätswesens. Der Mangel an Ärzten und Sanitätsgehilfen, Sanitätsmaterial und Sanitätsfuhrwerken war leider nicht zu beheben. Improvisationen aller Art mußten angewandt werden. Der Wert einer gut organisierten, mit allen Mitteln ausgestatteten Sanitätspflege trat besonders fühlbar zutage. Die Rettungsabteilungen der Klagenfurter und Villacher Feuerwehr, die Ärzte der Kärntner Landeswohltätigkeitsanstalten, aber auch nahezu alle Zivilärzte des von den Kämpfen mehr oder weniger betroffenen Gebietes und freiwillige Krankenschwestern, wie die tapfere Grete Schoderböck (s. S. 219) haben sich ganz besonders bewährt.

Die Zahl und Gliederung der Kärntner und der südslawischen Streitkräfte im April 1919 ist aus folgender, vom Landesbefehlshaber aufgestellten Übersicht zu ersehen (S. 178—181).

General d. Inf. S. Knaus gibt auf Grund von Quellen, die beim Erscheinen der ersten Auflage dieses Buches (1922) noch nicht bekannt waren, folgende Verteilung der jugoslawischen Kräfte an:

	Jugoslawische Truppen Kompanien	Legionskompanien	Maschinengewehre	Geschütze
Wurzen—Lengenfeld	4?	4	20?	8?
Rosenbach	4	2	40	13
Loibl—Abtei	4	7	28?	4
Völkermarkt	20?	—	60?	20?
Bleiburg—Unterdrauburg	11?	—	40?	12?
Soboth	4?	—	14?	4?
	47	13	202	61

Als die Jugoslawen am 29. April längs der ganzen Front unvermutet zum Angriff übergingen, überstürzten sich die Abwehrmaßnahmen. Noch am gleichen Tage beschloß die Landesregierung, wie der Landesverweser in der Sitzung des verstärkten Landesausschusses vom 30. April berichtete, unter dem Druck der Verhältnisse auf Grund der soeben erhaltenen Ermächtigung der Staatsregierung und in Abwesenheit des dienstlich in Wien weilenden Landesbefehlshabers, die Jahrgänge 1877 bis 1899, ob gedient oder ungedient, einzuberufen; nur sollten die ungedienten zu einem späteren Zeitpunkt herangezogen werden; über die Termine, die Ausrüstung der Einberufenen und darüber, ob zunächst eine Meldung und dann erst die Einberufung zu erfolgen habe, sollte der Wehrausschuß mit Major Klimann, dem Stellvertreter des Landesbefehlshabers, schlüssig werden.

Angesichts der Klagenfurt unmittelbar drohenden Gefahr erließ die Landes-

GLIEDERUNG DER KÄRNTNER-

KÄRNTEN:

Landesbefehlshaber: Oberstleutnant H ü l g e r t h
Stellvertreter: Major K l i m a n n
Leiter der Operationsabteilung: Hauptmann K o h l a
und eine Anzahl Fachreferate

	Kompanien	MG	Geschütze
1. Abschnitt Arnoldstein — Kommandant: Hauptmann Mahr			
Volkswehrbataillon Gailtal Nr. 5	2	4	—
3 Feldkanonen und 1 Feldhaubitze	—	—	4
Zusammen	2	4	4

Außerdem waren Heimwehrkompanien gebildet in Arnoldstein, Gailitz, Pöckau und Seltschach.

2. Abschnitt Rosenbach — Kommandant: Hauptmann Eglseer			
Volkswehr-Marinekompanie	1	4	1
Volkswehrkompanie Velden	1	7	—
Volkswehr-Sturmkompanie Maria Gail	1	3	—
Tiroler Volkswehrbataillon Hauptmann Dragoni	2	6	—
3 Gebirgskanonen, 4 Feldkanonen, 3 Feldhaubitzen und 2 schwere Feldhaubitzen	—	—	12
Zusammen	5	20	13

Außerdem war in Rosenbach eine Heimwehrkompanie gebildet.

3. Abschnitt Klagenfurt — Kommandant: Oberstleutnant Schenk
Adjutant: Major Ligotzky, Artilleriereferent: Oberstl. Weißel

a) Unterabschnitt **Ferlach** Kommandant: Major Perko			
Volkswehrbataillon Klagenfurt Nr. 1 (ehemals Geb.-Schützen 1)	3	15	—
2 Gebirgs- und 2 Feldkanonen	—	—	4
Zusammen	3	15	4

Außerdem waren Heimwehrkompanien in Ferlach, Weizelsdorf und Maria Rain gebildet.

b) Unterabschnitt **Grafenstein** — Kommandant: Hauptmann Treu			
Volkswehrbataillon Klagenfurt Nr. 3 (ehemals K. Freiw. Schützen)	2	9	—
2 Gebirgs- und 1 Feldkanone, 1 schwere Feldhaubitze	—	—	4
Zusammen	2	9	4

Außerdem war in Grafenstein eine Heimwehrkompanie gebildet.

c) Unterabschnitt **Venedigerhof** — Kommandant: Oberstleutnant Kreipner			
Volkswehrbataillon Klagenfurt Nr. 2 (ehemals JR. 7)	3	21	—
2 Feldkanonen, 2 schwere Feldhaubitzen und 1 10,4 cm Kanone	—	—	5
Zusammen	3	21	5

Außerdem war eine Heimwehrkompanie in Pischeldorf gebildet.

UND SHS-STREITKRÄFTE IM APRIL 1919

SHS:

	Kompanien	MG	Geschütze
Im Raume Wurzenpaß–Ratschach–Kronau von der „heiligen Legion"	2	unbekannt	unbekannt
Vom Laibacher Infanterieregiment (Nr. 17)	1		
Vom serbischen Infanterieregiment (Nr. 26)	½		
Zusammen	3½	?	?

Am Nordausgang des Karawankentunnels und in Aßling:			
Vom Laibacher Infanterieregiment (Nr. 17)	2	?	—
Von der „heiligen Legion"	2	?	—
Vom serbischen Infanterieregiment (Nr. 26)	2	?	—
An Feld- und Gebirgsartillerie	—	—	10
Infanteriegeschütze	—	—	3
Zusammen	6	40*	13*

* Diese Zahl wurde bei der Erstürmung am 4. Mai erbeutet.

Im Raume Bärensattel–Loiblpaß–Zell-Pfarre:			
Von der „heiligen Legion"	3	10	—
2 Feld- und 2 Infanteriegeschütze	—	—	4
Bei Neumarktl:			
Von der „heiligen Legion"	4	?	?
Bei St. Margarethen und Abtei im Rosentale:			
Vom Laibacher Infanterieregiment (Nr. 17)	2	10	—
Zusammen	9	20	4

Im Raume Annabrücke–Dullacherbrücke:			
Vom Laibacher Infanterieregiment (Nr. 17)	2–3	4–6	—
Artillerie wenigstens	—	—	6
Zusammen	2–3	4–6	6

	Kompanien	MG	Geschütze
4. Abschnitt Trixen — Kommandant: Major Michner			
Volkswehrbataillon St. Veit Nr. 8	3	21	—
1 Gebirgs- und 6 Feldkanonen, 1 Feldhaubitze und 1 10,4 cm Kanone	—	—	9
Zusammen	3	21	9

Außerdem waren in Friesach, Treibach, St. Veit, Waisenberg, im Gurktal, Glantal und im Görtschitztal Heimwehrkompanien gebildet.

5. Abschnitt Lavanttal — Kommandant: Oberstleutnant Umfahrer
Adjutant: Oberleutnant Mikl

a) Unterabschnitt **Griffen**

	Kompanien	MG	Geschütze
Vom Volkswehrbataillon Wolfsberg Nr. 10	1	2	—
Von der Volkswehrkompanie Jäger Nr. 8	1	2	—
Vom Volkswehrbataillon Spittal Nr. 6	2	4	—
2 Gebirgs- und 5 Feldkanonen, 1 Feld- und 3 schwere Feldhaubitzen	—	—	11
Zusammen	4	8	11

Außerdem waren Heimwehrkompanien in St. Paul, Rojach, Haimburg, St. Andrä, Granitztal, Griffen und Pustritz gebildet.

b) Unterabschnitt **St. Paul** — Kommandant: Major Fürnschlief

	Kompanien	MG	Geschütze
Vom Volkswehrbataillon Wolfsberg Nr. 10	1	2	—
Die Volkswehrkompanie „Soldatenwache"	1	4	—
4 Gebirgs- und 4 Feldkanonen, 3 Feld-, eine Gebirgs- und 1 schwere Feldhaubitze und 1 10,4 cm Kanone	—	—	14
Zusammen	2	6	14

Außerdem waren Heimwehrkompanien in Lavamünd, Ettendorf, St. Stefan, St. Georgen, Legerbuch und Eis gebildet.

Zur Verfügung des Landesbefehlshabers standen:

in **Villach**:

	Kompanien	MG	Geschütze
Volkswehrbataillon Villach Nr. 4	3	12	—

in **Klagenfurt**:

	Kompanien	MG	Geschütze
2 Gebirgskanonen, 2 schwere Feldhaubitzen, 1 10,4 cm Kanone und 2 Autokanonen	—	—	7
2 Panzerautomobile, 1 improvisierter geschützter Eisenbahnzug, 10 Flugzeuge.			
Zusammen	3	12	7

Außerdem waren Heimwehrkompanien in Klagenfurt, Maria Wörth, Reifnitz, Viktring, Ebental, Feldkirchen, Reichenau, Sirnitz, Glanegg, Himmelberg und Villach gebildet.

	Kompanien	MG	Geschütze
Alle zusammen	27	116	71

Kopfstärke der Kompanien 35—100 Mann

A n m e r k u n g : Der größte Teil der Volkswehrkompanien war seit Beginn der Kämpfe ununterbrochen im Dienste gestanden und bedurfte dringend einer Ablösung und Retablierung. Die Heimwehrkompanien St. Paul, St. Andrä, Lavamünd, Ettendorf, St. Georgen, Haimburg und Granitztal standen mit beiläufig halbem Mannschaftsstande ununterbrochen im Dienste und lösten sich innerhalb der Kompanien ab. Die übrigen Heimwehrkompanien rückten erst im Alarmfalle

	Kompanien	MG	Geschütze
Im Brückenkopf von Völkermarkt und im Raume Kühnsdorf–Eberndorf:			
Das Cillier Infanterieregiment (IR. 87) Das Marburger Infanterieregiment (SchR. 26) Beide lösten sich bataillonsweise ab.	16—24	?	30
Davon standen im Brückenkopf von Völkermarkt	1000 bis 1200 Mann	24	8—10
Im Raume Bleiburg–Leifling, südlich der Drau und in Unterdrauburg:			
Vom Laibacher Gebirgsregiment (GbSch. 2)	6	?	—
Artillerie	—	—	6—8
Im Raume Roßhütte–Soboth:			
Vom Triester Infanterieregiment (IR. 97)	1—2	?	—
Zusammen	7—8	?	6—8
Alle zusammen	34—44	120	56

Kopfstärke der Kompanien 100—200 Mann

ein; jedoch waren nie alle gleichzeitig und mit vollem Mannschaftsstande eingerückt. Auch die Dauer ihres Dienstes war sehr verschieden; einzelne Kompanien gingen schon nach zwei bis drei Tagen wieder heim oder verringerten ihren Stand ganz wesentlich. Andere wieder blieben auch bis zu drei Wochen vollzählig im Dienste; dies waren jedoch Ausnahmen.

regierung schon am 29. April einen „Aufruf", nach dem alle gedienten Jahrgänge 1877 bis 1899, aber nur in Klagenfurt und in den vier Vorortegemeinden St. Ruprecht, St. Peter, St. Martin und Annabichl sofort zum Schutze der Heimat einzurücken hatten.

Am nächsten Tage beschloß der Wehrausschuß auf Grund der Bestimmungen des Gesetzes vom 6. Februar 1919 über die bewaffnete Macht zwei neue Einberufungskundmachungen, die eine für die unmittelbar bedrohten Gebiete (die Städte Klagenfurt und Villach mit den Vorortegemeinden und St. Veit), die andere für das übrige Kärnten. Doch wurde die Einberufung auf die Jahrgänge 1882 bis 1899 beschränkt. Die Gedienten der unmittelbar bedrohten Gebiete hatten sofort, die des übrigen Kärnten am 6. Mai, alle Nichtgedienten am 11. Mai einzurücken. Als Einrückungsorte wurden die Sitze der Bezirkshauptmannschaften bestimmt.

Diese Einberufungen wirkten sich jedoch erst Anfang Mai aus und fanden anfangs bei der Bevölkerung der bedrohten und angrenzenden Gebiete williges Gehör. Auch eine am 29. April in Klagenfurt abgehaltene Versammlung der Vertrauensmänner der sozialdemokratischen Arbeiterschaft beschloß, „zur Verteidigung der republikanischen Freiheiten des Landes Kärnten" der von der Landesregierung verfügten Einberufung Folge zu leisten, bestand jedoch auf der Einberufung a l l e r Wehrfähigen ohne Unterschied des Standes vom 18. bis zum 42. Lebensjahre. Die gleiche Versammlung beschloß auch die sofortige Bildung eines aus 250 organisierten Arbeitern bestehenden Arbeiterbataillons. Die Durchführung dieses Beschlusses wurde einem aus der Mitte der Versammlung gewählten sechsgliederigen Ausschuß übertragen, der sich mit dem Soldatenrat Klagenfurt ins Einvernehmen setzen sollte. Obgleich als Zweck des Arbeiterbataillons „der Schutz des Eigentums und die Verteidigung des Landes" vorgeschützt worden war, so blieb doch niemand verborgen, daß die neue, in Verbindung mit dem Soldatenrat und nicht mit dem Oberkommando zu schaffende Wehrformation als sozialdemokratische Parteiwehr und Gegengewicht gegen die Heimwehren und andere Freiwilligenabteilungen gedacht war. In der Tat liegen in diesem Arbeiterbataillon die Anfänge des späteren republikanischen Schutzbundes in Kärnten.

VIII. DIE ERSTEN VERHANDLUNGEN ÜBER DIE KÄRNTNER GRENZFRAGE IN PARIS
(Februar bis April 1919)

Am 18. Jänner 1919, genau 48 Jahre nach der Ausrufung des deutschen Kaisertums in Versailles, wurde die Pariser Friedenskonferenz durch Clemenceau eröffnet. An ihrer Spitze stand als eine Art Direktorium der Rat der Zehn oder der „Oberste Rat", dem Wilson, die Ministerpräsidenten und die Außenminister der fünf Hauptmächte angehörten, und zwar: für die Vereinigten Staaten: Präsident Wilson und Robert Lansing, für Großbritannien: Lloyd George und A. Balfour, für Frankreich: Clemenceau als Vorsitzender und Pichon, für Italien: V. E. Orlando und Baron Sonnino, für Japan: Marquis Saionjo und Makino. Er spaltete sich Ende März in den Rat der Vier (Wilson, Clemenceau, Lloyd George und Orlando) und den Rat der Fünf, d. i. der Außenminister der fünf Hauptmächte. Doch trat daneben bisweilen auch noch der Rat der Zehn zusammen. An den Sitzungen des Rates der Vier nahmen auch der englische Delegationssekretär Maurice Hankey und der italienische Delegationssekretär Aldrovandi-Marescotti teil. Ab Anfang Juli bestand der Oberste Rat aus den fünf ersten Delegierten, an Stelle Wilsons trat Lansing, an Stelle Lloyd Georges Balfour, an Stelle Clemenceaus Pichon. Italien war durch Tittoni, Japan durch Makino vertreten.

Schon Mitte Jänner hatte sich ein Teil der s ü d s l a w i s c h e n F r i e d e n s d e l e g a t i o n in Paris eingefunden. An ihrer Spitze standen als Bevollmächtigte Nik. Pašić als Vorsitzender (vorübergehend), Dr. Milenko Vesnić, bisher Vertreter der serbischen Regierung in Paris, und Dr. Anton Trumbić, Minister des Äußeren. Ende Jänner folgten die Fachleute und Sachverständigen für Grenzfragen. Nach und nach wuchs die Delegation auf 150 Personen an, darunter 20 Slowenen unter Führung Dr. J. Žolgers, des ehemaligen österreichischen Ministers, und Dr. Rybars, des früheren Abgeordneten von Triest. Für Kärnten waren Dr. Lambert Ehrlich und Pfarrer Georg Trunk als Sachverständige berufen worden.

Am 20. Jänner löste die Belgrader Regierung nach einer am 23. Juni 1921 im „Slovenski Narod" erschienenen Rechtfertigung Dr. Gregorins den Jugoslawischen Ausschuß auf. Zugleich nahm sie die Vertretung der Jugoslawen in der Öffentlichkeit für sich allein in Anspruch. Der Ausschuß blieb noch eine Zeitlang beisammen, erbot sich nach wie vor zur Propaganda für Südslawien, erhielt aber zum Ärger seiner Mitglieder von der Delegation keine Antwort und wurde schließlich ganz kaltgestellt.

Obwohl die Verhandlungen der verschiedenen Räte und Kommissionen der Friedenskonferenz geheim waren, so erhielt die jugoslawische Delegation doch, wie Bischof Jeglić und Pfarrer Trunk berichten, durch „einige gute Freunde" in den Kanzleien der französischen, englischen und amerikanischen Diplomaten über alle wichtigen Vorgänge Kenntnis. So vollzog sich in der „Hexenküche Paris" ein gut Teil der Arbeit der südslawischen Delegation „hinter Kulissen" (Trunk) und blieb diese „auf Umwegen" (Dr. Ravnihar) stets am laufenden. Besonders eifrig war der Verkehr mit Tardieu, dem Vorsitzenden der Kommission für rumänische und jugoslawische Gebietsfragen. Durch ihn erhielt die Delegation in kürzester Zeit Kenntnis von den Beschlüssen der Gebietskommission. Aber auch mit den Amerikanern Johnson und House stand sie in ständiger Verbindung. Vom Rate der Vier wurden die Führer der Delegation bis 12. Juni viermal empfangen. Unschwer war für die jugoslawische Delegation die Herstellung einer Verbindung mit der ausländischen, namentlich der Pariser Presse. Im März konnte „Slovenski Narod" berichten, daß 15 ausländische Blätter die Nachrichten des Laibacher Korrespondenzbureaus bringen, darunter acht französische.

Während also die jugoslawische Delegation schon seit Jänner 1919 in Paris den Boden für ihre Forderungen ebnen konnte, wurde die deutsch-österreichische Delegation erst vier Monate später für den 13. Mai nach St. Germain berufen.

Die Verhandlungen der Friedenskonferenz über die Kärntner Grenzfrage[42]) waren außerordentlich schwierig, da es sich nicht bloß um die an und für sich nicht leichte Feststellung der Grenze zwischen Deutsch-Österreich und Jugoslawien handelte, sondern auch Interessen Italiens hineinspielten. Es waren daher nationale, politische und wirtschaftliche Wünsche und Bedürfnisse dreier Nationen und Staaten zu berücksichtigen. Jetzt zeigte es sich, wie ungemein wichtig der Grenzraum um die Drei-Völkerecke bei Tarvis ist, in dem sich Deutsche, Slowenen und Italiener berühren. Trotz der Kleinheit des Raumes und der Fülle und Größe der anderen durch den Weltkrieg aufgeworfenen Probleme haben die damaligen Herren der Welt sehr viel Mühe und Zeit zur Lösung der Grenzfrage in diesem Raum verwenden müssen.

Die Entente hatte im Vertrag von London vom 26. April 1915 I t a l i e n eine Grenze zugesichert, die von den Karnischen Alpen über die Tarviser Berge und weiter nach der Wasserscheide der Julischen Alpen über den Predil, den

---

[42]) Bericht über die Tätigkeit der deutsch-österreichischen Friedensdelegation in St. Germain en Laye. Nr. 379 der Beilagen der konstituierenden Nationalversammlung, Wien 1919. — A. Jeglič, In Paris. (Übersetzung.) „Slovenec" vom 8. Juni 1919, Nr. 131. — K. Triller, In Paris. (Übersetzung.) „Slovenski Narod" vom 10. Juni 1919, Nr. 135. — J. Trunk, Ein Bericht aus Paris. (Übersetzung). „Mir" vom 12. Juli 1919, Nr. 22. — Ders., Die grüne Linie. (Übersetzung). „Mir" vom 23. Juli 1919, Nr. 24. — J. Žolger, Quo vadimus. (Übersetzung.) „Slovenski Narod" vom 2. Juni 1921, Nr. 121. — J. Brejc, Vom Umsturz bis zur Verfassung. (Übersetzung.) In: Slovenci v Desetletju 1918—1928. Laibach 1928, S. 160f. — L. Ehrlich, Kärnten auf der Friedenskonferenz in Paris. (Übersetzung.) „Ponedelski Slovenec" vom 18. April 1932. — L. Aldrovandi-Marescotti (Sekretär der italienischen Friedensdelegation), Guerra diplomatica. Ricordi e frammenti di diario (1914—1919). Milano 1936. — Ders., Nuovi ricordi e frammenti di Diario per far seguito a guerra diplomatica (1914—1919). Milano 1938. — Silvio Crespi (italienischer Ernährungsminister und Delegierter), Alla difesa d'Italia in Guerra e a Versailles. Diario 1917—1919. Milano (1937) (I). Deutsche Übersetzung von Elisabeth Gräfin Mandelsloh unter dem Titel „Silvio Crespi, Verlorener Sieg. Italien und die Alliierten 1917—1919". Verlag Callwey, München (1940), (II). — D. H. Miller a. a. O. — S. Wambaugh a. a. O., Bd. I, S. 161—205. — Almond-Lutz a. a. O. — Roland L'E. Bryce, Das Klagenfurter Becken. In: H. Temperley, A History of the peace conference of Paris. Bd. 4, London 1921, Kap. VI, S. 368ff. Abgedruckt in deutscher Übersetzung von Erich Rader in Carinthia I, 1940, S. 87ff. — H. Nicolson, Friedensmacher 1919. Berlin 1934.

Mangart und Triglav, dann über die Pässe von Podbrdo, Podaneskan und Idria und schließlich über den Schneeberg zur Küste verläuft. Diese Grenze weist die von Slowenen bewohnten Teile von Görz, Krain, Triest und Istrien Italien zu. Schon dadurch entstand in Paris eine überaus heikle Lage. Während der ganzen Dauer der Friedenskonferenz war das Verhältnis zwischen Italienern und Jugoslawen äußerst gespannt. Vesnić erklärte schon in der ersten Besprechung mit dem Rat der Zehn am 18. Februar, seine Delegation betrachte jedes Übereinkommen für null und nichtig, das über das jugoslawische Volk ohne seine Zustimmung verfüge. Die Italiener dagegen betrachteten die Slowenen und Kroaten als ihre erbittertsten Feinde und wollten die jugoslawischen Delegierten nicht als Vertreter des völkerrechtlich noch nicht anerkannten „Vereinigten Königreichs der Serben, Kroaten und Slowenen", sondern nur als Vertreter des Königreiches Serbien anerkennen, weshalb es in den Verhandlungen wiederholt zu Zusammenstößen kam[43]). Tatsächlich wurde der Staat der Serben, Kroaten und Slowenen von den Hauptmächten erst am 1. Mai 1919 bei der Beglaubigung der deutschen Vollmachten de facto als neuer Staat anerkannt, von Italien aber erst am 28. Juni 1919 durch die Mitunterzeichnung des Versailler Vertrags, in dessen Präambel der SHS-Staat angeführt wird[44]).

Durch den Londoner Vertrag wurde auch das kärntnische Kanaltal den Italienern zugesprochen, die es daher schon im November 1918 besetzten, wobei sie bis heraus nach Thörl vorrückten. Es entspricht, abgesehen von Thörl, das im Gerichtsbezirk Arnoldstein liegt, ungefähr dem ehemaligen österreichischen Gerichtsbezirk Tarvis, der 1910 bei einem Flächeninhalt von rund 360 km² von 5622 Bewohnern mit deutscher, 1541 Bewohnern mit slowenischer Umgangssprache und 233 Andersprachigen (darunter 216 Soldaten) bewohnt war.

Das vielumstrittene, östlich von Tarvis liegende, die Täler der Wurzener und der Wocheiner Save umfassende „Dreieck von Aßling" lag außerhalb der im Londoner Vertrag bestimmten Grenze und wurde schon bald nach dem Waffenstillstandsvertrag von Laibach aus besetzt. Es umfaßt die ehemaligen österreichischen Bezirke Kronau und Radmannsdorf, hat eine Fläche von 1074 km² und zählte 1910 33 673 Einwohner, darunter 1690 Deutsche und 31 917 Slowenen. Dazu gehörte auch die Gemeinde Weißenfels mit 775 Deutschen und 141 Slowenen, die im Gebietsgesetz vom 22. November 1918 von Österreich beansprucht wurde.

Die Ansprüche der Jugoslawen auf ganz Südkärnten bis Hermagor oder gar Mauthen hinauf berührten daher, da sie auch das Kanaltal einschlossen, nicht nur Kärnten und Deutschösterreich, das auch für den Bezirk Tarvis eine Volks-

---

[43]) Crespi I, S. 270, 295, 317, 337; II, S. 146, 162, 177, 190.
[44]) Holzer, a. a. O., S. 73. — Die Vereinigten Staaten anerkannten den SHS-Staat durch die Note Lansings vom 5. Februar 1919, die englische Regierung erst am 2. Juni, die französische am 6. Juni 1919. Schilling, a. a. O., S. 135.

abstimmung verlangte[45]), sondern auch Interessen Italiens. Durch das Kanal- und das untere Gailtal geht der ganze Verkehr von Oberitalien nach Villach, das ihn nach Salzburg, Linz, Wien und über Klagenfurt, Marburg und Graz nach Budapest weiterleitet. Eine ähnliche Rolle spielt für den Verkehr Italiens das Aßlinger Dreieck durch die Karawanken- und Wocheinerbahn, die den Verkehr zwischen Triest und seinem nördlichen Hinterland vermittelt. Dazu kommt noch, daß die Karnischen Alpen und die Karawanken mit dem Paß- knotenpunkt Tarvis die Nordflanke Italiens decken.

In Italiens Interesse lag es daher, daß die Wege von Oberitalien und Triest nach Villach und Klagenfurt frei bleiben und nicht durch Zollschranken einer dritten Macht zerstückelt werden. Darum strebte Italien nach der endgültigen Zuerkennung des ihm bereits zugesprochenen Kanaltales und konnte es nur wünschen, daß weder das Gailtal, noch das Klagenfurter Becken, noch der wei- tere Talweg der Drau nach Marburg, noch das „Aßlinger Dreieck" in die Hän- de der Jugoslawen komme. Italiens Interessen und Ziele deckten sich somit in Hinblick auf die Forderungen der Jugoslawen nach Südkärnten vielfach mit de- nen Kärntens und Deutsch-Österreichs. Damit war seine Haltung auf der Frie- denskonferenz von selbst gegeben. Wenn die italienischen Delegierten in den verschiedenen Räten der Friedenskonferenz die Interessen Italiens mit Nach- druck und Hartnäckigkeit verfochten, so kam dies auch Kärnten und Deutsch- Österreich zugute. So besaß Kärnten in der Friedenskonferenz zwei Anwälte: die Amerikaner und die Italiener.

Ganz anders war die Haltung der F r a n z o s e n. Ihnen war es in erster Linie um eine Schwächung des Deutschtums zu tun. „Journal des Debats" vom 16. März 1919 stellt in einem Aufsatz über die Draugrenze in Kärnten als Hauptziel hin, daß in allen Ländern von den Dolomiten bis Ungarn ein Wall gegen Deutschland errichtet werden müsse. Die französische Presse sah das Grenzland Kärnten als deutsches Bollwerk an, das geschwächt werden müsse, indem man ihm seine sichere Südgrenze, die Karawankengrenze, nehme. Die Meinung des „Journal des Debats" war wohl auch die der maßgebenden fran- zösischen Politiker, denn während der ganzen Verhandlungen der Friedenskon- ferenz zeigten die Vertreter Frankreichs warme Sympathien gegenüber den Ju- goslawen und traten sie für die jugoslawischen Forderungen ein. Als im Mai 1921 die Laibacher Blätter heftige Angriffe gegen Tardieu wegen seiner Haltung auf dem Friedenskongreß erhoben, stellte Dr. Žolger im „Slovenski Narod" vom 2. Juni 1921 folgendes fest: „Wenn die französischen Delegierten und Sachverständigen (Clemenceau, Tardieu, La Roche und andere) der südslawi-

---

[45]) Denkschrift des deutsch-österreichischen Staatsamtes für Äußeres an die Friedenskonferenz, Frühjahr 1919. Zl. I — 2149/4. — Denkschrift der deutsch-österreichischen Friedensdelegation vom 16. Juni 1919 (Bericht I, 135, 144) u. Gegenvorschläge der deutsch-österreichischen Delegation vom 25. Juni 1919 (Bericht I 197).

schen Delegation nicht überall und ohne Vorbehalt an die Hand gegangen wären, so würde in Marburg gewiß nicht die jugoslawische Fahne wehen, würden die Bewohner des Murgebietes unter ungarischem Terror schmachten und hätten die Jugoslawen Kärnten uneingeschränkt verloren." Tardieu „drehte" sogar, wie Žolger weiter berichtet, als Vorsitzender der Gebietskommission verschiedene Beschlüsse des Obersten Rates ein paarmal zugunsten der Jugoslawen um, so daß er in Streit mit den Vertretern anderer Großmächte kam. „Die Franzosen stellten sich" — immer nach Žolger — „bezüglich Kärntens ganz auf den jugoslawischen Standpunkt und waren die einzigen, die sich durch den Bericht des Oberstleutnants Miles nicht beeinflussen ließen."

Wichtige Dienste leistete den Südslawen auch die französische Presse. Sooft eine wichtigere Frage auftauchte, traten die Pariser Blätter für die Südslawen ein, namentlich „Journal de Debats" und „Le Temps". „Journal de Debats" bereitete schon vor der Übergabe der Denkschrift Žolgers die Öffentlichkeit auf die angeblich vollständig gerechten südslawischen Grenzwünsche vor und suchte deren Berechtigung ganz nach dem Muster der Laibacher Blätter zu begründen. „Le Temps" hatte im Jänner 1919 einen eigenen Berichterstatter nach Laibach entsendet der unter anderen Merkwürdigkeiten auch fand, daß man in Villach effektiv innerhalb der Grenzen des slowenischen Vaterlandes sei. Im September 1919 bereiste Graf Begouen als Berichterstatter des „Journal de Debats" in Begleitung des Landespräsidenten Dr. Brejc die Zone I.

Die Vertreter **Großbritanniens** standen der Kärntner Grenzfrage kühl gegenüber. Die Propaganda des jugoslawischen Ausschusses, der bis kurz vor Eröffnung der Friedenskonferenz sich in London aufgehalten hatte, scheint nicht viel Wirkung erzielt zu haben. Manche Engländer fanden die Ansprüche der Slowenen übertrieben. Sogar die von Seton Watson herausgegebene Wochenschrift „New Europe" rügte Anfang März 1919 den eigenartigen Chauvinismus der Jugoslawen, der eine Entschuldigung darin finde, daß sie sich mit dem Verlust eines Drittels ihrer kleinen Nation an die Italiener bedroht sähen; trotzdem könne man unmöglich ihre Ansprüche auf so überwiegend deutsche Städte wie Villach und Klagenfurt ernst nehmen. Viel derber drückt sich der Gesandtschaftssekretär H. Nicolson über die jugoslawischen Ansprüche aus.

Die Vertreter der **Vereinigten Staaten** hielten sich mit einer einzigen Ausnahme (Johnson) an den Mehrheitsbericht der Miles-Kommission. Da keine andere Delegation so eingehende und verläßliche Informationen besaß wie die amerikanische, so wurden die amerikanischen Delegierten in den Verhandlungen über die Kärntner Frage führend. Wilson, der durch seine Schwäche am deutschen Volk so schwer gesündigt hat, erwies sich, gestützt auf den Miles-Bericht, in der Frage, ob das Kärntner Problem mit oder ohne Volksabstimmung gelöst werden soll, als unerbittlich. —

Am 18. Februar wurden Vesnić, Trumbić und Žolger vom Rate der Zehn zum erstenmal empfangen. Žolger überreichte eine kurze Denkschrift über die slowenischen Grenzforderungen in Kärnten und Steiermark[46]). Sie bringt zunächst einen kurzen geschichtlichen Rückblick mit den in der slowenischen Propaganda üblichen Entstellungen. Es wird da behauptet, die deutschen Grundherren hätten im Mittelalter den christlichen Glauben mit Eisen und Blut verbreitet und die geraubten und verlassenen Besitzungen der slowenischen Bauern an ihre Krieger und Diener verteilt. In den letzten 50 Jahren hätten die Landesbehörden, Gemeinden, Eisenbahnen und sogar die Kirchen alles mögliche getan, um das slowenische Element zu ersticken. Die Schulen seien zuletzt deutsch gewesen, ausgenommen 3, obwohl es um 1860 mehr als 50 slowenische Schulen gegeben habe. In Klagenfurt sei um 1860 in den Schulen slowenisch unterrichtet worden; heute sei an diesen Schulen die lateinische Schrift gänzlich ausgelöscht, da man das Lesen slowenischer Bücher verhindern wolle. Die slowenische Sprache sei bei den Behörden fast vollkommen verdrängt. Die slowenischen Beamten seien weiße Raben. Slowenische Rechtsanwälte, die gefordert hätten, daß vor Gericht slowenisch verhandelt werde, seien disziplinarisch bestraft worden. Im Weltkrieg sei die slowenische Intelligenz, besonders die geistliche, wegen ihrer serbenfreundlichen Haltung zu Kerkerstrafen verurteilt oder ausgewiesen worden. Dann wird verlangt, daß die Grenze nach der Volkszugehörigkeit der breiten Massen, ohne Rücksicht auf die Städte mit ihrem, wie es heißt, künstlichen deutschen Charakter bestimmt werde, und zwar nicht nach den Ergebnissen der letzten Volkszählung, sondern nach älteren Beschreibungen der Sprachgrenze (Petz, Hain, Czoernig und Hermanitz); es müßten nämlich auch jene Gebiete gefordert werden, die in den letzten 50 oder 60 Jahren germanisiert worden seien; das letzte Dorf, in dem die Tradition slowenische Bewohner nachweise, müsse von der Grenze einbezogen werden, vor allem auch das geschichtliche Zollfeld, „wo die Herzoge des slowenischen Volkes, darunter auch einige deutsche, belehnt worden seien". Die neue Staatsgrenze müsse daher knapp östlich von Hermagor, nördlich von Villach und vom Zollfeld, dann längs der Nordgrenze des Bezirkes Völkermarkt mit Ausschluß von Pustritz, endlich längs der Nordgrenze der Gemeinden Lavamünd und Kienberg verlaufen. Das ganze geforderte Gebiet sollte ohne weiters Südslawien zugesprochen werden. Um die Forderung nach den rein deutschen Städten Villach und Klagenfurt zu rechtfertigen, behauptet die Denkschrift, Villach, obzwar stark germanisiert, bilde doch einen Teil des slowenischen Gebietes und sei der wirtschaftliche Mittelpunkt des „slowenischen Kärnten"; übrigens sei hier die slowenische Sprache aus dem öffentlichen Leben und in den Ämtern erst zu Ende des vorigen Jahrhunderts verdrängt worden und werde dort noch

---

[46]) Abgedruckt im „Slovenec" vom 30. März 1919, Nr. 73.

heute in den Kirchen slowenisch gepredigt. Noch 1857 sei in allen Schulen Villachs slowenisch gelehrt worden. Klagenfurt aber sei um die Mitte des vorigen Jahrhunderts der Mittelpunkt des slowenischnationalen Lebens und eine zum größten Teile slowenische Stadt mit 6000 Slowenen (= 63,7 v. H.) und 3419 Deutschen gewesen.

Mündlich führte Dr. Žolger noch an[47]), daß die verlangte Grenze sowohl den ethnischen als auch den geographischen Gegebenheiten entspreche, mit den Ergebnissen der österreichischen Volkszählung jedoch nicht übereinstimme; doch habe diese nicht die Nationalität, sondern die Umgangssprache erfaßt und die Deutschen begünstigt; sie verdiene daher kein Vertrauen; es müßte auch die Zählung von 1849 bis 1851 — auf die Hain, Czoernig und Ficker fußen — herangezogen werden, die in weniger parteiischer Weise durchgeführt worden sei als die späteren, denn seit 1870 sei die pangermanische Idee und der Drang nach der Adria der Leitgedanke der Zentralmächte gewesen; die jugoslawische Delegation schlage vor, nicht die österreichische Volkszählung, sondern die Angaben der Pfarr-Register (gemeint ist der „Personalstand der Diözese Gurk") über die Predigtsprache zu berücksichtigen; die Verminderung des slowenischen Elementes sei nicht das Ergebnis einer natürlichen Entwicklung, sondern das Werk einer überlegten Zwangspolitik, das bei Festsetzung der künftigen Staatsgrenze nicht verewigt werden dürfe.

Soweit die Denkschrift und die Ausführungen Dr. Žolgers vor dem Rat der Zehn.

Die ganze Beweisführung steht auf schwachen Füßen. Die Christianisierung, Kolonisierung und Germanisierung hat sich bekanntlich nicht auf gewalttätige Weise, sondern durchaus friedlich vollzogen, wie auch das Schwinden des slowenischen Elementes in den letzten 50 Jahren und früher nicht auf eine „überlegte Zwangspolitik", sondern im wesentlichen auf die gegebenen geographischen, wirtschaftlichen, kulturellen und Siedlungsverhältnisse zurückzuführen ist. Die Schule in den gemischtsprachigen Landesteilen war ein mit den Wünschen der überwiegenden Mehrheit der Bevölkerung übereinstimmendes zwangsläufiges Ergebnis dieser Verhältnisse. Außer den drei slowenischen Schulen gab es zahlreiche utraquistische, für die drei verschiedene Lehrpläne mit geringerer oder stärkerer Betonung des Slowenischen vorgesehen waren. Die Bevölkerung konnte einen von diesen Lehrplänen wählen und war in ihrer Mehrheit mit der Schule zufrieden. Daß in Klagenfurt und Villach „slowenisch unterrichtet" wurde, ist richtig, aber dies geschah nur in den Lehrstunden für den Unterricht in der slowenischen Sprache, die für die fast ausnahmslos von auswärts stammenden und während des Schuljahres in Klagenfurt und Villach wohnenden slowenischen Schüler und für jene deutschen Schüler, die diese

---
[47]) Miller, Bd. 14, S. 488 ff.; Almond-Lutz, S. 359, Nr. 124.

Stunden freiwillig besuchen wollten, eingerichtet waren. Der gesamte übrige Unterricht war rein deutsch. Unwahr ist, daß die lateinische Schrift aus den Schulen ausgelöscht wurde. In sämtlichen Schulen wurde neben der deutschen auch die lateinische Schrift gelehrt und geübt, insbesondere auch in den utraquistischen Schulen, für die die Speziallehrpläne von 1890, 1891 und 1902 ausdrücklich die Einübung der lateinischen Lautzeichen vorschrieben. Bei den politischen Ämtern und bei den Gerichten der gemischtsprachigen Bezirke wurde mit slowenischen Parteien auch in slowenischer Sprache verhandelt und wurden auch slowenische Eingaben angenommen und zum Teil auch slowenisch erledigt. Den slowenischen Rechtsanwälten, die übrigens auch das Deutsche vollkommen beherrschten, war es gestattet, vor Gericht slowenische Vorträge zu halten, wenn die Gegenpartei und ihr Vertreter slowenisch verstanden. Die von der Denkschrift erwähnte disziplinarische Bestrafung zweier Rechtsanwaltsanwärter — übrigens ein vereinzelter Fall — erfolgte wegen Verletzung ihrer Berufspflichten durch die Advokatenkammer und wurde durch den Obersten Gerichtshof bestätigt. Stets hat es in Kärnten auch slowenische Staatsbeamte und Richter gegeben. Wenn ihrer nicht allzu viele waren, so ist dies darauf zurückzuführen, daß die Slowenen zu 70% Bauern waren und sich die slowenischen Studenten, die übrigens in wirtschaftlicher Hinsicht im deutschen Klagenfurt mit Hilfe deutschen Geldes viel mehr unterstützt wurden als die slowenischen Studenten in Laibach, meist dem geistlichen Berufe widmeten. Es gab ja auch unter den 41 Rechtsanwälten nur zwei Slowenen, darunter den eingewanderten Dr. Brejc. Die vorübergehende Verhaftung slowenischer Geistlicher im Weltkrieg war auf Anordnung des Militärgerichtes erfolgt und bei dem Verhalten eines Teiles des slowenischen Klerus während des Balkankrieges nur zu begreiflich. Ein einziger Geistlicher und der Abgeordnete Grafenauer wurden wegen hochverräterischer Äußerungen mit Gefängnis bestraft. Villach war seit jeher eine reindeutsche Stadt. Daß dort noch 1919 in den Kirchen slowenisch gepredigt wurde, ist frei erfunden. Nach dem geistlichen Personalstand der Diözese Gurk von 1917/18 sind alle drei Stadtpfarren von Villach rein deutsch. Der Mittelpunkt des slowenisch-nationalen Lebens war stets Laibach, niemals Klagenfurt. (Vgl. S. 9, 20.) Die in der Denkschrift für das Jahr 1850 angeführten Zahlen der Slowenen und Deutschen in Klagenfurt wurden wiederholt auf Grund einer ganzen Reihe zeitgenössischer Quellen einwandfrei als irrtümlich erwiesen[48]. Nur ein zeitgenössischer Gewährsmann sei hier angeführt: Andreas Einspieler, der damalige Führer der nationalen Slowenen in Kärnten, der 1861 diese Zahlen mit den Worten ablehnte: „So etwas kann wohl nur ein Dichter schreiben", die beiden Hauptpfarren in Klagenfurt unter den r e i n deutschen Pfarren anführt und deren Seelenzahl mit 12342 beziffert. Die verlangte Grenze ent-

---

[48] Vgl. Freie Stimmen vom 16. April 1910, Nr. 44 und Carinthia I, 1919, S. 8.

sprach weder den ethnischen noch den geographischen Verhältnissen. Die Zählung nach der Umgangssprache wurde unter dem deutschfeindlichen Ministerium Taaffe eingeführt, nicht um die Germanisierung zu fördern, sondern im Sinne eines Beschlusses des internationalen statistischen Kongresses von Petersburg (1872)[49]. Die Angabe der Pfarr-Register über die Predigtsprache kann niemals das Ergebnis der amtlichen Volkszählung widerlegen, denn die Predigtsprache hing ganz von der Willkür der Pfarrer ab, und diese waren in allen gemischtsprachigen Pfarren, sogar in den deutschen Grenzpfarren, Slowenen, die an der slowenischen Predigt festhielten, obwohl die deutschen Pfarrinsassen deutsche Predigten verlangten[50]. Übrigens: ob slowenische Umgangssprache oder Predigtsprache: keine von beiden ist in einem Gebiete, dessen Bevölkerung in der Regel beide Sprachen spricht, blutmäßig so gemischt, kulturell, wirtschaftlich und politisch vom Deutschtum so stark beeinflußt und geschichtlich mit ihm so innig verbunden ist, für die Volkszugehörigkeit entscheidend.

Die Ausführungen Žolgers stellen nur einen Auszug einer umfangreichen ungedruckten Denkschrift „Frontière entre le royaume des Serbes, Croates et Slovènes et l'Autriche Allemande" dar und werden von dieser an Kühnheit der Behauptungen noch übertroffen. Der Rückgang der Slowenen bei den Volkszählungen sei, so wird da behauptet, nicht das Ergebnis einer natürlichen sozialen Entwicklung, sondern lediglich auf den pangermanischen Druck zurückzuführen, der seit 1870, insbesondere aber seit Abschluß des deutsch-österreichischen Bündnisses, von Berlin ausgegangen sei, auf den deutschen Drang zur Adria, auf das ungesetzliche und gewaltsame Vorgehen der pangermanischen örtlichen und provinziellen Bürokratie und den Terrorismus der privaten Propaganda, kurzum auf eine Politik der Gewalt, die sich seit 1870 zu einer wahren „Schreckensherrschaft" entwickelt habe; insbesonders sei die Germanisierung des Gebietes nördlich der Linie See—Glanfurt—Glan—Gurk eine Folge dieser intensiven Propagierung pangermanischer Ideen und der seit 1850, besonders seit 1870, verfolgten Politik. Die Bevölkerung von Klagenfurt, das 1910 (ohne Militär) nur 595 Bewohner mit slowenischer Umgangssprache (= 2,3%) zählte, stamme zu einem Drittel aus slowenischen Gegenden; aber auch die restlichen zwei Drittel beherrschten die slowenische Sprache, hätten jedoch diese wegen der herrschenden politischen Verhältnisse bei der Volkszählung nicht als Umgangssprache angegeben; Klagenfurt sei noch heute der intellektuelle und wirtschaftliche Mittelpunkt der Slowenen und bilde daher einen organischen Bestandteil des slowenischen Gebiets.

Als künftige Staatsgrenze wurde in dieser Denkschrift die Linie: Roßkofel in den Karnischen Alpen — Hermagor — Spitzegel — Mittagsnock — Draudurch-

---

[49] Vgl. Mayrhofer v. Grünbühel, Die Volkszählung in Österreich, 5. Auflage, Graz 1910, S. 104 f.
[50] Vgl. Klagenfurt. Eine Entgegnung, S. 2 (Villach 1919).

bruch bei Gummern — Ossiacher Tauern — Ulrichsberg — Saualpe — Koralpe gefordert.

Zur eingehenderen Begründung der Grenzforderungen legte die südslawische Delegation der Friedenskonferenz die „Traveaux ethnographiques" (Paris 1919) vor, das sind 14 von Fachleuten der südslawischen Gebietssektion ausgearbeitete Denkschriften über die gesamten Grenzforderungen. Die siebente dieser Denkschriften, betitelt „La Carinthie", befaßt sich mit Kärnten und stammt der Hauptsache nach von Theologieprofessor Dr. Lambert Ehrlich. Außerdem wird Kärnten auch in der Denkschrift des Belgrader Universitätsprofessors Jovan Cvijić „Frontière septentrionale des Yougoslaves" ausführlicher behandelt[51]). Beide Denkschriften sind mit Karten versehen. Cvijić und Ehrlich behaupten, daß die ethnographische Grenze zwischen Deutschen und Slowenen um die Mitte des 19. Jahrhunderts über die Ossiacher Tauern, den Ulrichsberg und den Magdalensberg gelaufen sei und berufen sich hierbei namentlich auf Czoernig und Hain, obwohl diese, wie wir oben gesehen haben[52]), nicht die ethnographische Grenze zwischen Deutschen und Slowenen, sondern die Grenze des reindeutschen Sprachgebietes über die Gegend des Ulrichsberges ziehen, Hain als Nordgrenze des deutschen Sprachgebietes den Parallelkreis von Klagenfurt angibt und Czoernig sogar das obere Rosental, Teile der Sattnitz und die Umgebung von Völkermarkt als vorwiegend deutsch bezeichnet. Die heutige ethnographische Grenze zieht Ehrlich auf Grund der Predigtsprache in der Gegend von Klagenfurt über Tultschnig (5 km nordwestlich von Klagenfurt) und Ottmanach auf den Magdalensberg. Die Stadt Klagenfurt hängt nach ihm nur durch einen etwa 3 km breiten Streifen zwischen Tultschnig und der Glan mit dem übrigen deutschen Sprachgebiet zusammen, während nach der Sprachenzählung von 1910 die nördlich und nordwestlich von Klagenfurt liegenden Gemeinden Pörtschach, Krumpendorf, Lendorf und Annabichl der Umgangssprache nach zu 94 und 98% deutsch waren und somit eine 20 km breite, fast rein deutsche Brücke zum Norden bilden. Auf den Karten erscheint der größte Teil des gemischtsprachigen Gebietes zu 100% slowenisch und ist die Sprachgrenze im Flachland überall zu weit im Norden gezogen. Von den deutschen Sprachinseln sind bei Ehrlich nur Tarvis, Malborgeth und Völkermarkt aufgenommen, bei Cvijić außerdem noch Velden. Doch sind Völkermarkt und Velden auf beiden Karten so klein gezeichnet, daß sie fast verschwinden. Die Karten geben daher von den tatsächlichen Verhältnissen ein ganz falsches Bild.

---

[51]) „La Carinthie" wurde uns schon im Mai 1919 bekannt (vgl. die Besprechung in Carinthia I, 1919, S. 74), die „Traveaux" erst 1923 (vgl. Carinthia I, 1923, S. 61).

[52]) Vgl. oben S. 12 f. Schon J. K. Kindermann zieht auf seinen Karten des Villacher und des Klagenfurter Kreises (1790 u. 1809) die Grenze zwischen der deutschen und windischen Sprache von Villach längs der Reichsstraße bis Velden, dann nach der Mittellinie des Wörthersees gegen Klagenfurt, von da längs der Völkermarkter Straße bis zur Gurk, dann diese aufwärts bis Wind. St. Michael.

Schließlich waren einige jugoslawische Denkschriften auch der Stadt Villach gewidmet, die als Brückenkopf und Ausfallstor für das pangermanische Streben zur Adria und als wichtigster strategischer Punkt des Südgermanismus hingestellt wurde, der aber ehtnographisch, wirtschaftlich und geographisch zum jugoslawischen Interessengebiete gehöre.

Ein schwerer Schlag für die Jugoslawen war die ihnen irgendwie bekannt gewordene Empfehlung des vierten Mitglieds der amerikanischen Kommission, ihres Vertauensmannes Prof. K e r n e r, der die Drau als künftige Staatsgrenze vorschlug. Sie waren daher bemüht, die geographische, wirtschaftliche, ethnographische und geschichtliche Einheit und die Unteilbarkeit des Klagenfurter Beckens, das sie im Norden allerdings nur bis zur Linie Ossiacher Tauern — Ulrichsberg — Christofberg erstreckten, nachzuweisen.

Diesem Zwecke dienten zwei Denkschriften, die im Frühjahr 1919 unter dem Titel „Celovec" und „La frontière Slovène — Allemande" erschienen. Die erste, verfaßt von L. Ehrlich, zeigt, daß Klagenfurt der natürliche Mittelpunkt des zwischen der Linie Ossiacher Tauern — Ulrichsberg — Magdalensberg — Saualpe und den Karawanken liegenden Beckens, einer „individuellen geographischen Einheit" ist, und behauptet, daß es auf ethnographisch slowenischem Gebiete liege, verkehrsgeographisch und wirtschaftlich zu Südslawien gehöre und immer ein politisches und kulturelles „südslawisches" Zentrum gewesen sei. Die zweite führt den Untertitel „Die Drau kann niemals Staatsgrenze sein", verweist auf die untrennbaren wirtschaftlichen Verkehrszusammnhänge zwischen dem Nordufer und dem Südufer der Drau, die auch politisch niemals eine Grenze gebildet habe, und kommt zum Schluß: die Festsetzung der Drau als Staatsgrenze wäre eine geographische, ethnographische und wirtschaftliche Widersinnigkeit. Der Anhang dieser Schrift: „Sphère économique Celovec — Maribor" ist auch als Sonderabdruck erschienen (Laibach 1919) und behauptet auf Grund falscher und einseitiger Zahlen, daß die „Wirtschaftseinheit" Klagenfurt — Villach mit dem übrigen Kärnten „keinen wirtschaftlichen Zusammenhang habe", und Klagenfurt vom Süden und Osten, also von Jugoslawien, abhängig sei. Diese und andere, manchmal geradezu läppische Behauptungen waren für die mit den wirklichen Verhältnissen wenig vertrauten Pariser Diplomaten und Journalisten berechnet und konnten rechtzeitig durch eine Gegenschrift „Klagenfurt, eine Entgegnung" (Villach 1919) widerlegt werden. Insbesondere konnte auf Grund eingehender statistischer Nachweise der Staatsbahndirektion Villach gezeigt werden, daß die von der Gegenseite ins Treffen geführten Zahlen über den Warenverkehr Klagenfurts grundfalsch sind und der wirtschaftliche Verkehr der Stadt mit dem Norden siebenmal so stark war wie der mit jugoslawischen Ländern.

Im Kampf gegen die Draugrenze wurden die Jugoslawen durch A. Gouvain, einen bekannten deutschfeindlichen Pariser Journalisten, unterstützt, der gegen sie im „Journal des Debats" aus politischen, wirtschaftlichen und ethnographischen Gründen Stellung nahm und verlangte, daß die Grenze weiter nördlich gezogen werde.

So bekräftigten Jugoslawen und Franzosen die vom Mehrheitsbericht der Miles-Kommission festgestellte Einheit des Beckens und gewann der von Kärnten seit jeher verfochtene und auch gegen die Ansprüche Laibachs immer wieder ins Treffen geführte Grundgedanke der Einheit und Unteilbarkeit des Klagenfurter Beckens dank der Unersättlichkeit des Gegners eine wertvolle Stütze, ohne daß man damals in Kärnten davon eine Ahnung gehabt hätte. —

Am 22. Februar beschloß der Rat der Zehn, die weitere Beratung und Begutachtung der durch Vesnić, Trumbić und Žolger aufgeworfenen Gebietsfragen der bereits bestehenden „Kommission für das Studium der Gebietsfragen bezüglich Rumäniens" zuzuweisen und sie zu beauftragen, Vorschläge für eine gerechte Lösung vorzulegen. Dadurch wurde diese Kommission zur „Kommission für das Studium der Gebietsfragen Rumäniens und Jugoslawiens" (im folgenden kurz „Gebietskommission" genannt). Die Italien unmittelbar betreffenden Fragen wurden auf Verlangen Sonninos ausgenommen und blieben dem Obersten Rate vorbehalten[53]). Dadurch zogen sich die Verhandlungen über die Kärntner Grenzfrage außerordentlich in die Länge. Die Gebietskommission bestand aus je zwei Vertretern der Vereinigten Staaten (Dr. Charles Seymour, Chef der österreichisch-ungarischen Abteilung der Delegation der Vereinigten Staaten, und Dr. C. Day), Englands (Sir Eyre Crowe und M. Leeper), Frankreichs (A. Tardieu als Vorsitzendem und La Roche) und Italiens (Martino und Conte Vanutelli).

Am 2. März verhandelte die Gebietskommission über die Grenzen in Steiermark und Kärnten[54]). Der Vertreter der Vereinigten Staaten Seymour schlug in Steiermark eine Grenze vor, die sich von der Gegend von Mureck nach Südwesten gegen die Drau zuwendet und einer Wasserscheide zweiten Ranges (Posruck) sowie der Grenze „des politischen Bezirkes"[55]) bis zu dem Punkte, wo sie westlich von Marburg die Drau schneidet, folgt. Weiter westlich sollte die Grenze der Wasserscheide südlich der Drau und der Grenze Kärntens bis südlich Klagenfurt folgen. Zur Begründung dieses Vorschlages verwies er auf die wirtschaftliche Einheit des Klagenfurter Beckens, den Wunsch der Bevölkerung, bei Kärnten zu bleiben und die Teilnahme der Slowenen an den Jännerkämpfen, die als eine Volksabstimmung betrachtet werden könne.

Die von den britischen Sachverständigen empfohlene Grenze deckt sich bis zum Hühnerkogel mit der von den Amerikanern vorgeschlagenen Linie und verläuft von hier nach Südwesten gegen den Grintouz. Das Mießtal wurde also

---

[53]) Almond-Lutz, S. 361, Nr. 125. Crespi, I, S. 295; II, S. 162.
[54]) Siehe Anhang II, Nr. 1.
[55]) Gemeint ist, wie aus dem folgenden hervorgeht, die Grenze der politischen Bezirke Marburg und Mahrenberg. Der Schnittpunkt liegt also bei Unterdrauburg.

durch diese Grenze ausgeschlossen. Doch war die britische Delegation bereit, eine „mehr südliche" Linie anzunehmen.

Die Vertreter Italiens empfahlen, Marburg und Klagenfurt bei Deutsch-Österreich zu belassen und die Grenze von der Gegend bei Pragerhof nach der Wasserscheide über die Punkte „1577 nördlich Schönstein" (Velka Kapa 1542 m?, also über den Kamm des Bachergebirges), 1696 (Ursulaberg), dann südlich Eisenkappel und weiter nach der alten Grenze zwischen Kärnten und Krain bis zum Punkte 1370 (Loibl) zu ziehen. Weiter westlich blieb die Grenze wegen des Vorbehaltes der Italiener von den Verhandlungen der Gebietskommission ausgeschaltet.

General Le Rond bemerkte namens der französischen Delegation, daß „das Becken von Klagenfurt von Slowenen, den Wenden, bewohnt sei, die aber von den anderen Slowenen sehr verschieden seien". In bezug auf die Grenze schloß er sich „mit Ausnahme von einigen Einzelheiten" der Meinung der Briten an und glaubte, damit den Interessen der südslawischen und der benachbarten Bevölkerung Genüge zu tun; diese letztere sei übrigens gallischen (!)[56] oder slawischen, gewiß nicht germanischen Ursprungs, wenn auch der jahrhundertelange Einfluß der Verwaltung ihr die deutsche Sprache und die österreichischen Bestrebungen eingepflanzt hätte. Im übrigen bezweifelte die französische Delegation, daß die Vorfälle im Jänner die Bedeutung radikaler Feindschaft gegen Jugoslawien hätten; der Einfluß der von der österreichischen Regierung ernannten Beamten habe leichtes Spiel gehabt, die durch die Ungeschicklichkeit der südslawischen Truppen hervorgerufene Unzufriedenheit auszubeuten. Der zweite französische Vertreter, La Roche, stellte fest, daß die Franzosen die einzigen zu sein scheinen, die die Stadt Klagenfurt den Jugoslawen zuteilen möchten. Auch der Vorsitzende Tardieu glaubte die Sympathie der „Wenden von Klagenfurt" (!) für Österreich bezweifeln zu müssen.

Nachdem so die einzelnen Delegierten ihre Meinung geäußert hatten, wurde die Frage der Grenze Jugoslawiens gegen Kärnten und Steiermark einem Unterausschuß zu weiterer Beratung übertragen, hierauf am 11. März neuerdings in einer Vollsitzung der Gebietskommission behandelt und noch einmal dem Unterausschuß überwiesen.

Auch in der 3. Sitzung (am 6. April) kam die Kommission zu keinen einheitlichen Beschlüssen[57]. Die amerikanischen, britischen und französischen Delegierten beantragten, das Marburger Becken Jugoslawien zuzuteilen. Bezüg-

---

[56] Le Rond meint: keltischen. Diese merkwürdige Ansicht entspringt dem Streben der Franzosen, den Ursprung von möglichst vielen Völkern und Kulturen auf die alten Gallier zurückzuführen. Ein sprechendes Zeugnis hiefür ist das Museum im Schlosse zu St. Germain, wo der Vertragsentwurf vom 2. Juni übergeben wurde und Kopien von zahlreichen Römersteinen mit keltischen Namen aus Italien, den Ostalpenländern, dem Balkan, Kleinasien usw. ausgestellt sind.

[57] Siehe Anhang II, Nr. 2.

lich des Klagenfurter Beckens fanden sie es für wünschenswert, seinen Bewohnern durch eine „Untersuchung" oder „Befragung", deren Bedingungen von den alliierten und assoziierten Regierungen festzusetzen seien, Gelegenheit zu geben, sich gegen die Einverleibung in Österreich auszusprechen und die Vereinigung mit Südslawien zu verlangen, falls dies ihr Wille sei.

Der italienische Delegierte war im Gegensatz zu den drei anderen der Meinung, daß Marburg und Klagenfurt vom österreichischen Wirtschaftssystem nicht losgelöst werden könnten, ohne das wirtschaftliche Leben der Bevölkerung zu zerstören und den allgemeinen Frieden zu bedrohen. Gegenüber dem Vorschlag einer Volksbefragung erklärte er, jede Art Volksbefragung oder Untersuchung trage ebenso wie eine Volksabstimmung politischen Charakter und gehöre daher nicht in den Aufgabenkreis der Kommission.

Bezüglich der Grenze wurde nur im Süden Stimmeneinhelligkeit erreicht. Hier schlug die Kommission einstimmig als Grenze zwischen Südslawien und dem Abstimmungsgebiet den Kamm der Karawanken von einem Punkt südöstlich von Eisenkappel bis zur Loiblstraße vor. Über die Grenzen im Osten und Norden gingen die Meinungen auseinander. Die amerikanische, britische und französische Delegation schlug eine Linie vor, die von einem Punkt südöstlich von Eisenkappel (Grintouc), östlich von Eisenkappel und Bleiburg über den Hühnerkogel zur Koralpe verläuft; im Norden die Linie: Koralpe — Große Saualpe — Punkt südlich Treibach — Althofen — Kamm südlich Weitensfeld (Wimitzer Berge) — Kamm östlich Paternion. Die Bestimmung der Westgrenze und der Südgrenze westlich vom Loibl hatte sich auf Verlangen Italiens der Oberste Rat vorbehalten, da diese Frage unmittelbar Italien berührte. Wie man sieht, sind die Grenzen des Abstimmungsgebietes im Norden sehr weit gezogen, schlossen aber im Osten das Mießtal und das Gebiet von Unterdrauburg aus. (Vgl. Kartenskizze S. 71).

In derselben Sitzung beschloß die Gebietskommission auch schon einen Entwurf[58]) von 9 Artikeln für den Friedensvertrag mit Österreich, wovon Artikel 5 für das Klagenfurter Becken die oben angegebenen Grenzen festsetzt und die allgemeinen Grundsätze der Volksabstimmung bestimmt. Darnach sollte von den alliierten und assoziierten Mächten eine Kommission mit der Aufgabe betraut werden, an Ort und Stelle die von den Bewohnern zum Ausdruck gebrachten Wünsche bezüglich der Zuteilung ihres Gebietes zum jugoslawischen Staat festzustellen; wenn die Schlußfolgerungen dieser Kommission das formale Verlangen der Bevölkerung ergeben, dem jugoslawischen Staat einverleibt zu werden, so behalten sich die fünf alliierten und assoziierten Mächte das Recht vor, diesem Verlangen zu entsprechen. Es sollte also nicht eine förmliche Volksabstimmung über die künftige staatliche Zugehörigkeit des Gebietes entscheiden, sondern nur eine „Befragung" der Bevölkerung vorgenommen

---
[58]) Siehe Anhang II, Nr. 3.

werden, ohne daß die alliierten und assoziierten Mächte verpflichtet gewesen wären, den Wünschen der Bevölkerung Rechnung zu tragen. Die endgültige Entscheidung wäre also schließlich in die Hände der Alliierten gelegt worden. Die Art und Weise, wie die Wünsche der Bevölkerung erfragt werden sollten, wurde nicht näher bestimmt.

Damit waren die Verhandlungen über die Kärntner Grenze vorerst zu Ende. —

So schienen sich die Dinge in Paris für Kärnten im Frühjahr 1919 günstig entwickeln zu wollen. In Gefahr waren an der Grenze gegen Jugoslawien lediglich das Mießtal und Unterdrauburg. Dies blieb auch den eingeweihten Regierungskreisen in Laibach nicht unbekannt. Doch waren sie sorgsam darauf bedacht, daß nichts davon in die Öffentlichkeit dringe. Alle für Südslawien ungünstigen Nachrichten über den Stand der Grenzfrage in Paris, soweit sie Kärnten betrafen, wurden unterdrückt. So wurden zum Beispiel die Marburger Blätter vom 2. April 1919 unmittelbar nach ihrer Ausgabe auf Befehl des Generals Majster beschlagnahmt und vernichtet, weil sie die Meldung der Agramer Blätter enthielten, daß der aus Paris zurückgekehrte Dr. Jelavčič den Journalisten erklärt habe: „Unsere Lage ist sehr schwierig. Wie die Sachen jetzt stehen, sollen Triest und das westliche Istrien an Italien fallen und sind Marburg und Klagenfurt für uns verloren." Dafür brachten die Laibacher Blätter und insbesondere der „Mir" im März und April wiederholt die Meldung, daß die Nordgrenze für Südslawien günstig geregelt worden sei. „Jugoslavija" vom 13. April wußte sogar zu berichten, es sei ein Telegramm aus Paris gekommen, wonach Marburg und Klagenfurt jugoslawisch würden und die Nordgrenze nördlicher verlaufen werde als die provisorische Demarkationslinie. Infolgedessen herrschte in Laibach im März und April allgemein die Überzeugung, die Grenze im Norden sei bereits festgelegt und verliefe acht Kilometer nördlich der Drau, schließe also auch Klagenfurt ein.

Im geheimen allerdings war man in Laibacher Regierungskreisen wegen des Verlaufes der Verhandlungen in Paris äußerst besorgt. Daher holte man Ende April zu einem neuen großen Schlag gegen Kärnten aus, um Paris vor vollendete Tatsachen zu stellen. Zum Glück war man auch in Kärnten auf militärischem Gebiete nicht untätig geblieben.

IX. DER SÜDSLAWISCHE ÜBERFALL
am 29. April 1919

Schon am 28. April waren bei einigen Frontabschnitten Nachrichten eingetroffen, die auf einen unmittelbar bevorstehenden Angriff der Jugoslawen schließen ließen. Sie wurden jedoch nicht überall ernst genommen, da ähnliche

Meldungen in der letzten Zeit fast täglich eingelaufen waren, ohne daß ein Angriff erfolgt wäre.

Am frühen Morgen des 29. April aber griffen die südslawischen Truppen, begünstigt durch trübes, regnerisches Wetter, tatsächlich längs der ganzen Front von Rosenbach bis Lavamünd mit außerordentlicher Kraft an. Die Hauptziele des Angriffes waren Villach und Klagenfurt.

Der Angriff gegen Villach sollte von R o s e n b a c h aus erfolgen[59]). Hier standen Ende April auf seiten der Kärntner am Bahnhof Rosenbach eine Kompanie Veldner VW., westlich davon die Marinekompanie, östlich im Forsthaus Rosenbach eine Tiroler VW.-Kompanie. Die Reserve bildeten von Westen nach Osten die Maria Gailer Sturmkompanie und der Stoßtrupp des Oblt. Arneitz in Schlatten, die HW.-Kompanie Rosenbach in St. Jakob und eine Tiroler Kompanie in Maria Elend. Der Abschnittskommandant, Hauptmann Eglseer, heute Generalmajor und Ritterkreuzträger, war am 28. April dienstlich nach Klagenfurt zum Landesbefehlshaber gefahren, ohne von der Absicht der Jugoslawen eine Ahnung zu haben.

Die Jugoslawen hatten am Tage zuvor Verstärkungen erhalten und drangen teils über die Gratschenitzen, teils frontal vom Tunnel her vor. Um 4 Uhr früh wurden gleichzeitig die Marine- und die Veldner-Kompanie, der Stoßtrupp Arneitz und die Tiroler im Forsthause Rosenbach im Schlafe überrascht und teils gefangengenommen, teils zersprengt. Einige Angehörige des Stoßtrupps Arneitz eilten, nur mit Hemd und Hose bekleidet, nach St. Jakob, um der Gefangenschaft zu entgehen, und riefen hier eine Panik hervor. Schon drangen die Jugoslawen im Graben unter der Kirche St. Jakob gegen die Ortschaft und südlich davon bis zur Kanonenbatterie in Schlatten vor. Auch die 15-cm-Geschütze in Mühlbach, nordwestlich von St. Jakob, wurden von einer 30 Mann starken jugoslawischen Truppe mit Unterstützung der einheimischen slowenischen Bevölkerung genommen. Damit war die Verbindung von St. Jakob nach Rosegg-Velden unterbrochen und St. Jakob nahezu eingekreist.

In dieser kritischen Lage besetzte Oblt. Arneitz mit dem wiederbewaffneten Rest seines Stoßtrupps die Höhe gegen Frießnitz und Lt. Fritz mit 8 Mann der HW.-Kompanie Rosenbach und einem MG. die Kirchhöhe von St. Jakob. Von hier aus wehrte Lt. Fritz das weitere Vordringen der Jugoslawen gegen

---

[59]) Tagebuch des Abschnittskommandos Rosenbach, Gefechtsberichte Hauptmann Dragonis, der 1., 2. u. 3. Komp. des VWB. 4, der MG.-Komp. Villach und der HW.-Komp. Rosenbach (Lt. Fritz) in Lbh. 70. — Bericht über die Lage am 28. u. 29. April im Abschnitt Rosenbach (Hptm. F. Kraus), Lbh. 24, Op. 757/109. — Tätigkeitsbericht der HW.-Komp. Rosegg, Weizelsdorf und Maria Rain. Lbh. 6 a/e, i, g. — K. Eglseer, Um den Tunnel bei Rosenbach. K. Tagbl. vom 10. Oktober 1930, S. 19. — Ders., Einnahme von Rosenbach. In: Perkonigs Kampf um Kärnten, S. 115. — A. Sanitzer, Das Villacher VWBaon in den Abwehrkämpfen. K. Tgbl. vom 10. Okt. 1930, S. 25. — A. Dragoni, Die Tiroler am 29. April. In: Perkonigs Kampf um Kärnten, S. 118. — E. Weißberger, Überfall auf Rosenbach. Ebenda S. 113.

St. Jakob ab und schlug durch wütendes MG.-Feuer die in drei Schwarmlinien über Schlatten anrückende Übermacht zurück.

Zugleich war Hauptmann Löw der Artilleriegruppe Ernst mit einigen Artilleristen zu den auf der knapp östlich vom Spritzenhaus in Rosenbach aufgestellten zwei Gebirgsgeschützen, deren Stellung dem Gegner glücklicherweise unbekannt geblieben war, gelaufen und hatte sofort das Feuer gegen den Tunnel eröffnet. Durch dieses plötzliche und unvermutete Artilleriefeuer geriet der Gegner in Unordnung, so daß die Feldkanonen in Schlatten wieder in die Hand der Kärntner kamen.

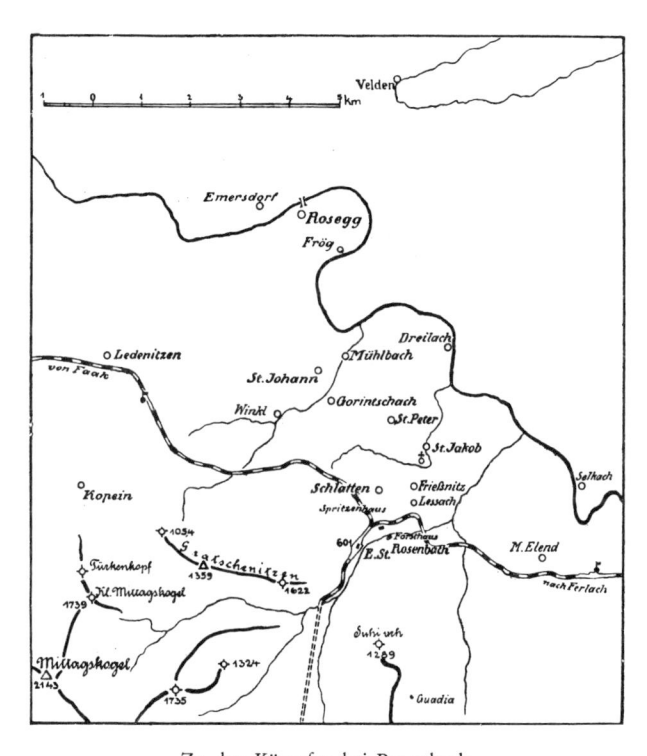

Zu den Kämpfen bei Rosenbach

Im Laufe des Vormittags gingen Lt. Fritz — sein Häuflein war mittlerweile auf 12 Mann angewachsen —, Oblt. Arneitz und Lt. Josef Perkonig mit einigen Artilleristen zum Angriff auf Schlatten und Lessach über. Der tollkühne Angriff geriet jedoch bald ins Stocken, da die Angreifer — 25 Mann gegen zwei jugoslawische Kompanien und eine Sturmkompanie — zu schwach waren. Zudem ging die Munition aus. Ein tapferes altes Bäuerlein, das zwei Söhne in der Schwarmlinie hatte, eilte dreimal über ungedecktes Gelände und unter heftigem feindlichen Feuer nach St. Jakob und holte von dort Munition. Am Nachmittag kam von Hauptmann Dragoni, der in Abwesenheit des Abschnittskommandanten das Kommando führte, der Befehl, bei Dreilach über die Drau zu gehen. Fritz und Arneitz beschlossen jedoch, diesen Befehl geheimzuhalten und nicht zu befolgen. Gegen 5 Uhr nachmittags drangen dichte Schwarmlinien aus dem Walde südlich von Schlatten vor und ertönte heftiges Maschinengewehrfeuer. Es waren Maria Gailer Freiwillige unter dem wackeren Stefan Moser, die Villacher Alarm-Kompanie und Villacher VW., die zur rechten Zeit als Reserve des Landesbefehlshabers auf dessen Anordnung zur Verstärkung eingetroffen waren. In wilder Flucht wichen die Jugoslawen zurück. Fritz stürmte mit den Seinen bis zum Spritzenhaus vor, wurde hier abgelöst und ging nach St. Jakob in die Reservestellung zurück. Der Bahnhof Rosenbach wurde von den Jugoslawen geräumt und von Villacher VW. und Maria Gailern besetzt.

Während dieser Kämpfe um Schlatten ließ Mj. Sanitzer am äußersten rechten Flügel durch die erste und einen Teil der zweiten Kompanie der Villacher VW. einen Umgehungsversuch von Ledenitzen über Kopein und die Gratschenitzen gegen den Tunnel unternehmen. Doch wurde dieser Versuch im felsigen Gelände wegen des herrschenden Schneetreibens und des Widerstandes des Soldatenrates abgebrochen und der Rückzug nach Ledenitzen angetreten.

Am linken Flügel hatte die Tiroler Kompanie unter Oblt. Sebera das Forsthaus in Rosenbach, nachdem es durch das Feuer eines feindlichen Minenwerfers zur Hälfte zerstört war, räumen müssen. Der junge, kaum 20jährige Wehrmann Otter hatte die telefonische Verbindung mit dem Kommando so lange aufrechterhalten, bis er fiel. Eine Abteilung unter Oblt. Majoni besetzte die Kuppe über dem kleinen Tunnel bei Rosenbach mit zwei Maschinengewehren und hielt diese gegen mehrfache feindliche Angriffe. Da jedoch die Lage ungeklärt und unsicher war und die Gefahr bestand, daß die ganze Mannschaft über Nacht ausgehoben werde, da weiters keine Verstärkung eintraf und infolge schlechter Verbindung auch keine Nachricht von Klagenfurt zu erhalten war, so entschloß sich Hauptmann Dragoni, z. T. durch falsche Nachrichten irregeführt, die Mehrzahl der Truppen bei Einbruch der Dunkelheit über die Drau nach Selkach zur Nächtigung zu verlegen, um sie ausruhen zu lassen und am nächsten Tag mit frischen Kräften neu angreifen zu können. In Maria Elend blieben nur kleine Gruppen ausgewählter Mannschaften und Offiziere zurück, die dem Gegner durch gelegentliches Schießen vortäuschten, daß die Tiroler in ihren alten Stellungen verblieben seien. Bei Tagesanbruch aber waren die Tiroler sofort wieder zur Stelle, um an den Kämpfen um St. Jakob teilzunehmen. Dieses Manöver wurde auch in den folgenden Nächten wiederholt.

Mittlerweile war auch die Lage bei Mühlbach wieder hergestellt worden. Als nämlich der jugoslawische Überfall auf die Kärntner Geschütze am Morgen des 29. April in Rosegg und Velden bekannt wurde, besetzte die 40 Mann starke Abschnitts-Reserve-Abteilung der Veldner Volkswehr im Verein mit einigen

Roseggern die Hügelkette südlich von Frög und hielt hier die Jugoslawen durch starkes Geschützfeuer in Schach. Hierbei wurde auf seiten der Kärntner ein Mann tödlich, ein Mann schwer verletzt. Um 10 Uhr kehrte Hauptmann Eglseer mit den am frühen Morgen persönlich erhaltenen Weisungen des Landesbefehlshabers nach Rosegg zurück und rückte mit den Veldnern und Marineuren bis in die Linie St. Johann—Goritschach, knapp vor Mühlbach vor. Nachmittags wurde die Verbindung mit der 3. Kompanie der Villacher VW. unter Hauptmann Steidler, die von Ledenitzen über Winkl—St. Johann marschiert war, hergestellt. Daraufhin wichen die Jugoslawen von Mühlbach nach Süden aus. Gegen 7 Uhr abends rückte die Gruppe Eglseer in St. Jakob ein. In der Nacht wurde jedoch St. Jakob von den Jugoslawen überfallen, so daß Eglseer genötigt war, sich nach Mühlbach durchzuschlagen, wo indes die Villacher Alarmkompanie Petz eingetroffen war.

Dieser neuerliche Überfall auf St. Jakob ging von einer Gruppe Jugoslawen aus, die sich beim Vordringen des Abschnittsführers Hptm. Eglseer gegen Mühlbach und St. Jakob in die Wälder bei St. Jakob zurückgezogen hatte, und gelang infolge der Sorglosigkeit der Kärntner Wachen. Der im Gasthaus Schuster in St. Jakob einquartierte Teil der Rosenbacher Heimwehr unter Lt. Fritz wurde im Schlaf überfallen und gefangengenommen. Die Jugoslawen besetzten auch das Schulhaus und die Kirchhöhe. Lt. Fritz aber gelang es, Hauptmann Eglseer durch ein kleines Mädchen auf einem zerknitterten Zettel eine Nachricht von seiner Gefangennahme und der Lage in St. Jakob zu senden.

Mittlerweile war Obstlt. Hülgerth von Wien nach Klagenfurt zurückgekehrt und nach Rücksprache mit Landesverweser Dr. Lemisch auf den Kampfplatz bei St. Jakob geeilt. Unter seiner Leitung wurde noch am Vormittag des 30. April der Gegenangriff unternommen. Von allen Seiten gingen nun die Kärntner gegen den Ort, das Schulhaus und die Kirche vor: von Westen her die Villacher Alarmkompanie Petz, die Villacher VW. und die Maria Gailer Freiwilligen über den Bergrücken von St. Peter gegen den Kirchhügel zu, von Osten her der nicht gefangene Teil der Rosenbacher Heimwehr und des Stoßtrupps Arneitz, die Tiroler und nach Klärung der Lage um Ferlach auf Anordnung des Landesbefehlshabers die Maria Rainer und Weizelsdorfer Heimwehr, die von einem improvisierten Panzerzug bis zur Eisenbahnbrücke vor Rosenbach gebracht worden waren. Das Vorgehen der Kärntner wurde durch das heftige Feuer eines am Kirchturm in St. Jakob aufgestellten feindichen Maschinengewehres gehindert. Erst als kurz nach Mittag Lt. Perkonig das Maschinengewehr durch einen wohlgezielten Schuß eines 10-cm-Geschützes herunterholte, gewann der Angriff Raum. Nun erst wurde der Kirchhügel von der Villacher Volkswehr und den Maria Gailern trotz des feindlichen Artilleriefeuers gestürmt. Im Hause Schuster aber forderte Lt. Fritz, als der Gefechtslärm zunahm, die jugoslawische Mannschaft, die ihn und die Seinen bewachte und von den Offizieren im Stich gelassen worden war, auf, sich zu ergeben. Tatsächlich gab sie ihre Gewehre ab, wurde gefangen in den 1. Stock des Hauses gebracht und wechselte so die Rolle. Um 3 Uhr 15 war St. Jakob von den Kärntnern genommen. „Es war ein merkwürdiger Anblick", schreibt Fritz in seinem Gefechtsbericht, „der festgehalten zu werden verdient: Man sah Jungen, Männer und Greise bis in die 70er Jahre, alle mit Waffen, vom modernen Gewehr bis zu den alten Vorderladern, Schrotflinten, Leute in Uniform, Zivil, ohne Röcke, mit aufgestreiften Hemden, blauen, vorgebundenen Schürzen, Stahlhelmen am Kopf: Das Beispiel eines rechten, echten Volkssturms." Stürmisch wurden die befreiten Gefangenen umarmt. Zwei jugoslawische Kompanien mit 6 Offizieren wurden gefangengenommen, auf seiten der Kärntner waren 2 Tote und ein Verwundeter zu beklagen.

Die Jugoslawen gingen nun in die Linie Gratschenitzen — Tunnel — Suchi Vrh (Dürrkogel) — Guadia zurück. Die Stellungen waren stark befestigt, die Maschinengewehrstände z. T. in den Felsen eingesprengt.

Sehr gefährlich waren die konzentrischen Angriffe, die von den Jugoslawen vom unteren Rosentale aus, im Abschnitt Annabrücke von der Steiner Draubrücke und von Völkermarkt her gegen Klagenfurt unternommen wurden.

Im unteren Rosentale (Unterabschnitt Ferlach)[60] stand das Volkswehrbataillon Nr. 1 mit einer Gefechtsstärke von 320 Gewehren, 8 Maschinengewehren und 4 Geschützen unter dem Kommando des Majors Perko in und um Ferlach. Die erste Kompanie unter Hauptmann J. Gerstmann sperrte bei Unterglainach das Rosental gegen St. Margarethen, die zweite unter Oblt. A. Sorko am Kleinen Loibl den Loiblpaß, die halbe dritte bei Waidisch den Waidischgraben. Die zweite Hälfte dieser Kompanie bildete unter Hauptmann Reinl die Reserve in Ferlach. Zwei Feldkanonen waren bei Glainach, zwei Gebirgskanonen in Haimach, gegenüber Unterferlach am Südhang der Sattnitz in Stellung.

Auf seiten der Jugoslawen standen 400 Mann der „heiligen Legion" bei St. Leonhard an der Loiblstraße, 70 Mann derselben Legion bei Zell-Pfarre, 300 Mann des Laibacher Infanterieregimentes Nr. 17 in St. Margarethen-Abtei.

In der Morgendämmerung des 29. April brachen die Jugoslawen unvermutet in Unter-Glainach ein und suchten von hier aus auch in Glainach einzudringen[61]. Sie wurden jedoch rechtzeitig bemerkt, durch besonders tapferen persönlichen Einsatz Hauptmann Gerstmanns und Lt. Christoph Schaars ab-

---

[60] Gefechtsberichte Mj. Perkos, der Heimwehrkompanien Maria Rain u. Weizelsdorf in Lbh. 6a/d, e, g. — W. Perko, Gebirgsschützen im Abwehrkampf. Mitteilungen zur Regimentsgeschichte der Kärntner Gebirgsschützen Nr. 2 vom Oktober 1931, S. 11.

[61] J. Gerstmann, Im Morgengrauen des 29. April bei Glainach. In: „Kampf um Kärnten", S. 125.

gewehrt und von der tapferen, vom Schlaf aufgesprungenen und nur notdürftig bekleideten Mannschaft auch aus Unterglainach hinausgeworfen. Im nahen Wald südlich von Unterglainach Deckung suchend, wurden sie hier von den Maschinengewehren der Kompanie Gerstmann und den Gebirgs- und Feldkanonen beschossen und zum Rückzug auf die Anhöhe nach St. Margarethen gezwungen. Der gefährliche Überfall war somit dank der hervorragenden Führung und dem vorzüglichen Kampfgeist der ehem. Gebirgsschützen-Kompanie mit schweren Verlusten für den Feind — 4 Tote, 3 Verwundete und 29 Gefangene — abgeschlagen.

Zur selben Zeit nahmen die Jugoslawen, nachdem sie den Sicherungsposten niedergestochen hatten, die Besatzung des Gebirgsortes Waidisch im Schlafe gefangen und stießen gegen Dollich vor. Major Perko, der indessen seine Gruppe in Ferlach alarmiert hatte, schickte ihnen Hauptmann Reinl mit der Reserve und der Ferlacher Heimwehrkompanie, darunter alte Männer und Buben, der Großteil in Zivil, nur mit der Militärkappe oder der Militärbluse bekleidet, entgegen. Hauptmann Reinl ging mit einer Kolonne unter dem Kommando des Oblts. Pramberger auf einem Jagdsteig am Osthang des Ferlacher Horns und mit einer zweiten beiderseits des Talfahrweges vor. Es gelang ihm, bis 10 Uhr vormittags Waidisch wiederzunehmen.

Im Loibltal herrschte Ruhe. Doch war in der Nacht das jugoslawische Loibldetachement durch das Bodental in das Bärental und von hier nach Feistritz und St. Johann marschiert. Major Perko zog daher die Kompanie Sorko unter Zurücklassung einer Sicherung am Kleinen Loibl nach Babniak südwestlich Kappel zurück, ließ den Westrand von Kappel, die Eisenbahnstation Weizelsdorf und die beiden Hollenburger Brücken durch seine Reserve, die Weizelsdorfer Heimwehrkompanie unter Hptm. d. Res. Krassnig und die von Waidisch zurückgezogene Ferlacher Heimwehrkompanie besetzen und die beiden Feldkanonen von Glainach nördlich der Drau an der oberen Straßenkehre der Hollenburger Lehne Stellung nehmen. Ein wohlgezielter Schrapnellschuß versprengte eine von St. Johann vorgehende feindliche Abteilung mit Infanteriegeschützen. Eine Klagenfurter Studentenkompanie unter Oblt. Anton Ptatscheck und eine Alarmkompanie aus Klagenfurt, die zur Verstärkung in der Station Weizelsdorf eingetroffen waren, wurden nach Babniak gewiesen und vom U.-Abschnittsführer dem Oblt. Sorko befohlen, mit ihnen und seiner Volkswehrkompanie im Walde des Nordfußes des Singerberges vorzustoßen und den Gegner in St. Johann in Flanke und Rücken zu fassen.

Indes waren die Jugoslawen von St. Johann gegen Weizelsdorf vorgegangen. Es entspann sich zwischen diesen Einheiten und den Jugoslawen ein kurzes Gefecht bei Weizelsdorf, das jedoch bald zum Stillstande kam.

Da zeigte sich eine neue, ernste Gefahr. Eine jugoslawische Umgehungs-Abteilung des nach Weizelsdorf gelangten Feindes hatte mit Hilfe der Wellersdorfer Draufähre nördlich von St. Johann die Drau überfahren, schlich sich von dort durch die Drauauen bis 60 Schritte an die Geschütze unterhalb des Schlosses Hollenburg heran und überfiel diese mit Maschinengewehr- und Infanteriefeuer. Doch wurde sie, trotz ihrer dreifachen Übermacht, von der tapferen Artillerie-Bedienungsmannschaft in die Flucht geschlagen und schließlich durch die mittlerweile vom Südufer im Eilmarsche eingetroffene Maria Rainer Heimwehrkompanie unter ihrem Kommandanten Zugführer Lorenz Plasch verfolgt und bei Wellersdorf über die Drau zurückgeworfen[62]). Die Verbindungsgruppe Perko und auch das Schicksal Klagenfurts waren durch die kühne feindliche Umgehung vorübergehend arg gefährdet. Der Verlust der beiden Gebirgsgeschütze an die Jugoslawen wäre in diesem gefährlichen Augenblick von nicht abzusehenden Folgen gewesen.

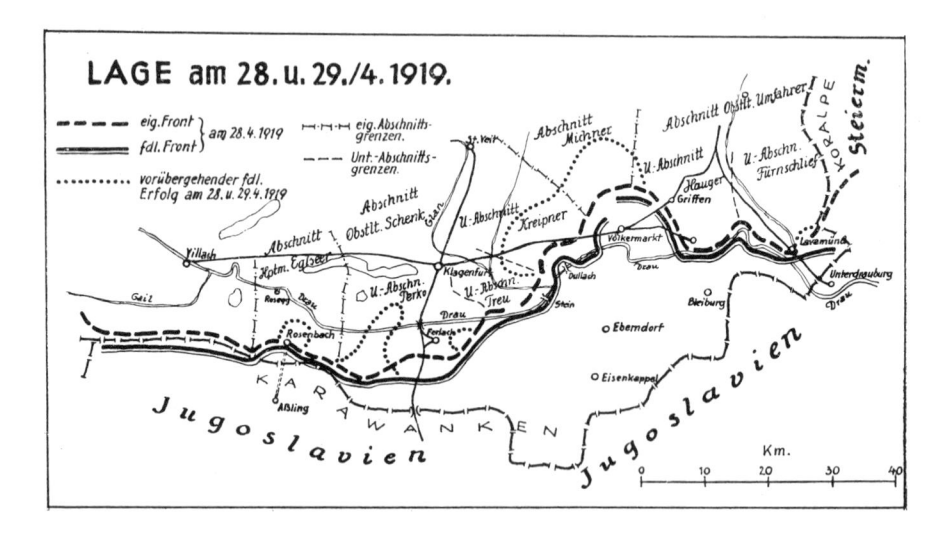

LAGE am 28. u. 29./4. 1919.

Bald nach Mittag war auch der vom tollkühnen Jägerhauptmann Hermann Ramsauer kommandierte, einfache, von der Bahndirektion in Villach mit einem Kostenbetrag von 200 Kronen erbaute Panzerzug in der Station Weizelsdorf eingetroffen[63]). Er bestand aus einer alten Verschublokomotive mit gesichertem Führerstand, einem vor der Lokomotive fahrenden schützenden Güterwagen, dessen Innenraum durch einen gepanzerten Einstieg erreichbar und durch schottergefüllte Wände und eine ebensolche Decke geschützt war, und einem offenen halbbordigen Wagen, dessen Seitenwände durch Eisenbahn-Weichenplatten ver-

---

[62]) Perko, a. a. O. — F. Harrich, Gefährliches Zwischenspiel. In: „Kampf um Kärnten", S. 128.

[63]) F. Jantsch, Der Panzerzug des Landesbefehlshabers im Abwehrkampf 1919. Carinthia I, 1930, S. 52.

stärkt waren, so daß sich die Mannschaft liegend decken konnte. Die Bewaffnung bestand aus 6 MG. Ramsauer stieß auf Einsatzbefehl des Landesbefehlshabers mit dem so improvisierten Panzerzug zum Nachschub von Munition aus Klagenfurt für die Gruppe Perko und zur Entlastung der eingeschlossenen Geschützstellung an der Hollenburger Lehne gegen St. Johann in Rosental westlich Weizelsdorf vor, erhielt hier vom Kirchturm und vom Dach eines Hauses Maschinengewehrfeuer, fuhr aber trotzdem, ununterbrochen feuernd, so lange hin und her, bis das feindliche Feuer zum Schweigen kam. In diesem Kampf wurde die Lokomotive durch 40 Geschoßeinschläge so schwer beschädigt, daß ihre Zugkraft wegen Dampfverlust versagte und sie infolge des Gefälles von selbst nach Weizelsdorf zurückrollte. Hptm. Ramsauer hatte das Gefecht vom Führerstand aus geleitet und wurde hierbei an beiden Beinen schwer verwundet.

Mittlerweile hatte sich auch die Gruppe Sorko an der rechten Flanke und im Rücken der Jugoslawen in St. Johann fühlbar gemacht. Die Jugoslawen ließen ihre Maschinengewehre und Infanteriegeschütze im Stich und gingen, bis Feistritz verfolgt, fluchtartig über die Karawankenvorberge zurück. Eine in Ferlach neu aufgestellte Arbeiter-Alarmkompanie suchte auf Befehl Major Perkos die über das Bodental zum Loiblpaß flüchtenden Jugoslawen abzuschneiden, kam aber in dem sehr schwer gangbaren und unübersichtlichen Gebirgsgelände zu spät.

Im Unterabschnitt Grafenstein (Kommandant Hauptmann Treu) griffen die Jugoslawen nördlich von der Annabrücke und an den Brücken bei Stein und Dullach an.

An der Annabrücke[64]) eröffneten die Jugoslawen am 29. April frühmorgens den Kampf mit einer heftigen Beschießung der Kärntner Stellung durch ihre bei Abtei stehenden 4 Geschütze. Zwei jugoslawische Kompanien, darunter eine Pionierabteilung, überschritten auf einem nördlich von der Annabrücke geschlagenen Notsteg die Drau, wurden aber in den ersten Nachmittagsstunden unter den Wänden des Skarbin von einer Kompanie des VWB. 3 unter Hauptmann Josef Stossier an der rechten Flanke umfaßt und zur Flucht über die Notbrücke genötigt, wobei sie 22 Gefangene zurückließen, darunter 4 Schwer- und einige Leichtverletzte. Auch die Kompanie Stossier hatte 2 Schwer- und 4 Leichtverletzte.

Gefährlicher war der Vorstoß der Jugoslawen vom Dullacher Brückenkopf aus[65]). Hier gelang es ihnen, über Lassein bis gegen St. Peter bei Grafen-

---

[64]) J. Stossier, Im Abschnitt Annabrücke. K. Tgbl. Festnummer vom 10. Oktober 1930, S. 31. Mit Skizze.
[65]) Tagebuch des Lbh.-Amtes, Lbh. Nr. 2. — Gefechtsberichte Hptm. Treus u. Oblt. Steinachers, Lbh. 6a/h, o. — Gefechtsbericht der Studentenkompanie. Lbh. 1i. — Tagebuch der Panzerautokolonne (Oblt. Torkar). Lbh. N. 5a. — Der Kampf um unsere Kärntner Heimat.

stein und bis Pirk und Werda, westlich Thon, vorzustoßen. Da sie auch auf der Völkermarkter Reichsstraße bis gegen die Gurkbrücke und das Elektrizitätswerk vordrangen, so mußte sich auch Obit. Steinacher, der in Tainach stand, rechts u. links vom Gegner überholt, mit seiner Kompanie unter schweren Verlusten vom Schloß Höhenbergen und von Tainach an die Völkermarkter Reichsstraße und bis Rain an der Gurker Straßenbrücke zurückziehen.

In diesen Stunden der höchsten Gefahr loderte in Klagenfurt die Kampfbegeisterung mächtig auf. Zwei Panzerkraftwagen unter Obit. Torkar und zwei Kanonen auf Kraftwagen unter Obit. Spitra, alle vier mit Reserveoffizieren besetzt, sowie eine Studentenkompanie und andere Freiwillige wurden an die Gurkbrücke beordert, wo sich auch die auf der Völkermarkter Straße zurückgewichenen Abteilungen des VWB. 2 sammelten. Die Panzerkraftwagen und die Autokanonen trieben zunächst den Gegner bei Haidach zurück. Gegen Abend stießen die Panzerwagen bis in den Kreuzerhof vor. Nach erbittertem Kampf räumten die Jugoslawen in der Nacht den Hof. Am nächsten Tag zogen sie sich in ihre Ausgangsstellung zurück. Bei Sand, St. Peter und Thon hielten die Kärntner, Volkswehr (ehem. Freiw. Kärntner Schützen) und Freiwillige aus Grafenstein, stundenlang einer feindlichen Übermacht stand, bis auch hier Verstärkung aus Klagenfurt einlangte. Frauen trugen Munition herbei, Kinder Menage. Eine Klagenfurter Studentenkompanie — Schüler der 4.—8. Klasse des Gymnasiums und Realgymnasiums — war in jugendlicher Begeisterung eilends auf der Eisenbahn nach Grafenstein entsandt worden, vertrieb im Verein mit dortigen Bauern jugoslawische Besatzung aus Thon und Werda und rückte von dort gegen die Völkermarkter Reichsstraße vor. Bei diesem Angriffe fanden zwei von ihnen den Heldentod: Kurt Plahna und Gottfried Sille.

Am Morgen des 30. Aprils unternahm Obit. Steinacher mit seinen neugeordneten Abteilungen einen Gegenstoß, erstürmte Tainach und nahm darüber hinaus in kühnem Handstreich den stark befestigten feindlichen Brückenkopf Dullach.

Im Abschnitt Trixen, nordwestlich Völkermarkt[66]), wo das VWB. Nr. 8, St. Veit, unter dem Kommando des Majors Emil Michner stand, wurde

---

„Freie Stimmen" Nr. 100 v. 3. Mai 1919. — S. Klinge-Praschek, Ein denkwürdiger Tag. In: „Kampf um Kärnten", S. 130. — (H. Steinacher) Zum Jahrestag der zweiten Kärntner Freiheitskämpfe. „Kärntner Landsmannschaft" Nr. 48 vom 1. Mai 1920. — Über die Klagenfurter Studentenkompanie s. G. Moro im 72. Jber. des Gymnasiums und Realgymnasiums 1929/30, S. 19. — Gartner, Mit der Studentenkompanie im Abwehrkampf. K. Tgbl. vom 10. Okt. 1930, S. 41.

[66]) „Erinnerungen aus Kärntens schwersten Tagen auf Grund von Tagebuchaufzeichnungen" und Tagebuch Mj. Michners. Lbh. Nr. 4. — Tagebuch Mj. Premitzers. Lbh. 6a/t. — E. Michner, Die siegreiche Mai-Offensive. K. Tgbl. Festnummer vom 30. Mai 1930, S. 39. — Fürn-

der nach starkem Artilleriefeuer einsetzende Angriff der Jugoslawen (Abschnittskommandant Oberst Bleiweiß) tagsüber wiederholt zurückgewiesen und in Gegenstößen sogar einige feindliche Maschinengewehre erbeutet. Schwierig wurde die Lage an dem nur aus einer Kompanie bestehenden rechten Flügel, als der südliche Nachbarabschnitt auf der Reichsstraße zurückging und ein feindliches Reservebataillon unter Mj. Grisold gegen St. Kathrein und St. Margarethen westlich Völkermarkt vorstieß. Wohl wurde die Stellung noch einige Zeit gehalten, da die Trixner Heimwehrkompanie als Verstärkung eintraf, allein nachmittags gelang es dem Gegner, bis in den Raum Sopoth — St. Georgen — Frankenstein vorzudringen. Infolgedessen gewannen die Jugoslawen am Nachmittage auch weiter nördlich Raum. Unter starkem feindlichen Artilleriefeuer, wobei auch Gasgranaten verwendet wurden und das Abschnitts-Kommando im Schloß Obertrixen in schwere Gefahr kam, mußten die Kärntner bis Klein St. Veit zurückweichen. Da der Überfall vollkommen überraschend gekommen war, so standen keine weiteren Reserven zur Verfügung. Die ersten Verstärkungen, die in aller Eile aufgebotenen Heimwehren aus dem Görtschitz-, Glan-, Gurk- und Metnitztal, Reserven 2. Grades des Landesbefehlshabers, trafen unter dem Kommando Mj. Premitzers erst abends ein und kamen für den 1. Akt zu spät.

Kritisch war die Lage anfangs auch im Norden von Völkermarkt, wo die Jugoslawen die Kärntner Sicherungen gleichfalls überraschten, St. Stefan sowie den Mörtelhof östlich von St. Stefan nahmen und Schloß Tallenstein umzingelten. Eine jugoslawische Patrouille kam in den Rücken der Kärntner Batteriestellung auf dem Berghang der Wandelitzen und beschoß diese von rückwärts. Allein Oblt. Maierhofer, der Kommandant der Positions-Batterie, ließ sich nicht irremachen, sondern überschüttete die Jugoslawen im Mörtelhof durch ein mörderisches Artilleriefeuer, so daß die Haimburger Heimwehr, durch Spittaler Volkswehr verstärkt, Tallenstein und den Mörtelhof besetzen konnte. Inzwischen war die jugoslawische Patrouille im Rücken der Batterie durch Oblt. Hackhofer mit Hilfe einiger Artilleristen verjagt worden.

Am nächsten Morgen rückte die St. Veiter Volkswehr in die alten Stellungen bei St. Margarethen, eroberte im Verein mit den Heimwehrkompanien St. Philippen und Trixen die Ortschaften Ober- und Unteraich und unter Führung Oblt. Stors im Verein mit tapferen Männern aus Haimburg, St. Stefan und Völkermarkt den Ort St. Stefan sowie südlich davon den Kogel, so daß die Verbindung mit Haimburg notdürftig aufgenommen werden konnte. Am Abend war die Lage vom 28. einigermaßen mit schwacher Besetzung wiederhergestellt.

---

schlief, S. 19. — F. Grass, Kleine Episode (Kampf um Bergstein). In Perkonigs Kampf um Kärnten", S. 129. — Völkermarkt und Unterkärnten in der Jugoslawenzeit. Aufzeichnungen von Hans Wiegele, durchgesehen von H. Kraßnig, Klagenfurt 1935, S. 59. — Mario Grisold a. a. O.

Die mittlerweile aus dem St. Veiter Raume eingetroffenen Heimwehren blieben in Mittertrixen, Klein St. Veit und beim Reinegger als Reserve.

Im Unterabschnitt Hauger brach der jugoslawische Vorstoß auf den Straßen nach Griffen und Ruden, wo u. a. auch die 8. Jäger unter Oblt. Klausner, dem nachmaligen ersten Gauleiter von Kärnten, und die Granitztaler Heimwehr unter Oblt. Fritz Kronegger standen, schon in den Vormittagsstunden des 29. April zusammen. Am 30. April konnte die Front bis Oschenitzen u. St. Agnes vorgeschoben werden[67]).

Im A b s c h n i t t L a v a m ü n d [68]) war schon am 28. April eine geheime Nachricht von einer heimattreuen Kärntnerin in Unterdrauburg eingelangt, daß die Jugoslawen einen Angriff auf Lavamünd vorbereiten. Da der Kommandant des Abschnittes, Oblt. Kullnig, dienstlich abwesend war, so alarmierte Lt. Gönitzer sofort die Heimwehren von Ettendorf, St. Georgen und Maria Rojach als Unterabschnittsreserven und traf alle Vorbereitungen zur Verteidigung. Am frühen Morgen des 29. rückte ein halbes jugoslawisches Bataillon längs der Drau gegen Lavamünd vor. Ein Sturmangriff der Jugoslawen auf die Straßenbrücke über die Lavant am Südostrand des Marktes wurde durch die verstärkte Brückenwache unter Oblt. Lehrer Raspotnig zurückgeschlagen und ein Versuch der Jugoslawen, die Lavant vor ihrer Mündung in die Drau zu überschreiten, vereitelt. Ein schneidiger Angriff des mittlerweile zurückgekehrten Oblts. Kullnig drängte die Jugoslawen in den zwischen Bahnhof und der Drau liegenden Kreuzhof zurück, wo sie mehreren Sturmangriffen der Kärntner standhielten.

Eine zweite Angriffsgruppe der Jugoslawen rücke am bewaldeten Berghang nördlich vom Burgstallkogel gegen die Eisenbahnbrücke vor, um den Markt von Norden her zu nehmen, wurde jedoch durch eine Maschinengewehrabteilung der Kärntner in die Flucht geschlagen.

Um 3 Uhr nachmittags begann der Kampf von neuem. Oblt. Kullnig entsandte die St. Georgener Heimwehr unter Führung des Korporals Klingbacher über den Dreifaltigkeitskogel gegen den Bahnhof Lavamünd, um so die Jugoslawen im Kreuzhof im Rücken anzugreifen, und unterstützte diesen Angriff frontal durch starkes Artillerie- und Maschinengewehrfeuer. Nach kurzem Kampf mit Maschinengewehren und Handgranaten gelang es Klingbacher, den Kreuzhof zu nehmen, er selbst wurde tödlich verwundet. Die Jugoslawen — zwei Offiziere, ein Offiersanwärter und 50 Mann — wurden gefangengenommen.

Eine dritte Gruppe der Jugoslawen in der Stärke einer Kompanie kam über den Gebirgsstock des Hühnerkogels bis in die Gegend von Krotendorf südlich

---

[67]) Gefechtsbericht Mj. Hauger. Lbh. 6 a/u. — Gefechtsbericht Oblt. Kronegger 6 a/v.
[68]) Bericht des Bürgermeisters Gallant, Akten des Nat.-pol. Ausschusses Fasc. VII/7 i. — Der Kampf um Lavamünd. Freie Stimmen vom 19. Oktober 1930, S. 6. — Fürnschlief, S. 18, — L. Oberguggenberger, Kampf um Lavamünd. In: „Kampf um Kärnten", S. 138.

von Ettendorf, wurde aber hier durch Artilleriefeuer und die Ettendorfer Volks- und Heimwehr zersprengt.

Um 3 Uhr 30 nachmittags war alle Gefahr beseitigt und das Vorfeld wieder in der Hand der Kärntner. Die Jugoslawen hatten einen Verlust von 9 Toten und etwa 15 Verwundeten. Auf seiten der Kärntner hatte der Kampf 8 Todesopfer, darunter 5 Zivilpersonen, gekostet.

Der jugoslawische Kommandant Oblt. Černe hatte eine Kundmachung vorbereitet, durch die das Standrecht verkündet werden sollte und Überfälle auf Soldaten des Königreiches SHS, das Verlassen des Ortes vor Widerrufung des Standrechtes, Hetzereien gegen das Königreich SHS und jeder Verkehr mit dem Feind mit der Todesstrafe bedroht wurden.

So war dank dem tapferen Ausharren einiger hart bedrängter kleiner Abteilungen, dem entschlossenen und verständnisvollen Zusammenwirken der herbeigeeilten Verstärkungen und der geschickten und umsichtigen Führung der Abschnitts- und Unterabschnittskommandanten spätestens am 30. nachmittags längs der ganzen Front nicht nur die Lage des 28. abends wiederhergestellt, sondern außerdem noch der wichtige südslawische Brückenkopf bei Dullach, der sich stets sehr unangenehm fühlbar gemacht hatte, genommen worden. Die große Gefahr, die der Landeshauptstadt gedroht hatte, war abgewendet, wenn auch nicht ohne schwere Blutopfer. Denn am 29. April waren 33 Kärntner, am 30. 5 Mann gefallen.

Die Siegeshoffnungen der Laibacher waren an der zähen Widerstandskraft der Kärntner gescheitert. Volks- und Heimwehrabteilungen hatten sich überall bewährt, fast alle Heimwehrkompanien waren eingerückt und diejenigen, die dem Kampfplatze nahe waren und aus diesem Grunde an dem Kampfe teilnehmen konnten, hatten sich sehr gut gehalten. Ein Situationsbericht des Landesbefehlshabers rühmt besonders den Kärntner Fliegerhorst, der trotz ungünstigen Flugwetters Hervorragendes im Aufklärungsdienst und Bombenflug leistete, und die Freiwilligen Klagenfurts, die in hohem Opfermut und glühender Heimatliebe von allen Seiten herbeiströmten, sich in kürzester Zeit sammelten und ihre Dienste zur Verteidigung der bedrohten Heimat zur Verfügung stellten. Auch erst in der Stunde der Gefahr gebildete Freiwilligenabteilungen hatten opferfreudig am Kampfe teilgenommen und sehr gute Dienste geleistet.

„Um 3 Uhr nachts", berichtet ein Klagenfurter Gemeinderat, „erdröhnten die Geschützschläge aus der gesamten Zone von Rosenbach bis Völkermarkt. Die Jugoslawen hatten von drei Seiten konzentrisch angegriffen. In der Frühe läuten schaurig alle Stadtglocken von Klagenfurt zur Sammlung. Alle waffenfähigen Männer der Stadt mobilisieren. Von 7—9 Uhr verstärkter, stets näherrückender Kanonendonner. — Maschinengewehre bellen und rattern. Die Stadt fiebert. Die Panzerautos werden hinausgesendet und in der äußeren Völkermarkter Straße Maschinengeschütze in Stellung gebracht. Von der Jesuitenkaserne geht Auto um Auto, gekeilt voll von Studenten mit Gewehr und Überschwung, ohne Kopfbedeckung, in die näher und näher dringende Kampffront." Und Dr. V. Rožič, ein bekannter südslawischer Agitator, der damals in Klagenfurt interniert war, entwirft von den Vorgängen in Klagenfurt am 29. April in seinem Tagebuche folgendes Bild: „Die Stadt gleicht einem aufgestörten Ameisenhaufen. Alles, was fleucht und kreucht, eilt in die Kasernen und aus den Kasernen mit Waffen hinaus. Vom Oberlandesgerichtsrate bis zum Handwerker und vierzehnjährigen Schulbuben, alles hatte in wenigen Stunden die Waffen umgehängt. In verschiedenen Formationen, zu Fuß und auf Autos, eilten die Klagenfurter hinaus zur Front." („Slovenec" vom 16. September 1919). An manchen Orten hatten auch Frauen und Mädchen am Kampfe mitgeholfen, indem sie trotz des feindlichen Feuers Meldungen überbrachten, Munition und Proviant herbeischafften und Artilleriebespannungen führten. Das war die Stadt, von der die Laibacher Blätter im November 1918 geschrieben hatten, ihr Deutschtum sei ein Kartenhaus, das beim ersten Windstoß zusammenfallen werde! So war aus dem Freiheitskampf ein Volkskrieg geworden, der an die Tiroler Kämpfe von 1809 erinnert.

In Laibach hatte man auf Grund der getroffenen militärischen Vorbereitungen auf einen sicheren Erfolg gehofft. Die „Jugoslavija" vom 29. April schrieb jubelnd von einem „Befreiungsspaziergange" nach Kärnten und auch an maßgebenden Stellen zweifelte man nicht am Gelingen des Überfalles.

Um den offenkundigen Waffenstillstandsbruch zu verschleiern, erfand man in Laibach einen Aufstand der slowenischen Bevölkerung. Das Laibacher Korrespondenzbureau meldete am 30. April hierüber folgendes:

„Schon seit Wochen appelliert die slowenische Bevölkerung der von deutschen Truppen besetzten Gebiete Kärntens an die Regierung und die Armee des Königreiches Südslawien sowie an die Friedenskonferenz, man möge dem von den undisziplinierten deutschen bolschewistischen Truppen geübten Terror ein Ende machen und die Bevölkerung befreien. Die jugoslawische Regierung konnte diesem Appell nicht entsprechen, da sie sich an den im Jänner l. J. unter Intervention einer amerikanischen Mission geschlossenen Waffenstillstand gebunden erachtete, obwohl die deutschen Truppen fast jeden Tag den Waffenstillstand durch Angriffe, Schießereien, Artilleriefeuer usw. auf die offene Stadt Völkermarkt brechen. Nachdem sich in Kärnten die Nachricht von den neuesten Ereignissen bei der Friedenskonferenz verbreitet hatte und die Bevölkerung ihre letzte Hoffnung auf einen baldigen errettenden Machtspruch der Konferenz geschwunden sah, griff die slowenische Bevölkerung in den von den Deutschen besetzten Gebieten Kärntens, und zwar vornehmlich im Rosental und im Gebiete von Völkermarkt, zur Selbsthilfe. Sie entwaffnete die schwachen Widerstand leistenden deutschen Banden, die übrigens teilweise mit der Bevölkerung fraternisierten, proklamierte die Vereinigung dieser Gebiete mit dem Königreiche Südslawien und ersuchte die an der von den deutschen Truppen bisher innegehabten Linien stehenden jugoslawischen Truppen, die Sorge für die Ruhe und Ordnung sowie den Schutz des Lebens und der Habe zu übernehmen und besonders der infolge der argen

Mißstände in der Organisation des Ernährungsdienstes ausgehungerten Bevölkerung die notwendige Nahrung zu beschaffen. Die Abteilungen der jugosalwischen Armee konnten sich dem an sie gerichteten dringenden Appell nicht verschließen und besetzten, ohne Widerstand zu finden, mehrere slowenische Ortschaften jenseits der deutschen Linie. In der Bevölkerung, die die jugoslawischen Truppen überall mit Enthusiasmus empfing, ist seit einem Monat ein vollkommener Stimmungswechsel eingetreten, und zwar auch in den bisher als deutschfreundlich bekannten slowenischen Dörfern. In der Bevölkerung hatte sich namentlich angesichts der von der Kärntner Landesregierung verursachten Anarchie die Erkenntnis durchgerungen, daß Ordnung und Nahrung nur von der jugoslawischen Regierung erwartet und mit Erfolg erlangt werden könne. In hiesigen Kreisen werden die Ereignisse der letzten Nacht dahin beurteilt, daß darin keinerlei Feindseligkeit gegen die deutsch-österreichische Republik zu erblicken sei, mit der die jugoslawische Regierung in ein freundschaftliches Einvernehmen zu kommen wünscht. Es ist zu beachten, daß das Wiener Staatsamt für Äußeres der jugoslawischen Regierung zu wiederholten Malen erklärt hat, für die Treibereien der Kärntner Landesregierung und der dortigen Volkswehr in keiner Weise haften zu wollen, und daß alle Verschiebungen an der von den beiden Parteien eingenommenen Linie selbstverständlich ohne Präjudiz für den Ausgang der Friedenskonferenz erfolgen."

Diese Darstellung reiht sich würdig anderen Entstellungen an, die sich das Laibacher Korrespondenzbureau damals zuschulden kommen ließ.

Ärger noch waren die Berichte, die anfangs Mai durch die jugoslawische Friedensdelegation offiziell der Friedenskonferenz und maßgebenden Sachverständigen in Paris, insbesondere amerikanischen, auf Grund eines verlogenen Schreibens Dr. Müllers überreicht wurden. Die Alarmkompanien werden darin als undisziplinierte Banden geschildert, die raubend durch das Land zögen. „Sie sind", heißt es da, „zivil gekleidet und rekrutieren sich aus Leuten allerschlechtester Sorte, die die große Löhnung lockt und die Gelegenheit zu rauben. Sie leben nämlich von dem, was sie der slowenischen Bevölkerung wegnehmen, die Löhnung aber versaufen sie." Die Volkswehr wird als „Rote Garde" bezeichnet, die häufig Dörfer überfalle, die auf slowenischem Gebiete liegen. In ihrer Verzweiflung habe sich die slowenische Bevölkerung am 29. April gegen die Deutschen erhoben, es sei zu vereinzelten Kämpfen zwischen den slowenischen Bauern und deutschen Banden gekommen; die zu Hilfe gerufenen slowenischen Grenzschutztruppen hätten die deutschen Banden zersprengt, seien dann aber auf die reguläre österreichische Armee gestoßen und hätten sich, um die Berührung mit dieser zu vermeiden, noch am Abend desselben Tages in die Anfangsstellungen zurückgezogen.

In Wirklichkeit hatten Vertreter der Kärntner Slowenen, Pfarrer Dr. Arnejc und Dr. Müller, bei der Landesregierung in Laibach wiederholt eine energische Aktion zur Besetzung aller von den Deutschen „besetzten Gebiete in Kärnten", vor allem der Städte Villach und Klagenfurt, verlangt, so namentlich in einer am 31. März unter dem Vorsitz Dr. Brejc' stattgefundenen Sitzung, in der die Durchführung der obenerwähnten (vgl. S. 166) Volksabstimmung im besetzten Teile von Kärnten beschlossen wurde. Wir wir einem Briefe Dr. Žerjavs, des

Vizepräsidenten der Laibacher Landesregierung, vom 7. V. 1919 entnehmen, war schon seit Anfang April ein militärischer Angriff längs der ganzen Kärntner Front geplant, um „das Vorfeld des Völkermarkter Brückenkopfes und der Rosenbacher Position zu sichern und Kärnten zu reinigen." Mariborski Delavec v. 11. Mai 1920 verriet, daß der Überfall vom 29. April auf einen Wink von Paris erfolgte. Diesen Wink gab niemand anderer als Marschall Foch, der, wie General Majster in seinem Bericht „Über das erste Kapitel der Kärntner Volksabstimmung" (Slovenski Narod vom 11. XI. 1922 Nr. 231) erzählt, einem „hervorragenden jugoslawischen Würdenträger" erklärte: „Was Ihr von Eurem Besitz besetzt habt, gehört Euch, wenn dort Ordnung herrscht." Die gleichen Worte schrieb nach Majster der jugoslawische Delegierte Kovačič aus Paris bezüglich Marburgs und Steiermarks. Auch in Laibach trafen im April nach einem Briefe des Laibacher Landesregierungssekretärs Dr. Druškovič vom 7. Mai Nachrichten aus Paris ein, daß jede Nation im wesentlichen das erhalten werde, was sie sich selbst erkämpfe. Nach demselben Briefe richtete der Regierungspräsident Dr. Brejc an die kompetente Militärbehörde die dringende Bitte, sie möge eine militärische Aktion einleiten, um die unerträgliche Lage zu ändern, und baten die militärischen Befehlshaber das Kommando der Draudivision um die Genehmigung zum Losschlagen, die sie auch erhielten. Und ein Schreiben des Gesandten Hribar in Prag bestätigte die Nachricht, daß die Slowenen nur auf Zuerkennung jener Orte hoffen dürfen, die sie selbst besetzt hatten.

Auch die Belgrader Regierung war zu einem Angriff in Kärnten entschlossen. Sie beschloß, wie aus einem Schreiben des Chefs der politischen Abteilung der Nationalregierung an die jugoslawische Friedensdelegation hervorgeht, in einer Vollsitzung am 22. April auf Bitte eines Abgesandten der Kärntner Slowenen (Smodej), „auf den ersten Fall einer Verletzung des Waffenstillstandes und im Falle einer wirklichen Gewalttat mit der sofortigen militärischen Besetzung der slowenischen Teile Kärntens zu antworten." „Fest überzeugt", heißt es in diesem Schreiben weiter, „daß unserem Königreich das von unseren Truppen besetzte Gebiet erhalten bleiben wird, erachten wir es für die richtige Zeit, unsern Brüdern zu helfen. Wir sind sicher, daß uns unsere Brüder mit den Waffen in der Hand in diesem nationalen Kampfe unterstützen werden."

Übrigens konnte schon aus der Anlage des Angriffs längs der ganzen Front erkannt werden, daß er militärischerseits planmäßig vorbereitet war, und haben auch Slowenen, wie Oberst Andrejka und Dr. Brejc, sowie Laibacher Blätter später offen zugegeben, daß es sich am 29. April um die Durchführung eines von höheren jugoslawischen Offizieren auf Grund einer eingehenden Besichtigung der ganzen Draulinie ausgearbeiteten Planes einer konzentrischen Offensive der slowenischen Truppen gegen Klagenfurt handelte, die zwar nicht auf Befehl des mit 1. Februar von General Smiljanić in Laibach errichteten Kommandos der Draudivision, sondern auf Wunsch slowenischer Politiker erfolgte und in einer Besprechung in Seeland verabredet wurde[68a].

Es unterliegt daher keinem Zweifel, daß der Angriff der Jugoslawen am 29. April nicht eine Volkserhebung, sondern ein militärisches Unternehmen war und im Einverständnis mit der Laibacher Regierung und des Kommandos der Draudivision erfolgte. Wenn also die jugoslawische Friedensdelegation in einer Denkschrift an die amerikanischen Experten behauptete, daß die jugoslawische Regierung und das jugoslawische Kommando nicht die geringste Schuld an dem Angriff treffe, so entsprach diese Behauptung nicht den Tatsachen. (Vgl. S. 232 und 293.)

Die Entwaffnung der deutschen „Banden", die Proklamierung der Vereinigung mit dem SHS-Staat, der begeisterte Empfang der zu Hilfe gerufenen jugoslawischen Truppen durch die Bevölkerung sind plumpe Erfindungen der Laibacher Propaganda. Richtig ist nur, daß Mitte April, also zu einer Zeit, in der der jugoslawische Angriff längst geplant und vorbereitet war, von 10 slowenischen Mehrheitsgemeinden (unter 36) die Bürgermeister, deren Stellvertreter oder andere unberufene Personen auf eigene Faust, ohne vorhergehenden Ausschußbeschluß, ferner 11 Pfarrämter und verschiedene slowenische Vereine, wie Spar- und Darlehenskassenvereine, Bildungsvereine, Feuerwehren, Tierzuchtvereine u. dgl. in der Umgebung von Rosegg bestellte Gesuche um „Befreiung" an das jugoslawische Abschnittskommando in Rosenbach und andere militärische Stellen richteten. (Vgl. S. 165f.)

Wohl herrschte überall, im Rosental, in der Gegend von Völkermarkt und im Lavanttal, größte Begeisterung, aber sie galt dem Kampf g e g e n und nicht f ü r die Jugoslawen. Andrejka selbst schreibt den Mißerfolg der slowenischen Offensive der Disziplinlosigkeit des slowenischen Soldaten und der offenkundigen Apathie der Völkermarkter Bevölkerung zu. In einem einzigen Falle, in Mühlbach, südlich von Rosegg, wurde festgestellt, daß jugoslawisch gesinnte Kärntner einen Vorstoß der Jugoslawen gegen Kärntner Artillerie unterstützten, doch spielte diese geringfügige Episode keine Rolle. (Vgl. oben S. 194 u. 195.)

X. DIE BEFREIUNG KÄRNTENS
(Vom 2. bis 8. Mai 1919)

Schon am 29. April abends teilte Staatskanzler Renner der Kärntner Landesregierung telephonisch mit, die SHS-Regierung in Belgrad habe bekannt-

---

[68a] So der sozialdemokratische Abgeordnete Cristan in der Belgrader Skupschtina am 28. Mai 1919. Laibacher Naprej vom 3. Juni 1919, Nr. 125. — Nach Akten des Landesbefehlshabers in Graz fuhren am 23. oder 24. April Dr. Müller, Smodej und Tavčar von Laibach über Marburg an die Kärntner Front. Müller war zum Landeshauptmann von Kärnten ausersehen. Knaus, „Kärntner Freiheitskampf" 2. Teil, S. 2.

gegeben, daß der Vorstoß in Kärnten ohne ihr Einverständnis erfolgt sei. Zugleich legte er der Landesregierung auf Beschluß des Kabinettsrates nahe, bei der Abwehr eines feindlichen Angriffes darauf zu achten, daß die Demarkationslinie nicht überschritten und keine Eroberungen gemacht werden; der Kabinettsrat habe zwar seine Gewalt in die Hände der Landesregierung gelegt, doch wäre von den übertragenen Machtmitteln nur insoweit Gebrauch zu machen, als es die Umstände erfordern; eine Veröffentlichung der von Wien zugesagten Hilfsmittel sei nicht erwünscht, um Unstimmigkeiten mit der Entente zu vermeiden. Die Wiener Regierung stand also noch immer auf dem Standpunkt, den die sozialdemokratische Parteileitung im Jänner gegenüber dem Abwehrkampf eingenommen hatte: Keine Offensive über die Demarkationslinie, keine „Eroberungen"! Gegen jeden Kampf eingestellt, grollte sie auch den Männern, die es gewagt hatten, gegen ihren Willen den Kampf gegen die Jugoslawen aufzunehmen. Als daher die Kärntner Landesregierung nach der Befreiung des Gail- und Rosentales dem Staatsamte für Heerwesen den Antrag stellte, Oberstleutnant Hülgerth wegen seiner Verdienste zum Oberst zu ernennen, lehnte Staatssekretär Dr. Deutsch diesen Antrag aus nichtigen Gründen ab.

Ganz anders faßte man die Lage in Kärnten auf. Begeistert von den großen Erfolgen der letzten Tage, drängte die Bevölkerung zur Fortsetzung des Kampfes, der aller Voraussicht nach zur Befreiung des letzten Restes des besetzten Gebietes und seiner kärntentreuen Bewohner führen mußte. In den maßgebenden Kreisen war man sich klar darüber, daß jetzt der Augenblick zur Beseitigung der von den Jugoslawen ständig drohenden Gefahr und zur Befreiung des ganzes Landes gekommen sei. Landesverweser Dr. Lemisch stellte schon am 30. April in einer Sitzung des Landesausschusses unter allseitiger Zustimmung fest, daß die Ruhe erst dann eintreten werde, wenn die Jugoslawen aus Kärnten vertrieben seien, weshalb die gegenwärtige Unternehmung diesem Ziele zustreben müsse.

Vom rein militärischen Standpunkt aus mußten Sicherungen gegen eine Wiederholung derartiger Angriffe und gegen die stete Bedrohung der Landeshauptstadt geschaffen werden. Es wurden daher am 30. April und 1. Mai die neueingesetzten Reserven und Auffüllungsverbände der Heimwehr- und Freiwilligen-Abteilungen geordnet und der Nachschub von Munition, Verpflegung und Ausrüstung sowie die Abschnittseinteilung der neuen Lage angepaßt.

Da aber der von den Südslawen besetzte Brückenkopf von Völkermarkt wiederholt Ausgangspunkt südslawischer Unternehmungen gewesen war und nach wie vor eine Gefahr für die Landeshauptstadt und deren Verbindung mit dem Lavanttal über Haimburg bildete, so war es zur Verhinderung weiterer südslawischer Angriffe vor allem nötig, diesen unschädlich zu machen. Die eigene Front um den Brückenkopf war schon früher, der Zeit entsprechend, ausgebaut und mit viel, wenn auch meist Positionsartillerie besetzt worden.

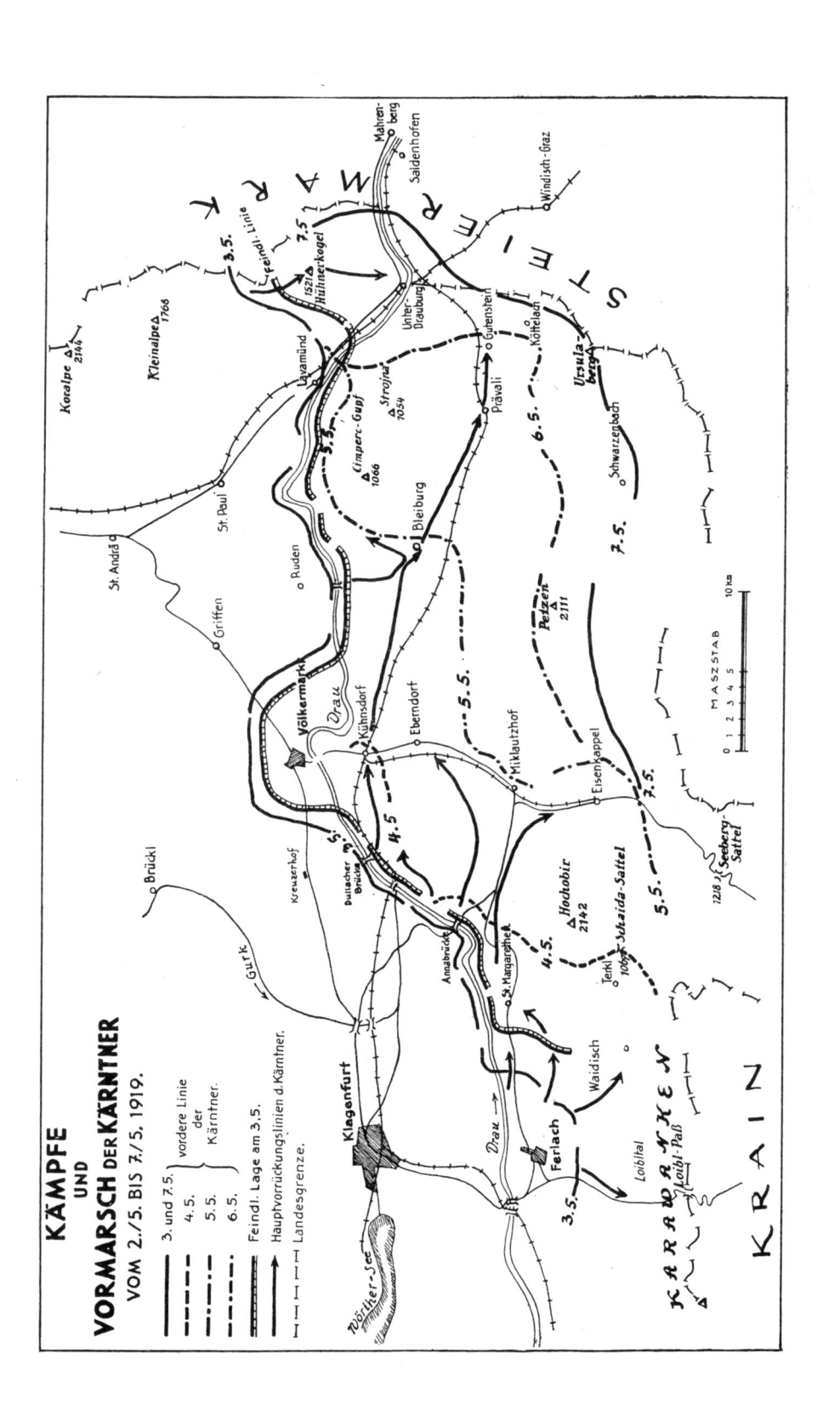

KÄMPFE UND VORMARSCH DER KÄRNTNER
VOM 2./5. BIS 7./5. 1919.

Alle notwendigen Maßnahmen hatte Oberstleutnant Hülgerth persönlich mit den Führern eingehend besprochen, so daß nach Einrücken der Heimwehr als Verstärkung die Vertreibung der Südslawen aus Völkermarkt ins Auge gefaßt werden konnte. Die Stimmung der eigenen Truppe war ausgezeichnet, die Begeisterung und Kampfesfreude namentlich im Abschnitt Völkermarkt groß, die Zuversicht im ganzen Lande stark.

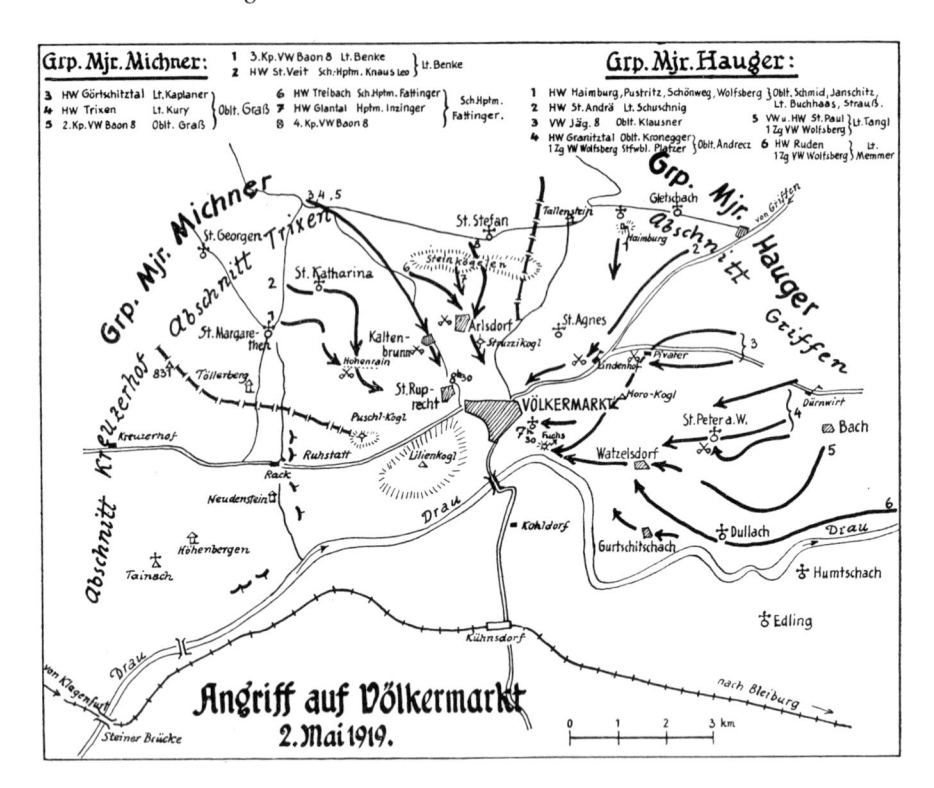

Aber auch auf seiten der Jugoslawen hatte man die Bedeutung des Völkermarkter Brückenkopfes für weitere Kämpfe wohl erkannt und daher nicht nur sehr starke Verteidigungsstellungen gebaut, sondern diese auch gut und zahlreich besetzt.

Der Angriff gegen V ö l k e r m a r k t [69]) erfolgte am 2. Mai ab 3.30 Uhr früh unter persönlicher Leitung des Landesbefehlshabers. In Völkermarkt und Umgebung standen damals auf jugoslawischer Seite 2 Baone des Cillier Infan-

---

[69]) „Erinnerungen" und Tagebuch Mj. Michners, Lbh. 4. — Tagebuch Mj. Premitzers mit Tagebüchern der HW.-Komp. Treibach, Hörzendorf, Görtschitztal, Trixen, St. Veit und Gurktal. Lbh. 6a/t. — Gefechtsbericht Mj. Hauger, Lbh. 6a/u. — HW.-Komp. Granitztal, Gefechtsbericht Oblt. F. Kronegger, Lbh. 6a/v. — E. Michner, Die siegreiche Mai-Offensive. Kärntner Tagblatt Festnummer vom 10. Oktober 1930, S. 40. — L. Skalka, Im Griffner Abschnitt. Ebenda S. 38. —

terie-Regiment im Westen und Norden der Stadt, 1 Baon des Marburger Infanterie-Regiments im Osten und 1 Baon Reserve unter Mj. Grisold in der Gegend von St. Ruprecht, alle unter dem Kommando des Obersten Bleiweiß. Stärke und Gliederung der Kärntner Truppen zeigt nebenstehende Skizze.

Unterstützt durch starkes Artilleriefeuer und die Flieger rückten die Kärntner von allen Seiten gegen die Stadt vor. Im Abschnitte Trixen (Mj. Michner) gelang es der 4. Kompanie des VWBaons 8, St. Veit und den HW.-Kompanien Treibach und Hörzendorf unter Führung des Schützenhauptmannes Fattinger, dem nach der Verwundung des Oblts. Stor am 30. April das Kommando des Unterabschnittes St. Stefan übertragen worden war, die mit Drahtverhauen und Schützengräben gut befestigten jugoslawischen Stellungen am Hauserkogel und bei Arlsdorf, nördlich Völkermarkt, nach mehrstündigem Kampf zu nehmen, über den Struzikogel und St. Ruprecht um 8.30 Uhr in Völkermarkt, wo auch schon die Gruppen vom Abschnitte Griffen eingedrungen waren, einzubrechen und bis zur Draubrücke vorzustoßen. Die 2. Kompanie der St. Veiter Volkswehr warf im Verein mit den HW.-Kompanien Trixen und Görtschitztal unter dem Kommando des Oblts. Grass den Feind bei Kaltenbrunn zurück. Infolgedessen mußten die Jugoslawen auch am Hohenrain (westlich St. Ruprecht), wo sie hinter Drahtverhauen und Minenfeldern der 3. Komp. der St. Veiter Volkswehr und der Heimwehrkompanie St. Veit hartnäckig Widerstand geleistet hatten, zurückgehen.

Im Abschnitt Griffen (Abschnittskommandant Mj. Adolf Hauger) fiel die Entscheidung bei St. Peter am Wallersberg. Hier stieß Oblt. Hubert Klausner mit der Feldjägerkompanie 8 über das Gehöft Pivater und Obersielach auf den Morekogel vor und weiter zum Fuchs, 1 Kilometer südöstlich Völkermarkt. Die stark besetzte und verschanzte Stellung der Jugoslawen bei St. Peter wurde von der Granitztaler Heimwehr und einem Zug Wolfsberger Volkswehr unter Oblt. Fritz Kronegger umfassend angegriffen und nach erbittertem Kampf genommen. Mit dem Fall von St. Peter war der Widerstand der Jugoslawen gebrochen. Nunmehr ging auch der Nachbarabschnitt Haimburg und Hirschenau (HW.-Komp. St. Andrä unter Lt. Schuschnig) zum Angriff über und warf den Feind in schwerem Kampf über Lindenhof und den Mühlgraben gegen die Griffener Vorstadt zurück. Südlich von St. Peter brachten die Heimwehren von Ruden und St. Paul und zwei Züge Wolfsberger Volkswehr unter Lt. Menner und Lt. Tangl den Gegner zum Weichen und drangen über Watzelsdorf bis zum Fuchs vor, von wo aus der Rückzug

---

F. Fattinger, Die Treibacher Alarmkompanie in den Abwehrkämpfen. Freie Stimmen, Festnummer vom 10. Oktober 1930, S. 19. — Fürnschlief, a. a. O., S. 20. — Kärnten in der Jugoslawenzeit. Aufzeichnungen von H. Wiegele. Klagenfurt 1935, S 64 f. — M. Grisold, a. a. O. — Mj. Adolf Hauger, Der Sturm auf Völkermarkt. Zur 10-Jahrfeier der Kärntner Volksabstimmung am 10. Oktober 1930, Lbh. I 1/0.

der Jugoslawen von der Stadt über die Draubrücke bedroht wurde. Der heldenmütige Kampf kostete dem ganzen Abschnitt auf Kärntner Seite 10 Tote und 20 Verwundete.

Um ½8 Uhr drangen die ersten Befreier in die jubelnde Stadt ein. Ein Augenzeuge, Fachlehrer Wiegele, schildert den Einmarsch wie folgt:

Unaufhörlich strömten deutsche und windische Kärntner von der Griffner- und Friedhofstraße in die Stadt herein, den „Tschuschen" nach, allen voran die Haimburger, Völkermarkter, Griffner, Lavanttaler und die Achterjäger. Es war ein erhebender Anblick: Soldaten, Bauern und Zivilisten mit Gewehren in der Hand, junge Burschen und alte Männer, begleitet von wackeren Mädchen und Frauen aus St. Stefan, Haimburg, St. Jakob und Griffen, die selbst, mit Gewehren ausgerüstet, im ärgsten Kugelregen mitgeschossen, Verwundete verbunden oder Munition nachgetragen hatten."

In wilder Flucht stürmten die Jugoslawen, Zivil und Militär, samt dem Abschnittskommandanten Oberst Bleiweiß zur Draubrücke hinunter. „Selbst im Weltkrieg bin ich", erzählt der jugoslawische Baonskommandant Grisold, „nie so schnell über eine Brücke gelaufen." Denn schon wurde die Brücke von der Kärntner Artillerie und vom Friedhof her durch MG beschossen und von den Heimwehren vom Fuchs her bedroht. Eine größere Anzahl von Geschützen und etwa 50 Maschinengewehre blieben in der Hand der Kärntner. Um 9 Uhr vormittags hißte der Landesbefehlshaber die österreichische Fahne am Rathaus, und in kurzer Zeit prangte die Stadt im Schmuck der deutschen und Kärntner Farben. Um 9 Uhr abends sprengten die Jugoslawen die Draubrücke, um den Kärntnern den Übergang über den Fluß unmöglich zu machen.

Indes hatte die Wiener Regierung mit dem Chef er interalliierten Waffenstillstandskommission in Wien, dem italienischen General Segré, Fühlung genommen. Segré warnte vor einem Überschreiten der Demarkationslinie, stellte hingegen das Einschreiten italienischer Truppen in Aussicht, falls dies zur Behauptung der Draulinie notwendig wäre. Tatsächlich hatten die Italiener bereits am 30. April die Brigade Pisa nach Tarvis und Thörl vorgeschoben. Sie sollte „gegebenenfalls", d. h., wenn sie von den Jugoslawen bedroht werden sollte, die Bahnlinie Aßling — Rosenbach — Villach besetzen, aber auf keinen Fall aktiv auf seiten der Kärntner in den Kampf eingreifen.

Als nun am 2. Mai der Staatsregierung der Angriff auf Völkermarkt bekannt wurde, gab Staatskanzler Renner namens des Kabinettsrates der Landesregierung sofort den kategorischen Auftrag, „daß aus gesamtstaatlichen Erwägungen und im Hinblick auf die nervöse Stimmung der Ententestaaten gelegentlich der jetzigen Landesabwehraktion die Demarkationslinie nicht überschritten werden dürfe".

Nach dem Auftrag der Staatsregierung hätten also die Kärntner das soeben mit solcher Begeisterung eroberte Völkermarkt wieder aufgeben müssen. Es war klar, daß dieses Verlangen unmöglich erfüllt werden konnte. Die Landesregierung nahm daher den Auftrag zwar entgegen und brachte ihn auch im Laufe des 3. Mai dem Landesbefehlshaber zur Kenntnis, machte aber noch am selben Tage den Staatskanzler darauf aufmerksam, daß die aus der Zivilbevölkerung gebildeten freiwilligen Abteilungen und bäuerlichen Alarmkompanien Weisungen hierüber nicht entgegennehmen. Das war offener Widerstand gegen die Wiener Staatsregierung.

Überdies wurden die offene Stadt Völkermarkt und einige Orte westlich der Eisenbahnbrücke bei Stein schon am 2. Mai nachmittags und an den folgenden Tagen ununterbrochen von den Jugoslawen von Kühnsdorf aus beschossen, was zahlreiche Blutopfer in der Zivilbevölkerung forderte. Am 3. Mai, dem Blutsonntag von Völkermarkt, waren 6 Todesopfer und 53 Verwundete, darunter 13 Schwerverletzte, zu beklagen. Unter anderen fielen hier die heldenhafte Rot-Kreuz-Schwester Grete Schoderböck[70]) und Feldkurat Wulz aus St. Veit bei der Bergung von Verwundeten. Die Erregung der Bevölkerung und der Abwehrkämpfer stieg aufs höchste. Um eine weitere Bedrohung der Stadt unmöglich zu machen und klare Verhältnisse zu schaffen, war es notwendig, den Nachstoß fortzusetzen, die südslawische Front an der Drau aufzurollen und den Gegner über die Grenze zurückzuwerfen.

Als der Auftrag des Staatskanzlers beim Landesbefehlshaber am 3. Mai nachmittags eintraf, waren alle Angriffsbefehle gegeben und ihre Ausführung bereits im Gange. Sie konnten daher nicht mehr zurückgenommen werden.

Der Hauptschlag gegen die Jugoslawen erfolgte am 6. Mai bei St. Margarethen-Abtei[71]). Er war seitens des Oberkommandos infolge der allgemeinen politischen Lage schon seit einiger Zeit sorgfältig vorbereitet worden und ging daher ganz planmäßig vor sich. Der Zweck der Unternehmung war von vornherein, die ganze südslawische Stellung in Ostkärnten aufzurollen und den Feind aus dem Lande hinauszutreiben. Major Perko, der als Abschnittskommandant mit der Leitung der Unternehmung betraut wurde, erhielt einige Heimwehrkompanien als Verstärkung. Vom Gegner standen zwei Kompanien in St. Margarethen, eine Kompanie in Abtei und eine halbe Kompanie mit zwei Maschinengewehren in Zell-Pfarre.

Der Angriff begann um 4 Uhr früh und erfolgte gleichzeitig auf mehreren Anmarschlinien. Die Ferlacher HW.-Kompanie marschierte über den Kleinen Loibl und den Oslica-Sattel, die Arbeiterkompanie im Waidisch-Graben nach

---

[70]) Über diese mutige Frau siehe H. Thalhammer, „Als Arzt in den Abwehrkämpfen" in „Kampf um Kärnten", S. 132 und J. Bohatta, ebenda S. 136.
[71]) Dispositions- und Gefechtsbericht Major Perkos, Lbh. 6 a/d. — Gefechtsberichte der HW.-Komp. Maria Rain, Ferlach und Weizelsdorf, Lbh. 6 a/e, g. — (W. Perko) Gebirgsschützen im Abwehrkampf. Mitteilungen zur Regimentsgeschichte der Kärntner Gebirgsschützen, Nr. 2, S. 18. — F. X. Kohla, Das Gefecht bei St. Margarethen i. R. am 4. Mai 1919. Carinthia I, 1930, S. 63.

Zell-Winkel, Hauptmann Reinl mit der 3. Kompanie des VWB. 1 und zwei Freiwilligen-Kompanien aus Klagenfurt über die Matzen und den Javornik gegen Zell-Pfarre, das nach halbstündigem Kampf im Sturmangriff genommen wurde, und von da befehlsmäßig weiter gegen den Terkl und den Schaida-Sattel. Die Jugoslawen flüchteten über die Koschuta-Steige gegen Süden.

Die zweite Kompanie des VWB. 1 und 2 Kompanien von Freiwilligen aus Klagenfurt rückten unter dem Kommando des Oblts. Sorko über die Raut und weiter am Nordhang der Matzen über Hintergupf gegen St. Margarethen vor, um dieses von Süden her zu umfassen, was auch gelang.

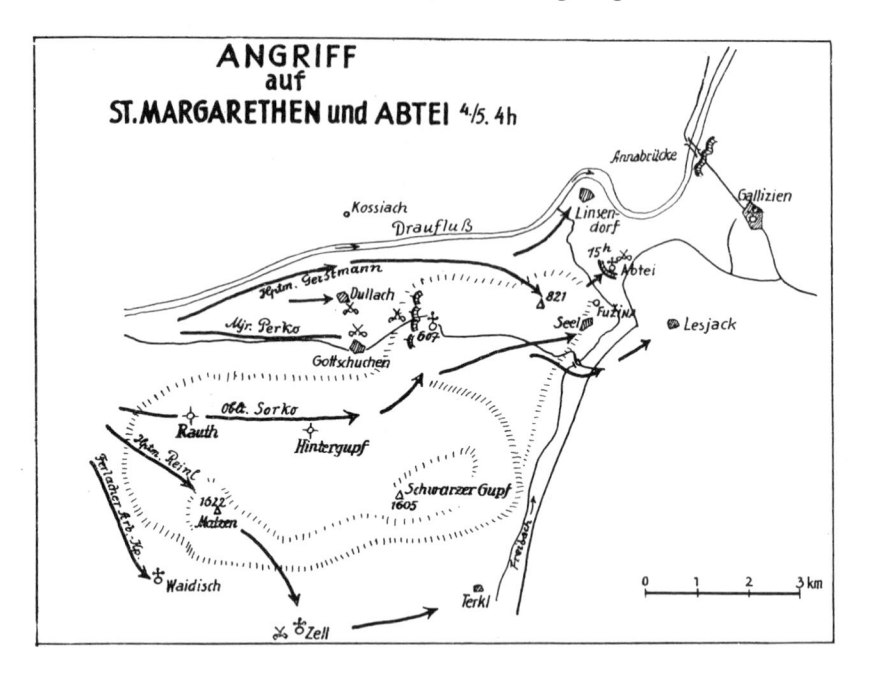

ANGRIFF
auf
ST. MARGARETHEN und ABTEI 4./5. 4h

Major Perko selbst marschierte mit der Maria Rainer HW.-Kompanie unter Zugsführer Plasch, den Heimwehrkompanien Feldkirchen und Unterferlach, einem Kraftwagenpanzer unter Oblt. Torkar und zwei Fliegerabwehrkanonen unter Oblt. Spitra auf der Landstraße, Hauptmann Gerstmann mit der 1. Kompanie als nördlichster Gruppe durch die Auen längs der Drau, um St. Margarethen vom Norden her zu umgehen. Während die Kolonne Gerstmann nach Überrumpelung der jugoslawischen Feldwache bei Dullach unbemerkt schon bei Tagesgrauen bis auf den Gupf und nach Oberdörfl in den Rücken der Jugoslawen bei St. Margarethen gelangte und diesen die Rückzugslinie sperrte, mißlang der mittleren Kolonne die Überrumpelung der Feldwache bei Gotschuchen, so daß die Jugoslawen in St. Margarethen alarmiert wurden und den Angriff durch äußerst schweres Maschinengewehrfeuer aus der feldmäßig befestigten Stellung bei St. Margarethen zum Stehen brachten. Der Panzerwagen konnte in den Kampf zunächst nicht eingreifen, da die Straße verrammelt war. Es stand nur mehr die Maria Rainer HW.-Kompanie zur Verfügung. Dank der geschickten Führung und der hervorragenden Tapferkeit gelang es dieser trotz des verzweifelten Widerstandes des Gegners in St. Margarethen einzudringen. Es kam zu einem kurzen Handgemenge, das durch Handgranaten entschieden wurde. In diesem Kampf fielen auf seiten der Kärntner der Gendarmeriewachtmeister J. Kuß, auf seiten der Jugoslawen der Kommandant Hauptmann Razlag und ein Fähnrich. Die jugoslawische Besatzung wurde teils gefangengenommen, teils durch das Feuer der bei Oberdörfl stehenden Kompanie Gerstmann zersprengt.

Am Nachmittag rückte Oblt. Sorko mit der 2. Kompanie befehlsmäßig von Oberdörfl über Seel und Fužina, Hauptmann Gerstmann mit der 1. Kompanie auf dem Fahrweg über Raspotnig gegen Abtei vor. Die zwei Gebirgskanonen wurden auf Bauernkarren aufgeprotzt, von Pferden und Kühen, angetrieben von alten Bauern und jungen Mädchen, bei Seel, zwei Fliegerabwehrkanonen auf dem Sattel beim Raspotnig in Stellung gebracht. Nach gutwirkendem Artilleriefeuer und kurzem Gefecht wurde Abtei genommen. In breiter, vom Lesjak (südöstlich Abtei) bis Linsendorf an der Drau reichender Front rückten die Kärntner gegen den fliehenden Feind vor, während die Kärntner Geschütze bereits in den Rücken der beiderseits der Annabrücke stehenden Jugoslawen wirkten. Zugleich rückte die Kolonne Reinl über den Schaida-Sattel gegen Eisenkappel vor. Die jugoslawische Draufront war aufgerollt und unhaltbar geworden. Der Feind räumte daher mit Einbruch der Dunkelheit, teilweise fluchtartig, unter Zurücklassung von Geschützen die ganze Front. Dank der ausgezeichneten Führung und der schneidigen Haltung der Truppen war ein entscheidender Erfolg errungen.

Am 5. Mai erreichten die Truppen Perkos die Linie Eisenkappel — Rechberg — Sittersdorf. Ein Teil schwenkte dann gegen den Seebergsattel und stieß hier zum erstenmal auf ein serbisches Bataillon. Es war, vollkommen mit französischem Material ausgerüstet, über den Seeberg gekommen und über Bad Vellach hinaus vorgerückt, zog sich aber, von der Artillerie Perkos wirksam beschossen und von einer Umfassungskolonne unter Oblt. Sorko bedroht, nach kurzem Gefecht gegen Bad Vellach zurück. Die Truppen Perkos hielten nun bis zum 28. Mai die Linie Lanšič — Südrand von Eisenkappel — Gobanz — Maly. In Eisenkappel wurde sofort eine Heimwehrkompanie aufgestellt.

Nach dem Falle von Völkermarkt bezogen die Jugoslawen in der Linie Drauknie — Buchhalm (s. Kühnsdorf) eine neue Stellung, mußten diese jedoch schon in der Nacht zum 5. Mai aufgeben, da der siegreiche Vorstoß der Kärntner bei St. Margarethen-Abtei ihre Rückzugslinie bedrohte. Überdies hatte auch Oblt. Steinacher am Abend des 4. Mai mit seiner Kompanie — 90 Mann und 4 MG. — auf eigene Faust und ohne Fühlung mit den rechts und links von ihm stehenden Gruppen die Drau auf der von den Jugoslawen gesprengten und notdürftig wiederhergestellten Dullacher Brücke überschritten[72]). In scharfem Nachtmarsch stieß er, ohne Widerstand zu finden, über Kühnsdorf nach Moos vor. Die Jugoslawen hatten Kühnsdorf bereits geräumt und beabsichtigten, in der Linie Einersdorf — Gollob — St. Michael — Pirkdorf — Unterbergen neue Stellungen anzulegen. Daher stieß Steinacher im Morgengrauen des 5. Mai östlich von Moos an der Straße Bleiburg — Lippitzbach auf schanzende Jugoslawen. Er griff sofort an, die Jugoslawen flüchteten sich nach Einersdorf, wo alsbald in der jugoslawischen Besatzung eine grenzenlose Verwirrung einriß. Im Sturm nahmen die Kärntner den Ort. Die zurückgeworfenen Jugoslawen zogen sich über Aich nach Leifling, z. T. auch durch die Wälder nach St. Daniel zurück. Damit war die jugoslawische Linie zwischen Hl. Grab und Bleiburg durchbrochen. Trotzdem war die Lage für Steinacher einige Zeit kritisch, da die Jugoslawen von der Höhe von Hl. Grab aus Einersdorf mit Maschinengewehren beschossen und den Bahnhof von Bleiburg, die Ortschaft St. Michael und die Straße nach Loibach noch besetzt hielten.

In Bleiburg löste der Gefechtslärm von Einersdorf unter der jugoslawischen Besatzung eine solche Panik aus, daß sie, ohne Widerstand zu versuchen, doch unter Mitnahme von 30 Geiseln, nach Süden floh. Sofort wurde am Kirchturm die deutsche Fahne gehißt und es erschienen auch an den Fenstern und Dächern der Häuser deutsche, kärntnische und österreichische Fahnen. Um ½7 Uhr rückte ein von Steinacher über den Libitschberg vorgeschobener Zug unter Leutnant Silvester Klinge-Praschek unter dem Jubel der Bevölkerung ein. Kinder liefen ihnen mit deutschen Fähnchen entgegen, aus den Fenstern flogen Blumen, manche Erwachsene weinten vor Freude. Junge Burschen bewaffneten sich sofort mit weggeworfenen Gewehren der Jugoslawen, Knaben trugen Munition auf das Schloß, wohin Steinacher eine kleine Abteilung entsandt hatte. Um ½10 Uhr wich die jugoslawische Besatzung auch von Hl. Grab vor einer Umgehungspatrouille zurück. Um 10 Uhr konnte Steinacher mit der Hauptgruppe in die begeisterte Stadt einziehen.

Der Einmarsch der Kärntner in Bleiburg hatte zur Folge, daß auch die südlich von Bleiburg stehenden jugoslawischen Truppen den Rückzug ins Mießtal antraten. Der Versuch der Jugoslawen, bei Bleiburg eine zweite Verteidigungslinie zu errichten, war somit mißlungen.

Am Morgen des 5. Mai fuhr auch der improvisierte Panzerzug, dessen Be-

---

[72]) Gefechtsbericht Steinacher, Lbh. 6 a/p. — Steinacher, Die Befreiung von Bleiburg am 5. Mai 1919. Kärntner Landsmannschaft Nr. 48 vom 1. Mai 1920 und Freie Stimmen Nr. 104 vom 5. Mai 1929. — F. Jantsch, Der Panzerzug des Landesbefehlshabers im Abwehrkampf 1919. Carinthia I, 1930, S. 56. — Grisold, a. a. O.

satzung sich ein paar Tage zuvor im Rosental so trefflich bewährt hatte, unter dem Kommando des Oblts. H. Mitterbacher gegen Bleiburg. Er kam jedoch nur bis in die Gegend von Tscherberg. Hier fand er frisch aufgeworfene feindliche Deckungen und wurde er um 7 Uhr früh von feindlichen Maschinengewehren beschossen. Er kämpfte die feindlichen Maschinengewehre nieder, wurde aber dann durch eine Explosion im Geschützwagen teilweise zerstört und mußte nach Klagenfurt zurück.

Am Abend des 5. Mai traf auf Anordnung des Landesbefehlshabers die Gruppe Michner mit der Bahn in Bleiburg ein. Sie hatte um die Mittagszeit die Draubrücke bei Völkermarkt, die von der Treibacher Alarm-Kompanie binnen fünf Stunden wiederhergestellt worden war, überschritten. Kurz vorher waren auch die Granitztaler unter Oblt. Kronegger in Bleiburg eingelangt. Sie bogen jedoch nach Aich zurück, um in den nächsten Tagen über Neuhaus und Leifling nach Unterdrauburg aufzuklären und die Gegend vom Feinde zu säubern. Hierbei lieferte sie dem Gegner einige kleine Gefechte auf der Stroina.

Am 6. Mai wurde der Vormarsch ins Mießtal fortgesetzt. Oblt. Steinacher brach schon am frühen Morgen auf und kam, gefolgt von einer Maschinengewehrabteilung unter dem Kommando des Oblts. A. Maier-Kaibitsch um 10 Uhr vormittags bis Gutenstein. Hier stieß er auf seinen alten Gegner, den tapferen Oblt. Malgaj, der später von der slowenischen Propaganda zu einem slowenischen Nationalhelden emporgehoben wurde. Es kam zu einem erbitterten Kampf, in dem namentlich auch die Maschinengewehre, zum Schlusse auch zwei Autokanonen der Gruppe Michner eingriffen. Schloß Gamsenegg und eine beherrschende Höhe bei Gutenstein wurden nach mehrstündigem erbitterten Kampf genommen. Steinacher aber wurde im Sturm verwundet, Malgaj fiel durch eine eigene Handgranate. Die Jugoslawen wandten sich daraufhin zur Flucht nach Unterdrauburg und über den Dullersattel nach Windischgraz. Es war das letzte siegreiche Gefecht im Kärntner Befreiungskampf[73]).

Im Laufe des 7. Mai rückten die Kärntner bis an die Landesgrenze vor, das VWB. 3 (Hauptmann Treu) nach Schwarzenbach, das VWB. 2 mit der nunmehr von Lt. Klinge-Praschek kommandierten Kompanie 2, der Kompanie 1 unter dem Kommando Oblt. Th. Rauters und der Maschinengewehrabteilung unter Oblt. Maier-Kaibitsch nach Köttelach und zum Dullersattel, das VWB. 8 St. Veit an den Gruber-Gupf. Ein Teil des Heimwehr-Baons St. Veit (HW.-Komp. Treibach, Gurktal, Görtschitztal und St. Veit) bezwang in anstrengendem Nachtmarsch unter dem Kommando Mj. Premitzers den Höhenzug vom Cimpercgupf bis zur Stroina, traf am 7. gleichzeitig mit den Lavanttalern in

---

[73]) „Erinnerungen" und Tagebuch Michners, Lbh. 4. — Tagebuch Oblt. Steinachers und Mj. Premitzers mit Tagebuch der HW.-Komp. Treibach (Dr. Fattinger). Lbh. 6 a/p, t. — A. Maier-Kaibitsch, Kampf um Gutenstein in „Kampf um Kärnten", S. 142.

Unterdrauburg ein und fuhr am 8. auf Befehl nach St. Veit zurück, wo die Heimwehren aufgelöst wurden.

Im Lavanttaler Abschnitt war die Kampflust der Kärntner nach dem Fall von Völkermarkt kaum mehr zu bändigen. Am 2. Mai wurde die jugoslawische Stellung am Sirothenkogel, östlich Lavamünd, von wo aus die Jugoslawen wiederholt Vorstöße unternommen hatten, von einer Abteilung des VWBaons 10 Wolfsberg, deren Kommandant und Mannschaft zumeist aus dem besetzten Gebiet stammten, genommen. Schon am nächsten Tag ging sie wieder verloren. In diesen Kämpfen hatten die Jugoslawen 6, die Kärntner 2 Tote zu beklagen[74]).

Am selben Tage wurde das Nordufer der Drau bis zum Multerergraben vom Feinde gesäubert und der Lorenzenberg nordwestlich Unterdrauburg von Kärntner Truppen besetzt.

Die Klagenfurter Soldatenwache, die noch immer am Brettereck stand, war in ständiger Verbindung mit der steirischen Volkswehr in Eibiswald, die für den Fall eines allgemeinen Angriffes bereit war, in den Kampf einzugreifen.

Indes waren am 2. Mai „Hilfstruppen" aus Wien eingelangt. Unter dem Eindruck der Gefahr des südslawischen Überfalles am 29. April hatte nämlich die Kärntner Landesregierung telegraphisch beim Staatsamt für Heerwesen um Hilfstruppen angesucht. Daraufhin trafen ein: in St. Andrä die vereinigten Wiener VWBaone 3 und 7 und das VWBaon 20 in der Stärke von 35 Offizieren, 620 Mann und 21 Gebirgsgeschützen und — am 3. Mai — in Maria Elend im Rosental das Klosterneuburger VWBaon in der Stärke von 20 Offizieren und 430 Mann und 8 Gebirgsgeschütze. Diese Truppen waren jedoch mit Ausnahme der Artillerie nur mangelhaft ausgerüstet, so daß schon aus diesem Grunde ihre Verwendungsfähigkeit sehr beschränkt war. Überdies hatten sie vom Staatsamt für Heerwesen vor ihrem Abmarsch die Weisung erhalten, nicht über die Demarkationslinie bzw. die Drau vorzugehen. Die in St. Andrä eingelangten Bataillone standen ganz unter dem Einfluß sozialdemokratischer Soldatenräte und hatten nicht die mindeste Vorstellung von den Verhältnissen in Kärnten[75]). Sie machten ihre Dienstleistung gleich bei ihrer Ankunft am Bahnhof von der Bewilligung ihrer Forderungen in bezug auf Bekleidung, Verpflegung und Gebühren abhängig, weigerten sich, am Angriff auf Unterdrauburg teilzunehmen, benahmen sich gegenüber der Zivilbevölkerung höchst undiszipliniert und hatten nur einen sehr geringen Kampfwert. Da Kärnten nur Truppen brauchen konnte, die sich auch in den Kampf einsetzen ließen und das Verhalten der Wiener Bataillone mit Recht den Unwillen der Bevölkerung erregte, so wurden diese am 4. Mai wieder nach Wien zurückbefördert. Außer

---

[74]) Gefechtsbericht der Soldatenwache (Pirkenau). Lbh. 6 a/m. — Fürnschlief, S. 21.

[75]) Vgl. den Bericht des Unterbefehlshabers im Lavanttal im „Zusammenfassenden Bericht des Landesbefehlshabers", mitgeteilt von F. X. Kohla, Carinthia I, 1935, S. 184.

den genannten Truppen sandte das Staatsamt für Heerwesen auch eine Anzahl von Unteroffizieren sowie Munition und Kriegsgerät.

Der allgemeine Angriff wurde vom Unterbefehlshaber im Lavanttal für den 7. Mai angeordnet. Wolfsberger Volkswehr und die Heimwehren von St. Paul, Ettendorf und St. Georgen sollten vom Multererbach und vom Lorenzenberg gegen Unterdrauburg vorstoßen, während die Soldatenwache vom Brettereck aus den Jankeckogel und die Roßhütte nehmen und dann in je einer Kolonne über den Goritzenberg und Kienberg nach Unterdrauburg und in einer dritten über Wölk nach St. Sebastian und St. Magdalen im Drautale vorrücken sollte. Das steirische Abschnittskommando in Eibiswald wurde um Unterstützung ersucht, und zwar sollte eine Kompanie über St. Jakob in der Soboth und Pernitzen nach Trofin, eine zweite über St. Lorenzen nach Hohenmauthen vorbrechen. Leider sollte sich die Hoffnung auf eine Unterstützung von Eibiswald her nicht erfüllen. Denn am 7. Mai um 1 Uhr früh erhielt der Kommandant der Klagenfurter Soldatenwache, Lt. Pirkenau, vom Kommandanten der 3. Kompanie des steirischen VWBaons XII folgendes Schreiben:

„Auf Befehl des Landesbefehlshabers von Steiermark übersende ich folgende Verständigung: Die Lage im ganzen läßt eine Verwendung des Baons nicht zu und darf an der Gruppierung der Baone momentan keine Änderung vorgenommen werden. Die Heimwehr in St. Oswald (100 Mann) wird heute noch einberufen zum Schutze gegen Soboth, darf jedoch die blaue Demarkationslinie nicht überschreiten"[76]).

Dagegen erhielt die Klagenfurter Soldatenwache eine wesentliche Verstärkung durch drei akademische Legionen aus Steiermark[77]). Von Klagenfurt aus war nämlich ein Aufruf an die an den Hochschulen in Steiermark, Wien und Innsbruck studierenden Kärntner erlassen worden, eiligst nach Kärnten zu kommen und hier an der Verteidigung der Heimat teilzunehmen. Die Begeisterung, die dieser Ruf bei der Studentenschaft in Steiermark entfachte, war so groß, daß sich den Kärntnern auch viele steirische Akademiker anschlossen, darunter besonders auch deutsche Studenten aus dem von den Jugoslawen besetzten Untersteier. So konnten die Hochschüler in Graz, die Bergakademiker in Leoben und die Hörer der Forstlehranstalt in Bruck drei Legionen aufstellen, zusammen etwa 500 Mann. Es waren dies erstklassige Truppen, deren Disziplin und Kampfbegeisterung allgemeine Anerkennung fanden. „Wer diese Studentenabteilungen", sagt der Unterbefehlshaber des Abschnittes Lavanttal, Obstlt. Fürnschlief, „gesehen hat in ihrem schmucken Äußern mit dem Far-

---

[76]) Gefechtsbericht der Soldatenwache (Lt. Pirkenau). Lbh. 6a/m. — Vgl. A. Plachki, Die Deutschen in Untersteiermark. 1928, S. 19.

[77]) Über sie: Die Grazer akadem. Legion. „Grazer Tagblatt" vom 18. Mai 1919. — G. Urschler, Erlebnisse bei der Grazer Studentenlegion. „Grazer Tagespost" vom 26. Mai 1919. — F. Kraßnig, Die Leobner akadem. Legion. „Kärntner Tagblatt", Festnummer vom 10. Okt. 1930, S. 42. — Auswärtige Hilfstruppen im Kärntner Abwehrkampf. Ebenda S. 57. — H. Paller, Mit der akademischen Legion nach Kärnten. „Freie Stimmen" Nr. 233 vom 10. Oktober 1931. — Fürnschlief, S. 22.

benband um die Brust, ihre Disziplin und ihr militärisches Auftreten, ihre Begeisterung für den Kärntner Freiheitskampf, die bedingungslose Annahme jeder ihnen gestellten Aufgabe, der hatte Gelegenheit, deutsche Hochschuljugend wertschätzen zu lernen. Ein vergrämtes deutsches Herz konnte sich zusammenkrampfen und weinen, aber vor Freude. Ein geschwächter Glaube an bessere deutsche Zukunft mußte erstarken und sich wiederfinden."

Die drei Legionen wurden im Abschnitt Lavanttal an der kärntnisch-steirischen Grenze eingesetzt, weil diese der nächstgelegene und augenblicklich wichtigste Kampfraum war und man hoffte, auf diese Weise die anschließenden Truppen der steirischen Verteidigung zur Befreiung der untersteirischen Heimat mitzureißen.

Leider war es den von heißer Kampfbegierde erfüllten Studenten nicht vergönnt, Erfolge zu erzielen, die ihrer würdig gewesen wären. Unter dem Druck der vom Westen und Norden her anrückenden Kärntner zogen sich nämlich die Jugoslawen in der Nacht vom 6. auf den 7. Mai fluchtartig über die Grenze nach Mahrenberg und Windischgraz zurück. Am 7. Mai stand kein Feind mehr auf Kärntner Boden. Selbst die Soboth wurde für einige Tage frei. Als daher die Soldatenwache und die Studentenlegionen am Morgen des 7. Mai gegen den Janeckogel, die Roßhütte und den Hühnerkogel vorrückten, fanden sie die jugoslawischen Stellungen geräumt.

Der Großteil der akademischen Legionen und die Soldatenwache rückten nun in das von den Jugoslawen geräumte Unterdrauburg ein, der Rest zog nach Thörl östlich der kärntnisch-steirischen Landesgrenze. Von hier stießen die Studenten gegen Hohenmauthen vor. Ihr Ziel war Marburg. Ein als slowenischer Bauer verkleideter Reiter brachte ihnen die Nachricht: „Die Marburger warten." Aber am Abend desselben Tages mußten sie wieder zurück, ohne zu wissen, warum. Auch die Soldatenwache, die Thörl besetzt hatte, wurde an die Landesgrenze beim Mohrenhof zurückbefohlen. Sie hatte den Jugoslawen noch ein letztes Rückzugsgefecht bei Obergegental zu liefern.

Die Jugoslawen hatten im ersten Schrecken auch Windischgraz geräumt. Schon wehten hier steirische und österreichische Fahnen. Da die Jugoslawen jedoch wieder gegen die Stadt heranzogen, so wandte sich die geängstigte Bevölkerung an die Kärntner Landesregierung und die akademischen Legionen um Hilfe. Daher wurde am 8. Mai eine Studentenkompanie, hauptsächlich Leobner Bergakademiker, mit der Bahn gegen Windischgraz entsendet. Knapp vor Windischgraz erhielt sie heftiges Maschinengewehrfeuer. Um nicht abgeschnitten zu werden, zog sie sich nach Unterdrauburg zurück, wobei der Leobner Bergakademiker Ernst Großmann, ein Schweizer Staatsbürger, fiel. Vor Unterdrauburg besetzten sie mit Teilen der Grazer und Brucker Legion die auf steirischem Gebiet gelegenen Höhen südlich vom Bahnhof, um einen Einfall aus dem Mießlingtal oder dem steirischen Drautal zu verhindern.

Am 7. Mai war auch der wiederhergestellte improvisierte Panzerzug gegen Unterdrauburg und Saldenhofen vorgestoßen, tags darauf zur Aufklärung über Windischgraz hinaus bis zur Ortschaft St. Martin, wo er heftig beschossen wurde, und abermals gegen Saldenhofen. Auch hier entspann sich ein Gefecht, das bei Anbruch der Dunkelheit abgebrochen wurde. Der Panzerzug kehrte darauf in seine Heimatstation Klagenfurt zurück.

Mittlerweile hatte die steirische Landesregierung bei der Kärntner Landesregierung Protest gegen das Betreten steirischen Bodens durch Kärntner Truppen erhoben. Landesverweser Dr. Lemisch sah sich daher genötigt, an den Landesbefehlshaber ein Telegramm mit folgendem Inhalt zu senden:

„Zufolge Verständigung der Landesregierung in Steiermark ist auf Intervention der französischen Kommission in Laibach und Marburg Windischgraz sofort zu räumen. Grazer Studentenkompanie wird gleichlautend verständigt. Ersuche, daß kein Kärntner Soldat steirischen Boden mit Ausnahme des Bahnhofes in Unterdrauburg betritt."

Die akademischen Legionen erhielten daher den Befehl, steirischen Boden zu verlassen[78]). Dieser Befehl rief bei den Studenten lebhafte Empörung hervor. Nahm er ihnen doch jede Möglichkeit zu weiterem Kampf! Da sie bereits in Stellung waren und die Umgruppierung längere Zeit in Anspruch nahm, so wurden sie erst Mitte Mai von der Front abgezogen. Mißmutig kehrten sie in ihre Heimat zurück. Einige blieben in Kärnten und beteiligten sich an den weiteren Kämpfen.

In Kärnten hatte niemals die Absicht bestanden, die Landesgrenze ernstlich zu überschreiten. Dies wäre auch nur im Verein mit einem Vorgehen der Steirer gegen Marburg möglich gewesen, was jedoch nicht zu erreichen war. Besprechungen des Landesbefehlshabers mit einigen Führern steirischer Freiwilligen-Formationen hatten jedoch keinen Erfolg gehabt. Das ablehnende Verhalten der steirischen Landesregierung ist durch ihr Abkommen mit Gen. Majster

---

[78]) Bei den Studenten in Unterdrauburg war das Gerücht verbreitet, die steirische Landesregierung habe verlangt, daß die Kärntner Truppen das steirische Gebiet zu räumen hätten, ansonst steirische Gendarmerie gegen sie eingesetzt würde. Kraßnig, a. a. O. Ob das Gerücht richtig war, läßt sich nicht überprüfen.

Nach Gen. d. Inf. Knaus (Kärntner Freiheitskampf, 2. Teil), S. 37 f.) hatte Landesverweser Dr. Lemisch die steirische Landesregierung ersucht, die Anwerbung von freiwilligen Studenten zuzulassen und einen sofortigen Angriff der Steirer angeregt. In einer Besprechung der steirischen Landesregierung wurde jedoch auf Grund des Gutachtens des Militärkommandos und der Heimwehrvertreter eine militärische Unterstützung der Kärntner mit Rücksicht auf die Gesamtlage für untunlich erklärt und nur die Einberufung der Heimwehrkompanie St. Oswald, westlich Eibiswald, zwecks verteidigungsweiser Flankendeckung zugestanden. Ein in Lavamünd gelandetes Flugzeug überbrachte die Forderung der steirischen Landesregierung nach Zurückziehung der Studentenkompanien der steirischen Hochschulen sowie nach Räumung der steirischen Gebietsteile, weil Marburg auf diplomatischem Wege gewonnen werden würde. Über die Ursachen dieses Verhaltens der steirischen Landesregierung (Kommunistengefahr im Innern, Bedrohung der Ostgrenze durch Bela Kun) siehe Knaus, S. 110 f.

vom 13. Februar 1919 (s. S. 161) zu erklären und war für Kärnten eine schwere Enttäuschung. Daß die maßgebenden Kreise Steiermarks mit einem Kampf nicht einverstanden waren, hatte sich schon bei den Kämpfen um Radkersburg Anfang Februar 1919 gezeigt. Diese Unternehmung wurde vom Landesbefehlshaber in Kärnten tatkräftig unterstützt, von der steirischen Landesregierung aber nicht nur nicht gefördert, sondern gehemmt und in ihrer weiteren Ausdehnung verhindert[79]).

Inzwischen war es auch im Abschnitte R o s e n b a c h zu Kämpfen gekommen[80]). Hier war der Plan zum Angriff auf den Tunnel bereits ausgearbeitet und vom Landesbefehlshaber genehmigt worden. Am 1. Mai war die „Dörflinger-Kompanie" mit 2 Geschützen und 60 Mann, meist Akademikern, in Mühlbach, am 3. das Klosterneuburger VWBaon und 2 Gebirgsbatterien aus Wien in Maria Elend zur Verstärkung eingetroffen. Auch wackere Freiwillige aus Arnoldstein und Hohenthurn fanden sich ein. Der Kommandant der Klosterneuburger erklärte jedoch gleich anfangs, daß er zu Mehlfassungen nach Kärnten gekommen sei und nicht wisse, ob seine Leute zum Angriff zu haben sein werden. Hauptmann Eglseer beauftragte ihn daher, die Mannschaft zu fragen, wer freiwillig zum Kampf bereit sei. Daraufhin meldeten sich 89 Mann Freiwillige. Dagegen bezogen die beiden Batterien sofort die ihnen zugewiesenen Stellungen in Lessach und St. Peter und beteiligten sich musterhaft an den Artilleriekämpfen.

Am 4. Mai wurde der Angriff gegen den Tunnel unternommen. Nach dem Angriffsplan sollten die feindlichen Stellungen am Tunnel im Westen über die Gratschenitzen, im Osten über den Suchi Vrh umgangen und sodann der Tunneleingang frontal angegriffen werden. An Artillerie standen zwei schwere und drei Feldhaubitzen, drei Feldkanonen und acht Gebirgskanonen zur Verfügung.

In der Nacht zum 4. Mai bezogen die einzelnen Gruppen die Angriffsstellungen. Am rechten Flügel erklommen Lt. Fritz und Oblt. Arneitz mit ihren Leuten den steilen Hang der Gratschenitzen (1284 m). Fritz unternahm mit Stabsfeldwebel Truppe, Heimwehrzugführer Franz Seidl aus Rosegg und Heim-

---

[79]) Eine vom Landesbefehlshaber in Kärnten für Radkersburg zur Verfügung gestellte Waggonladung mit Waffen wurde von der Grazer Landesregierung beschlagnahmt und konnte vom Führer der Bewegung Oblt. Hans Mikl nur mit List nach Radkersburg gebracht werden. Lechner, Der Abwehrkampf im unteren Murtal, S. 9f. — Oberst Mikl, Kommandeur einer Panzergrenadierbrigade, erhielt am 10. März 1943 das Eichenlaub zum Ritterkreuz des Eisernen Kreuzes.

[80]) Tagebücher und Gefechtsberichte des Abschnittskommandos Rosenbach, Hauptmann Dragonis, der 1. und 2. Komp. des VWBaons 4 undd er HW.-Komp. Rosenbach in Lbh. 70. — Eglseer in „Kärntner Tagblatt" vom 10. Okt. 1930, S. 20. — Sanitzer, ebenda S. 25. — Über das Verhalten der Klosterneuburger siehe den Bericht Hauptmann Dragonis und des Abschnittskommandanten Eglseer in Carinthia I, 1935, S. 181.

wehrmann Rauter aus Winkl bei St. Peter einen tollkühnen Überfall auf ein feindliches Maschinengewehr auf dem Gipfel der Gratschenitzen und verkündete dann durch das verabredete Zeichen, eine Leuchtrakete, den Kameraden im Tale, daß er sein Ziel erreicht habe. Sofort setzte — es war 4.30 Uhr früh — das vorbereitete Artilleriefeuer ein. Fritz selbst beschoß mit zwei Maschinengewehren die feindlichen Stellungen im Rücken und in der Flanke. Indes säuberte Oblt. Arneitz mit seinen Leuten und der Maria Gailer Heimwehr die Hänge der Gratschenitzen. Die erbeuteten Geschütze wurden umgedreht und gegen den Feind verwendet.

Nördlich von der Gratschenitzen rückte die Villacher VW. vor, im Gratschenitzengraben die Marinekompanie.

Am linken Flügel drangen eine Veldener Maschinengewehrgruppe längs des Rosenbaches vor, weiter westlich 40 Tiroler, 15 Hohenthurner und 78 Klosterneuburger. Der Suchi Vrh wurde genommen, 14 Mann der jugoslawischen Besatzung gefangen und ein Maschinengewehr erbeutet. Dann aber stockte der Angriff, weil die Klosterneuburger, da zwei von ihnen verwundet worden waren, samt ihrer roten Fahne panikartig davonliefen und die gegenüberstehenden Serben zäheren Widerstand leisteten als die Slowenen. Hauptmann Dragoni verlangte Artillerieunterstützung und bat, die Klosterneuburger sobald als möglich abziehen und durch den Landesbefehlshaber oder durch die Landesregierung zurückschicken zu lassen. Der linke Flügel mußte nun umgruppiert werden, so daß die Fortsetzung des Angriffes um 1½ Stunden verzögert wurde.

Mittlerweile war der Tunneleingang kurz nach 8 Uhr, dank dem planmäßigen Zusammenwirken aller, in den Besitz der Kärntner gekommen. Feindliche Maschinengewehre, die aus dem Tunnel herausschossen, wurden durch ein Gebirgsgeschütz niedergekämpft. Die Besatzung der feindlichen Stellungen an den Hängen floh über die Sättel der Karawanken ins Sawetal. Ungefähr 50 Mann wurden gefangengenommen, 13 Geschütze, etwa 50 Maschinengewehre und große Bestände an Munition erbeutet. Der Tunneleingang mußte, da ein Versuch, das Portal zu sprengen, mißlang, verrammelt werden. Die Klosterneuburger wurden abtransportiert. Auch der größte Teil der Villacher VW. und die Freiwilligenabteilungen zogen ab. Nur eine kleine Abteilung blieb zur Sicherung zurück. Der Feind war auch hier vom Kärntner Boden verjagt.

Die Kärntner hatten in den Tagen vom 29. April bis 4. Mai bei Rosenbach allein 21 Tote, darunter 4 Tiroler, zu beklagen, aber das Ergebnis der blutigen Kämpfe war, daß nunmehr auch die Gefahr, die Kärnten aus dem Rosenbacher Tunnel ständig gedroht hatte, gebannt war. —

Der Vormarsch der Kärntner über die Drau widersprach ganz und gar den Ansichten der Wiener Regierung und kam ihr sehr ungelegen. Sie hatte offenbar General Segré über den Kopf der Kärntner hinweg bestimmte Zusagen gemacht und ihm versichert, daß die Kärntner Truppen ein weiteres Vorgehen einstellen werden. Nur so ist die Verbalnote zu verstehen, die nach einer telefonischen Mitteilung des Staatsamtes für Äußeres vom 4. Mai von General Segré durch die italienische Delegation in Laibach an die dortige Regierung gerichtet wurde und folgenden Wortlaut hatte:

„Im Namen der Entente und aus menschlichen Gründen und wegen der demnächst stattfindenden Grenzberichtigung durch die unmittelbar bevorstehenden Friedensverhandlungen fordere ich Sie auf, jede Operation einzustellen auf Grund der gegenwärtigen Situation und sichere ich dasselbe Vorgehen auf seiten Deutsch-Österreichs zu. Euer Wohlgeboren wollen um beschleunigte Antwort bitten und mich telegraphisch sehr dringlich verständigen."

In Kärnten war man jedoch anderer Meinung. Der Landesbefehlshaber erklärte, nicht in der Lage zu sein, dem am 2. Mai eingelangten Telegramm nachzukommen und in der Durchführung der im Gang befindlichen Aktion eine Änderung vorzunehmen. Der Landesverweser teilte das Telegramm Segrés dem Landesausschuß mit und vertrat den Standpunkt, daß das Gebiet Kärntens ungeteilt zu verbleiben habe. Die Meinung des Landesausschusses ging dahin, daß wegen des Waffenstillstandsbruches der Jugoslawen die Draulinie links und rechts gesichert und der Feind möglichst aus dem Lande verdrängt werden müsse, die Landesgrenze aber nirgends überschritten werden dürfe, was der anwesende Vertreter des Landesbefehlshabers, Hauptmann Kohla, zur Kenntnis nahm.

Hierauf ließ Landesverweser Dr. Lemisch folgende Depesche an die Staatsregierung abgehen:

„Die Äußerung des Staatssekretärs Dr. Deutsch, daß General Segré in Laibach die Einstellung der Feindseligkeiten verlangt und jedenfalls das gleiche für Deutsch-Österreich zugesagt habe, hat Bestürzung und Erregung gegen Wien hervorgerufen. Momentan gibt es keine Macht der Erde, die hier die Feindseligkeiten stoppen könnte, wenn nicht mindestens das Gebiet zwischen Drau und Südbahn frei wird. Bitte dringend, Segré derzeit keine bindende Zusagen zu machen, sie würden hier nicht honoriert werden."

Aber nicht nur die Wiener Staatsregierung und General Segré, auch der Villacher Arbeiter- und Soldatenrat suchte die Fortsetzung des Kampfes zu verhindern. Er erklärte in einer Zuschrift an die Landesregierung vom 4. Mai namens der gesamten organisierten Arbeiterschaft und der Volkswehrmänner in Villach, daß er mit einer Offensive gegen Jugoslawien (!) nicht einverstanden sei, und verlangte für sich im Einvernehmen mit dem Landessoldatenrat in Klagenfurt die Kontrolle über die zur Sicherung zu besetzenden Orte. Außerdem forderte er die Landesregierung auf, die Bewaffnung der Bauern (Heimwehren) sofort einzustellen. Die Landesregierung wies in ihrer Antwort darauf hin, daß nicht eine Offensive gegen Jugoslawien, sondern nur eine Räumung des Landes von den Bedrückern beabsichtigt sei und die militärische Oberleitung bereits den bestimmten Auftrag habe, auf keinen Fall die Grenze des Landes zu überschreiten, also die Abwehr in einen Angriffskampf umzuändern.

Am 6. Mai langte um 8 Uhr abends bei der Kärntner Landesregierung nachstehendes Telegramm von der Staatsregierung in Wien ein:

„Der Chef der Ententekommission, General Segré, hat soeben beim Staatsamte für Heerwesen gegen die Überschreitung der Draulinie Protest erhoben und Deutsch-Österreich für die Folgen dieses Bruches des Waffenstillstandes verantwortlich gemacht. Staatssekretär Dr. Deutsch hat vorgeschlagen, daß durch Vermittlung des Generals Segré mit der jugoslawischen Regierung ein neuerlicher Waffenstillstand vereinbart werde und daß zur Festsetzung einer neuen Demarkationslinie Vertreter der Entente und der südslawischen Regierung nach Klagenfurt eingeladen werden, wohin Staatssekretär Deutsch sich persönlich begeben werde. Staatssekretär Deutsch kommt auf jeden Fall Donnerstag nach Klagenfurt. Das weitere Vorrücken unserer Formationen ist bis dahin unbedingt hintanzustellen. Die Staatsregierung sieht in dem Vorgehen Kärntens eine Gefährdung des Staates und vor allem Kärntens selbst, das bei den nahe bevorstehenden Friedensverhandlungen Gefahr läuft, zur Verantwortung gezogen zu werden. Sofortiges Einstellen jeglichen Vormarsches ist Pflicht der Landesregierung."

Auch der Hauptausschuß der Nationalversammlung suchte die Kärntner von einer Fortsetzung des Kampfes abzuhalten und richtete an die Kärntner Landesregierung am 6. Mai folgendes Telegramm:

„Sämtliche im Hauptausschusse vereinigten Parteien der Nationalversammlung bitten einstimmig ihre Angehörigen und die Landesregierung in Kärnten, dringend dahin zu wirken, daß jedes weitere Vorrücken unterbleibt, da sonst die Folgen für Kärnten und Südsteiermark nicht abzusehen sind. Abgeordnete aller Parteien werden zu mündlicher Rücksprache über die hochernste Lage nach Klagenfurt entsendet."

Telefonisch wurde von einem Kärntner Nationalrat nach einer Aussprache mit Staatssekretär Dr. Bauer noch mitgeteilt, daß militärische Kommandanten, die der Weisung nicht Folge leisten, Gefahr laufen, von der Entente als Meuterer behandelt zu werden.

Tatsächlich fuhren am 7. Mai Abgeordnete aller drei Kärntner Parteien nach Klagenfurt, um hier auf eine rascheste Einstellung der Kampfhandlungen hinzuwirken.

Zur Zeit, als die Telegramme der Staatsregierung und des Hauptausschusses in Klagenfurt einliefen, waren die jugoslawischen Truppen bereits im Rückzuge über die Landesgrenzen begriffen. Am nächsten Vormittage rückten die Kärntner bis zur Landesgrenze vor und richtete die Landesregierung auf Beschluß des Landesausschusses an die Staatsregierung die Bitte, General Segré mitzuteilen, daß sie das Erscheinen einer Ententekommission in Klagenfurt mit Freude begrüßen würde und dem Landesbefehlshaber bereits den gemessenen Auftrag erteilt habe, jedes weitere Vorrücken einzustellen; das Überschreiten der Draulinie sei unausweichlich gewesen, um die von jugoslawischer Artillerie schwerst beschossene Stadt Völkermarkt zu retten und die bereits beginnenden Plünderungen durch einzelne zurückgebliebene jugoslawische Banden zu verhindern; die Kärntner Truppen hätten daher diese Bewegung nur unter dem Zwang der Verhältnisse, wie sie sich plötzlich gestaltet hätten, vollführt; es könne somit von einer Verletzung der Waffenstillstandsbedingungen durch die Kärntner Truppen wohl nicht die Rede sein.

Am gleichen Tage (7. Mai) schlug Staatssekretär Deutsch dem Vertreter des SHS-Staates Pogačnik in Wien die Einleitung von Verhandlungen behufs Abschlusses eines Waffenstillstandes vor. Die Belgrader Regierung stimmte dem Vorschlag sofort zu und beauftragte das Kommando der Draudivision, Delegierte nach Klagenfurt zu entsenden. Am 10. Mai begannen die Verhandlungen zwischen den Vertretern der Wiener Regierung (Staatssekretär Dr. Deutsch und Konsul M. Hoffinger) und der Kärntner Landesregierung (Landesverweser Dr. Lemisch, Landesbefehlshaber Hülgerth, Soldatenrat F. Jobst und Dr. V. Kommetter als Schriftführer) einerseits und den Bevollmächtigten der Belgrader Regierung und der Laibacher Landesregierung (Obstlt. Milutin Nedić, Chef des Generalstabs der Draudivision, der Bruder des gegenwärtigen serbischen Ministerpräsidenten Milan Nedić, ferner Hauptmann Lokar und Dr. A. Druškovič) andererseits.

Von österreichischer Seite wurde zunächst vorgeschlagen, die Truppen bis zur Entscheidung durch die Friedenskonferenz in ihren gegenwärtigen Stellungen zu belassen. Die jugoslawischen Vertreter lehnten diesen Vorschlag jedoch ab und erklärten, der Angriff am 29. April sei weder vom jugoslawischen Armeeoberkommando noch vom Kommando der Draudivision anbefohlen worden, sondern lediglich der Initiative örtlicher Kommandanten entsprungen (vgl. S. 213). Sie verlangten die Wiederherstellung des Zustandes vom 29. April, da sie von der Belgrader Regierung insgeheim die Weisung erhalten hatten, dem Waffenstillstand nur dann beizupflichten, wenn die Kärntner Truppen in jene Stellungen zurückgezogen würden, die sie vor dem 29. April innegehabt hätten. Diese Forderung war für Kärnten unannehmbar, denn eine Räumung des befreiten Gebietes durch die Kärntner Truppen und eine neue Besetzung durch die Jugoslawen hätte die Bevölkerung ohne Zweifel schwersten Repressalien ausgesetzt. Außerdem konnte den Kärntner Landesverteidigern doch nicht zugemutet werden, daß sie das erkämpfte Gebiet wieder kampflos verlassen, und schließlich wäre es unverantwortlich gewesen, den Jugoslawen abermals Stellungen zu überlassen, von denen aus sie Klagenfurt jederzeit bedrohen konnten. In einer Besprechung von Vertrauensmännern aller Parteien des Landes unter dem Vorsitze des Landesverwesers wurde daher der einstimmige Beschluß gefaßt, die Forderung der jugoslawischen Bevollmächtigten nicht anzunehmen.

Um jedoch den Ausbruch neuer Kämpfe zu vermeiden, schlug man österreicherseits den Jugoslawen vor, die Kärntner Truppen aus dem Gebiet südlich der Drau und östlich vom Freibach zurückzunehmen und das geräumte Gebiet als neutrales, doch unter österreichischer Verwaltung stehendes Gebiet zu erklären, in dem nur die zur Aufrechterhaltung der Ruhe und Ordnung unbedingt erforderliche deutsch-österreichische Gendarmerie unter Kommando von Ententeoffizieren belassen werden sollte; beide Parteien sollten bei der Entente um die Entsendung von Offizieren ansuchen.

Da die Jugoslawen auch diesen Vorschlag zurückwiesen, machten die deutsch-österreichischen Bevollmächtigten noch ein drittes Angebot. Sie erklärten sich bereit, auf die Neutralisierung des genannten Gebietes unter folgenden Bedingungen zu verzichten: 1. Beschränkung der jugoslawischen Truppen, 2. Einsetzung einer Entente-Kommission, 3. Garantie für den Schutz der deutschen und deutschfreundlichen Zivilbevölkerung, 4. freie Benützung der Bahnlinie für den Zivilverkehr.

Als die Jugoslawen auch dieses, sehr weitgehende Anerbieten ablehnten, wurde ihnen noch ein Vorschlag des Staatsamtes für Äußeres übergeben. Darnach sollten sich beide Teile an eine zu vereinbarende Stelle der Entente, am besten an den Rat der Vier, mit der Bitte wenden, entweder durch Bestellung eines Schiedsgerichtes oder auf andere Weise eine vorläufige Regelung der militärischen Verhältnisse an der Kärntner Front vorzunehmen, die bis zur Regelung durch den Friedensvertrag gelten sollte. Die jugoslawischen Vertreter erklärten jedoch, diesen Vorschlag nur zur Berichterstattung an ihre Regierung übernehmen zu können und reisten am 17. Mai ab.

In den Verhandlungen brachten die Jugoslawen auch angebliche Greueltaten der Kärntner „Soldadeska" zur Sprache, die in den nächsten Wochen nicht nur propagandistisch, sondern auch diplomatisch ausgewertet wurden. Der Urheber dieser Propaganda war zu gutem Teil Dr. Druškovič, der von Klagenfurt aus auf Grund bloßer Gerüchte an die Landesregierung in Laibach unter anderen Greuelmärchen berichtete, die Deutschen hätten die jugoslawischen Kriegsgefangenen in Völkermarkt in Reih und Glied aufgestellt, mit Handgranaten niedergemacht oder von Flugzeugen aus mit Bomben beworfen. Von Laibach gingen die Nachrichten von der „bestialischen Brutalität" der Kärntner Soldaten durch Vodopivec weiter an die jugoslawische Friedensdelegation in Paris. Schließlich fanden Berichte über diese angeblichen Greueltaten Eingang in mehr oder minder ausführliche Denkschriften der jugoslawischen Friedensdelegation an zahlreiche Mitglieder und Experten der Friedenskonferenz, und wurden sie sogar Gegenstand einer offiziellen Beschwerde an die Friedenskonferenz, obwohl Žolger und Vodopivec selbst an der Verläßlichkeit der Berichte zweifelten und diese den Stempel der Erfindung an der Stirne trugen. So heißt es in einer dieser Denkschriften, der Soldatenrat in Klagenfurt habe nach Mitteilung eines Kriegsgefangenen in einer Geheimsitzung beschlossen, daß die österreichischen Truppen beim Eindringen in das slowenische Gebiet rücksichtslos rauben und plündern können und daß der slowenische Besitz an deutsche Bauern verteilt werden soll; die ausgegebene Parole habe gelautet: Kein Pardon für jugoslawische Kriegsgefangene! Und in einer Note der jugoslawischen Delegation an den Präsidenten der Friedenskonferenz vom 24. Mai heißt es u. a., daß nahezu alle jugoslawischen Gefangenen und Offiziere erschossen worden seien.

Der Zweck dieser skrupellosen Propaganda war, die Friedenskonferenz zu überzeugen, daß bei den deutschen Soldaten in Kärnten ein gefährlicher Bolschewismus herrsche, der nicht nur eine Gefahr für Kärnten, sondern auch für die Nachbarländer sei und daher bekämpft werden müsse. Aber schließlich stellten sich diese Beschuldigungen als maßlose Erfindungen und Übertreibungen heraus und waren die Jugoslawen als Verleumder gebrandmarkt[81].

Richtig ist jedoch, daß auf beiden Seiten mit Erbitterung und Leidenschaft gekämpft wurde und da und dort auch einzelne bedauerliche Ausschreitungen vorkamen. Andrejka behauptet, daß Kärntner Truppen einen aus zwei Offizieren und vier Mann bestehenden jugoslawischen Posten in St. Margarethen i. R., der sich ergeben hatte, erschlagen hätten, und macht daraus den Kärntner Soldaten schwere Vorwürfe. Anderseits aber wurden von den Jugoslawen auf dem Kleinen Loibl zwei blutjunge und wehrlose Studenten von rückwärts auf der Flucht erschossen und mit Gewehrkolben vollends totgeschlagen. Und in Ledenitzen wurden drei schwerverwundete Kärntner, nachdem sie tapfer gekämpft und sich ergeben hatten, von jugoslawischen Soldaten vor das Haustor geschleppt und dort niedergemacht[82]. Geplündert wurde von beiden Seiten, aber mehr von den Jugoslawen[83].

Am 11. Mai waren auch in Steiermark alle Vorbereitungen für eine Erhebung getroffen. Am 13. sollte der Sturm losbrechen[84]. Ein Angriff gegen Südsteiermark hätte einen vollen Erfolg gehabt. Die Jugoslawen bereiteten schon nach ihrer Vertreibung aus Kärnten die Räumung Marburgs und Cillis vor. Aus einem später in Windischgraz aufgefundenen Tagesbefehl geht hervor, daß Majster vorübergehend befürchtete, es könnte auch die Räumung der Untersteiermark erzwungen werden. Da traf folgendes Telegramm der steirischen

---

[81] Dieser offizielle Verleumdungsfeldzug gegen die Kärntner wurde noch durch die Greuelpropaganda der jugoslawischen Presse übertroffen. So brachte eine deutsch geschriebene Agramer Zeitung einen „amtlichen" Bericht über „Slowenen-Massaker" in Kärnten, den angeblich die Landesregierung für Slowenien auf Grund beglaubigter Tatsachen der Belgrader Regierung vorgelegt haben soll. Nach diesem Bericht sollen drei slowenische Priester in Kärnten gehenkt worden sein und den Straßen entlang auf den Bäumen die Leichname slowenischer Greise und Jünglinge gehangen haben. Der Leichnam eines deutschen Soldaten soll von anderen deutschen Soldaten verstümmelt und mit aufgeschlitztem Bauch an eine Wand genagelt worden sein, um den Deutschen vorzutäuschen, daß die Südslawen imstande seien, derartige Greueltaten zu begehen. In Klagenfurt hätten die Deutschen abgehackte Nasen, abgeschnittene Ohren und ausgestochene Augen öffentlich ausgestellt und behauptet, dies hätten die Jugoslawen getan.

[82] Siehe S. 269 und K. Fritz, Das Drama von Ledenitzen. Freie Stimmen Nr. 22 vom 30. Mai 1926.

[83] Vgl. S. 284 und S. 304.

[84] Mitteilungen Dr. Kamnikers vom 11. Mai 1919 an den Verfasser.

Delegierten Gürtler und Kamniker aus St. Germain bei der steirischen Landesregierung ein[85]):

„Im Interesse der Friedensverhandlungen bitten wir, im Fall eines neuerlichen Kampfes in Kärnten einen Angriff in Steiermark zu vermeiden."

Offenbar war es Kanzler Dr. Renner, der auf der Fahrt nach St. Germain den Vertretern Kärntens seinen Mißmut über die Erhebung der Kärntner zu erkennen gegeben hatte, gelungen, die steirischen Delegierten für die Ansicht der Wiener Regierung zu gewinnen. Das Telegramm wirkte. Die Steirer standen unter dem Druck dieses Telegrammes und der steirischen Marxisten Gewehr bei Fuß, auch als Ende Mai der serbische Großangriff gegen Kärnten erfolgte.

Die Kämpfe vom 29. April bis 7. Mai waren der Höhepunkt in Kärntens Freiheitskampf. Auch in diesen Kämpfen haben die Heimwehr- und die anderen freiwilligen Abteilungen tapfer mitgekämpft und wesentlich zum Erfolge beigetragen. Das Ziel der Kämpfe: die Abwehr des Überfalles auf Klagenfurt und die Befreiung des von den Jugoslawen noch besetzten Gebietes, war erreicht. Diesen schönen Erfolg bezahlten die Kärntner mit 43 Toten. Die Südslawen büßten 23 Offiziere und 904 Mann als Gefangene, mehrere Geschütze und eine größere Anzahl von Maschinengewehren ein.

Die Auswirkungen der Kämpfe gingen noch viel weiter. Sie haben in Paris den schon durch die Dezember- und Jännerkämpfe hervorgerufenen Eindruck, daß die überwiegende Mehrheit der Bevölkerung des strittigen Gebietes den Anschluß an Jugoslawien entschieden ablehne und eine gerechte Lösung der Kärntner Frage nur durch eine Volksabstimmung möglich sei, zum mindesten bei den Amerikanern und Italienern verstärkt. Darum haben sich in den gerade im Mai einsetzenden Verhandlungen der Friedenskonferenz insbesondere die Amerikaner nur um so mehr dafür eingesetzt, daß den strittigen Gebieten Kärntens eine wirkliche Volksabstimmung gewährt werde.

Die siegreichen Kämpfe von Ende April und Anfang Mai haben auch den nationalen Stolz und das Selbstbewußtsein der Kärntner gehoben. Sie haben den tiefen Heimatgedanken vom Kärntner Volkstum gefestigt und im Kärntner Volke die Liebe und Begeisterung für Heimat und Freiheit hell emporlodern lassen. Sie haben endlich die innere Widerstandskraft der Heimattreuen in der späteren Zone I so gefestigt, daß sie imstande waren, die nach dem militärischen Rückschlag im Juni einsetzende Gedrücktheit zu überwinden und die Hoffnung für ihr Heimatland, für das sie schon so viele Opfer gebracht hatten, nicht sinken zu lassen. Der trotzige Geist der Abwehrkämpfer hat in den gleichen Männern fortgewirkt, die später ihr Leben und Gut bei der Werbearbeit für die Volksabstimmung einsetzten.

---

[85]) A. Rintelen, Erinnerungen an Österreichs Weg. München 1941, S. 67.

So hat der Freiheitskampf die Kräfte geschaffen, die auch bei der Volksabstimmung am 10. Oktober 1920 zum Siege führten. Wäre den Südslawen der Überfall geglückt und Klagenfurt schon im April widerstandslos in ihre Hand gefallen, so hätte sich Paris, wo ohnedies ein heftiger Kampf um Kärnten geführt wurde, im letzten Augenblicke vielleicht umstimmen lassen. Sicher aber hätte die Abwehrbewegung einen schweren Stoß erlitten. War doch die Landeshauptstadt der natürliche Mittelpunkt dieser Bewegung, in dem alle Fäden von Ost und Süd und West zusammenliefen!

XI. HÖHEPUNKT DER VERHANDLUNGEN IN PARIS
(Von Anfang Mai bis 2. Juni 1919)

Der Bruch des Waffenstillstandes durch die Jugoslawen beunruhigte auch die Italiener, denen die Bedrohung der Eisenbahnknotenpunkte Villach und Klagenfurt wegen ihrer Bedeutung für die Eisenbahnverbindung mit Wien nicht gleichgültig sein konnte. Schon am 30. April meldete General Badoglio, Stellvertreter des Generalstabschefs des italienischen Heeres, der militärischen Sektion der italienischen Delegation in Paris telegraphisch, daß die Jugoslawen einen Angriff unternommen hätten in der Absicht, Villach und Klagenfurt zu besetzen. Noch am gleichen Tage legte die Delegation durch eine Depesche dem Ministerpräsidenten Orlando, der damals in Rom weilte, nahe, gegen den Plan der Jugoslawen, die Friedenskonferenz in bezug auf die Eisenbahnverbindung zwischen Italien und Österreich vor eine vollzogene Tatsache zu stellen, auf diplomatischem Wege bei den Bundesgenossen sofort Einsprache zu erheben[86]). In der Tat richtete der italienische Botschafter in Paris im Auftrage seiner Regierung am 2. Mai an den französischen Außenminister eine Note, in der er gegen die militärische Aktion der Jugoslawen in Kärnten protestierte und die Regierungen der all. und ass. Mächte an die feierliche Erklärung des Obersten Rates erinnerte, daß irgendeine Operation oder Besetzung von Landstrichen, die während der Konferenz durchgeführt würde, nicht als vollzogene Tatsache anerkannt werden könnte[87]). Dieser Protest wurde der jugoslawischen Delegation zur Kenntnis gebracht. Der Chef der Militärkommission der jugoslawischen Delegation bestritt jedoch mit frecher Stirne in einem Brief an Marschall Foch vom 6. Mai, daß die Jugoslawen einen Angriff gegen die österreichischen Truppen vorbereitet oder begonnen hätten; vielmehr hätten die Österreicher „täglich" Angriffe auf die jugoslawischen Posten unternommen; die jugoslawischen Truppen hätten daher, um österreichische Angriffe abzuschlagen, die Österreicher ein kurzes Stück westlich von Völkermarkt und

---

[86]) S. Crespi I, S. 494, 763 f.; 506 II, S. 305.
[87]) Siehe Anhang II, Nr. 4.

auf einem anderen Punkt etwas nach Westen verfolgt und seien dann, nachdem der österreichische Angriff abgeschlagen worden sei, in ihre Stellungen zurückgekehrt; am 2. Mai jedoch hätten die Österreicher die jugoslawischen Posten östlich von Völkermarkt angegriffen und zum Rückzug über die Drau gezwungen[88]). Marschall Foch begnügte sich damit, am 8. Mai eine Abschrift des Briefes dem Präsidenten der Friedenskonferenz zu überreichen. —

Am 9. Mai kam die Kärntner Frage im Rat der fünf Außenminister zur Verhandlung[89]), nachdem zwei Tage vorher der deutschen Delegation zu Versailles die Friedensbedingungen übergeben worden waren. An der Sitzung nahmen außer den fünf Ministern auch Tardieu und die anderen Mitglieder der Gebietskommission teil. Zunächst brachte Tardieu die Vorschläge der Gebietskommission vom 6. April[90]) zur Kenntnis. In der darauffolgenden Wechselrede empfahl Baron Sonnino, die österreichisch-jugoslawische Grenze, die von der Gebietskommission vom Osten her bis zur Straße Klagenfurt-Laibach (also bis zum Loibl) festgelegt worden war, von da an in südlicher Richtung, und zwar ö s t l i c h von Aßling laufen zu lassen, so daß die Bahnlinie Klagenfurt — Aßling — Triest bis zur künftigen italienischen Grenze in Österreich verbleibe. Nach diesem Vorschlag sollte also das Aßlinger Dreieck an Österreich kommen. Der Fünferrat konnte jedoch zu keiner abschließenden Meinung kommen und beschloß, die Gebietskommission zu beauftragen, bis zum Morgen des 10. Mai eine Empfehlung in bezug auf den westlich vom Loibl laufenden Teil der Grenze zwischen Jugoslawien und Österreich auf Grund ethnographischer und wirtschaftlicher Erwägungen vorzulegen.

In der Gebietskommission[91]) verlangte die italienische Delegation entsprechend dem Vorschlag Sonninos aus verkehrstechnischen, kommerziellen und militärischen Gründen, daß die Grenze zwischen Österreich und Jugoslawien westlich der Straße Klagenfurt — Laibach in südöstlicher Richtung verlaufe und die Italien im Londoner Vertrag zugesicherte Grenze so erreiche, daß der obere Teil des Sawetales bei Ö s t e r r e i c h verbleibe; wenn durch diese Grenze eine gewisse Anzahl Slowenen an Österreich kommen müßte, so kämen anderwärts (Marburg, Gottschee) gleich starke Gruppen Deutscher an Jugoslawien. Schließlich erklärte die Gebietskommission, nachdem sie die Angelegenheit in

---

[88]) Siehe Anhang II, Nr. 5. — In Wirklichkeit hatte auf seiten der Kärntner am 29. April vollkommene Ruhe geherrscht und war der jugoslawische Angriff ohne jede Veranlassung seitens der Kärntner erfolgt. Vgl. S. 197 f.

[89]) Sitzungsprotokoll siehe Anhang II, Nr. 6. Vgl. damit den Bericht über die Grenzen Österreichs gegen Italien bei Miller, Bd. 19, S. 514. Aldrovandi-Marescotti, Guerra dipl., S. 314.

[90]) S. 195 f.

[91]) Bericht vom 10. Mai, Beilage A zum Protokoll der Sitzung der Außenminister vom 10. Mai = Anhang II Nr. 7; Almond-Lutz Nr. 127 b, S. 377.

drei Sitzungen am 9. und 10. Mai beraten hatte, für militärische Fragen nicht zuständig zu sein. Die amerikanische, britische und französische Delegation schlug, da die in Rede stehende Grenzfrage mit allgemeinen Grenzfragen zwischen Italien, Österreich und Jugoslawien zusammenhänge, für die die Kommission nicht zuständig sei, als v o r l ä u f i g e Lösung vor, die von ihr empfohlene Grenze Österreichs westlich vom Loibl nach dem Kamm der Karawanken bis zur Kote 2035 (Osternig) zu verlängern, doch so, daß der Nordausgang des Rosenbachtunnels s ü d l i c h der Grenze verbleibe; das Gebiet von Tarvis und die Zone südöstlich davon — das Aßlinger Dreieck —, welche die italienische Delegation Österreich zuzuteilen wünsche, sei vorläufig von Österreich an die all. und ass. Mächte abzutreten. Damit wäre auch der Nordausgang des Rosenbachtunnels zunächst an die all. und ass. Mächte gefallen.

Mit dieser Empfehlung wurde die endgültige Entscheidung über die künftige Staatszugehörigkeit des Aßlinger Dreiecks aufgeschoben und den all. und ass. Mächten vorbehalten. Maßgebend dafür war wohl der Gedanke, daß das Gebiet von Klagenfurt, falls die in Aussicht genommene Volksabstimmung für Jugoslawien günstig ausfallen sollte, von Österreich getrennt und an Jugoslawien überlassen werden müßte. In diesem Falle wäre auch die Eisenbahnstrecke Treibach — Althofen — St. Veit — Feldkirchen — Villach — Rosenbach sowie die Strecke St. Veit — Klagenfurt — Rosenbach, beide Teilstücke der Linie Wien — Triest, in die Hände der Jugoslawen gekommen, da die Gebietskommission in ihrer Empfehlung vom 6. April die Bergkämme südlich Weitensfeld und östlich Paternion als Nordgrenze des Abstimmungsgebietes vorgeschlagen hatte, und hätte Österreich keine unmittelbare Verbindung mit Aßling gehabt. Man konnte daher das Aßlinger Dreieck nicht gut Österreich zuweisen, bevor nicht das Schicksal des Klagenfurter Beckens endgültig feststand.

Um jedoch wenigstens eine der beiden Teilstrecken sicherzustellen, ergänzte und änderte die amerikanische, britische und französische Delegation am 10. Mai ihren Grenzvorschlag vom 6. April so, daß die Bahnlinie Althofen — St. Veit — Feldkirchen — Villach — Rosenbach auf jeden Fall auf österreichischem Boden blieb, und empfahl, das Abstimmungsgebiet wie folgt zu umgrenzen: im Süden durch den Kamm der Karawanken; im Westen: durch eine Linie, die von einem nordöstlich von Aßling gelegenen Punkt des Karawankenkammes (Bärentaler Kotschna) ausgeht, dann nordwärts gegen die Drau verläuft, diese 5 km östlich vom Tunneleingang (Mündung des kleinen Suchabaches in die Drau) erreicht und von da die Drau aufwärts bis zu einem Punkt 5 km östlich von St. Ruprecht bei Villach (Drauschlinge bei Wernberg) geht; im Norden: durch eine Linie, die nach dem Kamm des Gebirges zwischen Ossiachersee und Wörthersee (Ossiacher Tauern), dann in gleicher Entfernung von Klagenfurt und St. Veit, hierauf über den Steinbruchkogel (1075 m) auf die Kote 1458 (Sapotnigofen der Saualpe), von hier nach Südost und nördlich von

Griffen geht, das Lavanttal 5 km nördlich von der Lavantmündung schneidet und schließlich den Kamm zwischen Lavant und Feistritzbach erreicht. Die Ostgrenze sollte so verlaufen, wie sie am 6. April vorgeschlagen worden war, also über Strojna und Petzen. Die Italiener machten alle Vorbehalte für Fragen, mit denen die Kommission nicht betraut sei.

Die vorgeschlagene Linie deckt sich im Norden mit der Grenze, die von der jugoslawischen Delegation am 18. Februar gefordert worden war. Im Westen sollte das untere Gailtal und das Gebiet zwischen Rosenbach, der Wernberger Drauschlinge und Villach im Gegensatz zu den Wünschen der Jugoslawen bei Österreich bleiben, um die Jugoslawen von der Bahnlinie Villach — Rosenbach fernzuhalten. Im Süden stimmt die Grenze mit den österreichischen Forderungen überein, ausgenommen im Südosten, wo das Mießtal Jugoslawien zugesprochen wurde. Die Linie Ossiacher Tauern — Steinbruchkogel — Sapotnigofen — Punkt 5 km nördlich von der Lavantmündung wurde schließlich Nordgrenze des Abstimmungsgebietes.

Das so umgrenzte Klagenfurter Abstimmungsgebiet zählte 1910 ungefähr 71000 Bewohner mit deutscher und 48000 Bewohner mit slowenischer Umgangssprache. Eine „Befragung" oder eine wirkliche Volksabstimmung in diesem Gebiete hätte also ohne Zweifel eine überwältigende Mehrheit für Österreich ergeben.

An demselben Tage, an dem dieser Beschluß gefaßt wurde, war gerade der Rest des besetzten Gebietes in Kärnten frei geworden. Die Lage Kärntens war Mitte Mai somit diplomatisch wie militärisch ungemein günstig. —

Schon am 10. Mai trat der Rat der Fünf neuerdings zusammen[92]). Baron Sonnino drängte darauf, eine endgültige Entscheidung über das Aßlinger Dreieck zu fällen und es Österreich zu geben; eine dritte Möglichkeit wäre, meinte er, das Gebiet Italien zuzuweisen; aber Italien möchte die Einverleibung nichtitalienischer Völker vermeiden, ausgenommen dort, wo Gebiete für seine Sicherheit gefordert würden. Gegen Sonninos Vorschlag nahm Balfour entschieden Stellung. Man könne doch nicht die Jugoslawen im Aßlinger Dreieck von den übrigen Jugoslawen trennen und Österreich, einem ehemaligen Feinde, zuweisen; ethnographische und geographische Gründe sprächen also dagegen, daß das Aßlinger Dreieck an Österreich komme; außer der Karawankenbahn gebe es noch eine andere, die Triest mit Deutsch-Österreich verbinde (die Bahn durch das Tal der Fella); schließlich würde das Gebiet von Aßling, wenn es an Österreich käme, den nördlichen Staaten eine Angriffsmöglichkeit gegen Jugoslawien geben. Nach einer sehr interessanten zum Teil erregten Wechselrede, in der Lansing den Ausführungen Balfours beipflichtete, stimmte der Rat einem Abänderungsantrag Sonninos, das der Entscheidung der all. und ass. Mächte vorbehaltene Gebiet solle nicht die über Tarvis ins Fellatal laufende

---
[92]) Sitzungsprotokoll siehe Anhang II, Nr. 7. — Crespi I, S. 548, II S. 346.

Eisenbahnstrecke einschließen, zu. Darauf nahm auch Sonnino den Vorschlag der Mehrheit der Gebietskommission unter der Voraussetzung an, daß die Notwendigkeit der Erhaltung der Eisenbahnverbindung von Triest nach dem Norden entsprechend berücksichtigt werde. Damit war auch über das Schicksal von Tarvis und des übrigen Kanaltales entschieden. Nachdem noch ein Vorschlag Lansings, die Grenze nicht nördlich des Rosenbachtunnels, sondern nach dem Kamm über den Tunnel zu ziehen, angenommen worden war, beschloß der Rat, die Gebietskommission zu beauftragen, den Vorschlag neu zu formulieren und ihn, wenn sie zu einem einheitlichen Beschluß komme, unmittelbar dem Rat der Vier zu überreichen.

Am 12. Mai beschloß der Oberste Rat grundsätzlich, daß im Klagenfurter Becken innerhalb der von der Gebietskommission am 10. Mai vorgeschlagenen Grenzen und gemäß Artikel 5 des von dieser Kommission am 6. April beschlossenen Entwurfes der Wille der Bevölkerung hinsichtlich der Zuteilung zum jugoslawischen Staat durch eine interalliierte Kommission ermittelt werden soll. Für den Fall, daß diese Kommission den formellen Wunsch der Bevölkerung feststellen sollte, dem jugoslawischen Staat angegliedert zu werden, wurde den 5 all. und ass. das Recht vorbehalten, einem solchen Wunsche zu entsprechen. Der Vorgang bei der Befragung wurde auch jetzt nicht näher bezeichnet. Die Anregung Sonninos, auch dem Gebiet von Marburg ein Plebiszit zuzuerkennen, wurde abgelehnt. Bezüglich des Aßlinger Dreiecks gingen die Meinungen auseinander. Sonnino suchte auch diesmal eine möglichst rasche Entscheidung herbeizuführen, da es für die Österreicher höchst wichtig sei, zu wissen, durch welche Mittel sie mit dem Meer in Verbindung stehen würden. Schließlich wurde einem Vorschlage Clemenceaus zugestimmt, die endgültige Zuteilung des Aßlinger Dreieckes auf den Zeitpunkt zu verschieben, in dem die Grenzen Jugoslawiens bestimmt würden [93].

Diese Beschlüsse waren der jugoslawischen Delegation nicht verborgen geblieben. Sie bemühte sich nun, die von ihr so gefürchtete Volksabstimmung zu hintertreiben. Zu diesem Zwecke richtete sie am 12. Mai Denkschriften an die Friedenskonferenz, Wilson und Lloyd George, in denen sie sich gegen eine Volksabstimmung im Klagenfurter Becken als eine Ungerechtigkeit gegenüber Jugoslawien verwahrte und erklärte, ihr nur dann beistimmen zu können, wenn eine solche auch für das ehemalige österreichische Küstenland vorgesehen werde, dessen Verlust die Jugoslawen einem geheimen Teilungsvertrag (gemeint ist der Londoner Vertrag) zuzuschreiben hätten, während es für Kärnten einen solchen nicht gebe.

Zugleich arbeitete die Delegation einen Kompromißvorschlag aus, teilte das ganze Gebiet in eine nördliche und südliche Zone und schlug vor, die südliche

---

[93] Sitzungsprotokoll siehe Anhang II, Nr. 8. — Crespi I, 556, II, 353.

Zone ohne Abstimmung sofort und endgültig Jugoslawien, die nördliche aber Österreich zuzuteilen. Die Grenze der südlichen Zone wurde auf einer Karte durch eine grüne Linie bezeichnet, die vom Mallestiger Mittagskogel auf dem Kamm nach Norden, w e s t l i c h vom Faakersee bis zur Drau, dann längs der Drau bis Rosegg, von hier zum Westufer des Wörthersees, dann nach der Mittellinie des Sees, nach der Glanfurt und Glan bis zu deren Mündung in die Gurk, die Gurk aufwärts bis gegen St. Johann am Brückl, hierauf über die Saualpe, südöstlich von Pustritz und Granitztal, zwischen St. Paul und Lavamünd und nördlich vom Hühnerkogel zur steirischen Landesgrenze lief. Diese Linie, in den weiteren Akten oft schlechtweg als „grüne Linie" bezeichnet, spielte fortan ein große Rolle und fand schließlich als Demarkationslinie zwischen der Abstimmungszone A (im endgültigen Friedensvertrag als Zone I bezeichnet) einerseits, der Abstimmungszone B (II) und dem freien Kärnten in der Gegend von Villach und St. Paul andererseits in den Vertragsentwurf vom 20. Juli und den endgültigen Vertrag vom 2. September Eingang[94]). Das Mießtal gehörte darnach zur südlichen Zone.

Dieser Kompromißvorschlag verstieß zwar gegen die bisher auch von den Jugoslawen eifrig verfochtene Einheit des Klagenfurter Beckens und bedeutete für sie den Verzicht auf Klagenfurt, hätte ihnen aber bedingungslos die Zone A verschafft. Die Delegation setzte daher alles dafür ein, um ihn durchzudrücken. Pašić und Vesnić suchten um eine Audienz bei Wilson an, hatten jedoch keinen Erfolg. Žolger intervenierte bei Johnson, Leeper und de Lanux, später im Verein mit Pašić, Trumbić und Vesnić bei Clemenceau. Es gelang ihnen, die Franzosen und Johnson für die Kompromißlinie zu gewinnen, doch waren, wie wir einem offiziellen jugoslawischen Bericht über die Entwicklung der Kärntner Frage in der Friedenskonferenz entnehmen, für Johnson ausschließlich politische Motive maßgebend. Wilson hatte Verhandlungen zwischen den Jugoslawen und den Italienern gewünscht, die jugoslawische Delegation verlangte aber als Vorbedingung für diese Verhandlungen, daß das Kärntner Problem zugunsten Jugoslawiens gelöst werde. Tatsächlich fanden Verhandlungen zwischen Trumbić und Orlando statt, hatten jedoch kein Ergebnis.

Ein weiterer Erfolg war, daß Trumbić, Vesnić und Žolger und als Sachverständiger Prof. J. Cvijić am 20. Mai Gelegenheit erhielten, den jugoslawischen Standpunkt in der Frage der Nordgrenze in der Gebietskommission zu vertreten. Žolger zog gegen die Volksabstimmung zu Felde und trat für den Kompromißvorschlag ein. Zu seiner Begründung führte er an, daß eine Volksabstimmung den nationalen Kampf und alle Volksleidenschaften bis aufs äußerste entfachen und die nördliche Grenze zu einem wahren Vulkan machen würde, daß das Gebiet südlich der Demarkationslinie lebensfähig und ethno-

---

[94]) Vgl. Kartenskizze S. 246.

graphisch slowenisch und die Verbindung mit Krain durch Loibl und Seeberg gegeben sei, daß für die Nahrungsversorgung der Stadt Klagenfurt die deutsche Umgebung genüge, das Lavanttal zwar durch die Kompromißlinie von Klagenfurt abgeschnitten werde, aber ohnehin nie recht mit ihm verbunden gewesen sei.

Noch in derselben Sitzung beschlossen die britischen, französischen und auch die italienischen Delegierten der Kommission, eine Note an den Obersten Rat zu richten, in der sie im Gegensatz zu ihren Vorschlägen vom 6. April und 10. Mai im Sinne des jugoslawischen Kompromißvorschlages empfahlen, das Becken zu teilen und den von den Jugoslawen beanspruchten südlichen und östlichen Teil sofort und ohne Befragung Jugoslawien zuzusprechen, den nördlichen Teil mit Klagenfurt aber bei Österreich zu lassen[95]).

So schien jetzt die Grenzfrage eine für Kärnten ungünstige Wendung zu nehmen. Da waren es wieder die Amerikaner, die dies verhinderten. Die amerikanischen Mitglieder der Kommission, Day und Seymour, blieben nämlich bei ihrer Überzeugung, daß eine Linie, die das Becken entzweischneidet, die Interessen der Bevölkerung auf beiden Seiten schädigen würde und bestanden auf dem ursprünglichen Bericht vom 6. April. Nur Douglas Johnson, der an Stelle Days an der Kommissionssitzung, in der über die österreichisch-jugoslawische Grenze verhandelt wurde, teilnahm, bezweifelte die Zuverlässigkeit des Miles-Berichtes und stimmte dem Vorschlage der britischen, französischen und italienischen Delegation bei, das Gebiet südlich der Kompromißlinie Jugoslawien zuzuteilen unter der Voraussetzung, daß die Bevölkerung das Recht habe, nach einer Reihe von Jahren dagegen Einspruch zu erheben[96]). Johnson gab zwar zu, daß geographische und wirtschaftliche Überlegungen für die Zuweisung des ganzen Gebietes an Österreich sprechen. Aber er bestritt die Bedeutung der wirtschaftlichen Bindungen des Beckens und hielt ethnographische, strategische und politische Erwägungen, die dafür sprächen, es lieber einer verbündeten als einer feindlichen Macht zu überlassen, für wichtiger.

Erst am 27. Mai beschäftigte sich der Oberste Rat wieder eingehend mit dem Klagenfurter Becken. Wilson wies in einem ausführlichen Bericht auf den unlösbaren wirtschaftlichen Zusammenhang des südlichen, von einer größeren Zahl von Slowenen bewohnten Gebietes mit dem nördlichen und auf die steile und rauhe Bergkette der Karawanken hin, „eine der eindrucksvollsten natürlichen Grenzlinien, die es gebe". Er erklärte, nach seiner Ansicht sei die Frage der Abgrenzung des Beckens in jeder Hinsicht dem Fall der italienischen Grenze (in Nord-Istrien) ähnlich, wo auch an einer von der Natur klar festgelegten

---

[95]) Wambaugh I, S. 176.
[96]) Vgl. die von Day, Seymour, Miles und Johnson unterfertigte Denkschrift vom 27. Mai, Anhang II, Nr. 9 und die Denkschrift Johnsons vom 2. Juni, Anhang II, Nr. 14. Vgl. auch S. 158 Anm. 31 und S. 285.

Grenze festgehalten worden sei, obwohl sich viele Slowenen südlich davon auf der italienischen Seite befänden; er wäre in größter Verlegenheit, wenn er den Grundsatz aufgeben sollte, den er im italienischen Fall eingenommen habe[97]). Der Rat blieb bei seinen Beschlüssen vom 12. Mai bezüglich der Volksabstimmung und der Umgrenzung des Abstimmungsgebietes, hielt also an der Volksabstimmung im ganzen Becken als Einheit fest. Als Tag der Übergabe der Friedensbedingungen an die schon längst in St. Germain eingetroffene österreichische Delegation wurde der 30. Mai bestimmt.

Der jugoslawischen Delegation wurde nunmehr die vierte Fassung des Teiles III, Abschnitt II des Friedensvertrages mit Österreich mit den „politischen Klauseln" gegenüber dem serbisch-kroatisch-slowenischen Staate übermittelt. Er enthält die vom Viererrat am 12. und 27. Mai angenommenen Beschlüsse der Gebietskommission vom 6. April über die Befragung der Bevölkerung[98]) und die Abgrenzung des Abstimmungsgebietes, wie sie von der Gebietskommission am 10. Mai vorgeschlagen worden war[99]). Nur sind die Grenzen hier in umgekehrter Reihenfolge beschrieben.

Ferner erhielt die jugoslawische Delegation die zweite Fassung des Teiles III des Friedensvertragsentwurfes mit den Grenzen Österreichs gegen den serbisch-kroatisch-slowenischen Staat. Sie sind im Süden vom nicht näher bezeichneten östlichen Endpunkt der italienisch-österreichischen Grenze bis zur Ouschowa nach der Wasserscheide zwischen Drau und Sawe, also dem Karawankenkamm, dann von der Ouschowa gegen Nordosten über die Stroina und einen Punkt unterhalb der Lavantmündung zum Hühnerkogel gezogen. —

Mittlerweile hatte die jugoslawische Delegation, da der Verlauf der Verhandlungen sie keineswegs befriedigte, die dringende Aufforderung nach Laibach ergehen lassen, eine Abordnung nach Paris zu senden, um dort durch persönliche Intervention zu retten, was zu retten sei. Tatsächlich erschien am 27. Mai eine aus Vertretern aller slowenischen Parteien[100]) bestehende Abordnung unter Führung des Landespräsidenten Brejc in Paris.

Am 28. Mai, demselben Tage, an dem der jugoslawische Generalangriff in Kärnten begann, wurde in einer Vollsitzung der jugoslawischen Delegation, an der auch die Laibacher Abordnung teilnahm, beschlossen, auch diplomatisch im Sinne der Kompromißlinie einen Generalangriff zu unternehmen. In richtiger Erkenntnis der Lage kam man überein, durch die Laibacher in erster Linie bei

---

[97]) Aldrovandi-Marescotti, a. a. O., S. 429 f. — Miller, My Diary, Bd. 19. S. 514, Anm. 2.
[98]) Vgl. S. 195 und Anhang II Nr. 3, Artikel 5.
[99]) Vgl. S. 239 und Anhang II, Nr. 7, Beilage A.
[100]) Landespräsident Dr. Brejc und Fürstbischof Jeglič für die slowenische Volkspartei, Dr. Ravnihar und Dr. Triller für die demokratische Partei und zwei Sozialdemokraten, A. Prepeluh und R. Golouh. Brejc in: Slovenci v desetletju 1918—1928, S. 182.

den Amerikanern den Hebel ansetzen zu lassen, während Vesnić und Žolger diplomatische Parallelaktionen unternehmen sollten. Doch kamen diese zunächst zu spät, denn schon am 29. Mai faßte der Rat der Vier in Anwesenheit der Gebietskommission die vermeintlich endgültigen Beschlüsse über die Bestimmungen betreffs des Klagenfurter Beckens. Ein Augenzeuge, H. Nicolson, der Sekretär der britischen Gesandtschaft, der mit dem Studium der Grenzen Südosteuropas betraut war, bringt über diese denkwürdige Sitzung in seinem Tagebuch einen lebendigen Bericht, der ein köstliches Licht auf die Art der Verhandlungen und die an Verzweiflung grenzende Verlegenheit wirft, in die die Konferenz durch die Kärntner Grenzfrage versetzt wurde. Er schreibt[101]):

„Donnerstag, den 29. Mai.
Zu Präsident Wilson hinüber. Alle Sachverständigen sind da, Tardieu, Laroche, Seymour, Day, Dulles, Johnson, Martino und Vanutelli. Wir versammeln uns alle in dem Empfangszimmer im oberen Stock, während die Vier unten zusammentreten. Nach etwa einer halben Stunde erscheinen sie bei uns. Clemenceau und Lloyd George setzen sich nebeneinander auf ein Sofa. Wilson nimmt eine Karte, breitet sie in einer Nische auf den Teppich und kniet nieder. Wir alle kauern uns im Kreis um ihn herum. Es ist wie „Häschen in der Grube". Er erklärt, was sie unten über die jugoslawische Grenze beschlossen haben. Er tut es mit kristallener Klarheit, er ist in diesem Augenblick wieder ganz Princeton[102]). Im letzten Moment machen Orlando und Vanutelli, auf den Knien, einen tragikomischen Versuch, den Rosenbachtunnel zu retten. Sie sagen, es sei unbequem, das eine Ende in einem Lande zu belassen und das andere in einem anderen. Der Präsident, immer noch am Boden kniend, wirft sein großes Gesicht hintenüber und wendet den Blick gen Himmel und zu den Deckengemälden empor, die den Salon von Madame Bischoffsheim schmücken. ‚Ja also', ruft er aus, ‚ich bin nicht nach Paris gekommen, um mich über die Bequemlichkeit zu unterhalten, nach meinem Dafürhalten ist maßgebend, was die Völker wollen'."

Die Frage, um die es sich hier hauptsächlich handelte, betraf die italienisch-österreichische Grenze. Die Vertreter Italiens versuchten neuerdings eine endgültige Entscheidung über das Dreieck von Aßling herbeizuführen. Wilson wünschte, daß der am 12. Mai gefaßte Vorbehalt bezüglich dieses Gebietes im Vertragsentwurf mit Österreich nicht erwähnt werde. Die Italiener machten ihn jedoch darauf aufmerksam, daß die Jugoslawen in diesem Falle glauben würden, das Gebiet gehöre ihnen, und verwiesen auf den Angriff der Jugoslawen in Kärnten und auf die Notwendigkeiten des Handels zwischen Triest und dem Norden. Allein Wilson brach die weitere Erörterung der Frage schroff ab. Schließlich entschied der Rat der Vier, daß die Grenzen zwischen Italien und Österreich gemäß dem Londoner Vertrag vom 26. April 1915 zu ziehen seien, doch so, daß das Sextental und das Gebiet von Tarvis — die beide diesseits der im Londoner Vertrag als Grenze zuerkannten Wasserscheide liegen — an

---

[101]) Friedensmacher, S. 335. Die Szene wird auch bei Aldrovandi-Marescotti, Guerra dipl. S. 440 ff. (siehe Anhang II, Nr. 10) geschildert.

[102]) Universität in Amerika, wo Wilson als Professor der Rechts- und Staatswissenschaft tätig gewesen war und die Stellung eines Präsidenten bekleidet hatte.

Italien falle. Die Entscheidung über das Aßlinger Gebiet blieb nach wie vor den all. und ass. Mächten vorbehalten. Für das Gebiet von Klagenfurt wurde die Zuteilung auf Grund einer Volksabstimmung aufrechterhalten. Diese sollte innerhalb von 6 Monaten nach Unterzeichnung des Friedensvertrages stattfinden[103]).

Am Nachmittage des 29. Mai fand eine Vollsitzung der Friedenskonferenz statt, in der Bratianu im Namen der kleinen Nationen (Rumänen, Griechen, Polen, Jugoslawen und Tschechoslowaken) den genauen Text der Friedensbedingungen für Österreich verlangte und um zwei Tage Zeit zu deren Durchsicht bat. Daraufhin wurde die Übergabe des Vertagsentwurfes an die deutschösterreichische Delegation auf den 2. Juni verschoben.

Am 28. und 29. Mai fand die Laibacher Abordnung Gelegenheit, bei den Amerikanern vorzusprechen. Sie suchte, wie Brejc und Triller berichten, alle in Betracht kommenden Persönlichkeiten auf: House und Johnson, Kerner, Day, Seymour und den ersten Bevollmächtigten White, um sie für den Kompromißvorschlag zu gewinnen, bekämpfte im Gegensatz zu früheren Behauptungen der jugoslawischen Delegation vor allem die wirtschaftliche Einheit und Unteilbarkeit des Klagenfurter Beckens, fand aber nur teilweise Zustimmung. House versicherte sie zwar seiner Sympathie, sagte ihnen aber bittere Wahrheiten, indem er meinte, das vorgeschlagene Gebiet sei zu groß und der Ausgang der Abstimmung wegen der Einbeziehung Klagenfurts zweifelhaft; immerhin glaube er, daß sich die Mehrheit der Bevölkerung infolge der schweren wirtschaftlichen Friedensbedingungen, die Österreich auferlegt würden, eher für Jugoslawien als für Österreich entscheiden werde; übrigens sei die Nordgrenze des Abstimmungsgebietes nach der von der jugoslawischen Delegation geforderten Staatsgrenze gezogen worden. Hätte diese weniger gefordert, so wäre auch das Abstimmungsgebiet kleiner geworden und der Ausgang der Volksabstimmung für Jugoslawien weniger zweifelhaft. Day und Seymour verhielten sich ablehnend, Johnson schien unentschlossen, nur Kerner erwies sich als „alter Freund" der Slowenen. —

Am 30. Mai beschloß der Rat der Vier endgültig eine formelle Volksabstimmung für das Klagenfurter Becken. Nach der Sitzung versuchte Tardieu Wilson für das von den Jugoslawen vorgeschlagene Kompromiß zu gewinnen, erhielt jedoch von Wilson nur die Antwort: „Ich habe eine besondere Kommission nach Kärnten gesendet und habe Informationen, die Engländer und Franzosen dagegen nicht."

Noch am selben Tage wurde der jugoslawischen Delegation die 3. Fassung des Teiles II Grenzen Österreichs Art. 1 übermittelt, die jedoch nur die

---

[103]) L. Aldrovandi-Marescotti, Guerra dipl., S. 440f. Siehe Anhang II, Nr. 10; S. 454f. — S. Crespi, Alla diffesa d'Italia I, S. 613, II, S. 395. — Miller, My Diary, Bd. 19, S. 514. Bericht über die Grenzen Österreichs gegen Italien vom 28. Oktober 1919.

Grenze mit dem Staate der Serben, Kroaten und Slowenen von der Stroina bis zur Kote 947 (St. Lorenzen nordwestlich Eibiswald) näher bestimmt, und zwar durch eine Linie, die die Drau unterhalb der Lavantmündung schneidet und über die Kote 1522 (Hühnerkogel) geht[104]), ferner die 5. Fassung des Teiles III, Abschnitt II, Politische Klauseln, worin der Klagenfurt betreffende Artikel 4, der die Grenzen des Abstimmungsgebietes enthalten hatte, nur mit einem „Reservé" versehen war.

Am 31. Mai fand eine Vollsitzung der Friedenskonferenz statt, in der der Friedensvertragsentwurf vorgelegt wurde, der am 2. Juni der deutsch-österreichischen Delegation übergeben werden sollte. In dieser Sitzung überreichte Pašić dem Präsidenten einen Protest der jugoslawischen Delegation gegen die

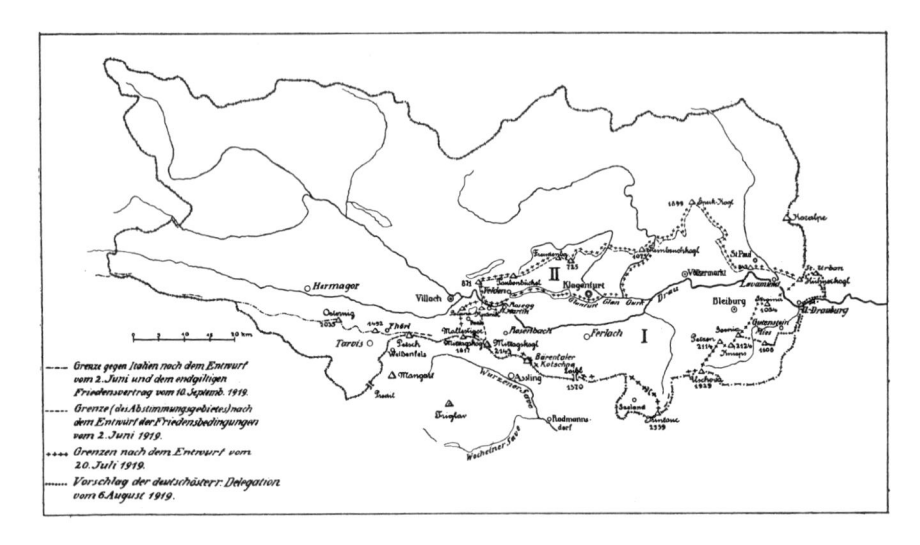

ihr am vorhergehenden Tage übergebenen Entwürfe, in dem sie erklärte, auf den in der Sitzung der Gebietskommission vom 20. Mai dargelegten Mindestforderungen, d. h. in Kärnten auf der Kompromißlinie und der endgültigen Zuteilung des südlich davon gelegenen Gebietes bestehen zu müssen[105]).

Am Schluß der Sitzung erhielt die jugoslawische Delegation die 4. Fassung des Teiles II des Friedensvertrages mit den Grenzen Österreichs gegen Italien und Jugoslawien, wie sie in den am 2. Juni der deutsch-österreichischen Friedensdelegation übergebenen Vertragsentwurf tatsächlich aufgenommen sind[106]),

---

[104]) Gleichlautend mit Teil II, Art. 1 P. 4 des am 2. Juni der deutsch-österreichischen Delegation übergebenen Vertragsentwurfes, Bericht I, S. 46.

[105]) Protest bei Almond-Lutz, S. 383, Nr. 129 und — mit einigen fehlerhaften Zahlen — im Sitzungsbericht, ebenda Seite 563, Nr. 207.

[106]) Teil II, Art. 1, P. 2 u. 3; siehe Bericht I, S. 45. Die Grenze gegen Jugoslawien wird

ferner die 7. Fassung des Teiles III Politische Klauseln, Abschnitt II, Serbisch-Kroatisch-Slowenischer Staat Art. 1—10, vom 31. Mai[107]). Von diesen Artikeln enthält Art. 4 die Grenzen des Abstimmungsgebietes von Klagenfurt[108]), die das ganze Becken umfassen. Im Westen ist die Grenze nicht mehr östlich vom Nordausgang des Rosenbacher Tunnels gezogen, wie nach dem Vorschlag der Gebietskommission vom 10. Mai, sondern westlich davon, so daß er gegen den Wunsch der Italiener in das Abstimmungsgebiet fällt. Im Norden, Osten und Süden stimmt der Entwurf mit Art. 49 des endgültigen Friedensvertrages überein, das Mießtal bleibt also ausgeschlossen. Art. 5 enthält Bestimmungen zur Durchführung der Volksabstimmung, Art. 6 solche über das Aßlinger Dreieck[109]).

Die Jugoslawen hatten schon seit den Beschlüssen der Territorialkommission vom 10. Mai mit der Möglichkeit gerechnet, daß eine Volksabstimmung nicht zu umgehen sein werde. Sie hatten daher für alle Fälle schon am 12. Mai Vorschläge zur Durchführung der Volksabstimmung[110]), in die sie die „günstigsten Bestimmungen hineindrängten", ausgearbeitet und sie vertraulich de Lanux übergeben. Diese Vorschläge bildeten die Grundlage des Artikels 5 des Entwurfes vom 31. Mai, der mit jenen in vielen Punkten im ganzen und großen übereinstimmt, so in der Frage der Verwaltung durch die interalliierte Kommission (Art. 5 nennt die Staaten nicht), der Räumung des Abstimmungsgebietes durch die österreichischen Truppen und Behörden, der militärischen Besetzung (doch sind in Art. 5 die Staaten nicht namentlich genannt), des Ersatzes der österreichischen Behörden durch Funktionäre, des Stimmrechtes und des Ortes der Stimmenabgabe. Der Völkerbund ist in Art. 5 ausgeschaltet. Ebenso fehlen in Art. 5 die zwecklosen Bestimmungen des jugoslawischen Vorschlages über das Schulwesen und die Gemeindewahlen. Wesentlich ist, daß der Viererrat an der Einheit des Abstimmungsgebietes festhielt und bestimmte, daß das Abstimmungsergebnis nicht nach Gemeinden, sondern nach der Stimmenmehrheit des ganzen Gebietes zu bestimmen ist und die Grenzen nicht nach den Abstimmungsergebnissen in den einzelnen Gemeinden vorzuschlagen sind, sondern daß das ganze Abstimmungsgebiet je nach dem Gesamtergebnis an das Königreich SHS oder an Österreich anzugliedern ist. Der Forderung der Jugoslawen, die endgültigen Grenzen nach dem Ergebnis der Abstimmung in den einzelnen

---

durch die Linie: Mittagskogel — Rudnik (östlich Faakersee) — Ossiacher Tauern — Freudenberg — Steinbruchkogel — Speikkogel — Kasparstein — Hühnerkogel bestimmt.

[107]) Anhang II, Nr. 11.

[108]) Mittagskogel — Uschowa — Stroina — Hühnerkogel — Kasparstein — Speikkogel — Steinbruchkogel — Freudenberg — Kote 871 bei der Ruine Eichelberg — Rudnik (öslich Faakersee) — Mittagskogel.

[109]) Art. 6 wurde nachträglich auf Grund eines Beschlusses des Viererrates vom 31. Mai gestrichen.

[110]) Anhang II, Nr. 12.

Gemeinden zu bestimmen, hatte sich insbesondere Wilson widersetzt, „weil das Gebiet eine Einheit sei"[111]).

Die Jugoslawen hatten somit mit all ihren Protesten gegen die Abstimmung im ganzen Becken als Einheit und ihren Denkschriften und Vorsprachen zugunsten der Teilung des Abstimmungsgebietes keinen Erfolg. Die Delegation beschloß daher, zur Vertragsübergabe am 2. Juni nicht zu erscheinen, wenn die Bestimmungen hinsichtlich Kärntens aufrechterhalten werden. Durch Vermittlung Houses wurde dieser Beschluß dem Präsidenten Wilson mit der Bitte mitgeteilt, die fraglichen Artikel wenigstens einer späteren Erwägung vorzubehalten, wenn er schon nicht der Kompromißlinie zustimmen könne. Allein Wilson lehnt ab und ließ der Delegation in der Nacht vom 1. zum 2. Juni mitteilen, daß ein Streik der Delegation als Beleidigung der Entente aufgefaßt würde und sie daher lieber davon abstehen solle. Die Jugoslawen beschlossen daher, an der Vertragsübergabe am 2. Juni doch teilzunehmen, gaben jedoch noch am 2. Juni eine schriftliche Erklärung ab, daß sie den Bestimmungen des Vertragsentwurfes bzgl. Kärntens (Teil III Art. 4 u. 5) nicht zustimmen könnten. In St. Germain erfuhren sie von Generalsekretär Dutasta, daß die politischen Klauseln bzgl. Kärntens nicht übergeben werden.

Noch in den Vormittagsstunden des 2. Juni hatte sich nämlich Nicolson, der Jugoslawenfreund, nach einer Rücksprache mit Žolger bemüht, eine Änderung des Entwurfes herbeizuführen. Er selbst bewog, wie er in seinem Tagebuch[112]) erzählt, Lloyd George einzuwilligen, daß die Abstimmung im Klagenfurter Becken nach Gemeinden vollzogen oder wenigstens das Klagenfurter Becken nicht als Einheit für die Abstimmung genommen werde. Wilson und Clemenceau wollte Nicolson durch ein anderes Mitglied der britischen Delegation, Hurst, gewinnen lassen; wenn Hurst Wilsons Zustimmung nicht rechtzeitig bekommen könne, müsse der Klagenfurter Abschnitt aus dem Vertragsentwurf vor der Überreichung an die Österreicher herausgenommen werden. Hurst gelang es, Wilson in St. Germain auf der Schloßtreppe zu fassen, aber Wilson war schlechter Laune, da er eine Reifenpanne gehabt und sich daher verspätet hatte. Er weigerte sich, irgend etwas zu ändern. „Zum Glück", sagt Nicolson, „sah C l e m e n c e a u, worum es sich handelte, und riß den Klagenfurter Abschnitt heraus, bevor er Dr. Renner überreicht wurde. Soweit ist alles gut und wir haben Žolger Wort gehalten. Er hat uns auch Wort gehalten und war mit seiner ganzen Delegation zur Stelle. Aber um ein Haar wär's schief gegangen." So konnte sich nun die Vertragsübergabe im Schlosse zu St. Germain um 12 Uhr mittags ohne Störung vollziehen.

Am 13. Mai 1919 war die d e u t s c h - ö s t e r r e i c h i s c h e F r i e-

---
[111]) Wambaugh I, S. 117. — Aldrovandi-Marescotti, S. 457.
[112]) Nicolson, Friedensmacher, S. 340.

d e n s d e l e g a t i o n mit Staatskanzler Dr. Karl Renner als Bevollmächtigtem an der Spitze in St. Germain eingetroffen. Kärnten war durch Landesrat Ing. Vinzenz Schumy als Stimmführer und Gymnasialprofessor Dr. Martin Wutte als Fachberater vertreten. Von der Außenwelt abgeschnitten und in ihrem Quartier ängstlich überwacht, glichen die Delegierten wie ihre deutschen Schicksalsgenossen in Versailles eher Internierten als Vertretern eines verhandlungsberechtigten Staates. Die Verhandlungen wurden ausschließlich schriftlich geführt, ein Ersuchen um mündliche Verhandlungen kurz abgelehnt. Da die Übergabe des Vertrages immer wieder hinausgeschoben wurde, so beschränkte sich die Tätigkeit der Delegierten in den ersten drei Wochen hauptsächlich auf interne Beratungen. Am 19. Mai wurde im Gebietsausschusse der Delegation die Kärntner Frage erörtert. Als Hauptgrundsätze für die bevorstehenden Verhandlungen wurden unsererseits aufgestellt: Unteilbarkeit Kärntens und insbesondere des Klagenfurter Beckens aus geographischen, wirtschaftlichen und verkehrstechnischen Gründen und einheitliche Volksabstimmung unter unparteiischer Leitung im ganzen strittigen Gebiet bis zu den Karawanken und Julisch-Karnischen Alpen. Diese Grundsätze wurden von den Vertretern Kärntens in einer Denkschrift eingehend begründet. Die wenigen in der französischen Presse durchsickernden Nachrichten über die Beschlüsse des Obersten Rates erweckten bei den Kärntner Delegierten und in Kärnten freudige Hoffnungen und veranlaßten den Nationalpolitischen Ausschuß, durch Aufstellung von Vertrauensmännern die ersten Vorbereitungen zur Volksabstimmung in Angriff zu nehmen.

Während die jugoslawische Delegation, durch ihre Freunde über den Gang der Verhandlungen ständig im laufenden gehalten, immer wieder eingreifen konnte, erfuhr die deutsch-österreichische Delegation außer kurzen, nichtssagenden Kommuniqués der Presse über die Sitzungen und deren Gegenstände von den Vorgängen in der Konferenz und deren Räten so gut wie nichts. Die Hoffnung, daß zwei hervorragende Mitglieder der Delegation, General Slatin Pascha, der seinerzeit im Sudan den Engländern große Dienste geleistet und für sie viel Opfer gebracht hatte, und Prof. Lammasch, der als einstiges Mitglied des internationalen Schiedsgerichtes in Den Haag unter den französischen und englischen Staatsmännern Freunde besaß, irgendwie Wege zu Mitgliedern der Konferenz finden werden, erfüllte sich nicht. Sogar die Anwesenheit der Laibacher Abordnung wurde der deutsch-österreichischen Delegation erst aus den Aufsätzen bekannt, die die Mitglieder dieser Abordnung Anfang Juni in Laibacher Blättern erscheinen ließen. Genaueren Einblick in den verwickelten Gang der Verhandlungen vermittelten erst die nach Jahren erschienenen großen Publikationen Miß Wambaughs, H. Millers und Almond-Lutz' und der Italiener L. Aldrovandi-Marescotti und S. Crespi sowie die Akten des serbischen Außenministeriums.

Das lange Warten auf die endliche Übergabe des Entwurfes der Friedensbedingungen wurde für die deutsch-österreichische Friedensdelegation immer peinlicher. Dazu kamen seit Mitte Mai aus der Heimat beunruhigende Nachrichten von Angriffsvorbereitungen der Jugoslawen und schließlich vom Angriff selbst. Zum drittenmal versuchten die Jugoslawen in Kärnten eine vollzogene Tatsache zu schaffen und durch die Gewalt des Schwertes das zu erreichen, was sie auf andere Weise zu erreichen nicht imstande waren. Es war vorauszusehen, daß der neue Angriff mit aller Kraft und mit Unterstützung serbischer Truppen erfolgen werde. Die deutsch-österreichische Delegation richtete daher auf Verlangen der Kärntner Delegierten schon am 22. und 29. Mai Noten wegen der Bedrohung Kärntens durch die Jugoslawen an das Generalsekretariat der Friedenskonferenz[113]). In der ersten Note wurde auch gebeten, es möge dem Staatskanzler und zwei Mitgliedern der Delegation Gelegenheit geboten werden, den Vertretern der Großmächte bei einer Zusammenkunft die entscheidenden Tatsachen zu unterbreiten. Man hoffte im stillen, daß bei dieser Gelegenheit auch andere Angelegenheiten zur Sprache gebracht werden könnten. Allein diese Note blieb unbeantwortet. In der Note vom 29. Mai wurde die Konferenz auf die Bedrohung Klagenfurts aufmerksam gemacht und ersucht, im strittigen Gebiet entweder auf Grund des eingehenden Studiums der amerikanischen Kommission eine vorläufige oder endgültige Grenze festzusetzen oder es durch eine dritte Macht besetzen zu lassen, um dem unnützen Blutvergießen ein Ende zu machen.

Schon in der Sitzung des Obersten Rates vom 29. Mai machte der Sekretär der italienischen Delegation, Aldrovandi, Wilson auf das neuerliche Vorrücken der jugoslawischen Truppen in Kärnten aufmerksam. Wilson erwiderte: „Man schreibe den Österreichern und den Jugoslawen eine Warnung." (Vgl. Anhang II Nr. 10). Am folgenden Tage verwies Orlando im Vierer-Rat an Hand einer ihm vom italienischen Kommando im italienisch-österreichischen Grenzgebiet zugekommenen Nachricht auf die drohende Besetzung Klagenfurts durch die Jugoslawen und erklärte, er halte es für unerläßlich, daß sich eine interalliierte Kommission von vier Offizieren, einem Engländer, einem Franzosen, einem Amerikaner und einem Italiener, sofort an Ort und Stelle begebe, um die Einstellung der Feindseligkeiten durchzusetzen. Wilson schlug jedoch vor, daß Clemenceau im Namen der all. und ass. Hauptmächte an die Jugoslawen einen Brief senden solle mit der Aufforderung, den Kampf einzustellen, und dem Hinweis, daß das Ergebnis des Kampfes die endgültige Entscheidung der Friedenskonferenz über die Grenzen auf keinen Fall präjudizieren werde. In der Tat richtete das Sekretariat der Friedenskonferenz am 31. Mai an die jugoslawische Regierung folgendes vom Rat der Vier genehmigte Telegramm[114]):

---

[113]) Bericht I, S. 21 und 31.

[114]) L. Aldrovandi-Marescotti, Guerra dipl., S. 450 f., 455. Der Wortlaut des Telegramms im Bericht der deutsch-österr. Friedensdelegation I, 38.

„Wir wünschen die Aufmerksamkeit der Regierung des Königreiches der Serben, Kroaten und Slowenen auf die Lage in Kärnten zu lenken, woselbst die Feindseligkeiten, die im Jänner d. J. eingestellt worden waren, wieder aufgenommen worden sind.

Der Rat der alliierten und assoziierten Hauptmächte erfährt, daß, obgleich die österreichische Regierung das Angebot gemacht hat, über einen Waffenstillstand zu verhandeln und die Regelung der strittigen Fragen der Konferenz zu überlassen, die südslawischen Streitkräfte die Feindseligkeiten fortsetzen und sich nicht geneigt zeigen, dieses Waffenstillstandsangebot anzunehmen. Der Rat der alliierten und assoziierten Hauptmächte legt Wert darauf, verstehen zu geben, daß ein solches unabhängiges Vorgehen seitens der südslawischen Streitkräfte nicht nur unnützes Blutvergießen verursacht und die Unordnung und Leiden in den in Betracht kommenden Gegenden verlängert, sondern auch der Sache jener, welche für die Fortsetzung der Feindseligkeiten verantwortlich sind, nur schaden kann.

Der Rat ersucht daher, daß sofort formelle Anordnungen an die südslawischen Armeeführer an Ort und Stelle ergehen, alle Feindseligkeiten in diesen Gegenden einzustellen und ihre Truppen hinter die von der Konferenz festgesetzte und heute der serbisch-kroatisch-slowenischen Delegation mitgeteilte Grenze zurückzuziehen, welche Grenze provisorisch die Südgrenze des Klagenfurter Beckens bildet, dessen Kontrolle seitens Österreichs den alliierten und assoziierten Mächten während der Dauer von sechs Monaten überlassen werden soll. Die österreichischen Armeen sind angewiesen, sich nördlich der Grenze des Klagenfurter Beckens zurückzuziehen."

Zugleich wurde auch die deutsch-österreichische Regierung aufgefordert, die Truppen an die Nordgrenze des Beckens zurückzunehmen. Damit schien dem weiteren Vordringen der Jugoslawen in Kärnten ein Ende gesetzt zu sein. —

Am 2. Juni fand endlich im Schlosse zu St. Germain die Übergabe des Friedensvertragsentwurfes an die deutsch-österreichische Friedensdelegation statt. Die Landesvertreter zogen es vor, an diesem traurigen Schauspiele nicht teilzunehmen. Die Delegation erhielt zunächst nur je einen Vertragsentwurf in französischer, italienischer und englischer Sprache, da an Stelle des von Clemenceau entfernten Abschnittes II des Teiles III, Staat SHS, ein neuer Umschlag mit der Bemerkung „Réservé" gedruckt werden mußte. Erst in den späten Abendstunden wurden ihr weitere 100 Exemplare übermittelt. Die Vertreter Kärntens erhielten den Vertragsentwurf erst in der Nacht. Da am 3. Juni der Telegraf stark besetzt war und überdies eine Störung eintrat, so konnten sie ihre erste Depesche[115]) erst am 3. Juni um 11 Uhr vormittags nach Klagenfurt leiten.

In dem nunmehr in Händen der deutsch-österreichischen Delegation befindlichen Vertragsentwurf[116]) waren im Teil II „Grenzen Österreichs" Artikel 1, Punkt 2 in bezug auf Kärnten nur die Grenzen gegen Italien bis zum Petsch und im Punkt 3 — „unter Vorbehalt der Bestimmungen des Teiles II, Ab-

---

[115]) Anhang II, Nr. 13 a und b. Der von Clemenceau herausgerissene Abschnitt II des Teiles III in Anhang II, Nr. 11. — Auch vom Teil III Politische Bemerkungen, Abschnitt I Italien, war nur der Umschlag mit der Bemerkung „Réservé" vorhanden. Warum der Inhalt entfernt wurde, ist nicht bekannt. Die darin enthaltenen Bestimmungen stehen, in einzelnen Punkten vermutlich abgeändert, in den Artikeln 36—45 des endgültigen Vertrages vom 2. September 1919.

[116]) Bericht I, S. 45.

schnitt II" — die West- und Nordgrenze des allerdings nicht ausdrücklich genannten Abstimmungsgebietes vom Petsch bis zum Hühnerkogel enthalten, ohne daß gesagt wurde, ob diese Grenze Staatsgrenze gegen Jugoslawien sein soll oder nicht, während im Punkt 4, der den Verlauf der Grenze ö s t l i c h vom Hühnerkogel betrifft, wieder ausdrücklich von den Grenzen Österreichs gegen den serbisch-kroatisch-slowenischen Staat die Rede ist. Daraus ging, wie die Vertreter Kärntens schon damals erkannten, hervor, daß die Grenze zwischen Österreich und dem jugoslawischen Staat im Klagenfurter Becken noch nicht endgültig bestimmt und für das Klagenfurter Becken eine Volksabstimmung vorgesehen war. Doch fehlten alle weiteren Bestimmungen, denn im Teil III, Abschnitt II, der nähere Bestimmungen enthalten sollte, stand lediglich das Wörtchen „Réservé". Die Grenze gegen Italien wurde durch die Punkte: Helmspitze — 2050 (Osternig) — Kote 1492 (2 km westlich Thörl) — Linie südlich Thörl — Cabinberg (1270 m) — Petsch (1509) bestimmt. Die West- und Nordgrenze des Abstimmungsgebietes sollte nach dem Entwurf vom Petsch zum Mittagskogel (2143 m) verlaufen[117]), von hier über die Koten 717 (Rudnik) — 871 (10 km ostnordöstlich von Villach) — 1069 (Taubenbühel) — 1045 (Galinberg) — 815 (Freudenberg) — zur Kote 725 (3 km östlich Freudenberg), von da nach der Grenze zwischen den Bezirken Klagenfurt und St. Veit — dann über die Koten 1075 (Steinbruchkogel) zum Treffpunkt der Grenze des Bezirkes Völkermarkt mit der Gurk, von da bis zur Kote 1899 (Speikkogel) und weiter bis zur Kote 842 (Kasparstein) nach der Nordgrenze des Bezirkes Völkermarkt, schließlich nach einer nördlich von Lavamünd laufenden Linie bis zur Kote 1522 (Hühnerkogel), wo die bereits festgesetzte Grenze mit dem Serbokroatisch-slowenischen Staat begann. Im Vergleich zur Grenze vom 10. Mai ist der Ausgangspunkt in den Karawanken von dem Punkt an der Drau „5 km ö s t l i c h vom Rosenbachtunnel" zum Mittagskogel w e s t l i c h vom Tunnel und Rudnik verschoben. Den Italienern war es also nicht gelungen, den Rosenbachtunnel frei zu halten. Alles Weitere blieb vorläufig offen. Die Jugoslawen hatten somit durch ihre Drohung, bei der Vertragsübergabe nicht zu erscheinen, die Abstimmung im Klagenfurter Becken als Ganzem, die im Entwurf bereits vorgesehen war, zu Fall gebracht.

---

[117]) Warum hier die Strecke des Karawankenkammes vom Petsch bis zum Mittagskogel aufgenommen wurde, ist nicht ersichtlich. Die Frage des Gebietes von Aßling war um diese Zeit noch offen.

XII. DER JUGOSLAWISCHE GENERALANGRIFF
(28. Mai bis 6. Juni 1919)

1. Die militärische Lage

Die starre Haltung der jugoslawischen Delegierten in den Waffenstillstandsverhandlungen zu Klagenfurt zeigte bereits, daß die Jugoslawen schon damals neue Pläne im Schilde führten und es ihnen nur darum zu tun war, Zeit zu gewinnen, um einen nochmaligen Angriff vorzubereiten und die erlittene Schlappe wiedergutzumachen.

Schon Anfang Mai war das serbische Armeeoberkommando zu Gegenmaßnahmen entschlossen. Am 2. Mai wurden von der Draudivision mit Zustimmung des Armeeoberkommandos zu den schon früher aufgebotenen Jahrgängen 1895—1899 auch noch die Jahrgänge 1890—1894 einberufen. Am 3. bzw. 8. Mai entsandte das Armeeoberkommando das 7. und 8. serbische Infanterieregiment und eine serbische Haubitzendivision nach Słowenien. Der Ministerrat beschloß auf Drängen der slowenischen Führer und Empfehlung des Prinzregenten Alexander, „die bei der deutschen Offensive infolge des Bolschewismus bei unseren — den jugoslawischen — Truppen verlorengegangenen Gebiete in Kärnten wieder zurückzuerobern, wenn die Voraussetzungen für einen militärischen Erfolg vorhanden sind". Auf Grund dieses Beschlusses stimmte die königliche Regierung am 19. Mai den Angriffsabsichten der Heeresleitung zu und gab der Kommandant der IV. Armee (Agram), General Bože Janković, der Draudivision den Befehl, nach Eintreffen weiterer Verstärkungen zum Angriff nach den bereits erteilten Weisungen überzugehen und den Gegner über die Demarkationslinie zu werfen; nach der Einnahme von Völkermarkt und seiner Sicherung gegen Norden und Osten werde vielleicht die Einnahme von Klagenfurt befohlen werden. Die königliche Regierung beabsichtige, sich zwecks Entscheidung des Streites an die Entente zu wenden[118]).

Wie aus diesem Befehl hervorgeht, war der Zweck des Angriffes, dem gleichzeitigen diplomatischen Vorstoß in Paris militärisch entsprechenden Nachdruck zu geben. Der Kommandant der aufgebotenen Streitkräfte war General Krsta S m i l j a n i ć, Generalstabschef der Generalstabsoberstleutnant Milutin N e d i ć, der 1920 Mitglied der jugoslawischen Delegation der Abstimmungskommission in Klagenfurt war. Es war klar, daß es nun zum Endkampf kommen werde, Marić war der Ansicht, daß die Voraussetzungen für eine erfolgreiche Offensive für Jugoslawien recht ungünstig seien, „da man nach den Erfahrungen der

---

[118]) Ljubomir Marić Divisionsgeneral. Aus meiner Kommandoführung in Kärnten vom 21. Mai bis 22. Juni 1919. Mit 3 Beilagen. Nachdruck aus „Der Krieger". Belgrad, Druckerei Skerlić, 1927 (Serbisch). Ich verdanke diese Schrift der Vermittlung des Herrn Generals d. Inf. i. R. Siegmund Knaus, dem ich hierfür auch an dieser Stelle bestens danke. — Brief Žerjavs an Žolger vom 21. Mai 1919.

letzten Kämpfe auf die slowenischen Regimenter nicht zählen könne, sondern nur auf die serbischen, die sehr stark hergenommen seien und nun sehen müßten, daß die Slowenen selbst ihre Heimat nicht verteidigten".

Mittlerweile hatte man ab 14. Mai auch in Kärnten erkannt, daß starke serbische Kräfte herangeführt und sowohl im Drautal als auch in der Gegend von Windischgraz und südlich vom Seebergsattel zum Angriff auf Kärnten bereitgestellt werden. Die deutsch-österreichische Friedensdelegation machte daher die Friedenskonferenz auf die drohende Gefahr eines neuen jugoslawischen Großangriffes gegen Kärnten aufmerksam, ohne aber den Angriff abwenden zu können[119]).

Trotz des Siegeszuges der Kärntner Truppen zu Anfang Mai war die militärische Lage Kärntens im weiteren Verlaufe des Monats keineswegs erfreulich[120]). Auf Grund der Einberufung vom 30. April (S. 182) hätten 25000 bis 30000 Wehrpflichtige einrücken sollen. Aus den Gedienten sollten in den Bezirken Marschformationen, in Klagenfurt außerdem auch Artillerie-, Pionier-, Telegrafen- und Fliegerabwehr-Formationen aufgestellt werden, doch ohne Vermengung mit der Volkswehr und ohne Soldatenräte, die von den ausgebildeten Mannschaften abgelehnt wurden. Tatsächlich rückten auch in der ersten Hälfte des Mai für die aufzustellenden Marschformationen 6500 Wehrpflichtige, für die Heimwehr etwa 4500 Mann (einschließlich der in der Front stehenden Heimwehrkompanien) ein, obwohl sich die Bevölkerung in Oberkärnten und im oberen Lavanttal im allgemeinen gleichgültig verhielt und in den Gebieten, deren Staatszugehörigkeit zweifelhaft war, die Stimmung infolge der Furcht vor den Jugoslawen litt.

Da man jedoch ursprünglich nur die Jahrgänge 1896—1900 einzuberufen beabsichtigt und daher nur für fünf Jahrgänge vorgesorgt hatte, so bereitete die Unterbringung, Bekleidung und Ausrüstung der Eingerückten große Schwierigkeiten und traten unliebsame Verzögerungen ein. Das lange Warten, die vielen Enthebungen und die kärglichen Gebühren, die infolge einer Sparmaßnahme des Staatsamtes für Finanzen viel geringer waren als die der Volkswehr, riefen bei den Eingerückten Mißstimmung hervor. Dazu setzte seitens stark links stehender Elemente eine heftige Gegenpropaganda ein und besaßen die Behörden nicht die nötige Autorität, um ihr entgegenzutreten und die Einrückung der Einberufenen zu erzwingen. Wurde die Einberufung doch auch geradezu als ungesetzlich bezeichnet, da sie nicht von der Nationalversammlung beschlossen worden war! Auch verstand man es nicht, warum nur allein die Kärntner zur Verteidigung Kärntens, das ja doch ein Bestandteil der Republik Deutsch-Österreich war, herangezogen wurden.

---
[119]) Vgl. S. 250.
[120]) Vgl. den „Zusammenfassenden Bericht des Landesbefehlshabers". Carinthia I, 1935, S. 161 ff.

Als dann nach der Vertreibung der Jugoslawen Waffenstillstandsverhandlungen in Klagenfurt eingeleitet wurden, glaubten die Eingerückten, daß die Einberufung nunmehr gänzlich überholt sei und gingen zum großen Teil wieder nach Hause. Schließlich wurden, da mit nichtbrauchbaren, unverläßlichen Elementen der Landesverteidigung nicht gedient war, alle Gedienten und Nichtgedienten beurlaubt und versucht, durch entsprechende Aufklärung möglichst viele Leute zu f r e i w i l l i g e r Dienstleistung zu bewegen. Infolge dieser Beurlaubungen verblieben in den Bezirken St. Veit, Klagenfurt, Villach und Wolfsberg durchschnittlich nur je 30 bis 40 Mann. In den Bezirken Spittal und Hermagor hatten der Einberufung überhaupt nur sehr wenige Leute Folge geleistet.

Als es nach dem Scheitern der Waffenstillstandsverhandlungen klar wurde, daß die Jugoslawen einen neuen Angriff planen, wurden am 12. Mai die Jahrgänge 1896—1899 neuerdings einberufen, und zwar für den 20. Mai zu einer dreiwöchigen Dienstleistung. Aber auch dieser Einberufung kamen nur wenige nach, da die Bevölkerung die drohende Gefahr noch immer nicht erkannte und damit auch nicht die Notwendigkeit, abermals zu den Waffen zu greifen. War doch auch gerade am 12. Mai die deutsch-österreichische Friedensdelegation von Wien nach St. Germain abgereist, so daß man den Friedensschluß in absehbarer Zeit erwarten konnte! Weder die Aufklärung der Bevölkerung durch die politischen Behörden und die Vertrauensmänner der politischen Parteien, noch ein flammender Aufruf des Landesbefehlshabers, noch Flugzettel, die durch Flieger abgeworfen wurden, und Strafandrohungen gegen Nichteinrückende hatten einen entsprechenden Erfolg. Von den 1600 Mann, die zur Einrückung erschienen waren, verblieben bloß etwa 600 Mann den Marschbataillonskommandanten zur Verfügung. Mit den bereits früher verbliebenen Leuten stellte der Bezirk St. Veit 160 Mann, Villach 160, Klagenfurt 150, Feldkirchen 100, Wolfsberg 220, zusammen rund 790 Mann. Der Bezirk Hermagor, der sich so tapfer gehalten hatte, als es sich um die Befreiung der engeren Heimat handelte, versagte fast ganz, im Bezirk Spittal meldeten sich etwa 200 Mann, verpflichteten sich aber nur unter gewissen Bedingungen zum Dienste. Aus den Eingerückten wurde nun in jedem Bezirk je eine Marschkompanie bereitgestellt und Ende Mai eingesetzt. Auch konnten in Klagenfurt acht Geschützzüge zu je 2—3 Geschützen mit einem Gesamtstande von 300 Mann, von denen die ersten Ende Mai an die Front abgingen, ferner eine Eisenbahnkompanie zur Wiederherstellung zerstörter Bahn- und Brückenobjekte aufgestellt werden. Ein Teil der Eingerückten gehörte den Heimwehrkompanien an und tat dort Dienst. Ende Mai zählten die Heimwehren insgesamt 6600 Mann, die an der Front stehenden Kärntner Truppen 1790 Gewehre, 128 Maschinengewehre, 38 Geschütze und 8 Minenwerfer.

Da nach der Einberufungskundmachung vom 12. Mai die erste Gruppe nach drei Wochen (am 11. Juni) abgelöst werden sollte, so wurde am 8. Juni eine abermalige Einberufungskundmachung erlassen, doch mußte der Einrückungstag infolge der mittlerweile unglücklichen Ereignisse auf unbestimmte Zeit verschoben werden.

Erst als die Jugoslawen Ende Mai tatsächlich angriffen, erkannte der Großteil der Bevölkerung den Ernst der Lage und zeigte sich die Opferwilligkeit und der Heroismus der Kärntner in vielen Orten in hellstem Lichte. In Klagenfurt bildeten sich drei freiwillige Kompanien, größtenteils aus Beamten, Studenten und Gewerbeschülern. Es waren alle Jahrgänge vertreten, angefangen vom Jahrgang 1902, den 17jährigen, von denen viele wegen Schwächlichkeit zurückgestellt werden mußten. Besonders groß war die Begeisterung unter den Mittel- und Fachschülern. So meldete sich beispielsweise ein ganzer Jahrgang der Gewerbeschule geschlossen zu einer Freiwilligen-Kompanie. Auch der freiwillige Gebirgskanonenzug, die „Dörflingerkompanie", war schon am 22. Mai wieder marschbereit. Alle diese Freiwilligen blieben bis zum Abschluß der Kämpfe an der Front und hielten sich nach dem Urteile des Landesbefehlshabers sehr rühmenswert. Auch die Heimwehren folgten dem Ruf, namentlich im Lavanttale, wo neben ihnen auch zahlreiche andere freiwillige Abteilungen, nur mit dem Nötigsten versehen, an die Front eilten.

So zeigt der Kärntner Freiheitskampf dasselbe Bild wie alle Freiheitskämpfe, bei denen es meist auf freiwillige Beteiligung am Kampfe ankam. Trotz der glühendsten Liebe und Begeisterung für Heimat, Volk und Freiheit setzt sich die volle Einsatzbereitschaft erst dann in die Tat um, wenn die Not am höchsten gestiegen und es oft bereits zu spät ist. —

Die Sicherung der Eisenbahn nach Unterdrauburg und des Drautales erforderte eine Neuordnung der Verteidigungseinrichtungen und der Abschnittseinteilung. Der Abschnitt Unterdrauburg zu beiden Seiten der Drau, im Süden bis Klanc am Nordufer der Mieß reichend, verblieb dem bisherigen Unterbefehlshaber. Für die Unterabschnitte Gutenstein (Mj. Michner), Köttelach (Hauptmann Schaar, später Mj. Premitzer) und Schwarzenbach (Hauptmann Treu) wurde Obstlt. Polaczek-Wittek zum Gruppenkommandanten bestellt, der sowie auch Mj. Perko dem Unterbefehlshaber Obstlt. Schenk in Kühnsdorf unterstand.

Die jugoslawischen Angriffstruppen betrugen ein Vielfaches der Kärntner und zählten nach Marić[121]) 22 Bataillone, 4 Schwadronen und 20 Batterien, annähernd 10200 Gewehre, 270 Maschinengewehre und 80 Geschütze. Die ganze Streitmacht wurde in fünf Gruppen gegliedert und zwar:

1. G r u p p e „Lavamünd" mit 4 Bataillonen (3 vom Marburger und 1 vom Triester Infanterieregiment), 4 Batterien mit 14 Geschützen und eine Abteilung Kavallerie. Kommandant General M a j s t e r. Angriffsrichtung aus der Linie St. Leonhard in der Soboth — St. Urban — Trofin auf Unterdrauburg — St. Paul.

2. G r u p p e „Kärnten" mit 6½ Bataillonen (3 vom slowenischen Alpenregiment, 1½ vom Laibacher und 2 vom Cillier Infanterieregiment), 80 Mann der Cillier Freiwilligen-Legion, 7 Batterien mit 26 Geschützen und einer Schwadron des 1. Kavallerieregimentes. Kommandant Generalstabsoberst Ljubomir M a r i ć. Angriffsrichtung aus der Linie St. Peter (südöstlich Unterdrauburg) — St. Agnes — St. Rochus — Plešučnik (südlich Ursulaberg) — Tolsti Vrh — Kameni Vrh — Travnik — Sulzbach auf Gutenstein — Schwarzenbach und im weiteren Verlauf auf Bleiburg — Völkermarkt — Zollfeld.

3. G r u p p e „Seeland" mit 7 Bataillonen (2 Baone des 1. Infanterieregimentes, 2 des 7. und 3 des 8. Infanterieregimentes), 1 Schwadron serbischer Kavallerie, 1 Schwadron des Draukavallerie-Regimentes und 8 Batterien mit 31 Geschützen. Kommandant: Oberst Dobroslav M i l e n k o v i ć. Angriffsrichtung aus der Linie St. Leonhard — Bad Vellach auf Eisenkappel und Klagenfurt.

4. G r u p p e „Loibl" mit einem Bataillon des Laibacher Infanterieregimentes und 1 Abteilung Freiwilliger unter Kapitän K r e n n (220 Gewehre), 2 Batterien und 1 Zug Gebirgsgeschütze. Kommandant Artillerie-Oberstleutnant Sava T r i p k o v i ć. Angriffsrichtung vom Loibl auf Ferlach — Klagenfurt, anderseits auf Zell — Winkl — Waidisch — Klagenfurt.

5. G r u p p e „Aßling" mit 2 Kompanien des 1. Baons und der MG.-Abt. des 26. Infanterieregimentes, Freiwilligen und 1 Zug Gebirgsartillerie, etwa 187 Gewehre, 15 Maschinengewehre und 2 Geschütze, blieb in der Verteidigungsstellung bei Rosenbach und machte Erkundungsvorstöße, um den Feind an sich zu ziehen.

Als Divisionsreserve stand ein Bataillon des 1. Infanterieregimentes und ein Halbbataillon des 26. Regimentes in Windischgraz zur Verfügung, zusammen 2½ Bataillone und 2 MG.-Abteilungen. Brückentrains waren in Cilli vorbereitet.

Das steirische Grenzkommando in Marburg übernahm Obstlt. Uzorinac. Er hatte mit seinem 36. Infanterie-Regiment, einer Schwadron Kavallerie und zwei Batterien den Schutz an der Mur von Spielfeld bis Radkersburg zu besorgen.

Die Gruppe 1, 2 und 4 bestand aus slowenischen, die Gruppe 3, die stärkste und beste, zumeist aus serbischen Truppen.

Die Gesamtstärke der jugoslawischen Angriffstruppen betrug nach Knaus (Kärntner Freiheitskampf, 2. Teil, S. 44) 10170 Gewehre, 322 Maschinengewehre, 79 Geschütze, 3¼ Eskadrons, die der Reserve etwas 1500 Mann Infanterie und 66 Maschinengewehre.

---

[121]) Darnach Andrejka, Razvoj vojaštva in vojaški dogodki od prevrata do danes. In: Slovenci v desetletju 1918—1928, S. 269 ff.

2. Der Endkampf

Vom 20. Mai an verdichteten sich die täglich einlaufenden Meldungen von Angriffen, die am nächsten Tag stattfinden sollten, in Wirklichkeit aber aus-

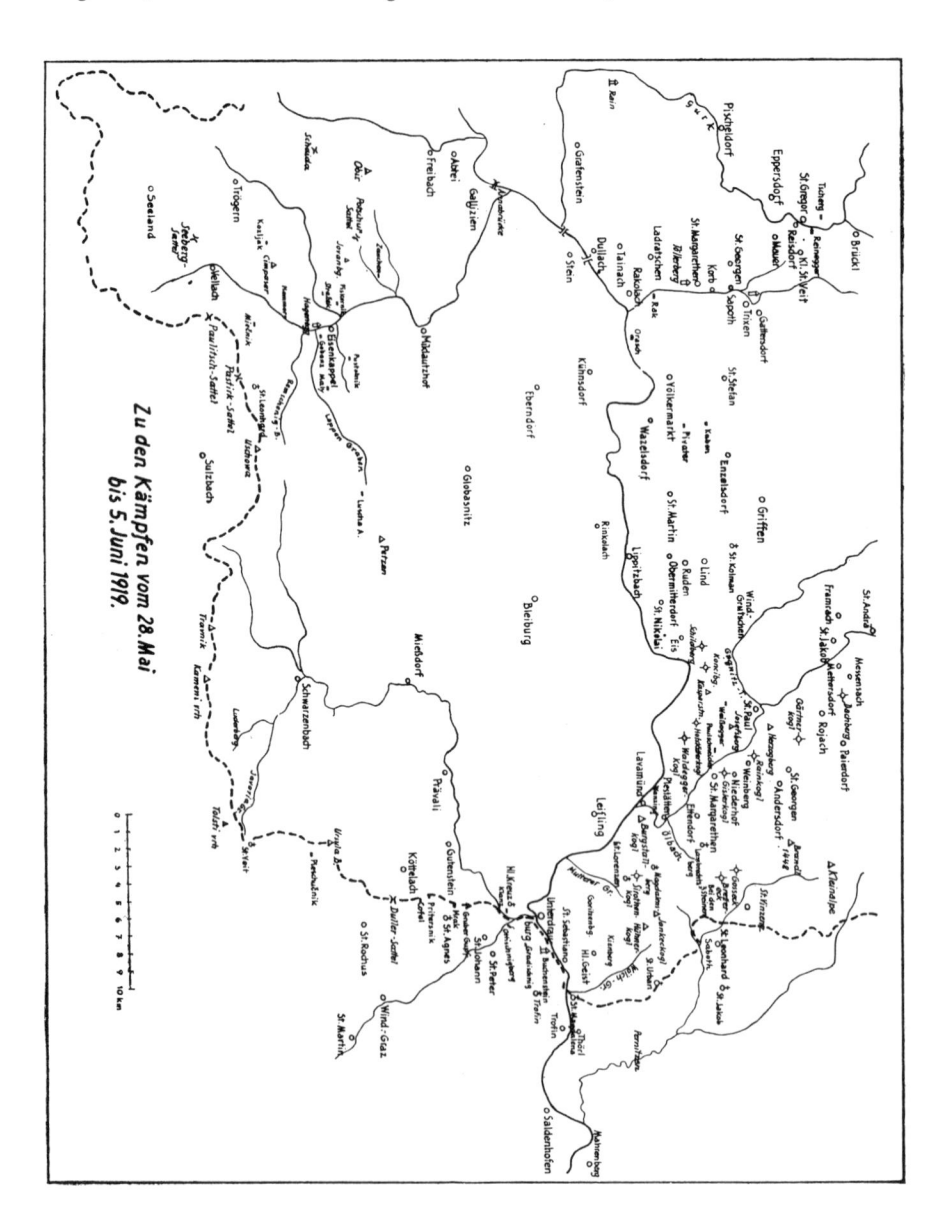

Zu den Kämpfen vom 28. Mai bis 5. Juni 1919.

blieben oder sich als bloße Patrouillen-Unternehmungen und Demonstrationen an der südöstlichen Landesgrenze herausstellten. Diese immerwährenden

Alarmnachrichten wirkten auf die Kärntner Truppen äußerst ermüdend, da sie Ablösungen verhinderten.

Am 28. Mai, 4 Uhr früh, setzte der allgemeine Angriff der Jugoslawen auf den Raum Eisenkappel-Unterdrauburg ein. Der leitende Gedanke des Angriffes war nach Marić, mit der stärksten Gruppe, der Gruppe Seeland, über den Seeberg und Eisenkappel soweit als möglich vorzustoßen, dadurch die Verbindung zwischen dem Mießtal und Klagenfurt zu unterbrechen und die Kärntner Front an der südöstlichen Landesgrenze aufzurollen. Um diesen Angriff zu erleichtern, sollte die Gruppe Marić die Reserven des Gegners durch Demonstrationen an sich ziehen und dann, falls die Brücken in Ordnung und daher ein Überschreiten der Drau möglich sein sollte, den Brückenkopf Völkermarkt besetzen, um das Vorgehen der Gruppe Seeland über die Drau gegen Klagenfurt und des Generals Majster von Unterdrauburg gegen St. Paul zu sichern. Falls die Draubrücken westlich Lippitzbach zerstört sein sollten, hatte die Gruppe Marić im Verein mit General Majster den Raum Lavamünd — St. Paul zu säubern und dann beiderseits der Drau auf Völkermarkt vorzugehen, um der Seeland-Gruppe den Drauübergang zu erleichtern. Infolge ihrer fast zehnfachen Übermacht und namentlich der starken Überlegenheit ihrer Artillerie gelang es den Jugoslawen, diesen Plan durchzuführen.

Auf seiten der Kärntner zog sich im A b s c h n i t t e E i s e n k a p p e l die Front Major Perkos (erste Villacher Marschkompanie, MG.-Kompanie Lt. Jankowich und die zweite Kompanie des VWB. 1 unter Oberleutnant Sorko) knapp südlich von Eisenkappel von Lansitsch und Strožek am Nordhang des Ebriacher Grabens im Westen bis zum Maly im Leppengraben im Osten. Das Vellachtal war südlich von Eisenkappel durch eine Feldwache der ersten Kompanie des VWB. 1 beim Hammer, der Übergang über die Luscha-Alpe (westlich Petzen) durch die eben erst aufgestellte Eberndorfer Heimwehr unter dem Kommando des Feldwebels Tischlermeister Urban Hobel gesperrt[122]). Der Rest der ersten Kompanie unter Hauptmann Gerstmann, die 3. Kompanie des VWB. 1 unter Hauptmann Reinl und die Eisenkappler Heimwehr wurden in Eisenkappel als Reserve zurückgehalten. Die Artillerie war auf den Höhen westlich Eisenkappel aufgestellt. Alles in allem standen hier auf Kärntner Seite gegen 400 Gewehre, 25 Maschinengewehre und 6 Geschütze[123]) gegen 7 ser-

---

[122]) Gefechtsbericht Major Perkos, Lbh. 6 a/d. Darnach Perko, Gebirgsschützen im Abwehrkampf, S. 22f. Gefechtsbericht der Marschkompanie Villach, Lbh. 6 a/e. — Die Verteidigung des Luscha-Überganges. Kärntner Tagblatt, Festnummer vom 10. Okt. 1930, S. 52. — K. Petz, Die Alarmkomp. Villach. In: Festschrift z. 10. Jahrestag der Kärntner Volksabstimmung. Herausgegeben von Dr. K. Gatternig (1930), S. 42. — F. Trattnig, Die Klagenfurter Studentenkompanie. In: Perkonigs „Kampf um Kärnten", S. 145. — G. Moro, 72. Jahresbericht des Gym. u. Realgym. Klagenfurt 1920/30, S. 24.

[123]) So nach Perko. Nach Hülgerth, Beilage 11 der ersten Auflage, 250 Gewehre, 16 Maschinengewehre, 6 Geschütze, offenbar ohne die Alarmabteilungen.

bische Bataillone und 8 Batterien der Gruppe Milenković (4200 Gewehre, 140 Maschinengewehre und 31 Geschütze).

Die große Überlegenheit, namentlich in der Artillerie, gestattete Oberst Milenković, seinen im engen Raum um Eisenkappel zusammengedrängten Gegner zu umfassen und an beiden Flügeln und in der Mitte anzugreifen. Die westliche Flanke im Ebriachgraben wurde durch einen von Trögern her geführten feindlichen Vorstoß bedroht. Wohl wurden zwei Angriffe gegen den von der MG.-Abteilung Jankowich verteidigten Höhenzug westlich Hagenegg abgewiesen, aber der von der Villacher Marschkompanie gehaltene Westflügel beim Lansitsch wurde schon gegen 10 Uhr vormittags vollkommen eingedrückt. Panikartig wich diese Kompanie über Eisenkappel nach Rechberg zurück. Eine serbische Kolonne ging vom Ebriachgraben über den Potschula-Sattel (nordwestlich Eisenkappel) vor und bedrohte Eisenkappel im Rücken. Ein Teil der Kärntner Artillerie wurde durch das überlegene Feuer der feindlichen Artillerie niedergekämpft und konnte trotz mehrerer heldenmütiger Versuche nicht mehr in Stellung gebracht werden. Zugleich holte eine serbische Kolonne unter Obstlt. Naumović von St. Leonhard her zu einer Umfassung östlich von Eisenkappel aus. Dadurch wurde die Stellung in und um Eisenkappel schon um die Mittagszeit unhaltbar und mußten die Kärntner um 12.30 Uhr den Rückzug längs der Straße unter ständiger Beschießung der serbischen Artillerie in die Linie Rechberg antreten. Doch war es nicht mehr möglich, die neue Stellung zu halten, da der Feind bereits weit über den Potschula-Sattel vorgedrungen war und die auf der Luscha stehende, nur 38 Mann starke Eberndorfer Heimwehr von zwei serbischen Kompanien umfaßt und nach schwerer Verwundung ihres Kommandanten zurückgeworfen wurde.

Da auch Schwarzenbach schon um 11.30 Uhr aufgegeben war und die Jugoslawen bereits um 1 Uhr nachmittags den Brückenkopf Unterdrauburg, um 2.55 Uhr auch Tscherberg im Drautal besetzt hatten, so daß die Gruppe Polaczek isoliert war, so gab der Landesbefehlshaber um 3 Uhr nachmittags den Befehl zum allgemeinen Rückzug über die Drau und den Freibach. Die 1. und 2. Kompanie des VWB. 1 zog sich daher im Laufe des Nachmittags und des Abends über Abtei und den Freibach zurück und überschritt am 29. bei Glainach die Drau, während die 3. Kompanie den Auftrag erhielt, die Annabrücke zu halten und hier die vom Loibl hierher versetzte, jetzt aus 200 Schülern aller Klagenfurter mittleren Schulen bestehende Studentenkompanie unter dem Kommando des Oblt. Ptatschek abzulösen. Der Rückzug der drei Kompanien des VWBaons 1 vollzog sich trotz der großen Strapazen in vollster Ordnung, Disziplin und Kampfbereitschaft. Doch kam es nördlich der Drau zu keinen weiteren Kämpfen, da das Klagenfurter Becken von den Kärntner Truppen ab 4. Juni geräumt wurde.

Die Gruppe Milenković schob sich bis 1. Juni bis zur Annabrücke, zur Steiner und zur Dullacher Brücke vor, die damals von der Villacher Alarmkompanie unter Hauptmann Petz und der Klagenfurter Studentenkompanie besetzt waren. Da überdies alle Draubrücken auf Befehl des Landesbefehlshabers gesprengt wurden, so kam der Vormarsch der Jugoslawen an der Drau auf einige Tage zum Stillstand. Die Jugoslawen beschränkten sich daher zunächst auf eine heftige Beschießung der Steiner und Dullacher Brücke und des dahinter gelegenen Raumes, der u. a. eine ganze vierköpfige Bauernfamilie zum Opfer fiel. Alle ihre Versuche, den Übergang über die Steiner Draubrücke zu erzwingen, mißlangen, obwohl deren Sprengung infolge der feindlichen Artilleriebeschießung erst am 31. Mai und auch da nur mit schwachem Erfolg gelang.

Wie im Abschnitt Eisenkappel, so waren die Jugoslawen auch im A b -schnitt Schwarzenbach — Köttelach — Gutenstein den Kärntnern um ein Vielfaches überlegen: 6½ Bataillone, 7 Batterien und eine Schwadron der Gruppe Marić (3250 Gewehre, 96 Maschinengewehre, 261 Geschütze) standen gegen 740 Gewehre, 69 Mschinengewehre und 161 Geschütze auf Seiten der Kärntner.

Im Unterabschnitt Schwarzenbach gelang es den Jugoslawen, über den Sattel von St. Veit und über den Luderberg in den Javoriagraben einzudringen und die Höhen um Schwarzenbach zu besetzen. Infolge ihrer Überzahl mußte das VWBaon 3 Schwarzenbach um 11.30 Uhr nach einem für beide Teile blutigen Gefecht aufgeben und sich auf die Höhen nördlich Mießdorf zurückziehen[124].

In den Unterabschnitten Gutenstein — Köttelach standen unmittelbar an der Landesgrenze im Raume Grubergupf bis einschließlich Pritersnik das VWBaon St. Veit Nr. 8 unter Major Michner, südlich davon am Dullersattel die Komp. 1 des VWBaons 2 unter Oblt. Rauter, hinter ihnen in Köttelach das VWBaon der Achterjäger unter Oblt. Hubert Klausner und in Prävali-Gutenstein die 2. Komp. des VWBaons 2 unter Lt. Klinge-Praschek, die MG.-Abt. unter Oblt. Maier-Kaibitsch und die Heimwehrkompanien Hörzendorf, Gurktal und Görtschitztal unter Major Premitzer. Die HWKomp. Althofen wurde gerade abgelöst und abtransportiert. Die Kärntner Truppen reichten nicht hin, um eine geschlossene Verteidigungslinie herzustellen.

Am frühen Morgen des 28. wurde der Grubergupf von den Jugoslawen überfallen und genommen[125]. Trotz aller Tapferkeit der hier eingesetzten VWKompanien, die 5 Tote, 7 Verwundete und einige Gefangene einbüßten,

---

[124] Gefechtsbericht VWBaon 3 (Hauptmann Treu), Lbh. 6 a/h. — Franzel, Im Kampf um Schwarzenbach. Kärntner Tagblatt, Festnummer vom 10. Oktober 1930, S. 50.
[125] Erinnerungen und Tagebuch Michner, Lbh. 4; Tagebuch Premitzer mit Gefechtsberichten der HWKomp. St. Veit (Rittmeister Korpitsch), der HWKomp. Gurktal (Trainacher), Lbh. 6 a/t.

mißlangen alle Versuche, ihn von Westen her zurückzuerobern. Dagegen gelang es weiter südlich der rasch eingesetzten 2. Kompanie des VWBaons 2 unter Lt. Klinge-Praschek, den Sattel von Mrak zu erreichen und im Verein mit der 2. Kompanie des VWBaons 8 unter Oblt. Grass die alten, schon verlorenen Stellungen wiederzugewinnen. Doch brach der Gegner in den ersten Nachmittagsstunden an der Grenze der beiden Abschnitte im Raume Pritersnik — Cofel durch. Reserven standen keine mehr zur Verfügung, um ihm entgegenzutreten.

Um dieselbe Zeit war auch Schwarzenbach und der Brückenkopf Unterdrauburg schon in den Händen der Jugoslawen und der Anschluß mit Unterdrauburg unterbrochen. Infolgedessen war der Rückzug an der ganzen Front längs der Landesgrenze von der Mieß bis zum Ursulaberg um 4 Uhr nachmittags unvermeidlich geworden. In Prävali traf die zurückweichenden Truppen der Befehl des Landesbefehlshabers, über die Drau zu gehen.

Entsprechend den Anordnungen des Gruppenkommandos zog sich Mj. Michner mit dem VWBaon 8 bis Lippitzbach an das Nordufer der Drau in den Raum von Eis bis zur Teufelsbrücke, die Gruppe Premitzer über die Völkermarkter Brücke in den Raum Teufelsbrücke — Rinkolach zurück. Die VWBaone 2 und 3 bezogen die Abschnitte, die sie vor dem Vormarsch am 5. Mai besetzt gehabt hatten. Der Panzerzug sicherte den Rückzug und nahm die letzten der Kärntner Truppen auf.

Die Gruppe Marić rückte langsam bis an die Drau nach, die sich auch für sie als vorläufig unüberwindbares Hindernis erwies.

Obwohl sich bereits bedenkliche Zersetzungserscheinungen zeigten und manche Formationen der Volkswehr und Heimwehr abbröckelten, so bildete sich doch trotz des beständigen Feuers der feindlichen Artillerie nördlich der Drau eine neue Kärntner Front mit den Abschnitten Grafenstein, Tainach — Völkermarkter Reichsstraße, Völkermarkt und Ruden. Es standen:

im Abschnitt G r a f e n s t e i n (Hptm. Treu) die 1. Komp. des VWBaons 1, das VWBaon 3 und die Villacher Alarmkompanie Petz; die Studentenkompanie war mit Ausnahme eines Zuges bei der Annabrücke abgelöst worden;

im Abschnitt T a i n a c h — Völkermarkter Reichsstraße (Hptm. Banfield): das VWBaon 2;

im Abschnitt V ö l k e r m a r k t (Mj. Premitzer): 1 Zug Görtschitztaler Heimwehr; ab 31. Mai die Heimwehrkompanie Trixen bei Rakolach; 1 Zug Hörzendorfer Heimwehr, ab 31. Mai Heimwehrkompanie Treibach beim Orasch; die Heimwehrkompanie Völkermarkt, ab 31. Mai Heimwehrkompanie Klagenfurt Land an der Draubrücke; 1 Zug der Gurktaler Heimwehr bei der Teufelsbrücke;

— A. Maier-Kaibitsch, Die Kämpfe des VWBaons 2 im Mai 1919. Kärntner Tagblatt, Festnummer vom 10. Oktober 1930, S. 52. — Th. Rauter, Der letzte Sieg der Siebener. In „Kampf um Kärnten", S. 156.

im Abschnitt R u d e n (Mj. Michner): die Studentenkompanie Gstättner bei Dullach, die Spittaler Marschkompanie in Lippitzbach, die Heimwehrkompanie Haimburg bei Eis, das VWBaon 8 St. Veit als Reserve bei Ruden. Am 30. Mai wurde die 3. Kompanie des VWBaons (Oblt. Kastellitz) in den Unterabschnitt Lippitzbach, die 2. (Oblt. Grass) in den Unterabschnitt Dullach versetzt. Die heimatlos gewordenen Wehrmänner der HWKompanien Gutenstein und Bleiburg wurden, falls sie zur VW. wollten, in die Kompanien 4 und 2 der VW. 8 eingeteilt, sonst wie die Eiser und Rudner Alarmleute bei der HWKompanie Haimburg (Oblt. Schmid).

Nach dem Durchbruch der Jugoslawen oberhalb Lavamünd wurden bei St. Nikolai, beim Riepl am Eisner Sattel und auf der Windischen Grutschen stärkere Feldwachen zur Sicherung gegen Osten aufgestellt.

Schon am 31. Mai nachmittags erschienen starke feindliche Patrouillen bei St. Nikolai und in der Waldzone am Drauufer, wurden aber vertrieben.

Am 1. Juni trafen ein Zug Völkermarkter Heimwehr und die Heimwehrkompanie Griffen ein und lösten die 4. Kompanie VW. 8 am Eisersattel ab. Am gleichen Tage kam vom Unterbefehlshaber Lavanttal die Meldung, daß bedeutende Verstärkungen eingetroffen seien und reger Kampfgeist herrsche. Die Lage im Lavanttal schien sich also gebessert zu haben. Leider war die Hoffnung vergeblich.

Am längsten dauerten die Kämpfe im A b s c h n i t t U n t e r d r a u b u r g - L a v a n t t a l (Ubh. ab 24. Mai Oberstlt. A. Fürnschlief)[126]. Die Front ging hier zu Beginn des Kampfes von Meschnik (südlich Unterdrauburg) über die Haltestelle Ottischnigberg und den Gradischnik zum Schloß Buchenstein am Südufer der Drau, nördlich der Drau von St. Sebastian über den Hühnerkogel zum Brettereck. Von Meschnik bis Buchenstein standen die Heimwehren von Granitztal und St. Andrä, je ein Zug der Volkswehren von Rojach und Unterdrauburg und eine Kompanie der Wolfsberger Volkswehr; nördlich der Drau die Soldatenwache in St. Sebastian, die Volkswehr Lavamünd und eine Maschinengewehrabteilung unter Feldwebel Streicher in Hl. Geist, die 1. Lavanttaler Marschkompanie am Hühnerkogel, je ein Zug der Volkswehr St. Paul und der Heimwehr St. Georgen am Brettereck, im ganzen 400 Gewehre, 24 Maschinengewehre und 12 Geschütze gegen vier wohlausgerüstete Baone (2000 Gewehre und 64 MG.), eine Schwadron Reiter und 14 Geschütze General Majsters und einen Teil der Gruppe Marić. Dazu war auf seiten der Kärntner die Ausrüstung, Bekleidung und Verpflegung sehr mangelhaft. Es fehlte an ständiger Artilleriebespannung, so daß die Geschütze durch requirierte Pferde, oft auch durch die

---

[126] A. Fürnschlief, Gefechtsbericht, Lbh. 6 a/k. — Gefechtsbericht der Soldatenwache (Lt. Pirkenau), Lbh. 6 a/m. — Fürnschlief, Der Kärntner Freiheitskampf im Lavanttal, a. a. O., S. 23 f. — Marić, a. a. O. — Grisold, a. a. O. — Vgl. die Skizze S. 258.

Mannschaft gezogen werden mußten, an Tragtieren für Maschinengewehre und dergl., an Material für Telephonleitungen. Daß auch die Disziplin viel zu wünschen übrig ließ, war begreiflich, da ja die meisten Kämpfer freiwillig zum Kampf angetreten waren und irgendeine gesetzliche Verpflichtung oder gar ein Zwang zu kämpfen nicht bestand. Die meisten HW.-Männer waren Bauern, die an ihren Hof und an die dort notwendige Arbeit dachten. Viele von ihnen verlangten daher nach kurzer Zeit Ablösung, manche verließen auch eigenmächtig ihre Stellungen. Daher konnten auch keine Reserven gebildet werden und mußten Verstärkungen jedesmal erst durch Alarmierung der Gemeinden aufgebracht werden. Überdies war die ganze Front sehr nervös geworden. Durch eine Abhorchstelle beim Bahnhof Unterdrauburg wurden nämlich fast täglich feindliche Angriffsbefehle aufgefangen, die nur zur Täuschung aufgegeben waren und Angriffe für 2—4 Uhr nachts anordneten, was die Mannschaft immer wieder beunruhigte. Schließlich war die Lage in diesem Abschnitt auch strategisch ungünstig, da die Jugoslawen die Anfang Mai mit Hilfe der Kärntner befreite Gemeinde Soboth wieder besetzt hatten und daher die linke Flanke nicht geschützt war. Infolgedessen konnten die Jugoslawen ihren Vormarsch von St. Leonhard in der Soboth und von St. Urban aus gegen die Kärntner Stellungen am Hühnerkogel schon am 27. Mai antreten.

Unter solchen Verhältnissen war es nicht verwunderlich, daß es den Jugoslawen auch in diesem Abschnitte wiederholt gelang, die Kärntner durch ihre stärkeren Streitkräfte zu umfassen und zurückzudrängen. Schon am 28. mußte die Marschkompanie am Hühnerkogel, nachdem sie den ersten Angriff abgewehrt hatte, infolge starker Artilleriebeschießung vor den von der Soboth her anrückenden Jugoslawen talwärts zurückweichen. Damit drohte der Lavamünder Volkswehr und der Maschinengewehrabteilung in der Gegend Kienberg-Heiligengeist, nachdem sie drei Stunden lang tapfer gegen den frontal vorgehenden Gegner gekämpft hatten, die Umfassung, so daß auch sie zurückgehen mußten. Ebenso mußte auch die Klagenfurter Soldatenwache nach 3½-stündigem, heldenmütigem Kampf eilig von St. Sebastian zurück, ohne ihren schwerverwundeten Kommandanten Lt. Pirkenau, der trotz seiner Verwundung das Kommando weitergeführt hatte, mitnehmen zu können. Südlich der Drau war die bei Buchenstein stehende Wolfsberger Volkswehr genötigt, infolge der Beschießung durch die feindliche Artillerie von den Höhen nördlich und südlich der Drau gegen Unterdrauburg zurückzuweichen. Infolgedessen mußte der ganze südliche Flügel zurück.

Da somit die ganze Front ins Wanken geraten war, ordnete der Unterbefehlshaber gegen Mittag den Rückzug auf die Linie Lavamünd — Burgstallkogel — Magdalensberg — Brettereck an, die durch Alarmmannschaften aus Legerbuch, Neuhaus und Lavamünd sowie durch neueingetroffene Abteilungen, den Heimwehrzug St. Paul und die Volkswehrzüge Ettendorf und St. Georgen besetzt wurde. Die neuen Stellungen waren von vornherein auf ihrer linken Flanke bedroht, da der Hühnerkogel und der Jankeckogel im Besitz der Jugoslawen war. Ein Versuch der St. Georgener, den Jankeckogel zu nehmen, mißlang.

Die Jugoslawen rückten am gleichen Tag bis zum Multerergraben und zur Höhe „bei den drei Steinen" (1391 m) vor und besetzten am 29. Mai von oben herkommend, den Magdalensberg (989 m), bevor dieser noch durch die zur Verstärkung abgeschickten, ermüdeten Kärntner Heimwehren erklommen war. Infolge dieses Durchbruchs der Jugoslawen mußten die Kärntner abermals zurück, Lavamünd preisgeben und am Vormittag des 29. eine dritte Stellung am Westufer der Lavant bei Wanzing — Plestätten und am Nordufer des Ölbaches (nördlich Lavamünd) beziehen. Auch hier wurde die Lage infolge des schweren Maschinengewehr- und Artilleriefeuers aus der Front und vom südlichen Drauufer her bald sehr schwierig. Die Stimmung der Mannschaft war bereits gedrückt, die Verbindung der einzelnen Abteilungen untereinander infolge des Mangels an Telephondraht sehr mangelhaft, die Artilleriemunition teilweise ausgegangen. Als nun gar fälschlich gemeldet wurde, daß die Jugoslawen bei Plestätten durchgebrochen seien, gingen einzelne Teile der Infanterie und die Artillerie weiter zurück, wurden jedoch wieder gesammelt und in eine neue Stellung gebracht.

Am 30. Mai wiesen die Granitztaler einen jugoslawischen Vorstoß über die Eisenbahnbrücke bei Plestätten ab. Da jedoch die an die Eisenbahndrähte angeschlossenen Feldtelephonleitungen nicht sorgsam genug abgeschnitten worden waren, gelang es den Jugoslawen, die Gespräche der Kärntner Kommandanten abzuhorchen. So fingen sie u. a. auch die Meldung des Kommandanten der Artilleriegruppe in Unterbergen auf, daß er keine Munition mehr besitze. Daher rückten jugoslawische Abteilungen, unterstützt durch Artillerie- und Maschinengewehrfeuer vom Südufer der Drau, gegen den rechten Flügel der Kärntner auf der Wanzing vor, drängten ihn trotz tapferen Widerstandes bis auf die Höhen südlich und südöstlich von St. Paul zurück und erzwangen dadurch auch den Rückzug der Kärntner bei Plestätten. Auf dem Brettereck und am Lambrechtsberg behaupteten die St. Georgener, St. Pauler und Ettendorfer ihre Stellungen trotz mehrfacher feindlicher Vorstöße und trotz des feindlichen Artilleriefeuers. Als sie aber von den Bergen herunter den Rückzug des rechten Flügels bei Wanzing — Plestätten sahen, verließen auch sie ihre Stellungen, da sie um ihre im Tale gelegenen Besitzungen besorgt waren.

In dieser kritischen Lage eilten vom mittleren Lavanttal, insbesondere von Wolfsberg und Umgebung, zahlreiche Freiwillige: Bürger, Bauern und namentlich auch Arbeiter, einzeln und in Gruppen, manche weit von den Bergen herabkommend, zu Fuß, zu Wagen und mit der Bahn zu Hilfe. So ergreifend dieses Bild auch war, so kamen diese Verstärkungen doch zu spät. Noch am 30. bezogen die neuformierte Heimwehrkompanie Wolfsberg unter dem Kommando des Hauptmannes Urbani, die kleinen Heimwehren von Granitztal, Reißberg, Legerbuch und Unterdrauburg, Alarmmannschaften aus St. Paul und St. Andrä und der Rest der Soldatenwache eine neue Stellung, die am linken Ufer der Lavant bei St. Margarethen begann und sich von da über den Josefsberg (südöstlich St. Paul), den Kasparstein und den Konciberg bis zum Schildberg hinzog. Neueingetroffene Wehrmänner aus Wolfsberg, St. Margarethen bei Wolfsberg und Eitweg, im ganzen 120 Mann unter dem Kommando des Leutnants d. R. Reinhold Lackenbucher, besetzten unter persönlicher Führung des Adjutanten des Unterbefehlshabers, H. Mikl, der damals wegen der Waffenschiebung nach Radkersburg von der unter sozialdemokratischem Druck stehenden steirischen Landesregierung steckbrieflich verfolgt wurde und als Oblt. Leid in Kärntner Dienste getreten war, die Linie Andersdorf-Brandl (1448 m). Zugleich bezog auch das Wolfsberger Arbeiterhilfskorps unter Hauptmann Hans Lackenbucher am Brandl Stellung. Die Heimwehrkompanie St. Paul schloß die Lücke zwischen Weinberg und Andersdorf. So war am 31. eine neue Front hergestellt.

An diesem und am folgenden Tag standen die Stellungen der Kärntner unter starkem Artilleriefeuer. Einzelne Vorstöße der Jugoslawen gegen St. Margarethen und am Koralpenhange wurden abgewiesen.

Am 1. Juni trafen abermals Verstärkungen ein: die Heimwehrkompanie St. Gertraud (150 Mann aus Kamp, Theissenegg, Gösel und Wölch), Arbeiterabteilungen aus St. Stefan und Frantschach, schließlich 27 wackere Studenten der Forstlehranstalt in Bruck a. M. unter Führung des stud. for. Oblt. R. König. Dagegen verließen die St. Georgener, Ettendorfer und Rojacher infolge eines Gemeinderatsbeschlusses auf ein vereinbartes Raketensignal mit der Begründung ihre Stellung bei Niederhof, daß weitere Kämpfe aussichtslos seien und ihre Ortschaften von den Jugoslawen in Brand geschossen würden. Wenn auch ein Teil von ihnen von Offizieren bewogen wurde, wieder in Stellung zu gehen, so zeigte dieser Vorfall doch, wie sehr die Kampfesfreude und die Zuversicht da und dort schon gesunken war.

Am Nachmittag stießen die Jugoslawen mit Übermacht und umfassend gegen das Brandl vor und zwangen die dort stehende Heimwehrkompanie R. Lackenbucher, zu der auch Bauern aus Steinberg und Rieding gestoßen waren, zum Weichen. Infolgedessen drohte die Gefahr, daß die ganze Stellung im Tale vom Brandl her aufgerollt wird. Der Unterbefehlshaber entschloß sich daher, den schon eingedrückten linken Flügel auf die Linie Herzogberg — Pfaffendorf — Gärtnerkogel — Rojach zurückzunehmen, den rechten, vom Josefsberg über Kasparstein zum Schildberg laufenden Flügel aber zu halten.

Am selben Tage wurde auf seiten der Jugoslawen auf Befehl General Smiljanić die im Angriffsplan vorgesehene U m g r u p p i e r u n g vorgenommen, da sich die Drau nach Zerstörung der Brücken durch die Kärntner für die Jugoslawen tatsächlich als ein Hindernis erwiesen hatte, das nicht so schnell überwunden werden konnte. Viereinhalb Baone Infanterie (1½ Baon vom Laibacher, 2 Baone vom Cillier und 1 Baon vom slowenischen Gebirgs-Regiment) und 3½ Batterien der Gruppe Marić wurden mit der Bahn von Mittlern und Bleiburg nach Unterdrauburg und von hier in den Raum um Lavamünd zum Angriff auf die rechte Flanke der Kärntner bei St. Paul gebracht. Fünf Infanterie- und zwei Maschinengewehr-Kompanien und eine serbische Feldbatterie blieben unter dem Kommando des Obersten Raktelj am rechten Ufer der Drau zwischen Draurain gegenüber Lippitzbach und der Teufelsbrücke und wurden so, wie die Artillerie bei Kühnsdorf, dem Kommandanten der Seeberggruppe Milenković unterstellt. Eine Abteilung unter Oberstleutnant Todorović (zwei Kompanien des slowenischen Gebirgs-Regimentes und ein Zug Gebirgsartillerie) blieb vorläufig in der Gegend südlich von Unterdrauburg. Eine Batterie schwerer Haubitzen wurde für die Beschießung der Wegkreuzungen bei Lind am Fuße der Grutschen und bei Obermitterdorf, südlich Ruden, angefordert.

General Smiljanić selbst begab sich am 1. Juni von Eberndorf nach Lavamünd, um das Kommando über die dort versammelten Truppen zu übernehmen, und gab noch am selben Abend den Befehl zum Angriff gegen St. Paul. Darnach sollte zunächst St. Paul genommen werden. Nach der Einnahme von St. Paul hatte die Gruppe Majster gegen St. Andrä und Wolfsberg aufzuklären und zu sichern und eine Abteilung in die Richtung gegen Schönweg zu entsenden, um die Verbindung zwischen St. Andrä und Griffen zu unterbrechen und die rechte Flanke und den Rücken der Gruppe Marić zu sichern. Die Gruppe Marić hatte über die Windische Grutschen, Lind und St. Martin gegen Völkermarkt vorzugehen und die Fortsetzung des Angriffes über Völkermarkt hinaus im Zusammenwirken mit der Gruppe Milenković vorzubereiten. Die Gruppe Majster hatte östlich, die Gruppe Marić westlich der Lavant vorzugehen. Die Abteilung des Oberstleutnants Todorović sollte am Südufer der Drau vorrücken und bei Lippitzbach den Fluß überschreiten. Der rechte Flügel der Gruppe Milenković hatte während des Vorgehens der Gruppe Marić gegen Völkermarkt den Übergang über die Drau bei Völkermarkt vorzubereiten, um die dortigen feindlichen Kräfte zu binden. Die bei Kühnsdorf stehende Artillerie sollte die Gruppe Marić durch Flankenfeuer gegen Völkermarkt unterstützen. Nach der Einnahme von Völkermarkt sollte die Gruppe Milenković auf der Annabrücke, den beiden Steiner Brücken und der Völkermarkter Brücke, die man offenbar wiederherzustellen gedachte, über die Drau gehen. Ein Sappeur-Halbbataillon erhielt den Befehl, den Bau einer Brücke bei Lippitzbach vorzubereiten. Der Loiblabschnitt sollte durch demonstratives Feuer und durch den Übergang von Patrouillen über die Drau den Vormarsch der Gruppe Milenković unterstützen.

Infolge des Einsatzes der Gruppe Marić im Lavanttale war die Überlegenheit der Jugoslawen gegenüber den Kärntnern noch viel größer, der Kampf der Kärntner daher vollkommen aussichtslos geworden.

Der Angriff der Jugoslawen am 2. Juni begann um 3 Uhr früh, noch bevor der am 1. Juni beschlossene Rückzug der Kärntner durchgeführt war, mit einem heftigen Artilleriefeuer. Dann setzte der allgemeine Angriff der Infanterie gegen den linken Flügel der Kärntner bei St. Georgen—Niederhof ein. Um 9 Uhr waren die Stellungen der Kärntner bei Niederhof von den Jugoslawen genommen. St. Georgen und Andersdorf wurden von Abteilungen, die vom Brandl herunterkamen, mit Maschinengewehren beschossen. Eine Umfassungsgruppe war im Anmarsch auf Rojach. Auch der Weinberg wurde von den Jugoslawen genommen, von dort aus wurde der Josefsberg beschossen. Der rechte Flügel der Kärntner mußte der gewaltigen Übermacht der Gruppe Marić weichen und insbesondere die Hauptstellung am Josefsberg aufgeben. Um 11.30 Uhr vormittags sah sich der Unterbefehlshaber genötigt, den Befehl zum allgemeinen Rückzug nach St. Andrä zu geben. St. Paul mußte den Jugoslawen preisgegeben werden. Die Loslösung vom Gegner erfolgte nicht ohne Verluste an Toten und Verwundeten. Der Rückzug ging bald in ein Zurückfluten über, das erst in Wolfsberg und St. Leonhard zum Stillstand kam. Die Front im Lavanttal war zusammengebrochen und hatte sich aufgelöst.

Die Widerstandskraft der tapferen Lavanttaler, die einen weit überlegenen Feind trotz aller Unzukömmlichkeiten bei manchen Formationen unter ständigen Kämpfen fast sechs Tage lang aufgehalten hatten, war gebrochen. Die aus dem unteren, nunmehr von den Jugoslawen besetzten Teile des Lavanttales stammenden Wehrmänner fürchteten für ihr Heim und waren in verzweifelter Stimmung. Auch die Leute des mittleren und oberen Tales gaben die Hoffnung auf einen erfolgreichen Widerstand auf. Sie alle hatten, solange sie noch einen kleinen Schimmer von Aussicht auf Erfolg sahen, ihren heimatlichen Boden verteidigt und Heldenmut bewiesen.

Die Gruppe Majster rückte nun bis in die Linie Kleinalpe—Paiersdorf—Messensach—Framrach—Griffen vor. Auf ihrem Vormarsch steckten die Jugoslawen tatsächlich vier Gehöfte und ein Stallgebäude in Brand.

Am 5. Juni erhielt der Unterbefehlshaber von General Majster ein auf eine Stunde befristetes Ultimatum mit der Forderung, die Waffen binnen 24 Stunden abzuliefern, widrigenfalls die Jugoslawen bis Wolfsberg marschieren würden. Da diese bereits alle Vorbereitungen zum Vormarsch getroffen hatten und die Möglichkeit eines Widerstandes nicht mehr gegeben war, so ging der Unterbefehlshaber schweren Herzens auf diese drückende Forderung ein, um das restliche Lavanttal nicht der Gefahr einer jugoslawischen Besetzung auszusetzen. Im Laufe der nächsten Wochen wurden vier Geschütze, vier Maschinengewehre, etwa 600 Gewehre und einige Verschläge Munition an die Jugoslawen abgeführt. Ein großer Teil der Waffen war schon früher geborgen worden.

Mittlerweile waren die Jugoslawen auch im A b s c h n i t t F e r l a c h (Abschnittskommandant Hauptmann Zechner) vorgegangen. Hier stand am Kleinen Loibl (Sapotniza) die „Dörflinger-Kompanie" mit 100 Mann, 2 Maschinengewehren und 2 Gebirgsgeschützen auf der Poschingerhöhe der Gruppe Tripković mit einem Bataillon, einer Abteilung Freiwilliger und 2 Batterien gegenüber. Die Viktringer Alarmkompanie war am 24. Mai ins Bodental, die Ferlacher gegen den Hainschsattel marschiert. Oblt. Arneitz rückte mit seinen 10 Mann ins Waidischtal. Trotz Erschöpfung der Mannschaft infolge des ununterbrochenen Wachdienstes und der unzureichenden Verpflegung sowie des ständigen feindlichen Artilleriefeuers hielt die tapfere Besatzung den Angriffen der Jugoslawen mehrere Tage hindurch stand. Als jedoch die Jugoslawen am Nachmittag des 28. Mai den gegenüber der Sapotniza liegenden und diese beherrschenden Neuberg nahmen, mußte sie von der Sapotniza gegen den Loibler Grintouz zurückziehen. Am 29. früh langte der Rückzugsbefehl des Landesbefehlshabers ein. Schon war ein Teil abgezogen, als ein Gegenbefehl eintraf. So blieb der Rest der „Dörflinger-Kompanie", beiläufig 25 Feuergewehre und ein Geschütz, auf der Sapotniza zurück. Doch war es infolge des von allen Seiten einsetzenden feindlichen Maschinengewehrfeuers nicht möglich, die Stellung zu halten[127]. Die Kompanie zog sich daher auf die Hollenburger Lehne zurück und wurde dort am folgenden Tage abgelöst.

Die Klagenfurter Studentenkompanie hatte Mitte Mai die Poschinger-Höhe und den „Deutschen Peter" bezogen, war aber nach einigen Tagen abgezogen worden. Doch waren einige von den Studenten freiwillig zurückgeblieben. Sie bekamen die Aufgabe, die Kämpfenden mit Proviant aus dem Tale zu versorgen. Zwei von ihnen, der Staatsgewerbeschüler Alois Bartl und der Zögling der Lehrerbildungsanstalt Ernst Mayer, fielen am 29. Mai auf der Sapotniza der Wut der Jugoslawen zum Opfer und mußten dort unter feindlichen Schüssen und Kolbenschlägen ihr junges Leben lassen[128]. An sie erinnert eine Gedenktafel an der Sapotnizakapelle mit folgender Inschrift:

„Ernst Mayer und Alois Bartl, Kameraden der Freiwilligen-Kompanie Klagenfurt, ruhen hier an der Stätte, wo sie am 29. Mai 1919 nach heldenmütigem Kampfe für das Heimatland Kärnten und für das große deutsche Vaterland gefallen sind."

Im A b s c h n i t t e R o s e n b a c h [129] begnügten sich die Jugoslawen, ab-

---

[127] Tagebuch des Lbh.-Amtes, Lbh. 2. — F. Dörflinger, Geschichte einer Freiwilligen-Kompanie. In „Kampf um Kärnten", S. 148.

[128] J. Heinzel, Tragisches Intermezzo. In „Kampf um Kärnten", S. 150. — G. Moro, a. a. O., S. 23.

[129] Gefechtsbericht des Abschnittes Rosenbach (Mj. Eglseer) und der HWKomp. Rosenbach (Lt. Fritz), Lbh. 70 b u. f.

gesehen von einigen Patrouillenvorstößen, die zurückgewiesen wurden, damit, die Kärntner Stellungen vor dem verrammelten Tunnel von den Kammhöhen der Karawanken aus zu beschießen. Es gelang ihnen auch, die Kärntner Feldwache auf dem Suchi Vrh zu vertreiben und sich dort festzusetzen. Da sie von dort aus den Bahnhof Rosenbach bedrohten, so wurden sie von Lt. Fritz und der VW.-Kompanie Rosenbach wieder vertrieben. Infolge des Durchbruches der Jugoslawen an der Loiblstraße drohte dem Abschnitt ein Angriff von Osten her. Hauptmann Eglseer bezog daher befehlsmäßig eine Stellung am großen Suchabach mit der Front gegen Osten. Doch kam es hier nicht mehr zu größeren Kämpfen. Erst beim allgemeinen Rückzug am 5. und 6. Juni zog sich die Gruppe Rosenbach gegen den Faakersee zurück. —

Der Zusammenbruch der Lavanttaler Front am 2. Juni wirkte sich sofort auch auf den A b s c h n i t t R u d e n aus[130]). Während nämlich die Gruppe Majster bis Ende Juli auf der Linie Griffen—Framrach—Messensach—Paierdorf—Kleinalpe stehenblieb, setzte die Gruppe Marić den Vormarsch gegen Westen fort. Ein Teil dieser Gruppe stieß über die Windische Grutschen und weiter über St. Kolmann nach Griffen und St. Stefan bei Haimburg vor, ein anderer über die Windische Grutschen, dann über Lind und St. Martin gegen Völkermarkt. Die Abteilungen Todorović und Raktelj überschritten gemäß dem Befehl auf der mittlerweile hergestellten Pontonbrücke bei Lippitzbach die Drau. Der Druck des übermächtigen Gegners und namentlich der feindlichen Artillerie war so stark, daß auch hier der Widerstand vergeblich war. Schon um 3 Uhr nachmittags räumte die Heimwehrkompanie Haimburg infolge des starken feindlichen Artilleriefeuers den Abschnitt Eis. Bald darauf mußte der bei Lind stehende Teil der Kärntner Artillerie, nachdem sie unter heftigstem feindlichen Feuer bis zum letzten Schuß ausgeharrt hatte, von Lind nach Griffen zurück. Die tapfere Besatzung des Grutschnersattels, die 4. Kompanie des VW-Baons 8 und Völkermarkter Heimwehr, hielt sich gegen die feindliche Übermacht, bis ihre Flanke bedroht und die feindliche Artillerie bis auf 1500 Schritte herangekommen war. Dadurch wurde so viel Zeit gewonnen, daß der letzte Mann aus dem Lippitzbacher Graben herausgezogen werden konnte.

Nach den Anordnungen des Abschnittskommandanten Obstlt. Polaczek sollte nun in der Linie Griffen—Enzelsdorf—Kabon—Pivater—Watzelsdorf durch das VW.-Baon 8 und Heimwehren eine neue Front bezogen werden. Aber schon reichten die noch vorhandenen Kräfte nicht mehr aus, um diese verhältnismäßig lange Linie zu besetzen. Es mußte daher am 3. Juni früh befehlsmäßig der Rückzug hinter den Trixnerbach angetreten werden, wo die Heimwehren

---

[130]) Erinnerungen und Tagebuch Mj. Michners, Lbh. 4. — Tagebuch Mj. Premitzers, Lbh. 6 a/f. — Tagebuch der Komp. Gstättner, Lbh. 5.

Pischeldorf und Trixen und die Marschkompanie Spittal die Linie Ladratschen (südlich von der Völkermarkter Reichsstraße)—Töllerberg—St. Margarethen, das VWBaon 8 die Linie Korb—Sapoth—Kogelnik—Trixner Straße und die Treibacher Alarmkompanie den Raum Obertrixen—Gattersdorf bezogen.

Völkermarkt mußte also dem Feinde wieder überlassen werden. Die Stadt und die umliegenden Ortschaften waren am 2. Juni und in der darauffolgenden Nacht unter starkem feindlichen Zerstörungsfeuer gestanden, das auch unter der Zivilbevölkerung Opfer forderte und mehrfach Brände verursachte. Ein großer Teil der Bevölkerung floh, einige führende Persönlichkeiten aber blieben in der Stadt zurück und bewahrten auch in diesen schwersten Tagen mannhaft ihre Haltung. —

An diesem so kritischen 3. Juni langte um 1 Uhr mittags bei der Landesregierung in Klagenfurt eine irreführende Telephondepesche des Staatsamtes des Äußeren ein, in der die im Friedensvertragsentwurf vom 2. Juni genannte, längs der Nordgrenze der Bezirke Klagenfurt und Völkermarkt gezogene Grenze mitgeteilt und fälschlich als „G r e n z e K ä r n t e n s mit einem nicht präzisierten Vorbehalte" bezeichnet wurde. Auf die ausdrückliche Rückfrage, ob Klagenfurt also verloren sei, erfolgte die Antwort: „Ja!" In Wirklichkeit war, wie wir gesehen haben, im Entwurf gar nicht die künftige Staatsgrenze Österreichs angegeben, sondern die West- und Nordgrenze des Abstimmungsgebietes mit einem nicht näher bezeichneten Vorbehalt, der sich nur auf eine Volksabstimmung beziehen konnte[131].

Das Unheil, das die falsche Auslegung des Friedensvertragsentwurfes durch das Staatsamt des Äußeren in Kärnten anrichtete, war um so größer, als sie auch in Wiener Zeitungen vom 3. Juni Eingang fand und diese mit großen Schlagzeilen die irrtümliche Meldung brachten, daß Klagenfurt und Völkermarkt verloren seien. Dagegen gaben Sonderausgaben der Kärntner Blätter vom gleichen Tage eine Meldung des Korrespondenzbüros in Amsterdam wieder mit einem im allgemeinen richtigen Auszug des Reuterbüros aus dem Vertragsentwurf, wonach die Südgrenze Österreichs gegen Italien und den SHS-Staat erst später von den hauptsächlichsten alliierten und assoziierten Mächten festgelegt werden, die Ostgrenze aber östlich Bleiburg verlaufen und die Drau knapp oberhalb der Lavant[132] überschreiten sollte. Wohl richteten auch die Vertreter Kärntens in der deutsch-österreichischen Friedensdelegation in St. Germain am 3. Juni eine Depesche an das Präsidium der Landesregierung in Spittal und sandten sie am gleichen Tag auch einen ausführlichen schriftlichen Bericht an das Präsidium der Landesregierung. Doch langte die Depesche erst am 6., der

---
[131] Vgl. S. 252. Anhang II 13a, b.
[132] Soll heißen: u n t e r h a l b der Lavantmündung.

Bericht gar erst am 10. in Spittal ein, somit zu einer Zeit, in der sich die falschen Nachrichten aus Wien bereits ausgewirkt hatten.

Die verhängnisvollen Falschmeldungen des Staatsamtes und der Wiener Presse wurden in der Kärntner Öffentlichkeit bekannt und waren alles eher als geeignet, den Mut und die Kampfbegeisterung der abgehetzten, übermüdeten und durcheinandergeratenen Volkswehr- und Freiwilligenabteilungen zu heben. Unter den gegebenen Umständen schien ja eine Fortsetzung des Kampfes nicht nur aussichtslos, sondern auch zwecklos zu sein. Darum nahm der Abbröckelungsprozeß noch zu. Trotz alledem harrten einzelne Teile auch jetzt noch tapfer aus.

In der regnerischen und stockfinsteren Nacht vom 3. auf den 4. Juni wurde die Treibacher Alarmkompanie bei Gattersdorf—Obertrixen vom Gegner umfaßt und teilweise zersprengt. Oblt. Grass, obwohl an der linken Flanke bedroht, hielt mit einem kleinen Rest der 2. Kompanie der St. Veiter Volkswehr die Stellung am Trixner Bach noch bis gegen Mitternacht, mußte dann aber gleichfalls den Rückzug antreten.

Am 4. Juni gab der Landesbefehlshaber den Befehl, die Gurker Linie unbedingt zu halten. Es wurde daher auf den Höhen südöstlich vom Reinegger eine Nachhutstellung bezogen. Ein Angriff bei Reisdorf und feindliche Patrouillenvorstöße bei Mauern—Skoflitzen wurden zurückgewiesen. Die HW.-Kompanien Völkermarkt, Haimburg, Klagenfurt-Land und der HW.-Zug St. Georgen nahmen in Reisdorf und westlich der Gurk in Eppersdorf und St. Gregor Stellung.

Am Nachmittage des 4. Juni langten genauere Nachrichten über die Friedensbedingungen in Klagenfurt ein, auf Grund deren anzunehmen war, daß das Becken von Klagenfurt doch noch nicht endgültig verloren, sondern die Entscheidung darüber besonderen Bestimmungen, also einer Volksabstimmung, vorbehalten sei. Daher wurden nunmehr die Kärntner Truppen vom Gegner losgelöst und das Klagenfurter Becken geräumt.

Die Ablösung erfolgte nicht ohne Kampf. Im Abschnitt Brückl griffen die Jugoslawen am 5. Juni an mehreren Stellen an, besonders bei Klein St. Veit und Eppersdorf. Trotz des feindlichen Artilleriefeuers und der Bedrohung der Flanken hielten sich Offiziere und Mannschaften des VWBaons St. Veit (Oblt. Grass und Kastellitz) stundenlang. Erst um 3 Uhr nachmittags, als der rechte Flügel bei Eppersdorf nicht mehr zu halten war und rückverlegt werden mußte, wurde die Stellung nach und nach auf Reisdorf—Tscherg—Brückl zurückgenommen. Auch diese Stellungen waren trotz aller Zähigkeit nicht zu halten. Um 9 Uhr abends rückte eine feindliche Kompanie gegen Brückl vor, wurde aber abgewiesen. Der Feind stellte darauf den Kampf ein. Am Nachmittag war die telegraphische Nachricht vom Abschluß eines Waffenstillstandes eingetroffen, die jedoch nicht richtig war. Am folgenden Tage ging das VWBaon St. Veit nach Launsdorf zurück. —

Da Völkermarkt schon am 3. Juni vom Gegner besetzt worden war, so konnte nunmehr ein Teil der Gruppe Milenković die Drau auf der wiederhergestellten Völkermarkter Brücke überschreiten. Am Nachmittag des 4. Juni griff diese Abteilung die Kärntner Besatzung beim Rak an und drängte sie bis Schloß Rain zurück. Am 5. Juni wehrte die 2. Kompanie des VWBaons 2 unter ihrem kaum genesenen Kommandanten Oblt. Steinacher dem Gegner den Übergang über die Pischeldorfer Brücke und lieferte so den Jugoslawen ihr letztes Gefecht. Tags darauf zog sie sich über St. Donat nach St. Veit zurück.

Am 4. Juni nachmittags wurde auch die Annabrücke und die Steinerbrücke aufgegeben. Die Reste des VWBaons 3 — 80—100 Frontfeuergewehre — marschierten von Grafenstein über Klagenfurt nach Feldkirchen.

Das VWBaon 1 kam am 5. nach Augsdorf, am 6. in den Raum um Wernberg. Die Truppen des Abschnittes Rosenbach bezogen am 6. Juni die Linie Woroutz—Ledenitzen—Rudnik.

Der Sitz des Landesbefehlshaberamtes wurde am 5. Juni nach Villach, später nach Warmbad verlegt.

Die Heimwehren des nunmehr von den Jugoslawen besetzten Gebietes wurden, soweit sie noch bestanden, nach Paternion—Feistritz verschoben, die des übrigen Kärnten aufgelöst.

Die Südslawen rückten langsam nach. Am 6. Juni besetzte die Gruppe Marić das Zollfeld, die Gruppe Milenković die Stadt Klagenfurt, die Gruppe Loibl die Gegend südlich von Klagenfurt. Eine Kolonne der Gruppe Milenković war unter Oberstlt. Naumović über Mieger, Radsberg und Ebental gegen Klagenfurt vorgerückt.

Die äußersten Punkte, die die Jugoslawen erreichten, waren Oberkopein, Woroutz, Ledenitzen, St. Martin ob Rosegg, Rosegg, der Südrand von Velden, Pritschitz, Ameisbichl, Tentschach, St. Peter a. Bichl, Karnberg, Tanzenberg, Willersdorf, Göriach, Lippekogel, Brückl, Griffen, Framrach, Messensach, Paierdorf, Kleinalpe.

3. Die Verlegung der Landesregierung nach Spittal, die Waffenstillstandsverhandlungen in Krainburg und Laibach und die Besetzung Klagenfurts

Schon am 29. Mai war die Lage für Klagenfurt kritisch geworden, da die Verbände der Kärntner Truppen im Abschnitte von der Annabrücke bis zur Dullacher Brücke noch nicht derart gefestigt waren, daß sie einen entschlossenen Vorstoß der über Eisenkappel vorgegangenen serbischen Brigade hätte aufhalten können. Der Landesbefehlshaber hielt die Lage der Landeshauptstadt für so ernst, daß er schon am 30. Mai die Landesregierung und die Gemeindevertretung von Klagenfurt darauf aufmerksam machte, daß in der nächsten Zeit mit einer Besetzung von Klagenfurt gerechnet werden könne. Er ging dabei von der Ansicht aus, daß in dem Augenblick, als stärkere südslawische Truppen die Sattnitzhöhe in Besitz nehmen, eine Verteidigung der Stadt Klagenfurt nur einen Zeitgewinn von kurzer Dauer bedeuten würde und zwecklose Verluste an Gut und Blut die Folgen wären.

Der Sitz der Landesregierung, des Landesrates und der wichtigsten Ämter wurde daher ab 30. Mai nach und nach von Klagenfurt nach S p i t t a l verlegt. Nur so konnte die Landesregierung mit der Friedensdelegation in St. Germain und den Wiener Zentralstellen in Fühlung bleiben, die Verwaltung des unbesetzten Gebietes fortführen, den jugoslawischen Bestrebungen entgegenarbeiten und mit Vertretern fremder Staaten verhandeln.

Am Nachmittag des 4. Juni meldete der Landesbefehlshaber dem Landesverweser, daß die Jugoslawen bereits die Gurk und Drau überschritten hätten und in einer halben Stunde in Klagenfurt sein könnten, er habe daher, um weiteres Blutvergießen zu vermeiden, den österreichischen Truppen den Befehl gegeben, sich hinter Klagenfurt zurückzuziehen. Daraufhin verließ auch der Landesverweser die Landeshauptstadt. Um jedoch auch während der Besetzung Klagenfurts die Staatshoheit möglichst zu wahren und die laufenden Verwaltungsgeschäfte im besetzten Gebiet zu besorgen, verblieb ein Teil des Landesrates, der Abgeordneten und der Landesregierung sowie die Vorstände des Landessekretariates, der Finanz- und der Postdirektion und einiger anderer Ämter in Klagenfurt zurück, mit dem Auftrage, die Geschäfte so lange fortzuführen, bis sie von den Jugoslawen mit Gewalt daran gehindert würden. Die Vorläufige Landesversammlung tagte in Spittal, einmal, am 15. Juni in Villach, wo sie gegen den bekanntgewordenen Friedensvertragsentwurf vom 2. Juni sowie gegen die Besetzung Südkärntens durch die Jugoslawen eine flammende Einsprache erhob und neuerdings eine Volksabstimmung unter unparteiischer Leitung forderte.

Infolge der kritischen Lage hatte der Landesbefehlshaber am 29. Mai im Einvernehmen mit der Landesregierung durch einen Parlamentär dem jugoslawischen Oberkommando eine Waffenruhe zum Zwecke von Verhandlungen vorgeschlagen. Der Vorschlag wurde angenommen, doch mußten die österreichischen Unterhändler, Konsul Hoffinger, Baron Reinlein und Oberstleutnant Knaus, die schon am 1. Juni im Verhandlungsorte K r a i n b u r g eintrafen, bis zum 4. Juni warten, da die Jugoslawen ihre Vertreter, Vizepräsident Dr. Žerjav, Oberstlt. Milutin Nedić und Hauptmann Glišić, erst an diesem Tage nach Krainburg entsandten, um den Beginn der Verhandlungen hinauszuschieben und inzwischen in Kärnten möglichst viel Land und vor allem die Landeshauptstadt besetzen zu können, was ihnen auch gelang.

Erst am 5. Juni legten die jugoslawischen Vertreter in Form eines Ultimatums einen Vertragsentwurf vor, nach welchem eine neutrale Zone geschaffen

werden sollte. die im S ü d e n von der Linie: Kleinalpe—Paierdorf—Rojach—
Framrach—Kienberg (nordwestlich St. Andrä)—Speikkogel—Sapotnigofen—
Gurk—Glan—Glanfurt—Südufer des Wörthersees bis Velden, im N o r d e n
aber von der Linie: Koralpe—St. Marein—St. Michael—Polheim—St. Egydi—
Münzhütte—Speikkogel—Golikogel (südwestlich Eberstein)—Steinbruchkogel—
Sankt Donat—Aich—Projern—Ulrichsberg—Großbuch—Rosenau—Gallinberg—

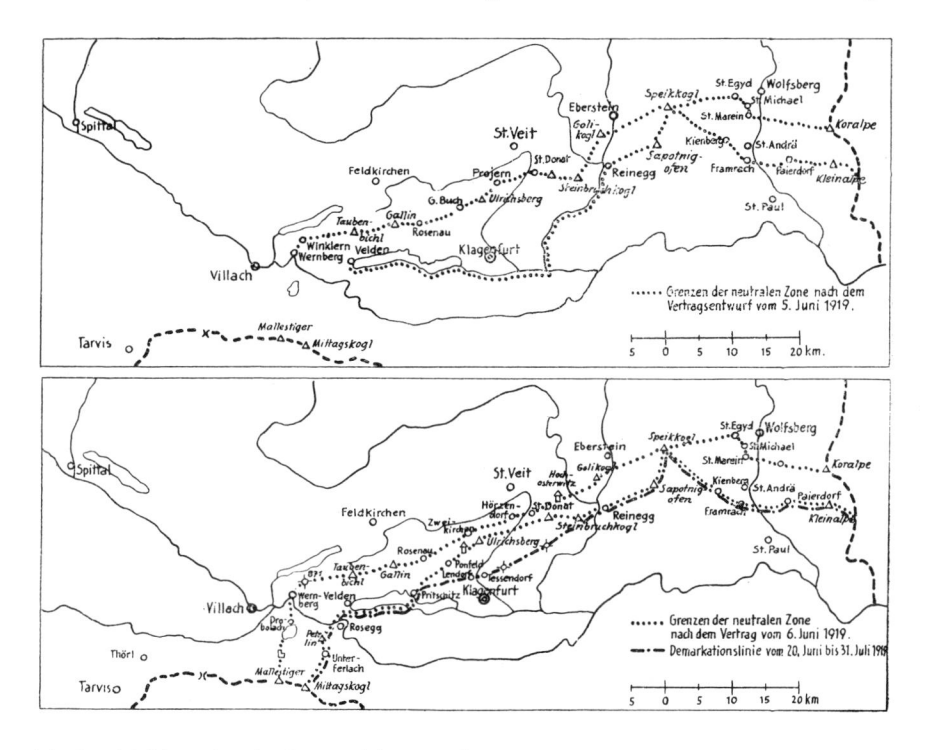

Taubenbichl—Oberdorf—Winklern und Wernberg begrenzt sein sollte. Klagenfurt lag darnach i n n e r h a l b der neutralen Zone. Der Waffenstillstand sollte um 12 Uhr nachts in Kraft treten. Der Entwurf wurde der Staatsregierung,
der Landesregierung und durch diese dem Gemeinderat Klagenfurt mitgeteilt.
Die Landesregierung und die Staatsregierung waren mit den Bedingungen einverstanden, was den SHS-Vertretern rechtzeitig und innerhalb der gestellten
Frist nach Laibach gemeldet wurde, so daß der Vertrag um 12 Uhr Mitternacht
hätte in Kraft treten sollen.

In der Nacht vom 5. auf den 6. Juni traf jedoch General Majster in Krainburg ein. Da die Kärntner Front am 5. im Lavanttale zusammengebrochen war
und sich die Kärntner Truppen im Klagenfurter Becken hinter dessen Nord-
und Westgrenze zurückgezogen hatten, erklärte General Majster, daß auf
Grund der neu geschaffenen militärischen Lage die Waffenstillstandsbedin-

gungen abgeändert werden müßten. Am 6. Juni wurden die Verhandlungen auf Verlangen der Jugoslawen nach L a i b a c h verlegt und forderten die jugoslawischen Unterhändler, daß die neutrale Zone westlich von Golikogel und Reinegg nach Norden verschoben werde, so zwar, daß ihre S ü d grenze von Reinegg über den Steinbruchkogel, den Magdalensberg und den Ulrichsberg, dann über Tentschach, Ponfeld, östlich Pritschitz, westlich Maria Wörth, nach dem Südufer des Wörthersees bis Velden (dieses ausgeschlossen), über Selpritsch, St. Lamprecht, Rosegg (diese drei Orte eingeschlossen), Petelin, Unterferlach (bei Ledenitzen) zum Mittagskogel verlaufe, die N o r d grenze aber vom Golikogel über Osterwitz, St. Donat, Hörzendorf, Karlsberg, Zweikirchen, Rosenau, Gallin, Taubenbichl, K. 871 (Ruine Eichlberg), Wernberg, Drobolach, das Westufer des Faakersees, Pogöriach und Altfinkenstein zum Mallestiger Mittagskogel. Darnach lag Klagenfurt a u ß e r h a l b der neutralen Zone in dem von den Jugoslawen zu besetzenden Gebiet. Die Feindseligkeiten sollten um 9 Uhr abends nach Unterzeichnung des Waffenstillstandsvertrages eingestellt und der Vertrag binnen 20 Tagen ratifiziert werden. Zugleich stellten die Jugoslawen ein befristetes Ultimatum bis 5 Uhr nachmittags. Sollte der Entwurf bis dahin nicht unterschrieben werden, so würden die jugoslawischen Truppen den Vormarsch nach Villach und St. Veit fortsetzen.

Die österreichischen Unterhändler sahen sich durch dieses Ultimatum in eine Zwangslage versetzt und genötigt, den Entwurf des Vertrages zu unterzeichnen. Dies geschah um 4 Uhr nachmittags. Wenige Stunden vorher waren jugoslawische Truppen in Klagenfurt einmarschiert. Die Jugoslawen hatten somit Klagenfurt in der Hand und glaubten nunmehr, sich auch auf den Waffenstillstandsvertrag berufen zu dürfen. Doch mit Unrecht!

Am 4. Juni war nämlich beim Chef der italienischen Waffenstillstandskommission in Wien, General Segré, der Räumungsauftrag der Friedenskonferenz vom 31. Mai eingelangt. Dieser Auftrag wurde am 5. Juni nachmittags durch einen Abgesandten der Waffenstillstandskommission, den italienischen Rittmeister Henßler, den Jugoslawen offiziell notifiziert. Die Jugoslawen kümmerten sich jedoch auch jetzt nicht um den Auftrag, sondern verhinderten sogar, daß er rechtzeitig den österreichischen Unterhändlern in Krainburg zur Kenntnis kam. Rittmeister Henßler hatte den Befehl, den Räumungsauftrag auch den österreichischen Unterhändlern in Krainburg mitzuteilen und fuhr daher am 6. Juni nach Krainburg, traf aber die Österreicher hier nicht an, da sie ja auf Verlangen der Jugoslawen nach Laibach gefahren waren. Als er den in Krainburg zurückgebliebenen SHS-Vertretern erklärte, er wünsche den deutsch-österreichischen Delegierten den Beschluß der Entente vom 31. Mai mitzuteilen, wurde ihm erwidert, die Österreicher seien über Mittag nach Laibach gefahren und würden bis längstens 3 Uhr wieder zurück sein; übrigens werde die Mitteilung an die deutsch-österreichischen Delegierten durch die SHS-Vertreter selbst gemacht werden. Die Zwischenzeit benützten die jugoslawischen Unterhändler in Laibach, um die Unterzeichnung des Vertragsentwurfes durch die österreichischen Vertreter durchzusetzen, ohne sie vom Räumungsauftrag und die Anwesenheit des italienischen Offiziers zu verständigen. Erst um 6 Uhr wurden sie mit Rittmeister Henßler in Verbindung gebracht und erfuhren vom Räumungsauftrag.

Zur selben Stunde teilte die Landesregierung mit, daß der Vertrag auf keinen Fall zu unterfertigen und ein solcher Auftrag auch vom Staatsamt für Äußeres an Konsul Hoffinger unterwegs sei. Die österreichischen Unterhändler weigerten sich daher, die inzwischen fertiggestellten Originalausfertigungen des Vertrages zu unterzeichnen und erklärten ihre Unterschriften auf dem Entwurf für ungültig, da sie planmäßig in voller Unkenntnis der Lage erhalten worden seien und Deutsch-Österreich auf Grund des Ententebeschlusses auch nicht mehr berechtigt sei, über das fragliche Gebiet Abmachungen zu treffen. Auch das Staatsamt für Äußeres verweigerte die Zustimmung zum Vertrag. Gleichwohl erklärten die SHS-Vertreter, daß sie den Vertrag für rechtsgültig betrachten. Am 7. Juni wurden die Verhandlungen abgebrochen. —

Indes hatte, wie bereits erwähnt, die deutsch-österreichische Friedensdelegation am 29. Mai die Friedenskonferenz gebeten, das Klagenfurter Becken durch eine dritte Macht besetzen zu lassen. Am 3. Juni richtete sie die dritte Note wegen der Ereignisse in Kärnten an die Friedenskonferenz[133]. Es wurde darin der Genugtuung über den Räumungsauftrag Ausdruck gegeben und mitgeteilt, daß die deutsch-österreichische Regierung bereits die notwendigen Befehle gegeben habe, auf daß sich die Kärntner Volkswehr gleich bei Eintreffen der von den alliierten und assoziierten Regierungen mit der Besetzung des Klagenfurter Beckens betrauten Truppen sofort an die Nordgrenze des Klagenfurter Beckens zurückziehe. Leider sollte es sich herausstellen, daß die Hoffnung auf eine Besetzung durch alliierte und assoziierte Truppen eine trügerische war.

Die jugoslawische Regierung kümmerte sich um den Räumungsauftrag nicht, sondern gab am 4. Juni der Friedenskonferenz zur Antwort, daß die Kampfhandlungen eingestellt seien, obwohl die Angriffe der jugoslawischen Truppen am folgenden Tage fortdauerten und erst mit der Besetzung Klagenfurts am 6. Juni endeten.

Am 6. Juni machte die deutsch-österreichische Delegation die Friedenskonferenz in ihrer vierten Note wegen der Ereignisse in Kärnten[134] darauf aufmerksam, daß die Jugoslawen der Aufforderung der alliierten und assoziierten Hauptmächte, die Truppen hinter die mitgeteilte Demarkationslinie zurückzu-

---

[133]) Bericht I, S. 71.
[134]) Bericht I, S. 73.

ziehen, nicht nur nicht nachkommen, sondern sogar die blutige Offensive fortsetzen und Klagenfurt bedrohen; sie bitte daher den Obersten Rat, die jugoslawische Regierung unverzüglich zu verpflichten, sich sofort jeglicher Maßregel zu enthalten, die unnützes Blutvergießen verursachen könnte.

Auch die Italiener waren in Paris in derselben Richtung eifrig tätig, da ein weiterer Vormarsch der Jugoslawen die Bahnlinie Udine — Villach — Wien unmittelbar gefährdet und daher ihre eigenen Interessen bedroht hätte. Am 7. Juni brachte Ministerpräsident Orlando die Besetzung Klagenfurts im Rat der Vier zur Sprache. Noch am selben Tage richtete dieser an die jugoslawische Regierung ein Telegramm, in dem er sie an den Räumungsauftrag vom 31. Mai erinnerte und ihr vorhielt, daß die Fortsetzung der Offensive nicht im Einklang mit ihrer Erklärung vom 4. Juni stehe, daß die Kampfhandlungen beendet seien.

Am 10. Juni verständigte Orlando Clemenceau brieflich, daß sich die italienische Regierung gezwungen sehe, gemäß den Bestimmungen des Waffenstillstandes vom 3. 11. 1918 die notwendigen Maßnahmen zu ergreifen[135]). Daraufhin erhielten die italienischen Truppen, wie der Präsident der interalliierten Mission in Klagenfurt, General Walker, auf Grund eines Telegramms des italienischen Armeeoberkommandos in Abano (General Badoglio) der Kärntner Landesregierung am 12. Juni mitteilte, vom Rat der Vier die Ermächtigung, die Eisenbahnlinie Tarvis — Villach — St. Veit provisorisch zu besetzen, um die Funktionen dieser Linie zu sichern. Die Besetzung erfolgte in den Tagen vom 12. bis zum 14. Juni durch das 22. italienische Korps unter dem Kommando des Generalleutnants E. de Bono und erstreckte sich bis Launsdorf. Die österreichischen Truppen wurden hinter die von den Italienern besetzte Zone in die Räume von Feistritz im Gailtale — Saak — Gummern — Töbring — Treffen — Himmelberg — Kreig — St. Georgen — Eberstein und Wolfsberg — St. Leonhard zurückgenommen. Zur Herstellung einer Verbindung zwischen der Landesregierung und dem italienischen Korpskommando in Villach wurde eine „Mittelstelle" errichtet, der Dr. Reinlein, Kap. Peter-Pirkham und Oberleutnant W. v. Kleinmayer angehörten.

Um Zusammenstöße zu verhindern, ordnete die am 10. Juni in Klagenfurt eingetroffene interalliierte Mission (S. 302f.) am 15. Juni die Schaffung einer 4 km breiten neutralen Zone an, in der sich weder italienische, noch kärntnische, noch jugoslawische Patrouillen bewegen durften. Die jugoslawischen Befehlshaber wurden aufgefordert, ihre Truppen sofort auf die Linie: Mittagskogel — Unterferlach (bei Ledenitzen) — Rosegg und in der Gegend nördlich von Klagenfurt auf die Linie Pritschitz — Wölfnitz — Lendorf — Tessendorf — Wiltschnigkogel bei Annabichl — Maria Saalerberg — Sechzigerberg — Kote

---

[135]) Aldrovandi-Marescotti, Nuovi Ricordi, S. 42, 61.

640 südöstlich Ottmanach — Steinbruchkogel — St. Gregor zurückzuziehen, und zwar noch bevor die vollständige Räumung des Beckens gemäß dem Auftrage vom 31. 5. beginne. Tatsächlich zogen sich die Jugoslawen am 19. und 20. Juni bis auf die genannte Linie zurück.

Dagegen hielten sie Klagenfurt noch weiter besetzt, da Ministerpräsident Pašić der Belgrader Regierung aus Paris mitteilte, daß über das Klagenfurter Becken ein Kompromiß geschlossen worden sei, was nur zum Teil richtig war. Den Jugoslawen war diese Nachricht ein willkommener Vorwand, um den Räumungsauftrag als gegenstandslos zu erklären und ihre Truppen in Klagenfurt zu belassen. Überdies wurde den Jugoslawen aus Paris berichtet, „daß in französischen Kreisen die Meinung herrsche, die Forderung nach Zurückziehung der jugoslawischen Truppen bis zu den Karawanken sei nicht tragisch zu nehmen, da niemand von den Jugoslawen verlangen könne, daß sie die Kärntner Slowenen den Roheiten der deutschen Soldateska ausliefern". So blieben denn die Jugoslawen bis Ende Juli in Klagenfurt[136]).

Die Besetzung der Bahnlinie Villach — St. Veit durch italienische Truppen hatte dem weiteren Vordringen der Jugoslawen ein Ende gemacht. Im übrigen hielten sich die Italiener streng an ihren Auftrag, die Bahnlinie zu sichern, und vermieden jeden Angriff gegen die jugoslawischen Truppen, von denen sie ja auch durch die neutrale Zone getrennt waren. Dennoch fürchteten die Jugoslawen, die Italiener könnten ihnen auch den Besitz Klagenfurts streitig machen. Das war ja auch mit ein Grund, warum sie Klagenfurt nicht räumen wollten. Wie sie zu verhindern suchten, daß Italien einen Sitz in der Abstimmungskommission bekomme, so war ihnen die bloße Anwesenheit der Italiener in Kärnten ein Dorn im Auge, den sie zu entfernen suchten.

Dagegen herrschte zwischen den Italienern und den Kärntnern, die durch die gemeinsame Gegnerschaft gegen die Jugoslawen miteinander verbunden waren, naturgemäß ein freundschaftliches Verhältnis. Der Kommandant der italienischen Truppen, Generalleutnant de Bono, stattete mit seinem Generalstabschef Rolando Rizzi am 17. Juni in Spittal dem Landesverweser einen Besuch ab, um verschiedene Fragen wegen Unterbringung der Truppen und Aufrechterhaltung der Ruhe und Ordnung zu besprechen. Es wurde hierbei, wie eine Notiz für das Korr.-Büro besagt, ein einverständliches Zusammenarbeiten in allen in Betracht kommenden Belangen vereinbart und von seiten des italienischen Kommandanten in liebenswürdiger Weise weitestgehendes Entgegenkommen zugesichert.

Um nun die Stellung der Italiener in Paris zu untergraben und sie vielleicht aus Kärnten hinausdrängen zu können, schickte Vizepräsident Žerjav am 3. Juli zugleich mit dem gefälschten Beschluß des Handels- und Gewerbebundes und

---

[136]) Vgl. S. 293 f., 312.

den erzwungenen oder erschlichenen Zustimmungserklärungen zur Aufrechterhaltung der jugoslawischen Besetzung (S. 308f.) zwei Berichte an Žolger, die ihm offenbar von den damals in Klagenfurt weilenden slowenischen Intriganten zugekommen und möglicherweise bloße Hirngespinste eines jugoslawischen Konfidenten waren, sich aber auf den ersten Blick als plumpe Fälschungen erwiesen.

Der erste dieser Berichte ist ein Teil eines angeblichen Sitzungsprotokolls der Vorläufigen Landesversammlung und betrifft einen mit Nr. 253 A bezeichneten, angeblich vom „Landesrat Breitegger und Genossen" am 11. Juni 1919 in der Sitzung der Landesversammlung in Villach gestellten Bericht und Antrag, wonach die Landesversammlung beschließen sollte:

„Dem Kommandanten der gegen die jugoslawischen Truppen demnächst in Aktion tretenden italienischen und eigenen Streitkräfte wird, falls es denselben gelingen sollte, die Operationen bis über die Karawanken vorzutragen, die Grenzen erfolgreich zu halten und so das Land Kärnten von der jugoslawischen Invasion zu befreien, als Anerkennung ein Betrag von 5 000 000 K aus Landesmiteln zu widmen (!)."

Schon Inhalt und Sprache dieses Antrages verraten, daß der Verfasser jedenfalls kein Deutscher und kein mit den Verhältnissen vertrauter Kärntner gewesen sein kann und daß der Antrag frei erfunden ist. Einen „Landesrat" Breitegger hat es nie gegeben. Breitegger war bis November 1918 Landtagsabgeordneter, aber nie Mitglied der Landesversammlung. Die Landesversammlung tagte nur einmal in Villach, und zwar am 15. und nicht am 11. Juni. Nach den vorliegenden Sitzungsprotokollen befaßte sie sich weder in dieser noch in einer anderen Tagung mit diesem oder einem ähnlichen Antrag. Eine Nr. 253 A gibt es in den Schriften der Landesversammlung nicht, die Nr. 253 fällt in den Mai 1919 und betrifft Pferderequirierungen. Schließlich war das Land Kärnten gar nicht in der Lage, 5 000 000 K aus Landesmitteln zu bewilligen.

Der zweite Bericht enthält zunächst eine angebliche Rede, die ein mit Namen nicht genannter italienischer General bei einem Frühstück im Hotel Post in Spittal gehalten haben soll. Die königlich italienische Regierung habe, so heißt es in dieser Rede, mit lebhaftem Interesse die Ausführungen der gesetzgebenden Körperschaft des Landes Kärnten zur Kenntnis genommen, versichert sie der aufrichtigsten Teilnahme und wärmsten Unterstützung ihrer von den besten Absichten geleiteten, auf der Basis der Unteilbarkeit Kärntens beruhenden Bestrebungen, hält es aber dermalen nicht für opportun, kriegerische Verwicklungen mit dem SHS-Staate heraufzubeschwören. Dann heißt es wörtlich weiter:

„Mit Ausnahme von zwei Stimmen der Anschluß an Italien beschlossen worden ist (!) — die Soci haben dagegen eingewendet, auch fünf Christlichsoziale — man soll abwarten, wie uns die Jugoslawen behandeln werden.

Sozi und Christlichsoziale stimmten dagegen, auch ein Bauernbündler, das ist gegen Anschluß an Italien und sind für Jugoslawien, falls uns Jugoslawien gut behandelt und ohne Beschränkung auf unsere politischen Rechte — und als deutsche Provinz eines jugoslawischen Staates betrachten. — — — Villach Speck 50, 60 K, Weißmehl 15—16 K, Spittal Würste 20 K."

Auch dieser Bericht entspricht nicht der Wahrheit. Ein Frühstück in Spittal in Gegenwart des Generals hat nie stattgefunden, ebensowenig eine Abstimmung über einen Anschluß an Italien. Die merkwürdige Sprache und die widersprechenden Angaben über das Stimmenverhältnis verraten auch hier schon die Fälschung.

Žolger scheint die Fälschung erkannt zu haben und vorsichtig genug gewesen zu sein, die beiden Berichte nicht sofort zu gebrauchen. Immerhin fragte er bei der Landesregierung in Laibach an, ob der Antrag Breitegger angenommen worden sei und wie der italienische General heiße. Eine Antwort der Landesregierung liegt nicht vor.

In Klagenfurt herrschte seit dem 29. Mai die größte Bestürzung und Aufregung. Seit 1809 hatte die Stadt keinen Feind gesehen und nun rückte die Gefahr einer feindlichen Besetzung täglich, ja stündlich näher heran. Böse Gerüchte flatterten auf und ängstigten zaghafte Gemüter. Flüchtlinge aus den bedrohten Gebieten des Unterlandes erzählten von Plünderungen und anderen Übergriffen der südslawischen Soldateska. Manches davon war unwahr oder übertrieben. Die irrtümlichen Meldungen des Staatsamtes für Äußeres und der Wiener Blätter vom 3. Juni, Klagenfurt und Villach seien im Vertragsentwurf den Südslawen zugesprochen, waren niederschmetternd. Nur der Vorbehalt, von dem im Friedensvertragsentwurfe vom 2. Juni die Rede war, schien noch eine Spur von Hoffnung auf eine Volksabstimmung zuzulassen.

Der Gemeinderat leistete vom 29. Mai bis zum 6. Juni Tag und Nacht Dienst. Am 2. Juni bat er das Staatsamt für Äußeres, Schritte zu unternehmen, damit eine internationale Kommission sofort nach Klagenfurt entsendet werde. Auch an Wilson wurde ein Telegramm mit der gleichen Bitte abgeschickt. Am folgenden Tage fuhr eine Abordnung des Gemeinderates nach Tarvis und sprach hier gegen Mittag beim italienischen Kommando vor. Als sie nach Klagenfurt zurückkam, war bei der Landesregierung bereits um 11 Uhr vormittags ein Telegramm von General Segré eingelangt, daß er noch am selben Tage nach Klagenfurt reisen werde.

Inzwischen hatte nämlich die Kärntner Landesregierung Fregattenkapitän Peter-Pirkham mit dem Auftrage nach Wien entsandt, beim Chef der interalliierten Waffenstillstandskommission, General Segré, vorzusprechen. Die Vorsprache fand am 3. Juni statt, zuerst in Gegenwart der Chefs der französischen und englischen Militärmission. Peter legte namens der Landesregierung Verwahrung gegen das den Weisungen aus Paris widersprechende weitere Vorrücken der jugoslawischen Truppen ein und erreichte in einer Unterredung unter vier Augen, daß sich Segré entschloß, noch in der Nacht vom 3. auf den 4. in Begleitung von 6 Offizieren und 40 Mann nach Klagenfurt zu reisen. Am frühen Morgen des 4. traf er in Klagenfurt ein.

Die Ankunft Segrés ließ die Bevölkerung Klagenfurts erleichtert aufatmen. Für Klagenfurt war es ein Glück, daß die jugoslawischen Truppen bei ihrem Einmarsch die Stadt bereits unter der Kontrolle des Chefs der interalliierten Waffenstillstandskommission vorfanden.

Auch die Waffenstillstandsverhandlungen, die am 4. Mai in Krainburg begonnen hatten, gaben bis zum Vormittage des 6. Juni noch einige Hoffnungen. Aber schließlich erfolgte statt des erhofften Abzuges der Jugoslawen der niederschmetternde Rückzug der Kärntner Truppen und die Besetzung der Stadt durch die Jugoslawen. Schon in der Nacht vom 5. auf den 6. erschienen zwei jugoslawische Zivilkommissäre im Bürgermeisteramt, um von der Stadt Besitz zu ergreifen. Als ihnen der vermeintliche Abschluß eines Waffenstillstandes — es war der Vertragsentwurf vom 5. Juni, der von den Jugoslawen selbst vorgelegt worden war — entgegengehalten wurde, zogen sie sich wieder zurück. Am 6. Juni vormittags rückten die Truppen der Gruppe Milenković auf der Völkermarkter und St. Veiter Straße in Klagenfurt ein. Parlamentäre des Gemeinderates gingen ihnen entgegen und legten gegen den Einmarsch unter Hinweis auf den Waffenstillstand, der um 12 Uhr nachts hätte in Kraft treten sollten, Verwahrung ein. Um ½12 Uhr mittags kam ein serbischer Militärbeamter ins Bürgermeisteramt und verlangte vom versammelten Gemeinderat die Übergabe der Stadtverwaltung im Namen des Kommandanten der Draudivision. Da er keine Vollmacht vorweisen konnte, wurde die Übergabe verweigert.

Zwei Stunden später rückten zwei serbische Kompanien in die Stadt ein und erschien Oberst Milenković im Rathaus. Er teilte den Bürgermeister-Stellvertretern Rach und Pressien und den versammelten Gemeinderäten und obersten Magistratsbeamten mit, daß er von der Stadt Besitz ergriffen habe und verlangte die Übergabe der Verwaltung. Der Gemeinderat lehnte die Übergabe ab und erhob gegen die Besetzung Protest, da diese dem tags vorher abgeschlossenen Waffenstillstandsvertrag widerspreche. Der Oberst nahm zwar den Protest des Gemeinderates nicht zur Kenntnis, erklärte jedoch, daß er keinerlei Verfügung treffen könne, sondern sie dem übergeordneten Kommando überlassen müsse; im Namen dieses Kommandos ersuche er auch den Gemeinderat, die Verwaltungsgeschäfte weiterzuführen, was zugesagt wurde. Auch der Protest der Landesregierung wurde nicht zur Kenntnis genommen. —

Mit der Besetzung Klagenfurts durch die Jugoslawen war der blutige Kampf um Kärntens Freiheit zu Ende. Kärnten hatte den Mut und die Kraft gehabt, den Kampf gegen die eingedrungenen slowenischen Truppen aufzunehmen und ihn durch einmütiges Zusammenhalten aller Stände und Parteien durch Monate hindurch siegreich zu bestehen. Es war in diesem Kampf allein gestanden, abgesehen von der Hilfe der tapferen Tiroler unter Hauptmann Dragoni und den wackeren kärntnerischen und steirischen Studenten aus Graz, Leoben und Bruck, die voll Kampfesmut an der steirisch-kärntnerischen Grenze sich eingestellt hatten, aber zu spät gekommen waren. Für den Kampf mit übermächtigen, wohlorganisierten und wohlausgerüsteten regulären Truppen des Staates der Serben, Kroaten und Slowenen waren die Kräfte des Landes zu schwach. Diesem Feinde gegenüber mußte es unterliegen.

Der Kampf hatte Kärnten viel Opfer an Gut und Blut gekostet. Einschließlich der Opfer unter der Zivilbevölkerung, die die zwecklose Beschießung friedlicher Ortschaften durch die Jugoslawen gefordert hatte, waren nach den genauen Erhebungen der Evidenzhaltung 201 in Kärnten heimatberechtigte Männer und 13 Frauen gefallen, außerdem 52 Männer, die in Kärnten nicht heimatberechtigt waren, die sich aber bei Ausbruch der Kämpfe in Kärnten befanden und eingerückt waren. Über 800 Mann waren verwundet worden. Im Weltkrieg hatte Kärnten nach W. Winkler von allen österreichischen Ländern im Vergleich zu seiner Bevölkerungszahl die meisten Kriegstoten zu beklagen (14833 = 36 v. Tausend). Auf seiten der Jugoslawen waren nach Andrejka 154 Mann gefallen, darunter 9 Kärntner (die Mehrzahl nach einberufene Mießtaler) und 15 Serben, alle anderen waren Slowenen aus Krain, Untersteiermark und dem Küstenland.

Besonders hart war das Schicksal der Heimwehrmänner, die in den nun von den Jugoslawen besetzten Gebieten seßhaft waren. Sie waren vor die Wahl gestellt, entweder Heimat und Besitz zu verlassen oder sich auf Gnade und Ungnade den Jugoslawen auszuliefern. Viele kehrten zu ihrer heimatlichen Scholle zurück und wurden z. T. von den Jugoslawen gefangengenommen und bis nach Semendria verschleppt. Etwa 1500 zogen ins freie Kärnten und fristeten hier mit zahlreichen anderen Flüchtlingen durch viele Monate hindurch ein kärgliches Dasein. Anfang August wurden die Heimwehren der Zone B und des unbesetzten Kärnten infolge einer mündlichen Verfügung der interalliierten Mission aufgelöst. Aus den Heimwehrmännern des besetzten Gebietes, die nicht heimkehren konnten, wurde ein Heimwehrbataillon Rosental mit dem Standort bei Villach und ein Heimwehrbataillon Lavanttal gebildet. Das zweite wurde später in eine Heimwehrkompanie Südostkärnten mit dem Standort St. Andrä und eine Heimwehrkompanie Völkermarkt mit dem Standort Brückl-Eberstein geteilt. Um die Wehrmänner zu beschäftigen, zog man sie zu Straßen- und Bahnbauten und zu zivilen Arbeiten gegen Gebühr heran. Als dann im März 1920 die Mehrzahl der Heimwehrleute in ihre Heimat zurückkehren konnte, wurden auch die letzten Reste der Heimwehrorganisation auf Grund des Beschlusses des Landesrates vom 22. April am 10. Mai aufgelöst.

Auch die Volkswehr war bis Ende Jänner 1920 auf einen Stand von 2000 Mann abgebaut worden.

Sehr groß waren die materiellen Schäden, die Kärnten durch Zerstörung von Gebäuden infolge Beschießung und Brand, Plünderungen usw. erlitt. Die Höhe der angemeldeten Schäden wurde amtlich auf 57 Millionen Kronen geschätzt. Davon entfielen auf die politischen Bezirke Völkermarkt und Wolfsberg über 35 Millionen, auf den politischen Bezirk Klagenfurt fast 16 Millionen. Die Entschädigung erfolgte erst 1921 durch minderwertige Kronen. In der Zone I verursachten die Plünderungen durch jugoslawische Truppen nach jugoslawischer amtlicher Schätzung Schäden im Werte von 18 Millionen Kronen, die Plünderungen durch Kärntner Truppen solche im Werte von 12 Millionen[137]).

Alle diese Opfer an Blut und Gut, alle die Leiden, die die heimattreue Bevölkerung erdulden mußte, schienen nun umsonst gewesen zu sein. Die Jugoslawen hatten das militärische Ziel, das sie seit November 1918 angestrebt hatten, erreicht: Klagenfurt war als Faustpfand in ihrer Hand!

Aber der tragische Ausgang vermochte die Bedeutung und Wirkung des Abwehrkampfes nicht zu schmälern. Das Gutachten der amerikanischen Kommission konnte durch ihn nicht erschüttert werden. Der Beweis, daß die überwiegende Mehrheit der Bevölkerung die Fremdherrschaft ablehnt, war mit dem Einsatz von Gut und Blut unwiderleglich erbracht. Slowenische Gewährsmänner berichten, daß sich die slowenische Bevölkerung an den Kämpfen der Jugoslawen nicht beteiligte, daß aber andererseits unter den nach Laibach gebrachten Kriegsgefangenen meist Kärntner Slowenen waren, die slowenisch und deutsch konnten, aber sich nicht als Slowenen bekannten.

Der Kampf der Jugoslawen war ein wesentlich anderer als der der Kärntner. Die Kärntner hatten ihr eigenes Land mit eigenen und freiwilligen Kräften und unter Teilnahme des überwiegenden Teiles der Bevölkerung des umstrittenen Gebietes verteidigt. Sie kämpften für sich, ihre Heimat, ihr Volk und ihr Vaterland, im Bewußtsein, daß die übergroße Mehrheit der Bevölkerung die von Natur und Geschichte gegebene Einheit und Unteilbarkeit des Landes aufrechterhalten wolle. Die Jugoslawen dagegen führten einen Eroberungskrieg. Fremde Truppen — waren es nun Krainer, Untersteirer oder Serben — sollten das Land unterwerfen für einen fremden Staat. So konnte auch die Friedenskonferenz die von den Jugoslawen vollzogene Tatsache nicht anerkennen.

---

[137]) Brejc in „Slovenci v desetletju 1918—1928", S. 201. Vgl. S. 234 und S. 304.

XIII. PARIS UND ST. GERMAIN
(Vom 2. Juni bis 20. Juli 1919)

Die Beseitigung der Klauseln über die Volksabstimmung aus dem Vertragsentwurf vom 2. Juni war ohne Zweifel ein großer Erfolg der Jugoslawen. Nun aber schienen die Verhandlungen auf einem toten Punkt angelangt zu sein. Der Viererrat wußte nicht, was die Jugoslawen eigentlich planen. Er beauftragte daher Clemenceau, von Pašić den genauen Sinn der Erklärung vom 2. Juni zu verlangen und ihn zu fragen, ob die jugoslawische Delegation die Unterzeichnung des Vertrages verweigern werde oder ob sie beabsichtige, den Vertrag zu zeichnen, ihn aber nicht zu halten, erhielt jedoch keine Antwort. Da fanden die Jugoslawen neuerdings Unterstützung bei Johnson und House.

Schon in der Sitzung der Außenminister vom 9. Mai hatte Balfour die Frage aufgeworfen, ob im Klagenfurter Becken nicht der für Malmedy festgesetzte Vorgang eingehalten werden könnte[138]; Malmedy sei Belgien einverleibt worden, doch sei es den Bewohnern ermöglicht worden, innerhalb einer gewissen Zeit gegen die Einverleibung in den belgischen Staat Einsprache zu erheben; dann stünde die Verweisung des Falles an den Völkerbund offen, der zu entscheiden hätte. Die Außenminister waren jedoch auf diese Anregung nicht eingegangen, weil Sonnino auf die Verschiedenheit der beiden Fälle hingewiesen hatte: Bei Malmedy habe es sich darum gehandelt, Deutsche unter belgische Oberhoheit zu stellen, während die Bevölkerung Klagenfurts bereits einen Teil des österreichischen Staates bilde.

Johnson arbeitete nun einen Vermittlungsvorschlag aus, der auch von House und Tardieu gebilligt wurde, und überreichte am 2. Juni dem Präsidenten Wilson eine Denkschrift[139], die sichtlich von den Jugoslawen stark beeinflußt ist. Er bestritt darin im Sinne des Gegenberichtes Ehrlichs die Zuverlässigkeit des Miles-Berichtes und die Wichtigkeit der geographischen und wirtschaftlichen Einheit des Klagenfurter Beckens und bezweifelte, daß der Schaden, der der Stadt Klagenfurt, obwohl ihre wirtschaftlichen Beziehungen nach seiner Ansicht zum Süden und Osten stärker seien als zum Norden, durch Abtrennung von dem Jugoslawien zuzuteilenden Gebiet erwüchse, groß und dauernd sein würde. Weiters trat er für die jugoslawische Kompromißlinie und die Zuweisung der südlichen Hälfte des Beckens (der Zone A) an Jugoslawien ein, empfahl, anzunehmen, daß die jugoslawische Bevölkerung in diesem Gebiet die

---

[138] Vgl. Anhang II Nr. 6. — Nach dem Diktat von Versailles mußte das Deutsche Reich auf alle Hoheitsrechte über die beiden Grenzkreise Eupen und Malmedy zugunsten des belgischen Staates verzichten. Doch war den Bewohnern das Recht eingeräumt, binnen 6 Monaten nach Inkrafttreten des Vertrages in Listen, die von belgischen Behörden in Eupen und Malmedy aufgelegt werden sollten, schriftlich den Wunsch auszudrücken, daß die Gebiete ganz oder teilweise auch fernerhin unter deutscher Souveränität bleiben sollen.

[139] Anhang II Nr. 14.

jugoslawische Herrschaft der österreichischen vorziehe, und schlug vor a) den Slowenen dieses Gebietes das Recht zuzuerkennen, nach Ablauf einer angemessenen Zeit g e g e n das Verbleiben im jugoslawischen Staat Einsprache zu erheben; b) dasselbe Recht auch den Deutschen Klagenfurts und des westlich angrenzenden schmalen Streifens (der Zone B) zu gewähren, innerhalb einer weiteren Periode f ü r die Einverleibung in den jugoslawischen Staat zu stimmen. Die Frage, wer das Gebiet bis zum Ablauf des Zeitraumes zu verwalten habe und unter wessen Leitung diese „Abstimmung" durchgeführt werden solle, berührt Johnson nicht, doch versteht es sich von selbst, daß nach seinem Plane die Verwaltung und die Durchführung der Abstimmung in der Zone A dem Königreich SHS, in der Zone B Österreich überlassen werden sollte.

Dieser Vorschlag stellt eine offensichtliche einseitige Begünstigung der Jugoslawen dar; denn eine unter den Auspizien Jugoslawiens durchgeführte Volksabstimmung in der Zone A wäre ebenso eine bloße Scheinabstimmung gewesen wie die sogenannte Volksabstimmung in Eupen-Malmedy, und ihr Ausgang zugunsten Jugoslawiens wäre nicht zweifelhaft gewesen, während die Zone B für Österreich auch im Falle einer regelrechten und unter unparteiischer Leitung stattfindenden Abstimmung sicher war.

Die Jugoslawen griffen daher mit beiden Händen zu. Um die Öffentlichkeit für den neuen Plan zu gewinnen, brachte „Temps" am 3. u. 4. Juni zwei von jugoslawischer offizieller Seite inspirierte Artikel, die gegen das bisherige „Vorurteil", das Klagenfurter Becken sei unteilbar, Stellung nahmen und die Teilung des Beckens nach der von den Jugoslawen vorgeschlagenen Kompromißlinie sowie die Zuweisung der südlichen Zone an Jugoslawien unter Vorbehalt des Rechtes der Bevölkerung, sich binnen sechs Monaten gegen die Zuteilung auszusprechen, forderten. Bevor die Delegation jedoch offiziell mit dem neuen Vorschlag herausrückte, unternahmen die Jugoslawen noch zwei Versuche, die Volksabstimmung zu Fall zu bringen, den einen beim Viererrat, den anderen bei Wilson.

Am 4. Juni erhielt nämlich Vesnić abermals Gelegenheit, die Forderungen der Jugoslawen vor dem Rat der Vier in einer 1½stündigen Rede zu vertreten[140]. Er führte diesmal hauptsächlich politische Argumente ins Treffen, verwies auf den angeblichen Plan Deutschlands, zur Adria und zum Ägäischen Meer vorzudringen, den drohenden Anschluß Österreichs an das Deutsche Reich, der sich in 15 bis 20 Jahren vollziehen werde, und die Ergebnisse der österreichischen Volkszählung, wonach in dem von den Jugoslawen beanspruchten Gebiet — gemeint ist die Zone A mit Einschluß des Mießtales — 24 000 Deutsche und 60 000 Slowenen wohnten, und verlangte noch einmal,

---

[140] Protokoll der Sitzung nach Aldrovandi-Marescotti, Nuovi Ricordi s. Anhang II Nr. 15. — Gray, A Commentary on the History of the Treaty with Austria. Paris 1920 bei Almond-Lutz, S. 508 Nr. 184. — auch Wambaugh I, S. 177.

daß dieses Gebiet ohne jede weitere Formalität dem SHS-Staat überlassen werde. Wilson blieb jedoch bei der Volksabstimmung und empfahl an der Hand einer Karte, auf der die von den Jugoslawen beanspruchte Zone A und die von ihnen aufgegebene Zone B eingetragen war, einen Vorgang, der dann auch in den Friedensvertrag aufgenommen wurde. Darnach sollten etwa sechs Monate nach Inkrafttreten des Vertrages mit Österreich die Bewohner der Zone A durch eine Volksabstimmung befragt werden, ob sie mit Jugoslawien vereint werden wollen oder mit Österreich; wenn sie für Österreich stimmten, sollte das ganze Becken Österreich zufallen; wenn sie für Jugoslawien stimmten, sollte eine Volksabstimmung in der Zone B stattfinden; wenn sie in dieser letzten Zone für Jugoslawien stimmten, sollte die Zone insgesamt an Jugoslawien fallen; wenn sie für Österreich stimmten, sollte sie zwischen Österreich und Jugoslawien geteilt werden. Damit war auch die von den Jugoslawen vorgeschlagene Demarkationslinie anerkannt.

Nun griff Vesnić auf den von der jugoslawischen Delegation bereits gemachten Vorschlag einer Abstimmung und Zuteilung nach G e m e i n d e n zurück. Allein Wilson lehnte diesen Vorschlag abermals mit der Begründung ab, daß das Ergebnis einer solchen Abstimmung die Geschlossenheit des Gebietes zerstören würde. Desgleichen sprach sich auch Lloyd George gegen eine Abstimmung nach Gemeinden wegen der daraus entspringenden Schwierigkeiten aus. Schließlich beschloß der Vierer-Rat, die Gebietskommission zu beauftragen, einen genauen Plan auszuarbeiten, und zwar auf der Grundlage, daß die Bewohner der Zone A durch eine Volksabstimmung erklären sollen, ob sie mit Jugoslawien oder mit Österreich verbunden sein wollen, und daß das Gebiet in der Zeit zwischen der Unterzeichnung des Friedensvertrages und der Abstimmung durch eine örtliche, unter der Autorität des Völkerbundes stehende Regierung verwaltet werden solle; Vesnić wurde ersucht, seine Delegation zu befragen, ob sie die Volksabstimmung im Laufe von sechs Monaten nach Unterfertigung des Friedensvertrages oder nach einem längeren Zeitraum wünsche[141]). Über die Zone B wurde, wohl infolge eines Versehens, kein Beschluß gefaßt.

Mit diesem Beschluß war zwar die bisherige Ansicht, daß das Klagenfurter Becken eine unteilbare Einheit sei, aufgegeben und seine Teilung beschlossen, aber über die künftige Staatszugehörigkeit der beiden Teile sollte eine wirkliche Volksabstimmung unter einer dem Völkerbund untergeordneten Verwaltung entscheiden. —

Am folgenden Tage — es war derselbe 5. Juni, an dem die jugoslawischen Truppen vor den Toren Klagenfurts standen — erhielt die Laibacher Abordnung Audienz bei Wilson. Auch die Kärntner Sachverständigen Dr. Ehrlich und Trunk nahmen daran teil. Dr. Brejc sprach ihn mit den theatralischen

---

[141]) Der Wortlaut in Anhang II Nr. 16.

Worten an: „Ave Wilson, Sloveni morituri te salutant!". Er beteuerte, das slowenische Volk könne es nicht begreifen, wie es möglich sei, daß die siegreichen Mächte Hunderttausend (!) Kärntner Slowenen vom jugoslawischen Staat „losreißen" und den besiegten Feinden ausliefern können, und bat um Gerechtigkeit. Wilson verwies auf die wirtschaftliche Einheit des Klagenfurter Beckens, dessen Zerreißung für die Bevölkerung von ungünstigen wirtschaftlichen Folgen begleitet wäre und daher anscheinend auch von der Bevölkerung abgelehnt werde. Dr. Schwegel, der als Dolmetsch diente und einen ausführlichen Bericht über den Verlauf der Audienz verfaßte, verfocht die Kompromißlinie und suchte vor allem zu beweisen, daß eine Teilung des Beckens weder dem nördlichen noch dem südlichen Teile Schaden brächte und daher die Zone A sofort und ohne Abstimmung Jugoslawien zugeteilt werden könnte. Er bemerkt jedoch in seinem Bericht, es sei nicht leicht gewesen, diese Argumente vorzutragen, da man vorher immer die entgegengesetzten, ebenfalls richtigen Gründe vorgebracht hätte, die gegen eine Teilung eingewendet werden können. Wilson entgegnete Schwegel, er könne nicht verstehen, weshalb sich die Slowenen fürchten, daß die Bevölkerung, die doch slawisch fühle und zu Jugoslawien strebe, bei einer Volksabstimmung nicht in diesem Sinne stimmen werde.

Die Laibacher antworteten mit einer geradezu hemmungslosen Schilderung des Druckes, der auf den Kärntner Slowenen laste und sie mit solcher Angst vor Racheakten erfülle, daß sie nicht den Mut aufbringen würden, für Jugoslawien zu stimmen. Brejc verstieg sich sogar zur unerhörten Lüge, die Deutschen hätten bei ihrem letzten militärischen Vormarsch nicht nur geplündert, sondern auch gehenkt und gemordet [142]. Wilson ließ sich jedoch auch durch die Laibacher vom Gedanken der Volksabstimmung nicht abbringen [143].

Am 6. Juni fuhr der Großteil der Laibacher Abordnung nach Laibach zurück.

Der Vorstoß der Jugoslawen gegen die Volksabstimmung beim Viererrat und bei Wilson war also gescheitert. Jetzt erst überreichte Vesnić dem Viererrat namens der jugoslawischen Delegation folgende zwei Vorschläge:

1. Zuweisung der Zone A an den SHS-Staat. Innerhalb eines Zeitraumes von drei (höchstens sechs) Monaten nach Inkrafttreten des Vertrags werden die Einwohnerlisten bei den jugoslawischen Behörden aufgelegt. Die Bewohner des erwähnten Gebietes werden die Möglichkeit haben, hier schriftlich ihren Willen kundzugeben, ob sie ihr Gebiet unter österreichischer Verwaltung sehen wollen.

Zuweisung der Zone B an den österreichischen Staat unter Vorbehalt der Möglichkeit für die Bewohner, sich zugunsten des SHS-Staates zu erklären.

2. Zuweisung der Zone A an den SHS-Staat, doch erkennt man den Bewoh-

---
[142] Vgl. S. 234, 284, 304.
[143] Vgl. die Schilderung der Audienz nach dem Berichte Schwegels bei Brejc, Slovenci v desetletju 1918—1928, S. 185. — Ravnihar a. a. O.

nern das Recht zu, durch eine V o l k s a b s t i m m u n g innerhalb eines Zeitraumes von drei (höchstens sechs) Monaten zu erklären, daß sie die Zuteilung ihres Gebietes unter österreichische Verwaltung wünschen.

Zuweisung der Zone B an den österreichischen Staat unter Vorbehalt derselben Rechte der Bevölkerung, sich zugunsten des Königreiches SHS zu erklären.

Der erste dieser Vorschläge empfiehlt denselben Vorgang, der für Eupen-Malmedy vorgesehen war, der zweite formelle Abstimmungen in beiden Zonen, aber gleichfalls nach vorhergehender Zuweisung der Zone A an Jugoslawien, der Zone B an Österreich. Das Wesentliche liegt darin, daß die Volksabstimmung in der Zone A in beiden Fällen unter jugoslawischer Verwaltung stattfinden sollte, was allerdings im Widerspruch zu der von den Jugoslawen in ihren Vorschlägen zur Durchführung der Volksabstimmung vom 12. Mai verlangten Bestellung einer interalliierten Verwaltungskommission durch den Völkerbund stand[144]).

Die beiden Vorschläge wurden in einer Denkschrift durch den Hinweis auf die großen Schwierigkeiten begründet, die der Errichtung einer örtlichen, unter der Autorität des Völkerbundes stehenden Verwaltung und des hiezu nötigen Beamtenapparates entgegenstünden; es müßte wie für das Saargebiet ein ins kleinste gehendes Statut ausgearbeitet und ein vollständiger Wechsel des bisherigen politischen und Verwaltungssystems vorgenommen werden; dies sei jedoch nicht möglich, da es keine intellektuellen Slowenen gebe, die für die neuen Verwaltungsbehörden in Frage kämen.

Am Nachmittage des 6. Juni beschäftigte sich die Gebietskommission mit dem Auftrage des Viererrates vom 4. Juni[145]). Da sich dieser Auftrag nur auf die Zone A bezog und die Antwort Vesnićs über den Zeitpunkt der Abstimmung nicht eingelangt war, so geriet die Gebietskommission in einige Verlegenheit. Überdies bekämpften die Italiener die Kompromißlinie und verlangten, daß der westliche Teil der Zone A mit dem Nordausgang des Karawankentunnels und der Eisenbahn nach Villach von der Abstimmung ausgenommen und die endgültige Entscheidung darüber sowie die Entscheidung über das Dreieck von Aßling den Hauptmächten vorbehalten werde. Sie schlugen daher eine Teilung der ganzen Zone von Norden nach Süden durch eine ö s t l i c h von Klagenfurt laufende Linie vor. Offenbar fürchteten sie, daß eine Abstimmung in der im Norden von der Kompromißlinie begrenzten Zone A zugunsten Jugoslawiens ausfallen könnte, womit nicht nur das Schicksal dieser Zone, sondern wahrscheinlich auch das des Aßlinger Dreiecks entschieden worden wäre.

---

[144]) Vgl. S. 247; Anhang II Nr. 12.

[145]) Protokoll vom 6. 6. 1919. Erhalten in St. Germain Juli 1919. Siehe Anhang II Nr. 16. — Gray, Kommentar etc. bei Almond-Lutz, S. 508 Nr. 184. — Wambaugh I, S. 178.

Der Vorsitzende Tardieu, der vor der Sitzung von Žolger eingehend unterrichtet worden war und daher gegen die Errichtung einer Lokalregierung ganz im Sinne der jugoslawischen Denkschrift Stellung nahm, legte einen Protokollsentwurf vor, in dem festgestellt wurde, daß die Regelung eine verschiedene sein müßte, je nachdem für die Abstimmung eine kürzere oder längere Frist gewählt werde; im ersten Fall müßte sie nach dem Muster von Allenstein oder Schleswig erfolgen, im zweiten nach dem des Saarbeckens[146]); in diesem Fall würden sich bei Errichtung der geplanten Lokalregierung bedeutende Schwierigkeiten ergeben, da die Bevölkerung der Zone A aus slowenischen Bauern und Handwerkern bestehe, die der geplanten Lokalregierung keine Stütze für die Verwaltung bieten würden; die internationale Regierungskommission müßte sich daher, um Leute zu bekommen, zur Sicherung der Verwaltung entweder an die Deutschen dieses Gebietes wenden oder an die Slowenen, die nach dem Vertrag dem serbisch-kroatisch-slowenischen Staat zugeteilt sind; ferner würde die Justiz-, Finanz-, Münz-, Zoll- und Handelsverwaltung eine bis ins einzelne gehende Studie wie beim Saarbecken erfordern, wofür die genauen Unterlagen fehlten. Die Kommission schlage daher vor, die Zone A Jugoslawien, die Zone B Österreich zuzuweisen und der Bevölkerung jeder Zone das Recht einzuräumen, binnen sechs Monaten nach der Unterzeichnung des Friedensvertrages gegen die Zuteilung Einsprache zu erheben. Eine vom Völkerbund ernannte Kommission solle beauftragt werden, die örtliche Verwaltung in den beiden Zonen zu überwachen und die Freiheit der Willensäußerung der Bevölkerung zu sichern.

Wie man sieht, hält sich der Entwurf Tardieus fast genau an den ersten der beiden Vorschläge, die die jugoslawische Delegation am 6. Juni erstattet hatte. Wieder war es ein Amerikaner, Prof. Seymour, der in der Gebietskommission gegen diese Art „Volksabstimmung" Stellung nahm. Er verlangte, daß an die Stelle einer „Befragung" eine wirkliche Volksabstimmung gesetzt werde, mit anderen Worten, „die Bevölkerung soll nicht bloß das Recht haben zu protestieren, sondern sie soll ausdrücklich durch Abstimmung den Staat bezeichnen, mit dem sie verbunden zu sein wünsche". Dieser Forderung stimmte der Vorsitzende schließlich bei.

---

[146]) Die Abstimmungsgebiete von Allenstein und Schleswig wurden nach den § 95 und 109 des Versailler Diktats je einem internationalen, aus 5 Mitgliedern bestehenden Ausschuß unterstellt, der die allgemeine Verwaltungsbefugnis erhielt und die Abstimmung zu organisieren hatte. Die Mitglieder des Verwaltungsausschusses von Allenstein wurden durch die alliierten und assoziierten Hauptmächte ernannt, von den Mitgliedern des Ausschusses für Schleswig 3 durch die alliierten und assoziierten Hauptmächte und je eines durch die norwegische und schwedische Regierung. — Die Regierung des Saarbeckens wurde einem den Völkerbund vertretenden Ausschuß übertragen, der aus 5 vom Rat des Völkerbundes ernannten Mitgliedern bestand, und zwar einem Franzosen, einem aus dem Saarbecken stammenden und dort ansässigen Nichtfranzosen und 3 Mitgliedern, die drei anderen Ländern als Frankreich und Deutschland angehörten. Die Volksabstimmung fand nach Ablauf von 15 Jahren statt.

Nach längerer Wechselrede beschloß die Kommission, ohne die Italiener, folgenden Vorschlag:
1. Der Völkerbund ernennt eine Kommission von 5 Mitgliedern mit dem Auftrag, in den Zonen A und B unter der Autorität des Völkerbundes die freie Äußerung des Volkswillens vorzubereiten, indem sie durch Ausübung der Überwachung und des Vetorechtes die Unparteilichkeit der örtlichen Verwaltung sichert.
2. Die örtliche Verwaltung der Zone B wird p r o v i s o r i s c h den österreichischen Behörden anvertraut und erfolgt nach den allgemeinen Grundsätzen der österreichischen Gesetzgebung.
3. Die örtliche Verwaltung in der Zone A wird p r o v i s o r i s c h den SHS-Behörden anvertraut und erfolgt nach den allgemeinen Grundsätzen der SHS-Gesetzgebung.
4. In jeder der beiden Zonen findet nach Ablauf einer Frist von .... eine Volksabstimmung statt, die der Bevölkerung erlaubt, nach den von der Kommission zu erlassenden Bestimmungen frei ihre Meinung auszudrücken, ob sie endgültig zu Österreich oder zum serbo-kroatisch-slowenischen Staat zugeteilt werden wolle.

Der Vorschlag der jugoslawischen Delegation, in Kärnten eine „Abstimmung" wie in Eupen-Malmedy durchzuführen, war also gefallen. Aber die Jugoslawen hatten einen großen Erfolg errungen: die Übertragung der Verwaltung in der Zone A, wenn auch nur provisorisch, an das Königreich SHS.

Die italienische Delegation schloß sich diesen Vorschlägen nicht an, sondern beharrte auf dem Standpunkt, den sie am 6. Juni eingenommen hatte. Ravnihar berichtet, daß die Italiener sogar bereit gewesen seien, den jugoslawischen Kompromißvorschlag zu unterstützen, wenn ihnen die Jugoslawen Veldes und die Wochein mit der Bahn überlassen hätten. Und in der Tat trat Orlando in der Sitzung vom 6. Juni dafür ein, daß die Zone A (ohne das Gebiet von Rosenbach) sogleich dem jugoslawischen Staat und die Zone B sogleich dem österreichischen Staat zugeteilt werde. Da war es Lloyd George, der dieser Ansicht entgegentrat und eine Volksabstimmung empfahl[147]).

Die jugoslawische Delegation überreichte nun dem Vierer-Rat am 7. Juni folgende Vorschläge zur Durchführung der Volksabstimmung, die sie im Einvernehmen mit der Laibacher Abordnung ausgearbeitet hatte.
1. Das Recht der Stimmenabgabe steht allen Personen ohne Rücksicht auf

---

[147]) Gray, A Commentary etc. bei Almond-Lutz Nr. 184, S. 508. Dort heißt es zur Sitzung der Gebietskommission: „In der Erörterung hielt Orlando seine Meinung aufrecht, daß eine Abstimmung nutzlos sei, und vertrat die Anschauung, daß die Zone A sogleich dem jugoslawischen Staate, die Zone B Österreich zugeteilt werde. Doch erachtete Lloyd George, der keineswegs sicher war, daß die Zone A in ihren Sympathien jugoslawisch sei, eine Volksabstimmung für rätlich."

das Geschlecht zu, welche folgende Bedingungen erfüllen: a) zurückgelegtes 20. Lebensjahr bei Inkrafttreten des Vertrages; b) ständiger Wohnsitz in der Abstimmungszone seit 1. Jänner 1919; c) Geburt in der genannten Zone oder ständiger Wohnsitz seit dem 1. Jänner 1905 oder Heimatzuständigkeit.

2. Die Abstimmungskommission besteht aus 5 Mitgliedern, wovon 3 Mitglieder durch die alliierten und assoziierten Mächte, das 4. durch die jugoslawische, das 5. durch die österreichische Regierung ernannt werden; sollte der Rat dieser Anregung nicht zustimmen, so wird das Recht der Ernennung des 4. und 5. Mitgliedes der Regierung der Tschechoslowakei oder der Republik Polen übertragen.

3. Die Volksabstimmung wird in der Zone A in Monatsfrist nach Inkrafttreten des Friedensvertrages, in der Zone B drei Wochen nach Veröffentlichung des Abstimmungsergebnisses der Zone A durchgeführt.

4. Die Grenzen der Zone A bleiben so, wie sie von der jugoslawischen Delegation in der Sitzung der Gebietskommission vom 20. Mai gefordert wurden (vgl. S. 240f.). Im Osten und Süden laufen sie vom Hühnerkogel bis zum Mallestiger Mittagskogel nach der alten Kärntner Landesgrenze, und zwar so, daß das Mießtal und Seeland von der Zone A ausgeschlossen sind.

Ungeachtet dieser Vorschläge setzten die Jugoslawen den Kampf gegen die Volksabstimmung fort. Sie suchten hierzu Unterstützung bei den Engländern, aber auch bei Tardieu, White u. a. und spielten als letzten Trumpf aus die zweifache Methode, in der die Lösung slowenischer Gebietsfragen erfolge: in Kärnten mit, in Görz ohne Volksabstimmung. Da jedoch die Friedenskonferenz mit der Überprüfung der Antwort der deutschen Friedensdelegation beschäftigt war, kam die Kärntner Frage erst am 17. Juni wieder zur Verhandlung. —

Indes hatten die Jugoslawen den Großangriff in Kärnten unternommen und Klagenfurt besetzt. Dieser militärische Erfolg besserte jedoch ihre diplomatische Lage keineswegs. Wohl strebten sie jetzt mit aller Macht darnach, daß der Waffenstillstand vom 6. Juni mit der neutralen Zone und den beiden Demarkationslinien und die Besetzung Südkärntens mit Einschluß von Klagenfurt durch jugoslawische Truppen von der Friedenskonferenz gebilligt und unter Aufsicht der alliierten Armee in Ungarn gestellt werde. Denn dadurch hätten sie den so lange angestrebten und für sie so günstigen Zustand, der in Steiermark seit dem 13. Februar bestand, auch in Kärnten erreicht. Allein die Denkschriften, die sie in diesem Sinne an Tardieu, Leeper, Johnson, den amerikanischen General Bliss, den Generalstabschef Alby u. a. richteten, blieben erfolglos. Sie mußten schließlich Klagenfurt räumen.

Schon der Angriff vom 29. April hatte in Paris bei den Amerikanern einen schlechten Eindruck gemacht. Day schrieb am 4. Mai an Žolger, er habe gehört, die Jugoslawen hätten in Kärnten einen militärischen Angriff unternommen und Rosenbach und andere Orte besetzt; das werde Verwirrung in die gegenwärtige politische Lage bringen und könnte den Stand Jugoslawiens in den Augen der amerikanischen Kommission präjudizieren; er bedaure, daß diese Vorfälle sich zugetragen haben. Žolger beeilte sich, Day einen „amtlichen" Bericht über die Kämpfe in Kärnten zu überreichen, in dem behauptet wurde, daß die jugoslawische Regierung und das militärische Kommando nicht die geringste Schuld an diesen Kämpfen treffe. (Vgl. S. 213.)

Die Nichtbeachtung des Räumungsauftrages vom 31. Mai und die Fortsetzung der Offensive in Kärnten verstärkte in Paris in manchen Kreisen den Mißmut gegen die Jugoslawen, namentlich bei Wilson und bei den Italienern. Am 10. Juni protestierte der französische Gesandte, jedenfalls im Auftrage des Obersten Rates, bei der Belgrader Regierung gegen die Besetzung Klagenfurts, da sie doch versprochen hätten, Klagenfurt nicht zu besetzen, solange die Waffenstillstandsverhandlungen dauern, und Wilson schrieb am 14. Juni an Vesnić, er und seine Freunde seien durch die Berichte über die durch serbische Truppen verursachten Ereignisse in Albanien und die militärische Aktion im Klagenfurter Becken sehr beunruhigt; er nehme an, daß er — Vesnić — sich bewußt sei, daß derartige Unternehmungen die Sache der Jugoslawen sehr ernst präjudizieren und eine gerechte Lösung sehr erschweren; er bitte ihn also, seinen ganzen Einfluß aufzuwenden, um diese Aktionen zu korrigieren, damit nicht ein Schritt der alliierten und assoziierten Mächte nötig sei.

Am 14. Juni teilte Staatskanzler Renner in der 5. Note wegen der Ereignisse in Kärnten[148]) der Friedenskonferenz mit, daß die Jugoslawen noch immer keine Anstalten getroffen hätten, das Becken von Klagenfurt zu räumen, sondern im Gegenteile nun auch die Städte St. Veit und Villach bedrohten. Der Oberste Rat wurde gebeten, darauf zu bestehen, daß die jugoslawische Regierung den Wunsch der Mächte nach Räumung sofort erfülle. Daraufhin sandte die jugoslawische Delegation an zahlreiche Mitglieder und Experten der Friedenskonferenz einen Bericht über die Begebenheiten in Kärnten seit 1918, in dem sie das Vorgehen der Jugoslawen zu rechtfertigen suchte und alle Schuld an den Kämpfen in Kärnten den Deutschen zuschob.

Entscheidend aber war das Eingreifen des italienischen Außenministers Sonnino, der als Vertreter Orlandos die Angelegenheit im Rate der Vier zur Sprache brachte. Dieser beschloß am 17. Juni[149]) neuerdings die Räumung des g a n z e n Klagenfurter Beckens von den Truppen beider Parteien zu fordern und den Rat der Außenminister zu beauftragen, entsprechende Depeschen an die beiden Regierungen abgehen zu lassen; in diesen Depeschen sollten auch die Grenzen, hinter denen sich die Truppen zurückzuziehen hätten, angegeben

---

[148]) Bericht I S. 87.

[149]) Brief des Generalsekretärs der britischen Delegation Oberstlt. Hankey im Protokoll der Sitzung der Außenminister vom 18. Juni 1919. Siehe Anhang II Nr. 17.

werden. Abschriften der Depeschen sollten den in Klagenfurt anwesenden Offizieren der alliierten und assoziierten Mächte[150]), die den Waffenstillstand überwachten, gesendet werden. Die Gebietskommission erhielt den Auftrag, die Grenzen für die Sitzung des Rates der Außenminister vorzubereiten.

Diese konnte jedoch in ihrer Sitzung vom 18. Juni zu keinem einhelligen Beschluß kommen, da die amerikanische Delegation sich über die zu ergreifenden militärischen Maßnahmen überhaupt nicht äußerte, die britische und die französische Delegation vorschlug, die Jugoslawen zu ermächtigen, die Zone A, die Österreicher die Zone B zu besetzen, und die italienische Delegation entsprechend dem Beschluß des Vierer-Rates der Ansicht war, daß die Jugoslawen und die Österreicher das g a n z e Becken zu räumen hatten[151]).

Auch im Rat der Außenminister waren die Meinungen geteilt. In der Sitzung vom 18. Juni[152]) gab Baron Sonnino, nachdem Tardieu die in der Gebietskommission zum Ausdruck gebrachten Meinungen zur Kenntnis gebracht hatte, eine eingehende Darstellung der Entwicklung der ganzen Frage und beantragte, am Beschluß des Vierer-Rates, daß sich beide Parteien aus dem ganzen Becken von Klagenfurt zurückzuziehen haben, festzuhalten und ihnen den Auftrag vom 31. Mai neuerdings zu erteilen. Da die anderen Delegierten damit nicht einverstanden waren, so verlief auch diese Sitzung ergebnislos.

Am folgenden Tage (19. Juni) nahm die Mehrheit des Rates der Außenminister gegen den Antrag Sonninos auf vollständige Räumung des Beckens eine Entschließung an, in der sie entgegen dem Beschluß des Rates der Vier die vollkommene Räumung des Beckens nicht gut hieß und sich dafür aussprach, daß sich die gegnerischen Streitkräfte nördlich bzw. südlich der Grenze zwischen den Zonen A und B zurückziehen[153]). Der Grund, warum die Engländer und die Franzosen so hartnäckig an der Besetzung der Zonen festhielten, war die Befürchtung, daß bei vollständiger Räumung des Beckens Unruhen ausbrechen und die Italiener dadurch veranlaßt werden könnten, ihrerseits das Becken zu besetzen[154]).

Am 18. Juni nahm die Gebietskommission auch zu den Vorschlägen Vesnićs vom 6. und 7. Juni Stellung[155]). Sie stimmte im allgemeinen dem zweiten Vorschlag Vesnićs zu, unter der wesentlichen Bedingung, daß beide Zonen unter Aufsicht einer internationalen Kommission gestellt werden, stellte jedoch zu den Vorschlägen der jugoslawischen Delegation vom 7. Juni hinsichtlich des Stimmrechtes, der Zusammensetzung der Abstimmungskommission und des

---

[150]) Vgl. S. 282, 303.
[151]) Bericht der Gebietskommission vom 18. Juni. Siehe Anhang II Nr. 17, Beilage C.
[152]) Protokoll der Sitzung der Außenminister vom 18. Juni siehe Anhang II Nr. 17.
[153]) Siehe Anhang II Nr. 18.
[154]) Wambaugh I, S. 179.
[155]) Siehe Anhang II Nr. 18, Beilage A.

Zeitpunktes der Abstimmung einige unwesentliche Abänderungsanträge. Wichtig ist, daß für die Abstimmungskommission fünf Mitglieder von den Hauptmächten (darunter jedenfalls eines von Italien) ernannt werden sollen und daß die Gebietskommission bezüglich des Mießtales einhellig an der vom Vierer-Rat bereits gebilligten, in den Vertragsentwurf vom 2. Juni aufgenommenen und auf der Karte Wilsons verzeichneten österreichisch-jugoslawischen Grenze zwischen Hühnerkogel und Uschowa festhielt. Da auch der Vierer-Rat auf der einmal gezogenen Grenze beharrte, so blieb das Mießtal endgültig von der Abstimmung ausgeschlossen, während das Gebiet um den Faakersee mit Rosenbach in der Zone A verblieb.

Am 21. Juni[156]) beschloß der Rat der Vier nach einer langen Wechselrede endgültig die Grundsätze für die Volksabstimmung im Klagenfurter Becken mit Bezug auf die Besetzung, den Zeitpunkt, die Zusammensetzung der Abstimmungskommission und das Stimmrecht, wie sie dann in den Vertragsentwurf vom 20. Juli und schließlich in den endgültigen Friedensvertrag aufgenommen wurden.

Die genauere Ausarbeitung der einschlägigen Artikel für den österreichischen Friedensvertrag wurde der Gebietskommission übertragen. Diese erhielt zugleich die Ermächtigung, ihren Entwurf unmittelbar dem Komitee mitzuteilen, das bevollmächtigt war, die notwendigen Klauseln ohne weitere Weisungen des Rates vorzubereiten. Dies geschah, wie es scheint, am 25. Juni. So erhielten die Bestimmungen über das Klagenfurter Becken die endgültige Fassung, wie sie in die Artikel 49 und 50 des Vertragsentwurfes vom 20. Juli und schließlich in den endgültigen Friedensvertrag vom 10. September 1919 aufgenommen wurde.

Am 24. Juni wurde die Entscheidung des Obersten Rates in der Räumungsfrage durch eine Radio-Depesche der österreichischen und der jugoslawischen Regierung mitgeteilt. Danach hatten sich die österreichischen Truppen nördlich, die jugoslawischen südlich der Linie: Mallestiger Mittagskogel—Polana—Draupunkt 1 km südöstlich der östlichen Eisenbahnbrücke bei Wernberg—Draupunkt 1 km östlich St. Michael (Rosegg)—Westende des Wörthersees—Mittellinie des Wörthersees—Glanfurt—Glan—Gurk—Nordgrenze des Bezirks Völkermarkt—Hühnerkogel zurückzuziehen, d. i. hinter die im endgültigen Friedensvertrag genannte Westgrenze der Zone I und die Demarkationslinie zwischen den Zonen I und II.

Noch in den letzten Tagen hatte Žolger bei Franzosen, Engländern und Amerikanern versucht, das Abstimmungsgebiet über das Mießtal auszudehnen, da er sich dort eine große Stimmenzahl für Jugoslawien erhoffte. In Wirklichkeit war dort die Stimmung in den Märkten Gutenstein und Unterdrauburg

---

[156]) So nach Gray, A. Commentary, Almond-Lutz, S. 510, Nr. 184. Nach Zeitungsberichten am 23. Juni.

für Kärnten sehr günstig und waren viele jugoslawisch gesinnte Bergarbeiter erst nach 1912 zugezogen, so daß sie kein Stimmrecht hatten. Es war daher zu erwarten, daß auch hier die Mehrheit der Bevölkerung bei der Abstimmung sich für Kärnten entscheiden werde. Žolger selbst gab schließlich den Versuch auf, da Johnson und die Franzosen entschieden abrieten und Day und der Engländer Leeper meinten, daß es nicht im jugoslawischen Interesse gelegen sei, auch das Mießtal der Gefahr einer Abstimmung auszusetzen. —

Während der langwierigen geheimen Verhandlungen innerhalb der Friedenskonferenz arbeitete die deutsch-österreichische Delegation die Antworten und Gegenvorschläge auf den Entwurf der Friedensbedingungen vom 2. Juni aus. Am 10. und 16. Juni ließ sie die ersten Gebietsnoten an die Konferenz abgehen. Sie wies darauf hin, daß Österreich auf Hunderttausende Deutscher, die abseits vom geschlossenen deutschen Sprachgebiet wohnen, freiwillig verzichte, und verlangte, ohne eine Ahnung zu haben, daß die jugoslawische Delegation für Kärnten bereits eine gemeindeweise Abstimmung gefordert und der Vierer-Rat diese abgelehnt hatte, für alle Grenzgebiete Österreichs mit deutscher Mehrheit Volksabstimmungen nach Gemeinden und unter Leitung einer im wesentlichen vom Völkerbund zu ernennenden Kommission. Für die Durchführung der Abstimmung wurde der Friedenskonferenz ein genauer Plan vorgelegt[157]). Der zweiten Note war eine Denkschrift[158]) der Kärntner Vertreter beigelegt, in der kurz auf die Naturgrenze der Karawanken, die geographische und wirtschaftliche Einheit und Unzerreißbarkeit des Landes, die geschichtliche Vergangenheit Kärntens als Verwaltungseinheit, die Stellungnahme der Gemeinden zur Erklärung des südslawischen Klubs vom 30. Mai 1917 und die durch die Probeabstimmung 1919 zum Ausdruck gekommene Stimmung der Bevölkerung hingewiesen wurde. Dieser Denkschrift war auch eine Abbildung des Oberlercherschen Reliefs von Kärnten beigelegt.

In den Gegenvorschlägen der Delegation vom 25. Juni und vom 10. Juli[159]) wurden alle Gerichtsbezirke und Gemeinden, für die eine Abstimmung verlangt wurde, aufgezählt. Darnach sollten in Kärnten abstimmen alle Gemeinden der Bezirke Arnoldstein, Bleiburg, Eberndorf, Ferlach, Hermagor, Klagenfurt, Kötschach, Rosegg, St. Paul, Tarvis, Villach und Völkermarkt, dann die Gemeinde Brückl des Bezirkes Eberstein und die Gemeinden Eisenkappel und Vellach des Bezirkes Eisenkappel, endlich die Gemeinde Weißenfels in Krain. Die endgültigen Staatsgrenzen sollten nach den Ergebnissen der Abstimmung in den einzelnen Gemeinden festgesetzt werden, und zwar so, daß die Mehrheit

---

[157]) Bericht I, S. 74, 128, 135. Kärnten, S. 133, 139, 156.
[158]) Anhang II Nr. 19.
[159]) Bericht I, S. 192 und 324. Kärnten, S. 197, 331.

der in jeder Gemeinde abgegebenen Stimmen über die zukünftige staatliche Zugehörigkeit der Gemeinde entscheiden und für den Fall, daß sich eine fortlaufende Grenze nicht ergebe, ein gerechter Gebietsausgleich vorgenommen werden sollte.

Bei den Vorbesprechungen dieser Vorschläge kam es zwischen dem Grenz-Generalkommissär der Delegation und den Kärntner Vertretern zu Meinungsverschiedenheiten und lebhaften Auseinandersetzungen. Die Verhältnisse in Kärnten waren nämlich sehr verschieden von jenen aller anderen Abstimmungsgebiete. Während Kärnten in den Karawanken ein klare, von Natur gegebene Grenze besaß und das Klagenfurter Becken eine sogar von den Jugoslawen lange Zeit verfochtene wirtschaftliche Einheit darstellt, mangelt es in den Grenzgebieten der Sudetenländer, Westungarns und sogar in der Südsteiermark an derartig scharfen Naturgrenzen und wirtschaftlichen Einheiten. In den anderen Abstimmungsgebieten hatte daher die Forderung, daß die Staatsgrenzen nach Gemeinden festgesetzt werden, Sinn und Berechtigung, nicht aber in Kärnten, wo eine Grenzfestsetzung nach dem Abstimmungsergebnis der Gemeinden voraussichtlich unmögliche Zustände schaffen und die wirtschaftliche und politische Einheit des Beckens gefährden mußte. Außerdem fanden es die Vertreter Kärntens für unnotwendig, daß der rein deutsche Bezirk Kötschach und die rein deutschen Teile der Bezirke Hermagor, Villach und St. Paul in das Abstimmungsgebiet einbezogen werden, weil dadurch der Eindruck hervorgerufen wurde, als seien auch diese Gebiete strittig. Die Kärntner Vertreter nahmen daher innerhalb der Delegation gegenüber dem Generalkommissär für Grenzfragen gegen diese beiden Punkte entschieden Stellung, mußten aber im Interesse der anderen Länder schließlich notgedrungen zugeben, daß für Kärnten nicht leicht eine Ausnahme gemacht werden könne.

Am 10. Juni kehrten sie zugleich mit den übrigen Ländervertretern in die Heimat zurück, nachdem sie der Delegation eine ausführliche Denkschrift über die Kärntner Grenzfrage überreicht hatten. Sie nahmen darin gegen die im Entwurfe vom 2. Juni gezogene Grenze gegen Italien Stellung, wiesen nach, daß die in der jugoslawischen Denkschrift vom 18. Februar geforderte und von Ehrlich verfochtene Grenze Hermagor — Ossiacher Tauern — Magdalensberg — Saualpe — Hühnerkogel weder geographisch, noch wirtschaftlich, noch völkisch, noch geschichtlich als Staatsgrenze berechtigt und die jugoslawische Beweisführung unstichhältig ist, und forderten unter Hinweis auf die geographische und wirtschaftliche Einheit des Beckens, die klare Naturgrenze gegen Süden und die Wünsche der Bevölkerung sowie mit Berufung auf die Grundsätze Wilsons eine unter unparteiischer Leitung stattfindende einheitliche Volksabstimmung im ganzen Becken, damit die Bevölkerung selbst über ihr Schicksal entscheiden könne.

Am 20. Juli wurden der deutsch-österreichischen Delegation die vollständigen Friedensbedingungen übergeben. In einer Begleitnote wird diese Fassung der Friedensbedingungen als „endgültiger Text der Friedensbedingungen" erklärt. Die Bestimmungen für das Klagenfurter Becken sind in den Artikeln 49 und 50 enthalten.

Artikel 49 begrenzt das Abstimmungsgebiet durch die Linie Kote 871, 10 Kilometer nordöstlich von Villach — Punkt in der Drau, 2 Kilometer oberhalb St. Martin — Drau bis 1 Kilometer südöstlich der Eisenbahnbrücke über den östlichen Teil der Drauschleife — Polana — Mallestiger Mittagskogel — Wasserscheide Karawanken — Uschowa — Westgrenze des Mießbeckens — Hühnerkogel — Kote 842, 1 Kilometer westlich Kasparstein — Nordostgrenze des Völkermarkter Bezirkes — Speikkogel — Nordwestgrenze des Völkermarkter Bezirkes — Steinbruchkogel — Grenze zwischen den politischen Bezirken Klagenfurt und St. Veit — Freudenberg — Gallin — Taubenbüchel — Kote 871. Die Demarkationslinie zwischen der ersten (südlichen) und zweiten (nördlichen) Abstimmungszone verläuft nach Art. 50 nach der Drau abwärts bis 1 Kilometer östlich Rosegg, von da zum Westende des Wörthersees, dann nach der Mittellinie des Sees und nach den Flüssen Glanfurt und Glan bis zur Mündung der Glan in die Gurk, endlich diese aufwärts bis zur Nordgrenze des Abstimmungsgebietes[160]).

Dann heißt es weiter im Art. 50:

„Das Gebiet wird der Aufsicht eines Ausschusses unterworfen, der beauftragt ist, dortselbst die Volksabstimmung vorzubereiten und eine unparteiische Verwaltung sicherzustellen. Dieser Ausschuß setzt sich folgendermaßen zusammen: vier Mitglieder werden von den Vereinigten Staaten, Großbritannien, Frankreich und Italien, je ein Mitglied von Österreich und dem serbisch-kroatisch-slowenischen Staate ernannt. Das österreichische Mitglied nimmt an den Beratungen des Ausschusses nur teil, wenn sie die zweite Zone betreffen; serbisch-kroatisch-slowenische Mitglied nimmt nur dann daran teil, wenn sie die erste Zone betreffen. Der Ausschuß entscheidet mit Stimmenmehrheit.

Die zweite Zone wird von den österreichischen Truppen besetzt und nach den allgemeinen Bestimmungen der österreichischen Gesetzgebung verwaltet.

Die erste Zone wird von den Truppen des serbisch-kroatisch-slowenischen Staates besetzt und nach den allgemeinen Bestimmungen der Gesetzgebung dieses Staates verwaltet.

In beiden Zonen sind sowohl die österreichischen wie die serbisch-kroatisch-slowenischen Truppen auf den Stand herabzusetzen, den der Ausschuß für notwendig erachtet, um die Ordnung aufrechtzuerhalten; sie sichern die Durchführung ihrer Aufgabe unter Aufsicht des genannten Ausschusses. Die Truppen sind so schnell als nur möglich durch Polizeikräfte, welche an Ort und Stelle ausgehoben werden, zu ersetzen.

Der Ausschuß wird beauftragt, die Abstimmung zu organisieren und alle Maßnahmen zu treffen, die zur Sicherung einer freien, unbeeinflußten und geheimen Stimmenabgabe für notwendig erachtet werden.

In der ersten Zone wird die Volksabstimmung innerhalb dreier Monate nach dem Inkrafttreten des gegenwärtigen Vertrages und zu einem vom Ausschusse festgesetzten Zeitpunkt stattfinden.

---

[160]) Vgl. die Kartenskizze S. 246.

Fällt die Abstimmung zugunsten des serbisch-kroatisch-slowenischen Staates aus, so wird in der zweiten Zone eine Volksabstimmung — innerhalb dreier Wochen nach Kundmachung des Ergebnisses der Volksabstimmung in der ersten Zone und zu einem, vom Ausschusse festgesetzten Zeitpunkte — stattfinden.

Fällt hingegen die Abstimmung in der ersten Zone zugunsten Österreichs aus, so wird in der zweiten Zone zu keiner Volksabstimmung mehr geschritten werden und das gesamte Gebiet wird endgültig unter österreichischer Staatsgewalt bleiben.

Stimmberechtigt ist jede Person ohne Unterschied des Geschlechtes, die den nachstehenden Bedingungen genügt: a) vollendetes 20. Lebensjahr am 1. Jänner 1919; b) ständiger Wohnsitz am 1. Jänner 1919 in der Zone, in der die Volksabstimmung stattfindet; c) Geburt in der genannten Zone oder ständiger Wohnsitz seit wenigstens 1. Jänner 1912 oder Zuständigkeit (pertinenza) dortselbst.

Das Abstimmungsergebnis wird durch Stimmenmehrheit in einer jeden Zone als Ganzes genommen bestimmt.

Nach Schluß der Abstimmung teilt der Ausschuß ihr Ergebnis den alliierten und assoziierten Hauptmächten gleichzeitig mit einem eingehenden Bericht über die Vorgänge der Abstimmung mit und macht es kund.

Lautet das Abstimmungsergebnis auf Einverleibung sei es der ersten oder der beiden Zonen in den serbisch-kroatisch-slowenischen Staat, so verzichtet Österreich, soweit es in Betracht kommt, schon jetzt zugunsten des serbisch-kroatisch-slowenischen Staates in dem Ausmaß, das dem Abstimmungsergebnis entspricht, auf alle Rechte und Ansprüche auf diese Gebiete. Nach Einvernehmen mit dem Ausschusse ist dann die serbisch-kroatisch-slowenische Regierung berechtigt, ihre Staatsgewalt endgültig auf diese Gebiete zu erstrecken.

Fällt die Abstimmung in der ersten oder in der zweiten Zone zugunsten Österreichs aus, so ist die österreichische Regierung berechtigt, ihre Gewalt endgültig über das ganze Gebiet von Klagenfurt oder fallweise über die zweite Zone zu erstrecken.

Sobald die Verwaltung des Landes auf diese Art — je nachdem sei es durch den serbisch-kroatisch-slowenischen Staat oder durch Österreich — sichergestellt ist, erlöschen die Befugnisse des Ausschusses.

Die Kosten des Ausschusses werden zur Hälfte vom österreichischen, zur Hälfte vom serbisch-kroatisch-slowenischen Staate getragen."

In Betracht kommt noch Artikel 92 des Friedensvertrages, der die Rede- und Handlungsfreiheit im Abstimmungsgebiete verbürgt und lautet: „Kein Bewohner der Gebiete der ehemaligen österreichisch-ungarischen Monarchie darf wegen seiner politischen Haltung seit dem 28. Juli 1914 bis zur endgültigen Anerkennung der Staatsgewalt auf diesen Gebieten oder wegen Regelung seiner Staatsangehörigkeit auf Grund des vorliegenden Vertrages behelligt oder belästigt werden."

Soweit die Bestimmungen der endgültigen Friedensbedingungen vom 20. Juli. Das Gebiet von Rosenbach erscheint darin trotz der so hartnäckig verfochtenen Forderung der Italiener, es von der Abstimmung auszunehmen, in die Zone I (früher A) einbezogen und sogar nach Westen zu bis zur Polana (westlich vom Faakersee, der Heimat Trunks), erweitert, während das Mießtal von der Abstimmung ausgeschlossen bleibt.

Die Größe und Einwohnerzahl der beiden Abstimmungszonen und der abgetretenen Gebiete zeigt in runden Zahlen folgende Tabelle:

	Gesamt-fläche km²	Einwohner-zahl (ohne Militär) (1910)	Umgangssprache (1910)	
			deutsch	slow.
Zone I	1 705	71 800	22 800	49 000
Zone II	365	53 500	49 000	4 500
Summe	2 070	125 300	71 800	53 500
An Jugoslawien abgetreten:				
Seeland	69	714	5	709
Mießtal und Unterdrauburg	361	16 000	3 100	12 900
Summe	430	16 714	3 105	13 609
An Italien abgetreten:				
Kanaltal	362	6 800	5 300	1 500
Somit im ganzen abgetreten	792	23 514	8 405	15 109
Rest von Kärnten	7 442	232 500	221 000	11 500
Kärnten vor dem Friedensschluß	10 304	381 314	301 205	80 109

Die Zone I umfaßte somit 16,6% der Gesamtfläche und zählte 1919 19% der Einwohner des heutigen Kärnten. Ihre wirtschaftliche Bedeutung erhellt daraus, daß sie 1910 eine steuerpflichtige Fläche von rund 163 000 ha besaß, das sind 18,7% von ganz Kärnten, darunter

36 338 ha Ackerland (26,7%),
19 803 ha Wiesen (20,3%),
854 ha Gärten (21,9%),
88 166 ha Wald (21,2%), aber nur
17 814 ha Hut- und Alpenweiden (8,1%)

Se. 162 975 ha.

Mit anderen Worten: Die Zone I besitzt verhältnismäßig mehr Acker-, Wiesen- und Gartenland und mehr Wald als das übrige Kärnten, hat also vor allem einen Überfluß an Feldfrüchten, der dem übrigen Kärnten zugute kommt. Sie ist daher für die Versorgung Kärntens von wesentlicher Bedeutung und ein lebenswichtiger Bestandteil des Landes, dessen Verlust die Ernährungsverhältnisse in Kärnten bedeutend erschwert hätte. Andererseits war begründete Aussicht vorhanden, daß, wenn die Zone I bei Kärnten verbleibt, der Ertrag durch bessere Bearbeitung des Bodens, künstliche Düngung, Entsumpfungen und dergleichen so weit gesteigert werden könnte, daß sich Kärnten mit landwirtschaftlichen Produkten selbst versorgen kann, was gegenwärtig auch tatsächlich fast durchaus erreicht ist. Dagegen leidet die Zone I einen Mangel an Weiden und ist daher genötigt, ihr Vieh auf die nordkärntnerischen Almen zu treiben, und, da ihre Viehzucht infolge dieser ungünstigen Verhältnisse im allgemeinen rückständig ist, ihr Zuchtvieh vom übrigen Kärnten zu beziehen. Überdies hätte sie, wenn sie vom übrigen Kärnten getrennt worden wäre, das Absatzgebiet für ihre Bodenfrüchte verloren und dafür keinen Ersatz gefunden, da Jugoslawien ein Agrarland war. Die Zone I und das übrige Kärnten ergänzen sich daher gegenseitig und bilden einen harmonischen Wirtschaftskörper, dessen Zerreißung für beide Teile tatsächlich von untragbaren Folgen begleitet gewesen wäre[161]).

Noch schlimmer wären die wirtschaftlichen Folgen der Angliederung des ganzen Klagenfurter Beckens an Jugoslawien gewesen, wie sie die Jugoslawen ursprünglich verlangt hatten, da die Verbindung Klagenfurts mit dem Norden aufgehört hätte. Was das bedeutet hätte, kann man schon daraus ermessen, daß auf dem Bahnhof in Klagenfurt im Jahre 1913 von 14000 Eisenbahnladungen 11600 vom Norden und Westen her und bloß 1530 (meist Kohle) aus südslawischen Ländern anrollten[162]) und daß 1910 über 20000 in den beiden Abstimmungszonen heimatberechtigte Personen außerhalb der beiden Zonen im übrigen Kärnten und in den deutsch-österreichischen Ländern lebten, die bei Verlust des Klagenfurter Beckens heimatlos geworden wären und erst durch Option wieder eine neue Heimat hätten finden können.

XIV. KLAGENFURT WÄHREND DER JUGOSLAWISCHEN BESETZUNG
Vom 6. Juni bis 31. Juli 1919

In den letzten Tagen vor der Besetzung war die Aufregung in Klagenfurt und Umgebung aufs höchste gestiegen[163]). Tausende von Stadt- und Landleuten verließen mit der Bahn, zu Fuß, auf Wagen und Autos die Heimat und flüchteten auf sicheres Gebiet. Ganze Karawanen zogen auf den Straßen, die nach Norden und Westen führten, dahin. Auch das Rosental, der Völkermarkter Bezirk und das untere Lavanttal boten dasselbe Bild einer grenzenlosen Panik. Das mittlere und obere Lavanttal, das Krappfeld, das Glan- und Gurktal, das Gail- und obere Drautal füllten sich mit Flüchtlingen. Es hatte schwere Not, die Massen — sie wurden auf 15000 geschätzt — unterzubringen. Viele mußten durch Wochen und Monate hindurch in Eisenbahnwagen hausen, die ihnen in den Stationen Oberdrauburg, Dellach im Drautale, Greifenburg, Kleblach-Lind, Rothenthurn, Villach und St. Veit zur Verfügung gestellt worden waren. Die meisten fanden bei ihren glücklicheren Landsleuten verständnisvolle Aufnahme und Hilfe.

---

[161]) Wutte, Das Kärntner Abstimmungsgebiet, Klagenfurt 1920.

[162]) Wutte, Klagenfurt. Eine Entgegnung. Villach 1919.

[163]) Über den Einmarsch der Jugoslawen und die Zustände in Klagenfurt während der Besetzung siehe den Bericht des Vizebürgermeisters Rach in der Sitzung des Klagenfurter Gemeinderates vom 5. August 1919, abgedruckt in den „Freien Stimmen" vom 7. August 1919.

Die in Klagenfurt zurückgebliebenen Amtsvorstände und Landesräte hielten nach Einzug der südslawischen Truppen von Zeit zu Zeit behufs gegenseitiger Fühlungnahme Besprechungen ab. Als Richtschnur galt, daß die Beamten bei einer versuchten Übernahme der Ämter durch südslawische Kommissäre nur der Gewalt zu weichen hätten. In der Tat scheiterten alle Versuche der Südslawen, sich der Verwaltung der Finanzen, der Post und Bahn, des Gerichtes usw. zu bemächtigen oder wenigstens die Oberaufsicht zu bekommen, an dem standhaften Widerstand der Amtsvorstände, die die südslawischen Zivilkommissäre nicht anerkannten und jede Verhandlung mit ihnen ablehnten. Insbesondere bemühten sich die Jugoslawen, die politische Verwaltung in ihre Hand zu bekommen. Zu diesem Zweck ernannten sie einen slowenischen, ehemals österreichischen Verwaltungsbeamten zum Zivilkommissär für die Bezirkshauptmannschaft Klagenfurt-Umgebung. Allein der Leiter der Bezirkshauptmannschaft, Regierungsrat Rainer-Harbach, der sich im Auftrag der Landesregierung in das unbesetzte Gebiet nach Feldkirchen begeben hatte, kehrte mit Erlaubnis des Landesverwesers nach Klagenfurt in sein Amt zurück, übernahm trotz der Anwesenheit des jugoslawischen Kommissärs die Amtsgeschäfte und blieb so lange im Amt, bis er von 2 jugoslawischen Gendarmen ab- und über die Grenze geführt wurde.

Der Leiter des Landesgerichtes Klagenfurt, Landesgerichtsrat Spitzer, erklärte dem von der Laibacher Regierung zum Leiter ernannten slowenischen Landesgerichtsrat Dr. Kuschej, er werde gegen den Versuch der Laibacher Regierung, sich der Justizverwaltung in Klagenfurt zu bemächtigen, bei der Entente-Mission Beschwerde erheben und sich, bevor diese Mission nicht gesprochen habe, in gar keine Unterhandlungen einlassen. Dr. Kuschej gab sich damit zufrieden und entfernte sich.

Besonders mannhaft war das Verhalten des Gemeinderates, der das Verlangen, dem südslawischen Zivilkommissär Zutritt zu den Gemeinderatssitzungen und Einblick in die Gebarung des Magistrates zu gewähren, höflich, aber bestimmt als überflüssig und unzulässig zurückwies. Eine slowenische Zuschrift des Militärkommandos wegen Einquartierung wurde zurückgeschickt, da sie nicht in deutscher Sprache abgefaßt und die Amtssprache deutsch sei. Die Einquartierung wurde auf Grund des Einquartierungsgesetzes verweigert. Fortan legte das Kommando den slowenischen Zuschriften deutsche Übersetzungen bei.

In Klagenfurt Gewalt anzuwenden, hielten die Südslawen für nicht ratsam, da sie einerseits gewisse politische Ziele verfolgten (siehe S. 307) und es anderseits den Bemühungen der Landesregierung und der deutsch-österreichischen Friedensdelegation gelungen war, bei der Friedenskonferenz die Entsendung einer interalliierten Mission nach Klagenfurt zu erwirken[164]). Allerdings war es ledig-

---

[164]) Vgl. S. 250 und 281. — Kommetter, V., Dienst bei der interalliierten Mission. In „Perkonigs Kampf um Kärnten", S. 197.

lich eine interalliierte Militärkommission, die die Aufgabe hatte, den Waffenstillstand und namentlich die ärarischen Bergegüter zu überwachen. Sie kam am 10. und 11. Juni nach Klagenfurt und bestand nach der Abreise Segrés aus dem englischen General Harald Walker als Vorsitzendem und je einem Vertreter der Vereinigten Staaten (Oberstleutnant Riggs), Frankreich (General Hallier, später Maleissye-Melun) und Italiens (Oberst Invernizzi). Seit Ende Juli hatte den Vorsitz der englische Brigadegeneral Charles Delme-Radcliffe. Diese Militärmission blieb bis zur Ankunft der Abstimmungskommission im Juli 1920 in Klagenfurt, doch wurden ihre Mitglieder mehrmals gewechselt. Ihr Erscheinen wurde in Klagenfurt lebhaft begrüßt. Wenn auch ihr Wirkungskreis beschränkt war und sie nicht unmittelbar eingreifen konnte, so hat sie doch manche ungerechtfertigte Absicht der Jugoslawen, wie z. B. die Auflösung des Klagenfurter Gemeinderates, vereitelt und genügte schon ihre Anwesenheit, um die Plünderungen der jugoslawischen Truppen einzuschränken. Sie war auch bemüht, sich durch eigene Anschauung ein richtiges Bild von den Verhältnissen im Klagenfurter Becken zu verschaffen und fand, daß die Jugoslawen es mit der Wahrheit nicht sehr genau nehmen und die Wirklichkeit mit den Vorstellungen, die sie auf Grund der irreführenden jugoslawischen Propaganda gewonnen hatte, in vielen wesentlichen Punkten nicht übereinstimmte. So ist es beispielsweise kein Märchen, daß französische Offiziere die Karawanken im Norden von Klagenfurt suchten. Darum war die Mission den Jugoslawen ein Dorn im Auge. Auf die Amerikaner waren sie von der Miles-Kommission her schlecht zu sprechen, aber auch den Engländern mißtrauten sie und selbst der Franzose war ihnen zu unfreundlich, ganz zu schweigen von den Italienern, die sie als ihre Feinde betrachteten. Die Laibacher Landesregierung versuchte daher, die unangenehmen Augen- und Ohrenzeugen mit Hilfe der jugoslawischen Delegation in Paris zu beseitigen oder wenigstens zu verhindern, daß die Mission mit der Aufsicht über die Volksabstimmung betraut werde. Žolger verlangte verläßliche Unterlagen und konkrete Vorschläge, erhielt sie aber nicht. Dagegen war das Verhältnis zwischen der Kommission und der Kärntner Landesregierung vollkommen korrekt. Mit dem Verbindungsdienst wurde Bezirkshauptmann Dr. Viktor Kommetter betraut. Er hatte die Eingaben an die Kommission zu bearbeiten und verstand es, sich die Sympathien und das Vertrauen der Kommissionsmitglieder zu erwerben.

Während der ganzen Zeit der Besetzung herrschte in der Stadt Klagenfurt Ruhe und Ordnung. Die serbischen Truppen hielten unter dem Abschnittskommandanten Oberst Milenković und dem Platzkommandanten Oberstleutnant Naumović in der Stadt im allgemeinen gute Disziplin. Die zurückgebliebene Bevölkerung trug ihr Geschick mit Ernst und Würde. Schwer empfand sie die vollständige Absperrung vom übrigen Kärnten und die Sorge um die Zukunft. Die Postanstalten waren von Jugoslawen besetzt, der Postverkehr mit der Außenwelt einige Zeit unterbunden, da die Bevölkerung die Benützung der jugoslawischen Post und der jugoslawischen Marken verschmähte, um nicht mittelbar die jugoslawische Staatshoheit anzuerkennen. Da die Jugoslawen die Zufuhr vom Norden her abschnitten und die Stadtgemeinde die Verpflegung durch die Jugoslawen zurückwies, so drohten gewisse Lebensmittel und sonstige Bedarfsartikel auszugehen, namentlich Kohle und Baumaterialien. Viele Unternehmungen standen vor der Sperre, wodurch Tausende von Arbeitern erwerbslos geworden wären. Die Stadt selbst wurde überschwemmt von Krainer Händlern, welche die Geschäfte in Klagenfurt auskauften und sich insbesondere auf das Leder stürzten. Die Preise für gewisse Lebensmittel und Industrieartikel schnellten in die Höhe, das Bargeld in den Kassen schwand. Von Anfang Juli an ließen die Jugoslawen Güterzüge von St. Veit nach Klagenfurt laufen. Die Auszahlung der Löhne an die staatlichen Arbeiter und der Unterhaltsbeiträge war nur durch die Heranziehung der laufenden Einnahmen der Tabakfabrik möglich.

Wurde die Stadt Klagenfurt von Ausschreitungen der Truppen im großen und ganzen verschont, so bekam das übrige besetzte Gebiet alle Schrecken eines feindlichen Einfalles zu spüren. Besonders arg hauste die südslawische Soldateska, und zwar hauptsächlich die krainische und südsteirische, in der Umgebung von Klagenfurt, im Völkermarkter Bezirk und im Lavanttal. Brejc berichtet, daß das jugoslawische Militär im Juni 1919 plünderte und raubte wie in Feindesland und lange Zeit vom Land lebte, ohne das requirierte Gut zu bezahlen; auch die deutschen Truppen hätten, sagt er, bei ihrem Vormarsch im Mai geplündert, aber lange nicht so wie die jugoslawischen. Der Pfarrer Franz X. Meško, ein bei seinen Volksgenossen hochangesehener Priester und Führer der nationalen Kärntner Slowenen, klagte am 13. Juli 1919 im „Slovenec" über die „sprichwörtlich gewordene Roheit des slowenischen Militärs, dem nichts heilig sei, weder die Frau, noch das Mädchen, noch die Religion, noch der Hergott selbst". War es da verwunderlich, daß die Schlösser und Bauernhäuser ausgeraubt, der kostbare Hausrat verschleppt oder zerschlagen, deutsche Lehr- und Lernmittel in den Schulen in sinnloser Weise zerstört, Männer und Frauen auf der Straße ihrer Uhren, Ringe und des Bargeldes beraubt, die Bevölkerung vielfach mißhandelt und Frauen und Mädchen vergewaltigt wurden? Ungeheuer war der Schaden, der so der Bevölkerung zugefügt wurde. Vergeblich waren die 7., 8. und 11. Note der deutsch-österreichischen Friedensdelegation an die Friedenskonferenz vom 29. Juni und 3. August[165]) wegen der Schreckensherrschaft der jugoslawischen Truppen und der dadurch angerichteten Schäden, vergeblich auch die zahlreichen Beschwerden der Betroffenen und der Landesregierung bei der interalliierten Mission.

Auch die Kommandanten der südslawischen Truppen gingen hart und rück-

---

[165]) Bericht I, S. 210, 212; II, S. 76.

sichtslos vor. Um die Bevölkerung einzuschüchtern, wurde das Standrecht in der härtesten Form verkündet. So wurde Anfang Juni in Ferlach, Maria Rain und Gurnitz folgende Kundmachung angeschlagen:

„Auf Befehl des Höchstkommandos wird folgendes, zur Aufrechterhaltung der Ruhe und Ordnung kundgemacht:

1. Jene Dörfer, welche sich dem gegenwärtigen Zustande widersetzen, werden mit der gesamten Bevölkerung vollständig niedergemacht.

2. Für jeden getöteten oder verwundeten südslawischen Soldaten im Gemeinderayon werden 25 Deutsche oder Renegaten erschossen.

3. Im Gemeinderayon, wo ein Telegraphendraht zerschnitten wird, beziehungsweise Brücken, Eisenbahnstrecken usw. beschädigt werden oder versucht wird, dieselben zu beschädigen, oder auf die Eisenbahnzüge geschossen wird, wird der Bürgermeister und der ganze Gemeindeausschuß, beziehungsweise alle politisch verdächtigen Personen, unter das Standrecht gestellt und werden gegen die Bevölkerung die strengsten Repressalien vorgenommen.

4. In Häusern, in welchen nach dieser Kundmachung Waffen, Munition und anderes Kriegsmaterial vorgefunden werden, wird der Besitzer, beziehungsweise Verwalter, unter das Standrecht gestellt.

5. Im Dorfrayon, wo deutsche Patrouillen erscheinen, müssen diese von der Ortsbehörde entwaffnet, beziehungsweise das nächste Militärkommando sofort verständigt werden. Im entgegengesetzten Falle werden gegen die Bevölkerung die strengsten Repressalien vorgenommen werden. Das gleiche geschieht mit Dörfern und deren Bewohnern, wenn man nachweisen kann, daß sie mit geflüchteten deutschen Soldaten in Verbindung stehen.

6. Alle Gemeinden müssen von jenen Personen, die gegen die südslawische Armee gekämpft haben, Listen anfertigen und binnen 24 Stunden dem Stationskommando übergeben und zugleich anführen, welche über die Demarkationslinie geflüchtet sind, welche sich noch zu Hause befinden, und die genaue Adresse der Angehörigen. Alle Gemeinden haben auf jeden Fall jene Personen, welche gegen die öffentliche Ruhe und Ordnung arbeiten, sofort dem nächsten Militärkommando anzuzeigen. Ohne Bewilligung der Gemeinde ist Personen das Passieren aus einer Ortschaft in die andere verboten. Wenn die Gemeinde verdächtigen Leuten Bewilligungen erteilt, ist sie dafür verantwortlich. Für jeden Fall werden die Vorsteher der Gemeinden unter das Standrecht gestellt, wenn sie diese Anordnungen nicht befolgen.

7. Jedes Ansammeln in und außer den Häusern ist strengstens verboten. In der Zeit zwischen 8 Uhr abends und 6 Uhr morgens darf niemand auf der Straße sein. Die Fenster müssen verhängt sein. Die Gasthäuser werden geschlossen und das ganze Alkoholgetränk wird sofort versiegelt."

Schon beim Abzuge aus Kärnten Anfang Mai hatten die Jugoslawen zahlreiche Geiseln mit sich geführt. Im Juni wurden gegen 400 Deutsche und Windische verhaftet und nach Marburg, größtenteils aber in die feuchten und ungesunden Kerker der Laibacher Festung und der Laibacher Zwangsarbeitsanstalt verschleppt, wo sie monatelang eingesperrt waren. Allerdings waren auch von Kärntner Seite während der militärischen Operationen im Mai ungefähr 200 Personen verhaftet worden. Aber mehr als drei Viertel von ihnen wurden schon nach wenigen Tagen wieder freigelassen. Im Juni waren nur noch 18 Personen in Kärnten interniert. Die Kärntner Landesregierung bemühte sich durch Vermittlung des Staatsamtes für Äußeres, einen Austausch sämtlicher Internierten zustande zu bringen. Diese Versuche scheiterten am Widerstand der

Laibacher Regierung, welche die ihr politisch gefährlich erscheinenden Persönlichkeiten von Kärnten soviel als möglich fernhalten und daher nur einen Austausch Kopf gegen Kopf eingehen wollte. Erst als die interalliierte Mission sich der Sache annahm, gab die Laibacher Regierung im September ihren Widerstand auf.

Hart war das Los der Flüchtlinge aus der Zone I. General Majster forderte sie zwar im Juli 1919 zur Rückkehr auf und versicherte, daß keinem von ihnen etwas zuleide geschehen werde, sofern nicht ein Verstoß gegen die südslawischen Staatsgesetze vorliege. Schon der Nachsatz dieser Kundmachung war wegen seiner Dehnbarkeit bedenklich. Als einige Flüchtlinge der Aufforderung Majsters Folge leisteten, wurden sie verhaftet und nach Marburg abgeführt. Daher wagten es die übrigen nicht, in ihre Heimat zurückzukehren. So lebten Tausende über ein Jahr fern von ihrem Heim in größter Not und Bedrängnis, in banger Sorge um ihre Familien und ihren Besitz. —

Indes hatte der Oberste Rat der Friedenskonferenz am 24. Juni im Sinne seiner endgültigen Beschlüsse über das Klagenfurter Becken der österreichischen und der jugoslawischen Regierung den Auftrag gegeben, ihre Truppen nördlich bzw. südlich der West- und Nordgrenze der Zone I zurückzuziehen[166]. Aber die Jugoslawen machten auch jetzt keine Miene, dem Auftrag nachzukommen, sondern fanden immer wieder neue Vorwände, um die Stadt in ihrer Hand zu behalten. War doch der Besitz Klagenfurts das Hauptziel, nach dem sie seit Monaten gestrebt hatten! Der Belgrader Ministerrat ließ am 22. Juni durch das jugoslawische Oberkommando der interalliierten Mission in Klagenfurt mitteilen, daß Jugoslawien Klagenfurt weder den Deutschen noch den Italienern überlasse, sondern nur gemischten Truppen von Engländern, Franzosen und Amerikanern; wenn an diesen Truppen auch italienisches Militär beteiligt werde, so verlange es eine gleichstarke Beteiligung von jugoslawischen Truppen. Vizepräsident Žerjav berichtete sogar am 25. Juni nach Belgrad, das Telegramm Badoglios wegen Besetzung der Bahnlinie Villach—St. Veit sei eine Mystifikation, die Italiener hätten gar keinen Auftrag zur Besetzung der Strecke. Anfang Juli erklärten die Jugoslawen, Klagenfurt erst dann zu räumen, wenn die Frage des in Klagenfurt befindlichen Kriegsmaterials, dessen Wert sie auf 400 bis 500 Millionen Kronen schätzten, geregelt sei. Bis Ende Juni hatten sie Waren (Uniformen und Wäsche) im Werte von 20 Millionen bereits weggeschafft. Am weiteren Abtransport wurden sie durch die interalliierte Mission gehindert. Diese erklärte, das Kriegsmaterial sei entweder Eigentum des neutralisierten Kärnten oder der ehemaligen österreichischen Monarchie; im ersten Falle sei eine Eigentumsfeststellung noch nicht möglich, im zweiten habe die Liquidationskommission das Verfügungsrecht. Damit war die Frage des Kriegsmaterials erledigt.

---

[166] S. 295.

Der Hauptgrund für die Jugoslawen, Klagenfurt nicht zu räumen, war jedoch ein politischer. Die Laibacher, vor allem Vizepräsident Žerjav, gaben sich nämlich der eitlen Hoffnung hin, die Bevölkerung für ein Kompromiß zu gewinnen. Žerjav hatte einen neuen Vorschlag ausgearbeitet, den er dem Außenminister Protić und dem Delegierten Žolger in Paris vorlegte. Darnach sollte aus Klagenfurt und dessen nächster Umgebung, dem Gebiet zwischen dem See — Pritschitz — Lendorf — Glan — Glanfurt — See, eine neue Zone C geschaffen werden. Später erweiterte Žerjav diese Zone und umgrenzte er sie durch die Linie Wörthersee — Glanfurt — Glan — Gurk — Tultschnig — Pritschitz, so daß sie die Gemeinden St. Ruprecht, St. Peter, Ebental-Nord, Hörtendorf, St. Thomas, Annabichl, Lendorf, Krumpendorf und St. Martin umfaßte. Die neue Zone sollte eine besondere Verwaltung erhalten, die bis zur Abstimmung gelten und nach folgenden Grundsätzen eingerichtet sein sollte: Autonomie der Gemeinden mit Einschluß der Schule und des Gerichtswesens, Aufsichtsrecht der interalliierten Mission, die jedoch nur aus Franzosen, Engländern und Amerikanern bestehen sollte, und jugoslawische Besetzung. Die Zollgrenze sollte n ö r d l i c h von Klagenfurt an der damaligen Demarkationslinie bei Annabichl verlaufen und der Chef der jugoslawischen Verwaltung in der Zone A, aber auch die österreichische Zivilbeamtenschaft der Zone B den Sitz in Klagenfurt haben. Auf diese Art hoffte Žerjav, die von Klagenfurt ausgehende deutsche Propaganda verhindern und auch den Rest der Zone B und sogar die Bevölkerung von Klagenfurt in jugoslawischem Sinne beeinflussen zu können.

Žolger lehnte es jedoch entschieden ab, der Friedenskonferenz einen neuen Vorschlag zu unterbreiten, da die Beschlüsse des Obersten Rates in der Hauptsache nach den Vorschlägen der jugoslawischen Delegation vom 7. Juni zustande gekommen und das Ergebnis scharfer Kämpfe zwischen den Mitgliedern des Obersten Rates seien, er daher nicht mit neuen Vorschlägen an den Obersten Rat herantreten könne. Wohl aber begrüßte er den Verständigungsplan, da er glaubte, daß die Friedenskonferenz eine der Idee des Selbstbestimmungsrechtes entsprechende lokale Vereinbarung grundsätzlich billigen werde.

Die Jugoslawen, vor allem der nach Klagenfurt als Zivilkommissär entsandte Regierungssekretär Dr. Druškovič — auch Žerjav, Dr. Müller und Smodej hielten sich vorübergehend in Klagenfurt auf — bemühten sich nun, die Bevölkerung von Klagenfurt und Umgebung für eine solche Verständigung zu gewinnen und zunächst zu Willensäußerungen zugunsten der Aufrechterhaltung der jugoslawischen Besetzung zu bewegen. Daher wurde Klagenfurt, um eine für Jugoslawien günstige Stimmung zu schaffen, mit billigen Lebensmitteln versorgt und auf Zucht und Ordnung beim jugoslawischen Militär in der Stadt gesehen. Weiters wurde in Klagenfurt auf Anregung General Majsters vom 28. Juni bis 30. Juli eine deutschgeschriebene, in der Hermagoras-Druckerei hergestellte Propaganda-Zeitung, die „Klagenfurter Nachrichten" — im ganzen 13

Nummern — herausgegeben. Sie war hauptsächlich für Kaufleute und Gewerbetreibende, aber auch für Beamte bestimmt. Jenen wurden die Zusammenhänge zwischen Klagenfurt und dem Süden und die daraus für Handel und Gewerbe zu erhoffenden großen Vorteile, diesen das Elend, das den Beamten in Österreich infolge des harten Friedensvertrages drohe, vor Augen geführt, allen aber der Anschluß an Jugoslawien als einzige Rettung vor den Folgen der Friedensbedingungen hingestellt. Den Klagenfurtern versprach man für den Fall des Anschlusses an Jugoslawien nicht nur ausgiebige wirtschaftliche Förderung der Stadt, sondern auch die Erhaltung ihres Volkstums und Gewährung voller politischer und kultureller Autonomie durch einen Staatsakt und ein persönliches Versprechen des Thronfolgers Alexander. Was von solchen Versprechungen zu halten war, zeigten den Klagenfurtern die Beispiele von Laibach und Marburg, wo das Deutschtum schonungslos unterdrückt wurde, obwohl den Deutschen in Slowenien von der Laibacher Nationalregierung Ende Oktober 1918 volle Gleichberechtigung zugesichert worden war. Einzelne Handwerker, Geschäftsleute und Kleinbauern wurden durch jugoslawische Gendarmerie oder durch Briefe ohne Unterschrift, manchmal auch unter Androhung von Zwangsmaßnahmen aufgefordert, um die Fortdauer der Besetzung Klagenfurts zu bitten, „damit nicht die Welle des Kommunismus das Land überflute". Wer 20 Unterschriften aufbrachte, sollte 1000 K erhalten.

Der Erfolg aller dieser Bemühungen war für die Jugoslawen ein kläglicher. Von den Bürgermeistern der 10 Gemeinden der Zone C erklärten sich 2, die von St. Ruprecht und St. Peter, eingeschüchtert durch das von den Jugoslawen ausgesprengte Gerücht, eine Bolschewikenbande plane für den Fall des Abzuges der jugoslawischen Truppen Plünderungen, mit der jugoslawischen Besetzung einverstanden. Auch tat sich eine unbedeutende Gruppe von Gewerbetreibenden unter Führung eines drei Jahre vorher aus Cilli zugewanderten Hotelbesitzers, bei dem die jugoslawischen Größen verkehrten, zu einem sogenannten „Exekutivkomitee" zusammen, um mit den Jugoslawen wegen eines Übereinkommens über Waren-Ein- und -Ausfuhr zu verhandeln. Schließlich fanden sich noch einzelne andere zweifelhafte Charaktere — darunter ein verkommener Rechtsanwaltsanwärter, der bei Gericht wegen eines Dienstvergehens entlassen worden war, ein ehemaliger Soldatenrat, ein Kaufmann, dessen Tochter später einen Jugoslawen heiratete, und ein gleichfalls zugewanderter Nassauer —, die der jugoslawischen Propaganda Vorschub leisteten.

Aber das waren verschwindende Ausnahmen. Alle übrigen Klagenfurter wiesen die Lockungen der Jugoslawen empört zurück. Der Klagenfurter Gemeinderat lud die Herren des „Exekutivkomitees" zu sich, hielt ihnen das Gefährliche ihres Vorgehens vor, verwahrte sich in zwei Eingaben an die interalliierte Mission gegen die jugoslawischen Umtriebe und ersuchte sie dringend, der Friedenskonferenz zu berichten, daß die gesamte Bevölkerung von Klagenfurt die eheste Räumung des Gebietes durch die Jugoslawen erbitte und in Verzweiflung geraten würde, wenn die jugoslawische Besatzung trotz der Pariser Weisungen noch weiter in Klagenfurt verbleibe. In einer Ausschußsitzung des Handels- und Gewerbebundes wurden den Mitgliedern des „Exekutivkomitees" heftige Vorwürfe gemacht und der obenerwähnte Kaufmann beschuldigt, in Aßling viel Geld zu Werbezwecken erhalten zu haben, was dieser allerdings bestritt. In derselben Sitzung wurde das „Exekutivkomitee" aufgelöst und eine Eingabe an den Gemeinderat beschlossen, in der darauf hingewiesen wurde, daß Klagenfurt ohne das g e g e n w ä r t i g abgetrennte Hinterland nicht existieren könne und der wirtschaftliche Zusammenbruch für Handel und Gewerbe in diesem Zustande unvermeidlich sei. Die interalliierte Mission wurde gebeten, eine Revision der Besetzungslinie vorzunehmen und über obige Befürchtungen nach Paris zu berichten. Da die Demarkationslinie damals n ö r d l i c h von Klagenfurt lief, so konnte unter dem „gegenwärtig abgetrennten Hinterlande" nur das nördliche Hinterland gemeint sein. Vizepräsident Žerjav sandte eine gefälschte, ihm von Druškovič übermittelte Abschrift des Beschlusses an die jugoslawische Friedensdelegation in Paris. Darin war das Wort „gegenwärtig" ausgelassen, so daß man unter dem „abgetrennten Hinterland" das südlich der von der Friedenskonferenz bereits festgesetzten, nach der Glanfurt, Glan und Gurk laufenden Demarkationslinie zwischen den Zonen I und II verstehen konnte. Dazu behauptete er keck, in der Debatte hätten die Redner energisch auf einen Anschluß Klagenfurts an die Zone I hingearbeitet. Schließlich richtete der Handels- und Gewerbebund an das SHS-Kommando in Klagenfurt ein Schreiben, in dem er die Auflösung des „Exekutivkomitees" mitteilte und erklärte, wenn ein Mitglied des Bundes in seinem Namen Schritte unternommen habe, um die Frage der Zweckmäßigkeit des Anschlusses von Klagenfurt an den SHS-Staat zu erörtern, so sei es dazu nicht berechtigt gewesen und wolle der Handels- und Gewerbebund nichts damit zu tun haben.

Auch das Handelsgremium in Klagenfurt nahm in einer Entschließung vom 12. Juli gegen die Verdächtigungen, daß sich viele Kaufleute für den Anschluß an Südslawien ausgesprochen hätten, scharf Stellung und verwies auf die schweren Schäden, die sich bei Zuweisung von Klagenfurt an Südslawien ergeben würden.

Und das Ergebnis der Unterschriftensammlung war für die Jugoslawen niederschmetternd: von über 40 000 Einwohnern der Gemeinden der in Aussicht genommenen Zone C haben 264 — fast durchwegs kleine Leute, darunter 64 in Klagenfurt — die von den Jugoslawen vorbereiteten Erklärungen unterschrieben, obwohl sich diese nur auf die Aufrechterhaltung der jugoslawischen Besatzung bezogen und kein Wort von einem Übereinkommen mit den Jugoslawen enthielten.

Trotz des offenkundigen Mißerfolges berichtete Druškovič an Žerjav, daß mehr als die Hälfte der Klagenfurter auf Seite der Jugoslawen stehe, und Dr. Žerjav an die jugoslawische Delegation in Paris, daß die wichtigeren Leute in Klagenfurt (Klerus, Aristokratie, ein großer Teil der Beamtenschaft, die Gewerbetreibenden und die Geschäftsleute) für Verhandlungen gewonnen seien und er hoffe, am 7. Juli in der Lage zu sein, den Vertrag vorzulegen.

Tatsächlich fanden auch Verhandlungen statt, aber nicht etwa mit offiziellen Stellen, sondern lediglich mit den Dunkelmännern des „Exekutivkomitees", das dazu weder berufen noch berechtigt war. Als Grundlage für diese Verhandlungen hatten die Jugoslawen eine Erklärung ausgearbeitet, die von den „Klagenfurtern" unterschrieben werden sollte. Darin wird zunächst dem Wunsche Ausdruck gegeben, daß die Linie im Osten, N o r d e n und Westen der Stadt Klagenfurt, die derzeit von den jugoslawischen Truppen gehalten werde, Demarkationslinie bleibe, die autonomen und deutsch-österreichischen Behörden ihre Tätigkeit fortsetzen und die Aufrechterhaltung der Ruhe und Ordnung von den Besatzungstruppen des Königreiches SHS besorgt werde; die kompetenten Behörden der SHS-Regierung werden ersucht, sofort alle Maßnahmen zu treffen, um den ungehinderten Verkehr aus der Stadt und Umgebung nach allen Richtungen, sowohl für Personen als für auch Waren und die Post eröffnen zu können; sollte die Friedenskonferenz für Südkärnten eine Volksabstimmung beschließen, so soll die Stadt Klagenfurt gemeinsam mit ihrem südlichen und östlichen Hinterland abstimmen; unter allen Umständen aber werde für Stadt und Umgebung jenes Maß politischen Selbstbestimmungsrechtes und jene politischen und kulturellen Garantien verlangt, die der Bevölkerung volle politische und kulturelle Freiheit gewährleisten.

Auch eine Gegenerklärung namens der jugoslawischen Regierung war vorbereitet. In dieser wird die Erklärung der „Vertreter aller Bevölkerungsklassen, Berufsstände und Interessengruppen" der Stadt Klagenfurt mit einigen schönen Phrasen zur Kenntnis genommen und versichert, daß die Regierung des Königreiches SHS alle politischen Mittel aufwenden werde, um den von den Vertretern der Bevölkerung Klagenfurts zum Ausdruck gebrachten Wünschen seitens der alliierten und assoziierten Faktoren zur Verwirklichung zu verhelfen; falls die Stadt Klagenfurt auf Grund einer Bestimmung oder Maßnahme der Friedenskonferenz dem Königreiche SHS angeschlossen werden sollte, wird erklärt, daß sich die Regierung dieses Königreiches verpflichtet, der Stadt Klagenfurt im Umfange der von dem Verfassungsentwurf für das Königreich vorgesehenen Kreise politische und kulturelle Autonomie, umfassende Selbstverwaltung und freien Gebrauch der Sprache der Mehrheit der Bevölkerung in Amt und Schule sowie Schutz aller nationalen Kultureinrichtungen unter Beibehaltung der bestehenden besonderen Autonomie für das Stadtgebiet Klagenfurt in Form eines Staatsgesetzes zu gewährleisten; sie stimmt weiters zu, daß diese Gewährleistung in den Friedensvertrag aufgenommen wird, wodurch diese Garantie unter Schutz und Gewähr des Völkerbundes gestellt wird.

Beide, in deutscher Sprache abgefaßte Erklärungen liegen im Wortlaute vor. Die erste trägt den eigenhändig in slowenischer Sprache geschriebenen Vermerk Dr. Žerjavs: „Entwurf einer Erklärung, die uns die Klagenfurter und wir ihnen geben sollten. 7. Juli 1919. Entfiel, weil sie Angst bekamen; auch hatte ich von der Zentralregierung keine Vollmacht bekommen, sie abzugeben." Die Erklärung wurde also nicht einmal vom verräterischen „Exekutivkomitee" unterschrieben. So mußte Žerjav schließlich an Žolger berichten, die „Klagenfurter" hätten sich geweigert, die Erklärung zu unterschreiben. Sein Plan, die Klagenfurter durch ein Kompromiß für die Aufrechterhaltung der jugoslawischen Besetzung zu gewinnen, war gescheitert. —

Die deutsch-österreichische Delegation hatte schon in ihrer 6. Note vom 26. Juni die Friedensdelegation abermals gebeten, das Becken von Klagenfurt sobald als möglich räumen zu lassen und die Aufrechterhaltung der Ordnung und Ruhe durch Kontrolle einer oder mehrerer Großmächte zu sichern. Am 9. Juli wiederholte sie in der 9. Note wegen Kärnten[167] die Bitte um Räumung.

Zwischen dem 4. und 9. Juli fanden unter dem Vorsitze Oberstlts. Riggs Verhandlungen des Landesbefehlshabers und dessen Stellvertreters Major Klimann mit dem Vertreter des SHS-Kommandos Oberstlt. Nedić über jene Teile der Grenze statt, die nach den von der Friedenskonferenz bekanntgegebenen Grenzbestimmungen im Gelände festzulegen waren. Nach Überwindung mehrfacher Verschleppungsversuche der Jugoslawen gelang es, ein Übereinkommen zu erzielen, nach dem die Truppen am 10. hinter die Demarkationslinie zurückgenommen werden sollten. Aber gleich darauf wurde der Räumungstermin von den Jugoslawen auf den 14. Juli verschoben. Auch dieser Termin wurde von ihnen nicht eingehalten. Der Bevölkerung bemächtigte sich tiefe Erbitterung, da der Druck, der auf ihr lastete, von Tag zu Tag unerträglicher und der Schaden, den die Jugoslawen auf Wiesen und Feldern durch Abschneiden des unreifen Getreides für Futterzwecke u. dgl. verursachten, immer größer wurde.

Die Übergabe des Vertragsentwurfes vom 20. Juli, der auch die Demarkationslinie festlegte, brachte für Kärnten eine wesentliche Besserung der Lage und gestattete eine energischere Sprache. Die deutsch-österreichische Delegation richtete daher in der 10. Note wegen Kärnten am 21. Juli[168] die Anfrage an die Friedenskonferenz, ob die alliierten und assoziierten Mächte auf Grund ihrer anerkannten und unbestrittenen Autorität Vorsorge treffen wollen, daß ihr den Jugoslawen erteilter Bescheid, gewisse besetzte Gegenden zu räumen, befolgt werde, oder ob die Mächte sich an dem ihren Verfügungen entgegengebrachten

---

[167] Bericht I, 316.
[168] Bericht II, S. 56.

Widerstand desinteressieren, indem sie die Ereignisse ihren freien Lauf nehmen lassen. Noch am selben Tag beschloß der Oberste Rat, den jugoslawischen Truppen den Befehl zu erteilen, das Gebiet von Klagenfurt zu räumen. Ein italienisches Blatt[169]) meldete, daß der Rat der Vier erklärt habe, über gewisse Anträge der jugoslawischen Delegation bezüglich der Grenze Jugoslawiens gegen Rumänien und Ungarn erst dann zu verhandeln, wenn die Jugoslawen die Zone I geräumt hätten, und daß die Jugoslawen erst auf diese Mitteilung hin sich entschlossen hätten, dem Befehl der Friedenskonferenz nachzukommen.

Am 28. Juli wurde endlich, dem Auftrag des Obersten Rates entsprechend, in Gegenwart der interalliierten Mission zwischen dem militärischen Vertreter des Königreiches SHS und jenen Österreichs ein neuerliches Übereinkommen getroffen, durch das die Demarkationslinie im Gelände genau und endgültig festgelegt und als Räumungstermin der 31. Juli bestimmt wurde. Bezüglich der Wasserleitung und des Elektrizitätswerkes der Stadt Klagenfurt erklärten die Vertreter des SHS-Oberkommandos, daß die SHS-Behörden aus Menschlichkeitsgründen alles tun werden, um die Versorgung der Stadt Klagenfurt mit Wasser und Elektrizität möglich zu machen. Die Bewachung des in Klagenfurt befindlichen österreichischen Kriegsmaterials übernahm eine Abteilung italienischer Karabinieri, deren Entsendung die interalliierte Mission vom Obersten Rat angefordert hatte.

Am 31. Juli zogen sich die jugoslawischen Truppen zur unaussprechlichen Freude der Bevölkerung endlich über die Demarkationslinie zurück und wurde Klagenfurt nach achtwöchentlicher Besetzung wieder frei. Oberst Milenković, der sich während der ganzen Zeit der Besetzung als Mann von Ehre erwiesen hatte, nahm in einem freundlichen Dankschreiben vom Gemeinderat Abschied, worin er bekundete, daß die Gemeindevertretung und die Bürgerschaft in Erfüllung ihrer Pflicht alles getan habe, um seine schwere Aufgabe zu erleichtern, wodurch jede Unstimmigkeit zwischen der Bürgerschaft und seinem Kommando vermieden worden sei.

Der Abzug aus Klagenfurt war für die Jugoslawen wie eine verlorene Schlacht. Immer wieder hatten sie großsprecherisch behauptet, sie würden Klagenfurt nie wieder aus der Hand geben. Nun aber hatten sie die Stadt doch aufgeben müssen. Sie verloren dadurch bei ihren Anhängern viel an Ansehen und Vertrauen. Vor dem Abzug des jugoslawischen Militärs wurde die Hermagoras-Druckerei nach Prävali und die Zweiganstalt der Laibacher Kreditbank nach Laibach fortgeschafft. Sie sollten niemals wieder nach Klagenfurt zurückkommen.

Am 1. August rückte österreichische Gendarmerie unter dem Jubel der Bevölkerung in die festlich geschmückte Landeshauptstadt ein. Am 1. September übersiedelten die Landesregierung, der Landesrat und die Landesversammlung nach St. Veit, wo sie bis November 1920 blieben.

[169]) Corriere della Sera vom 2. Aug. 1919.

Ende September kehrte das XXII. italienische Korpskommando nach Venetien zurück. Sein Kommandant General de Bono hatte sich durch sein hervorragendes Taktgefühl und sein warmfühlendes Herz für die notleidende ärmere Bevölkerung des besetzten Gebietes lebhafte Sympathien erworben.

Als im Spätherbst 1919 neuerdings ein Vorstoß der Jugoslawen nach Kärnten drohte, kehrte ein Teil der italienischen Truppen nach Villach zurück, wo er bis zum Herbst 1920 blieb.

XV. SCHLUSS DER FRIEDENSVERHANDLUNGEN

Die Friedensverhandlungen vom 20. Juli brachten den Jugoslawen einige Enttäuschungen. Hatten sie schon im Mai ihre Forderung nach bedingungsloser Übergabe des ganzen Klagenfurter Beckens aufgeben und selbst eine Teilung des Beckens beantragen müssen, so war nunmehr auch ihre Forderung nach bedingungsloser Übergabe der Zone I und ebenso ihre zweite Forderung: Unterstellung der Zone I unter die Souveränität des jugoslawischen Staates mit nachträglicher Scheinabstimmung, nicht in Erfüllung gegangen. Wohl waren auch die Gegenvorschläge der deutsch-österreichischen Delegation, allen strittigen Gebieten eine Volksabstimmung nach Gemeinden zu gewähren und die endgültigen Grenzen nach den Ergebnissen der Abstimmung in den einzelnen Gemeinden zu bestimmen, — zum Glück für Kärnten und zur Genugtuung seiner Vertreter — nicht berücksichtigt worden, aber Kärnten hatte als Einzelfall eine Abstimmung nach besonderen Bedingungen erhalten. Damit waren die so eifrigen Bemühungen der Laibacher, die Volksabstimmung in Kärnten zu hintertreiben, gescheitert und hatte Kärnten im wesentlichen sein Ziel erreicht, wenn auch seine Forderung nach einheitlicher Abstimmung und nach Einbeziehung des Mieß- und des Kanaltales nicht erfüllt worden war.

Immerhin war es den Jugoslawen gelungen, einige ihrer Wünsche durchzusetzen, und waren daher einzelne Bestimmungen für Kärnten sehr ungünstig. Die Demarkationslinie wurde so festgelegt, wie die Jugoslawen es gewünscht hatten, und war weder geographisch begründet, noch nahm sie auf die wirtschaftlichen Zusammenhänge und die Bedürfnisse des Verkehrs Rücksicht, sondern durchschnitt Bezirke, Gemeinden und Privatbesitz und trennte das Lavanttal vom übrigen Kärnten. Überdies lief sie 2 km südlich und 6 km östlich von Klagenfurt und 3 km östlich von Villach, nahm also diesen beiden Städten die wichtigsten Versorgungsgebiete, der Zone I aber die für ihr wirtschaftliches Leben unbedingt notwendigen Märkte. Endlich lag das Elektrizitätswerk der Landeshauptstadt und das Quellgebiet ihrer einzigen Wasserleitung außerhalb der Demarkationslinie und war die Teilung des Wörthersees ein Unding. Ohne Zweifel hätte die Demarkationslinie, wenn sie Staatsgrenze geworden wäre, für ganz Kärnten und namentlich für die Landeshauptstadt geradezu vernichtende

Folgen gehabt. Die deutsch-österreichische Delegation hatte daher schon unmittelbar nach dem Bekanntwerden der Demarkationslinie in ihrer 6. wegen Kärnten ergangenen Note vom 26. Juni[170]) bei der Friedenskonferenz eindringliche Vorstellungen dagegen erhoben, doch waren diese Vorschläge unbeachtet geblieben.

Das Schlimmste war, daß die Jugoslawen die Zone I militärisch besetzt halten und in der Zeit von der Unterzeichnung des Friedensvertrages bis zu seinem Inkrafttreten, d. i. bis zur Hinterlegung des Protokolls der Ratifikationsurkunden sämtlicher beteiligter Staaten, ohne jede Überwachung nach den Gesetzen ihres Staates verwalten konnten, was soviel bedeutete, daß sie dort schalten und walten durften nach Belieben. Niemand wußte, wann die 22 beteiligten Staaten den Vertrag unterzeichnen werden.

Auch die zeitliche Trennung der Abstimmung und der Vortritt der Zone I waren ungerecht, da die Landeshauptstadt Klagenfurt einerseits gegenüber der Zone I wirtschaftlich die Führung innehat, anderseits aber mit dieser Zone wirtschaftlich so innig verknüpft ist, daß eine Abtrennung von den schwersten Folgen für Klagenfurt begleitet gewesen wäre. Wäre es den Südslawen gelungen, in der Zone I durchzudringen, so wären die Bewohner von Klagenfurt in eine schwierige Zwangslage versetzt worden. Tatsächlich hofften die Südslawen, daß „der unerträgliche Zustand", in den Klagenfurt in diesem Falle gekommen wäre, und die schweren, Deutsch-Österreich auferlegten Friedensbedingungen jeden einzelnen nüchtern denkenden Menschen veranlassen würden, sich bei der Abstimmung für Südslawien zu erklären[171]). Hart und ungerecht war auch die Loslösung des Mießtales, eine offenkundige Verletzung des Selbstbestimmungsrechtes der Bevölkerung.

Infolge dieser ungünstigen Bestimmungen und der damaligen militärischen Lage war die Stimmung in Kärnten im Juli 1919 sehr gedrückt. Noch waren ja auch die Jugoslawen in Klagenfurt und wußte man nicht, ob sie überhaupt zur Räumung Klagenfurts werden bewogen werden können. Für den Fall aber, daß sie schließlich Klagenfurt doch räumen sollten, fürchtete man, daß sie in der ihnen ausgelieferten Zone I die Abstimmung bei ihrem damaligen Selbstbewußtsein überhaupt nicht zulassen oder aber, gestützt auf ihre Verwaltung, alles daransetzen werden, um die kärntnertreue Bevölkerung der Zone so einzuschüchtern, daß ein günstiger Ausgang der Volksabstimmung kaum zu erwarten sei. Anderseits war es vollständig aussichtslos, auf der ursprünglichen Forderung, das ganze Klagenfurter Becken als Einheit abstimmen zu lassen, noch weiter zu beharren, da es so gut wie ausgeschlossen war, daß die Friedenskonferenz von dem erst nach langwierigen Verhandlungen durch ein Kompromiß zustandegekommenen Beschluß, das Becken zu teilen, abgehen werde.

---

[170]) Bericht I, S. 207.
[171]) „Mir" vom 26. Juli 1919. Ähnlich Dr. Rožič im „Slovenec" vom 24. August 1919.

Man mußte also mit der Teilung des Beckens für die Volksabstimmung als unabänderlich gegebener Tatsache rechnen.

Um nun einen allfälligen Verlust so gering als möglich zu machen, beschloß der Landesausschuß am 23. Juli auf Antrag Schumys, daß die Vertreter Kärntens in der deutsch-österreichischen Delegation folgende Änderungen der Friedensbedingungen anstreben sollen:

1. Begrenzung der Zone I von ihrer Westgrenze nach der Drau bis zur Mündung der Gurk, von da weiter wie bisher durch die Gurk. Dadurch wäre das ganze Gebiet der Sattnitz zur Zone II Klagenfurt gekommen.

2. Zerlegung der Zone I in 3 Abstimmungsgebiete, und zwar:
a) Jauntal, im Westen bis zum Freibach, im Norden bis zur Drau reichend,
b) Rosental, d. i. das Gebiet südlich der Drau, zwischen Freibach und der Westgrenze der Zone I,
c) Gebiet von Völkermarkt, d. i. der Rest der Zone I nördlich der Drau.

Allenfalls soll auch die Zone II in 2 Abstimmungsgebiete: a) Klagenfurt-Stadt und b) Klagenfurt-Land geteilt werden.

3. Besetzung des ganzen Abstimmungsgebietes durch interalliierte Truppen oder durch Truppen einer neutralen Macht.

4. Verwaltung des ganzen Gebietes durch eine von der Friedenskonferenz zu bestellende Kommission.

5. Sollte verlangt werden, daß diejenigen Stimmberechtigten, die vor dem 1. Jänner 1919 hatten flüchten müssen, zurückkehren und an der Abstimmung teilnehmen dürfen.

Die neue Zoneneinteilung, die übrigens unter dem Drucke der Verhältnisse schon früher auch vom Nationalpolitischen Ausschuß vorgeschlagen worden war, hätte mehrfache Vorteile gehabt. Zunächst wäre die Demarkationslinie 10 km südlich von Klagenfurt gelaufen. Da mit Sicherheit zu erwarten war, daß auch die neue Zone II eine Mehrheit für Österreich ergeben würde, so wäre das Wasserwerk der Stadt und ihre Verbindung mit ihrem südlichen Versorgungsgebiet — dem Gebiet der Sattnitz — gesichert gewesen. Weiters bestand begründete Aussicht, daß der Bezirk Völkermarkt mit Klagenfurt vereinigt bleiben werde, womit auch das Elektrizitätswerk und die Verbindung mit dem Lavanttal gesichert gewesen wäre. Diesen Vorteilen stand jedoch ein großer Nachteil gegenüber: die Gefährdung des Rosentales und des Jauntales. Tatsächlich entfielen bei der Abstimmung am 10. Oktober 1920 im Rosental 4781 Stimmen (= 49,6% der abgegebenen Stimmen) auf Österreich und 4869 Stimmen (= 50,4%) auf den SHS-Staat, im Jauntale 5312 (= 49%) auf Österreich und 5536 (= 51%) auf den SHS-Staat.

Am 25. Juli fuhren die beiden Kärntner Vertreter wieder nach St. Germain, wo sie bis zum 4. August blieben. Die deutsch-österreichische Delegation überreichte am 6. August dem Obersten Rat „Bemerkungen zu den Friedensbedingungen vom 20. Juli" und, obwohl die Konferenz diese Friedensbedingungen als endgültig erklärt hatte, neuerliche Gegenvorschläge, die u. a. eine im Vergleich zum Entwurf vom 16. Juni etwas abgeänderte Abstimmungsordnung enthielt. In den „Bemerkungen" verlangte sie unter Hinweis auf die in der Abstimmungsordnung enthaltenen einschlägigen Bestimmungen: 1. Die sofortige Räumung der einer Volksabstimmung unterworfenen Gebiete, also auch der Zone I in Kärnten, seitens aller von den interessierten Mächten unterhaltenen bewaffneten Formationen, um dadurch die Freiheit der Abstimmung sicherzustellen. 2. Die Besetzung dieser Gebiete durch eine dritte Macht zwecks Aufrechterhaltung der Ruhe und Ordnung, wobei jedoch Nachbarstaaten jener beiden Staaten, zwischen denen durch die Abstimmung entschieden werden soll, ausgeschlossen sein sollten. 3. Als Stichtag für den ständigen Wohnsitz den 3. November 1919 (Tag des Waffenstillstandsvertrages)[172].

An der Abstimmung nach Gemeinden und der Festlegung der endgültigen Grenze nach den Ergebnissen der Abstimmung in den einzelnen Gemeinden hielt die Delegation auch jetzt noch trotz des Widerspruches der Vertreter Kärntens fest, doch setzten diese es durch, daß die Delegation für den Fall, daß die gemeindeweise Abstimmung und Zuteilung nicht gebilligt würde, im Sinne des Landesausschußbeschlusses vorschlug, das ganze Abstimmungsgebiet nach Drau, Freibach und Gurk in 4 Teile zu teilen und die Abstimmungen nicht hintereinander, sondern gleichzeitig vornehmen zu lassen, damit die freie Entscheidung des Volkes nicht beeinflußt werde. Auch wurde für die Begrenzung der Zone A gegen Osten eine Änderung vorgeschlagen, und zwar eine Grenze[173], die von der Gornia (Kote 1185, südlich Bleiburg) über die Koten 1108 (östlich Mieß), 602 (südwestlich Gutenstein) und 742 (Landesgrenze östlich Gutenstein) zur Kote 886 (Gruberkupf, östl. Gutenstein), von da nach der Grenze zwischen Kärnten und Steiermark über die Kote 1130 (St. Urban nordöstlich Unterdrauburg) zum Hühnerkogel verläuft. Dadurch wäre das obere Mießtal mit Schwarzenbach an Jugoslawien gefallen, das untere mit Gutenstein und der Markt Unterdrauburg zum Abstimmungsgebiet gekommen. Der Zweck dieses Vorschlages war, die Eisenbahnverbindung Klagenfurt — Marburg — Graz zu sichern. Das schien damals möglich zu sein, da sich die Italiener für die Bahnlinie Klagenfurt — Marburg interessierten und so wie die Amerikaner für die Zuerkennung einer Volksabstimmung an das steirische Drautal eintraten[174].

Die jugoslawische Delegation erhob jedoch in einer Note an die Friedenskonferenz vom 11. August[175]) gegen jede Änderung des Vorganges bei der

---

[172] Bericht II, S. 105f., 276f.
[173] Bericht II, 268f. Siehe Skizze S. 246.
[174] Die deutsch-österreichische Friedensdelegation hatte in der den „Bemerkungen" vom 6. August angeschlossenen Denkschrift über Steiermark eine Volksabstimmung für das steirische Drautal mit Marburg und das Murtal mit Abstall und Radkersburg verlangt. Die Grenze des

Volksabstimmung in Kärnten, der von der Friedenskonferenz erst nach langer und gründlicher Überlegung in Übereinstimmung mit der SHS-Delegation beschlossen worden sei, Einspruch, da er der wirtschaftlichen Einheit des Klagenfurter Beckens entspreche und daher nicht durch Formen ersetzt werden könne, die anderswo möglich wären; eine Abstimmung nach Gemeinden könne daher nicht in Betracht gezogen werden; dasselbe gelte auch für die vorgeschlagene Teilung des Abstimmungsgebietes in 4 Zonen, da sie zu ganz unannehmbaren Ergebnissen führen könnte; auch die Abstimmung an zwei aufeinanderfolgenden Zeitpunkten könne nicht fallen gelassen werden, denn es sei klar, daß das Gebiet mit der größeren Ausdehnung und größeren Volkszahl den Vorrang haben müsse.

Die jugoslawische Delegation lehnte also die Abstimmung und Zuteilung nach Gemeinden, die sie selbst früher gefordert hatte, aus den gleichen Gründen

---

Abstimmungsgebiet im Drautal sollte etwa 5 km östlich von Marburg verlaufen, so daß das stark slowenische Gebiet der Windischen Bühel ausgeschlossen gewesen wäre. (Bericht II, S. 202, 270). Eine Abstimmung in dem so umgrenzten Gebiet wäre ohne Zweifel zugunsten Österreichs ausgefallen.

Der „Rat der Vorsitzenden der Delegationen" beschloß darauf am 25. August, bezüglich Steiermark die österreichische Forderung anzunehmen. (Almond-Lutz, S. 221, Nr. 67.) Am nächsten Tage änderte derselbe Rat diesen Beschluß dahin, daß Radkersburg ausgeschlossen, d. h. ohne Abstimmung Österreich überlassen werden soll. (Ebenda S. 222, Nr. 68).

Am 27. August schlugen die britische und die französische Delegation unter dem Einfluß der jugoslawischen Friedensdelegation in der Gebietskommission vor, auch die überwiegend slowenischen Bezirke von Pettau und Luttenberg in die steirische Abstimmungszone einzubeziehen, das Gebiet von Unterdrauburg aber mit der Kärntner Abstimmungszone I zu vereinigen. Dagegen wünschten die amerikanische und die italienische Delegation in Übereinstimmung mit der Entscheidung des Obersten Rates die von der österreichischen Delegation vorgeschlagene Linie und sprachen sich gegen die Einbeziehung von Pettau und Luttenberg in die steirische Abstimmungszone aus, da „diese Verfügung die Stimmenabgabe zugunsten der Jugoslawen verschieben und einer Bevölkerung eine Abstimmung auferlegen würde, die keine wünscht und für die niemand sie verlangt hat". Die italienische Delegation sprach sich auch gegen die Vereinigung des Gebietes von Unterdrauburg mit der Zone I aus, da deren Grenzen bereits vom Obersten Rat festgelegt worden und daher unantastbar seien. Die näheren Bestimmungen für die steirische Volksabstimmung sollten nach dem übereinstimmenden Vorschlag der 4 Delegationen dieselben sein wie für die Zone I in Kärnten und die Abstimmung am selben Tage stattfinden wie in dieser Zone.

Um nun den für Österreich günstigen Vorschlag der amerikanischen und der italienischen Delegation zu Fall zu bringen, machten die britische und die französische Delegation den Obersten Rat darauf aufmerksam, daß die Abstimmung in Steiermark, was immer für Grenzen die Zone auch erhalten sollte, nach ihrer Meinung ernste Unzukömmlichkeiten hätte und gefährlich sei; die jugoslawische Delegation habe eine allgemeine Abstimmung verlangt (für das Banat, die Batschka, Baranya, Prekmurje, Steiermark, Kärnten, Istrien und Dalmatien); es sei jedoch ein Übereinkommen getroffen worden, die Abstimmung auf Kärnten zu beschränken, und es wäre daher kaum billig, dieses Übereinkommen für das Gebiet von Marburg allein in Frage zu ziehen; das Gebiet habe mit Ausnahme der Stadt Marburg eine starke slowenische Mehrheit; in wirtschaftlicher Hinsicht sei der Zusammenhang zwischen Marburg und den jugoslawischen ab, aus denen sie von den Kärntner Vertretern innerhalb der deutsch-österreichischen Delegation bekämpft worden war[176]). Diese Ablehnung scheint durch einen Brief des Vorsitzenden des slowenischen Nationalrates in Kärnten, Pfarrer Treiber, an den Landespräsidenten Brejc veranlaßt worden zu sein. In diesem Briefe wurde auf die große Gefahr aufmerksam gemacht, daß die Slowenen im Gerichtsbezirk Völkermarkt verlieren könnten, wenn der Gerichtsbezirk für sich abstimme, und Brejc gebeten, die Vertreter in Paris zu verständigen, keine Änderung zu ungunsten Sloweniens zuzulassen, auch nicht in der Abstimmungsart. Als dann der Vorschlag der Kärntner dem slowenischen Nationalrat näher bekannt wurde, überreichte dieser der Nationalregierung in Laibach „im Namen aller Gemeinden, aller Pfarrämter, aller landwirtschaftlichen Genossenschaften, aller Kulturvereine, wie überhaupt aller Korporationen in der Zone A am linken Drauufer" einen Protest „gegen die Bemühungen

---

Eisenbahnen offenkundig; die Jugoslawen hätten durch 9 Monate hindurch dieses Gebiet mit Ermächtigung der all. und ass. Mächte besetzt gehalten und niemals sei bei einer Konferenz dagegen Einspruch erhoben worden; sie seien daher berechtigt, es als unbestritten anzusehen; das slowenische Volk erleide große Verluste gegenüber Italien; schließlich sei die Abstimmung gelegentlich schon von der Gebietskommission, der Zentralgebietskommission und dem Obersten Rat mißbilligt worden.

Die amerikanische und die italienische Kommission nahmen noch in derselben Sitzung gegen diese Einwendungen Stellung, bestritten, daß ein Übereinkommen abgeschlossen worden sei und verwiesen insbesonders auf die in Marburg herrschende Erregung, die wirtschaftlichen Interessen, welche diese Gegenden mit Klagenfurt und Graz verknüpfen, so daß auch manche der slowenischen Bauern es vorziehen, mit Österreich vereint zu sein, den Handel Marburgs, der zu drei Viertel nach Österreich gerichtet sei, den Beschluß des Obersten Rates, der österreichischen Forderung nach einer Abstimmung in den Bezirken von Marburg und Radkersburg Folge zu geben, schließlich auf die Tatsache, daß die slowenische Nation in sehr verschiedenen geographischen Gebieten zerstreut sei, die entgegengesetzte Interessen hätten (Isonzotal, Sawetal, Drautal etc.), und ihrer Einheit daher sehr gute geographische und wirtschaftliche Gründe entgegenstünden. (Bericht der Gebietskommission über die Abstimmung in Steiermark. Almond-Lutz, S. 402, Nr. 138.)

Die italienische Delegation änderte jedoch ihre Meinung und teilte der Friedenskonferenz noch am selben Tage in einer Note mit, daß sie „mit Bezug auf den Bericht der Gebietskommission über die Frage der Volksabstimmung in Steiermark dem Vorschlag der französischen und britischen Delegation beistimme, daß die Bezirke von Luttenberg und Pettau in die Abstimmungszone einbezogen werden sollen". Daraufhin ließ der Oberste Rat die Volksabstimmung auch im Gebiet von Marburg und Abstall fallen. (Allmond-Lutz, S. 405, Nr, 139.)

Die Darstellung Žolgers in seinem bekannten Artikel „Quo vadimus" (Slovenski Narod vom 2. Juni 1921) ist also nicht vollständig. Doch berichtet auch Žolger, daß der damalige italienische Delegierte Tittoni seinen ersten Vorschlag, der für die Jugoslawen den sicheren Verlust des Drautales mit Marburg und dem Bachern sowie den Verlust der westlichen Windischen Bühel und des Abstaller Beckens bedeutet hätte, nach einem heftigen Zusammenstoß mit Tardieu, der für den jugoslawischen Standpunkt geschickt und begeistert eingetreten sei, zurückgezogen habe.

[175]) Almond-Lutz, S. 395, Nr. 134. Siehe Anhang II, Nr. 20.
[176]) Vgl. S. 247 und Anhang II, Nr. 12; S. 287, 297 und 316.

der deutschen kärntnerischen Delegation in Paris, daß in der Zone A die Drau als Grenze festgesetzt werde". Die Nationalregierung wurde aufgefordert, alle Schritte zu unternehmen, daß die jugoslawische Delegation in Paris alle ihre Kräfte gegen diese „verbrecherische Absicht" einsetze, und gab diese Erklärung an die Belgrader Regierung weiter. —

Die Friedensbedingungen vom 20. Juli setzten auch die Grenzen zwischen Österreich und Italien fest. Sie sollten nach Punkt 2 des Artikels 27 des Teiles II „Grenzen" von der Helmspitze in Tirol bis zum Osternig nach der Wasserscheide zwischen Drau einerseits, Piave und Tagliamento anderseits, dann weiter nach der Wasserscheide bis zum Punkt 1492 (2 km westlich Thörl), von hier über den Punkt 1270 (Cabinberg) zum Petsch (1509) verlaufen. Durch diese Grenze wurde das Gebiet von Tarvis und der westlichste Teil des Gebietes von Aßling — die diesseits der Ratschacher Wasserscheide gelegene Gemeinde Weißenfels — Italien zugeteilt.

Da auch der SHS-Staat Ansprüche auf beide Gebiete erhob, so verlangte die jugoslawische Delegation in einer Note vom 25. Juli[177]), daß im Punkt 2 des Artikels 27 in dem die Nordgrenze des Gebietes von Tarvis betreffenden Abschnitt der Zusatz „Tarvis (zurückgestellt, um später zugeteilt zu werden)" eingefügt werde, und daß weiters im Punkt 3 des Artikels 27 die Worte: „Von Petsch gegen Osten, und zwar bis zur Kote 1817 (Mallestiger Mittagskogel) die Kammlinie der Karawanken" unter die Aufschrift „Mit dem serbo-kroatisch-slowenischen Staate" gesetzt werden. Damit wäre das östlich von Weißenfels gelegene Gebiet von Aßling Jugoslawien zugeteilt worden. Die Friedenskonferenz ging jedoch auf diese Forderung der jugoslawischen Delegation nicht ein und nahm die beanstandeten Sätze unverändert in den endgültigen Vertragstext vom 2. September auf. So blieben Tarvis und Weißenfels bei Italien und die Frage des Gebietes von Aßling offen. Erst nach der Volksabstimmung wurde auch diese Frage bereinigt, indem im Vertrag von Rapallo vom 12. November 1920 die Grenze zwischen Italien und Jugoslawien über die Ratschacher Wasserscheide gezogen und das Aßlinger Dreieck an Jugoslawien überlassen wurde.

Auch die Vorstellungen und Vorschläge der deutsch-österreichischen Friedensdelegation wurden von der Friedenskonferenz mit Ausnahme der Wünsche wegen des Wasser- und des Elektrizitätswerkes der Stadt Klagenfurt, die durch einen eigenen Artikel 310 geschützt wurden, nicht berücksichtigt. Die Gründe wurden in der am 2. September der Delegation überreichten Antwort der all. und ass. Mächte auf die Bemerkungen vom 6. August ausführlich dargelegt[178]).

---

[177]) Almond-Lutz, S. 354, Nr. 120. Vgl. Bericht II, S. 11 und 408.
[178]) Bericht II, S. 322.

Die Mächte anerkennen darin ausdrücklich „die geographische Einheit des Klagenfurter Beckens und geben zu, daß dieses Gebiet, im Süden durch den Wall der Karawanken abgeschlossen, bequeme Verbindungen zum Norden habe", daß ferner „im Innern des Beckens durch eine zentralistische Verwaltung errichtete Verkehrswege gegen den Klagenfurter Markt zusammenlaufen und daß bisher die wirtschaftliche Orientierung gegen Norden gerichtet sei"; unter diesen Umständen hätten sie der Bevölkerung die Freiheit zu lassen gewünscht, ihre wirtschaftlichen Interessen und ihre nationalen Aspirationen abzuwägen und zu entscheiden, ob sie ihre territoriale Einheit aufrecht zu erhalten wünschen oder nicht und gegebenenfalls mit Österreich vereint bleiben oder sich an den serbokroatisch-slowenischen Staat anschließen wollten; dies sei der Leitgedanke gewesen für die Entscheidung, eine Volksabstimmung vornehmen zu lassen.

Diese Antwort konnte in Kärnten nur mit Genugtuung aufgenommen werden. War sie doch ein Beweis dafür, daß sich auch die Friedenskonferenz von der Richtigkeit dessen überzeugt hatte, was von seiten Kärntens über die Einheit des Klagenfurter Beckens und seine wirtschaftlichen Beziehungen behauptet worden war!

Die Friedensbedingungen vom 20. Juli fanden also, soweit sie Kärnten betreffen, unverändert Aufnahme in den endgültigen Text des Friedensdiktates vom 2. September, das am 6. September 1919 von der Nationalversammlung der Republik Deutsch-Österreich angenommen wurde.

Angesichts der schweren territorialen Opfer, die das Friedensdiktat Österreich auferlegte, gab Landesverweser Dr. Lemisch namens der Landesvertretung von Kärnten im Verein mit den Landesvertretungen von Deutschböhmen, Niederösterreich, Oberösterreich, Steiermark, Sudetenland, Tirol und Deutschsüdmähren am 5. September beim Hauptausschuß der österreichischen Nationalversammlung folgende Erklärung ab[179]:

„Am heutigen Tage wurden die deutsch-österreichische Regierung und Volksvertretung vor die Entscheidung gestellt, ob sie den von den Ententemächten auferlegten Friedensvertrag unterzeichnen wollen, wodurch die deutschen Sudetenländer und Südtirol sowie deutsche Gebiete in Kärnten, Steiermark, Ober- und Niederösterreich der Fremdherrschaft ausgeliefert würden. Die Landesvertretungen der deutschen Sudetenländer, von Tirol, Kärnten, Steiermark, Ober- und Niederösterreich stellen in dieser Schicksalsstunde fest, daß die territorialen Bedingungen des Friedensvertrages das natürliche nationale Recht auf Selbstbestimmung vergewaltigen und die Grundlagen, auf welchen der Waffenstillstand abgeschlossen wurde, gröblich verletzen. Die genannten Landesvertretungen erheben daher nochmals vor aller Welt gegen diesen Frieden der Gewalt feierlich Verwahrung; sie lehnen die durch ihn bewirkte Eintei-

---

[179]) Bericht II, S. 630.

lung der Völker in freie und unfreie einmütig ab und erklären, daß die durch einen solchen Friedensvertrag unter Fremdherrschaft gezwungenen Millionen Deutschen für immerwährende Zeiten auf ihrem Selbstbestimmungsrecht als der einzig möglichen Grundlage der modernen Staatenbildung bestehen."

Als dann am 6. September in der Nationalversammlung der Antrag gestellt wurde, dem Staatssekretär Dr. Renner die Ermächtigung zur Unterzeichnung des Friedensvertrages zu erteilen, entfernten sich die Nationalräte aus Kärnten, Steiermark und Tirol aus dem Saale, so daß der Antrag ohne die Vertreter dieser drei Länder angenommen wurde.

Am 10. September wurde der Friedensvertrag von St. Germain vom Staatssekretär Dr. Renner als Bevollmächtigten der Republik Österreich und den Bevollmächtigten der all. und ass. Mächte unterfertigt. Die Unterzeichnung seitens des SHS-Staates erfolgte am 5. Dezember, und zwar durch Pašić, Trumbić und Žolger. Žolger hatte sich auf Grund von Beschlüssen der slowenischen Parteien lange gesträubt, den Vertrag zu unterschreiben und war erst dazu bereit, als die Belgrader Regierung einschließlich der slowenischen Minister seine Unterfertigung verlangte, hauptsächlich deshalb, um durch die dreifache Unterschrift zum erstenmal nach außen hin die staatliche Einheit der sogenannten dreinamigen Nation zu zeigen. —

Damit waren die diplomatischen Verhandlungen über den Friedensvertrag zu Ende. Achtmal hatte sich nach einem Berichte Ehrlichs der Oberste Rat der Konferenz mit dem Klagenfurter Becken befassen müssen. Mit Ausnahme der Adria-Frage hatte ihm keine andere soviel Kopfzerbrechen gemacht wie die Kärntner Frage. Nun galt es für die Kärntner, die so schwer erkämpfte Volksabstimmung siegreich durchzuführen und noch einmal auszuziehen zum geistigen Kampf um das Klagenfurter Becken.

DIE VOLKSABSTIMMUNG

I. VORBEREITUNGEN ZUR VOLKSABSTIMMUNG
(Vom September 1919 bis Juli 1920)

1. Taktik der Südslawen

„Weil jeder bekommt, was er aus den Leuten herauspreßt" schrieb der Laibacher „Slovenec" am 24. Juli 1919, „so ist es angezeigt, daß auch wir uns an diese Lehre halten und die Zeit rasch ausnützen, die wir in Kärnten haben. Ideen, namentlich edle, sind eine schöne Sache, aber für Apachen genügen keine Glacéhandschuhe."

Leo Kainradl „Unsere schwerste Zeit"
Plakat, vorbereitet für eine allfällige Abstimmung in der Zone B

Diese Grundsätze scheinen auch der verantwortlichen Leitung der südslawischen Abstimmungsorganisation in Kärnten, dem von General Majster schon anfangs Juli 1919 gegründeten Narodni svet (Volksrat) in Völkermarkt, vorgeschwebt zu haben, als sie im Sommer 1919 daranging, die Volksabstimmung für Südslawien vorzubereiten. Der Narodni svet bestand bis zuletzt größtenteils aus Krainern und Untersteirern, während die bisherigen Führer der Kärntner nationalen Slowenen stark in den Hintergrund traten. Den Vorsitz führte General Rudolf Majster, der „Mann mit der starken Hand". Sein Programm fußte auf der rücksichtslosen Unterdrückung des Gegners. Der Artikel 92 des Friedensvertrages, der die Rede- und Handlungsfreiheit vorsah und sinngemäß auch für die Zone I galt, kümmerte Majster nicht. Schon im Juli 1919 berief er eine Anzahl von Hausbesitzern und Gewerbetreibenden in Völkermarkt in das Gemeindeamt und erklärte ihnen dort: „Wer für uns ist, den werde ich stützen, der kann alles von mir haben, wer gegen uns ist, den werde ich zugrunde richten. Das Schicksal Völkermarkts ist so gut wie entschieden. Die Südslawen werden das Gebiet der Zone I bis zur Volksabstimmung und während der Volksabstimmung besetzt halten und wenn unter dieser Besetzung eine Volksabstimmung stattfindet, so kann sich jeder an den Fingern abzählen, wie sie ausfallen wird." Die Taktik, welche die Südslawen nach der ersten Besetzung im November 1918 angewendet hatten, sollte fortgesetzt, „der Gegner mit allen zulässigen und unzulässigen Mitteln so lange und so stark gedrückt werden, bis er seinen Stimmzettel aus Furcht für Südslawien abgebe" („Jugoslavija" vom 10. Oktober 1921). Neben dem Narodni svet in Völkermarkt wurde später, entsprechend der Bezirkshauptmannschaft Ferlach, ein zweiter in Ferlach errichtet.

General Majster und die Narodni svet waren die eigentlichen Machthaber der Zone I, die politischen Behörden erster Instanz, die Bezirkshauptmannschaften Völkermarkt und Ferlach, nur gefügige Werkzeuge, wie auch die Gemeindebehörden von den Ortsausschüssen, die die Narodni svet in den größeren Orten einrichteten, beherrscht wurden. Bis zur Ankunft der Abstimmungskommission im Juli 1920, also durch mehr als 13 Monate, war die Verwaltung der Südslawen in der Zone I ohne jede Kontrolle, da die interalliierte Mission in Klagenfurt von Paris keinerlei Vollmacht in bezug auf die Verwaltung erhielt. Die Narodni svet konnten daher mit Hilfe der Bezirkshauptmannschaften alle Mittel der Verwaltung: die Gemeindevorstehungen, den Sicherheits-, Post-, Telegraphen- und Telephondienst, die Schule, die Lebensmittelversorgung usw., in den Dienst der jugoslawischen Propaganda stellen. Unheilvoll war während der ganzen Zeit der Besetzung und insbesondere in der Abstimmungszeit namentlich auch der Einfluß der südslawischen Blätter, die sich gegenseitig in nationalem Chauvinismus und in der Aufpeitschung der Leidenschaften überboten und hierbei vor den ärgsten Lügen, Verleumdungen und Beschimpfungen nicht zurückschreckten.

Um jede Beeinflussung der Bevölkerung der Zone I von seiten des übrigen Kärnten hintanzuhalten, sperrten die Südslawen die Zone I längs der ganzen Demarkationslinie wie eine Kampffront durch eine Postenlinie und durch Drahtverhaue schärfstens ab und unterbanden so den Verkehr mit dem übrigen Kärnten. Personen, die die Demarkationslinie überschreiten wollten, wurden sofort beschossen, so daß 3 Todesopfer zu beklagen waren. Nur Schüler und Arbeiter durften die Linie gegen Vorweisung von jugoslawischen Legitimationskarten zu bestimmten Stunden und unter strengster Überwachung überschreiten.

Als im Jänner 1920 die nach Artikel 50 des Friedensvertrages an Ort und

Stelle auszuhebende Polizeitruppe aufgestellt wurde, gab das jugoslawische Militärkommando in einem Geheimerlaß den strengen Befehl, nur verläßliche Slowenen aufzunehmen und Personen, die zu den Deutschen in „gefährlichen Beziehungen" stünden, von der Aufnahme auszuschließen. In der Tat wurden nur

Sepp Prokopp „An der Desparationslinie"
Plakat

Leute aufgenommen, die sich zum SHS-Staate bekannten und vor der Aufnahme schriftlich verpflichteten, nur dem SHS-Staat zu dienen und bei der Volksabstimmung „ihre Pflicht" zu tun. In allen Gemeinden hatten sich auch deutsche und deutschgesinnte Männer für die Polizei gemeldet. Sie wurden jedoch nicht aufgenommen, während Krainer und Untersteirer Aufnahme fanden. Ein Protest der Kärntner Landesregierung vom 13. Jänner 1920 gegen diese dem Artikel 50 des Friedensvertrages widersprechende Art der Aufstellung der Polizeitruppe war wie alle anderen Proteste ohne Wirkung[1]). Nach Aufstellung der Polizeitruppe wurde das jugoslawische Militär im Frühjahr 1920 zurückgezogen, doch kehrte es im Juni wieder in die Zone I zurück. In 34 Gemeinden (von 51) wurden die gewählten Gemeindevorsteher abgesetzt und durch Gerenten ersetzt. Die deutschen und deutschfreundlichen Lehrer und Lehrerinnen, Beamten und Angestellten wurden zum größten Teil ausgewiesen, selbst wenn sie in der Zone I geboren waren, zum Teil auch nach Laibach verschleppt. Dasselbe Los traf zahlreiche andere mißliebige Personen. Ein Heer von südslawischen Lehrpersonen, Beamten, Finanz- und Zollangestellten, Gendarmen usw. kam ins Land. Auch südslawische Kaufleute, Händler und Gewerbetreibende fanden sich ein und erhielten in manchen Orten mit behördlicher Unterstützung als Gerenten, Gemeindesekretäre u. dgl. entscheidenden Einfluß auf die Gemeindeverwaltung. In allen Zweigen der Verwaltung wurde der ausschließliche Gebrauch der slowenischen Sprache eingeführt. Die Schulen wurden slowenisiert und für die jugoslawische Propaganda benützt. Jedes deutsche Wort, jeder deutsche Gruß ward den Kindern von den neuen Lehrern untersagt. Die Behörden führten einen grimmigen Kampf gegen die deutschen Firmentafeln. Bald gab es in der Zone I nur mehr Tafeln mit slowenischen Aufschriften. Aber neben ihnen schimmerten vielfach noch die alten deutschen Aufschriften durch die frische Tünche.

Die österreichischgesinnte Bevölkerung wurde auf jede mögliche Art verfolgt. Die Laibacher „Jugoslavija" vom 10. Oktober 1921 schreibt, der Narodni svet habe nur zwei Heilmittel gekannt: Ausweisen und Einsperren; auch die schärfste Strafe habe ihm nicht genügt; mit Deutschen zu sprechen, sei gefährlich gewesen, da man sofort verdächtigt oder als Deutschgesinnter und als politisch unzuverlässig hingestellt worden sei; Internierungen, Verhaftungen und Strafen seien verhängt worden ohne Rücksicht auf Schuld oder Unschuld, in sehr vielen Fällen auf Grund persönlicher Feindschaft; auch Überfälle aus persönlicher Rachsucht seien keine Seltenheit gewesen. Um die Gegner ausfindig zu machen, wurden wiederholt Unterschriftensammlungen und offene Probeabstimmungen vorgenommen. Sie sollten „unsere Freunde von den Feinden scheiden, denn es sollen nicht alle in gleicher Weise die Wohltaten Jugoslawiens genießen" („Mir" vom 12. März 1920). Gasthauskonzessionen und Tabaktrafiken wurden Deutschen und Deutschgesinnten ohne Grund entzogen und Südslawischgesinnten übertragen. Manchen wurden die Wohnungen beschlagnahmt. Viele Bürger und Bauern durften sich nicht frei bewegen und mußten sich täglich bei der Gendarmerie melden. Die Güter und gewerblichen Betriebe

---

[1]) Vgl. die Anfrage Dr. Angerers und Genossen in der Nationalversammlung vom 22. Jänner 1920 und die Anfrage des Abgeordneten Dr. Dörflinger in der vorläufigen Landesversammlung, „Landsmannschaft" Nr. 35 und 40.

zahlreicher deutscher und deutschfreundlicher Besitzer wurden unter Staatsaufsicht gestellt, die Pachtgründe deutschgesinnten Pächtern genommen und südslawischen Anhängern zugewiesen. Die Zwangsverwalter erlaubten sich vielfach schwere Ungerechtigkeiten und Gewalttaten. „Jugoslavija" vom 10. Oktober 1921 erzählt, daß im Rosentale die reichen Holzlager der Gegner mit behördlicher Bewilligung von Anhängern Südslawiens geplündert worden seien. Klagen bei Gericht hatten keinen Erfolg. Die österreichischgesinnte Bevölkerung befand sich im Zustande vollkommener Rechtlosigkeit. Auch die österreichtreuen Arbeiter wurden verfolgt, ihre Vertrauensmänner mit Waffengewalt über die Demarkationslinie geführt, der Ausschuß des Krankenkassenvereins in Ferlach aufgelöst und der Verein der Laibacher Bezirkskrankenkasse angegliedert[2]). Im Frühjahr 1920 wurden Arbeitern und Angestellten in Feistritz im Rosentale vom Narodni svet in St. Jakob schriftliche Erklärungen vorgelegt, worin sie sich unter Ehrenwort verpflichten sollten, bis zur Volksabstimmung weder mit Worten noch mit Taten gegen den südslawischen Staat aufzutreten und am Tage der Volksabstimmung für den Südslawenstaat oder überhaupt gar nicht, unter keinen Umständen aber für Österreich zu stimmen. Wer sich weigerte, die Erklärung zu unterschreiben, wurde entlassen und vom Bezug der Lebensmittelkarte ausgeschlossen.

Um der kärntnischgesinnten Bevölkerung jede Hoffnung auf die Zukunft zu nehmen, behaupteten südslawische Zeitungen und Flugschriften, Agitatoren und Angestellte immer wieder, eine Volksabstimmung werde überhaupt nicht zugelassen werden; wenn sie aber wirklich stattfinden und zugunsten Österreichs ausfallen solle, so würden die Jugoslawen erst recht bleiben und jene, die für Österreich gestimmt hätten, ausweisen.

Versuchte man auf diese Art, den Gegner zu Boden zu schlagen, so sollte der von Anfang an die Minderheit bildende südslawische Anhang durch einseitige Begünstigungen in seiner Gesinnung bestärkt und der schwankende Teil der Bevölkerung durch Lockmittel für den südslawischen Staat gewonnen werden. Den Bauern wurde die Verteilung des Großgrundbesitzes in Aussicht gestellt, obwohl die südslawischen Agrargesetze für das Abstimmungsgebiet nicht galten. Lebensmittel wurden in genügender Menge aus Kroatien zugeschoben, während Krain gleichzeitig darbte. Ärmere Leute erhielten Erleichterungen und Begünstigungen beim Bezuge von Lebensmitteln, wobei die kärntnischgesinnte Bevölkerung ausgeschlossen war. Straßen wurden gebaut und in Völkermarkt ein Gymnasium und eine Lehrerbildungsanstalt errichtet. Um die Frauen und Mädchen zu gewinnen, wurden Frauenvereine ins Leben gerufen. Sie waren hauptsächlich das Werk der eingewanderten Krainer Lehrerinnen und suchten sich durch Spenden von Kleidern und Lebensmitteln Anhänger zu verschaffen.

---

[2]) Siehe Anfrage des Abgeordneten Gröger und Genossen an den Staatssekretär für Äußeres, „Landsmannschaft" Nr. 44.

Die Kärntner Landesregierung richtete wegen der jugoslawischen Gewaltherrschaft in der Zone I wiederholt ausführliche Beschwerden an die interalliierte Mission in Klagenfurt. Auch die vorläufige Landesversammlung nahm in einer Entschließung vom 11. März 1920 gegen die Entrechtung und Unterdrückung der kärntnischgesinnten Bevölkerung in der Zone I Stellung und ersuchte den Staatskanzler Dr. Renner, diese Entschließung dem hohen Rat in Paris und den Ententeregierungen vorzulegen. Die wiederholten Bemühungen des deutsch-österreichischen Staatsamtes für Äußeres, durch Vorstellungen bei der SHS-Regierung in Belgrad, der Landesregierung in Laibach und den alliierten und assoziierten Mächten eine Abhilfe der unerträglichen Zustände zu erreichen, hatten jedoch keinen Erfolg. Versuche der Laibacher Nationalregierung, durch das Laibacher Korrespondenzbüro die in der Entschließung der Landesversammlung geschilderten Zustände abzuleugnen und das Vorgehen der südslawischen Behörden als gesetzmäßig hinzustellen, wurden durch den nationalpolitischen Ausschuß zurückgewiesen[3]).

Im Juli 1919 setzten die Südslawen auch schon mit einer regen Versammlungstätigkeit ein. Volksfeste, Tanzunterhaltungen, Theatervorstellungen und Ausflüge wurden veranstaltet, während Aufführungen deutscher Gesangvereine und schließlich sogar Ausflüge ohne behördliche Genehmigung verboten wurden. Am 15. August 1919 fand ein großer Volkstag (Tabor) in Kühnsdorf statt, bei dem General Majster, Bischof Jeglič, Grafenauer und Dr. Triller sprachen. General Majster zog seinen Säbel und erklärte, er werde ihn nicht früher versorgen, bis nicht alle Südslawen befreit wären; dann flog er in einem Flugzeug von Kühnsdorf nach Latschach, wo eine zweite große Versammlung abgehalten wurde. Um den Eindruck der Versammlungen und Feste zu verstärken, wurde für reichlichen Zuzug von außen gesorgt. Wiederholt brachten Sonderzüge Gäste aus Krain und Untersteiermark herbei. In der Zone I selbst wurden sonntags die Kirchgänger vom Gottesdienste weg auf Autos und ärarischen Wagen zum Versammlungsplatz oder zum Feste geführt.

Nach außen hin taten die Südslawen so, als ob sie ihrer Sache vollkommen sicher seien. „Laßt Kärnten nur ein Jahr in unserer Verwaltung und es wird vollkommen südslawisch sein!" äußerte sich gelegentlich der Laibacher Landespräsident Dr. Brejc. Die Südslawen bauten vor allem darauf, daß sie auch nach Eintreffen der Abstimmungskommission die volle Gewalt in der Hand haben würden, da der Abstimmungskommission keine autoritative Macht und keine Verwaltungsfunktionen zukämen, sondern nur die Kontrolle („Mir" vom 2. April 1920).

Die Siegeshoffnungen der Laibacher schienen nicht unberechtigt zu sein. Denn ohne Zweifel war die Lage Kärntens im Sommer 1919 äußerst ernst.

---

[3]) Vgl. „Kärntner Landsmannschaft" Nr. 42 und Nr. 50.

Der Entwurf der Friedensbedingungen von St. Germain nahm Deutsch-Österreich Südtirol, das Kanaltal, das Mießtal, Marburg, Deutschböhmen. Was von Deutsch-Österreich übrig blieb, war ein Rumpf ohne Gliedmaßen, ein Staat, von Schulden erdrückt, ein „Bettelstaat", wie es gar bald von den südslawischen Propagandablättern genannt wurde. Dazu kamen in Kärnten die Klagen der Flüchtlinge und der Landsleute in der Zone I, die Schutzlosigkeit und Ohnmacht gegenüber den südslawischen Gewalttätigkeiten. Die Bevölkerung in der Zone I war der Verzweiflung nahe. Sie fühlte sich von allen verlassen und einem erbarmungslosen Gegner ausgeliefert. Die Aussicht auf Wiedervereinigung der Zone I mit dem übrigen Kärnten schien gering, denn niemand wußte, unter welchen Umständen die Volksabstimmung vor sich gehen werde. So war die Lage, als Anfang September die Kärntner Propagandatätigkeit erneut einsetzte.

2. Die Propaganda der Landesagitationsleitung und des Kärntner Heimatdienstes

Die ersten vorbereitenden Schritte für die Durchführung der Volksabstimmung waren bereits nach der Befreiung des besetzten Gebietes im Mai 1919 unternommen worden. Schon damals wurden auf Grund der Orts- und Personenkenntnis des Deutschen Volksrates für die Gemeinden des strittigen Gebietes Vertrauensmänner aufgestellt. Der Rückschlag Ende Mai machte diesen Vorbereitungen ein jähes Ende. Im August übernahm die Leitung der Propaganda die Landes-Agitationsleitung. Sie war zunächst ein aus Vertretern der politischen Parteien und der maßgebendsten Behörden des Landes gebildeter Ausschuß, der dem Nationalpolitischen Ausschusse der provisorischen Landesversammlung bis zu dessen Auflösung im März 1920 angegliedert war. In der konstituierenden Versammlung der Landes-Agitationsleitung am 22. August 1919 in Spittal an der Drau wurde Landesrat Max Burger zum Vorsitzenden und Oberleutnant Hans Steinacher zum Geschäftsführer gewählt. Steinacher war die Seele und der eigentliche Organisator der Landes-Agitationsleitung und später des Kärntner Heimatdienstes und sammelte um sich einen Kreis von trefflichen Mitarbeitern, meist jüngeren Offizieren, die sich voll und ganz in den Dienst der Sache stellten. Der Sitz der Landes-Agitationsleitung war ab September 1919 in St. Veit an der Glan. Die Grundlinien der Propagandatätigkeit wurden in den periodischen Beratungen eines Beirates festgestellt. Die Leitung der Arbeitstätigkeit blieb dem Geschäftsführer überlassen.

Da die Südslawen in der Zone I jede Propagandatätigkeit für Österreich mit allen Mitteln verfolgten und jede Äußerung gegen den südslawischen Staat als Hochverrat bestraften, sollten naturgemäß die Landes-Agitationsleitung und ihre Organe geheim bleiben. Daher ist die Landes-Agitationsleitung niemals öffentlich in Erscheinung getreten. Trotzdem wurde ihr Bestand schon im November 1919 vom jugoslawischen Grenzkommando der Laibacher Landesregierung gemeldet.

Die Landes-Agitationsleitung hatte alle Maßnahmen zu treffen, um durch Propaganda in der Zone I und die Sammlung der Stimmberechtigten ein günstiges Abstimmungsergebnis vorzubereiten. Vor allem galt es, den südslawischen Druck und die südslawische Agitation unwirksam zu machen und in der deutschen und deutschfreundlichen Bevölkerung die Hoffnung auf ein günstiges Abstimmungsergebnis nicht schwinden zu lassen. Zu diesem Zwecke mußte die Landes-Agitationsleitung zunächst regelmäßige Verbindungen zur abgeschnittenen heimattreuen Bevölkerung in der Zone I schaffen, um durch diese Verbindungen über alle Vorgänge in dieser Zone unterrichtet zu sein und der Gegen-

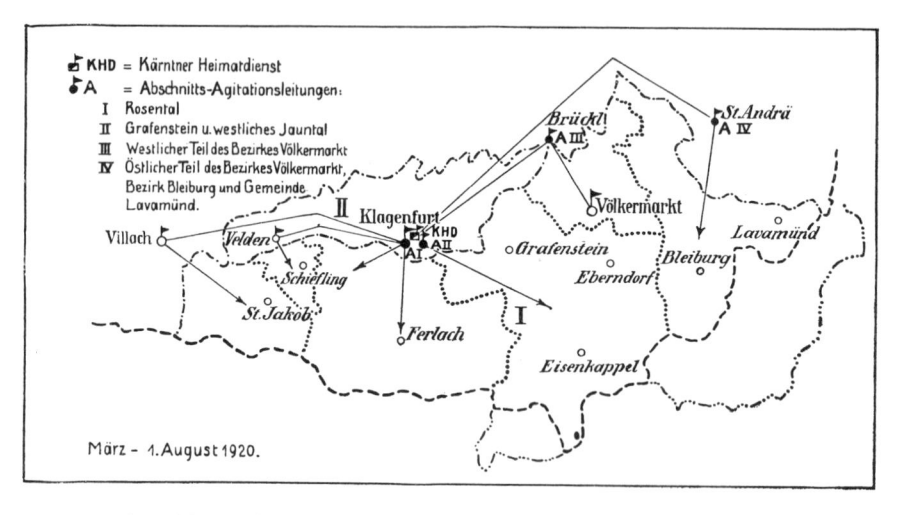

Organisierung des Kärntner Heimatdienstes vom März bis 1. August 1920
Nach einer gleichzeitigen Skizze des Heimatdienstes

arbeit der Südslawen durch Flugschriften und mündliche Propaganda entgegentreten zu können.

Schon diese ersten Aufgaben waren außerordentlich schwierig. Ein Überschreiten der Demarkationslinie und eine erfolgreiche Propagandaarbeit war nur eingehend geschulten, opferwilligen Personen möglich. Die Zone I wurde in vier Abschnitte zerlegt und diese Abschnitte je einem Agitationsleiter unterstellt[4]). Die Sitze der Abschnittsleitungen waren außerhalb der Zone I, und zwar für die Abschnitt I und II in Klagenfurt, für III Brückl, für IV in St. An-

---

[4]) I. Rosental, Leiter: Oblt. Viktor Arneitz, dann Ing. Lingl. II. Grafenstein und westliches Jauntal, Leiter: Lt. Silvester Klinge-Praschek. III. Westlicher Teil des Bezirkes Völkermarkt, Leiter: Bauer Josef Glantschnig. IV. Östlicher Teil des Bezirkes Völkermarkt, Bezirk Bleiburg und Gemeinde Lavamünd, Leiter: Oblt. Val. Maierhofer.

drä. Später wurden die Unterabschnittsleitungen der Abschnitts-Agitationsleitung I selbständig geführt und Abschnitt I in vier Teile geteilt[5]).

Die Abschnittsleiter, die Verbindungsmänner und die in der Zone I gewonnenen Vertrauensleute, die allen Ständen entnommen wurden, waren der Kern der Organisation. Elemente, bei denen sich egoistische Motive zeigten, wurden vom Dienst für die Heimat von vornherein ausgeschlossen.

Die ganze Organisation wurde streng zentralisiert. Die Abschnitts-Agitationsleitungen sandten regelmäßig Berichte an die Landes-Agitationsleitung. Von der Abschnitts-Agitationsleitung aus schlichen ausgesuchte Leute, die sich fast durchwegs schon in den Abwehrkämpfen bewährt hatten, in kleinen Gruppen oder einzeln über die Demarkationslinie. Ihre geheimen Wege führten über die Grutschen, den Südhang der Saualpe, die Gurk, die oft durchwatet werden mußte, die Drau und den Wörthersee, die Wälder bei Maria Gail oder den Nordhang der Karawanken in die Zone I. Sie brachten den Vertrauensleuten in der Zone I — meistens zu nächtlicher Stunde und an geheimen Orten — Weisungen und nahmen Berichte und Anregungen von ihnen entgegen. Diese Verbindungsleute haben sich die größten Verdienste erworben. Ihr Dienst forderte ungemein viel Aufopferung, Selbstlosigkeit, Mut und besondere Schlauheit. Ein Verbindungsmann hat den gefährlichen Weg von Klagenfurt nach Miklauzhof 28mal mit einer Marschleistung von 2000 km zurückgelegt. Wo die Jugoslawen Verbindungsmännern auf die Spur kamen, wurden sie gehetzt und verfolgt. Rasch wurde auf sie geschossen. Einige von ihnen wurden verhaftet und in den Kerker geworfen. Die Jugoslawen störten wiederholt die Schmugglerlinie, aber immer wieder drangen die Verbindungsmänner, allen Gefahren trotzend, über die Linie vor, immer wieder wurden neue Möglichkeiten gefunden, die Flugschriften mit List in die Zone I zu bringen. Wurde einer von ihnen gefangen, war sofort ein Ersatzmann zur Stelle. Auch die Abschnittsleiter wagten sich oft in die abgesperrte Zone. Der Leiter des Abschnittes Villach, Fritz, drang einmal nachts mit seinem Kameraden Siller bis zum Bahnhof Rosenbach vor und erbeutete dort eine jugoslawische Fahne. Auch andere Leute, denen die Jugoslawen das Überschreiten der Demarkationslinie wohl oder übel gestatten mußten, beispielsweise Schüler und Schülerinnen, die die Klagenfurter Schulen besuchten, nützten die Gelegenheit trotz aller Gefahr zum Schmuggel von Flugschriften aus. Dünn kamen sie nach Klagenfurt, dick und fett, ausgestopft mit Flugschriften, kehrten sie in ihre Heimat zurück. Die Kontrolle und Leibesuntersuchung an der Demarkationslinie brachte manchen von ihnen in den Arrest. Innerhalb der Zone dienten leere Bierfässer, Wagen und Kisten mit

---

[5]) Oberes Rosental mit dem Sitz in Villach (Leiter: Lt. Karl Fritz), Gebiet südlich von Velden mit dem Sitz in Velden (Lt. Oskar Lingl, später Oberlehrer Florian Velikogna), Seengebiet von Keutschach mit dem Sitz in Klagenfurt (Oblt. Hans Skorianz) und unteres Rosental mit dem Sitz in Klagenfurt (Oblt. Franz Kraigher).

Doppelböden, ja sogar Trainwägen der jugoslawischen Soldaten als Transportmittel.

In der zweiten Hälfte des Monats September war die Organisation soweit fortgeschritten, daß mit dem F l u g s c h r i f t e n k a m p f e begonnen werden konnte. Die Landes-Agitationsleitung plante zunächst, wegen der Gefährdung der Verbindungsleute die Werbearbeit ausschließlich durch Mundpropaganda zu betreiben und die Flugschriften nur zum geheimen Vertrieb unter die Vertrauensleute auszugeben. Dieser Plan erwies sich bald wegen der scharfen Beobachtung durch die südslawischen Gendarmen als technisch undurchführbar. Vom 24. September an wurde nach längerer Pause die „Kärntner Landsmannschaft" als ausgesprochenes Kampf- und Propagandablatt für die Volksabstimmung mit einer Auflage von 6600 Stück wieder herausgegeben, anfangs unter Leitung Chr. Lackners, des Hauptschriftleiters der „Freien Stimmen", und H. Steinachers, seit August 1920 unter der J. F. Perkonigs. Ursprünglich eine Wochenschrift, erschien sie seit 1. Oktober 1920 täglich. Neben ihr wurde auch eine von Wolf Mack, später von Karl Miklitsch geleitete Werbezeitung in slowenischer Sprache aufgelegt, der „Koroško Koroščem" („Kärnten den Kärntnern", Auflage 2200). Die beiden Blätter waren der unterdrückten Bevölkerung der Zone I in der schwersten Zeit die treuen Boten, die Aufmunterung, Mut und die geistigen Waffen zum Kampf gegen die südslawische Agitation brachten. Obwohl von den Gendarmen verfolgt, gelangten sie immer zahlreicher durch die Verbindungsmänner in die Gemeinden der Zone I. Hier wurden sie von der heimattreuen Bevölkerung mit Freude aufgenommen, heimlich gelesen, heimlich den Nachbarn zugeschoben, in die nächsten Dörfer geschmuggelt und vor den suchenden Gendarmen in den Häusern versteckt, oft auch in den Betten der in kärntnertreuen Häusern einquartierten jugoslawischen Soldaten. Seit Jänner 1920 brachten die beiden Zeitungen auch Illustrationen heimischer Künstler, Leo Kainradls, Felix Kraus' und Josef Prokops, wodurch ihre Wirkung wesentlich gesteigert wurde. Die „Kärntner Landsmannschaft" gibt so ein umfassendes Bild des Agitationskampfes um Kärnten.

Außer der „Kärntner Landsmannschaft" und dem „Koroško Koroščem" wurden von Fall zu Fall Flugschriften und Flugzettel im Propagandakampf verwendet. Die Sammlung der Propagandaschriften, die dem Geschichtsverein übergeben wurde, bildet die notwendige Ergänzung der „Kärntner Landsmannschaft". Die Flugschriften wurden ausgegeben, um den Vertrauensleuten entweder einen kurzen Katechismus über alle Agitationsmotive zu geben oder um einzelne wichtige Fragen, wie zum Beispiel die Schulfrage, die kulturellen Gegensätze zwischen Kärnten und dem Balkanstaat Serbien, die Stellung Klagenfurts in der Abstimmungsfrage, die Wirtschafts- und Verkehrsfragen oder die Währungsreform in Südslawien, für die Vertrauensleute eingehend klarzustellen. Die Flugzettel dienten auch dazu, wichtige Nachrichten oder agitationskräftige Tatsachen der Bevölkerung in entsprechender Form bekanntzugeben. Die Agitation durch Propagandaschriften war so aufgebaut, daß bis zu den Wochen vor der Volksabstimmung die beabsichtigte Wirkung planmäßig gesteigert werden konnte. In den letzten Wochen vor der Volksabstimmung nahmen die Kärntner Propagandaschriften an Zahl so zu, daß sie die südslawischen vollständig aus dem Felde schlugen[6]). Beim ganzen Verlaufe der Agitation mit Flugschriften behielten die Kärntner die Vorhand. Fast durchwegs waren die Südslawen die Nachahmenden und in die Verteidigung gedrängt. Dies gestanden auch südslawische Blätter im Februar und Mai 1920 wiederholt zu. Sehr wirkungsvoll waren die auch künstlerisch wertvollen, von Kainradl, Kraus und Prokop geschaffenen großen Plakate, die auf das tiefe Gemüt der Kärntner größten Eindruck machten.

Ende September 1919 wurden die ersten zwei Werbeschriften, „Kärntens Schicksalsstunde" (Verfasser: H. Steinacher) und „Wie wird sich die Bevölkerung des Rosentales bei der Volksabstimmung entscheiden?", verbreitet, wovon die erste, das „grüne Büchel", einen durchschlagenden Erfolg erzielte. Da die Verbindungen mit den Vertrauensleuten bereits hergestellt waren, war die erste Auflage des „grünen Büchels" von 10 000 Stück in einer Woche vergriffen und mußten 10 000 neue aufgelegt werden. In vielen Gemeinden wurden die Schriften nach den Weisungen von den Vertrauensleuten wohlversteckt gehalten und nur verläßlichen Leuten gegeben. In anderen Gemeinden hingegen tauchten sie bald in den Gasthäusern auf, wurden nächtlicherweise auch verbissenen Gegnern vor die Tür gelegt, ja eines Morgens war fast ganz Völkermarkt mit den „grünen Büchlen" übersät.

Dies schreckte die Südslawen auf. Die südslawische Propagandaleitung ließ ein Gegenplakat drucken mit der ironischen Aufschrift: „Des österreichischen Staatskanzlers Dr. Renner Antwort auf die Broschüre ‚Kärntens Schicksalsstunde'." Die Bezirkshauptmannschaften Völkermarkt und Ferlach ließen Verbote der Verbreitung von staatsfeindlichen Flugschriften öffentlich anschlagen und bedrohten die Verbreiter und Besitzer von Flugschriften mit Kerker und Geldstrafen. Tatsächlich wurden Verbreiter solcher Flugschriften, wenn man ihrer habhaft wurde, streng bestraft. Die südslawischen Grenzwachen erhielten Weisungen zur schärfsten Überwachung der Durchreisenden. Die südslawischen Gerenten wurden angewiesen, im Bereiche der Ortschaften jeden Frem-

---

[6]) Vom August 1919 bis Oktober 1920 wurden auf Kärntner Seite außer den regelmäßig erscheinenden Nummern der „Landsmannschaft" und des „Koroško Korošcem" 22 verschiedene Broschüren, 105 verschiedene Flugblätter, über 50 verschiedenartige Klebezettel und 13 verschiedene Werbeplakate ausgegeben, ungerechnet die Ankündigungen von Versammlungen. Die Auflage der Flugblätter und Flugzettel ging bis zu 30 000, einzelner bis zu 250 000 und darüber, die der Klebezettel bis zu 60 000. Noch in der Nacht vom 9. auf den 10. Oktober wurden in einer Druckerei allein über 2 000 000 Stereotypie-Drucke hergestellt.

den anzuhalten und zu durchsuchen. Die Ortsausschüsse des Narodni svet richteten zur Unterstützung der Gendarmen und der Geheimpolizei besondere Gemeindewachen ein, aus welchen sich später regelrechte Banden entwickelten, die von den Heimattreuen bald als „Prügelbanden" bezeichnet wurden. Trotz dieser Maßnahmen kamen auch in den folgenden Wochen und Monaten die Flugschriften und vor allem die „Kärntner Landsmannschaft" und „Koroško Koroščem" regelmäßig in die Zone I. Die südslawischen Behörden wurden infolgedessen unruhig und sichtlich unsicher.

Die sofort einsetzenden scharfen Verfolgungen der Verbindungsmänner und Vertrauensmänner hatte für die weitere Entwicklung der kärntnischen Abstimmungspropaganda zur Folge, daß sich alle Organe der Landes-Agitationsleitung von Anfang an die Arbeit unter den schwersten Verhältnissen gewöhnten. Alle gelungenen Unternehmungen gegen die Südslawen hoben das Selbstbewußtsein und Überlegenheitsgefühl bei der kärntnisch gesinnten Bevölkerung und schwächten im gleichen Maße das Ansehen der südslawischen Behörden und des Narodni svet. Um auch das gesprochene Wort wirken zu lassen, wurden in der Zone II in Orten, die der Zone I benachbart sind, wie Mallestig, Maria Gail und Ettendorf Versammlungen abgehalten, natürlich nicht unter der Flagge der Landes-Agitationsleitung.

Indes hatte auch eine eifrige Werbearbeit der Südslawen begonnen. Ihre wichtigsten Propagandablätter waren die deutsch geschriebene „Draupost", der „Mir" und der seit 9. Juli 1919 erscheinende „Korošec" („Der Kärntner"). Daneben erschienen noch verschiedene Zeitschriften, so die „Mlada Jugoslavija" („Das junge Jugoslawien"), die „Koroška Sora" („Kärntner Morgenröte") für die jugoslawische Frau, „Bogoljub", das slowenische Kirchenblatt, in den letzten Wochen vor der Abstimmung noch ein satirisches Witzblatt „Hooo-rrruck!", von Fall zu Fall die „Deutsch-österreichischen Blätter-Stimmen", in denen übertriebene Darstellungen und Meldungen österreichischer Zeitungen verwertet wurden. Auch die Laibacher und Marburger Blätter entfalteten eine äußerst rege Propagandatätigkeit, während die Kärntner und anderen österreichischen Zeitungen nicht zugelassen wurden.

Die wichtigsten Leitgedanken der südslawischen Agitation, wie sie sich gleich von Anfang an zeigten und später immer wiederkehrten, waren: Österreich und das Deutschtum haben das slowenische Volk wirtschaftlich und kulturell unterjocht und unterjochen es noch, der Deutsche betrachtet den Windischen als minderwertig; Südslawien ist der nationale Befreier, der serbische Thronfolger Alexander der nationale Held.

Diesen südslawischen Leitgedanken gegenüber hat sich die kräftige Pflege des Deutsche und Windische einigenden Kärntner Heimatgefühles als viel wirksamere Waffe erwiesen. Auch die Betonung der inneren Gegensätze zwischen Slowenen und Serben hat wesentlich dazu beigetragen, das südslawische Befreiungsmotiv abzuschwächen. Dagegen hatte der Versuch der Gegenseite, bei der Windisch sprechenden Bevölkerung ein slowenisches Nationalgefühl hervorzurufen oder es zu stärken, keinen durchgreifenden Erfolg.

Viel schwieriger war der Kampf gegen das südslawische Agitationsmotiv vom „Bettlerstaat" Deutsch-Österreich und von dem „goldenen" Jugoslawien. Die damalige wirtschaftliche Überlegenheit Südslawiens zeigte sich dem Volke sinnfällig, insbesondere im Steigen seiner Valuta und in den reichen Lebensmitteln, die in den jugoslawischen Lagerhäusern aufgestapelt und von dort zu Propagandazwecken an die Bevölkerung um billiges Geld oder unentgeltlich, in vielen Fällen nur gegen die Erklärung, für den SHS-Staat zu stimmen, verteilt wurden. Auch in der Zone II, besonders in Klagenfurt, das damals tatsächlich Mangel litt, suchte die jugoslawische Propaganda durch Flugzettel mit dem Schlagwort vom „goldenen Jugoslawien" die Bevölkerung zu gewinnen, ohne auch nur den geringsten Erfolg zu erzielen.

Die südslawischen Behauptungen wurden durch die Landes-Agitationsleitung mit dem Hinweis bekämpft, daß die geistige und physische Produktionskraft des Volkes durch die höhere Bildung, das bessere Schulwesen, die bessere Schulung der Arbeiter u. a. den wahren Reichtum bilde und daß Österreich eine reiche Industrie besitze, daher billige Industrieartikel liefern könne, während Jugoslawien wie die Zone I ein rein agrarisches Gebiet sei, in dem Industrieartikel, vor allem Maschinen und Werkzeuge, nur um teures Geld oder gar nicht zu haben seien.

Sehr zu ungunsten der Jugoslawen wirkte sich die Absperrung der Demarkationslinie aus; denn den Bewohnern der Zone I wurde dadurch der Zutritt zu Villach und Klagenfurt versperrt, die nahezu die einzigen Märkte für ihre Einkäufe und das einzige Absatzgebiet für ihre Erzeugnisse bilden. So wurde durch die Absperrung der Demarkationslinie und die daraus hervorgehenden wirtschaftlichen Schwierigkeiten und Schäden der tiefe Sinn des Schlagwortes von der Einheit und Unteilbarkeit des Klagenfurter Beckens praktisch erwiesen und in der Bevölkerung das Bewußtsein untrennbarer Zusammengehörigkeit der Gebiete diesseits und jenseits der Demarkationslinie noch gestärkt.

Eine häßliche Form der südslawischen Agitation war die planmäßige Herabsetzung und Beschmutzung der Kärntner Führer, deren Einfluß und Ansehen untergraben werden sollte. Die Deutschen wurden wegwerfend „Hungerleidarje" und „Latschenbergarje" genannt, um die im Volke wohnende Wertschätzung der Deutschen zu zerstören. Doch gingen die Jugoslawen hierbei von Anfang an in so aufdringlicher und roher Weise vor, daß auch dem einfachen Mann aus dem Volke bald offenbar wurde, wie unbegründet die südslawischen Beschimpfungen waren.

Eine beliebte südslawische Methode, namentlich in den letzten Monaten vor der Volksabstimmung war, über den deutschen Terror zu klagen. Ebenso häufig war das Mittel der Einschüchterung. So zum Beispiel wurde behauptet, die Südslawen hätten alle „Nemčurje" (verächtliche Bezeichnung für deutschgesinnte Windische) vorgemerkt, würden ihnen nach der Abstimmung den ganzen Besitz wegnehmen und sie verjagen. Die Abstimmung werde nicht geheim sein, weil herausgefunden werden würde, wer für Österreich gestimmt habe.

Der unverminderte Druck auf die Bevölkerung, die zahlreichen meist ohne Grund erfolgten Ausweisungen und Verhaftungen haben die kärntnertreue Bevölkerung zeitweise mutlos gemacht, aber immer wieder hob sich ihr Mut und ihre Zuversicht.

Felix Kraus „Der Schwur"
Werbekarte

Die deutschen Propagandamotive wurden im wesentlichen schon in einer Programmschrift des Geschäftsführers der Landes-Agitationsleitung vom August 1919 zusammengefaßt und in der obenerwähnten kleinen Broschüre „Kärntens Schicksalsstunde" etwas weiter ausgeführt. Im Vordergrunde stand die Pflege des Kärntner Volks- und Heimatbewußtseins: in der Vergangenheit, im Weltkrieg und im Abwehrkampf hatten in Kärnten Deutsche und Windische gemeinsam ihr Schicksal getragen und waren Brüder gewesen. Dieser in der Seele von Deutschen und Windischen schlummernde Gedanke mußte vor allem geweckt werden. Aus ihm ergab sich die weitere Folgerung: was auch das Schicksal bringen möge, die Kärntner müssen auch in Zukunft zusammenstehen. Erinnerungen an die großen Taten im Kriege, an die Leistungen während der Abwehrkämpfe trugen viel dazu bei, den Stolz und die Freude am Kärntnerlande zu heben. Mit Nachdruck wurde immer wieder auf die sinnfällige Tatsache der unzerreißbaren wirtschaftlichen und kulturellen Einheit Kärntens und auf die schweren Schäden hingewiesen, die eine Zerreißung der innigen Wirtschaftsbeziehungen der Zone I mit Klagenfurt und Villach bringen müßte. Als wirksamste Schlagworte erwiesen sich daher: „Kärnten den Kärntnern!", „Kärnten ungeteilt!", „Kärntner bleibt der Heimat treu!"

Leo Kainradl
Verschlußmarke

Von tiefer Wirkung waren Hinweise auf die monarchistische Verfassung, die allgemeine Wehrpflicht und den Mangel an sozialen Füsorgemaßnahmen in Südslawien, anderseits auf die sozialen Errungenschaften und die bessere Agrargesetzgebung in Österreich. Der Gedanke des Anschlusses Österreichs an das große Wirtschaftsgebiet des Deutschen Reiches hat bei der Unterweisung der Vertrauensmänner eine wichtige Rolle gespielt und als fester Glaube an ein Ereignis, das kommen muß, den Blick über die wirtschaftlich trostlose Lage Österreichs hinweggelenkt. Allerdings durfte man vom Anschlußgedanken nur vorsichtig Gebrauch machen, um nicht die in Klagenfurt weilende, in dieser Hinsicht sehr empfindliche interalliierte Mission und später die Abstimmungskommission unnötigerweise zu reizen. Doch wurde neben der kulturellen Einheit Kärntens immer wieder der innige kulturelle Zusammenhang mit dem deutschen Mutterlande betont. Diesem Zwecke diente auch die von der Kärntner Landsmannschaft Ende Mai 1920 in Klagenfurt veranstaltete Kärntner Heimatwoche, die durch Aufzeigen der Schönheiten des Landes und der Leistungen seiner Bewohner das Heimatgefühl und das Selbstbewußtsein der Kärntner steigern sollte und einen vollen Erfolg erzielte. Ein „Kärntner Komponistenabend" und ein „Kärntner Volksliederabend" brachte Werke von Kärntner Komponisten und Perlen des Kärntner Volksgesanges zu Gehör. Eine Kunstausstellung „Kärnten im Bilde" veranschaulichte die Leistungen Kärntens auf dem Gebiete der Malerei, namentlich der Landschaftsmalerei des 19. Jahrhunderts. Vorträge Bruno Grimschitz' über die alte Kunst Kärntens, Karl Ginharts über die Kunst des 19. Jahrhunderts und Max Pirkers über das Kärntner Geistesleben zeigten die innigen Zusammenhänge des Kärntner Kunst- und Geistesleben mit dem deutschen Norden. Lichtbildervorträge von F. Lex, Th. Prosen und R. Puschnig behandelten die landschaftlichen Schönheiten des Landes und seine Eigenart in der Tier- und Pflanzenwelt. Durch eine Aufführung von J. F. Perkonigs Drama „Heimsuchung" wurde die Not, die durch den Jugoslaweneinfall über die Heimat hereingebrochen war, vor Augen geführt. Schließlich gab H. P. Meier in einem Lichtbildervortrag ein Bild der Entwicklung der Landeshauptstadt Klagenfurt, die ja im Mittelpunkt des Kampfes stand. Auch Villach hatte sein Heimatfest im Stadttheater mit Vorträgen und Aufführung von Kärntner Volksbräuchen und Volkstänzen.

Anfang November 1919 lagen die ersten Schätzungen der Vertrauensmänner in der Zone I nach Gemeinden vor. Nach diesen vorsichtig gehaltenen Ziffern ergab sich eine voraussichtliche deutsche Mehrheit von rund 60%. Den Rest bildeten teils Schwankende, teils sichere Gegner. Der Druck, der andauernd auf der Bevölkerung lastete, hat viele Schwankende zu den Südslawen gezogen, hingegen die überzeugten Heimattreuen nur enger aneinandergeschlossen und im höchsten Maße arbeitsfreudig gemacht. Je mehr der südslawische Druck zunahm, desto lebendiger wurde die Widerstandskraft der heimattreuen Bevölkerung. Ungünstig wirkten die fortwährende Verzögerung der Ratifikation des Friedensvertrages und die immer wieder enttäuschte Hoffnung auf den Abzug der jugoslawischen Truppen. Dadurch wurde die Bevölkerung mehr und mehr geneigt, den südslawischen Ausstreuungen zu glauben, daß es überhaupt keine Volksabstimmung geben werde.

Seit Mitte Jänner 1920 ging die Landes-Agitationsleitung daran, den Hauptteil der Propagandatätigkeit in der Zone I den Vertrauensmännern selbst zu übertragen. Fast in allen Gemeinden bestand bereits ein dichtes Netz von Vertrauensmännern. Diese hatten schon im Auftrage der Abschnitts-Agitationsleiter besondere Unternehmungen durchgeführt. So waren im Februar für eine große Zahl von Gemeinden die Stimmlisten ausgearbeitet, eine außerordentlich hoch zu bewertende Leistung der Vertrauensmänner, wenn man bedenkt, daß diese Tätigkeit im geheimen durchgeführt werden mußte und doch fast ganz verläßliche Angaben lieferte. Ebenso lagen von vielen Gemeinden schon Bittschriften mit zahlreichen Unterschriften an die interalliierte Militärmission bezüglich der Durchführung der Volksabstimmung vor.

Die Tätigkeit der Landes-Agitationsleitung bildete den entscheidenden Abschnitt in der Vorbereitung der Volksabstimmung. Die kärntnischgesinnten Kreise der Bevölkerung wurden rechtzeitig von der kärntnischen Propaganda erfaßt und in der Hoffnung auf die Zukunft und im Glauben an den Sieg gestärkt. Die Zeit der Landes-Agitationsleitung ist daher gekennzeichnet durch Sammlung der Kräfte im Kärntner Lager. Der Kampf war noch im allgemeinen Verteidigung, aber nicht außerhalb, sondern innerhalb der Zone I.

*

Am 10. März 1920 beschloß die Kärntner Landesversammlung in einer vertraulichen Sitzung, den parlamentarischen nationalpolitischen Ausschuß, an dessen Spitze seit Jänner 1920 Ing. Schumy stand, aufzulassen und den Landesrat zu beauftragen, für die amtliche Behandlung wichtiger, im Interesse des Landes gelegener nationalpolitischer Angelegenheiten eine eigene Abteilung zu errichten. An Stelle der Landes-Agitationsleitung wurde für die gesamte Propaganda im Abstimmungsgebiet und für die Vorbereitung der Volksabstimmung der K ä r n t n e r H e i m a t d i e n s t mit dem Sitze in Klagenfurt errichtet. Er stand außerhalb der Behörden und wurde von einem neungliedrigen Beirate, der aus Landesräten und Landtagsabgeordneten bestand, ferner einem aus diesen gewählten dreigliedrigen Vorstande (Landesrat Ing. Vinzenz S c h u m y, Dr. Franz R e i n p r e c h t und Ing. Franz P i c h l e r) geleitet. Vorsitzender war V. Schumy, der sich hierzu besondere eignete, nicht bloß durch seine hervorragende Energie, sondern auch deshalb, weil er das gemischtsprachige Gebiet als landwirtschaftlicher Wanderlehrer und Tierzuchtinspektor sowie als Wahlwerber im Bezirke Völkermarkt 1911 gegenüber F. Grafenauer, dem er bei der Stichwahl mit nur 123 Stimmen unterlag, genau kennengelernt hatte und von vornherein das Vertrauen der heimattreuen Bevölkerung genoß. Durch den Beirat, im späteren Verlaufe nur durch den Vorstand, wurden die allgemeinen Richtlinien für die Tätigkeit festgelegt, durch den Vorstand die Aufsicht über die Geschäftsgebarung ausgeübt. Durch die Wahl des Landesrates Vinzenz Schumy zum Vorsitzenden des Vorstandes war die notwendige Verbindung zur Landesregierung und zum Landesrat geschaffen.

Die Geschäftsführung, die Abschnittsleiter, die Vertrauensmänner in der Zone I und auch die gesamte Richtung der Arbeitstätigkeit gingen von der Landes-Agitationsleitung auf den Heimatdienst über, so daß die Arbeit fast gar keine Unterbrechung erlitt und der Wechsel unmerklich in Erscheinung trat. Geschäftsführer blieb Hans S t e i n a c h e r, dessen organisatorische Begabung, Tatkraft und Umsicht sich bereits in der Landes-Agitationsleitung ausgezeichnet bewährt hatte. Die Zusammenarbeit des Vorstandes mit der Geschäftsführung, den Abschnittsleitern und übrigen Mitarbeitern war stets getragen vom gleichen Geist der Arbeitsfreudigkeit und vollständig selbstloser Hingabe für die Sache.

In den letzten Monaten vor der Ankunft der Abstimmungskommission wurde das Schwergewicht der Arbeit auf die Organisierung der kärntnischgesinnten Bevölkerung in Gemeinde, Bezirk und Abstimmungsgebiet gelegt. Die Arbeiten, die im Abstimmungsgebiete selbst zu erfüllen waren, führten die „Heimaträte" durch, die zum Teile schon in der letzten Zeit der Landes-Agitationsleitung gegründet worden waren und nunmehr weiter ausgebaut wurden. In jeder Gemeinde wurde ein Gemeinde-Heimatrat geschaffen, dessen 6 bis 25 Mitglieder nicht von oben herab ernannt wurden, sondern nach den Weisungen des Heimatdienstes ohne Unterschied des Standes und Besitzes, der Partei, des Alters und Geschlechtes aus den erprobtesten Leuten von den Vertrauensmännern zu wählen waren. Es sollte getrachtet werden, daß womöglich alle Ortschaften, alle Parteien, Stände und beide Geschlechter vertreten seien.

Trotz des auf der Zone I lastenden Druckes schritt der Ausbau der Heimaträte rüstig vorwärts. Die Vertrauensmänner fürchteten nicht mehr die südslawischen Verbote und arbeiteten nach wie vor im geheimen zähe und unerschütterlich im Glauben an den Erfolg. Der Heimatrat in der Gemeinde Diex wurde zum Beispiel bei einer Besprechung im Walde gegründet, der von Haimburg bildete sich bei einer geheimen Zusammenkunft auf einer der Felskuppen, genannt „Felskögelen", in der Nähe von St. Stefan bei Haimburg. Der Heimatrat Waisenberg wurde bei einer nächtlichen Zusammenkunft in St. Margarethen gebildet.

Die Südslawen hatten bei ihren Versuchen, die Tätigkeit des Kärntner Heimatdienstes unmöglich zu machen, fast nur Mißerfolge. Wohl wanderten einzelne Vertrauensmänner für Wochen und Monate in den Kerker, aber es gelang den Südslawen nicht, den Aufbau der Organisation und die geheime Propagandaarbeit wesentlich zu stören. Die Abschnittsleitungen ersannen immer neue Mittel, um den südslawischen Verfolgungen zu entgehen. Vor allem aber halfen die Vertrauensmänner in der Zone I mit größter Bereitwilligkeit und ausgezeichnetem Geschick mit. Verräter gab es trotz den von den Südslawen angebotenen Belohnungen keine. Gefangene Verbindungs- oder Vertrauensmänner schwiegen und ertrugen lieber die Kerkerhaft, als daß sie andere Vertrauensmänner verrieten. Als zum Beispiel einer der rührigsten Verbindungsleute der Abschnitts-Agitationsleitung III mit Ketten gefesselt durch die Dörfer nach Völkermarkt abgeführt wurde, reckte er seine gefesselten Hände empor und rief trotz den ihn begleitenden südslawischen Gendarmen der Bevölkerung zu: „Seht, so sieht die südslawische Freiheit aus! So würden sie euch behandeln!"

Seit Anfang März wurde der Kampf zwischen Verbindungsmännern und südslawischer Polizei mit besonderer Erbitterung geführt. Die Grenzwachen schossen ohne Anruf auf jede Person, welche sie nachts in der Nähe der Demarkationslinie erblickten. Die Südslawen ließen sich, als sie die deutsche Flugschriften nicht fernhalten konnten, teilweise zu blinder Wut hinreißen und schürten unter der Bevölkerung der Zone I Haß. Der Pfarrer von St. Jakob im Rosental erklärte offen in einer Versammlung: „Siegen wir auch nicht bei der Volksabstimmung, so werden wir siegen durch Schwert und Schlag!" Die südslawische Verwaltung wurde immer gewissenloser und einseitiger nach den Bedürfnissen der südslawischen Agitation eingestellt.

General Majster hat gelegentlich auch versucht, den Ton der Versöhnung anzuschlagen, fand aber nach den vorausgegangenen südslawischen Gewaltmethoden wenig Anklang. So schrieb Bezirkshauptmann Kakl am 26. Februar 1920 an die nach der Besetzung geflohenen Angehörigen der Heimwehrkompanie Völkermarkt einen Brief mit der Aufforderung, in die Zone I zurückzukehren, die aber mit Entrüstung zurückgewiesen wurde.

Mit dem herannahenden Frühling wurde die Lage der Flüchtlinge außerhalb der Zone I nach und nach unerträglich, weil ihre Unterkunft und Verköstigung viel zu wünschen übrig ließ und die Frühjahrsbestellung ihrer in der Zone I gelegenen Besitzungen unmöglich zu werden drohte. Es waren ihrer noch ungefähr 6000, darunter etwa 800 Heimwehrleute, deren Geist infolge der monatelangen Untätigkeit nicht der beste war. Ihrem Drängen bei der interalliierten Mission in Klagenfurt und den Schritten des Wiener Staatsamtes für Äußeres bei der Friedenskonferenz und beim Außenministerium in Belgrad war es zu danken, daß in der Osterwoche 1920 tatsächlich ein Teil der Flüchtlinge in die Zone I zurückkehren konnte. Ausgeschlossen von der Heimkehr blieben auch weiterhin Lehrer und Beamte und jene Personen, welche sich am Abwehrkampf oder politisch gegen Südslawien besonders betätigt hatten. Die Flüchtlinge kehrten in die Zone I nicht als Bettelnde zurück, sondern mit ungebrochenem Mut und mit dem festen Willen, alles für die Befreiung der Heimat einzusetzen. Die landesüblichen Osterfeuer am Karsamstagabend gaben Gelegenheit, die Heimkehr der Flüchtlinge offen und begeistert zu feiern.

Die Jugoslawen hatten während des Winters bis in das Frühjahr hinein im steigenden Maße in der Zone I das Gerücht verbreitet, daß in Klagenfurt ein vollständiger Stimmungswechsel eingetreten sei und in der Zone II mindestens drei Viertel der Bevölkerung für Jugoslawien stimmen würden. Auf diese Weise sollte in der Zone I die Hoffnung erweckt werden, daß eine Wiedervereinigung mit Klagenfurt auch dann erfolgen würde, wenn die Zone I sich für Jugoslawien entscheiden sollte. Um diese Lügen zu zerstreuen, hatte der Gemeinderat der Landeshauptstadt Klagenfurt schon am 18. November 1919 eine scharfe Entschließung gegen die unwahren Ausstreuungen der Südslawen gefaßt. Ähnliche Entschließungen faßten auch sämtliche anderen Gemeinden der Zone II, die berufenen politischen und wirtschaftlichen Körperschaften und eine Reihe von Versammlungen in dieser Zone. Der Kärntner Heimatdienst mußte jedoch bei der systematischen Lügenarbeit der Südslawen über die Zone II der da und dort schon zweifelnden Bevölkerung der Zone I eine klare Antwort geben. Die beabsichtigte Wirkung wurde voll und ganz durch die am 11. April 1920 auf dem Neuen Platz in Klagenfurt abgehaltene große Volksversammlung erzielt, in der Vertreter aller Parteien sprachen und eine vieltausendköpfige Menge die Ausstreuungen der jugoslawischen Propaganda mit Entrüstung zurückwies.

Von günstigem Einflusse war das erfreuliche Ergebnis der Volksabstimmung in der südlichen Zone des Abstimmungsgebietes in Schleswig, das in Kärnten mit Begeisterung aufgenommen wurde. Vielen wurden die Augen durch die Unruhen in Laibach Anfang Mai und deren blutige Niederwerfung geöffnet. Von besonderer Wirkung war auch die Erinnerung an die Heldentaten während der Abwehrkämpfe anläßlich der Jahrestage im Mai, aber auch die Erinnerung an die südslawischen Gewalttaten bei der letzten Besetzung. Die Stimmung der Bevölkerung der Zone I war um diese Zeit ohne Zweifel schon so weit gehoben, daß ein günstiges Ergebnis der Volksabstimmung bei einer halbwegs freien Abstimmung sicher war.

Ende Juni konnte bei der in der Zone I herrschenden guten Stimmung zum erstenmal an eine größere Kundgebung der Heimattreuen geschritten werden. Der Heimatdienst gab den Vertrauensleuten in der Zone I die Weisung, am Abend des 23. Juni die gebräuchlichen Sonnwendfeuer zu entzünden. Der Erfolg war ein glänzender. Trotz dem Verbote durch die südslawischen Behörden flammten unzählige Feuer in der Zone I auf als Zeichen, daß die Treue der schwergeprüften Bevölkerung unerschüttert sei. Und diesseits der Demarkationslinie grüßten ebenso viele Feuermale hinüber zu den Brüdern in der Zone I. Ganz Kärnten zeigte sich als einheitlich fühlendes Land, das ungeteilt bleiben will. Die südslawische Gegendemonstration der Höhenfeuer anläßlich des Cyrill- und Methodtages (4. Juli) konnte die Wirkung der heimatlichen Feuer am 23. Juni nicht abschwächen, denn jedermann wußte, daß die Cyrillfeuer zum großen Teile von südslawischen Gendarmen und Finanzorganen abgebrannt wurden, die dazu kommandiert worden waren.

Um diese Zeit wurde das Kärntnerlied eifrig gepflegt. Bei jeder Gelegenheit, die heimattreue Kärntner zusammenführte, sangen sie ihr Lied. Im Liede sangen sie von ihrem Trotze gegen die Fremdherrschaft, im Liede drückten sie die Hoffnung auf baldige Befreiung aus. Das Kärntnerlied war im vollsten Sinne des Wortes Trutz- und Kampflied geworden. Der frische Mut, der in der Bevölkerung auflebte, zeigte sich auch bei den Maifeiern, auf Kirchtagen, sowie im demonstrativen Tragen von Kornblumen, das schließlich von der Bezirkshauptmannschaft Völkermarkt bei strenger Strafe verboten wurde.

Starke seelische Kräfte für die Agitation lösten die vom Kärntner Heimatdienste veranlaßten Kundgebungen der Kärntner in der Fremde (Hamburg, Graz) aus, ebenso auch das glänzende Ergebnis der Abstimmung in Ost- und Westpreußen (12. Juli), das als begeisterndes Vorbild wirkte.

Die heimatliche Agitation konnte immer siegessicherer auftreten. In überlegenen Tönen wurden alle die südslawischen Maßnahmen ironisch und lächerlich gemacht. Durch die „Landsmannschaft" war es gelungen, die südslawischen Propagandablätter und den „Mir" vollständig in Verruf zu bringen.

Der südslawischen Propagandaleitung in Völkermarkt gelang in der Nacht zum 24. Juni 1920 ein schwerer Schlag gegen die Organisation des Kärntner Heimatdienstes. In dieser Nacht wurde in Abwesenheit des Leiters von südslawischen Agenten die Kanzlei der Abschnitts-Agitationsleitung III in Brückl erbrochen, das geheime Schriftenmaterial entwendet und der Bezirkshauptmannschaft Völkermarkt überbracht. Durch diesen Schriftenraub war die Organisation im Abschnitte III den Südslawen zum erheblichen Teile verraten. Wertvolle Mitarbeiter in diesem Abschnitte hatten für ihre Freiheit zu fürchten, einige von den um Ostern Heimgekehrten wurden tatsächlich in den Kerker geworfen.

Der Brückler Aktendiebstahl drückte vorübergehend die Stimmung in diesem Abschnitt erheblich herab. Die bevorstehende Ratifikation des Friedensvertrages und das Eintreffen der interalliierten Abstimmungskommission gaben jedoch den Heimattreuen in der Zone I die Gewißheit, daß die Volksabstimmung sicher sei. Alles stellte sich nun ein auf den letzten Kampf. —

In der Periode von der Gründung des Kärntner Heimatdienstes bis zum Eintreffen der interalliierten Abstimmungskommission wurde sich die heimattreue Bevölkerung der Zone I ihrer Kräfte bewußt. Diese wurden an jenen des Gegners bereits bei verschiedenen Anlässen gemessen und als überlegen befunden. Die Organisationsarbeit hatte sich durchgesetzt. Alle Vertrauensmänner in der Zone I hatten eine harte Erziehung hinter sich und waren für den Endkampf gründlich geschult. Außerhalb der Zone I blieben die Organisation und die Zentrale des Kärntner Heimatdienstes noch unbeachtet und ungekannt. Die ganze Arbeit erfolgte im stillen. Auch die Südslawen wußten über die eigentliche Organisation und die Pläne des Heimatdienstes noch immer wenig Bescheid.

Leo Kainradl
Verschlußmarke

3. Diplomatische Vorbereitungen

Wiewohl den Jugoslawen durch den Friedensvertrag die Verwaltung in der Zone I zugesprochen wurde, so herrschten doch in maßgebenden Kreisen Laibachs Zweifel über den Ausgang der Volksabstimmung. Brejc versuchte daher durch ein Übereinkommen mit Österreich das zu erreichen, was zu erreichen in Paris nicht gelungen war: die endgültige Erwerbung der Zone I ohne Volksabstimmung. Zu diesem Zwecke deutete er, wie er am 31. Juli an Žolger berichtete, angesichts der bevorstehenden Räumung Klagenfurts dem österr. Vertreter Fasching in Laibach gelegentlich eines Besuches an, daß es am vernünftigsten wäre, wenn man sich die Volksabstimmung gegenseitig ersparen könnte; die Aussichten der Deutschen in der Zone I seien ebenso wie die der Jugoslawen in der Zone II hoffnungslos; es wäre daher schade um die Aufregung bei der Arbeit, die an der gegebenen Lage gar nichts ändern würde. Schließlich schlug Brejc vor, die Abstimmung zu unterlassen und die Demarkationslinie als endgültige Staatsgrenze festzulegen.

Die Verwirklichung dieses Vorschlages hätte jene Lösung der Kärntner Frage gebracht, die die jugoslawische Delegation schon seit 20. Mai angestrebt hatte. Žolger stimmte daher unter der Voraussetzung zu, daß der Verständigungsvorschlag von Wien und Belgrad komme.

Am 14. November fand in der Laibacher Landesregierung unter dem Vorsitze Žerjavs, der von der Belgrader Regierung an Stelle des enthobenen Dr. Brejc zum Landespräsidenten von Slowenien ernannt worden war und erst Anfang März 1920 wieder durch Brejc ersetzt wurde, eine vertrauliche Sitzung über Grenzfragen statt, an der auch General Majster, der Referent für Kärnten Dr. Druškovič und einige Wortführer der Kärntner Slowenen teilnahmen, nicht aber die slowenische Volkspartei (Partei Dr. Brejc'), die das Spiel Žerjavs offenbar nicht mitmachen wollte. In dieser Sitzung berichtete Žerjav, der österreichische Staatskanzler Dr. Renner habe dem jugoslawischen Vertreter in Wien Pogačnik direkte Verhandlungen zwischen dem Königreiche SHS und der Republik Österreich über die künftige Grenze in Kärnten und die Frage, wie man einer Volksabstimmung ausweichen könne, vorgeschlagen. Der erste Vorschlag hat sich, wenn er überhaupt gemacht wurde, wohl nicht auf Kärnten, sondern auf Steiermark bezogen, wo die Jugoslawen noch immer Gebiete, die Österreich zugesprochen worden waren, besetzt hielten (Gegend von Spielfeld und Radkersburg). Der zweite wurde von Renner sicherlich nicht gemacht, da dieser, wie aus den vorliegenden Akten des Staatsamtes für Äußeres und des Präsidiums der Landesregierung hervorgeht, stets an dem im Vertrag von St. Germain zugesprochenen Recht der Volksabstimmung in beiden Zonen festhielt und auch in Kärnten niemand daran dachte, auf die Volksabstimmung zu verzichten. Ein derartiger Vorschlag wäre auch unter den gegebenen Verhältnissen höchst ungeschickt gewesen und hätte der bisher von Klagenfurt und Wien verfolgten Politik widersprochen.

Die Versammlung faßte, unverbindlich für die Staatsregierung, den Beschluß, Verhandlungen mit Wien nicht im vorhinein abzulehnen, aber auch nicht mit zu großer Bereitwilligkeit darauf einzugehen, „weil Österreich dies als Schwäche und Unsicherheit Jugoslawiens auslegen würde". Als Gebietszugeständnisse von seiten Jugoslawiens wurden in Betracht gezogen: in Kärnten: Abtretung der Gebiete, auf welchen die Wasserleitung und das Elektrizitätswerk von Klagenfurt liegen, und der Gemeinde Pustritz; in Steiermark: Abtretung einiger Dörfer zwischen der Mur und der Reichsstraße, nicht aber von

Abstall, da man keinen Brückenkopf über die Mur schaffen dürfe. Dafür sollte von Österreich verlangt werden: das Gebiet von der Linie Mallestiger Mittagskogel—Polana—Drau bis zur Linie Kote 1959 (westlich Mittagskogel)—Gail—Drau; in Steiermark: Verlegung der Grenzlinie um einige Kilometer nördlich von Fall zur Sicherung des Elektrizitätswerkes und Radkersburg. In Kärnten wurde auch eine Verschiebung der Demarkationslinie von der Drau bis zur Straße Seebach—Wernberg—Velden erwogen[7]).

Žolger, dem dieser Beschluß mitgeteilt wurde, bezweifelte, daß ein allfälliges Übereinkommen mit Österreich von den übrigen Signatarmächten anerkannt würde, fand die in Aussicht genommenen Grenzforderungen verhältnismäßig zu hoch und empfahl, die Verhandlungen auf Grund des Friedensvertrages auf wirtschaftliche Fragen auszudehnen (Geldinstitute, Erneuerung der zwischen Österreich und Serbien vor dem Krieg bestandenen Verträge, Privilegien, Stipendien, Versicherungsgesellschaften usw.).

Am 4. Jänner erstattete die Laibacher Landesregierung dem Belgrader Außenministerium Bericht. Sie empfahl, Staatskanzler Renner zu erklären, die jugoslawische Regierung sei gerne bereit, alles zu unternehmen, um zwischen Österreich und dem Königreiche SHS freundnachbarliche Verhältnisse herzustellen; zu diesem Zwecke seien, wie Österreich dies angeregt habe, direkte Verhandlungen nötig, die die wirtschaftlichen Beziehungen beider Staaten zueinander und die Richtigstellung und unbedingte Festlegung der Staatsgrenzen regeln; doch könnten solche Verhandlungen nur dann einen Erfolg haben, wenn ihnen einige Grenzberichtigungen zu Grunde gelegt werden, und zwar in Kärnten nach ethnographischen Gesichtspunkten, im Murgebiet nach wirtschaftlichen und verkehrstechnischen.

Jedenfalls war die Laibacher Landesregierung bestrebt, die Kärntner Frage durch Verhandlungen in ihrem Sinn zu lösen. Sie trachtete, den Anschein zu erwecken, daß der Wunsch nach Verhandlungen von Österreich ausgehe. Zu

---

[7]) Noch weiter ging ein Vorschlag, den der ehemalige Abgeordnete Grafenauer, wie er im März 1920 an Dr. Ehrlich berichtete, dem englischen General Radcliffe, dem damaligen Präsidenten der Ententemission in Klagenfurt, mit einer ausführlichen Denkschrift über Kärnten überreichen ließ. Darnach sollte die Demarkationslinie von der Drau und der Mittellinie des Wörthersees auf den Bergkamm Köstenberg-Techelsberg verlegt werden. Zur Begründung dieses Vorschlages zog Grafenauer den Plan des großen Wasserkraftwerkes Drau-Wörthersee heran, der im Jänner 1919 von der Bauunternehmung Janesch & Schnell in Verbindung mit der Elin ausgearbeitet worden war. Darnach sollte ein Teil des Drauwassers von Rosegg in den Wörthersee und vom Ostende des Wörthersees wieder in die Drau geleitet werden. Beim Einfluß in den Wörthersee und oberhalb der Drau bei Maria Rain waren zwei große Elektrizitätswerke mit 42000 PS geplant. Dieses Projekt wurde von dem Laibacher Ingenieur Sernec, dem späteren Banus des Draubanates, ohne jede Änderung aufgegriffen und von den slowenischen Delegierten schon in Paris für ihre Grenzforderungen verwendet. Grafenauer baute auf den Geschäftssinn der Engländer und hoffte, daß englische Finanzkreise sich für das Projekt interessieren und daher für die Verschiebung der Demarkationslinie eintreten werden.

diesem Zwecke verbreiteten jugoslawische Offiziere und die Frau des jugoslawischen Bezirkshauptmannes in Völkermarkt, eine geborene Wienerin, die sich auf ihre guten Beziehungen zu Wiener Regierungskanzleien berief, im besetzten Gebiet das Gerücht, die Jugoslawen würden auf keinen Fall das Abstimmungsgebiet räumen, selbst dann nicht, wenn die Abstimmung für sie ungünstig ausfalle; die Wiener Regierung habe kein Interesse an diesem Teil Kärntens und sei nicht einverstanden mit den Treibereien der Kärntner, wie sie auch mit den Abwehrkämpfen nicht einverstanden gewesen sei; wohl aber habe sie ein großes Interesse für Lebensmittel; die Jugoslawen wüßten, daß in Wien in Kürze eine so ungeheure und grenzenlose Not kommen werde, daß die Wiener Regierung durch einen Sondervertrag das strittige Gebiet von Kärnten und auch Klagenfurt gegen langfristige Belieferung mit Lebensmitteln abtreten werde.

So plump auch diese Verdächtigung war, so rief sie doch bei der Bevölkerung Unruhe hervor. Diese stieg noch, als der Laibacher „Slovenec" und einzelne Wiener Blätter sowie das Klagenfurter Kärntner Tagblatt Nachrichten von bevorstehenden Verhandlungen Wiens mit Prag und Belgrad brachten, in denen auch von Grenzberichtigungen die Rede war. Tatsächlich begab sich Staatskanzler Renner Anfang Jänner 1920 nach Prag, um dort über Fragen, die sich aus dem Friedensvertrag ergaben, zu verhandeln. Eine Reise nach Belgrad wurde von ihm jedoch niemals in Erwägung gezogen. Wohl aber schlug er der Belgrader Regierung durch ihren Wiener Gesandten eine Zusammenkunft von beiderseitigen Vertretern in Laibach vor, bei der politische, wirtschaftliche und Verkehrsfragen zur Sprache kommen sollten, unter den politischen auch die steirischen Grenzfragen. Von irgendwelchen territorialen Zugeständnissen an den SHS-Staat war selbstverständlich keine Rede, geschweige denn von einem Verkauf Südkärntens an Jugoslawien. Im Gegenteil hatte Renner bereits im November im auswärtigen Ausschuß seine Überzeugung zum Ausdruck gebracht, daß das Recht auf die Österreich zugesprochenen Gebiete des steirischen Unterlandes und das Recht auf eine freie und unbeeinflußte Volksabstimmung in den beiden Zonen genau im Sinne des Staatsvertrages von St. Germain zur Verwirklichung kommen werde. Diese seine Überzeugung wurde noch durch eine Entschließung des Obersten Rates vom Dezember 1919 bestärkt, in der die all. und ass. Mächte in einer allen Zweifel ausschließenden Weise ihren Willen kundgetan hatten, die territorialen und sonstigen Bestimmungen des Staatsvertrages von St. Germain aufrecht zu erhalten. Das ganze Gerede, die Wiener Regierung wolle das Abstimmungsgebiet gegen Lebensmittel verkaufen, war somit auf ein planmäßig und böswillig von den Jugoslawen ausgesprengtes Gerücht zurückzuführen.

Der Vorschlag Renners, Verhandlungen in Laibach anzubahnen, hatte zur Folge, daß die Laibacher Regierung Dr. Drušković nach Wien entsandte, der hier bei den verschiedenen Funktionären des Staatsamtes für Äußeres Näheres über den Zweck der Verhandlungen und deren Programm in Erfahrung bringen sollte. Man gab sich noch immer der Hoffnung hin, daß in das Verhandlungsprogramm auch der beiderseitige Verzicht auf die Abstimmung und die Festlegung der Demarkationslinie als definitiver Staatsgrenze aufgenommen werden würde. Die Unterhandlungen in Laibach unterblieben jedoch. —

In der langen Zeit von der Unterfertigung des Friedensvertrages bis zum Eintreffen der Abstimmungskommission war die Kärntner Landesregierung bemüht, die Lage der Landsleute in der Zone I zu verbessern und, soviel es in ihren Kräften stand, die nötigen Voraussetzungen für einen günstigen Ausgang der Volksabstimmung auf diplomatischem Weg zu erreichen. Schon im September 1919 wurde als Vermittlungsstelle zwischen der Landesregierung in St. Veit und der interalliierten Mission in Klagenfurt eine „Vertretung der Landesregierung" in Klagenfurt gebildet, die sämtliche an die Mission gerichteten Beschwerden und Eingaben zu übernehmen und gegebenenfalls an die Mission weiterzuleiten hatte. Sie bestand aus Rechtsanwalt Dr. Jakob Reinlein, Fregattenkapitän a. D. Albert Peter-Pirkham, dem die wichtige Aufgabe zufiel, mit den Mitgliedern der interalliierten Mission Fühlung zu nehmen, und Bezirkshauptmann Dr. Viktor Kommetter, der wie bisher die Eingaben zu bearbeiten hatte.

Als dringendste Aufgabe betrachtete die Kärntner Landesregierung die Entfernung des südslawischen Militärs und die Beseitigung der Gewaltherrschaft in der Zone I. Um dies leichter zu erreichen, verzichtete sie auf die ihr nach Art. 56 des Friedensvertrages vor Aushebung der Polizeikräfte zustehende militärische Besetzung der Zone II und erklärte sie sich in einer Zuschrift an die interalliierte Mission vom 7. September 1919 bereit, sich in der Zone II jeglicher Beschränkung ihrer Hoheitsrechte zu unterwerfen und sogar ihre sämtlichen Zivilverwaltungsbehörden mehrere Wochen vor der Abstimmung aus dem Gebiete des Klagenfurter Beckens zurückzuziehen, falls die gleichen Maßnahmen auch in der Zone I durchgesetzt werden könnten. Zugleich bat sie die Mission, bei der Friedenskonferenz Schritte zu unternehmen, auf daß das gesamte Abstimmungsgebiet sobald als möglich, mindestens aber drei Wochen vor der Abstimmung, durch Ententetruppen besetzt und die Zone I von sämtlichen Truppen und Sicherheitsorganen des südslawischen Staates geräumt werde, in welchem Falle auch die österreichischen Sicherheitsorgane aus der von den österreichischen Truppen bereits geräumten Zone II zurückgezogen würden.

Dagegen waren die Jugoslawen entgegen den Bestimmungen des Artikels 56 bemüht, die militärische Besetzung der Zone I dauernd aufrecht zu erhalten. Zu diesem Zwecke richtete die jugoslawische Delegation am 25. März 1920 eine Note an die Botschafterkonferenz, in der sie erklärte, eine Reduktion der Besetzungstruppen in der Zone I sei nicht möglich, weil die alldeutsche Propaganda sich auch schon in der Zone I bemerkbar mache, die Deutschen Truppen entlang der Demarkationslinie zusammenzögen und einen bewaffneten Einfall in die Zone I beabsichtigten. Alle diese Behauptungen waren aus der Luft gegriffen.

Die im Artikel 50 des Friedensvertrages vorgesehene Abstimmungskommission sollte erst nach der Ratifikation des Vertrages durch drei alliierte und assoziierte Hauptmächte gebildet werden und ihre Tätigkeit in Kärnten erst nach dem Inkrafttreten des Friedensvertrages mit der Hinterlegung des Protokolles der Ratifikationsurkunden sämtlicher beteiligter Staaten aufnehmen. Das Staatsamt für Äußeres richtete daher auf Ersuchen der Landesregierung am 18. September 1919 unter Hinweis auf die Verfolgung der mit Österreich sympathisierenden Bevölkerung in der Zone I an die Regierungen der alliierten und assoziierten Mächte das Ersuchen, die interalliierte Mission in Klagenfurt mit den notwendigen bis zum Eintreffen der Abstimmungskommission gültigen Weisungen zu versehen, damit diese die Versuche der Südslawen, die im Artikel 50 gegebenen Garantien für die Freiheit der Volksabstimmung unwirksam zu machen, einschränken könne. Weiters wurde im Februar 1920 versucht, bei der Botschafterkonferenz in Paris, die an Stelle der Friedenskonferenz getreten war, durchzusetzen, daß die mit den Verhältnissen bereits vertraute interalliierte Mission mit den Vollmachten der Abstimmungskommission ausgestattet und in die größeren Orte der Zone I Ententeoffiziere entsendet werden. Dadurch wäre ihr die Möglichkeit geboten worden, die österreichisch gesinnte Bevölkerung in der Zone I gegen die südslawische Gewaltherrschaft zu schützen.

Alle diese Bemühungen hatten nicht den gewünschten Erfolg. Die Vorläufige Landesversammlung beschloß daher am 11. März 1920 einen Protest gegen die unhaltbaren Zustände in der Zone I. Das Staatsamt für Äußeres sandte hierauf auf Bitte der Landesversammlung einen neuerlichen Bericht der Landesregierung über die Lage in der Zone I an den österreichischen Vertreter in Paris, Baron Eichhoff, mit dem Auftrage, auf Grund des ihm überschickten Materials den Botschafterrat zu bitten, den Abstimmungsausschuß sofort in Tätigkeit zu setzen und mit der Überwachung des Abstimmungsgebietes zu betrauen.

Schon am 22. März konnte der österreichische Vertreter berichten, daß die französische und die englische Delegation bereits ernannt sei[8]). Chef der englischen Sektion der Abstimmungskommission war Oberst Capel P e c k , Chef der französischen Graf C h a m b r u n . Anfang April wurde der Vorsitz in der Abstimmungskommission Oberst Capel Peck übertragen. Auch der Vertre-

---

[8]) Vgl. die Antwort des Staatssekretärs für Äußeres auf die Anfrage des Abgeordneten Gröger vom 24. und 31. März. „Kärntner Landsmannschaft" Nr. 49.

ter Italiens war in der Person des Prinzen B o r g h e s e bereits ernannt. Trotzdem verzögerte sich die Abreise der Abstimmungskommission bis zur Ratifikation im Juli.

Die zahlreichen Beschwerden der Kärntner Landesregierung und der Bevölkerung bei der interalliierten Mission, die Berichte der interalliierten Mission sowie die Vorstellungen des österreichischen Staatsamtes für Äußeres und des österreichischen Gesandten in Paris bei der Botschafterkonferenz erreichten im einzelnen Fall den angestrebten Zweck nur selten. Die interalliierte Mission hatte nur unzureichende Vollmachten und keinerlei Machtmittel, konnte daher gegen die zahlreichen Übergriffe der Jugoslawen nicht einschreiten. Der Chef der Mission zeigte zwar vielfach Verständnis und guten Willen, war jedoch viel unterwegs. Paris hatte nach dem Aufhören der Feindseligkeiten und nach Festlegung der Demarkationslinie wenig Interesse für das, was sich in Kärnten abspielte. Auch wollte man Jugoslawien, das wegen des anbefohlenen Rückzuges schwer gekränkt war, nicht noch mehr verärgern. So legte man die zahlreichen Beschwerden der kärntnischen und österreichischen Stellen zu den Akten und blieb ein Erfolg in den meisten Fällen aus, was begreiflicherweise im Lande zu schweren Verstimmungen führte.

Viel wichtiger war, daß die Mitglieder der Mission aus den Beschwerden und durch den gesellschaftlichen Verkehr, den einzelne von ihnen pflegten, ein Gesamtbild der Verhältnisse bekamen. Allerdings haben die Jugoslawen versucht, die Offiziere der Mission bei Liebesmählern der Garnisonen in der Zone I als Kriegskameraden und Sieger über die Mittelmächte zu feiern und dem Einflusse der „Feinde" zu entziehen. Auch englische Offiziere waren diesen Argumentationen zeitweise zugänglich. Am engsten war der Kontakt der jugoslawischen Stellen mit den französischen Offizieren der Mission. Subalternoffiziere ohne Verständnis für das Land und seine Sorgen, aber auch ohne den Willen, sie zu verstehen, sahen im deutschen Kärntner den Freund der „boches" und waren nur zu oft die Beschützer und Förderer aller Feinde eines geeinten Kärnten.

Die Berichte, die die Mission auf Grund ihrer Kenntnisse der tatsächlichen Lage nach Paris gesandt hat, haben im Verein mit den Vorstellungen der österreichischen Regierung die Mitglieder der Abstimmungskommission und die Botschafterkonferenz schließlich überzeugt, daß von einer Freiheit der Abstimmung im Sinne des Friedensvertrages nicht die Rede sein könne, solange die geschilderten Zustände in der Zone I bestehen. Die Absperrung der Zone I durch die Demarkationslinie, die Fernhaltung der Flüchtlinge und Ausgewiesenen, die Sequestrierungen, die Aufrechterhaltung der militärischen Besetzung, die Art und Weise, wie die Polizeitruppen ausgehoben wurden, die Unterdrückung der österreichisch gesinnten Bevölkerung waren Maßnahmen, die beseitigt werden mußten, wenn die Abstimmung auch nur einigermaßen frei und unbeeinflußt sein sollte. Äußerungen einzelner südslawischer Blätter, zum Beispiel des

"Naprej" vom 6. Juli 1920 oder der "Jugoslavija" vom 10. Oktober 1921, zeigen, daß man sich sogar in südslawischen Kreisen des Unrechtes und der Unhaltbarkeit des in der Zone I geschaffenen Zustandes bewußt war. Ferner war zu erwarten, daß die Bestimmungen des Artikels 50, wonach das österreichische Mitglied der Abstimmungskommission nur an den Beratungen über die Zone II, das jugoslawische Mitglied nur an denen über die Zone I teilnehmen dürfe, zu großen Schwierigkeiten führen werde, nicht nur, weil der Ausschuß infolge des Ausbleibens des amerikanischen Vertreters nur aus vier Mitgliedern bestand und sich daher bei der Abstimmung mitunter Stimmengleichheit ergeben hätte, sondern auch, weil es in Wirklichkeit kaum eine Frage gab, die nicht beide Zonen mittelbar oder unmittelbar berührt hätte. Da weiters die interalliierten Mächte die Entsendung von interalliierten Truppen in das Abstimmungsgebiet ablehnten, so war vorauszusehen, daß die Abstimmungskommission infolge des Mangels an nötigen Machtmitteln Schwierigkeiten haben werde, ihre Verfügungen gegen den Widerstand der einen oder anderen Partei durchzusetzen. Dies schien um so bedenklicher, als die nach dem Friedensvertrag an Ort und Stelle auszuhebende Polizei nur aus ungeschulten und unerfahrenen Leuten gebildet werden konnte, die im Falle ernsterer Verwicklungen kaum zu gebrauchen gewesen wäre. Endlich brauchten gewisse Maßregeln Zeit zu ihrer Durchführung und war der Zeitraum von drei Monaten, innerhalb welchem die Abstimmung durchgeführt werden sollte, knapp bemessen. Daher war es auch sehr wichtig, daß die Vertreter Österreichs und Jugoslawiens mit hinreichenden Vollmachten ausgestattet werden, da infolge der wiederholten Rückfragen an die Regierungen, wie sie bei den Jugoslawen üblich waren, der Termin unmöglich hätte eingehalten werden können und es im Belieben jeder der beiden Parteien gestanden wäre, die Abstimmung zu vereiteln.

Da die Autorität der Abstimmungskommission infolge des Mangels an Machtmitteln von vornherein stark vermindert war, so war es um so notwendiger, die wichtigsten Voraussetzungen für eine freie und unbeeinflußte Abstimmung durch die Autorität der Hauptmächte sicherzustellen und zu diesem Zwecke gewisse Durchführungsbestimmungen seitens der Botschafterkonferenz zu erwirken. Der Präsident der Abstimmungskommission schlug daher schon am 20. April in seinem Namen und in dem seiner Kollegen, Grafen Chambrun und Prinzen Borghese, der Botschafterkonfernz vor, folgende Verfügungen zu treffen und die entsprechenden Forderungen an Österreich und den SHS-Staat zu stellen[9]:

1. Freigabe des Personenverkehrs über die Demarkationslinie und des Handels zwischen den beiden Zonen;

2. Ermöglichung der sofortigen Rückkehr der seit 3. November 1918 ausgewiesenen oder geflüchteten Personen;

---
[9] Almond-Lutz, S. 524, Nr. 190.

3. Aufhebung der Sequestrierungen;

4. Vorlage einer Übersicht über die Stärke und Verteilung der Truppen in den beiden Abstimmungszonen durch die österreichischen und die jugoslawischen Militärbehörden. Angaben über die Stärke und Herkunft der ausgehobenen Polizei und die Art ihrer Aushebung; Ausschließung der nicht in der Zone I oder II geborenen Mannschaft;

5. Teilnahme der beiderseitigen Vertreter an den Sitzungen der Abstimmungskommission mit beratender Stimme;

6. Erteilung von entsprechenden Vollmachten an den Vertreter in der Abstimmungskommission;

7. Inventarisierung der etwa noch bestehenden Munitionsdepots in der Zone B und Überwachung derselben durch die österreichische Regierung unter Aufsicht der interalliierten Kommission in Wien.

Die Entscheidung über einige dieser Fragen fiel schon im April und Mai und wurde unterm 1. Juni 1920 durch folgendes Schreiben A. Millerands, des damaligen Präsidenten der Botschafterkonferenz, dem österreichischen Vertreter in der Abstimmungskommission mitgeteilt:

„Da die Klagenfurter Plebiszitkommission ihre Tätigkeit in allernächster Zeit aufnehmen wird, erscheint es der Friedenskonferenz notwendig, die Aufmerksamkeit der österreichischen Regierung auf einige Frage zu lenken, an deren Lösung ihr sehr gelegen ist:

1. Die Mächte sind im Einvernehmen mit den Mitgliedern der alliierten Kommission der Ansicht, daß den gemäß Artikel 50 des Friedensvertrages von St. Germain stimmberechtigten Personen, die seit dem 3. November 1918, aus welchem Grunde immer, sei es aus der Zone I, sei es aus der Zone II, ausgewiesen wurden, jede Erleichterung geboten werden müsse, sofort mit ihren Familien in ihre Wohnstätten zurückzukehren. Zu diesem Zwecke wäre es wichtig, daß sie von den Lokalbehörden ein offizielles Dokument erhalten, welches ihnen alle nötigen Garantien für ihre Sicherheit bietet.

Andererseits muß die Kommission, damit sie instande sei, die oben erwähnten Maßnahmen zu kontrollieren, innerhalb 14 Tagen nach ihrer Ankunft in Klagenfurt von den Lokalbehörden folgende Dokumente erhalten: a) ein Verzeichnis der seit 3. November 1918 ausgewiesenen Personen; b) ein Verzeichnis jener Personen, welche seit demselben Zeitpunkte das Abstimmungsgebiet freiwillig verlassen haben und bisher noch nicht in ihre Wohnstätten zurückgekehrt sind.

2. Alle seit 3. November 1918 von der österreichischen oder der südslawischen Regierung getroffenen Verfügungen zwecks Konfiskation oder, sei es zeitweiser, sei es definitiver Sequestrierung des in einer der beiden Zonen gelegenen Eigentums stimmberechtigter Personen werden sofort aufgehoben. Dieses Eigentum wird unverzüglich den Eigentümern zurückgestellt.

3. Innerhalb dreier Tage nach der Ankunft der alliierten Kommission werden sowohl die österreichischen als auch die jugoslawischen Lokalbehörden detaillierte Auskünfte über Stärke und Zusammensetzung der in den Zonen I und II dislozierten Truppen, sowie über die besetzten Örtlichkeiten geben.

4. Es wäre zweckmäßig, wenn der Kommission gleichzeitig Auskunft darüber erteilt würde, ob die im Artikel 50 des Friedensvertrages von St. Germain vorgesehene Polizeitruppe, deren Organisation in Angriff genommen ist, an Ort und Stelle rekrutiert wurde, so wie es der Vertrag

vorschreibt, und zu welchem Zeitpunkte. Falls Personen in diese Polizei aufgenommen wurden, welche nicht zum Abstimmungsgebiete gehören, müßten der alliierten Kommission detaillierte Auskünfte über deren Zuständigkeit und die Umstände, welche ihre Aufnahme in die Polizei veranlaßten, erteilt werden.

5. Damit die Kommission ihre Aufgaben voll erfüllen könne, ist es endlich unerläßlich, daß sowohl das südslawische als auch österreichische Mitglied der Kommission von seiner Regierung Vollmachten erhält, welche es diesen Mitgliedern ermöglichen, zu handeln, ohne gezwungen zu sein, in jedem einzelnen Falle hierüber nach Belgrad oder Wien zu berichten. Diese Vollmachten müssen sie ganz besonders ermächtigen, die Anordnungen der Kommission sowohl durch die zivilen als militärischen Lokalbehörden zur Ausführung zu bringen. Jeder andere Vorgang würde zur Folge haben, daß die Tätigkeit der alliierten Vertreter lahmgelegt wird.

Die Maßnahmen, welche ich oben aufgezählt habe und welche die Konferenz für unerläßlich hält, verfolgen einzig den Zweck, die Kommissäre instand zu setzen, voll dem Vertrauen zu entsprechen, welches die am Plebiszit interessierten Regierungen in sie gesetzt haben. Die Mächte zweifeln nicht daran, daß Ihre Regierung in Würdigung der Erwägungen, welche diesen Forderungen zugrunde liegen, ohne Verzug die nötigen Vorkehrungen treffen werden, um ihnen nachzukommen."

Eine Ergänzung dazu bildet das Schreiben des Generalsekretariats der Friedenskonferenz vom 8. Juni 1920. Es lautet:

„Im Verfolge des an den Herrn Präsidenten der österreichischen Delegation am 1. Juni gerichteten Schreibens des Herrn Präsidenten der Konferenz beehrt sich das Generalsekretariat, der genannten Delegation gewisse ergänzende Entscheidungen mitzuteilen, deren Annahme den Mächten notwendig erschienen ist:

1. Um die unparteiische Durchführung der Plebiszits zu gewährleisten, hält es die Konferenz für unumgänglich notwendig, daß sofort, nachdem die Kommission ihre Funktionen aufgenommen hat, der freie Verkehr zwischen den Zonen I und II sichergestellt werde. Die Wachposten müssen beiderseits zurückgezogen und die Handelsfreiheit zwischen beiden Zonen hergestellt werden.

2. Die Kommissionen der Alliierten haben die Instruktion erhalten, die Lokalpolizei in jedem ihnen notwendig erscheinenden Ausmaße zu verstärken. Es dürfen ohne ausdrückliche Ermächtigung der Botschafterkonferenz keinerlei Truppen in das Abstimmungsgebiet verlegt werden.

3. Schließlich ist es der Botschafterkonferenz notwendig erschienen, die Bestimmungen des Artikels 50 des Vertrages von St. Germain, derzufolge das österreichische und südslawische Mitglied an den Beratungen unter bestimmten Bedingungen teilnehmen sollen, in dem Sinne auszulegen, daß die Vertreter der beiden am Plebiszit interessierten Staaten an den Sitzungen mit bloß beratenden Stimmen teilnehmen sollen. Mangels einer solchen Entscheidung würde, solange als die Regierung der Vereinigten Staaten im Schoße der Kommission der Alliierten nicht vertreten ist, die Zahl der Kommissionsmitglieder, die zur Teilnahme an den Abstimmungen in den meisten Fällen ausersehen sind, nur vier betragen. Die Kommission würde sich infolgedessen oft in einer schwierigen Lage befinden, um die Entscheidungen, die mit Stimmenmehrheit getroffen werden sollen, fällen zu können."

Die gleichen Schreiben wurden auch an die jugoslawische Regierung gerichtet.

Die Artikel vom 1. und 8. Juni wurden von der österreichischen Regierung grundsätzlich angenommen. Von österreichischer Seite konnte den darin niedergelegten Forderungen um so leichter nachgekommen werden, als die österreichische Verwaltung in der Zone II durchwegs einwandfrei und gegenüber den Anhängern Jugoslawiens gerecht gewesen war. Diese Tatsache wurde in Privatgesprächen auch von französischen und englischen Mitgliedern der Abstimmungskommission anerkannt und verschaffte den österreichischen Stellen ein großes moralisches Übergewicht gegenüber den Gegnern. Die Zahl der Flüchtlinge aus der Zone II betrug nur 36, von welchen jedoch nur 18 abstimmungsberechtigt waren. Ausgewiesen waren nur zwei Personen worden. Die eine von diesen war wiederholt vorbestraft und augenblicklich wegen kommunistischer Umtriebe und verdächtigen Aufwandes ohne wirklichen Erwerb beim Magistrat in Haft, während die andere gegen die Ausweisung Einspruch erhoben hatte und sich tatsächlich noch in der Zone II befand. Die einzige in der Zone II verhängte Überwachung eines Privatbetriebes wurde sofort aufgehoben und das Militär war seit Juni 1919 abgezogen. Die Öffnung der Demarkationslinie zwischen den beiden Zonen I und II war eine der wichtigsten Voraussetzungen für eine gerechte Volksabstimmung und nur ein Akt der Gerechtigkeit. Berührte doch die Volksabstimmung die wichtigsten geistigen und materiellen Lebensinteressen beider Zonen, so daß die Aufrechterhaltung der Demarkationslinie und die Verhinderung einer Aussprache der Bevölkerung beider Zonen über ihre Zukunft hart und ungerecht gewesen wäre. Bedenken wurden österreichischerseits lediglich gegen Punkt 3 der Entscheidung vom 8. Juni erhoben, wonach die Vertreter der beiden interessierten Staaten an den Sitzungen der Abstimmungskommission nur mit beratender Stimme teilnehmen sollten. Man wendete dagegen ein, daß diese Beschränkung einer Bestimmung des Artikels 50 des Friedensvertrages in der betroffenen Bevölkerung leicht das Gefühl hervorrufen könnte, als ob die Abstimmungskommission ihrem Vertreter bei der Entscheidung über ihr Schicksal und ihre Zukunft eines Rechtes beraube, das ihr der Friedensvertrag einräume. Der österreichische Gesandte in Paris schlug daher der Botschafterkonferenz vor, beiden Vertretungen das Stimmrecht bei den Beratungen, sowohl über die erste, wie über die zweite Zone einzuräumen[10]). Die Botschafterkonferenz ging jedoch auf diesen Vorschlag nicht ein.

Dagegen fühlten sich die Jugoslawen durch die Noten der Botschafterkonferenz sehr betroffen. Die Zahl der noch nicht heimgekehrten Flüchtlinge aus der Zone I betrug 3335, die der Ausgewiesenen 148. 56 größere und etwa 25 kleinere Betriebe waren sequestriert oder unter Staatsaufsicht gestellt. Die Polizei war in vertragswidriger Weise aufgestellt worden, das Militär in einer Stärke von 2 Bataillonen und 1 Maschinengewehrabteilung in die Zone I wieder zurückgekehrt.

---

[10]) Almond-Lutz, S. 528, Nr. 191.

Gleichwohl ließ die Belgrader Regierung durch die jugoslawische Delegation der Botschafterkonferenz eine Note überreichen, in der sie zu allen Punkten der Note vom 1. Juni zustimmend Stellung nahm und deren Erfüllung zusagte. Doch wurde an den Punkt 2 (Rückstellung des konfiszierten und sequestrierten Eigentums) die Voraussetzung geknüpft, daß sich dieser Wunsch nur auf tatsächliche Beschlagnahmen beziehen könne und nicht auf Überwachungsmaßnahmen, die das Ministerium zum Zwecke der Agrarreform im ganzen Staatsgebiete angeordnet habe, und ebenso nicht auf Beschlagnahmen von Unternehmungen, welche ihre Einkünfte ins Ausland überweisen oder bei denen ein Verdacht der Steuerflucht bestehe. Ferner wurde zum Punkt 5 verlangt, daß dem jugoslawischen Vertreter das Recht sowie die Möglichkeit, Freiheit und Sicherheit zuerkannt werde, mit seiner Regierung telegrafisch und telefonisch in Verbindung zu treten.

Viel unangenehmer war den Jugoslawen die zweite Note, besonders die Forderung nach Herstellung des freien Verkehrs zwischen den beiden Zonen. Diese wurde von der Laibacher Presse sofort auf das heftigste bekämpft. Man fürchtete die deutsche Agitation, die man bisher möglichst unterdrückt hatte, und behauptete, die Aufhebung der Demarkationslinie würde in der Zone I Zustände schaffen, wie sie damals im Teschener Gebiet herrschten, wo die Deutschen Unruhen und Ausschreitungen hervorgerufen hätten, was übrigens nicht richtig war. Für den Fall größerer Unruhen, so folgerte man weiter, würde die Abstimmungskommission auf Grund der zweiten Note die Möglichkeit haben, fremde Truppen in das Abstimmungsgebiet zu entsenden, als welche aus praktischen Gründen nur Italiener in Betracht kommen könnten. Die Laibacher Landesregierung bezeichnete in einer Eingabe an den jugoslawischen Ministerpräsidenten diese Forderung als absolut unannehmbar und verlangte, daß die Demarkationslinie um jeden Preis gehalten werde; denn von ihrem Bestehen hänge der Ausgang der Volksabstimmung ab. Auf ihr Verlangen erhob die jugoslawische Regierung gegen die Bestimmungen der Note bei der Botschafterkonferenz Einspruch und erklärte, daß diese nach ihrer Ansicht den Grundsätzen des St. Germainer Vertrages nicht entsprächen. Gegen die Einführung des freien Verkehrs wurde eingewendet, daß die beiden Zonen keine Verwaltungseinheit, sondern zwei verschiedene Verwaltungsgebiete bildeten, die Zone I nicht der bolschewistischen (!) Propaganda ausgeliefert werden dürfe und die Einfuhr von Waffen, minderwertigen österreichischen Banknoten, Luxusartikeln usw. in die Zone I sowie die Ausfuhr von Lebensmitteln in die Zone II verhindert werden müsse. Im Art. 50 sei keine Rede davon, daß sich die jugoslawischen Truppen zurückziehen müßten, sondern darnach seien nur die „f r ü h e r zurückgezogenen" Truppen durch an Ort und Stelle ausgehobene Polizeikräfte zu ersetzen, während es im Artikel 50 doch ausdrücklich heißt, daß „diese Truppen so schnell als möglich durch an Ort und Stelle ausgehobene Polizeikräfte ersetzt werden". Endlich beharrte die jugoslawische Regierung darauf, daß ihr Vertreter als vollgültiges Mitglied der Kommission anerkannt werde, ohne die in der Note vom 8. Juni angeführten Gründe entkräften zu können. Die Botschafterkonferenz hielt jedoch nach einer Note des Präsidenten vom 12. Juli am Wortlaut der Weisungen vom 8. Juni fest. —

Die Durchführungsbestimmungen vom 1. und 8. Juni stellten ein Mindestmaß dessen dar, was an Voraussetzungen für eine freie und unbeeinflußte Volksabstimmung erfüllt werden mußte. Sie suchten die Übergriffe, die sich die jugoslawische Verwaltung hatte zu schulden kommen lassen, einigermaßen abzustellen und stachen von dem kalten, rücksichtslosen Haß, der in den nationalen, politischen und namentlich in den wirtschaftlichen Bestimmungen des Friedensvertrages mit Österreich zum Ausdruck kommt, wohltuend ab. Auch die Franzosen hatten ihre Haltung geändert. Dies läßt sich nur aus einem Stimmungsumschwung erklären, der mittlerweile in Paris gegenüber Österreich eingetreten war. In einzelnen österreichischen Ländern war nämlich gegen den Willen der Wiener Regierung eine starke Bewegung zugunsten des Anschlusses an das Deutsche Reich entstanden. Diese Bewegung mußte um so stärker werden, je mehr die Lebensfähigkeit und die Ernährungsmöglichkeit Österreichs geschwächt wurde. Der Verlust der Zone I hätte Österreich eines weiteren agrarischen Überschußgebietes beraubt, die Lebensfähigkeit Österreichs noch weiter verringert und die Anschlußbewegung in der Bevölkerung ohne Zweifel gefördert. Daher brach sich in Paris die Ansicht Bahn, daß der Anfall des Klagenfurter Beckens oder auch nur der Zone I an Jugoslawien nicht im Interesse Frankreichs liege.

Außer den in den beiden Noten berührten Unzukömmlichkeiten gab es in der Zone I noch viele andere, die beseitigt werden mußten, wenn die Abstimmung wirklich frei sein sollte. So wurde kärntnerseits insbesondere verlangt: strenge Überwachung der südslawischen Verwaltungsbehörden, Beseitigung der Gerenten und Einsetzung der alten Gemeindevorstehungen, freie Meinungsäußerung, Pressefreiheit, Schutz gegen willkürliche Verhaftung, Amnestie für Teilnahme an den Abwehrkämpfen und für politische Vergehen, Freilassung aller Internierten und Konfinierten, Aufhebung der Wohnungsbeschlagnahmen, Rückgabe der entzogenen Gasthauskonzessionen, Abschaffung der Briefzensur u. a. Auch die Zuerkennung des Stimmrechtes an jene Personen, die am 1. Jänner 1919 in der Zone nicht wohnhaft waren, den übrigen Bedingungen aber entsprachen, wurde angestrebt, doch ohne Erfolg.

Am 21. Mai wurde Fregattenkapitän P e t e r, der schon wiederholt wichtige Missionen mit Erfolg für Kärnten durchgeführt hatte, vom Staatskanzler Dr. Renner auf Vorschlag des Kärntner Landesrates zum österreichischen Mitglied der Abstimmungskommission ernannt. Seine Vollmacht war umfassend, denn er wurde „zu allen jenen administrativen Anordnungen und dienstlichen Aufträgen den zivilen und militärischen Behörden gegenüber ermächtigt, welche die Einleitung, Durchführung und Beendigung der Volksabstimmung sichern und als von der Abstimmungskommission für nötig befunden werden". Sämtliche Staats- und Landesbehörden wurden angewiesen, seinen Anordnungen Folge zu leisten. Peter zur Seite standen die Mitglieder der früheren „Vertretung der Landesregierung", in der arbeitsreichen Zeit ergänzt durch einige Dolmetsche, Fach- und Kanzleikräfte.

Die Belgrader Regierung ernannte zu ihrem Vertreter den Professor der Geographie an der Universität in Belgrad J. C v i j i ć und als dessen Stellvertreter und bevollmächtigten Minister den bisherigen Gesandten in London, Jovan J o v a n o v i ć , früher Gesandter in Wien.

II. DIE DURCHFÜHRUNG DER VOLKSABSTIMMUNG

1. Die Tätigkeit der Abstimmungskommission

Am 16. Juli 1920 wurde das Protokoll der Ratifikationsurkunden in Paris hinterlegt und trat der Friedensvertrag endlich in Kraft. Von diesem Tag an begannen alle Fristen zu laufen, also auch die Frist für die Volksabstimmung in Kärnten. Wenige Tage später traf die interalliierte Abstimmungskommission in Klagenfurt ein[11]). Am 21. Juli fand die konstituierende Sitzung im Hauptquartier in der sogenannten landschaftlichen Burg in Klagenfurt statt.

Die Mitglieder der Kommission waren von dem ernsten Willen beseelt, eine freie und unbeeinflußte Abstimmung zu sichern. Der Vorsitzende, Oberst Capel P e c k , stand, da England kein Interesse an Kärnten hatte, der Sache vollkommen unvoreingenommen gegenüber und war als Soldat ein Mann der Tat, der streng und mit absoluter Unparteilichkeit nach den Bestimmungen des Friedensvertrages und den Beschlüssen der Botschafterkonferenz vom 1. und 8. Juni vorging, ohne viel bei seiner Regierung anzufragen und sich Sonderweisungen einzuholen. Auch die Jugoslawen rühmten seine strenge Objektivität. Er hatte sich vor seiner Abfahrt aus London von ersten Autoritäten genau beraten lassen, insbesondere auch über die Vorgänge bei Wahlen, die ihm als Soldaten fremd waren. Auch hatte er sich ein möglichst getreues Bild von den Verhältnissen im Abstimmungsgebiet gemacht und kam nun mit einem ferti-

---

[11]) Bericht der interalliierten Abstimmungskommission an den Obersten Rat über die Durchführung der Volksabstimmung in der Zone I. Mitgeteilt von A. Peter-Pirkham aus S. Wambaughs „Plebiscites since the World War", Carinthia I, 1935, S. 206. — Brejc, J., Plebiscit. In: Slovenci v desetletju 1918—1928, S. 195 f. — Bryce, Roland L'E., a. a. O. — Wambaugh, S., a. a. O. — M. Wutte, Die Ergebnisse der Volksabstimmung in Kärnten. Carinthia I, 1921, S. 65. — H. Steinacher, Der Kampf um Kärntens Freiheit. In: Perkonigs „Kampf um Kärnten", S. 50.

gen „Memorandum" über die Organisierung der Abstimmung nach Kärnten. Nur so war es möglich, daß die Vorarbeiten für die Abstimmung in der verhältnismäßig kurzen Zeit von 3 Monaten zu Ende geführt werden konnten.

Der Vertreter Frankreichs, Graf C h a m b r u n , ein konservativer Aristokrat katholischer Richtung, von Beruf Diplomat, hatte sich in Paris von der jugoslawischen Delegation und namentlich Dr. Ehrlich eingehend über Kärnten unterrichten lassen und war ohne Zweifel ein Freund der Jugoslawen, wie dies aus vertraulichen Briefen Ehrlichs hervorgeht und auch von jugoslawischen Blättern, beispielsweise der „Jugoslavija" vom 14. November 1920 offen zugegeben wurde. Er trat in den Verhandlungen der Abstimmungskommission wiederholt für die jugoslawischen Forderungen ein und stimmte oft in wichtigen Angelegenheiten gegen seine beiden Kollegen für die jugoslawischen Anträge. Aber auch er ging nicht so weit, um das offenkundige Unrecht, in das sich die jugoslawische Verwaltung in so vieler Hinsicht gesetzt hatte, gutzuheißen und die Vertragsbestimmungen und Weisungen der Botschafterkonferenz zu verletzen. Er war ein scharfer Gegner Deutschlands und insbesonders der Anschlußbewegung, die, wie auch er überzeugt war, durch einen weiteren Gebietsverlust Österreichs noch weiter gestärkt worden wäre.

Der Standpunkt der Italiener hatte sich nicht geändert. Für Italien hätte der Anfall der Zone I an Jugoslawien alle Hoffnungen, die Bahnlinie Triest—Aßling—Wien vor Zerstückelung zu bewahren, zunichte gemacht. Der italienische Vertreter in der Abstimmungskommission, P r i n z B o r g h e s e , unterstützte daher sehr tatkräftig die österreichischen Bestrebungen, die Abstimmung frei und unbeeinflußt nach den Bestimmungen des Friedensvertrages und den Weisungen der Botschafterkonferenz zu gestalten und trat den Verschleppungsversuchen der Jugoslawen in den Verhandlungen der Kommission wiederholt energisch entgegen. Allerdings fürchteten die Italiener, daß die Abstimmung ungünstig ausfallen könnte, da sie annahmen, daß die Jugoslawen alle Mittel zur Beeinträchtigung der Abstimmungsfreiheit anwenden werden.

Sitz der Kommission war Klagenfurt. Die Jugoslawen hatten in Paris wiederholt dagegen protestiert, obwohl ihnen nach einem Brief Ehrlichs an Brejc die ständige Anwesenheit der Kommission in der Zone I nicht lieb gewesen wäre. Offenbar fürchteten sie, daß die Kommission in diesem Falle Gelegenheit haben würde, verschiedene Vorgänge in der Zone I aus unmittelbarer Nähe zu beobachten, die ihnen besser verborgen geblieben wären.

Die J u g o s l a w e n kamen der Abstimmungskommission von Anfang an mit Abneigung und Mißtrauen entgegen. Sie waren sich klar darüber, daß das Bestreben der Kommission in erster Linie darauf gerichtet sein werde, die ihnen höchst unbequemen Weisungen der Botschafterkonferenz durchzuführen und die Methoden des Druckes und der Einschüchterung und vor allem die Absperrung der Demarkationslinie abzustellen. Der Engländer war ihnen wegen seiner Objektivität wenig sympathisch. Den Italiener betrachteten sie als Feind, der ihnen Görz, Triest und Istrien genommen habe und nun auch Kärnten nicht gönnen wolle. Auch fürchteten sie, daß die Italiener unter gewissen Voraussetzungen das Abstimmungsgebiet besetzen könnten. Dazu kam, daß man die vom Narodni svet nach außen zur Schau getragene Siegeszuversicht, seitdem die Aufhebung der Sperre an der Demarkationslinie drohte, in Belgrad und auch im Schoß der jugoslawischen Sektion der Abstimmungskommission nicht teilte. Auch scheint es, als ob Belgrad wenig Lust gehabt habe, sich wegen der Kärntner Abstimmung in dauernden Gegensatz zu Österreich zu versetzen, wenn man diesen Mangel an Interesse auch nicht öffentlich eingestehen konnte. Man sondierte daher in Belgrad beim österreichischen Gesandten Hoffinger, ob es nicht möglich wäre, daß die Vertreter Österreichs und Jugoslawiens in der Abstimmungskommission alle auftauchenden Fragen zunächst untereinander in freundschaftlicher Weise besprechen und die Kommission möglichst wenig Entscheidungen treffen lassen könnte; auch nach der Abstimmung würden sich manche Fragen, beispielsweise Grenzfragen, ergeben, über die ein unmittelbares Einverständnis angestrebt werden könnte. Auf diese Weise sollte einerseits die Abstimmungskommission möglichst ausgeschaltet und andererseits Österreich für den Fall eines ungünstigen Ausganges der Volksabstimmung in der Zone I von vornherein auf Grenzkorrekturen festgelegt werden. Der österreichische Geschäftsträger in Belgrad Hoffinger berichtete nach Wien, daß die Jugoslawen die Absicht hätten, die Teilung der Zone A in drei Teile und die gemeindeweise Abstimmung vorzuschlagen. Damit griffen sie neuerdings auf einen wiederholt aufgetauchten, von ihnen aber im August 1919 endgültig abgelehnten Vorschlag zurück, was nur als Zeichen der Schwäche gedeutet werden konnte.

Die Entscheidung über diese möglicherweise zu erwartenden Vorschläge konnte nur im Einvernehmen mit den Kärntnern getroffen werden. Daher fuhren Staatssekretär für Äußeres Dr. Renner — er war kurz vorher als Staatskanzler zurückgetreten — und die Staatssekretäre Dr. Deutsch (für Heerwesen) und Breisky (für Inneres) nach St. Veit, wo am 28. Juli eine eingehende Beratung mit der Kärntner Landesregierung, dem Kärntner Landesrat und Vertretern der Parteien über alle mit der Abstimmung zusammenhängenden Fragen stattfand. Renner und Deutsch waren über den Ausgang der Abstimmung in der Zone I im Zweifel und schienen nicht abgeneigt, auf die jugoslawischen Vorschläge einzugehen, wurden aber in St. Veit eines Besseren belehrt. Denn die Lage war jetzt für Kärnten wesentlich günstiger als zur Zeit der Laibacher Verhandlungen im Dezember 1918 oder zur Zeit der Besetzung Klagenfurts im Juli 1919. Die Stimmung in der Zone I war dank der ausgezeichneten Tätigkeit des Heimatdienstes so gut, daß man, wenn es gelang, die Freiheit der Abstimmung zu wahren, in der Zone I mit Sicherheit trotz allen Druckes der Jugoslawen mit einer Mehrheit von 62% rechnen zu können glaubte und auch im Gebiet süd-

Abstimmungskommission 1920
Von links nach rechts

Sitzend: Jovan M. Jovanović, Comte Charles de Chambrun, Colonel S. Capel Peck, Prinz Livio Borghese, A. Peter-Pirkham.
Stehend: F. Skaberne, H. Stare, Mitglieder der Delegation des Königreiches SHS; Marcel Hoden, Sekretär der französischen Delegation; Roland Bryce, Generalsekretär der Abstimmungskommission; T. Ninian Mac Donald, Sekretär der englischen Delegation; Allesandro Falleti di Villatalletto, Sekretär der italienischen Delegation; Dr. Viktor Kommetter, Landesregierungsrat.

lich der Drau sicher auf eine Mehrheit hoffte. Die Frage einer Teilung der Zone A und einer gemeindeweisen Abstimmung wurde daher von den Kärntnern einhellig verneint, insbesonders von Landesverweser Dr. Lemisch, Landtagspräsidenten Lukas und Landesrat Dr. F. Dörflinger. Doch wurde neuerdings der Wunsch geäußert, daß die Botschafterkonferenz das Abstimmungsgebiet mit Ententetruppe besetzen lassen möge.

Schon in den ersten Sitzungen der Abstimmungskommission zeigte es sich, daß die Verhandlungen nicht ganz glatt verlaufen werden. Das innere Widerstreben, das die Südslawen von Anfang an der Kommission entgegenbrachten, steigerte sich bald zu verstecktem und gelegentlich auch zu offenem Widerstand. Während auf österreichischer Seite die Beschlüsse der Kommission rasch und genauestens befolgt wurden, weigerten sich die Jugoslawen sogar, gewissen Bestimmungen des Friedensvertrages und den Weisungen der Botschafterkonferenz nachzukommen, so in bezug auf die Zusammensetzung der Polizei, die Abziehung der Truppen, die Aufhebung der Demarkationslinie und die Sequestrierungen. Zwei Drittel der Zeit vergingen mit Verhandlungen, um einen Zustand zu schaffen, den die Botschafterkonferenz als Voraussetzung für den Beginn der Tätigkeit der Abstimmungskommission angesehen hatte. Auch versuchte die jugoslawische Sektion die Durchführung von ihr unangenehmen Beschlüssen zu verschleppen, indem der südslawische Vertreter forderte, die Botschafterkonferenz zu befragen, obwohl der Friedensvertrag und die Botschafterkonferenz die Abstimmungskommission mit allen notwendigen Vollmachten ausgestattet hatten, oder indem sie erklärte, von der Belgrader Regierung keine Vollmacht zu haben und daher erst die Genehmigung von Belgrad einholen zu müssen, obgleich die Weisungen der Botschafterkonferenz vom 1. Juni gerade auf ausreichende Vollmachten gedrungen hatten. Die Lage der Abstimmungskommission und besonders des österreichischen Vertreters war daher sehr heikel. Es war zu befürchten, daß die Jugoslawen, wenn sie nicht einigermaßen auf Erfolg hoffen konnten, die Abstimmung vereiteln und noch mehr Militär in die Zone I ziehen. In diesem Falle wäre Kärnten das Ziel, um das es so lange gekämpft hatte, die Volksabstimmung, leicht wieder aus der Hand geglitten. Neue unabsehbare Schwierigkeiten wären entstanden, deren Lösung höchst fraglich gewesen wäre. Die Abstimmungskommission und insbesondere der österreichische Delegierte mußten daher mit äußerster Vorsicht vorgehen, um zu verhüten, daß die Jugoslawen die Kommission verlassen und so die Abstimmung verhindern. Glücklicherweise waren Laibach und der Narodni svet zuletzt so siegesgewiß, daß sie gegen die Meinung des jugoslawischen Vertreters auf der Durchführung der Abstimmung bestanden.

Der Widerstand der Südslawen ging hauptsächlich vom Narodni svet und General Majster, dem Chef der Polizei (Gendarmerie), aus, der sogar den Anordnungen des südslawischen Vertreters Cvijić nicht immer Folge leistete. Dadurch kam Cvijić sehr bald in eine schiefe Lage. Aber auch die Abstimmungskommission geriet in eine schwierige Stellung. Sie hatte keine ausübende Gewalt, sondern nur die Oberaufsicht. Die südslawischen Bezirkshauptmannschaften konnten, gestützt auf die Gemeindegerenten und die Gendarmerie, die einfachste Verfügung der interalliierten Kommission durchkreuzen. Dabei war es den Südslawen nicht bloß darum zu tun, nicht genehme Anordnungen nur halb oder gar nicht durchzuführen, sondern sie wollten auch durch den Widerstand, den sie den Beschlüssen der Abstimmungskommission entgegensetzten, ihr eigenes Ansehen in den Augen der Bevölkerung heben und das der Abstimmungskommission untergraben. Dieses Bestreben hatte jedoch schließlich das Gegenteil von dem zur Folge, das es bezweckte, da sich die jugoslawischen Behörden, dank der Festigkeit des Vorsitzenden, schließlich doch den Anordnungen der Abstimmungskommission beugen mußten.

Im Gegensatz zur Unsicherheit der Südslawen herrschte auf Kärntner Seite das Gefühl ruhigen Vertrauens auf das gute Recht, die Treue und Standhaftigkeit der kärntnisch gesinnten Bevölkerung in der Abstimmungszone. Diese Überzeugung erhellt auch aus der Entschließung der Landesversammlung vom 21. Juli, in der sie die Abstimmungskommission begrüßte und der festen Zuversicht Ausdruck gab, daß sich die Kommission bei allen ihren Entscheidungen von Recht und Billigkeit werde leiten lassen, um so der Bevölkerung des Abstimmungsgebietes das Recht der Selbstbestimmung im vollsten Sinne zu wahren.

Die Abstimmungskommission begann ihre Tätigkeit mit einer in ihrer konstituierenden Sitzung vom 21. Juli beschlossenen, von der kärntnisch gesinnten Bevölkerung mit lebhafter Zustimmung aufgenommenen Proklamation, in der sie am Schluß erklärte: „(Die Kommission) verbürgt die Freiheit und Aufrichtigkeit der Ausübung des Stimmrechtes. Sie kann weder vorherigen Druck noch nachfolgende Vergeltungsmaßnahmen zulassen. Sie wird kein unredliches Manöver dulden, das zu einem falschen Wahlergebnisse führen könnte. Sie wird ihre Sendung unparteiisch erfüllen und volle Gerechtigkeit in diesem Augenblicke walten lassen, wo die Ereignisse von euch verlangen, durch eure Stimmenabgabe nach bestem Wissen und Gewissen jenen Staat zu bezeichnen, dem ihr in Hinkunft angehören werdet."

In derselben Sitzung wurde Sir Roland Bryce, Mitglied der englischen Sektion, zum Generalsekretär der Abstimmungskommission ernannt und ein interalliierter Grenzbestimmungsausschuß bestellt, der die Grenzen der beiden Abstimmungszonen gemäß den Bestimmungen des Friedensvertrages genau festzusetzen hatte. Oberst Peck legte das von der englischen Sektion ausgearbeitete Memorandum vor, das die Grundzüge für die Durchführung der Abstimmung enthielt und in der Sitzung vom 22. Juli einstimmig angenommen wurde. Auch der jugoslawische Vertreter Cvijić stimmte ihm vorbehaltlos zu. In der nächsten Sitzung erschien jedoch an seiner Stelle Minister Jovanović und erklärte, die Zustimmung Cvijić beruhe auf einem Mißverständnis; die jugoslawische Sektion könne sich mit einzelnen Bestimmungen des Memorandums nicht einverstanden erklären. Die Kommission ging auf seine Wünsche nicht ein, da es nicht anging, über einen einmal gefaßten Beschluß neuerdings zu verhandeln.

Die Kärntner Landesregierung hatte den Entwurf eines Reglements für die Durchführung der Volksabstimmung ausgearbeitet, doch wurde er nicht angenommen, da er die Durchführung der Abstimmung den Gemeindevertretungen und nicht paritätisch von beiden Parteien namhaft gemachten Vertretern übertrug.

Der Grundgedanke des Memorandums war, daß die Abstimmung im einzelnen soweit als möglich von den Bewohnern selbst, doch unter Oberaufsicht der Kommission durchgeführt werden soll. Zu diesem Zwecke setzte die Kommission außer dem Sekretariat und dem Grenzausschuß noch folgende Ausschüsse ein: einen Gerichtshof und einen beratenden Verwaltungsausschuß, ferner sechs Distriksausschüsse und 51 Gemeindeabstimmungsausschüsse in der Zone I, sowie 21 Gemeindeabstimmungsausschüsse und 8 Bezirkswahlausschüsse (für Klagenfurt-Stadt) in der Zone II[12]).

Der Verwaltungsausschuß hatte die gesamte Verwaltung der Zonen I und II

---

[12]) Übersicht der Organisation:

I. Interalliierte Abstimmungskommission:
Mitglieder: 1 Vertreter Großbritanniens als Vorsitzender,
je 1 Vertreter Frankreichs und Italiens,
je 1 Vertreter Österreichs und des Staates SHS als beratende, nicht stimmberechtigte Mitglieder.

1. Sekretariat:	2. Beratender Verwaltungsausschuß:	3. Interalliierter Gerichtshof:	4. Interalliierte Grenzkommission:
1 britischer Generalsekretär, je 1 Vertreter Großbritanniens, Frankreichs und Italiens.	1 Vertreter Großbritanniens als Vorsitzender, je 1 Vertreter Frankreichs und Italiens.	1 Vertreter Großbritanniens als Vorsitzender, je 1 Vertreter Frankreichs und Italiens, je 1 Vertreter Österreichs und des Staates SHS als beratendes, nicht stimmberechtigtes Mitglied.	1 Vertreter Großbritanniens als Vorsitzender, je 1 Vertreter Frankreichs und Italiens, je 1 Vertreter Österreichs und des Staates SHS als beratendes, nicht stimmberechtigtes Mitglied.

II. Abstimmungsgebiet:

Zone I				Zone II		
Von Distrikt A, Standort Rosegg 6 Gemeinden.	Distrikt B, Ferlach 18 Gemeinden, 1 Teilgemeinde.	Distrikt C, Bleiburg 14 Gemeinden.	Distrikt D, Völkermarkt 12 Gemeinden.	Distrikt E, Klagenfurt-Land 13 Landgemeinden, 2 Teilgemeinden.	Distrikt F, Klagenfurt-Stadt 8 Bezirke.	Von Distrikt A Standort Velden 3 Gemeinden, 3 Teilgemeinden.

zu beaufsichtigen und über seine Beobachtungen Berichte zu erstatten. Seine Gutachten und Berichte waren für die Beschlüsse der Kommission von grundlegender Bedeutung. Er war somit die wichtigste Körperschaft innerhalb der Kommission. Sein Vorsitzender war auch der Vorsitzende des interalliierten Gerichtshofes, der Verstöße gegen die Autorität der Abstimmungskommission und die von ihr erlassenen Proklamationen und Instruktionen ahnden sollte, aber nie in Tätigkeit trat.

Die Aufgaben, Zusammensetzung und Standorte der Distriktsausschüsse und der Gemeindeausschüsse wurden am 10. August durch eine Kundmachung veröffentlicht und durch ausführliche Instruktionen vom 25. August und 3. September genau festgelegt. Durch diese Instruktionen wurden auch die im Friedensvertrage festgesetzten Bedingungen für das Stimmrecht klargestellt und hierbei das Wort „Zone" in Punkt b und c des Artikels 50 im weiteren Sinne ausgelegt, so daß darunter das gesamte Abstimmungsgebiet zu verstehen war. Stimmberechtigt war daher jeder, der am 1. Jänner 1919 in einem Orte innerhalb des ganzen Abstimmungsgebietes den ständigen Wohnsitz hatte und dort geboren oder zuständig war oder dort seit mindestens 1. Jänner 1912 ständig wohnte, und zwar hatte er sein Stimmrecht in jener Abstimmungsgemeinde auszuüben, in der er am 1. Jänner 1919 seinen ständigen Wohnsitz hatte.

Die Distriktsausschüsse waren der Kommission für alle Einzelheiten der Verwaltung innerhalb der Grenzen ihres Distrikts verantwortlich und hatten die Weisungen der Kommission an die Gemeindeabstimmungsausschüsse weiterzuleiten, für deren Durchfürung zu sorgen und insbesonders zu verhindern, daß die Verwaltung der Bezirke und die Ortsbehörden ihre Stellung zur Beeinflussung der Stimmberechtigten ausnützen. Sie hatten das Recht, Einsicht in sämtliche Schriften und Akten aller Zivil- und Strafrechtsfälle zu nehmen, was Dr. Brejc in der Sitzung der Laibacher Landesregierung vom 6. September bezeichnenderweise als sehr gefährlich hinstellte. Ferner hatten die Distriktsausschüsse die Gemeinde-Abstimmungsausschüsse aus den ihnen vom österreichischen, bzw. jugoslawischen Vertreter zu nennenden Personen aufzustellen und deren Vorsitzende und Schriftführer zu ernennen, und zwar so, daß der Vorsitzende stets der einen Partei, der Schriftführer der anderen angehörte und die Gesamtzahl der Vorsitzenden und Schriftführer, welche die österreichischen bzw. die südslawischen Interessen vertraten, in jedem Distrikt die gleiche war. Endlich hatten sie über Beschlüsse der Gemeinde-Abstimmungsausschüsse, die mit Stimmengleichheit gefaßt waren, zu entscheiden, Berufungen wegen Zurückweisung von der Eintragung in die Stimmlisten und Einsprüche gegen Eintragungen in die Stimmlisten zu erledigen und die Tätigkeit der Gemeinde-Abstimmungsausschüsse zu überwachen.

Die interalliierten Ausschüsse und Distriktsausschüsse bestanden aus je einem britischen, französischen und italienischen Mitglied. Die Verhandlungssprache war englisch. Sämtliche Proklamationen, Kundmachungen, Instruktionen und Verordnungen wurden in deutscher und slowenischer Sprache aufgelegt. Es war daher bei der Abstimmungskommission ein Übersetzungsausschuß unter dem Vorsitz eines Engländers bestellt, dem auch Bezirkshauptmann Dr. Kommetter und ein Mitglied der jugoslawischen Vertretung angehörte. Da die Übersetzungen in das Slowenische große Schwierigkeiten bereiteten, traten manchmal unliebsame Verzögerungen ein.

Die Gemeindeabstimmungsausschüsse waren aus je drei Anhängern der österreichischen und der jugoslawischen Partei zusammengesetzt. Die Jugoslawen hatten mit einer sonderbaren Logik erwartet, daß die Mitglieder der Gemeindeabstimmungsausschüsse ausschließlich aus ihren Anhängern genommen werden würden, da die Verwaltung in der Zone I doch ihnen übertragen worden sei. Ehrlich hatte aus Paris vorgeschlagen, daß für die Ausschüsse 5 Mitglieder ernannt werden, und zwar eines von der Abstimmungskommission, eines von der Bezirkshauptmannschaft und drei von der Gemeinde (Bürgermeister bzw. Gerent und zwei aus dem Gemeinderat). Sie suchten nun zu erreichen, daß für die Abstimmungsausschüsse je vier Mitglieder von den Slowenen und zwei von den Deutschen bestellt werden[13]), drangen aber, wie es selbstverständlich war, mit diesem Verlangen nicht durch.

Die Gemeindeabstimmungsausschüsse hatten die Stimmlisten zusammenzustellen und in erster Instanz über Anmeldungen zur Eintragung in die Listen und Einwendungen gegen irrtümliche oder unrichtige Eintragungen zu entscheiden, ferner die Abstimmungslegitimationen auszugeben und zu beglaubigen, die Abstimmungsräume auszuwählen und einzurichten und bei der Abstimmung die in Umschlägen verschlossenen Stimmzettel entgegenzunehmen. Über alle Beratungen der Gemeindeabstimmungsausschüsse war ein genaues, doppelsprachiges Protokoll zu führen, das dem zuständigen Distriktsausschuß zur Überprüfung vorgelegt werden mußte. Die Mitglieder der Gemeindeausschüsse erhielten von der Regierung der Gegenpartei die schriftliche Zusicherung, daß sie nach der Abstimmung wegen ihrer Stellungnahme keinerlei Nachteil erleiden sollen.

Die Eintragung in die Stimmlisten erfolgte auf Grund von Gesuchen, die mit den entsprechenden Dokumenten versehen sein mußten. Zu diesem Behufe wurden die staatlichen, kirchlichen und Gemeindebehörden angewiesen, in die öffentlichen Register, Matriken usw. Einsicht nehmen zu lassen. Als Abstimmungstag wurde der 10. Oktober festgesetzt.

Sehr wichtig war die **technische Durchführung** der Abstimmung. Sie mußte so gestaltet werden, daß der Abstimmende vor der Abgabe der Stimmzettel nicht beeinflußt werden konnte und er sicher war, daß die Abstimmung unter allen Umständen geheim blieb und er keinerlei Verfolgung zu

---

[13]) A. Dolar, Die Kärntner Volksabstimmung und der Grundsatz der Parität (deutsche Übersetzung) in „Časopis za zgodovino in narodopisje" 32, 1937, S. 248.

befürchten hatte. In der Sitzung vom 27. August schlug der jugoslawische Vertreter vor, daß die Stimmzettel dem Stimmberechtigten in das Haus zugestellt werden. Dieser Vorgang hätte jede Art von Beeinflussung ermöglicht und dem Grundsatz der geheimen Wahl widersprochen. Die Kommission beschloß daher auf Vorschlag des Vorsitzenden und des österreichischen Vertreters grüne und weiße Stimmzettel vorzubereiten, die grünen mit dem Aufdruck „Österreich — Avstrija", die weißen mit dem Aufdruck „Jugoslavija — Jugoslawien". Die Stimmzettel, Umschläge und Schlösser zu den Abstimmungsurnen wurden in England hergestellt und auch die Urnen selbst von der Abstimmungskommission beigestellt. Nach dem zuerst beschlossenen Wahlvorgang sollte in der Stimmzelle eine genügende Anzahl von grünen und weißen Stimmzetteln zur Verfügung gestellt werden und der Abstimmende einen grünen oder weißen Zettel, je nach seinem Wunsch, in den ihm von einem Mitglied des Abstimmungsausschusses übergebenen Umschlag legen. Der österreichische Vertreter wendete nachträglich dagegen ein, daß bei diesem Vorgang der Abstimmende aus der Anzahl der in der Zelle noch vorhandenen Zettel leicht die Zahl der für Österreich oder Jugoslawien abgegebenen Stimmen ersehen oder Stimmzettel der gegnerischen Partei entwenden könne und setzte es durch, daß die Kommission am 20. September ihren Beschluß abänderte und einhellig bestimmte, daß der Wähler den Zettel, der den unerwünschten Staat bedeute, zerreißen und die Bruchstücke samt dem zweiten unbeschädigten Zettel in den Umschlag zu geben habe. Auf diese Weise wurde jede Unregelmäßigkeit unmöglich gemacht und die Geheimhaltung verbürgt. Die Stimmenzählung und das Skrutinium waren vom Distriktsausschusse im Beisein eines österreichischen und eines jugoslawischen Vertreters durchzuführen.

Seit den Weisungen der Botschafterkonferenz vom 1. und 8. Juni waren Wochen vergangen, ohne daß die wesentlichen Punkte derselben von den Südslawen erfüllt worden wären. Auch nach Ankunft der Abstimmungskommission dauerte die Gewaltherrschaft in der Zone I fort. Ausweisungen, Verhaftungen, Strafen wegen Verbreitung von deutschen Flugschriften usw. standen nach wie vor auf der Tagesordnung. In der Zeit vom 16. Juli bis 16. August wurden beispielsweise 52 Personen wegen österreichischer Propaganda, Singen von deutschen Liedern, Heilrufen u. dergl. oder infolge grundloser Beschuldigungen verhaftet oder durch die drohende Verhaftung zur Flucht gezwungen.

Die Jugoslawen machten auch keine Miene, die D e m a r k a t i o n s l i n i e zwischen den beiden Abstimmungszonen zu öffnen, sondern sperrten sie sogar am 17. Juli für jedermann. Sie fürchteten nicht bloß die Propaganda des Heimatdienstes, sondern vor allem auch die Rückkehr der zahlreichen Flüchtlinge, von denen anzunehmen war, daß sie als unentwegte Gegner eine für Jugoslawien sehr gefährliche Agitation zugunsten Österreichs enfalten werden.

Verläßliche Nachrichten aus Belgrad besagten, daß diese Befürchtungen der Hauptgrund waren, warum die Jugoslawen die Rückkehr der Flüchtlinge zu hintertreiben suchten. Die Jugoslawen nahmen daher gegen die Öffnung der Demarkationslinie in heftigster Weise Stellung. Die jugoslawischen Blätter verlangten, daß die Regierung in dieser Frage nicht um ein Haar nachgebe. Am 25. Juli veranstaltete der Narodni svet unter Anwendung von Drohungen und allerlei Lockmitteln Protestversammlungen in Völkermarkt und Ferlach gegen die Öffnung der Linie. „Slovenski Narod" drohte am 1. August, das slowenische Volk werde gegen den Willen der Regierungskreise in Belgrad, wenn notwendig, mit Waffengewalt, die bisherige Demarkationslinie zu schützen wissen.

Die Kommission mußte infolge der Weisung der Botschafterkonferenz auf der Öffnung der Demarkationslinie beharren. Der französische und der englische Vertreter teilten Cvijić in Privatgesprächen mit, daß die Abstimmungskommission einen bestimmten Termin stellen werde, bis zu dem sich die jugoslawische Regierung äußern müsse, ob sie der Aufhebung der Demarkationslinie zustimme oder nicht; im zweiten Falle werde die Kommission aufgelöst. Das drohende Ultimatum bestimmte die Haltung Cvijić' in den folgenden Verhandlungen.

In der Sitzung der interalliierten Kommission vom 27. Juli schlug der Vorsitzende als Tag der Öffnung den 1. August vor. Cvijić erklärte nach dem vorliegenden Protokoll, daß seine Regierung noch nicht die Zustimmung erteilt habe und sich nach dem Friedensvertrag für berechtigt halte, die Linie aufrecht zu erhalten; seiner Meinung nach fasse sie die Situation nicht richtig auf und hege sie unbegründete Befürchtungen; er habe in bezug auf die Demarkationslinie keine Vollmacht zu einer Entscheidung und bitte daher um Aufschub, damit er seine Regierung aufklären könne. Aber selbst der französische Vertreter verwies Cvijić auf die Entscheidung der Botschafterkonferenz, die befolgt werden müsse, und schlug, um die Bedenken der jugoslawischen Regierung (vgl. S. 356) zu zerstreuen und unliebsame Elemente vom Abstimmungsgebiet fernhalten zu können, vor, dieses mit einem Grenzkordon zu umgeben, gegen Österreich durch österreichische, gegen Jugoslawien durch jugoslawische Gendarmerie. Dieser Vorschlag wurde von der Kommission mit dem Zusatzantrage des Vorsitzenden einstimmig angenommen, daß die interalliierten Distriktskommissäre beauftragt werden sollen, zu berichten, sobald sich in ihrem Distrikt irgendeine nicht erwünschte Persönlichkeit befinde, und die Kommission berechtigt sein soll, solche Personen auszuweisen. Auch Cvijić stimmte dem Vorschlag zu und schlug selbst den 3. August als Tag der Öffnung vor. Die Ein- und Ausfuhr von Waren in größeren Mengen hielt Cvijić für kontrollierbar. Über die wirtschaftlichen Fragen, meinte er, werde man sich leicht einigen; am Tag der Öffnung der Linie solle auch der Markt zwischen beiden Zonen geöffnet werden. Bezüglich der Flüchtlinge beschloß die Kommission auf seinen Wunsch, daß sie bei Tage und nicht mit fliegenden Fahnen oder klingendem Spiel in die Zone einziehen sollen. Das Militär sollte allmählich zurückgezogen werden.

Cvijić war vom Verlauf der Sitzung sehr befriedigt. In einem Schreiben an seine Regierung gab er der Ansicht Ausdruck, daß die beschlossenen Maßnahmen die Folgen, die aus der Eröffnung der Demarkationslinie erwachsen, wesentlich mildern, und in einem Brief an General Majster legte er diesem nahe, den großen Erfolg der Verhandlungen mit „Umsicht und Aufmerksamkeit in Vollzug dieser Verfügungen nicht zu kompromittieren". Majster teilte jedoch nicht die Meinung Cvijić', sondern setzte den Beschlüssen der Konferenz offenen Widerstand entgegen[14]).

Als Oberst Peck am 3. August die Demarkationslinie besichtigte, fand er die südslawischen Schranken noch vor und die südslawischen Wachtposten verstärkt, während die österreichische Gendarmerie auftragsgemäß abgezogen war. Hunderte von Flüchtlingen standen erregt vor der Linie und begehrten vergeblich Einlaß. Ein südslawischer Zollbeamter hielt sogar einen englischen Kraftwagen an und verlangte von dem englischen Offizier einen größeren Betrag als Zoll für Lebensmittel, die das Fahrzeug für die britische Sektion aus der Zone I nach Klagenfurt bringen sollte. Desgleichen wurde ein italienischer Kraftwagen von den Südslawen an der Demarkationslinie angehalten und zollamtlich untersucht. Damit war nicht bloß die Autorität der Abstimmungskommission, sondern auch das Privileg der Exterritorialität verletzt. Diese offene Widersetzlichkeit wurde in der Sitzung der Abstimmungskommission vom 4. August von allen stimmberechtigten Mitgliedern verurteilt. Daraufhin teilte der südslawische Vertreter mit, seine Regierung habe ihren Standpunkt geändert und wolle den freien Personenverkehr von der einen in die andere Zone zugeben, behalte sich aber vor, gewisse Lebensmittel von der Ausfuhr aus Jugoslawien auszunehmen und zum Zwecke der Überwachung der Ausfuhr die Polizei an der Demarkationslinie zu belassen. Die Kommission lehnte jedoch jede weitere Verhandlung ab und bestand auf der vorbehaltlosen Befolgung des Auftrages. Trotzdem öffneten die Jugoslawen am 5. die Demarkationslinie nicht. Darauf berief der Vorsitzende der Abstimmungskommission eine außerordentliche Sitzung ein und erklärte, nicht weiter unterhandeln zu können, bevor nicht die Schranken geöffnet seien. Vergeblich suchte Graf Chambrun zu vermitteln. Die Festigkeit des Vorsitzenden wirkte. Am nächsten Tag waren die Schranken beseitigt und das Überschreiten der Linie gestattet, wenn auch die südslawische Gendarmerie noch an der Linie blieb und erst Anfang September auf Beschluß der Kommission vom 1. September 1000 Meter hinter die Linie zurückgezogen wurde.

---

[14]) Der Brief Majsters ist abgedruckt bei A. Dolar, a. a. O.

Das hinterhältige Vorgehen der Jugoslawen war der geraden soldatischen Art des Obersten Peck sichtlich unverständlich. Wie gereizt seine Stimmung war, zeigt der im Anhang II Nr. 21 abgedruckte Bericht des Generalsekretärs der jugoslawischen Sektion Stare über die Unterredung, die er sich bei Oberst Peck im Auftrage Cvijić' erbeten hatte, um ihn wegen des Vorgehens der Finanzwache zu entschuldigen. Es kam daher in den Sitzungen der Abstimmungskommission sehr bald zu scharfen Zusammenstößen, bei denen beim Vorsitzenden mehr der Offizier als der Diplomat zu hören war. Die Jugoslawen dürften schon damals ernstlich das Verlassen der Abstimmungskommission und damit die völlige Verhinderung der Abstimmung erwogen haben. In diesem kritischen Augenblick griff Chambrun ein. In einer Zusammenkunft mit Peck in Pörtschach legte er diesem dar, welche Folgen ein zu scharfes Vorgehen gegen die Jugoslawen haben könnte und welchen Prestigeverlust dies für die Vertreter der alliierten Mächte bedeuten würde. Tatsächlich wichen die — begreiflicherweise — scharfen Weisungen an die Jugoslawen einem, manchmal für Kärnten nicht günstigen Entgegenkommen.

Die Öffnung der Demarkationslinie war in der Tat ein schwerer moralischer und sachlicher Mißerfolg der Südslawen. Sie hatten geglaubt, der Abstimmungskommission und der Botschafterkonferenz ihren Willen aufzwingen zu können, und immer wieder erklärt, die Demarkationslinie werde nie und nimmer beseitigt werden. Daß sie tatsächlich fiel, gab dem Ansehen der jugoslawischen Behörden in der Zone I einen argen Stoß und stärkte die Autorität der Abstimmungskommission. Es hatte sich gezeigt, daß sie doch stärker war als die südslawische Verwaltung, die bisher als allmächtig erschienen war, und daß auf die Großsprechereien der südslawischen Presse nicht viel zu geben sei. Ferner konnte sich jetzt in der Zone I die von den Südslawen so sehr gefürchtete kärntnische Propaganda erst so recht entfalten. Dazu war die Rückkehr von mehr als 3000 Flüchtlingen für den Geist in der Zone I von ausschlaggebender Bedeutung. Mit den Flüchtlingen kamen ebenso viele aufrechte und überzeugungstreue Bekenner und Verfechter des Kärntner Einheitsgedankens in die Zone I zurück. Die Laibacher Blätter versuchten die Niederlage zu verschleiern. „Slovenski Narod" behauptete, die Demarkationslinie sei nicht aufgehoben, sondern es seien nur gewisse Erleichterungen für den Personen- und Warenverkehr zugestanden worden. Dagegen erklärte „Slovenec", die Klagenfurter hätten in Klagenfurt, Wien, Berlin und Paris monatelang kniefällig um Aufhebung der Demarkationslinie gebeten, da sie ohne die Zone I nicht leben könnten, und schließlich hätten sich die jugoslawischen Behörden ihrer erbarmt und den Verkehr erleichtert! Nach der Abstimmung schrieb man in Laibach den Mißerfolg vom 10. Oktober in erster Linie der Öffnung der Demarkationslinie zu. War doch die Abschließung der Zone I vom übrigen Kärnten eine der wichtigsten Voraussetzungen des jugoslawischen Propagandasystems gewesen, obgleich gerade die Abschließung den Bewohnern der Zone I die Unentbehrlichkeit des Klagenfurter Marktes gezeigt hatte; denn in der Zone I war geradezu ein Hunger nach Industriewaren entstanden. Selbst der „Mir" mußte berichten: „Die Grenze ist offen! Alles eilt nach Klagenfurt, um dort Waren zu kaufen. Alle Eisenhandlungen sind voll von Slowenen, auch in den Manufakturgeschäften wimmelt es von Slowenen. In einem Monat ist Klagenfurt ausverkauft."

Die nächste Folge der südslawischen Niederlage in der Frage der Demarkationslinie war, daß C v i j i ć von seinem undankbaren und mit soviel Schwierigkeiten verbundenen Amte am 5. August zurücktrat und dem Minister Jovan J o v a n o v i ć Platz machte, der in der Sitzung vom 10. August zum erstenmal als alleiniger Vertreter Südslawiens erschien.

Die Südslawen versuchten nun, die Öffnung der Demarkationslinie durch Gegenmaßnahmen unwirksam zu machen. Zunächst wollten sie zeigen, daß sie der Abstimmungskommission zum Trotze noch immer freie Hand gegenüber den Flüchtlingen hätten. Im Bezirke Völkermarkt wurde mehreren H e i m k e h r e r n der Auftrag gegeben, die Zone I wieder zu verlassen. Im oberen Rosental verhafteten die Jugoslawen mehrere Heimkehrer, wie den dort heimatberechtigten Leiter der Abschnittsagitationsleitung K. Fritz, ließen sie aber am nächsten Tage infolge des Einschreitens der Abstimmungskommission wieder frei. Im Bezirke Ferlach wurden zwei von den Heimkehrenden, die sich an den Abwehrkämpfen beteiligt hatten, im Auftrage der Bezirkshauptmannschaft Ferlach verhaftet und nach Laibach abgeführt. Der Fall verstieß gegen die Proklamation der Abstimmungskommission, hatte daher grundsätzliche Bedeutung und war um so schlimmer, als der österreichische Vertreter vor der Rückkehr der Flüchtlinge im Auftrage der Kommission in einer Flüchtlingsversammlung in Klagenfurt mitgeteilt hatte, daß die persönliche Sicherheit der Flüchtlinge nach ihrer Heimkehr gewährleistet sei. Das Vorgehen der Südslawen schuf in der Kommission neuerdings eine gespannte Lage. Oberst Peck berief daher abermals eine außerordentliche Sitzung der Kommission ein, in welcher einhellig die sofortige Rückbeförderung der zwei Verschleppten gefordert und beschlossen wurde, daß niemand aus den Abstimmungszonen ohne Zustimmung der Kommission entfernt werden dürfe. Die beiden Verschleppten wurden hierauf wenige Tage später in die Heimat zurückgebracht.

Da auch andere kärntnisch gesinnte Personen wegen ihres politischen Verhaltens in Haft gehalten wurden und derartige Verhaftungen und Verurteilungen fortdauerten, so ersuchte der österreichische Vertreter die Abstimmungskommission, der österreichischen und südslawischen Regierung zu empfehlen, im Sinne des Artikels 92 des Friedensvertrages eine allgemeine Amnestie für alle vor dem 16. Juli geschehenen Straffälle, ausgenommen solche wegen Raubes und Mordes, zu erlassen. Die Abstimmungskommission beschloß in der Sitzung vom 9. August, diesem Ersuchen nachzukommen und hatte bei beiden Regierungen Erfolg.

Ferner verlangte der südslawische Vertreter, daß die Gültigkeit der von der Abstimmungskommission für die Bewohner des gesamten Abstimmungsgebietes eingeführten I d e n t i t ä t s k a r t e n auf drei Tage beschränkt und das Reiseziel angegeben werde. Wäre diesem Verlangen stattgegeben worden, so hätten die Inhaber der Identitätskarten, die zum Übertritte von einem Distrikt in den anderen und somit von einer Zone in die andere berechtigten, diese Karten bei den zuständigen Gemeindevorstehungen immer wieder aufs neue lösen und sich an ein bestimmtes Reiseziel halten müssen, was eine starke Beschränkung ihrer Bewegungsfreiheit zur Folge gehabt hätte. Die Kommission ging jedoch auf diese Forderungen nicht ein, sondern erstreckte die Gültigkeit der Identitätskarten bis zur Abstimmung und bestimmte, daß Personen, welche ihren Aufenthalt von einem Distrikt in den anderen für länger als zwei Tage verlegen wollten, ihre Identitätskarten dem Distriktsausschusse zur Unterfertigung vorzulegen hätten.

Auf Vorschlag des französischen Vertreters beschloß die Kommission am 6. August, daß in allen öffentlichen V e r s a m m l u n g e n in den Zonen I und II nur jene Personen als Sprecher auftreten dürfen, die in der Zone, in der die Versammlung stattfindet, abstimmungsberechtigt sind, und öffentliche Funktionäre und Angestellte das Wort überhaupt nicht ergreifen dürfen. Diese Verordnung galt jedoch nicht für §-2-Versammlungen, die auf geladene Personen beschränkt waren. Den Geistlichen wurde gestattet, in öffentlichen Versammlungen zu sprechen, doch waren Predigten am Abstimmungstage verboten.

Schwierig war die Regelung des W a r e n v e r k e h r s über die Demarkationslinie. Er war von der Botschafterkonferenz ohne jeden Vorbehalt freigegeben worden, schuf aber die Möglichkeit, daß Waren, welche vom südslawischen Staatsgebiet in die Zone I kamen, von hier in die Zone II und von da zollfrei nach Österreich gebracht werden und umgekehrt. Die österreichische Vertretung erklärte sich bereit, die Aufstellung von gemischten Zollstellen an der Nordgrenze der Zone II zuzulassen, wenn auch an der Südgrenze der Zone I solche Zollstellen errichtet würden. Aber der südslawische Vertreter ging darauf nicht ein, sondern forderte, daß gewisse Waren vom Verkehr ausgenommen würden. Das hätte bedingt, daß an der Demarkationslinie eine Kontrolle eingeführt werde, wodurch die Sperre wieder aufgelebt wäre. Die Kommission beschloß am 20. August, daß für den Warenverkehr zwischen den beiden Zonen solange keine Beschränkung gelten solle, als der Kommission durch statistische Belege nicht unzweifelhaft bewiesen werde, daß solche Beschränkungen notwendig seien. In Wirklichkeit behinderten die südslawischen Behörden die Ausfuhr größerer Mengen von Lebensmitteln aus der Zone I in die Zone II.

Wie mit der Beseitigung der Sperre an der Demarkationslinie, so zögerten die Südslawen auch mit der Aufhebung der S e q u e s t r i e r u n g , ja es wurden sogar neue verhängt. In der Sitzung der Laibacher Landesregierung vom 6. September gab der Referent Dr. Žerjav selbst zu, daß die Verhängung der Staatsaufsicht eine bedeutende Schikane sei, doch könne die Aufsicht wegen der Agrarreform nicht aufgegeben werden; denn bei der Agitation sei dem Volke gesagt worden, daß die Großgrundbesitzungen auf die bäuerliche Bevölkerung aufgeteilt würden; wenn diese Aufsicht abgeschafft würde, so bekämen die deutschen Großgrundbesitzer wieder Einfluß, was den Verlust von 1000 Stimmen und des Vertrauens der bäuerlichen Bevölkerung zur Folge hätte. Das österreichische Mitglied der Kommission überreichte am 10. August der Kommission ein Verzeichnis der in der Zone I sequestrierten oder unter Staatsaufsicht gestellten Besitzungen und Betriebe — im ganzen 81 Fälle, die ausschließlich deutsche Besitzer betrafen — und ersuchte, Schritte zu tun, daß diese Verfügungen aufgehoben werden. Um nun die Sequestrierungen aufrechtzuerhalten, erklärte der südslawische Vertreter, die südslawische Regierung hätte nur „Staatsaufsichten" verhängt, diese seien notwendig, um die Zahlung der Abgaben und Steuern sicherzustellen und als vorbereitende Schritte zu der in Südslawien geplanten Agrarreform; sie hätten mit der Abstimmung nichts zu tun, da jede stimmberechtigte Person, deren Besitz unter Staatsaufsicht gestellt sei, das Stimmrecht ausüben könne. In Wirklichkeit hatte die südslawische Regierung gewiß nicht das Recht, eine derartige einschneidende Reform, wie eine Agrarreform, in einem ihr noch gar nicht gehörigen Gebiete durchzuführen. Das Vorgehen der jugoslawischen Behörden war um so härter, als die Eigentümer der sequestrierten Besitzungen nicht nur in ihrem Eigentumsrecht beschränkt waren, sondern auch die hohen Kosten der staatlichen Aufseher zu bezahlen hatten und diese in vielen Fällen eine Mißwirtschaft betrieben. Auch wurden zahlreiche kärntnisch gesinnte Pächter vertrieben und an ihre Stelle jugoslawisch gesinnte Pächter gesetzt. Der Zweck dieser Maßnahmen war ohne Zweifel kein steuertechnischer, sondern ein politischer.

Nach weiteren schwierigen Verhandlungen beschloß die Kommission am 14. September, daß jede Staatsaufsicht im Abstimmungsgebiet bis zur Vollendung der Abstimmung „suspendiert" sein soll und daß niemand von seinem Pachtgute vor Beendigung der Volksabstimmung entfernt werden dürfe. Der französische Vertreter hatte den Standpunkt eingenommen, daß die jugoslawische Regierung berechtigt gewesen sei, die Staatsaufsicht über gewisse Besitzungen zu Zwecken der Agrarreform zu verhängen, da die Zone nach der Gesetzgebung des jugoslawischen Staates zu verwalten sei. Der Beschluß war ein Kompromiß. Die verhaßten südslawischen Sequester verschwanden, aber die südslawischen Pächter blieben.

Auch gegen die Zurückziehung des M i l i t ä r s leisteten die Südslawen hartnäckigen Widerstand. In der Sitzung vom 16. August mußte die Verhandlung über diesen Gegenstand abgebrochen werden, da der südslawische Vertreter erklärte, seine Regierung könne die Truppen so lange nicht zurückziehen, als an der Westgrenze der Zone I und sogar in Klagenfurt italienische Truppen stünden. Die Anwesenheit dieser Truppen war jedoch eine Angelegenheit der Kabinette von Wien, Rom und Belgrad und gehörte nicht vor die Abstimmungskommission. In Klagenfurt befanden sich lediglich 87 Carabinieri, die noch zur Zeit der interalliierten Militärmission im Auftrage der Friedenskonferenz nach Klagenfurt entsendet worden waren, um den Rest altösterreichischen Kriegsmaterials zu bewachen, und Anfang September abgezogen wurden.

Am 21. August richtete Kap. Peter an das Präsidium der Abstimmungskommission eine Verbalnote, in der er aufmerksam machte, daß durch die Anwesenheit des jugoslawischen Militärs und der fremden Polizei sowie durch die Aufrechterhaltung der Staatsaufsicht weder die Freiheit der Person noch des Eigentums gewährleistet sei; er stelle daher infolge der Kürze der noch zur Verfügung stehenden Zeit zur Erwägung, der Botschafterkonferenz schon im gegenwärtigen Zeitpunkt nahezulegen, der Abstimmungskommission entsprechende Unterstützung zur Schaffung dieser Voraussetzungen zu gewähren oder die Ermächtigung zu einer allfälligen Verschiebung des Termins zu erteilen.

Die Botschafterkonferenz hatte bereits zweimal Einwendungen der jugoslawischen Regierung gegen die Abberufung des jugoslawischen Militärs abschlägig beschieden. Die Kommission bestand daher in den Sitzungen vom 27. August und 1. September auf der militärischen Räumung der Zone I und setzte hiefür zwei Termine fest, den 1. und 10. September, obwohl der französische Vertreter den Räumungstermin noch weiter hinauszuschieben versuchte. Trotzdem blieben südslawische Truppen bis über den 10. in der Zone I und wurden diese erst am 13., nachdem Minister Jovanović sich persönlich mit Belgrad in Verbindung gesetzt hatte, abgezogen. Aber auch nachher wurden noch zahlreiche Soldaten als Telephonisten und Telegraphisten in der Zone I beschäftigt und hielten sich andere als Landarbeiter oder als Urlauber verkleidet in der Zone auf.

Die P o l i z e i k r ä f t e bestanden in der Zone I nach den Ausweisen der jugoslawischen Sektion aus 1014 Gendarmen, während nach österreichischer Schätzung ein Stand von 150 Gendarmen zur Aufrechterhaltung der Ruhe und Ordnung genügt hätte. Von den 1014 Gendarmen waren nur 425 Kärntner. Der Rest bestand zum größeren Teil aus slowenischen Flüchtlingen aus Görz und Triest, die sehr scharf gegen die Heimattreuen vorgingen. Chef der Gendarmerie war General Majster, von dem man sich gewiß keine unparteiische Haltung versprechen konnte. Die Offiziere waren mit Ausnahme von zweien sämtlich Nichtkärntner. Das Vorgehen der Gendarmerie war oft höchst parteiisch. Oberst Peck stellte selbst fest, daß die südslawischen Gendarmen sich weigerten, südslawische Agitatoren, die österreichisch gesinnte Personen mit

Stöcken bedrohten, zu verhaften. Der südslawische Vertreter erklärte, daß 800 Gendarmen notwendig seien, um die Kärntner „Bolschewiki" niederzuhalten. Der österreichische Vertreter verlangte vor allem, daß die Gendarmerie unter das Kommando der Abstimmungskommission und der Distriktsausschüsse gestellt und Anhänger beider Parteien in die Gendarmerie aufgenommen werden. Die Kommission beschloß nur, die südslawische Sektion anzuweisen, innerhalb einer kurzen Frist allen Bestimmungen des Friedensvertrages hinsichtlich der Polizei zu entsprechen. Tatsächlich wurde ein Teil der jugoslawischen Gendarmen entlassen, doch blieben die Entlassenen als Zivilisten in der Zone zurück. Als sich weitere Unzukömmlichkeiten zeigten und der österreichische Vertreter die Angelegenheit neuerlich zur Sprache brachte, wurde in den Sitzungen vom 20. September und 5. Oktober beschlossen, die Polizeikräfte beider Parteien einem auf Urlaub befindlichen Beamten der englischen Zivilverwaltung in Indien, Colonel Stocks, der Dienst bei der Abstimmungskommission übernommen hatte, zu unterstellen und für die Distrikte Klagenfurt, Völkermarkt, Ferlach, Bleiburg und Rosegg aus dem Stabe der Abstimmungskommission je einen Kontrolloffizier zu bestellen, der die Gendarmerie in den betreffenden Distrikten zu überwachen hatte. Es war nun allerdings nicht leicht, den fehlenden Teil der von den Südslawen für notwendig erachteten 800 Mann Polizeitruppen an Ort und Stelle aufzubringen. Die Südslawen halfen sich dadurch, daß sie Mitglieder der „Prügelbanden" in die Gendarmerie einteilten, die dadurch um so parteiischer wurde.

Das widerspenstige Verhalten des Generals Majster hatte zur Folge, daß er den Auftrag erhielt, die Zone I zu verlassen. Trotzdem hielt er sich ohne Wissen der Delegation, aber mit Wissen Laibachs auch weiterhin in der Zone auf und setzte dort im geheimen seine Propagandaarbeit fort. Jovanović verlangte daher am 3. Oktober telegraphisch von seiner Regierung die Abberufung Majsters nach Belgrad. Doch erfolgte diese erst, als der englische Gesandte in Belgrad auf Grund eines von Oberst Peck beantragten Beschlusses der Botschafterkonferenz der jugoslawischen Regierung nahelegte, Majster, der einen Gewaltstreich vorbereitete, sofort abzuberufen und bis zum Schluß der Abstimmung in Belgrad zurückzuhalten[15].

Die Beschlüsse der interalliierten Kommission über die Aufhebung der Sperre der Demarkationslinie und Suspendierung der Sequestrierungen, die Zurückziehung der südslawischen Truppen und die Umgestaltung der Polizei im Sinne des Friedensvertrages riefen in L a i b a c h Bestürzung hervor. Zu sehr hatte man sich hier in den Gedanken eingelebt, daß es schließlich doch gelingen werde, sich über die Bestimmungen des Friedensvertrages und der Botschafterkonferenz

---

[15] Almond-Lutz, S. 531, Nr. 193. — Nach einem Telegramm Trumbić' glaubte Oberst Peck, daß General Majster einen Gewaltstreich plane.

hinwegzusetzen. Die Empörung richtete sich vor allem gegen die Abstimmungskommission, die nun von den südslawischen Zeitungen in der heftigsten Weise angegriffen wurde, aber auch gegen Belgrad, dem man den Vorwurf machte, daß es sich für die „unerlösten" südslawischen Gebiete zu wenig einsetze. Am 6. September erhob die Laibacher Nationalregierung, wie Brejc berichtet, bei der Belgrader Regierung und der jugoslawischen Sektion der Abstimmungskommission Einspruch gegen die Umwandlung des Begriffes „Zone" in den Begriff „Abstimmungsgebiet" und gegen die Beschlüsse über die Zurückziehung des Militärs, die Aufstellung der Gendarmerie aus ausschließlich einheimischen Personen, die Aufhebung der Staatsaufsicht sowie gegen angebliche Eingriffe der Kommission in die jugoslawische Verwaltung[16]). Obwohl alle diese Maßnahmen im Sinne des Friedensvertrages oder auf Grund der Weisungen der Botschafterkonferenz getroffen worden waren, schrieb das Laibacher Korrespondenzbüro: „Mit diesen Beschlüssen hat die Abstimmungskommission offen und klar den Friedensvertrag verletzt ... und es sich zur Aufgabe gemacht, unter den Augen der Belgrader Regierung den Strick zu drehen, mit dem unsere politische Freiheit erdrosselt werden soll." Der jugoslawische Vertreter Jovanović begab sich selbst nach Belgrad, kehrte aber von dort mit unerwünschten Nachrichten zurück. Daraufhin trat die Laibacher Nationalregierung am 13. September zurück und gab auch Jovanović seine Demission. Der Rücktritt wurde von der Belgrader Regierung nicht zur Kenntnis genommen. Abgeordneter Smodej griff im Belgrader Parlament die Beschlüsse der Abstimmungskommission heftig an, erhielt jedoch von Ministerpräsidenten Vesnić die Antwort, daß an der Gewissenhaftigkeit und dem Willen der Kommission, ihre Aufgaben im Geiste und nach dem Wortlaute der Vereinbarungen durchzuführen, nicht gezweifelt werden dürfe, und daß kein Grund zur Befürchtung vorhanden sei, daß die Verbündeten irgend etwas unternehmen würden, was gegen den Geist und den Wortlaut der Vereinbarung und zum Schaden der Südslawen wäre[17]).

Um der Bevölkerung die Vorbringung von Wünschen und Beschwerden zu erleichtern, wurde jedem Distriktsausschuß je ein österreichischer und ein südslawischer Vertreter, außerdem je ein österreichischer und südslawischer Dolmetsch zugeteilt. Diese Maßnahme hat sich sehr gut bewährt. Die kärntnisch gesinnte Bevölkerung fand an den österreichischen Vertretern kräftige Anwälte, die nötigenfalls sofort einschreiten konnten. Allerdings ließen die Distriktsausschüsse viele Beschwerden unerledigt. Die Tätigkeit der österreichischen Vertreter war den Südslawen ein Dorn im Auge. Insbesondere zog sich der österreichische Vertreter in Rosegg, Dr. Kaltenegger, wegen seines energischen Auftretens gegen die jugoslawischen Terrorbanden den Haß der Jugoslawen zu. Er wurde wiederholt überfallen, einmal sogar in Gegenwart von interalliierten

---

[16]) Brejc in „Slovenci v Destletju" 1918—1928.
[17]) Slovenec vom 18. Sept. 1920.

Offizieren blutig geschlagen und schließlich auf Drängen der Jugoslawen enthoben. Der Vertreter im Distriktsausschuß Ferlach, Dr. Ratzer, wurde von den französischen und englischen Herren des Ausschusses „mit höflicher Feindschaft, kalter Voreingenommenheit und markiertem Wohlwollen" aufgenommen. Doch verwandelte sich das anfängliche Mißtrauen, namentlich beim Engländer, in Achtung und offenes Mitgefühl[18]).

Am 20. August hob die Abstimmungskommission die B r i e f z e n s u r auf. Dies hinderte die Südslawen nicht, den Briefverkehr auch weiterhin zu hemmen und Postsendungen zu unterschlagen. Auch wurden österreichische Zeitungen von den südslawischen Behörden beschlagnahmt. Die Kommission beschloß am 29. September, daß keine Zeitung ohne ihre vorherige Genehmigung verboten werden dürfe.

Schon die bisherigen Beschlüsse der Abstimmungskommission waren erst nach langen schwierigen Verhandlungen zustande gekommen und von den Südslawen mit Widerwillen und fast nie vollständig durchgeführt worden. Gegen Schluß der Abstimmungszeit wurde die Lage immer kritischer. Je näher der Abstimmungstag kam, desto stärker wurde der s ü d s l a w i s c h e T e r r o r. Es entsprach dies ganz dem Aktionsprogramm der Südslawen, das bereits im Mai bekanntgeworden war (vgl. unten S. 383). Da der österreichische Vertreter dieses Aktionsprogramm in der Abstimmungskommission zur Sprache brachte, beantragte diese den südslawischen Vertreter, die Ortsbehörden entsprechend anzuweisen, daß jeglicher Zwang oder Terror unmittelbar vor und während der Abstimmung unbedingt verhindert werde. Der Vorsitzende machte dabei die Bemerkung, daß er im Falle von Terror bei der Abstimmung diese für ungültig erklären würde.

Um das Eindringen größerer Menschenmengen in das Abstimmungsgebiet zu verhindern, verbot die Abstimmungskommission am 14. September die Einleitung von Sonderzügen. Doch konnte sie nicht verhindern, daß ganze Scharen von Krainern und Untersteirern zu Fuß vom Mießtal her und über den Seeberg und Loibl in die Zone I marschierten oder mit den regelmäßigen Eisenbahnzügen dahin fuhren. Da sie mit Stöcken und Prügeln bewaffnet waren, wurden sie von der Bevölkerung als „Prügelbanden" bezeichnet. Eine Intervention des österreichischen Vertreters wegen dieser südslawischen „Prügelbanden" hatte zur Folge, daß die Kommission am 29. September gegen die Stimme Chambruns beschloß, die Gendarmerie habe die energischsten Schritte zur Unterdrückung der Banden zu unternehmen. Obgleich die südslawische Vertretung später versicherte, daß die Prügelbanden aufgelöst worden seien, blieben sie doch fast überall bestehen, soweit ihre Mitglieder nicht in die Gendarmerie eingereiht wurden. Die Abstimmungskommission war trotz ihrer Bemühungen

---

[18]) F. Ratzer, Im Distriktsausschuß. In Perkonigs „Kampf um Kärnten", S. 262.

nicht in der Lage, die Prügelbanden zu beseitigen. Das Waffenverbot, das die Kommission auf dringende Vorstellungen des österreichischen Vertreters am 7. Oktober verfügte, verminderte wohl die Gefahr blutiger Zusammenstöße, aber die ständige Bedrohung der kärntnisch gesinnten Bevölkerung blieb schon durch die bloße Anwesenheit der „Prügelbanden" bestehen. Für den 9., 10. und 11. Oktober wurde ein allgemeines Alkoholverbot erlassen.

Kurz vor der Abstimmung zeigte sich eine neue unerwartete Schwierigkeit. Von den ungefähr 2500 Stimmberechtigten, die nicht in der Zone I wohnten, hatte etwa die Hälfte keine Abstimmungslegitimation erhalten, offenbar durch Sabotage der südslawischen Post. Um diesen Personen zu ihrem Rechte zu verhelfen, verfügte die Kommission am 5. Oktober, daß stimmberechtigten Personen, die noch keine Legitimation erhalten hätten, auf Wunsch durch Vermittlung der österreichischen oder der südslawischen Sektion eigene Legitimationen auszufolgen seien, die vom Generalsekretär der Kommission auszufertigen waren.

In den letzten Wochen schien die Lage außerordentlich ernst. Die Befürchtung lag nahe, daß die Südslawen durch die systematische Steigerung des Terrors ihr Ziel, die Fernhaltung der kärntnisch Gesinnten von der Abstimmung, schließlich doch erreichen würden. Das einzige Mittel, dem südslawischen Terror mit Erfolg zu begegnen, schien die Besetzung des Abstimmungsgebietes durch **interalliierte oder neutrale Truppen** zu sein, was seit dem Einbruche der Südslawen im Jahre 1918 kärntnerseits schon so oft vergeblich verlangt worden war und auch der Vorsitzende der Abstimmungskommission vor seiner Abreise von Paris gewünscht hatte. Dieses Verlangen schien um so berechtigter, als seit Ende September bestimmte Nachrichten einliefen, daß in jugoslawischen Grenzgebieten wie Aßling und im Mießtale Truppen zusammengezogen würden, und südslawische Zeitungen andeuteten, daß eine Besetzung des Abstimmungsgebietes durch südslawische Truppen unmittelbar vor oder nach der Abstimmung erfolgen werde.

Der österreichische Gesandte in Paris, Baron Eichhoff, erhielt daher am 30. August auf Ersuchen der Landesregierung vom Staatsamte für Äußeres den Auftrag, vorbereitende Schritte zu unternehmen, um die Botschafterkonferenz auf die Möglichkeit aufmerksam zu machen, daß die Entsendung von interalliierten Truppen notwendig werden könnte. Am 9. und 17. September stellte Gesandter Eichhoff im Auftrag des Staatsamtes beim Präsidenten der Friedenskonferenz und bei der Botschafterkonferenz den formellen Antrag auf Besetzung des Abstimmungsgebietes durch interalliierte Truppen. Im selben Sinne war der österreichische Vertreter bei der Abstimmungskommission tätig und intervenierte das Staatsamt für Äußeres bei den Vertretungen der interalliierten Mächte in Wien. Auch die Abstimmungskommission wandte sich am 29. September, nachdem der Vorsitzende des Distriktsausschusses in Bleiburg, Oberstleutnant Navarini, drei Tage vorher in Zivil von einem jugoslawischen Gendarm mit dem Gewehrlauf geschlagen worden war, telegraphisch an die Botschafterkonferenz um Entsendung von je 300 Mann britischer, französischer und italienischer Truppen, da sie sonst nicht garantieren könne, daß die Abstimmung vor dem 16. Oktober, dem letzten Tag nach den Bestimmungen des Friedensvertrages, stattfinden könne[19]).

Am 5. Oktober überreichte Kapitän Peter dem Präsidenten der Kommission eine Verbalnote der österreichischen Regierung mit der nachdrücklichen Forderung, noch im letzten Augenblicke von der Botschafterkonferenz die sofortige Entsendung der zur Überwachung einer freien und unbeeinflußten Abstimmung unbedingt erforderlichen Truppen zu verlangen. Unmittelbar darauf traf jedoch — etwas verspätet — eine Mitteilung der Botschafterkonferenz vom 3. Oktober ein, daß man nicht in der Lage sei, dem Verlangen der Abstimmungskommission stattzugeben, und hoffe, daß es ihr gelingen werde, auch in anderer Weise die Freiheit der Abstimmung zu sichern. Ebensowenig ging die Botschafterkonferenz auf die Forderung nach Besetzung des Abstimmungsgebietes durch Truppen neutraler Mächte ein.

Darauf fuhr Landesverweser Dr. L e m i s c h mit seinen beiden Stellvertretern nach Wien, um neuerlich dringende Vorstellungen der österreichischen Regierung bei der Botschafterkonferenz zu erwirken. Doch mußte alle Hoffnung auf Entsendung interalliierter oder neutraler Truppen als aussichtslos aufgegeben werden, weil Engländer und Franzosen bereits endgültig abgelehnt hatten — jene wegen der Entfernung, diese, um ähnliche Vorgänge wie in Oberschlesien zu vermeiden —, die Holländer nicht dazu bereit waren und die Schweiz laut ihrer Verfassung keinerlei Truppen außer Landes schicken darf. Eine Unterstützung durch die Staatswehr kam nach § 50 des Friedensvertrages erst nach der Verkündigung des Abstimmungsergebnisses in Betracht. Im Staatsamt für Heerwesen erklärte man sich zwar bereit, im Bedarfsfalle Truppen der neuen Wehrmacht nach Kärnten zu senden, lehnte jedoch jede Zusicherung über den Kampfwert dieser Truppen bei dem vollkommenen Mangel an Artillerie und technischem Material ab.

Dagegen hatte der schon am 16. September in einer Verbalnote an den Vorsitzenden der Abstimmungskommission überreichte Vorschlag des österreichischen Vertreters, am Abstimmungstag einem jeden Gemeinde-Abstimmungsausschuß i n t e r a l l i i e r t e O f f i z i e r e beizugeben, um einen nichtinteressierten Zeugen bei der Abstimmung zu haben, vollen Erfolg. Obgleich der südslawische Vertreter diesen Vorschlag bekämpfte, wurde er doch von der Kommission einstimmig angenommen und von der Botschafterkonferenz gebilligt. Knapp vor dem Abstimmungstage trafen 52 interalliierte Offiziere, die den

---

[19]) Allmond-Lutz, S. 530, Nr. 192.

Kommissionen der interalliierten Mächte in Wien und Budapest angehörten, ein, so daß in jede Gemeinde ein, in besonders unruhige Gemeinden auch mehrere Offiziere abgehen konnten.

Für den 9. und 10. Oktober wurde der Verkehr über die Demarkationslinie auf jene Personen beschränkt, die mit Abstimmungslegitimationen versehen waren. Alle wichtigen Eintrittsstellen wurden durch Ententeoffiziere bewacht.

Drei Tage vor der Abstimmung erließ die Kommission noch einmal eine feierliche Proklamation an die Bevölkerung des Abstimmungsgebietes, in der sie zur Ruhe und Ordnung mahnte und erklärte: „Die Abstimmung ist frei, das heißt, daß ihr nur der Stimme eures Gewissens folgen sollt; die Abstimmung ist unbeeinflußt, das heißt, daß ihr frei von jedem Einfluß euch durch kein früher gegebenes Versprechen gebunden fühlen dürft; die Abstimmung ist geheim, das heißt, daß niemand auf der Welt wissen wird, wie ihr abgestimmt habt."

Damit waren die Maßnahmen der Kommission zur Durchführung der Abstimmung beendet. Die Nerven auf beiden Seiten waren aufs äußerste gespannt und die Spannung hatte alle Teile der Bevölkerung ergriffen. Auf österreichischer Seite fürchtete man, daß die Südslawen die Abstimmung der kärntnisch gesinnten Bevölkerung noch in letzter Stunde verhindern könnten, auf südslawischer hoffte die breite Öffentlichkeit auf sicheren Sieg.

2. Die Propaganda des Heimatdienstes und seines Gegners

In der kärntnisch gesinnten Bevölkerung der Zone I rief die Ankunft der interalliierten Kommission die Hoffnung auf eine nahende Erlösung von dem auf ihr lastenden südslawischen Drucke wach. Die Proklamation vom 21. Juli wurde wie ein Evangelium der Gerechtigkeit gelesen. Es gab Bauern, welche die Proklamation Wort für Wort auswendig wußten.

Viel Freude und Begeisterung erweckte auch das erste Kärntner Heimatfest, das die Kärntner Landsmannschaft im Vereine mit den Gesangvereinen gerade in den Tagen, als die ersten Mitglieder der Abstimmungskommission in Kärnten eintrafen, am 16. und 17. Juli in Klagenfurt veranstaltete. Obwohl die Bevölkerung der Zone I von der Teilnahme fast gänzlich ausgeschlossen war, drang doch die Kunde von diesem überwältigenden Feste auch in die Zone I. Der Zone II aber und den anwesenden Mitgliedern der Abstimmungskommission zeigte das Fest, namentlich der große, von Ernst Wlattnig geleitete Trachtenzug, der erste seiner Art, ein eindrucksvolles Bild eines einigen und geschlossenen Volkstums, das den unbeugsamen Willen hat, seine Einheit zu erhalten. Es trug dazu bei, auch die Zone II und namentlich die Landeshauptstadt, die bis dahin von dem bereits durch zehn Monate in der Zone I tobenden Propagandakampf nur wenig berührt worden war, auf den Plan zu rufen. Dies war um so bedeutungsvoller, da sich vierzehn Tage später, nach dem Falle der Demarkationslinie, auch Klagenfurt, das Herz Kärntens, auf eine nachhaltige, namentlich moralische Unterstützung des Entscheidungskampfes in der Zone I vorbereiten mußte.

Die Aufgaben, welche sich der K ä r n t n e r H e i m a t d i e n s t nach dem Eintreffen der Abstimmungskommission stellen mußte, lassen sich durch folgende Schlagworte kennzeichnen: Vertretung der Bevölkerung nach außen hin, insbesondere gegenüber der Abstimmungskommission; Sammlung von Nachrichten über Vorgänge im Abstimmungsgebiete, welche die Echtheit, Freiheit und Geheimhaltung der Abstimmung in Frage stellten; Erstattung von Berichten über solche Vorgänge an die Abstimmungskommission, die Landes- und Staatsregierung, Bestellung der heimattreuen Mitglieder der Abstimmungsausschüsse, Mitwirkung bei der Anlage der Stimmlisten, Organisierung der kärntnisch gesinnten Bevölkerung zur Stimmenabgabe, Sammlung der Stimmberechtigten außerhalb der Abstimmungsgebiete und Vorsorge, daß diese ihre Stimme abgeben können, Anregungen zu politischen, wirtschaftlichen und kulturellen Maßnahmen, die geeignet waren, auf das Abstimmungsergebnis günstig einzuwirken, endlich die gesamte Propaganda für die Erhaltung des Abstimmungsgebietes bei Kärnten und Österreich sowie die Überwachung und Bekämpfung der Gegenpropaganda.

Die neue Lage erforderte auch eine Neuordnung des Heimatdienstes, die am 1. August in Kraft trat. Innerhalb der Zentralleitung wurden infolge des riesenhaft anschwellenden Umfanges der Arbeit fünf Referate gebildet, und zwar: I. Organisation innerhalb des Abstimmungsgebietes (Werbezeitungen und Flugschriften; Einrichtung des Verbindungsdienstes zu den Arbeitsstellen und des Nachrichtendienstes; Ausbau, Leitung und Überwachung der Arbeitsstellen, Heimaträte und Abstimmungsausschüsse; Veranstaltung von Versammlungen, Kundgebungen und Heimatabenden; Herausgabe von Merkblättern; Heranziehung von Vereinen und Körperschaften zur Werbearbeit; Organisierung der Zone B). II. Organisation außerhalb des Abstimmungsgebietes (Sammlung und Betreuung der auswärts wohnenden Stimmberechtigten; Ermöglichung ihrer Ein- und Ausreise; Einrichtung der Hilfsstellen in und außer Kärnten; Reklamation für die Stimmlisten. Leiter Prof. Dr. Viktor Miltschinsky). III. Presse (Bedienung der in- und ausländischen Presse mit Aufsätzen und Nachrichten; Überwachung der auswärtigen Presse. Leiter: Dr. Fr. Reinprecht). IV. Agitation (Verfassung von Broschüren und Flugzetteln; Übersetzung slowenischer Zeitungen; Verarbeitung des Nachrichtenmaterials der slowenischen Presse; Bildpropaganda durch Plakate, Werbekarten und Werbemarken. Leiter J. F. Perkonig). V. Wirtschaftsabteilung (Kassa, Kärntner Spende, Buchführung, Rechnungsprüfung, Verpflegung der auswärtigen Stimmberechtigten im Einvernehmen mit Referat I; allgemeine Fragen der Lebensmittelversorgung, des Handels und Gewerbes, Vorsorge für Verbindungsmittel, besonders Autos. Leiter: Prof. Tschebull). Über dem Ganzen stand die Geschäftsleitung (H. Steinacher) und der Vorstand. Leiter der Kanzlei war A. Maier-Kaibitsch. So wurde einerseits eine planmäßige Arbeitsteilung ermöglicht, anderseits blieb die Arbeit zentralisiert. Die bisherigen Agitationsleitungen wurden aufgelöst oder blieben, wie die in Velden, nur als Umschlagstellen für den Flugschriftenverkehr bestehen. Das Referat I (Organisation innerhalb der Zone I) wurde in drei Abschnitte gegliedert: I. Klagenfurt Süd (Rosental und Seengebiet. Leiter: Franz Kraigher), II. Klagenfurt Südost (Grafenstein, Mieger, Radsberg, Gerichtsbezirke Eberndorf und Eisenkappel. Leiter: Silv. Praschek), III. Klagenfurt Ost (Gerichtsbezirke Völkermarkt und Bleiburg, Lavamünd. Leiter: Val. Maierhofer). Die Leitung aller nötigen Maßnahmen in der Zone II wurde Sepp König übertragen.

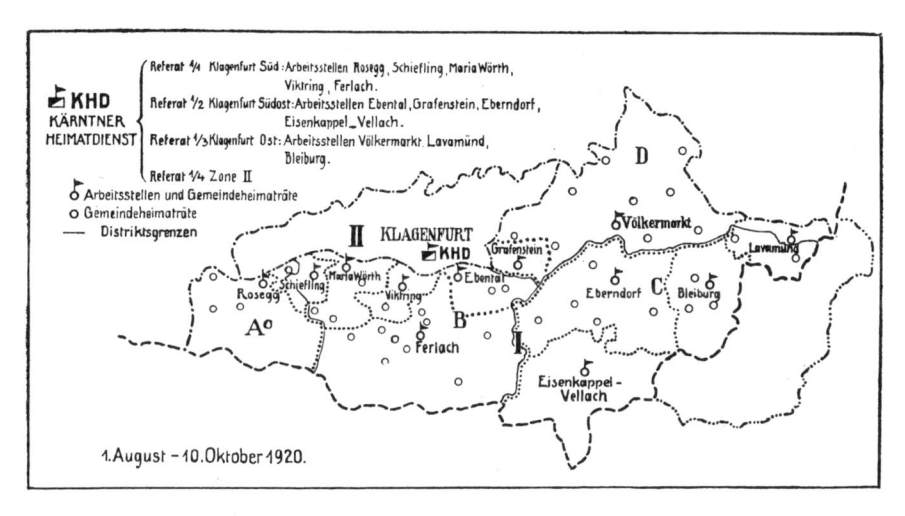

Organisierung des Kärntner Heimatdienstes vom 1. August bis 10. Oktober 1920
Nach einer gleichzeitigen Skizze

In der Zone I wurden unter Leitung der drei Abschnittsleiter mehrere Gemeinden zusammengefaßt und einer ständigen „Arbeitsstelle" unterstellt. Die Arbeitsstellen hatten ihren Sitz in den Verkehrsmittelpunkten, standen in unmittelbarer Verbindung einerseits mit dem Heimatdienst, anderseits mit den Heimaträten und waren für die gewissenhafte Tätigkeit der letzteren verantwortlich. Sie hatten insbesondere auch die Versammlungstätigkeit zu organisieren. Ihnen zur Seite standen die Bezirks-Heimaträte. In der zweiten Hälfte des Augusts konnten die Leiter des Heimatdienstes schon überall die persönliche Fühlung aufnehmen, wodurch die Arbeit wesentlich vorwärtskam.

Im allgemeinen plante der Heimatdienst, die Organisation nach Öffnung der Demarkationslinie nochmals gründlich auszubauen, dann mit großen öffentlichen Versammlungen zu beginnen und damit die Propaganda im wesentlichen zu Ende zu führen. Nebenher sollte die Werbearbeit durch Flugschriften, Plakate, Broschüren u. dgl. unterstützt werden.

Sehr gehemmt wurde die Tätigkeit des Heimatdienstes durch den Mangel an Geldmitteln. Wenn auch die Mehrzahl der Mitarbeiter vollständig unentgeltlich ihre Kräfte in den Dienst der Heimat stellten, so waren doch für den ganzen Apparat durch viele Monate hindurch dauernd Auslagen nötig. Je näher die Abstimmung heranrückte, desto mehr wuchsen die Kosten für das Personal, für die gewaltige Masse an Werbeschriften aller Art, für die Autos, für Post und Telegraph usw. Die Unterstützung des Staates deckte nur einen Bruchteil der notwendigen Gelder und floß überdies sehr langsam und nur auf wiederholtes Betreiben durch die Landesregierung und unsere Freunde, Ministerialrat F. Wolsegger und Sektionschef R. Wenedikter in Wien, ein. Sehr erfreulich war das Erträgnis der „Kärntner Spende", nicht nur im Lande selbst, sondern auch außerhalb Kärntens, und die namhafte Unterstützung, die der Deutsche Schutzbund aus der „Grenzspende" zur Verfügung stellte. Sie hatte insbesonders auch eine nicht zu schätzende moralische Wirkung, da Kärnten sah, daß es nicht allein stehe und sein Schicksal von den Brüdern im Reich mit inniger Teilnahme verfolgt werde. Aber all das beseitigte die Not an Geld nicht. Im August 1920 hatte der Heimatdienst bereits Millionen von Schulden, und noch standen große Auslagen in Aussicht, so für den Transport und den Unterhalt der zahlreichen auswärtigen Stimmberechtigten am Abstimmungstag. Da brachte das Markengeschäft, mit dessen Führung Ing. A. Butz betraut wurde, Erleichterung und schließlich eine vollständige Deckung der noch in Aussicht stehenden Auslagen. Auf Grund eines Vertrages mit der Postverwaltung wurden dem Heimatdienst 252 000 Sätze von gewöhnlichen österreichischen Marken mit dem Überdruck „Kärntner Abstimmung" und der Laufzeit vom 16. September bis 10. Oktober zur Verfügung gestellt. Dank der außerordentlich starken Nachfrage in und außer Kärnten wurden mehr als zwei Drittel der Sätze verkauft und dem Heimatdienst ein bedeutender Erlös zugeführt[20]).

Eine wichtige Tätigkeit des Heimatdienstes war in der ersten Hälfte des Monates August die richtige Auswahl der Kärntner Vertreter für die Gemeinde-Abstimmungsausschüsse. Sie ging mit Hilfe der Heimaträte leicht und rasch vonstatten, während die Südslawen, namentlich in der Zone II, bei der Aufstellung ihrer Vertrauensmänner sehr große Schwierigkeiten hatten, da sie in den größtenteils reindeutschen Gemeinden dieser Zone entweder überhaupt keinen oder nur einen sehr geringen Anhang besaßen.

Der Heimatdienst mußte darauf bedacht sein, die im Volke vorhandene Stimmung in allen möglichen Formen nach außen hin in Erscheinung treten zu lassen. Daher wurde die Bevölkerung in der Zone I angewiesen, die Häuser zu

---

[20]) A. Butz, Die Abstimmungsmarken. In: Perkonigs „Kampf um Kärnten 1918/1920", S. 258. — E. Müller, „Die Post während der Kämpfe um die Abstimmung in Kärnten 1918/1920". In: „Die Postmarke", Wien 1931.

beflaggen. Die Südslawen kämpften mit allen Mitteln dagegen und sperrten mehrere Heimattreue wegen Aushängung der weiß-roten Fahne ein. Schließlich gestattete die interalliierte Kommission das Beflaggen der Häuser bis zum 10. September. Von dieser Erlaubnis machten die Heimattreuen ausgiebigsten Gebrauch. Die geschlossenen Ortschaften zeigten fast durchwegs nur Kärntner Fahnen. Überall wurden auch weiß-rote Bändchen oder andere Kärntner Abzeichen getragen. Dadurch hob sich das Selbstgefühl der eigenen Bevölkerung ungeheuer und wurde die Autorität der Südslawen geschwächt. Daß auch die Zone II mit Klagenfurt in gleichem Maße beflaggt war und hierdurch ebenfalls den Kärntner Einheitsgedanken nach außen hin bezeugte, war von großer Wichtigkeit, da die Bevölkerung der Zone I nach Öffnung der Demarkationslinie nunmehr mit eigenen Augen das unverfälschte Bekenntnis der Stadt Klagenfurt sehen konnte.

Wertvolle Anregungen erhielt der Heimatdienst vom Deutschen Schutzbund in Berlin, dessen zweiter Vorsitzender, K. C. von Loesch, im August in Klagenfurt weilte und über die Erfahrungen in den reichsdeutschen Abstimmungsgebieten und die dortige Werbearbeit eingehend berichtete. Auch die durch den Schutzbund vermittelte Verbindung des Heimatdienstes mit den deutschen Abstimmungsorganisationen anderer deutscher Abstimmungsgebiete wie Schleswig, Ost- und Westpreußen und Schlesien brachte fruchtbaren gegenseitigen Gedankenaustausch. So stammt beispielsweise das Motiv vom Rotkäppchen und dem Wolf, das in Kärnten auf einer Werbekarte verwendet wurde, aus Oberschlesien.

Der Empfang der interalliierten Offiziere gelegentlich der von ihnen vorgenommenen Konstituierung der Abstimmungsausschüsse gestaltete sich in den meisten Gemeinden geradezu zu einem Triumph der Heimattreuen. Wo die heimattreue Bevölkerung irgendwie verständigt werden konnte, versammelte sie sich, geschmückt mit Kärntner Abzeichen, zum größten Ärger der Südslawen, in möglichst großer Zahl, um die interalliierten Offiziere zu empfangen, wobei Lieder gesungen und Begrüßungsansprachen gehalten wurden. —

Die südslawische Propaganda baute sich nach wie vor hauptsächlich auf Terrorismus auf. Schon im Mai war dem Heimatdienst die Abschrift des geheimen südslawischen Propagandaplanes für den politischen Bezirk Ferlach in die Hände gefallen. Danach war das ganze Gebiet dieses Bezirkes in neun Agitationskreise eingeteilt und wurden den südslawischen Ortsausschüssen besondere Agitatoren oder Wanderlehrer beigegeben, welche die verläßlichen Anhänger durch Vorträge und Kurse für die Agitation bei den durch die Probeabstimmung festgestellten Wankelmütigen und Gegnern vorzubereiten hatten. Die wirtschaftliche Propaganda sollten die Agitatoren stets mit Beweisen aus den deutschösterreichischen Zeitungen, namentlich der „Neuen

Freien Presse" und der „Arbeiter-Zeitung", unterstützen. Außerdem waren Manifestationsversammlungen und eine genaue und heimliche Überwachung der Gegner, um sie bei den Behörden anzeigen zu können, vorgesehen. In den letzten drei Wochen sollten noch „weitere Agitatoren" kommen, die im Vereine mit den Leuten, die mit der südslawischen Verwaltung nach Kärnten gekommen waren, die Gegner „teils mit freundlichen Worten, am letzten Tag aber mit Terror anzugehen hatten". Die Agitation der letzten Tage sollte auf die Drohung zugespitzt sein: „Bleiben Sie zu Hause, oder Sie haben empfindliche Folgen nach der Volksabstimmung zu gewärtigen!"

Der im Propagandaplane für die letzten Tage vor der Volksabstimmung in Aussicht genommene Terror setzte schon viel früher ein. Von einer Zulassung der freien Meinungsäußerung war trotz den Anordnungen der Abstimmungskommission keine Rede. Kärntner Plakate, Zeitungen und Flugschriften wurden beschlagnahmt, Versammlungen gestört. In Ferlach besetzte die jugoslawische Gendarmerie die Räume der Arbeitsstelle des Kärntner Heimatdienstes, die Arbeiter zwangen jedoch die Gendarmerie zum Abzug. Kärntner Fahnen, ja sogar Proklamationen und Kundmachungen der Abstimmungskommission wurden in manchen Orten entfernt. In Ferlach und Völkermarkt beschlagnahmten die Bezirkshauptmannschaften die Schriften der Heimaträte und gaben sie erst nach Vermittlung der interalliierten Distriktsausschüsse wieder her. Am 29. August wurde in Griffen, am Sonntag darauf in Feistritz im Rosental eine Massenversammlung der heimattreuen Bevölkerung durch die mit Stöcken bewaffneten Jugoslawen trotz der Anwesenheit der Vorsitzenden der zuständigen interalliierten Distriktsausschüsse in tumultuarischer Weise verhindert, wobei kärntnisch gesinnte Personen geschlagen, beschimpft und bespuckt wurden. Beidemal waren Jugoslawen mit Sonderzügen aus Krain, beziehungsweise Untersteier herbeigebracht worden. Die „Prügelbanden" hausten in manchen Gegenden so arg, daß sich die heimattreue Bevölkerung fast nicht mehr aus dem Hause wagte. „Slovenski Narod" vom 11. Oktober 1921 erzählt selbst, daß deutschfreundliche Ortschaften mit Bauernburschen aus jugoslawischgesinnten Orten Kärntens geradezu kolonisiert wurden. Im September griffen die jugoslawischen Blätter auf die alte Drohung zurück, daß die Jugoslawen auch im Falle einer für sie ungünstigen Abstimmung die Zone I nicht verlassen werden. Auch Gerüchte tauchten auf, General Majster plane einen Putsch nach Art d'Annunzios in Fiume. Die maßgebenden Kreise in Kärnten sahen sich daher bemüßigt, für diesen Fall Gegenmaßregeln zu treffen. Im Rahmen des Heimatdienstes wurde eine eigene Abteilung „Heimatschutz" geschaffen, welche alle Vorbereitungen traf, um gegebenenfalls mit starken Kräften jede Bandenbewegung sofort mit Waffengewalt im Keime ersticken zu können. —

Unter dem Eindrucke des südslawischen Terrors und des südslawischen

Widerstandes gegenüber den Anordnungen der Abstimmungskommission hatte die Hoffnungsfreudigkeit, die sich unmittelbar nach Öffnung der Demarkationslinie bei der heimattreuen Bevölkerung gezeigt hatte, stark gelitten. Es wurden daher Maßnahmen getroffen, um die Stimmung wieder zu heben. Die Kärntner Landesversammlung und der Gemeinderat von Klagenfurt beschlossen am 29. September und 2. Oktober scharfe Proteste gegen die Vergewaltigung der Zone I durch die Jugoslawen und dringende Appelle an die Abstimmungskommission, gewisse, trotz aller Bemühungen der Kommission noch nicht erfüllte Voraussetzungen einer freien und unbeeinflußten Abstimmung zu schaffen. In flammenden Aufrufen wurde die Bevölkerung der Zone I aufgefordert, sich nicht entmutigen zu lassen und ihre Standhaftigkeit bis zum Tag der Befreiung zu bewahren.

Von mächtigster Wirkung auf die ganze Zone I war die Protestversammlung im Landhaushofe zu Klagenfurt am 8. September, vor allem aber die große Massenkundgebung vor dem Herzogstuhl auf dem Zollfeld am 12. September, durch die auch den Bewohnern der Zone I in überzeugender Weise vor Augen geführt wurde, daß das gerade in letzter Zeit wieder verbreitete südslawische Märchen von dem „südslawisch gesinnten Klagenfurt" zu den Tatsachen im schreiendsten Widerspruche stehe. Diese machtvolle, von 30 000 Kärntnern besuchte Zollfeld-Kundgebung hat Kärnten im Geiste der nahenden Volksabstimmung vollständig einig gezeigt. Der Geist vom 12. September hat in der Zone I weitergewirkt und zum Siege geführt. Eindrucksvolle Massenkundgebungen fanden auch in Villach und in Wolfsberg statt. In Villach sprach auch ein Vertreter der nationalsozialistischen Partei, und wurde die Kundgebung vom Schlußredner mit dem Wunsche geschlossen, daß Kärnten baldigst eingehen möge in das große deutsche Vaterland, worauf das Kärntner Heimatlied und die deutsche Nationalhymne „Deutschland, Deutschland über alles . . ." mit stürmischer Begeisterung gesungen wurden.

In der Zone I selbst verzichtete der Heimatdienst nach den Vorfällen in Griffen und Feistritz auf die Veranstaltung weiterer großer Versammlungen. Dafür verlegte er sich auf §-2-Versammlungen, die auf geladene Gäste beschränkt waren, und auf Vereinsversammlungen. Diese Versammlungen wurden an den noch zur Verfügung stehenden Sonntagen fast in allen Gemeinden der Zone I in steigender Zahl veranstaltet. So fanden am 26. September nicht weniger als 110 solche Versammlungen statt. Viele von diesen wurden gestört. Die Redner schwebten oft in Lebensgefahr. Aber die Bevölkerung strömte doch in großer Zahl heran. Charakteristisch sind die Vorgänge in der §-2-Versammlung in St. Kanzian am 19. September, wo südslawische Gendarmerie und ein südslawischer Regierungsvertreter die Versammlung zu verhindern suchten, aber schließlich zugeben mußten, im Unrechte zu sein, und der Versammlung als stille Zuhörer beiwohnten.

Erhebend war die Einigkeit im Lager der Kärntner. Es gab keinen Parteiunterschied, alle Parteien und Vertreter waren einig für die Zukunft der Heimat.

Entscheidendes Gewicht wurde auf die mündliche Werbearbeit und auf die Flugschriftenpropaganda gelegt. Die Organisation der Heimaträte war schließlich so ausgebaut, daß auf je zehn Stimmberechtigte schon ein Vertrauensmann kam. Die Flugschriften gelangten in riesigen Mengen auf Automobilen und auf anderen Wagen in die Zone I und wurden vom Netze der Vertrauensmänner in musterhafter und opferwilliger Weise in den entlegensten Ortschaften verbreitet. Die schon in den vorausgegangenen Wochen und Monaten verteilten Schriften hatten alle Gründe für ein ungeteiltes Kärnten eingehend dargelegt. Nun galt es, alle Waffen noch einmal zu schärfen und alles nochmals den Stimmberechtigten einzuprägen, aber nicht mehr in langen Schriften und Aufsätzen, sondern in kurzen Schlagworten durch kleine Zettel und Plakate. Mochten auch die südslawischen Gendarmen und Agitatoren die Flugschriften mit fieberhaftem Eifer sammeln und vernichten, in der Nacht fanden sich immer wieder Hände, die die Flugschriften neu ausstreuten. Besonders wirksam waren kleine, grüngefaßte Klebezettel, welche bald überall wie Heuschreckenschwärme auftauchten und wegen des guten Klebestoffes von den südslawischen Gendarmen nur zum geringen Teil abgekratzt werden konnten.

Die südslawische Gegenarbeit mit Flugzetteln leistete zweifellos sehr Gutes und brachte einzelne, von ihrem Standpunkt aus ganz vorzügliche Flugzettel heraus. Aber es zeigte sich, daß die südslawische Organisation im letzten Augenblick nicht mehr nachkommen konnte. Die Überlegenheit der Propaganda war sowohl praktisch als auch geistig entschieden auf kärntnerischer Seite. Die Kärntner Propaganda wurde mit mächtigem, überlegenem Schwunge geführt. Bei den Südslawen aber fehlten meist die idealen, durchschlagenden Momente der Propaganda. Ihre Hauptargumente waren zuletzt nur mehr der Terror und ein plumpes Schimpfen auf das Hungerland Österreich.

Um die eigene Bevölkerung der Zone I, die gerade jetzt infolge der ungleichmäßigen und parteiischen Zuteilung mit Lebensmitteln schwer litt, von der südslawischen Lebensmittelpropaganda unabhängig zu machen, wurden Lebensmittel gekauft und in die Zone I gebracht, um dort verteilt zu werden. Kaum waren diese jedoch über die Demarkationslinie gebracht, so wurden sie von den Südslawen beschlagnahmt und zum Teil auch verschleppt. Die Entscheidung der interalliierten Kommission lautete trotz des Protestes des österreichischen Vertreters gegen die Beschlagnahme dahin, daß derartige Verteilungen aufhören und Maßnahmen zu deren Abstellung getroffen werden sollen; verderbliche Waren sollen den Eigentümern zurückgegeben, die anderen bis nach der Volksabstimmung eingelagert werden. Diese Entscheidung wirkte auf die heimattreue Bevölkerung sehr entmutigend.

Dies und die schweren täglichen Übergriffe der südslawischen Prügelbanden, die Störung der Versammlungen in Griffen, Feistritz, St. Jakob, St. Kanzian usw. und das Ausbleiben des erhofften interalliierten Militärs drückten in den letzten acht bis zehn Tagen vor der Volksabstimmung die Stimmung der Bevölkerung in der Zone I wieder stark herab. Selbst im Bezirke Völkermarkt herrschte die Meinung, daß unter solchen Umständen an ein günstiges Ergebnis der Abstimmung nicht zu denken sei. Dieser pessimistischen Stimmung konnte nur damit begegnet werden, daß der Heimatdienst unter Hinweis auf die bisherigen Erfolge auch für den Endkampf lediglich auf die eigenen Kräfte verwies. Die letzten Weisungen des Heimatdienstes hatten daher zum Ziel: Befreiung vom südslawischen Terror, Ermutigung der Schwankenden und Zaghaften, nochmalige Werbung von Mann zu Mann und Frau zu Frau, Festigung der Siegeszuversicht, Maßnahmen zur restlosen Aufbringung der kärntnischgesinnten Stimmberechtigten, Sicherung eines pünktlichen Nachrichtendienstes und — Vorbereitungen zu Siegesfeiern.

Um die Bevölkerung zu verwirren, verbreiteten die Jugoslawen, insbesondere die Žerjav nahestehende Laibacher „Jugoslavija", abermals das angeblich aus gut informierten Kreisen Wiens stammende Gerücht, die Wiener Staatsregierung denke ernstlich an eine unmittelbare Verständigung mit Jugoslawien über die Lösung der Kärntner Frage, da in ihren Kreisen nach der gegenwärtigen Entwicklung der Dinge niemand mehr zweifle, daß die Volksabstimmung in der Zone A zugunsten Jugoslawiens ausfallen werde und sogar bezüglich der Zone B auf Grund eingegangener Berichte ernstliche Sorge obwalte; die Wiener Regierung verspreche sich von unmittelbaren Verhandlungen einen besseren Erfolg als von der Abstimmung und wolle überdies in wirtschaftlichen Belangen in gutem Einvernehmen mit Belgrad bleiben. Sie habe daher beschlossen, der Belgrader Regierung in kurzer Zeit eine Note zu überreichen, mittels der sie ein Übereinkommen über Kärnten anstrebe. Die Bevölkerung wurde durch dieses auch durch die Belgrader Presse verbreitete Gerücht in Unruhe versetzt. Die Staatsregierung veröffentlichte daher eine Erklärung, in der es hieß, daß die österreichische Regierung der freien Willensäußerung der Bevölkerung in beiden Zonen mit Vertrauen entgegensehe und die Durchführung der Volksabstimmung im Sinne des Friedensvertrages als diejenige Regelung erachte, die unter den gegenwärtigen Umständen den Interessen Österreichs am besten entspreche; sie habe sich daher niemals mit der Erwägung beschäftigt, an die SHS-Regierung wegen Abschließung eines Übereinkommens über die Zukunft des Kärntner Abstimmungsgebietes heranzutreten; ebenso hätte sie jedes diesbezügliche Angebot der anderen Seite von vornherein als undiskutabel abgelehnt.

In der letzten Woche vor der Volksabstimmung wurden die auswärts wohnenden Stimmberechtigten in die Zone I gebracht. Noch immer gab es nämlich zahlreiche außerhalb der Zone I wohnende stimmberechtigte Flüchtlinge, die nicht nach Hause zurückgekehrt waren, sei es weil sie sich vor jugoslawischem

Terror fürchteten, sei es weil sie anderwärts Verdienst gefunden hatten. Die Ausforschung dieser Stimmberechtigten, deren Transport in die Zone I und Eintragung in die Stimmlisten, die Vermittlung ihrer Abstimmungslegitimationen, von Freifahrtscheinen, von Verpflegs- und Unterkunfstmöglichkeiten während der Reise und während des Aufenthaltes in der Zone I erforderten eine außerordentlich umfangreiche Arbeit, die das Referat II unter Leitung Prof. Dr. Miltschinskys in glänzender Weise löste. Eingeleitet wurde die Sammlung der Stimmberechtigten schon durch Aufrufe des Nationalpolitischen Ausschusses und fortgesetzt durch den Kärntner Heimatdienst. Stimmberechtigte Kärntner gab es in Deutschland, in der Tschecho-Slowakei, in allen Ländern Österreichs, in Italien und in der Schweiz. Ihre Zahl betrug samt den im freien Kärnten wohnenden Stimmberechtigten weit über tausend. Sie haben fast vollständig ihre Pflicht für die Heimat erfüllt und die Reise durchgeführt. Alle Kosten wurden ihnen vergütet. Zur Erfassung der stimmberechtigten Kärntner waren in vielen Städten Österreichs und Deutschlands landsmannschaftliche Verbände gegründet worden, welche als Hilfsstellen dem Kärntner Heimatdienst untergeordnet waren und sich auch bei der Sammlung von Spenden erhebliche Verdienste erworben haben. Solche Hilfsausschüsse gab es in Österreich in Graz, Hartberg, Köflach, Bruck, Leoben, Knittelfeld, Wien, Linz, Steyr, Salzburg, Innsbruck, Villach, St. Veit an der Glan und in Wolfsberg. In Deutschland wurden die Stimmberechtigten durch die Zweigstellen des Deutschen Schutzbundes gesammelt. Der Schutzbund betreute die aus dem Reiche stammenden Kärntner Stimmberechtigten in gleicher Weise wie die der reichsdeutschen Abstimmungsgebiete. Die Ankunft der vielen Stimmberechtigten von auswärts war für die Stimmung in den letzten Tagen vor der Abstimmung von wesentlicher Bedeutung. Sie haben nicht nur die Zahl der kärntnisch Gesinnten vermehrt, sondern auch durch ihre feste Zuversicht den Willen und das Vertrauen der in der Zone I zurückgebliebenen heimattreuen Bevölkerung gestärkt. Die Jugoslawen waren über die Ankunft so vieler auswärtiger Stimmberechtigter verblüfft und konnten dem mächtigen Auftrieb, den die Kärntner Sache durch die hinreißende Siegeszuversicht und Begeisterung der Ankömmlinge erfuhr, nichts Ähnliches entgegensetzen.

Der Deutsche Schutzbund hat auch das große Verdienst, die Reise der namhaftesten deutschen Journalisten zu Anfang September nach Klagenfurt veranlaßt zu haben, welche die Verhältnisse in Kärnten selbst beobachteten und der großen deutschen Öffentlichkeit zum erstenmal auf Grund ihrer eigenen Beobachtungen ein Bild von Kärnten geben konnten. Außer den reichsdeutschen kamen auch viele Journalisten aus Wien, Graz und Innsbruck, dann auch einige Vertreter großer Blätter aus Italien, Frankreich, der Schweiz, Holland und Spanien nach Kärnten. Sie alle konnten, zum Teil allerdings nur von der Demarkationslinie aus, da die Südslawen ihnen den Eintritt in die Zone I verwehrten, durch eigene Anschauung die Zustände in beiden Zonen kennenlernen und trugen viel dazu bei, daß die wahren Verhältnisse in Kärnten im In- und Ausland bekannt wurden. Wieweit die Tätigkeit der Presse reichte, zeigt die Mitteilung eines Heimkehrers, daß Gerüchte über die große Kundgebung am Zollfeld sogar in chinesischen Zeitungen erschienen. Besonders tatkräftig und in sehr geschickter Weise wurde die Tätigkeit des Kärntner Heimatdienstes durch die Kärntner Blätter unterstützt.

Die letzten Propagandamaßnahmen der Südslawen brachten eine Verteilung von Lebensmitteln und Bedarfsartikeln in großem Stile[21]), einen Hirtenbrief des für die Zone I ernannten geistlichen Generalvikars, der zugunsten Südslawiens Stellung nahm und einen scharfen Protest des Fürstbischofs Dr. Adam Hefter zur Folge hatte, endlich verwirrende Gerüchte und Fälschungen. So berichtete „Slovenec" vom 5. Oktober, die englische Regierung sei mit der französischen darin übereingekommen, daß die Volksabstimmung in Kärnten so durchzuführen sei, daß Österreich weder die Zone I noch die Zone II zufalle, denn sonst würde Österreich mit Deutschland und Italien ein militärisches Abkommen schließen, das gegen die Entente gerichtet sei und einen neuen Weltkrieg herbeiführen würde; die englische Regierung habe ihre diesbezüglichen Weisungen der Botschafterkonferenz in Paris bereits erteilt, man rechne mit den Kärntner Slowenen und vertraue auf sie, daß sie ausnahmslos zur Wahlurne schreiten und die Deutschen überwinden werden. Und am 7. Oktober wurde in der Zone I ein Flugzettel verbreitet, der die heimattreue Bevölkerung aufforderte, am Abstimmungstage zu Hause zu bleiben, da der südslawische Terror eine freie Abstimmung unmöglich mache, jede Stunde eine Besetzung des Gebietes durch jugoslawische Truppen zu gewärtigen sei und nur durch Enthaltung von der Abstimmung der Welt bewiesen werden könne, daß das Plebiszit vom 10. Oktober nicht der Ausdruck des Volkswillens und daher nichtig sei. In demselben Sinn war eine plumpe Fälschung des „Koroško Korošcem" gehalten, die am 9. Oktober, einen Tag vor der Volksabstimmung, herauskam. Darin wird u. a. die Führung des Kärntner Heimatdienstes in gemeinster Weise verleumdet und in einem Aufruf an die Bevölkerung behauptet, jenseits der Karawanken seien sieben serbische Divisionen versammelt, die in Kärnten einrücken würden, wenn die Abstimmung für Jugoslawien ungünstig ausfallen würde; der Kärntner Heimatdienst habe daher beschlossen, gegen die Absichten des imperialistischen Serbien zu protestieren und eine Kundmachung zu erlassen, welche die Kärntner auffordert, das Plebiszit dadurch unmöglich zu machen, daß sie sich der Abstimmung enthalten; die Abstimmungskommission werde den interalliierten Regierungen den Vorschlag einer neuen, etwa im Mai des nächsten Jahres durchzuführenden Volksabstimmung unterbreiten; an Stelle der jugoslawischen

---

[21]) „Slovenski Narod" vom 25. November 1920 spricht von Millionen Werten, die von Belgrad zur Verfügung gestellt und in Autos nach Kärnten gebracht worden seien.

Verwaltung soll englische treten, an Stelle der jugoslawischen Gendarmerie italienisches und französisches Militär. Andererseits wurde die Bevölkerung im selben Aufruf ermuntert, für Jugoslawien zu stimmen, das nach dem Friedensvertrag den neuerworbenen Gebieten alle sprachlichen und nationalen Rechte garantieren müsse und einen eigenen Landtag, ja sogar das Recht der Festset-

Landsleute!

Ausgeliefert dem jugoslavischen Terror, jede Stunde gewärtigend die Besetzung unseres Gebietes durch jugoslavische Truppen — die transportbereit in Prävali auf das Kommando zur Besetung warten — unter solchen Umständen muß es jedem Einsichtigen bewußt werden, daß eine unbeeinflußte Abstimmung undenkbar ist und wir unterliegen müssen. **Es wäre geradezu Wahnsinn, wollten wir zu retten versuchen, was noch zu retten wäre** oder uns gar zu unbedachten Handlungen hinreißen lassen. Schweren Herzens müssen wir in letzter Stunde zur Wahlenthaltung mahnen. Saget es also von Mann zu Mann:

Bleibet zu Hause, geht nicht zur Abstimmung!

Sollen die Čušen allein die Abstimmung machen!
Landsleute! Damit ist aber nicht gesagt, daß unsere Sache schon verloren wäre. Die Vertreter unserer Sache haben bei der Botschafterkonferenz in Paris telegrafischen Protest und schärfste Verwahrung gegen die Volksabstimmung unter solchen Auspizien eingelegt und eine neue Abstimmung gefordert, die Gewähr leisten wird, daß unsere Sache zum Durchbruch kommt und wir siegen müssen.

Kopf hoch, Landsleute, der Sieg ist uns nächstens sicher. Versteckt unsere Flugschriften und alle anderen Werbeschriften und auch alles andere Material des G. H. A. um Euch nicht unnötigerweise der Rache der serbischen Soldateska auszusetzen.

Unsere Bezirksvertrauensmänner erhalten schon in den nächsten Stunden ausführliche Weisungen — Kuriere unterwegs.

Nicht flüchten!
Nicht den Kopf verlieren!

Jugoslawischer Propagandazettel
(Fälschung)

zung der Steuern einräumen werde; Jugoslawien werde dies zwar nicht gerne tun, aber der Völkerbund werde dafür sorgen, daß es seinen Verpflichtungen nachkomme. Beide Fälschungen wurden glücklicherweise früh genug bekannt, so daß die Bevölkerung überall noch am 9. Oktober durch ein sofort hinausgegebenes Flugblatt aufgeklärt werden konnte. Ihre Wirkung war daher gerade das Gegenteil von dem, was sie bezweckten.

Das rasche Eingreifen des Heimatdienstes in diesen und ähnlichen Fällen wurde dadurch möglich, daß sein Nachrichtendienst ausgezeichnet arbeitete. Er erhielt nicht nur schnelle und sichere Kenntnis von den Vorgängen in den entlegensten Dörfern, sondern auch Einblick in so manche Maßnahme der südslawischen Verwaltungsbehörden und Agitationstellen. Durch die durchgreifende

Endlich ist er da! Wer?
Der letzte jugoslawische Schwindel!

Die Laibacher geben Euch Flugzettel, in denen sie Euch zur Stimmenthaltung auffordern, weil unter dem drohenden Terror der SHS-Truppen und Banden eine Abstimmung nicht möglich sei und wir in Paris Protest eingelegt hätten!

Nichts davon ist wahr! Im Gegenteil! Jeder zur Abstimmung!

Der 10. Oktober entscheidet über das Schicksal Kärntens.

Jede Stimmenthaltung
heißt daher
Heimat verraten!

☛ Der Sieg ist uns sicher! ☚

Von 34.000 Stimmen gehören uns sicher 22.000, auf die Jugoslawen und Wackler entfallen nur 12.000 Stimmen!

auf zur Abstimmung!
Dann ist Kärnten morgen frei!

Klagenfurt, am 9. Oktober 1920, 4 Uhr nachmittags.
Für den Kärntner Heimatdienst:
Der Vorstand:

Dr. Reinprecht,   **Schumy,**   **Ing. Pichler,**
für d. christl.-soz. Partei.   für den Bauernbund.   für d. soz.-dem. Partei.

Antwort des Heimatdienstes
auf die jugoslawische Fälschung

Organisation der Heimaträte und Vertrauensmänner war er auch über die Stimmung der Bevölkerung genau unterrichtet. Auf dem Flugblatt, das die gefälschten Flugzettel der jugoslawischen Propaganda entlarvte, wird die Zahl der Stimmberechtigten mit 34000, die der kärntnertreuen Stimmen mit 22000 und die der Jugoslawen und der „Wackler" auf 12000 geschätzt. Tatsächlich betrug die Zahl der für Österreich abgegebenen Stimmen 22025, die der jugoslawischen 15279, die der Stimmberechtigten 39291.

3. Der 10. Oktober und seine Ergebnisse [22]).

Bereits am 23. September hatte „Slovenski Narod" der Abstimmungskommission mit einer Selbsthilfe der Slowenen gedroht. Worin diese bestehen sollte, zeigte sich, als ab 3. Oktober einige tausend Sokoln — „Slovenski Narod" vom 2. November 1920 spricht von 3000 —, ferner zahlreiche Orli (klerikale Turner) und viele andere eigens gedungene Leute in größeren und kleineren Abteilungen trotz des auf Beschluß der Abstimmungskommission gezogenen Grenzkordons teils über den Loibl und den Seeberg, teils mit der Bahn über Rosenbach und Bleiburg, zuletzt in nächtlichen Sonderzügen, in die Zone I strömten und hier über alle Gemeinden und insbesondere auch an den Zufahrtsstraßen in die Zone I in der Gegend von Viktring und Ebental verteilt wurden. Dazu kamen noch zahlreiche beurlaubte Offiziere, Soldaten und Gendarmen in Zivil, die der Bevölkerung der Zone I schon von der Zeit der Besetzung her bekannt waren. Das waren offenbar jene „anderen Agitatoren", die nach dem südslawischen Agitationsplane vom Mai für die letzten Wochen vor der Abstimmung vorgesehen waren. Die Abstimmungskommission beschloß zwar in ihrer Sitzung vom 5. Oktober auf Grund wiederholter Eingaben des österreichischen Vertreters, dem jugoslawischen Delegierten den Auftrag zu geben, die sofortige Auflösung dieser Banden durch die örtlichen Behörden zu veranlassen, allein dieser Auftrag wurde nicht erfüllt.

Angesichts der vielen unwillkommenen Gestalten überkam die kärntnischgesinnte Bevölkerung bange Sorge für den Abstimmungstag. Immer dringender wurden ihre Rufe um Hilfe. In den letzten Nächten vor der Abstimmung gingen südslawische Agitatoren von Haus zu Haus und brachten insbesondere gegenüber Frauen schwere Drohungen vor. Im Jauntale sowie in Tainach, Griffen und Eisenkappel wurden die Häuser der Heimattreuen in der Nacht vom 9. auf den 10. Oktober mit drei grünen Kreuzen bezeichnet und mit Zetteln beklebt, die Aufschriften trugen, wie: „To je švabška hiša!" („Das ist ein Schwabenhaus!") oder „Tod, wenn du deutsch stimmst!" Das sollte die Vorbereitung sein für den Einmarsch der südslawischen Truppen, der von den südslawischen Agitatoren für die Zeit unmittelbar nach der Abstimmung angekündigt wurde.

Die Anwesenheit der „Prügelbanden" und Sokoln, die Parteilichkeit der Gendarmerie, das Ausbleiben der interalliierten und neutralen Truppen, die Ohnmacht der aller militärischen Hilfsmittel baren Abstimmungskommission

---

[22]) Peter-Pirkham, A., Der 10. Oktober 1920. Aus den Berichten des österr. Vertreters in der Abstimmungskommission Freg.-Kap. A. Peter-Pirkham an das Staatsamt für Äußeres. Carinthia I, 1930, S. 69.

gegenüber den südslawischen „Prügelbanden" und Sokoln zwangen den Heimatdienst, geeignete Abwehrmaßnahmen zu treffen, um am Tage der Abstimmung durch eigene Kraft den Kampf zu einem guten Ende zu führen.

Schon in den letzten Wochen waren von der heimattreuen Bevölkerung in der Zone I auf Weisung des Heimatdienstes aus jungen Männern Ordnungsabteilungen gebildet worden. Zahlreiche Versammlungen konnten nur unter dem Schutze dieser eigenen Leute abgehalten werden. Infolge des starken Zuschubes südslawischer Sokoln usw. mußten die heimischen Kräfte durch Zuzug aus der Zone II verstärkt werden. Zu diesem Zwecke wurden in Klagenfurt und in den der Zone I benachbarten Gemeinden der Zone II in aller Eile unter Oberleitung Hauptmann Gerstmanns und unter Führung ruhiger und besonnener Männer unbewaffnete Fähnlein gebildet, die sich in Klagenfurt nach den Vereinen (Sportvereinen, Turnvereinen, Gesangvereinen, Arbeiterorganisationen), auf dem Lande nach den einzelnen Gemeinden gliederten. Alle Parteien, alle Stände: Beamte, Lehrer, Studenten, Bauern, Gewerbetreibende, Handelsangestellte und nicht zuletzt Arbeiter, nahmen in vorbildlicher Eintracht daran teil. Die Schutzfähnlein hatten die kärntnischgesinnte Bevölkerung auf ihrem Gang zur Abstimmung zu schützen und wurden streng angewiesen, den Gegner auf keinen Fall irgendwie herauszufordern oder sich selbst durch ihn herausfordern zu lassen. Da das Überschreiten der Demarkationslinie nur Personen gestattet war, die sich durch Identitätskarten als Bewohner der Zone II ausweisen konnten, so stammten die Teilnehmer der Schutzmannschaften ausnahmslos aus dem Abstimmungsgebiet, während die neuangekommenen jugoslawischen Banden durchwegs aus Untersteier und Krain und sogar aus Kroatien gekommen waren.

Knapp vor der neuerlichen Sperrung der Demarkationslinie am 9. Oktober zogen die Schutzgruppen unauffällig und im großen und ganzen ohne Reibungen in die ihnen zugewiesenen Gemeinden und Orte. Besonders schutzbedürftig war das obere Rosental, wo die wohlgeordneten „Prügelbanden" in den Gemeinden St. Jakob, Ledenitzen und Latschach durch Zuzug durch den Karawankentunnel beliebig verstärkt werden konnten. Dieses Terrorgebiet breitete sich auch über die Gemeinden Feistritz und Weizelsdorf aus. Noch schlimmer stand es mit dem Raume um Bleiburg und Eisenkappel, wo der Druck infolge des Zuzuges mit der Bahn aus Untersteier oder über den Seeberg so groß war, daß manche heimattreue Führer ständig zur Flucht bereit sein mußten.

Die Fähnlein aus den Gemeinden Velden, Köstenberg, Pörtschach, St. Martin a. T., Moosburg, Krumpendorf, St. Martin bei Klagenfurt und eines aus Klagenfurt zogen in das obere Rosental und in das Gebiet zwischen Wörthersee und Drau ab. Den Schutz im mittleren und unteren Rosental übernahm die Arbeiterschaft von Klagenfurt und St. Ruprecht. Die Gemeinden am östlichen Ufer der Gurk wurden von den Nachbargemeinden am westlichen Ufer: Maria

Saal, Hörtendorf, St. Thomas, Pischeldorf und Brückl, betreut, die Gegend östlich von Völkermarkt von Studenten und einem Fähnlein aus Annabichl und St. Peter bei Klagenfurt. Den Löwenanteil an diesen Schutzmaßnahmen hatte die Stadt Klagenfurt. Der Männergesangverein und Kärntner Studenten aus Graz und Leoben betreuten die Stadt Völkermarkt, Studenten aus Klagenfurt die Gemeinde Moos, der Athletik-Sportklub, der Turnverein und der Kaufmännische Sportverein die Gegend von Gonobetz, Loibach und Gallizien, der Männergesangverein Eintracht Globasnitz, Beamte und Studenten aus Klagenfurt Feistritz bei Bleiburg, Handels- und Industrieangestellte Eberndorf, die Ruder- und Segelklubs Albatros und Nautilus St. Kanzian und Miklauzhof, der Katholische Gesellenverein Rückersdorf.

Die Wirkung, welche das Erscheinen der Schutzfähnlein auslöste, war eine ausgezeichnete. Die heimattreue Bevölkerung atmete auf, die Furcht vor dem drohenden Terror begann zu weichen. Die bloße Anwesenheit der Schutzabteilungen verhinderte in den meisten Orten Ausschreitungen der Jugoslawen. Als der Heimatdienst für den Freitag vor der Abstimmung die Weisung ergehen ließ, durch Höhenfeuer das Bekenntnis zur Heimat zu bezeugen, loderten wie in der Sonnwendnacht Hunderte von Feuern auf, insbesondere an den Hängen und Spitzen der Petzen, des Obirs und der Saualpe. Sie gaben den Heimattreuen in den entlegensten Dörfern wieder Mut und Kraft, trotz der Anwesenheit der Sokoln an den Sieg zu glauben. Am Tage der Abstimmung hatte die Furcht fast überall einer ruhigen Zuversicht Platz gemacht.

Die Abstimmung begann bereits um 7 Uhr früh. Es waren in der Zone 97 Wahllokale eingerichtet worden. Größere Gemeinden hatten zwei oder mehrere Wahllokale erhalten. Das Wahlgeheimnis war durch die Maßnahmen der Abstimmungskommission vollkommen gewahrt, so daß die Stimmberechtigten ohne Furcht abstimmen konnten.

In der Mehrzahl der Gemeinden schritten die Heimattreuen in festlicher Stimmung und geschmückt mit Kärntner Abzeichen zur Wahlurne. In den entfernteren Ortschaften brachen sie schon zeitig am Morgen, Lieder singend, auf. Erhebend wirkte es, diese geschlossenen Züge der Heimattreuen in Sonntagskleidern zu beobachten. Männer schützten den Zug, Frauen, Kranke und Greise wurden wohl auch auf Wagen mitgeführt. Die Jugend und die Schutzabteilungen bewachten indes zu Hause Hab und Gut. In einzelnen Abstimmungsorten waren Triumphbögen mit Kränzen errichtet und die Kärntner Plakate mit Blumen geschmückt. Die Straßen und Wege waren an vielen Stellen wie übersät mit Kärntner Flugzetteln. Den Jugoslawen sank in vielen Gemeinden der bisher so kühne Mut. Die Zahl und Begeisterung der Heimattreuen, von welchen viele sich jetzt zum erstenmal öffentlich zu Kärnten bekannten, da sie es früher infolge des südslawischen Druckes nicht gewagt hatten, machten auf sie einen niederschlagenden Eindruck. In den meisten Gemeinden hatten schon bis Mittag nahezu alle Stimmberechtigten ihre Stimmen abgegeben. Die Wähler waren über den Wahlvorgang so gut unterrichtet, daß durchschnittlich nur 36 Sekunden zur Abgabe einer Stimme gebraucht wurden. Am Nachmittag wurden von beiden Parteien die wenigen Saumseligen zur Abstimmung gebracht. Dem Heimatdienst standen für diesen Tag 80 Autos zur Verfügung.

Nach Schluß der Abstimmung wurden die Stimmkisten von den Gemeindeabstimmungsausschüssen verschlossen und versiegelt, zusammen mit dem Begleitprotokoll von den in der Gemeinde diensttuenden interalliierten Offizieren übernommen und den Distriktsausschüssen übergeben, die alle Kisten in ihren Amtssitzen sammelten und durch einen bewaffneten Posten über Nacht bewachen ließen. Die Wachmannschaften waren aus britischen, französischen und italienischen Ordonnanzen zusammengestellt, die die von Wien entsandten interalliierten Offiziere begleiteten. Das Skrutinium wurde ausschließlich durch die Distriktsausschüsse vorgenommen. Keiner von diesen war in der Lage, mit der Stimmenzählung vor den ersten Morgenstunden am Montag, dem 11., zu beginnen. Die österreichischen und jugoslawischen Beamten, die in den letzten sechs Wochen zugleich mit einem slowenischen und deutschen Dolmetsch jedem Distriktsausschuß zugeteilt worden waren, waren bei der Stimmenzählung ihres Distrikts gegenwärtig und scheinen, wie der offizielle Bericht der Abstimmungskommission an den Botschafterrat besagt, von der Art der Stimmenzählung befriedigt gewesen zu sein[23].

Nördlich der Drau wurden die südslawischen Banden fast überall in Schach gehalten. Ausnahmen bildeten hier die Gemeinde Radsberg, wo etwa 200 z. T. mit Revolvern bewaffnete Sokoln ungehindert ihr Unwesen treiben konnten, da es infolge der südslawischen Sperre bei Ebental unmöglich war, den Heimattreuen Hilfe zu bringen, ferner die Gegend von Augsdorf — Ludmannsdorf, wo eine Kärntner Schutzgruppe von den an Zahl weit überlegenen Jugoslawen in einer Scheune interniert wurde. Südlich der Drau hielt der jugoslawische Druck im oberen Rosental und in der Gegend von Eisenkappel und Bleiburg trotz der Gegenvorkehrungen an. Die Gemeinden Feistritz im Rosental und Weizelsdorf waren von Hunderten von Sokoln besetzt, so daß auf Kärntner Seite an Schutzmaßnahmen gar nicht gedacht werden konnte. Andere Sokoln überschritten bei Suetschach die Drau, gelangten nach Keutschach und rückten bis Viktring vor, wo sie bei einem Zusammenstoß mit kärntnisch Gesinnten durch Unterstützung der südslawischen Gendarmerie eine Zeitlang die Oberhand behielten. Im mittleren Rosentale fanden die Arbeiterschutzgruppen die Hollenburger Brücke durch Sokoln und Gendarmen gesperrt, so daß nur einzelne Gruppen auf Kähnen und Flößen unterhalb der Hollenburger Brücke auf das südliche Ufer gelangen konnten; die übrigen mußten im Laufe des Abstim-

---

[23] Bericht der Abstimmungskommission. Carinthia I, 1935, S. 209.

mungstages zurück gegen den Wörthersee. In der Gegend von Bleiburg wurde in Einersdorf ein Kärntner Schutzfähnlein in der Nacht von Sokoln und Prügelbanden gefangen, nach Prävali geführt und erst auf Intervention Kap. Peter-Pirkhams freigegeben. Infolgedessen war hier die Lage am Abstimmungstage sehr ungünstig, namentlich in der Gemeinde Moos. In Einersdorf konnte man die heimattreuen Frauen und Mägde in den Morgenstunden des 10. Oktobers weinend in den Häusern finden, weil sie sich fürchteten, zur Abstimmung zu gehen. In der Gemeinde Feistritz bei Bleiburg schlugen die Kärntner Abteilungen in der Nacht südslawische Angriffe zurück. Am Abstimmungstage selbst verhinderte nur das Dazwischentreten eines englischen Offiziers einen scharfen Zusammenstoß bei Penk. Der Druck der Sokoln und „Prügelbanden" war hier tagsüber sehr groß. Die Jugoslawen bildeten vor den Abstimmungsräumen Spalier, welches die Stimmberechtigten durchschreiten mußten. In die Gemeinden Schwabegg und Leifling konnten Schutzfähnlein nicht verlegt werden, weil die Überfuhr bei Lavamünd und der Zugang von Bleiburg her durch südslawische Abteilungen gesperrt waren. Die beiden Gemeinden waren daher dem Terror der Sokoln und Prügelbanden vollkommen ausgeliefert. Im Bezirk Eberndorf waren die Heimattreuen, unterstützt durch die Schutzfähnlein, den Südslawen gewachsen. In Eisenkappel, das gleichfalls nicht geschützt werden konnte, waren die Zugänge durch Sokoln besetzt, die für Südslawien agitierten und die kärntnisch Gesinnten von der Teilnahme an der Abstimmung abzuhalten versuchten.

Abgesehen von den erwähnten Zusammenstößen der Schutzgruppen mit den Sokoln verlief der Abstimmungstag in vollster Ruhe. Die Kärntner Fähnlein bewahrten, getreu ihren Weisungen, strengste Ruhe und Ordnung. Die interalliierten Offiziere verhielten sich vollkommen unparteiisch und korrekt und nahmen besonders die Gendarmerie unter ihre Kontrolle, so daß sich diese im großen und ganzen korrekt benahm. Ihre Anwesenheit hat wesentlich dazu beigetragen, daß die Abstimmung ruhig verlief und die Stimmberechtigten sich an der Abstimmung beteiligen konnten. Es kam vor, daß Leute, die von den Südslawen verhindert wurden, zur Abstimmung zu gehen, von interalliierten Offizieren, namentlich englischen, unter persönlichen Schutz genommen wurden. Die Chefs der drei Delegationen fuhren den ganzen Tag über im Abstimmungsgebiete herum. Oberst Peck ließ überdies drei Lastautos mit bewaffneten Offizieren und Ordonnanzen die Zone durchfahren, um zu zeigen, daß doch noch in letzter Stunde interalliierte Offiziere angekommen waren. Auch der jugoslawische Delegierte muß sich energisch dafür eingesetzt haben, daß jeder Terror unterbleibe.

Im Laufe des Abstimmungstages steigerte sich die ruhige Zuversicht der Heimattreuen zu sicherer Siegeshoffnung. Die Befürchtung, daß infolge des südslawischen Druckes nicht alle Heimattreuen zur Abstimmung gehen würden, hatte sich nicht erfüllt. In vielen Gemeinden hatten die Heimattreuen bis um die Mittagsstunde restlos abgestimmt. Die bloße Tatsache der Stimmbeteiligung schien eine Bürgschaft des Sieges zu sein.

Auch die Jugoslawen waren noch immer siegesgewiß. Nur in Kreisen der jugoslawischen Sektion teilte man die Siegeshoffnung nicht. Der jugoslawische Delegierte Jovanović verlangte daher wenige Tage vor der Abstimmung die amtliche Schätzung des zu erhoffenden Abstimmungsergebnisses. Er erhielt zur Antwort, daß für Jugoslawien eine Mehrheit von 600 Stimmen (!) sicher zu erwarten sei und die Abstimmung unwiderruflich am 10. Oktober stattfinden müsse. Da Jovanović sah, daß die anfangs viel optimistischeren Schätzungen auf ein Mindestmaß zusammengeschrumpft waren, wollte er die Abstimmung im letzten Augenblick unmöglich machen. Doch kam er von dieser Absicht wieder ab, nachdem er persönlich Auskünfte bei den jugoslawischen Nationalräten in Kärnten eingeholt und erfahren hatte, daß diese felsenfest vom Sieg überzeugt waren[24].

Diese Siegeszuversicht der Jugoslawen hielt bis zum 11. Oktober an, obwohl selbst nach einer Sonderausgabe der „Jugoslavija" von diesem Tage der Hundertsatz der sicheren südslawischen Stimmen schätzungsweise nur 48.6 betrug[25]. In Laibach wurden sogar schon zur Feier des Sieges Fahnen ausgesteckt. Um so größer war die Enttäuschung, als im Laufe des 12. und 13. Oktober die Ergebnisse allmählich bekanntwurden.

Die Stimmenzählung erforderte sehr viel Zeit. Erst am 13. Oktober verlautbarte der Präsident der Abstimmungskommission in einer um 10.30 Uhr abends abgehaltenen Sitzung der Kommission das Endergebnis. Der jugoslawische Vertreter Minister Jovanović nahm es zur Kenntnis und unterfertigte das Schlußprotokoll ebenso wie der österreichische Vertreter A. Peter-Pirkham und alle anderen Mitglieder der Abstimmungskommission, doch bemerkte er, Jugoslawien werde niemals die 15279 Slowenen vergessen, die für dasselbe gestimmt hätten. Das Ergebnis wurde am Abend des 13. Oktobers von Kapitän Peter-Pirkham in Gegenwart des Landesverwesers, des Landesrates, des Vorstandes des Heimatdienstes, des Bürgermeisters, des Gemeinderates und einer vieltausendköpfigen Menge auf dem Neuen Platz feierlich und unter unbeschreiblichem Jubel der Anwesenden verkündet und von der Abstimmungskommission durch eine Proklamation in deutscher und slowenischer Sprache der Bevölkerung mitgeteilt. Es war wie folgt:

Stimmberechtigte Personen 39291
abgegebene gültige Stimmen . . . . 37304 = 94,94%
davon Stimmen für Österreich . . . . 22025 = 59,04%
davon Stimmen für Jugoslawien . . . . 15279 = 40,96%

---
[24] „Slovenski Narod" vom 31. Oktober 1920.
[25] Vgl. Carinthia I, 1921, S. 76f.

Zahl der Gemeinden 51
davon mit österreichischer Stimmenmehrheit 33
davon mit südslawischer Stimmenmehrheit 18

Von den rund 22000 für Österreich abgegebenen Stimmen stammten etwa 12000 von Stimmberechtigten mit deutscher Umgangssprache und 10000 von Stimmberechtigten mit slowenischer Umgangssprache. Von den 33 Gemeinden mit österreichischer Mehrheit sind der Umgangssprache nach 21 überwiegend slowenisch, 12 überwiegend deutsch. Die Einzelheiten sind dem Anhang III und der beigegebenen Karte zu entnehmen.

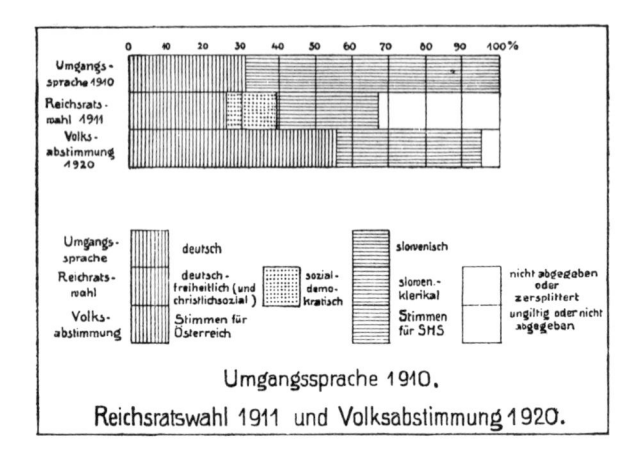

Umgangssprache 1910, Reichsratswahl 1911 und Volksabstimmung 1920.

Die Kartenbeilage stellt die in den einzelnen Gemeinden abgegebenen Stimmen nach der Umgangssprache der Abstimmenden dar. Als Schlüssel für die Feststellung der Umgangssprache wurde der Hundertsatz der Bewohner mit deutscher, beziehungsweise slowenischer Umgangssprache nach dem Stande von 1910 benützt. Die Karte zeigt, daß der Hundertsatz der Stimmen für Österreich nahezu in allen Gemeinden den Hundertsatz der deutschen Umgangssprache weit übertrifft. Nur in einigen deutschen Grenzgemeinden (Viktring, Pustritz, Lavamünd), in einigen deutschen Sprachinseln (Ferlach, Eisenkappel und Bleiburg) und in der gemischtsprachigen Grenzgemeinde Ebental ist er kleiner. Die Erklärung hierfür ist darin zu suchen, daß in diesen Gemeinden auch ortsfremde, südslawisch gesinnte Gendarmen, Finanzorgane und andere Angestellte mitstimmten, die von den südslawischen Verwaltungsbehörden dorthin entsendet worden waren und am Abtimmungstage daselbst Dienst taten. In Eisenkappel stimmte außerdem ein Teil der rein slowenischen Umgebungsgemeinde Vellach ab.

Im allgemeinen nehmen die südslawischen Stimmen mit der Entfernung von Klagenfurt zu. Die Gemeinden mit südslawischer Mehrheit bilden zwei Gruppen, eine im Westen und eine im Osten. Die westliche hat zum Mittelpunkt

St. Jakob im Rosental und wurde durch den Rosenbachtunnel von Oberkrain her beeinflußt. Die östliche zieht sich längs des Ostrandes der Zone I von der Drau bis an die Karawanken und stand unter dem Einflusse des nahen Untersteier, mit dem sie durch die Bahn, und des angrenzenden Krain, mit dem sie durch die Seebergstraße zusammenhängt. In manchen Gemeinden wurde die Abstimmung durch den ungehinderten Druck der jugoslawischen Prügelbanden stark beeinflußt, so in Augsdorf, Radsberg, Latschach, Ledenitzen, Feistritz i. R., Weizelsdorf, St. Jakob, Eisenkappel, Moos, Schwabegg und Leifling. In diesen Gemeinden, von denen 9 südlich der Drau liegen, blieb der Hundertsatz der Stimmen für Österreich bei der Abstimmung um 7 bis 23 hinter der Schätzung des Heimatdienstes zurück, die absolute Zahl dieser Stimmen überhaupt insgesamt um 499.

Das Gebiet südlich der Drau weist infolge des starken südslawischen Druckes in Ost und West eine geringe Mehrheit für Südslawien auf (322 = 0,8 v. H.).

Bei Beurteilung des Gesamtergebnisses der Volksabstimmung muß man sich vor Augen halten, daß die Schwierigkeiten in Kärnten ungleich größer waren als in Schleswig, Ostpreußen und in gewisser Hinsicht auch in Schlesien. Die Zone I war nicht wie die deutschen Abstimmungsgebiete einem interalliierten Ausschusse zur Verwaltung übergeben, sondern dem einen Bewerber ausgeliefert worden. Dieser hatte sie über ein Jahr lang ohne Kontrolle vergewaltigen und auch nach der Ankunft der Abstimmungskommission die ganze Propaganda auf seine Verwaltung stützen können. Die Kärntner Werbearbeit war daher viel schwieriger als in den Abstimmungsgebieten im Norden. Kärnten mußte auch bei der Volksabstimmung im Gegensatze zu den deutschen Abstimmungsgebieten durch den Ausschluß der im Abstimmungsgebiete geborenen und heimatberechtigten Kärntner, die am 1. Jänner 1919 auswärts wohnten, auf viele Tausende treuer Kärntner verzichten, deren Zahl und moralischer Einfluß im entscheidenden Augenblicke sehr schwer ins Gewicht gefallen wäre. Endlich darf auch die ungeheuer schwierige Wirtschaftslage, in die Österreich durch den Frieden von St. Germain versetzt wurde, nicht vergessen werden.

Wenn daher trotz alledem eine Mehrheit von 59% für Österreich stimmte, so kommt darin eine durch nichts zu erschütternde Überzeugung zum Ausdruck, daß das Glück der Zukunft nicht bei Laibach, sondern bei Klagenfurt, nicht im slawischen Süden, sondern im deutschen Norden zu suchen sei.

Mit Recht erblickt der slowenische Abgeordnete und ehemalige Minister Dr. Ravnihar in einem kurz nach der Abstimmung im „Slovenski Narod" erschienenen Aufsatze im Ergebnisse der Abstimmung einen Beweis für die unwiderstehliche Kraft des Deutschtums, das durch die Überzahl seiner Gegner, durch Hunger und Entbehrungen zwar unterlegen, jedoch nicht besiegt worden sei; die Volksseele in Kärnten aber, sagt Ravnihar weiter, habe es instinktiv erkannt, auf welcher Seite die mächtigere innere Kraft wohne.

Volle Anerkennung fand die Tätigkeit der Abstimmungskommission, vor allem die ihres Vorsitzenden Capel Peck und des italienischen Delegierten Prinz Livio Borghese. Ihrer Festigkeit und Energie war es zuzuschreiben, daß trotz der kurzen Zeit und trotz des Mangels militärischer Machtmittel alle sich auftürmenden, oft unüberwindbar scheinenden Schwierigkeiten bezwungen wurden. Besondere Verdienste hat sich der österreichische Vertreter A. Peter-Pirkham erworben, der mit zäher Ausdauer Kärntens Interessen vertreten und es mit großem diplomatischen Geschick verstanden hat, die Kommission von der Berechtigung der Kärntner Wünsche zu überzeugen. Dem wohlüberlegten, ruhigen und vorsichtigen Verhalten der Abstimmungskommission und des österreichischen Vertreters war es zu verdanken, daß die Gefahr der Sabotierung der Abstimmung durch die Jugoslawen vorüberging und sich Kärnten durch das Ergebnis der Volksabstimmung ein klares, völkerrechtlich nicht zu bestreitendes Anrecht auf die Zone I erwerben konnte.

Daß übrigens ein großer Teil der für Südslawien abgegebenen Stimmen tatsächlich nur auf den jugoslawischen Druck zurückzuführen ist, ergibt sich aus dem Ergebnis der Nationalratswahl vom 19. Juni 1921, bei der die slowenischnationale Partei trotz ihrer von der Abstimmung herstammenden strammen Organisation und trotz des heftigsten gegenseitigen Parteikampfes auf seiten ihrer Gegner in der ehemaligen Zone I nur mehr 8548 Stimmen, das sind 56% der bei der Volksabstimmung abgegebenen südslawischen Stimmen erhielt. Bei den folgenden Wahlen gingen die für die slowenischnationale Partei abgegebenen Stimmen noch weiter zurück.

Leo Kainradl
Verschlußmarke

ENDGÜLTIGE BEFREIUNG

NACHKLÄNGE UND ENDGÜLTIGE BEFREIUNG

Der 10. Oktober 1920 befreite Kärnten von einem schweren Alpdrucke, der fast zwei Jahre auf ihm gelastet hatte, und brachte der schwergeprüften kärntnisch gesinnten Bevölkerung der Zone I die heißersehnte Erlösung von unerträglichem Leid. Kärntens Sieg, unter den schwierigsten Verhältnissen errungen, war ein Sieg bewunderungswürdiger Heimattreue und eine glänzende Rechtfertigung des Standpunktes, den seine Führer stets eingenommen hatten: daß es hart und ungerecht wäre, die Grenze allein auf Grund der sprachlichen Verhältnisse, ohne Rücksicht auf die geographischen, wirtschaftlichen und kulturellen Zusammenhänge und ohne Befragung der Bevölkerung zu ziehen.

Unbeschreiblich war der Jubel, der in den nächsten Wochen die Herzen aller erfüllte, die treu kärntnisch gesinnt waren. Schon am Tage der feierlichen Verkündigung des Abstimmungsergebnisses durch Kap. Peter-Pirkham auf dem in einem Lichtmeer prangenden Neuen Platze in Klagenfurt kam er zum Ausdrucke. Der Vorsitzende des Heimatdienstes, Landesrat Schumy, feierte in längerer, oft von Beifallsstürmen unterbrochener Rede den errungenen Sieg. Höhenfeuer, Böllerschüsse und allgemeines Glockengeläute trugen die frohe Kunde in das ganze Land. In den Tagen vom 23. bis 25. Oktober beging Kärnten in Klagenfurt unter der Leitung der Kärntner Landsmannschaft sein großes Dankfest, das durch eine symbolische Versöhnungsfeier eingeleitet wurde und den Höhepunkt in einem glänzenden, von der Kärntner Landsmannschaft veranstalteten Trachtenzuge fand. Völkermarkt, Bleiburg, Eberndorf, Griffen, Ferlach und fast alle Bauerngemeinden der Zone I folgten mit erhebenden Feiern nach.

Aber nicht bloß in Kärnten, auch im übrigen Deutsch-Österreich und darüber hinaus in den weiten Gauen des Reiches nahm man herzlichen Anteil am Kärntner Sieg. Zeugnis davon gaben die vielen Hunderte von Glückwunsch-Telegrammen und -Schreiben, die bei der Landesregierung und dem Kärntner Heimatdienst einliefen, und die große Tagung des Deutschen Schutzbundes zu Pfingsten 1921, die Tausende von deutschen Volksgenossen aus dem Reiche nach Kärnten führte und dem Kärntner Volk das erste große, unvergeßliche gesamtdeutsche Erlebnis brachte.

Dankerfüllt gedachte man überall des Heimatdienstes, der die Heimattreuen trotz allem südslawischen Druck durch seine ausgezeichnete Organisation, die Tatkraft seiner Führer und Mitarbeiter, die Zusammenfassung und zielbewußte Leitung aller Kräfte und durch den unerschütterlichen Glauben an den endlichen Erfolg zum Siege geführt hatte. Auch der Gegner mußte seiner Tätigkeit Lob und Anerkennung zollen.

In Laibach löste die Nachricht von der Niederlage einen Sturm der Empörung aus. Eine erregte Volksmenge demonstrierte schon am 13. Oktober vor dem Stadthause und beschloß eine Resolution, in der die Regierung aufgefordert wurde, in die Zone I sofort Militär einmarschieren zu lassen. Tatsächlich fand tags darauf auf Betreiben Brejc' der lang vorbereitete Einmarsch jugoslawischer Truppen in der Stärke von 2 Bataillonen statt. Das war offenbar nur die Vorhut, da in Unterdrauburg und Umgebung allein um den 10. Oktober 10 Bataillone Infanterie und 6 Batterien und in Aßling 5 Bataillone und 3 Batterien standen. Auch wurde die jugoslawische Gendarmerie verstärkt und kehrten nichtkärntnische Gendarmen, die auf Befehl der Abstimmungskommission abgezogen worden waren, wieder zurück. Der jugoslawische Vertreter Jovanović teilte der Kommission am 14. Oktober den Einmarsch von 2 Bataillonen in einem offiziellen Schreiben mit und erklärte, daß die jugoslawische Verwaltung infolge des ungünstigen Ausganges der Abstimmung einen guten Teil ihres Ansehens verloren habe und daher ohne Militär nicht in der Lage sei, den nötigen Schutz zu gewähren und die aufgeregte Stimmung zu beruhigen. Zugleich trat Jovanović zurück. Sein Nachfolger war Hofrat Dr. J. Šubelj, der am 27. Oktober vom außerordentlichen Gesandten und bevollmächtigten Minister C. Hristić abgelöst wurde. Die Besorgnis des jugoslawischen Vertreters vor Unruhen und vor Verfolgungen der Anhänger Jugoslawiens war ganz und gar unbegründet. Nirgends kam es — abgesehen von kleinen, unbedeutenden Reibungen — zu Ausschreitungen und nötigenfalls wären die interalliierte Kommission und der österreichische Vertreter sofort und sicher mit Erfolg dagegen eingeschritten. Nach dem „Slovenec" und der „Jugoslavija" vom 14. Oktober sollte durch den Einmarsch der südslawischen Diplomatie ein Mittel in die Hand gegeben werden, um Kärnten auf andere Weise als durch eine Volksabstimmung zu gewinnen. Auch den Zweck scheint die neuerliche Besetzung der Zone I gehabt zu haben, die aufgeregte Bevölkerung in Slowenien für die erste Zeit zu beruhigen.

In Kärnten rief der Einmarsch der jugoslawischen Truppen eine sehr kritische Lage hervor. Die Kärntner waren auf keinen Fall gewillt, nach dem soeben erstrittenen Sieg die Zone I abermals der Gewaltherrschaft der Jugoslawen zu überlassen oder gar einen neuerlichen Einmarsch der Jugoslawen in die Zone II zu dulden. Da sich die sicheren Nachrichten von dem geplanten Einmarsch gegen den Abstimmungstag zu häufen, wurden schon in den letzten Tagen vor dem 10. Oktober Gegenmaßnahmen getroffen. Reguläres Militär sollte zunächst verhindern, daß die Jugoslawen die West- und Nordgrenze des Abstimmungsgebietes überschreiten, was eine offenkundige Gebietsverletzung bedeutet hätte. Zu seiner Unterstützung wurde der innerhalb des Heimatdienstes errichtete „Heimatschutz" unter Leitung Oberstleutnant Hülgerths mit Major Kohla als operativem Leiter weiter ausgebaut. Auch der Heimatschutz sollte zunächst das Kärntner Gebiet außerhalb der beiden Zonen schützen, war aber bereit, auch in der Zone I, falls es notwendig werden sollte, einzugreifen. Schon waren in den größeren Orten Kreisleitungen für Anwerbungen aufgestellt, die Verbindungen mit den Kärntner Studenten in Wien, Graz und Leoben aufgenommen, der Nachrichtendienst eingerichtet und andere Maßnahmen vorbereitet. Zum Glück gelang es, die Jugoslawen durch diplomatische Mittel wieder aus Kärnten hinauszubringen, so daß ein militärisches Eingreifen nicht notwendig war und Kärnten von neuem Blutvergießen verschont blieb. Ende Oktober konnte der Heimatschutz aufgelöst werden[1]). Es zeugt von größter Disziplin, daß die Kärntner Bevölkerung, namentlich die in der Zone I, den neuerlichen Einmarsch jugoslawischer Truppen ruhig über sich ergehen ließen und vertrauensvoll das Ergebnis der diplomatischen Verhandlungen abwartete. Viel zur Beruhigung hat eine Proklamation beigetragen, die Kap. Peter im Einvernehmen mit der Landesregierung erließ.

Der Einmarsch verstieß nicht bloß gegen die Bestimmungen des Friedensvertrages, sondern auch gegen die Weisungen der Botschafterkonferenz und die Beschlüsse der Abstimmungskommission. Diese schritt daher sofort mit aller Energie dagegen ein und beschloß schon am 14. Oktober auf Vorschlag des Präsidenten, die sofortige Zurückziehung der Truppen anzuordnen und die Verwaltung der Zone I vom 18. Oktober an durch die von ihr eingesetzten Distriktsausschüsse zu übernehmen, eine sehr kluge Maßnahme, da dadurch die unmittelbare Übergabe der Verwaltung seitens der jugoslawischen Behörden an die österreichischen und damit auch die Gelegenheit zu Reibungen und Streitereien vermieden wurde. Zugleich ersuchte Oberst Peck telegraphisch die Botschafterkonferenz um ihre volle und sofortige Unterstützung, „da sonst die Österreicher der Hand der Abstimmungskommission entgleiten würden und es für die Kommission unmöglich werden würde, die Lage zu beherrschen"[2]).

Auch das Wiener Außenamt wies schon am Tage des Einmarsches die österreichischen Vertreter in Paris und Belgrad an, gegen den Einmarsch bei der Botschafterkonferenz bzw. der königl. Regierung in Belgrad Einsprache zu erheben. Allein der jugoslawische Minister des Äußeren verweigerte die Entgegennahme des Protestes und erklärte dem österreichischen Geschäftsträger, daß der Einmarsch der Truppen zum Schutz der Bevölkerung und der Beamtenschaft erfolgt sei, da in der Zone I Gewalttätigkeiten gegen jugoslawische Gendarmen verübt worden seien und es bereits Tote und Verwundete gegeben

---

[1]) Der später zur Abwehr kommunistischer Putschpläne gegründete Heimatschutz war eine vollständig neue Organisation und hatte mit dem ersten Kärntner Heimatschutz nur den Namen gemein.

[2]) Almond-Lutz, S. 531, Nr. 194.

habe. Tatsächlich war auch die Belgrader Presse aus Laibach mit lügenhaften Nachrichten über Gewalttätigkeiten und Brandstiftungen der Heimwehr überschwemmt worden.

Dagegen beschloß die Botschafterkonferenz schon am 16. Oktober, an die jugoslawische Regierung die Aufforderung zu richten, die Zone I sogleich zu räumen, und die Vertreter Großbritanniens, Frankreichs und Italiens zu beauftragen, gleichartige energische Forderungen an die Belgrader Regierung zu richten. Die gemeinsame Demarche erfolgte am 18. Oktober und hatte, wie der österreichische Geschäftsträger in Belgrad, Hoffinger, an das Staatsamt für Äußeres berichtete, einen sehr ernsten und kategorischen Charakter. Sie hatte einen vollen Erfolg. Die jugoslawische Regierung zog die Truppen, wenn auch zögernd, zurück und erklärte, um diese, ihre schwere Niederlage zu verschleiern, die Besetzung sei nur eine provisorische Maßregel und die Übergabe der Verwaltung an die Abstimmungskommission schon vor der Demarche eine beschlossene Sache gewesen.

Das Ergebnis der Abstimmung wurde durch eine Note der Botschafterkonferenz vom 3. November 1920 anerkannt. Bis zum 5. November war die Verwaltung der Zone I in die Hände der Kommission überantwortet und am 18. November wurde sie in der feierlichen Schlußsitzung der Kommission dem österreichischen Vertreter übertragen. Dies wurde in einem Protokoll[3]) niedergelegt und der Bevölkerung durch eine von allen fünf Mitgliedern der Kommission unterfertigte Proklamation kundgemacht. Am 19. November traten die österreichischen Gesetze wieder in Kraft und nahmen die österreichischen Behörden ihre freie Tätigkeit wieder auf.

Damit lebten die Hoheitsrechte des österreichischen Staates wieder auf. Sie waren niemals erloschen, sondern durch den Friedensvertrag nur „suspendiert" worden. Denn nach dem Artikel 50 des Friedensvertrages wurde lediglich bestimmt, daß die Zone I in der Abstimmungszeit nach den Gesetzen des serbisch-kroatisch-slowenischen Staates zu verwalten sei, und Österreich nur ein bedingungsweiser Verzicht auf das Abstimmungsgebiet auferlegt, für den Fall nämlich, daß das Abstimmungsergebnis in der einen oder anderen Zone oder in beiden Zonen zugunsten Jugoslawiens ausfallen sollte. Erst für diesen Fall erhielt die serbische Regierung das Recht, ihre Gewalt endgültig auf dieses Gebiet zu erstrecken (la faculté d'établir son autorité à titre définitif sur les dits territoires). Fällt die Abstimmung, heißt es weiter, in der ersten oder zweiten Zone zugunsten Österreichs aus, so hat die österreichische Regierung das Recht, ihre Gewalt wieder endgültig über das Gebiet von Klagenfurt oder nur über die zweite Zone zu erstrecken (la faculté de rétablir son autorité à titre définitif). Die Unterscheidung „établir" und „rétablir" zeigt klar, daß Österreich rechtlich noch die Gebietshoheit besaß und sie nur endgültig wieder herstellte, während

---
[3]) Siehe Anhang IV.

Jugoslawien sie erst unter bestimmten Voraussetzungen erhalten hätte. Darum heißt es auch in dem von der interalliierten Abstimmungskommission einschließlich der Vertreter Österreichs und Jugoslawiens unterfertigten Übergabsprotokoll vom 18. November 1920: „daß das ganze Gebiet von Klagenfurt unter österreichischer Oberhoheit (sovreignity) verbleibt (remain).

Am 20. November fand eine feierliche Sitzung der Kärntner Landesversammlung statt, in der Landesverweser Dr. Lemisch die Bedeutung des Sieges würdigte, allen Kämpfern für Kärntens Einheit und Freiheit mit tiefempfundenen Worte dankte und der Abstimmungskommission für ihre Unparteilichkeit vollste Anerkennung zollte. —

In Laibach entbrannte nun ein heftiger Streit über die Schuld an der Niederlage. Die einen schoben sie auf die Landesregierung und deren Präsidenten Dr. Brejc, die anderen auf die südslawische Delegation und die Belgrader Regierung. Alle aber behaupteten, daß auf deutscher Seite große Betrügereien und Gewalttaten vorgekommen und die Abstimmungskommission parteiisch vorgegangen sei. „Jugoslavija" vom 30. Oktober verzeichnete sogar die Nachricht, daß in Ferlach am Abstimmungstag ein preußischer Offizier als Engländer verkleidet seine Hand im Spiele gehabt habe, und „Slovenski Narod" vom 10. November brachte einen Bericht des Pariser „Radical" aus Belgrad, wonach die professionellen Wähler der Abstimmungszone aus den deutschen Ebenen — man sage aus Allenstein — in die slowenischen Berge nach Kärnten übergesiedelt seien, um hier mitzustimmen!

Aber schon in der Belgrader „Politika" vom 28. Oktober 1920 erschien ein von Dr. Jovanović inspirierter und autorisierter Aufsatz, in dem ausdrücklich betont wird, daß Unregelmäßigkeiten bei der Abstimmung nicht in größerem Ausmaße vorgekommen seien, als dies bei jeder Wahl der Fall sei, daß die Kommission, soweit es überhaupt in Menschenmacht liege, unparteiisch gewesen sei und von französischer und englischer Seite der südslawischen Sache sogar Sympathien entgegengebracht worden seien. Und der Pariser „Eclair" stellte kurz nach der Volksabstimmung gegenüber den südslawischen Behauptungen, daß von österreichischer Seite Pressionsmittel angewendet worden seien, fest, daß die interalliierte Kommission bei ihrer Ankunft nur mit Druck genügende Bewegungsfreiheit durchsetzen konnte und von diesem Zeitpunkt an das gesamte Gebiet gemäß Artikel 50 der Kontrolle der Kommission unterstellt war; daher sei die Behauptung, daß die Österreicher in der Lage gewesen seien, die Abstimmung auch nur irgendwie zu beeinflussen, eine offenbare Unwahrheit und eine der interalliierten Kommission zugefügte Beleidigung. Auch die in Agram erscheinende „Nova Europa" gab wenige Wochen nach der Volksabstimmung zu, daß die Behauptung, das Ergebnis der Abstimmung sei auf Betrug zurückzuführen, haltlos sei.

Indes dauerte in der jugoslawischen Presse der leidenschaftliche Kampf um die Schuldfrage durch Monate hindurch fort. Die Anhänger der verschiedenen Parteien warfen sich gegenseitig ganze Register von Sünden vor. Man suchte die Schuld in den plötzlichen Slowenisierungsversuchen, in den Gewalttaten des südslawischen Militärs, in der Willkür, Härte und Korruption der zweijährigen jugoslawischen Verwaltung, durch welche die Laibacher um ihr letztes Ansehen gebracht worden seien („Slovenski Narod" vom 25. November 1920), in der eigenen Unduldsamkeit der verfehlten, auf Terror, viel Lärm und wenig Kleinarbeit aufgebauten Propaganda des von einem General und nicht von einem Politiker geleiteten Volksrates, im Parteiegoismus, ja sogar in der Trunksucht und im moralischen Tiefstand der jugoslawischen Agitatoren (Abgeordneter Korun in der Belgrader Skupština Ende 1920. „Domoljub" vom 22. Dezember 1920). Den schwersten Vorwurf gegen die slowenische Propagandaarbeit erhob der zurückgetretene jugoslawische Vertreter Jovanović in einer Denkschrift an die Belgrader Regierung, wonach große Mengen von Waren aus den jugoslawischen Verpflegungsmagazinen durch verschiedene slowenische Körperschaften und einzelne slowenische Funktionäre in die Zone B geschmuggelt wurden. Tatsächlich stellte eine Belgrader Untersuchungskommission umfangreiche unehrliche Machenschaften slowenischer Stellen in Kärnten fest und betrug die Menge der ohne Zoll nach Österreich geschmuggelten Verpflegsartikel nach dem Ergebnis der Untersuchung 600 Waggon („Jugoslavija" vom 22. Oktober und 5. Dezember 1920). der Belgrader „Beogradski Dnevnik" schrieb damals: „Wir haben Kärnten verloren, aber eine Anzahl neuer Millionäre in Slowenien gewonnen" („Naprej" vom 17. Dezember 1920).

Die argen Mißgriffe und Unregelmäßigkeiten der slowenischen Verwaltung und Propaganda haben den Südslawen sehr geschadet und die Mißstimmung der Bevölkerung in der Zone A gegen sie vermehrt. Sie haben ihr auch, wie die Belgrader „Samouprava" nach „Slovenski Narod" vom 28. Oktober 1920 sagt, gezeigt, daß Südslawien „ein noch ungeordneter Staat mit vollkommen verschlagenem Rechtsgefühle war, in dem die Sicherheit der Person und des Eigentums außerordentlich schlecht geschützt sei, während Österreich trotz seiner Kriegsverluste doch das Bild eines in Ordnung gebrachten Rechtsstaates gezeigt habe".

Und in der Tat, die ganze Art und Weise, wie die Jugoslawen den Kampf um das Klagenfurter Becken in Paris und Kärnten führten, warf auf sie ein schlechtes Licht. Was Cvijić früher einmal in einer Rede von den Serben gesagt hatte, gilt auch vom Typus der Laibacher Politiker und ihres Kärntner Anhanges: „Es will mir scheinen", so führte Cvijić aus, „daß in einem Teil unserer Nation ein großer Zug von Leichtfertigkeit herrscht, eine Überfülle von Verschlagenheit, Verdrehungen der Wahrheit, gewohnheitsmäßigem Hang zur Unwahrheit, Mangel an Rechtlichkeit, verbunden mit Haß, Bosheit und Neid."

Diesen üblen Charaktereigenschaften haben die Laibacher Politiker es zu verdanken, daß sie weder das Vertrauen der fremden Diplomaten und Beauftragten, noch das der windischen Bevölkerung Kärntens erwarben.

Aber diese Mißgriffe der Jugoslawen reichen nicht hin, um das Ergebnis des 10. Oktober zu erklären. Bei einem Volk, das um seine Freiheit so hartnäckig gekämpft hat und bereit war, Leben und Gut dafür zu opfern, hätte sich auch durch eine ordentliche Verwaltung eine Mehrheit für Südslawien nicht gewinnen lassen. Die Grundtatsachen: das starke Kärntner Heimatgefühl, der ungestüme Freiheitsdrang, die von vornherein gegebene, in der langen Zeit der Besetzung noch verstärkte Abneigung gegen ein fremdes Staatswesen, das vielen wegen seiner monarchistischen Staatsform, anderen wieder wegen seiner orthodoxen Führung höchst unsympathisch war, die kulturellen Gegensätze, die Nachwirkungen einer vielhundertjährigen Geschichte, der wirtschaftliche Zusammenhang mit dem übrigen Kärnten und dem deutschen Norden, die Durchdringung durch deutsche Kultur, die trennende Kraft der Karawanken, die Nähe und Bedeutung Klagenfurts, die weite Entfernung Laibachs und Marburgs u. ä., hätten sich nie aus der Welt schaffen lassen. Und eine durch Druck nicht gehinderte deutsche Propaganda hätte noch mehr als eine gehemmte und unterdrückte dafür sorgen können, daß diese treibenden Kräfte voll zur Geltung kommen. **Diese auf unabänderlichen geographischen und geschichtlichen Tatsachen beruhenden Kräfte mißachtet und allen Gegengründen zum Trotze den Versuch gemacht zu haben, ein Volk gegen seinen klar erkannten Willen gewaltsam zu unterjochen, ist die schwere tragische Schuld der Laibacher Politiker, die sich so bitter an ihnen gerächt hat. —**

Der Kampf um Kärnten war zu Ende. Kärnten hat diesen Kampf um Sein oder Nichtsein mit Erfolg bestanden, weil es nicht auf schöne Versprechungen und wohlklingende Lehrsätze baute, sondern seine Rettung in eigener Tat suchte. Es hatte das Glück, Männer zu besitzen, die die innersten Gedankengänge, Regungen und Wünsche des Volkes kannten und es verstanden, die in diesem Volke schlummernden Kräfte zu sammeln und trotz widerstrebenden Einflüssen von außen auf ein großes Ziel einzustellen. So wurde die drohende Zerstückelung von ihm abgewendet und blieb ihm das Schicksal erspart, zu einem bloßen geographischen Begriffe herabzusinken. Nur das Mießtal ging an Jugoslawien verloren[4]. Die Gemeinde Seeland wurde freiwillig abgetreten.

Der zweijährige Kampf hat das geistige und künstlerische Leben in Kärnten mächtig angeregt. Im geistigen Abwehrkampf hatten sich Lücken in der wis-

[4] Wutte, M., Mießtal und Unterdrauburg. In: Die südostdeutsche Volksgrenze. Volk- und Reich-Verlag, Berlin 1934. Vgl. auch Carinthia I, 1936, S. 126.

senschaftlichen Literatur gezeigt. Nunmehr wurde getrachtet, diese Lücken zu schließen, eine Aufgabe, der sich hauptsächlich der Geschichtsverein und der Verein „Naturkundliches Landesmuseum" unterzogen. Die Ergebnisse dieser neu aufblühenden Forschung sind großenteils in den beiden Vereinszeitschriften „Carinthia I" und „Carinthia II" niedergelegt. Besondere Pflege wurde auch der Kärntner Volkskunde durch G. Graber und O. Moro zuteil. Der Verein Kärntner Landsmannschaft schuf, dank der unermüdlichen Tatkraft Ferdinand Rauneggers, das Kärntner Heimatmuseum, zu dem bereits der Geschichtsverein durch Sammlung volkskundlicher und gewerblicher Gegenstände Vorarbeiten geleistet hatte. Dichterischen Ausdruck fanden die Gefühle und Stimmungen der Abstimmungszeit durch Primus Lessiaks tief empfundene „Reim- und Pleperliadlan", von denen manche in den dauernden Besitz des Kärntner Volkes übergegangen sind. Auch zu zahlreichen dramatischen Versuchen hat Kärntens Heldenzeit Anlaß gegeben. Es sei nur an J. F. Perkonigs aus der Zeit geborenes Drama „Heimsuchung" erinnert. Einige dieser Versuche wurden gelegentlich auch in ländlichen Spielgruppen in der Abstimmungszone aufgeführt. Unvergängliche Schöpfungen der Tonkunst sind K. Frodls großes Chorwerk „Legende von Kärntens Not und Befreiung", Text von Paul Hatheyer, und E. Komauers „Hymnus an Kärnten". Auch die bildende Kunst wurde durch den Kärntner Freiheitskampf belebt. Schon im Abstimmungskampf zeigten Kärntens Künstler in den zahlreichen packenden Werbebildern und witzig-satirischen Karikaturen der Propagandazeitung „Kärntner Landsmannschaft" sowie in den wuchtigen Plakaten ihr Können[5]. Nach der Abstimmung schuf Switbert Lobisser im Auftrage der Landesregierung das monumentale Fresko an der Nordwand des Landtagssitzungssaales im Landhaus in Klagenfurt, das die Einheit des Kärntner Volkes, den Kampf mit den Waffen und die Volksabstimmung symbolisch darstellt, und malte A. Rothaug nach Entwürfen H. Hellers große, an den Abwehrkampf und die Volksabstimmung erinnernde Wandgemälde im Deutschen Vereinshaus zu Klagenfurt.

Zum bleibenden Gedächtnis an den Kärntner Freiheitskampf stiftete das Land Kärnten am 4. November 1919 ein „allgemeines" und für hervorragende Tapferkeit oder außerordentliche Leistungen ein „besonderes" Kärntner Kreuz. Beide Arten gelangten für „Tapferkeit" oder „Verdienst" zur Verleihung. Vom „Allgemeinen Kärntner Kreuz für Tapferkeit" wurden rund 18 000 verliehen. Anspruch darauf besaß jede Person, die an einem Gefechte im Abwehrkampf teilgenommen hatte oder durch feindliche Einwirkung verwundet worden oder

---
[5] Siehe die beiden vom Kärntner Heimatdienst herausgegebenen Sammelmappen: „In Memoriam. Volksabstimmung in Kärnten 1920." Handsignierte Holzschnittblätter von Leo Kainradl, Felix Kraus und Sepp Prokopp. Mit Geleitworten von J. F. Perkonig, und „Zum Gedächtnis. Volksabstimmung in Kärnten 1920". Zeichnungen von L. Kainradl, F. Kraus und Sepp Prokopp. Mit einer Vorrede von J. F. Perkonig. Druck von Johann Leon in Klagenfurt.

als Angehöriger einer Volkswehr-, Alarm- oder Heimwehrabteilung im Abwehrdienst gestanden war. Später wurde das Kärntner Kreuz auch Personen verliehen, die sich in der Abstimmungszeit verdient gemacht hatten; sie sind in der Zahl von 18000 mitgerechnet.

Die erschütternden Erlebnisse des Freiheitskampfes und der Volksabstimmung haben sich auch tief in die Kärntner Volksseele eingeprägt. Vielen ist die Liebe zur Kärntner Heimat und zum Kärntner Volkstum, die früher in ihnen unbewußt geschlummert hat, erst in dieser Zeit der Not so recht im Herzen aufgegangen, viele haben den unschätzbaren Wert der Freiheit erst unter der südslawischen Herrschaft erkannt. Das Bewußtsein der Einheit und untrennbaren Zusammengehörigkeit, die Überzeugung, in Zeiten der Gefahr füreinander einstehen zu müssen, drängten sich allen und jedem mit unbezwinglicher Gewalt auf. Nie war vorher die deutsche und die windische Bevölkerung so einig und stark gewesen, wie in diesen zwei Jahren der Prüfung. Südslawien wäre niemals imstande gewesen, die durch die lange Leidens- und Probezeit gestählten Kärntner, die ihre Stimme aus innerster Überzeugung für den angestammten und nun deutsch gewordenen Staat und ihre alte Kärntner Heimat abgegeben haben, mit der Fremdherrschaft zu versöhnen. Sie wären in seinem Staats- und Volkskörper mit Naturnotwendigkeit stets Fremde geblieben und hätten sich nie in einen Staat eingefügt, dessen Schwerpunkt auf dem Balkan lag. Kärnten schaut nicht nach Süden, sondern nach seinem deutschen Mutterland im Norden, mit dem es durch unzerreißbare Bande des Blutes, der Natur und Geschichte, der Kultur und Wirtschaft verbunden ist. Diese Tatsache ist durch seinen Freiheitskampf und durch die Volksabstimmung aufs neue besiegelt worden.

Und das ist auch der letzte Sinn und die geschichtliche, gesamtdeutsche und mitteleuropäische Bedeutung des Kärntner Freiheitskampfes: Die Kärntner der Jahre 1918—1920 haben durch ihren Kampf mit den Waffen des Geistes und der Faust nicht nur die Freiheit und Einheit ihrer Heimat behauptet, sie haben, getreu den Zielen, für die ihre Vorfahren seit 1848 gestritten haben, durch Einsatz von Gut und Blut auch ihr tausendjähriges Grenzland deutsch erhalten.

Die Niederlage des 10. Oktobers hatte zur Folge, daß Landespräsident Brejc, der Haupturheber des für Jugoslawien so schmählich verlaufenen Kärntner Abenteuers, Mitte Dezember zurücktrat. Er war gleich nach der Abstimmung nach Belgrad gefahren, um die Regierung zu bitten, die Abstimmung nicht anzuerkennen, und schmiedete neue Pläne für die Zukunft. Im Jänner 1921 richtete die Laibacher Landesregierung unter dem neuen Präsidenten Dr. Žerjav, der seinen Vorgänger an Verschlagenheit vielleicht noch übertraf, eine offenbar von Brejc verfaßte Denkschrift[6]) an das Ministerium des Äußeren mit der Bitte, in Paris Schritte zu unternehmen, damit die Volksabstimmung für ungültig erklärt oder wenigstens das Gebiet südlich der Drau Jugoslawien zugesprochen werde. In dieser Denkschrift wird der Botschafterkonferenz Verletzung des Friedensvertrages, begangen durch Öffnung der Demarkationslinie, Entziehung des Stimmrechtes des jugoslawischen Mitgliedes der Abstimmungskommission und Zulassung des österreichischen Vertreters zu den Beratungen über die Zone A vorgeworfen, der Abstimmungskommission Oberflächlichkeit und Parteilichkeit zugunsten der Deutschen, den Kärntnern umfangreiche Betrügereien bei der Abstimmung und Terror. Besonders scharf wird auch der österreichische Vertreter in der Abstimmungskommission Peter-Pirkham angegriffen, dessen offensivem Auftreten es in erster Linie zuzuschreiben sei, daß die Abstimmungskommission den Jugoslawen nach und nach einen großen Teil der Belgrader Verwaltung aus den Händen gewunden habe, insbesonders aber, daß die Ausübung der Polizeigewalt nahezu vollkommen von der Abstimmungskommission abhängig geworden sei.

Die Belgrader Regierung sandte daraufhin der Botschafterkonferenz zwei Noten. Die erste enthielt einen Protest gegen die angeblichen deutschen Betrügereien bei der Abstimmung, in der zweiten, am 26. März, 6 Tage nach der Abstimmung in Oberschlesien, wurde die Konferenz gebeten, die Grenze nach der Drau zu ziehen. Ein formeller Protest gegen die Gültigkeit der Abstimmung wurde nach Brejc nicht erhoben. Am 18. Mai anerkannte Ministerpräsident Pašić selbst in der Skupština, daß die Abstimmung dem Wesen nach in formeller Beziehung gerecht durchgeführt worden sei, blieb jedoch bei der Behauptung, daß die Deutschen verschiedene Gewalttaten und Schwindeleien verübt hätten; da aber in Oberschlesien nach Durchführung der Abstimmung in maßgebenden Kreisen die Absicht zutage getreten sei, trotz des für die Deutschen günstigen Gesamtergebnisses jenen Gebietsteil, der eine polnische Mehrheit aufweise, Polen zuzuweisen, so habe die jugoslawische Regierung Schritte unternommen, um diesen Grundsatz auch in Kärnten mit Bezug auf das Gebiet südlich der Drau anzuwenden, wo sich eine „überwiegende Mehrheit" der Bevölkerung — 10405 gegen 10093 Stimmen! — für Jugoslawien ausgeprochen habe[7]); man könne nicht beurteilen, ob sich Österreich mit Deutschland vereinigen werde, doch verlange die jugoslawische Regierung im Interesse des Friedens eine strategische Grenze gegen Österreich.

Dementsprechend schlug der slowenische Vertreter in der Kommission für

---

[6]) Vgl. Brejc in „Slovenci v desetletju 1918—1928", S. 204, wo der Inhalt der Denkschrift z. T. wiedergegeben ist.

[7]) Vgl. S. 399.

die Festsetzung der österreichisch-südslawischen Grenze in Kärnten die Drau als Grenze vor.

Sofort setzte auch in der Laibacher Presse sowie in einzelnen französischen Blättern eine lebhafte Propaganda im gleichen Sinne ein, wobei man insbesonders auf das Ergebnis der gerade damals stattfindenden Volksabstimmung in Salzburg und Tirol über den Anschluß Österreichs an Deutschland verwies. Gelegentlich wurde nicht bloß die Draugrenze, sondern eine Grenze über den Zwanzgerberg (südöstlich Klagenfurt), ja sogar das ganze Klagenfurter Becken mit Villach und Klagenfurt verlangt.

Man übersah dabei, wohl absichtlich, daß die Bestimmungen über das Abstimmungsgebiet in Oberschlesien wesentlich verschieden waren von denen über das Kärntner Abstimmungsgebiet; denn nach Artikel 66, § 4 des Versailler Diktats hatte die Abstimmung in Oberschlesien g e m e i n d e w e i s e zu erfolgen und war das Ergebnis gemeindeweise zu werten und nach § 5 war die Grenzlinie unter Berücksichtigung der Willenskundgebung der Bevölkerung u n d der geographischen und wirtschaftlichen Lage der Ortschaften zu ziehen. In Kärnten aber war das Gesamtergebnis der Abstimmung für die ganze Zone mit den Grenzen, wie sie im Friedensvertrag bestimmt waren, entscheidend und das Abstimmungsergebnis von der Botschafterkonferenz bereits anerkannt worden.

Die Botschafterkonferenz lehnte daher Anfang Juni das Verlangen der jugoslawischen Regierung ab und forderte sie auf, sich an die Verträge zu halten, die respektiert werden müßten.

Die jugoslawische Öffentlichkeit tröstete sich jetzt damit, daß die Ablehnung nur „für diesmal" erfolgt sei, und klammerte sich an die Erklärung, die der jugoslawische Außenminister Trumbić schon im Oktober 1920 gegenüber einer Abordnung von jugoslawisch gesinnten Kärntnern abgegeben hatte, daß er die Kärntner Frage in dem Augenblick als offen betrachte, in dem sich Österreich an Deutschland anschließe; in diesem Falle würde die Frage einer deutschen Grenze auf den Kämmen der Karawanken eine mitteleuropäische und sogar eine Weltfrage werden; die Belgrader Diplomatie werde dies besonders im Auge behalten.

Dieser Gedanke wurde zuerst von Brejc in einer im Jänner 1921 an das Belgrader Kriegsministerium gerichteten Denkschrift aufgegriffen und 1925 in einem in der Zeitschrift „Čas. Wissenschaftliche Revue der Laibacher Leo-Gesellschaft", 20. Jg. 1925/26 erschienenen Aufsatz „Das österreichische Problem" weiter ausgeführt[8]). Brejc rechnet mit dem Zerfall Österreichs und seinem Anschluß an Deutschland als Ereignissen, die mit historischer Notwendigkeit früher oder später kommen müßten. Der Anschluß aber werde, so meint er, eine neue Sachlage schaffen, denn der Vertrag von St. Germain und die Abstim-

---

[8]) Vgl. M. Wutte, Ein slowenischer Kuffner. Deutsche Rundschau, 53. Jg. 1927, S. 314.

mung vom 10. Oktober 1920 würden für diesen Fall belanglos, da der Vertrag zwischen Österreich und Jugoslawien abgeschlossen worden sei und die Abstimmung für Österreich und nicht für Deutschland gelautet habe; Jugoslawien sei daher mit dem Aufhören Österreichs seiner Verbindlichkeiten frei und könne auf Grund des Nationalitätenprinzipes das „slowenische Kärnten" ohne Zweifel für sich fordern.

Brejc empfahl daher schon 1921 der jugoslawischen Regierung, Frankreich, England und Italien für die Wiederbesetzung eines Teiles von Kärnten durch Jugoslawien zu gewinnen: Frankreich und England, meint er, werden, wenn der Anschluß Österreichs an Deutschland unvermeidlich sei, ohne weiteres der Wiederbesetzung zustimmen, jenes, weil es in seinem eigenen Interesse liege, daß der Kräftezuwachs, den Deutschland durch den Anschluß Österreichs zu erwarten habe, möglichst gering sei, dieses, weil ihm ein Vorrücken des großdeutschen Reiches auf den Karawankenkamm wegen der Nähe der Adria nicht zusagen würde. Italien aber könne nicht wünschen, daß das Klagenfurter Becken, das wegen der von Norden her führenden Bahnen ein geradezu idealer Aufmarschraum für deutsche Truppen sei, an Deutschland komme; dagegen spiele das Klagenfurter Becken im Falle eines Krieges zwischen Italien und Jugoslawien keine entscheidende Rolle, wenn es jugoslawisch wäre; denn es liege für Jugoslawien völlig exzentrisch, auch seien die Verbindungswege zwischen Jugoslawien und Kärnten mangelhaft und würde die jugoslawische Armee den Weg nach Italien sicherer und leichter aus dem Sawetal suchen als aus Kärnten. Brejc entwirft auch schon Pläne, wie Kärnten aufgeteilt werden soll, und weist hierbei in allen 4 Varianten, die er erörtert, den Löwenanteil Jugoslawien zu, zum mindesten das ganze Abstimmungsgebiet, die Gegend von Villach und das untere Gailtal bis Hermagor, Italien aber Westkärnten. In wenigen Jahren, so hofft er, werde das ganze Gebiet unter jugoslawischer Herrschaft slowenisiert („renationalisiert") sein und bekäme Jugoslawien im Norden eine feste nationale Grenze.

Der Gedanke, daß Jugoslawien im Falle des Anschlusses Österreichs an Deutschland Südkärnten für sich fordern müsse, war fortan die Leitlinie der Laibacher Außenpolitik. Der durch die Abstimmung geschaffene Zustand wurde als vorübergehende Episode betrachtet, die mit dem Tage des Anschlusses zu Ende gehe. Bis dorthin müßten alle Vorbereitungen getroffen werden, um die Ansprüche Jugoslawiens auf Südkärnten verwirklichen zu können. Durch eine lebhafte, manchmal leidenschaftlich aufschäumende Propaganda durch die Presse, Broschüren, Landkarten, Radiovorträge, Demonstrationsversammlungen am Jahrestag der Volksabstimmung, Veranstaltung von Ausflügen von slowenischen Vereinen nach Laibach, Denkmäler mit entsprechenden Aufschriften usw. wurde Jugend und Volk im Gedanken an das „unerlöste Kärnten" erzogen und in Kärnten selbst unter dem jugoslawisch gesinnten Anhang künstlich eine slowenische Irredenta gezüchtet. Insbesondere wurde in der Presse und in Broschüren immer wieder in aufreizendster Art auf die angebliche Verfolgung der Kärntner Slowenen und die Verletzung des Friedensvertrages und des Minderheitenschutzvertrages durch angebliche systematische Unterdrückung des slowenischen Kulturlebens in Kärnten hingewiesen[9]). Zeitweise wurde Kärnten sogar unmittelbar bedroht, wie um 1925 durch die bewaffneten Banden der Orjuna, die in den benachbarten Grenzorten Jugoslawiens Aufmärsche veranstalteten, wobei drohende Reden gegen Kärnten gehalten wurden. Politiker und Blätter aller Parteirichtungen, führende Persönlichkeiten nationaler Vereine und Wissenschaftler stellten immer wieder die politische Vereinigung aller Slowenen, vor allem der Kärntner Slowenen mit Jugoslawien als das Endziel slowenisch-nationaler Politik hin. Die offiziöse Belgrader „Samouprava" verlangte gelegentlich für den Fall des Anschlusses Österreichs an Deutschland eine neuerliche Abstimmung für Südkärnten, wurde aber von der Laibacher Presse dahin zurechtgewiesen, daß Südkärnten ohne Abstimmung an Jugoslawien kommen müsse. Professoren der Laibacher Universität beschäftigten sich mit Vorliebe mit Südkärnten als Teil „Sloweniens", der einst jugoslawisch werden müsse.

So war Kärnten ständig in Gefahr. Drohend erhob sich über dem Kamm der Karawanken das Haupt des Jugoslawen. Nur die Furcht vor schweren internationalen Verwicklungen hielt ihn davon ab, in Kärnten einzugreifen. Das kleine in St. Germain geschaffene Österreich wäre zu schwach gewesen, einen Angriff abzuwehren und Kärnten allein hätte den Kampf gegen Jugoslawien nicht aufnehmen können.

---

[9]) Diese Angriffe entsprangen einem wohlüberlegten Plan. Wie wir nämlich heute wissen, empfahl ein gewisser Dr. Stanko Škerlej in einem zu Paris gegebenen Brief vom 24. Oktober 1923 dem nach der Abstimmung in Laibach gegründeten irredentistischen Verein „Maria Saaler Glocke" Material über die Verfolgung der Kärntner Slowenen zu sammeln, da sich jetzt, wie ihm ein Franzose, Herr Bourgoin, der sich besonders aktiv mit Jugoslawien befasse und sich für Kärnten interessiere, geraten habe, die Kärntner Angelegenheiten in die Öffentlichkeit zu bringen , weil es augenblicklich in Paris keine über alles dringenden Angelegenheiten zu erledigen gebe. Diese Aufforderung gab die „Maria Saaler Glocke" an den politischen Verein der Kärntner Slowenen in Klagenfurt weiter. Das Ergebnis war schließlich die 1925 in Laibach erschienene Propagandaschrift „Die Lage der Slowenen unter Österreich und jene der Deutschen im Königreich der Serben, Kroaten und Slowenen", die die Gegenschrift Wutte-Lobmeyr „Die Lage der Minderheiten in Kärnten und Slowenien" zur Folge hatte.

ANHANG

Anhang I

1.

Gutachten des Dechants R a b i t s c h in Kappel im Rosental an Bezirkskommissär Julius v. Webenau in Hollenburg vom 7. September 1849 (auszugsweise).

„Soviel ich, ein geborener Slowene, von dem jetzigen Sachverhalte mit der slowenischen Sprache Kenntnis habe, glaube ich über die drei von der hohen provisorischen Landesbehörde unterm 12ten August d. J., Zl. 171/L. B. zur Beantwortung aufgestellten Punkte meine unmaßgebliche Ansicht dahin aussprechen zu sollen:

ad 1. Die hierland verteilten slowenischen Kurrenden sind hinsichtlich der Schreibart für das Landvolk schwer leserlich, hinsichtlich der Übersetzungsart aber auch für den gebildeten Slawen wirklich sehr schwer, mitunter gar nicht verständlich, so daß selbst der gebildete Slawe und auch jene Bauern, welche ziemlich deutsch sprechen, noch eher die Verordnung in deutscher als jene in der Muttersprache sein sollende Verordnung verstehen.

ad 2. Der Grund der schweren L e s e r l i c h k e i t für den Landmann liegt darin, weil die Slawen seit wenigen Jahren v i e r verschiedene Schreibarten einzuführen suchten, nämlich die gewöhnliche, jene mit den sogenannten Cyrillischen Buchstaben, die Metelkische und seit der Konstitution die allerneueste mit bloßer Strichilierung gewisser Buchstaben. Das ist ein förmlicher windisch-babylonischer Turmbau! Der Bauer kann nicht alle Jahre eine neue Schreibart lernen. — Auch in den Schulen findet man, daß der Lehrer die Worte an der Tafel in einer anderen slawischen Schreibart schreibt, als solche die Kinder in ihren noch vorgeschriebenen und zuhanden habenden Schulbüchern finden. Vielleicht haben wir das Glück, im nächsten Jahre in den Schulbüchern abermals eine neue Schreibart zu finden. Das muß den lesenden Bauer konfus und unwillig machen.

Der Grund der schweren V e r s t ä n d l i c h k e i t liegt aber darin: Wir haben auch in der deutschen Sprache verschiedene Dialekte und doch die deutschen Verordnungen nur in einem, von allen Deutschen verstandenen Dialekte. Es wird daher auch für die Slawen in Kärnten, Steiermark, Krain und Görz die slawische Übersetzung der Verordnungen in einem Dialekte genügen und kann für alle diese verständlich gemacht werden. Tschechen und Kroaten brauchen freilich wieder jedes eine eigene Übersetzung. — Wir haben aber auch in jeder Sprache die hohe, somit schwer verständliche, dann die populär leicht verständliche Schreibart. Allein manche slawischen Sprachforscher, bei dem jetzigen allerdings gerechten Streben, diese Sprache zu vervollkommnen, glauben in jedem slawischen Aufsatze ohne Unterschied die ausgesuchtesten Worte auskramen zu sollen. — Zu Übersetzungen der Verordnungen werden Slawen gewählt, die im Rufe der Gelehrsamkeit stehen, und diese Gelehrsamkeit sucht mancher damit zu zeigen, daß er sich auch in Aufsätzen, die möglichst allgemein verständlich sein sollen, nur der möglichst fremden, noch nie gehörten, ja ganz neuerfundenen und nur allein dem Erfinder verständlichen Worte bedient . . .

ad 3. Die Antwort auf diesen Punkt ist größtenteils schon in dem Vorhergehenden enthalten. Die Übersetzung der Verordnungen wird also verständlicher, wenn man sie a) in einen Dialekt übersetzt, wie solcher in der Gegend von Cilli oder in Oberkrain gebräuchlich ist, den auch der Kärntner gut versteht, b) wenn man darin die hohe Schreibart, die gesuchten, unbekannten, weil erst neuerfundenen Worte, das wörtliche Übersetzen durch ganz fremde Worte möglichst vermindert . . ."

2.

Gutachten des Bezirkskommissärs Josef K r o n i g in Haimburg vom 14. August 1849:

„Um dem mit hohem Präsidial-Erlasse vom 12. v. M. Zl. 171/L. B. erhaltenen Auftrage, die Äußerung zu erstatten, ob die in slowenischer Sprache abgedruckten Kurrenden, Patente etc. von den gebildeten Slawen dieses Bezirkes verstanden werden, dem vollen Umfange nach zu entsprechen, hat der gehorsamst Gefertigte mit verschiedenen slawischen Bewohnern aus verschiedenen Teilen dieses Bezirkes Rücksprache gepflogen und dieselben insbesonders auch befragt, ob die slowenischen Übersetzungen der das Gemeindegesetz betreffenden Kurrenden der h. Landesbehörde vom 16. Mai und 16. Juni d. J., Zl. 140 und 433 verstanden werden, bei welchen Gelegenheiten auch diese Kurrenden abermals zur Einsichtnahme vorgelegt und wohl auch wiederholt vorgelesen worden sind.

Hierbei nun wurde von allen Befragten die einstimmige Erklärung abgegeben, daß diese mit dem kärntnerisch-slowenischen Landesdialekte kontrastierenden Übersetzungen hierorts fast gar nicht und nur bezüglich weniger Ausdrücke verstanden werden, daß daher der Sinn und Inhalt dieser Verordnungen nur aus dem deutschen Abdrucke derselben erholet werden könne und daß dieses bei allen bisher in slowenischer Übersetzung erschienenen Kurrenden der Fall gewesen sei.

Es ist wohl richtig, daß die Schwierigkeit des Verstehens der slowenischen Kurrenden großenteils wohl auch in der minderen Bildung des Landbewohners zu suchen ist, allein der vorzüglichste Grund hiervon liegt ohne Zweifel darin, daß die Kurrenden und Vorschriften in die hierorts nicht verständliche krainerisch-slawische Schriftsprache übersetzt werden, daher es

ad 1 einleuchtet, daß die slowenischen Kurrenden der k. k. Landesstelle, wie es bereits oben erörtert wurde, hierorts nicht verstanden werden,

ad 2 daß der Grund des Nichtverstehens vorzüglich in deren Abfassung in die hierorts nicht übliche und von den kärntnerischen Dialekten ganz verschiedene, nicht verständliche krainerisch-slowenische Sprache liege, daher

ad 3 diesem Übelstande am besten dadurch abgeholfen würde, wenn die für die hierländige slawische Bevölkerung bestimmten Kurrenden in dem kärntnerischen Landesdialekte abgefaßt und die abstrakte Begriffe enthaltenden Ausdrücke durch Beibehaltung der deutschen Wörter erkläret würden, da die deutsche Sprache selbst vom slawischen Teile der Bevölkerung teilweise verstanden wird, da es gewiß in jeder Gemeinde Leute gibt, welche die deutsche Sprache verstehen, daher diese durch ähnliche Beischaltungen in die Lage gesetzt werden, selbst Bezeichnungen der in slowenischer Sprache ihnen nicht verständlichen abstrakten Begriffe den übrigen Gemeindeinsassen begreiflich und verständlich zu machen.

3.

Aus dem Berichte des Landespräsidenten Grafen H o h e n w a r t an das Ministerium vom 22. August 1867, Zl. 1034:

„ . . . Was die Bemerkungen über die U n t e r r i c h t s s p r a c h e betrifft, so kann ich mit vollster Bestimmtheit die Versicherung aussprechen, daß ein Versuch, die im Promemoria befürworteten Prinzipien in Kärnten zur Geltung zu bringen, nicht nur der einmütigen und energischen Opposition der Landesvertretung begegnen würde, sondern auch den Wünschen der slowenischen Gemeinden geradezu entgegenliefe.

Über die Ansichten der Landesvertretung brauche ich nichts Weiteres zu erwähnen, da Euere Exzellenz die Bestätigung meiner Behauptung sowohl in den vorausgegangenen Landtagsverhandlungen finden, als auch, im Falle es Hochdieselben für nötig finden wollten, durch eine Rücksprache mit den kärntnerischen Abgeordneten im Reichsrate erhalten dürften. Die

Ansicht der slowenischen Gemeinden Kärntens aber ist durch zahlreiche Petitionen zum Ausdrucke gelangt, welche dieselben teils an den Landtag, teils an die Landesbehörde richteten, und in denen sie ausdrücklich um die Einführung der deutschen Sprache als Unterrichtssprache an ihren Volksschulen baten. Ich führe hier namentlich und beispielsweise die slowenischen Gemeinden Uggowitz, Mittertrixen, Maria Rain, Görtschach, St. Martin am Techelsberg, Suetschach, Grafenstein, Fürnitz, Latschach, Mallestig und Finkenstein an, die in verschiedenen Bezirken zerstreut durch eigene, ohne Intervention irgendeines behördlichen Organes gefaßte Gemeinderatsbeschlüsse dieses Petitum stellten, während im Gegenteile bisher auch nicht eine einzige Gemeinde über eine etwaige Zurücksetzung der slowenischen Sprache in der Schule Klage geführt hat.

Ungeachtet dieser so allseitig und entschieden zutagegetretenen Wünsche der Bevölkerung Kärntens, die allerdings eine sonderbare Illustration zu dem Promemoria einiger dem Lande nicht angehörenden, aber dennoch in dessen Namen sprechenden Herren Abgeordneten im Reichsrate bilden, ist die Landesbehörde auf dieselben durchaus nicht leichtsinnig oder überhaupt in einer vorgefaßten Meinung oder tendenziösen Richtung eingegangen, sie hat vielmehr im Vereine mit dem zur Abgabe eines Gutachtens im Gegenstande kompetenten Organe, namentlich dem f. b. Konsistorium und dem Schulrate und Volksschulinspektor sorgfältig die Bedingungen und die Grenzen erwogen und festgesetzt, innerhalb deren diese Wünsche befriedigt werden können; sie hat diese prinzipiellen Bestimmungen mit dem ausführlichen Berichte vom 13. April 1864, Zl. 8699 zur Kenntnis des h. k. k. Staatsministeriums, Abteilung für Kultus und Unterricht gebracht, wobei sie überdies in der Lage war, sich auf ein im Originale vorgelegtes Operat des verstorbenen Fürstbischofs Slomšek, somit eines Mannes berufen zu können, dem selbst die Unterzeichner des besprochenen Promemoria die Qualifikation eines „dem slavischen Volke wohlwollenden und mit der Entwicklung seiner Sprache vertrauten" Mannes kaum in Abrede zu stellen versuchen werden.

Ähnlich verhält es sich mit den Bemerkungen des Promemoria über die **Amts- und Gerichtssprache**. Bei der Personalbesetzung der Bezirksämter ist sowohl bisher und wird auch in Zukunft stets Sorge getragen werden, daß jene derselben, in denen sich slowenische Gemeinden befinden, auch mit Beamten bestellt werden, die dieser Sprache mächtig sind, so daß mindestens bei den Bezirksämtern überall im Lande der mündliche Verkehr mit der Bevölkerung auch wirklich in ihrer Muttersprache erfolgt und nirgends die Notwendigkeit der Beiziehung eines Dolmetschers eintritt. Ein mehreres Verlangen ist hierlandes nie gestellt worden und man würde vergeblich die ganze Registratur der Landesbehörde durchsuchen, um auch nur eine Klage zu finden, daß der slowenischen Sprache der ihr gebührende Platz im Amte geschmälert werde.

Wenn nun das vorliegende Promemoria das Verlangen stellt, daß auch in Kärnten der slawischen Bevölkerung die Erlässe und Entscheidungen der Behörden in slowenischer Sprache hinausgegeben werden und daß sich hierbei der Terminologie der slowenischen Übersetzung des Reichsgesetzblattes bedient werde, so werde ich mich nicht in die wenngleich nicht schwierige Widerlegung der hierfür angeführten Gründe einlassen, weil ich nach den Bemerkungen, die das Promemoria über die Amts- und Gerichtsvorsteher und ihre einseitig abgefaßten Berichte machen zu müssen glaubt, gerechten Anstand nehmen muß, den gleichen Verdacht gegen mich wachzurufen. Ich erlaube mir jedoch die Berichte des vormaligen Statthalters Freiherrn von Schloißnigg vom 23. Juni und 24. August 1866, Zl. 637/Präs. und 1134/Pr., beide an das h. k. k. Ministerium des Innern gerichtet, in Erinnerung zu bringen, nicht weil dieselben von einem Manne herrühren, der gegenwärtig in der slowenischen Partei des krainischen Landtages einen hervorragenden Platz einnimmt, dessen Angaben daher bei jener Partei auch Glauben und Vertrauen finden dürften, sondern vorzugsweise deshalb, weil in diesen Berichten die eigenen Erklärungen der sämtlichen slowenischen Gemeinden Kärntens vorliegen, daß sie die slowenische Schriftsprache, namentlich die Terminologie des Reichsgesetzblattes nicht verstehen und deshalb ausdrücklich verlangen, die behördlichen Erlässe in deutscher Sprache zugestellt zu erhalten.

In beiden Berichten handelt es sich um die Frage, welche Gemeinden Kärntens mit slowenischen Abdrücken des Reichsgesetzblattes zu beteilen seien. Im ersten auf Grundlage der Anträge der Unterbehörden erstatteten Berichte glaubte Baron Schloißnigg den slowenischen Abdruck für 4 Gemeinden in Kärnten ansprechen, für alle übrigen aber, auch die rein slowenischen Gemeinden, die Beteilung mit dem alleinigen deutschen Texte beantragen zu sollen.

Nachdem jedoch das h. k. k. Ministerium des Innern laut seines Erlasses vom 10. Juli 1860, Zl. 20. 984 sich durch diesen Antrag noch nicht ermächtigt hielt, von der gesetzlichen Vorschrift des § 3 des Allerhöchsten Patentes vom 1. Jänner 1869 abzugehen und zu einer Beruhigung hierüber die förmlichen Erklärungen aller slowenischen Gemeinden abverlangte, wurden dieselben eingeholt und mit dem zitierten zweiten Berichte des Statthalters Baron Schloißnigg vorgelegt, wobei es sich ergab, daß die Behörden den Bedarf an slowenischen Reichsgesetzblättern noch zu hoch eingegeben hatten und von sämtlichen slowenischen Gemeinden Kärntens nur eine, in welcher der Pfarrer das einzige, des Lesens und Schreibens kundige Mitglied des Gemeindevorstandes war, den slowenischen Text verlangte, alle übrigen aber sich ausdrücklich gegen denselben, als ihnen unverständlich, verwahrten.

Der Widerspruch, in welchem das Promemoria mit den wirklichen Wünschen der Slowenen in Kärnten steht, ist daher auch in diesem Punkte ein eklatanter und vollständiger, was seine natürliche Erklärung darin findet, daß die Unterzeichner desselben Kärnten und seine Bewohner gar nicht kennen und die Wünsche, die man vielleicht in Krain hegen mag, ohne weiteres auch dem Nachbarlande aufzudrängen suchen.

Ich würde es nicht für zweckmäßig halten, einen solchen Versuch, wenn auch in noch so entfernter Weise, zu unterstützen und hierdurch vielleicht den ersten Schritt zu tun, um das friedliche Verhältnis zu trüben, in welchem bisher die beiden Nationalitäten in Kärnten nebeneinander lebten, und muß es speziell hervorheben, daß die Landesvertretung Kärntens, das namentlich in letzter Zeit nichts weniger als lockende Beispiel von Krain vor Augen, es der Regierung sehr verargen würde, wenn sie den Wünschen und Begehren der Mitglieder jenes Landtages auch nur den mindesten Einfluß auf Kärnten gönnen würde . . ."

Anhang II

1.

Aus der Verhandlungsschrift Nr. 9 der „Kommission für das Studium der rumänischen und jugoslawischen Gebietsfragen" („Gebietskommission")[1]).

2. März 1919.

Vorsitzender: Tardieu, Präsident der Kommission.

Gegenwärtig: Dr. C. Day und Dr. C. Seymour (Ver. Staaten), Sir Eyre Crowe und M. Leeper (brit. Reich), Tardieu und Laroche (Frankreich), Martino und Conte Vanutelli Rey (Italien).

Als technische Experten wohnen der Sitzung bei: Oberstleutnant Cornevall (brit. Reich), General Le Rond (Frankreich) und Major Rugio (Italien).

(Zu Beginn der Sitzung wird über die serbische Nordgrenze in der Baćska und in der Baranya beraten. Die Amerikaner lassen sich hierbei „von ähnlichen Erwägungen leiten, wie bei den übrigen Teilen der Enquete, nämlich den ethnischen Grundlagen, Eisenbahntransporten, wirtschaftlichen Erwägungen, der Frage, ob die Bevölkerung dieses Gebietes eine ungarische oder südslawische Herrschaft vorziehe, den Maßnahmen, um eine Störung des wirtschaftlichen

---

[1]) Übersetzung in St. Germain. August 1919. Original bisher ungedruckt.

Lebens dieser Bevölkerung zu verhindern". Hierauf schlägt der Präsident im Namen der französischen Delegation vor, die Prüfung der Grenze westlich vom Zusammenfluß der Mur und Drau bis Klagenfurt fortzusetzen und lädt die Delegation ein, ihre Gesichtspunkte bekanntzugeben. Dann heißt es im Protokoll weiter):

Dr. Seymour erklärt, daß die amerikanische Delegation nicht imstande sei, in dieser Sitzung ihre endgültige Ansicht über diese Grenze mitzuteilen, daß sie aber die allgemeinen Gesichtspunkte ausdrücken wolle. Die Delegation ist sich über die slawische Bevölkerung zwischen der Mur und St. Gotthard noch nicht vollständig im klaren. Sie ist indessen bereit, jede befriedigende geographische Grenze anzunehmen, wenn man nördlich der Mur eine solche finden könne, die sich der ethnographischen Linie in dieser Gegend nähert. Es ist wichtig, Ungarn so wenig Slawen als möglich zu lassen. Die amerikanische Delegation stellt daher die Frage, ob Marburg den Südslawen gegeben werden soll oder nicht, an erste Stelle. Der Grenzverlauf, der gegenwärtig betrachtet wird, folgt der Mur bis zu ihrem Schnitt mit der alten Grenze Österreichs, bezieht Mureck und Radkersburg in das südslawische Gebiet ein, wendet sich dann gegen Südwesten in der Richtung der Drau und folgt einer Wasserscheide zweiten Ranges und der Grenze des politischen Bezirkes bis zu dem Punkt, wo sie westlich von Marburg und Mureck die Drau schneidet. Von hier folgt die Linie der Wasserscheide südlich der Drau und der Grenze Kärntens bis südlich Klagenfurt. Die Grenze bezieht Klagenfurt nicht ein. Der amerikanischen Delegation scheint es sehr bedauerlich zu sein, das Becken von Klagenfurt, das eine wirtschaftliche Einheit bildet, zu teilen. Wenn man sich von diesem Fluß entfernt, kann man zwischen einer Grenze wählen, die im Norden, und einer anderen, die im Süden verläuft. Wenn man die nördliche Grenze nimmt, so bezieht sie eine große Zahl Deutsch-Österreichischer ein, die dem Gedanken, von einem südslawischen Staat abzuhängen, besonders feindlich sind. Das Studium der südlichen Grenze führt zur Feststellung, daß sich die Slowenen in dieser Gegend nicht wirklich als Slowenen betrachten. Sie nennen sich Wenden. Obgleich ihre Sprache die slowenische Sprache ist, sind sie von dem Wunsche durchdrungen, in Kärnten zu verbleiben. Ein Ereignis verhältnismäßig frischen Datums bietet hier ein gewisses Interesse. Als die Südslawen in dieses Tal eindrangen, verjagten sie die österreichischen Truppen in weniger als einer Woche und besetzten den südlichen Teil für ungefähr acht Wochen. Am Ende dieser Zeit befreiten die deutsch-österreichischen Truppen, die in schwächerer Zahl zurückkamen, das Tal von den Südslawen. Sie taten dies mit Hilfe der Wenden, ein Ereignis, das man wie eine Volksabstimmung auslegen kann. Folglich befürwortet die amerikanische Delegation, um die wirtschaftliche Einheit des Gebietes zu erhalten und dem Wunsch der Slawen, mit den Deutsch-Österreichern vereint zu bleiben, Rechnung zu tragen, als Grenze die Südgrenze Kärntens.

Dieselben Faktoren gelten, wenn auch mit weniger Gewicht für das weiter östlich gelegene Gebiet. Das Jauntal ist ebenfalls wendisch. Seine Sympathien nördlich vom Flusse gehören den Deutsch-Österreichern und sein wirtschaftliches Leben hängt von ihnen ab. Die deutsch-österreichischen Karten dieser Gegend sind geeignet, uns irrezuführen[2]). Sie zeigen uns eine gleichmäßig verteilte Bevölkerung. Tatsächlich sind die slawischen Bergdörfer wenig zahlreich und sehr zerstreut, während die Talbevölkerung, obwohl slawisch, mit den Deutsch-Österreichern sympathisiert. Mit Rücksicht darauf, daß diese Bevölkerung unter deutsch-österreichischer Herrschaft bleiben will, und in dem Bestreben, das wirtschaftliche Leben dieses Tales zu erhalten, zieht die amerikanische Delegation als Grenze die Linie der Wasserscheide südlich des Flusses der Flußgrenze selbst oder einer nördlich gelegenen Linie vor.

Mr. Leeper ist mit dem ersten Teil der amerikanischen Erklärung einverstanden. Die Gegend zwischen Mur und Drau sollte gewiß zu den Südslawen zurückkommen. Die von der britischen

---

[2]) Da sie die Dichte der Bevölkerung nicht veranschaulichen. Vgl. Carinthia I, 1919, S. 22.

Delegation vorgeschlagene Linie würde der Mur bis zum Lendvaflusse folgen. Von dort ginge sie nordwärts, um entweder dem Fluß oder östlich desselben der Linie der Wasserscheide zwischen Lendva und Kerka zu folgen, hierauf würde sie sich gegen Nordwesten wenden bis zu einem Punkt in der Nähe des Stradnerkogels und von da gerade nach Süden bis östlich von Radkersburg verlaufen, welches wegen seiner Eisenbahnverbindungen in deutsch-österreichischem Gebiet verbleiben soll. Die weitere Fortsetzung ginge, den Bergen folgend, nach Westen. Marburg, obwohl der Mehrheit nach deutsch, sollte zu Südslawien kommen, weil es ein slowenisches Lebenszentrum ist. Die britische Linie würde dann der amerikanischen bis zum Hühnerkogel südlich Eibiswald folgen und sich weiters nach Südwesten gegen den Grintouz wenden. Bleiburg und Eisenkappel blieben im deutsch-österreichischen Gebiet. Die britische Delegation ist nichts destoweniger bereit, die von der amerikanischen Delegation vorgebrachten Argumente in Erwägung zu ziehen und auch die Möglichkeit zu betrachten, eine mehr südliche Linie anzunehmen. Die britische Linie ließe Klagenfurt bei Deutsch-Österreich.

Vanutelli erklärt, daß die von der italienischen Delegation vorgeschlagene Linie der Drau bis zur Murmündung, dann diesem Fluß bis zu einem Punkt östlich von Luttenberg folgen würde, wo die altösterreichisch-ungarische Grenze den Fluß trifft. Die Halbinsel von Murakos, die im östlichen Teil hauptsächlich von Südslawen bewohnt ist, bliebe bei Südslawien, Marburg bliebe bei Deutsch-Österreich. Die Zuteilung dieser Stadt an Südslawien könnte der Grund zu Unruhen und Verwicklungen sein. Dieselben Gründe, die die britische und die amerikanische Delegation für die Unmöglichkeit, Klagenfurt von dem ganzen umgebenden Gebiet zu trennen, geltend machte, müssen auch für die Vereinigung von Marburg mit Deutsch-Österreich geltend gemacht werden, mit welchem Staat sein ganzes wirtschaftliches und geschäftliches Leben verknüpft ist. Die von der italienischen Delegation vorgeschlagene Linie würde also die Mur bei Luttenberg verlassen, dann nähme sie die Richtung West; die Eisenbahn zwischen der Kreuzung von Pragerhof, die den Südslawen verbliebe, und Marburg, das bei Deutsch-Österreich bliebe, schneidend, würde sie hierauf der Wasserscheide bis zur alten Grenze zwischen Kärnten und Krain folgen, genauer, über die Kote 1577[3]) nördlich Schönstein, Kote 1696[4]), dann südlich Eisenkappel verlaufen. Die Grenze bis zur Kote 1370[5]) südlich Klagenfurt würde der Grenze zwischen Kärnten und Krain folgen. Die italienische Delegation behält sich vor, ihre Ansicht über die Grenze nach Westen von dieser letzten Kote an noch auseinanderzusetzen.

General Le Rond erklärt, daß die französische Delegation mit der amerikanischen und der britischen bezüglich der ethnographischen Grundlage des Problems vollkommen übereinstimmt. Die Ungarn haben eine starke Mehrheit in der Gegend zwischen der Donau und dem Zusammenfluß der Drau und Mur. Die Kroaten und Slowenen bewohnen die Gegend von Marburg zwischen Drau und Mur. Sie reichen nördlich der Mur bis in die Gegend von St. Gotthard. Das Becken von Klagenfurt ist von Slowenen, von den Wenden bewohnt, die aber von den anderen Slowenen sehr verschieden sind. Was den Grenzverlauf betrifft, schließt sich die französische Delegation mit Ausnahme einiger Einzelheiten dem britischen Gesichtspunkt an. Sie glaubt übrigens, daß sie damit den Interessen der südslawischen und der benachbarten Bevölkerung Genüge leiste. General Le Rond macht darauf aufmerksam, daß diese letztere gallischen oder slawischen, gewiß nicht germanischen Ursprungs ist, wenn auch der jahrhundertelange Einfluß der Verwaltung ihr die deutsche Sprache und die österreichischen Bestrebungen eingepflanzt hat.

Was die Gegend von Klagenfurt betrifft, zweifelt die französische Delegation daran, daß die Vorfälle, an die Dr. Seymour erinnerte, wirklich jene Bedeutung radikaler Feindschaft gegen Südslawien besitzen. Der Einfluß der durch die altösterreichische Regierung ernannten deutschen

---

[3]) Velka Kapa 1542 m (?). [4]) Ursulaberg. [5]) Loiblpaß.

Beamten hat ein leichtes Spiel, um die Unzufriedenheit auszubeuten, die durch die Ungeschicklichkeit der südslawischen Truppen hervorgerufen wurde, und die Bevölkerung hat ihre Freude bezeugen können, als sie diese Truppen sich entfernen sah, ohne daß man diesen Kundgebungen den Charakter einer förmlichen Befragung (Konsultation) geben könne. Übrigens dürfe man nicht aus dem Auge verlieren, daß alle wirtschaftlichen Beziehungen des Beckens von Klagenfurt nach den talwärts gelegenen slawischen Gebieten gehen.

Herr Laroche stellt fest, daß die britische und die französische Delegation einig sind, Marburg Slowenien zu geben, während dieses von der amerikanischen und italienischen Delegation den Südslawen verweigert wird, und daß anderseits die französische Delegation die einzige zu sein scheint, die ihnen die Stadt Klagenfurt zuteilen möchte.

Der Präsident prüft die Gesamtheit der Grenze, welche soeben studiert wurde, und fragt sich, ob die Kommission den südslawischen Interessen in der Baranya und im Samogy genügend Rechnung getragen habe. Die Draugrenze ließe fast 50000 Slawen in den Händen der Ungarn. Dies ist noch dazu die Ziffer der nichtberichtigten ungarischen Statistik. Anderseits zögert der Präsident, die österreichischen Sympathien der Wenden von Klagenfurt als endgültig anzuerkennen. Er befürchtet, daß die Kommission, wenn sie diese Neigungen als bestimmend annehmen würde, die Vergewaltigung verewige, die eine fremde Verwaltung gegenüber den natürlichen Neigungen einer wenig entwickelten Bevölkerung ausgeübt hat, und die nationale Entwicklung hindere. Eine ähnliche Methode hätte, wenn sie vor zweihundert Jahren in Frankreich angewendet worden wäre, das heute hinter keinem Staate in der Einheit des nationalen Zusammenhaltens zurückstehe, die Bretagne, das baskische Gebiet und die Franche comté lostrennen können.

Die Kommission kommt hierauf auf die Baćska- und Baranya-Grenze zurück.

2.

Aus dem Bericht Nr. 2 der Gebietskommission[6]).

6. April 1919.

IV. Grenze zwischen Jugoslawien und Österreich.

Die Kommission hat die jugoslawischen Ansprüche auf die österreichischen Provinzen des Drautales sorgfältig studiert. Nach Prüfung der ethnographischen, geschichtlichen, wirtschaftlichen und politischen Umstände hat sie sich zu den nachfolgenden Lösungen für die zwei Gebiete entschlossen, die zwei getrennte Becken mit den Hauptorten Marburg und Klagenfurt bilden.

(A) Gebiet von Marburg:

I. Grundsätzliche Feststellungen:

(a) Die amerikanische, britische und französische Delegation stellen fest, daß das Gebiet von Marburg von einer Bevölkerung bewohnt wird, in der das ländliche slowenische Element die Mehrheit besitzt.

(b) Sie bemerken, daß dieses Element trotz der von der österreichischen Verwaltung im Sinne der alldeutschen Ziele verfolgten Assimilationspolitik seine nationalen Aspirationen unversehrt erhalten hat.

(c) Sie stellen fest, daß trotz der Bemühungen der österreichischen Verwaltung die Han-

---

[6]) Almond-Lutz, S. 363, Nr. 126 ([A] Gebiet von Marburg); S. 504, Nr. 182 ([B] Gebiet von Klagenfurt). — Wambaugh, S. 174. Dem Berichte B Gebiet von Klagenfurt war eine Karte 1:1 000 000 angeschlossen. Eine schlechte photographische Kopie dieser Karte bei Almond-Lutz, Anhang.

delsverbindungen dieser Gebiete von Ungarn abzulenken, das Wirtschaftsleben von Marburg bereits in engen wirtschaftlichen Beziehungen mit dem unteren Drautal und dem Gebiete südlich des Flusses stand. Sie sind der Meinung, daß diese Beziehungen sich natürlich enger gestalten werden, als ein Ergebnis der politischen Vereinigung des Gebietes mit Jugoslawien, während sich die durch die Anziehungskraft des österreichischen Kapitals geschaffenen Bindungen mit dem Norden lockern werden.

(d) Die italienische Delegation ist der Ansicht, daß Marburg, dessen deutschen Charakter sie anerkennt, vom österreichischen Wirtschaftssystem abhängt und von diesem nicht abgetrennt werden kann, ohne das Wirtschaftsleben des Gebietes zu zerstören und die Erhaltung des Friedens zu gefährden.

2. Folgerungen:

(a) Die amerikanische, britische und französische Delegation stellen den Antrag, das Marburger Becken in den Begrenzungen nach den Bestimmungen des Anhangs I Jugoslawien zuzuteilen. Im allgemeinen folgt diese Grenzlinie verschiedenen Gebirgskämmen nördlich der Drau (die Stadt Marburg bei Jugoslawien lassend), wendet sich dann nach Süden zur Mündung der Lavant in die Drau, und verläuft dann nach Südwest, bis sie den Zug des Karawankenkammes Südost von Eisenkappel erreicht.

(b) Die italienische Delegation erklärt sich aus den oben niedergelegten Gründen gegen diesen Antrag.

(B) Gebiet von Klagenfurt:

1. Grundsätzliche Feststellungen:

(a) Die amerikanischen, britischen und französischen Delegierten bemerken, daß das Klagenfurter Becken von einer gemischten Bevölkerung mit einem bedeutenden Einschlag slowenischer Elemente bewohnt wird, die östlich von Klagenfurt eine besondere Dichte aufweisen.

(b) Sie bemerken, daß dieses Becken eine geographische Einheit darstelle, die von dem Süden durch den natürlichen Wall der Karawanken getrennt ist.

(c) Sie bemerken, daß aus diesem Grunde das Becken und insbesonders die Stadt Klagenfurt gegenwärtig eine Vereinigung wirtschaftlicher Interessen darstellen, die enger mit den nördlich als den südlich gelegenen Gebieten zusammenhängen.

(d) Die gegenwärtig ihnen vorliegenden Informationen erscheinen ihnen nicht hinreichend, um mit Sicherheit die nationalen Ziele der Bevölkerung dieses Gebietes zu erkennen.

(e) Die italienische Delegation ist der Anschauung, daß das Klagenfurter Becken einen integrierenden Bestandteil des österreichischen geographischen und wirtschaftlichen Systems bildet, von dem es nicht losgelöst werden kann, ohne das wirtschaftliche Leben der Bevölkerung zu stören und den allgemeinen Frieden zu bedrohen.

2. Folgerungen:

(a) Die Kommission schlägt vor, daß die Grenze zwischen Jugoslawien und Österreich dem Kamm der Karawanken von einem Punkt südöstlich von Eisenkappel bis zur Straße Klagenfurt — Laibach folgen solle.

(b) Gleichzeitig lenken die amerikanische, britische und französische Delegation die Aufmerksamkeit der alliierten und assoziierten Regierungen darauf, daß es wünschenswert sei, eine örtliche Untersuchung oder Befragung (enquiry or consultation) — unter Bedingungen, die von den alliierten und assoziierten Regierungen festzusetzen sind — vorzunehmen, damit den Bewohnern des Klagenfurter Beckens Gelegenheit geboten sei, sich gegen die Einverleibung in Österreich auszusprechen und die Vereinigung mit Jugoslawien zu verlangen, falls dies ihr Wille sei.

(c) Sie erachten, daß die Untersuchung oder Befragung, da das Klagenfurter Becken eine geographische Einheit dartellt, im gesamten Becken durchgeführt werden solle, das wie folgt begrenzt wird. (Das folgende im wesentlichen gleichlautend der Grenzbestimmung im Artikel 5 des unter Nr. 3 abgedruckten Entwurfes. Dann heißt es weiter):

d) Die italienische Delegation setzt diesem Vorschlag den grundsätzlichen oben formulierten Vorbehalt entgegen. Darüber hinaus wünscht sie zu erklären, daß nach ihrer Ansicht jederlei Frage einer Volksbefragung oder Untersuchung ebenso wie eine Volksabstimmung einen ausgesprochenen politischen Charakter trägt, der sie der Kompetenz der Territorial-Kommission entzieht.

A. Tardieu (Vorsitzender. Clive Day. Charles Seymour. Eyre A. Crowe. A. W. A. Leeper. J. Laroche. G. de Martino. L. Vanutelli-Rey.

3.

Aus dem Entwurf der von der Gebietskommission zur Einfügung in den Vertrag mit Österreich beantragten Artikel[1]).

(6. April 1919.)

Artikel 2[2]).

Ausgehend von dem Punkte, wo sich die Grenzen von Jugoslawien, Ungarn und Österreich an der Mur treffen, der Talweg der Mur nach Westen bis zu einem Punkte ungefähr 7 km westlich von Mureck: eine nach Süden sich wendende Linie, welche die längs der Kammlinie der Windischen Bühel laufende Verwaltungsgrenze erreicht, dann dieser Grenze nach Westen und Südwesten bis zum Punkt 966[3]) auf der Kammlinie nördlich der Drau (WNW von Marburg), hierauf dieser Kammlinie nach Westen folgt, das Feistritztal kreuzt und den Punkt 1400 (Hühnerkogel)[4]) ungefähr 7 km NNO von Drauburg erreicht, die sodann die Drau unmittelbar südlich des Zusammenflusses mit der Lavant überschreitet, die Kammlinie östlich von Bleiburg und Eisenkappel erreicht, ihr südlich bis zu dem Punkte 2559[5]) des Karawankenkammes folgt und schließlich auf dem Kamme westlich bis zu der von Klagenfurt nach Laibach führenden Straße verläuft.

Artikel 3.

Eine Kommission von 7 Mitgliedern, wovon 5 von den fünf all. und ass. Mächten, eines von dem jugoslawischen Staate und eines von dem betreffenden Nachbarstaate ernannt werden, wird innerhalb dreier Monate nach dem Inkrafttreten des gegenwärtigen Vertrages aufgestellt werden, um die im Artikel 2 (4) angegebene Grenzlinie an Ort und Stelle festzulegen.

Die Beschlüsse der Kommission werden mit Stimmenmehrheit gefaßt und sind bindend für die in Betracht kommenden Parteien.

Artikel 4.

Österreich verzichtet zugunsten Jugoslawiens auf alle Rechte und Titel auf die dem genannten Staate durch den gegenwärtigen Vertrag einverleibten Gebiete.

Artikel 5.

In dem ganzen wie später beschriebenen Klagenfurter Becken wird von den all. und ass. Mächten eine Kommission mit der Aufgabe betraut werden, an Ort und Stelle die von den

---

[1]) Miller, My Diary, Bd. 16, S. 269. — Almond-Lutz, S. 364, Nr. 126 (b); gehört zum Bericht vom 6. April 1919, S. 425.
[2]) Grenzen zwischen Österreich und Jugoslawien.
[3]) Jarzkogel.
[4]) Der Hühnerkogel hat in Wirklichkeit eine Meereshöhe von 1522 m.
[5]) Grintouc.

Bewohnern zum Ausdruck gebrachten Wünsche bzgl. der Zuteilung ihres Gebietes zu dem des jugoslawischen Staates festzustellen.

Wenn die Schlußfolgerungen dieser Kommission das formale Verlangen der Bevölkerung ergeben, dem jugoslawischen Staate einverleibt zu werden, behalten sich die 5 all. und ass. Staaten das Recht vor, diesem Verlangen zu entsprechen.

Die Grenzen des Klagenfurter Beckens sind folgende:

Im Süden der Kamm der Karawanken. (Vgl. Nr. 182)[6]).

Im Osten die im Artikel 2 festgelegte Grenze, die den Kamm der Karawanken bei Punkt 2559 verläßt, östlich von Eisenkappel und Bleiburg verläuft, die Drau genau südlich der Einmündung der Lavant schneidet, dann den Punkt 1400 (Hühnerkogel) auf der Kammlinie nördlich der Drau erreicht und dem Kamme zwischen Lavant- und Feistritzfluß bis zu Punkt 2144[7]) folgt.

Im Norden eine Linie von diesem Punkte zu Punkt 2080[8]) zwischen dem Tal der Lavant und dem Tal von Hüttenberg, die dann südlich der Eisenbahngabelung, die durch die Eisenbahnlinie Klagenfurt — Neumarkt und die Abzweigung nach Straßburg gebildet wird, verläuft, dem Nebenkamme nächst und südlich von Weitensfeld und dem in Feldkirchen endenden Tale folgt und dann die Kammlinie östlich von Paternion.

Im Westen im Gebiete von Villach eine Linie, deren Festlegung sich die 5 all. und ass. Mächte selbst vorbehalten.

(Art. 6—9 betreffen das Staatsbürgerrecht der Bewohner der dem jugoslawischen Staat zugesprochenen Gebiete, die Verpflichtungen, die vom jugoslawischen Staat wegen dieser Gebiete zu übernehmen sind, und die Sicherheit der Bewohner vor Verfolgung wegen Handlungen während der Kriegszeit.)

4.

Schreiben des italienischen Botschafters in Paris, Grafen Bonin, an den Minister des Äußeren[1]).
Paris, 2. Mai 1919.

Ich habe die Ehre, Ihnen mitzuteilen, daß die königlich italienische Regierung vom Oberkommando die Nachricht erhalten hat, daß seit dem 29. April die jugoslawischen Kräfte unerwartet österreichische Truppen in den Abschnitten Arnoldstein, Villach, Rosenbach und Ferlach angreifen und auf verschiedenen Punkten das rechte Drauufer im Klagenfurter Becken erreicht haben.

Die militärische Aktion der Jugoslawen stellt eine flagrante Verletzung des Waffenstillstandes dar, der zwischen ihnen und den Österreichern am 15. Jänner beschlossen wurde.

Ferner berührt es unmittelbar das Interesse und die Rechte der italienischen Regierung insoweit, als diese Aktion auf Gebieten vor sich geht, die im Artikel 4 des am 3. November 1918 von den Oberkommanden der italienischen und der österreichisch-ungarischen Armeen unterzeichneten Waffenstillstandes erwähnt werden. Danach können diese Gebiete von den Italienern besetzt werden, um die Ordnung aufrechtzuerhalten und jede Art von militärischen Operationen auszuführen.

Die besonders heikle Stellung Italiens mit Rücksicht auf das Gebiet, wo gegenwärtig die Feindseligkeiten zwischen Österreichern und Jugoslawen vor sich gehen, ist außerdem auch von der Friedenskonferenz selbst anerkannt worden. In der Tat hat die italienische Delegation

---

[6]) Bericht der Gebietskommisson vom 6. April, S. 425.
[7]) Koralpe.
[8]) Saualpe.
[1]) Miller, My Diary, Bd. 18, S. 200.

in den territorialen Kommissionen stets darauf bestanden, daß es notwendig sei, eine Grenze zwischen Deutsch-Österreich und Jugoslawien festzusetzen. Die amerikanische, britische und französische Delegation haben im Gegensatz dazu gewünscht, die Festsetzung der Grenze westlich der Straße Klagenfurt — Laibach in Schwebe zu lassen in der Überlegung, daß das Studium dieser Grenzteile eine der Fragen sei, die der Oberste Rat aus den Beratungen der Grenzkommission herausgenommen hätte, da sie Italien unmittelbar interessierten.

Die italienische Regierung lenkt die Aufmerksamkeit der all. und ass. Mächte auf die sehr ernsten Gefahren, die die militärische Aktion der Jugoslawen für die internationale Lage durch die Tatsache mit sich bringt, daß diese Aktion die Eisenbahn geschnitten hat, durch die der Nahrungszuschub für Deutsch-Österreich und die Tschechoslowakei erfolgt.

Die italienische Regierung beeilt sich, die Regierungen der alliierten und assoziierten Mächte an die feierliche Erklärung zu erinnern, die vom Obersten Rat in dem Sinne abgegeben wurde, daß irgendeine militärische Operation oder Besetzung von Landstrichen, die während der Tätigkeit der Konferenz durchgeführt wird, nicht als vollzogene Tatsache anerkannt werden könnte.

In Verbindung mit dem Vorhergehenden habe ich aus den obenerwähnten Gründen die Ehre, Eure Exzellenz zu informieren, daß ich von der königlichen Regierung beauftragt bin, offiziell gegen die militärische Aktion in Kärnten zu protestieren, mit den weitesten Vorbehalten über die Maßnahmen, zu denen Italien gezwungen werden könnte, um die Aufrechterhaltung des Waffenstillstandes, die regelmäßige Fortsetzung des Nahrungsmittelnachschubs und die Wahrung seiner Interessen zu sichern.

5.

General Pesnić, Chef der Militärmission der Delegation der Serben, Kroaten und Slowenen, an Marschall Foch, Oberstkommandanten der alliierten Heere[1]).
Delegation des Königreiches SHS bei der Friedenskonferenz. Militärische Mission Nr. 256.
Paris, 6. Mai 1919.
4 Rue de Boccador.

Die österreichische Regierung hat kürzlich gewisse einseitige Berichte über die angebliche Verletzung des Waffenstillstandes durch die jugoslawischen Truppen in Kärnten veröffentlicht.

Ich habe in diesem Zusammenhang gerade folgendes Telegramm aus dem Hauptquartier unseres Heeres erhalten:

„Die Jugoslawen haben in Kärnten keinen Angriff unternommen. Eine Demarkationslinie zwischen den jugoslawischen und österreichischen Truppen wurde nicht offiziell festgesetzt. Da diese Frage durch die Friedensverhandlungen geregelt werden soll, haben die jugoslawischen Truppen immer die Zone respektiert, die von den österreichischen Truppen besetzt war. Die letzteren haben jedoch niemals aufgehört, täglich Angriffe auf unsere Posten zu machen, während zahlreiche Banden die slowenischen Bevölkerungen dieser Gegenden terrorisierten. Um österreichische Angriffe abzuschlagen, haben die jugoslawischen Truppen die Österreicher ein kurzes Stück westlich von Völkermarkt und auf einem anderen Punkt etwas nach Westen verfolgt. Nachdem der österreichische Angriff abgeschlagen war, kehrten unsere Truppen in ihre Stellungen zurück. Am 2. Mai jedoch griffen die Österreicher unsere Posten östlich von Völkermarkt in beträchtlicher Stärke an und zwangen sie, die Stadt zu räumen und auf das rechte Ufer der Drau zu gehen, wobei sie 2 schwere Geschütze aufgeben mußten."

Indem ich Ihnen die vorhergehenden Feststellungen übermittle, habe ich die Ehre, Sie zu ersuchen, diese Tatsachen Ihrer Regierung mitzuteilen, damit sie sich darüber klar wird, daß wir eine Offensiv-Aktion gegen die österr. Truppen weder vorbereitet noch begonnen haben.

General Pesnić.

---

[1]) Miller, My Diary, Bd. 18, S. 229.

6.

Aus dem Protokoll der Sitzung der Außenminister[1]).
Paris, Quai d'Orsay. Freitag, den 9. Mai 1919, 3 Uhr Nachmittag.
Anwesend: Die 5 Außenminister, die Mitglieder der Gebietskommission und 4 Sekretäre.
(Zu Beginn der Sitzung bringt Tardieu den oben unter Nr. 2 abgedruckten Bericht der Kommission zum Studium der rumänischen und jugoslawischen Gebietsfragen über die Grenzen zwischen Österreich vom 6. April 1919 teils wörtlich, teils auszugsweise zur Kenntnis. Dann heißt es im Protokoll weiter:)

. . . M. Pichon fragte, ob die Kommission nicht ermächtigt werden solle, die Frage bis zur italienischen Grenze zu bearbeiten.

Sonnino meinte, daß dies bei Gelegenheit geschehen könne. Der Rat der Vier habe den Rat der Außenminister beauftragt, die von der „Kommission für das Studium der jugoslawischen Gebietsfragen" gemachten Vorschläge anzunehmen oder eigene Empfehlungen hinsichtlich solcher Punkte vorzubringen, die eine Abänderung notwendig erscheinen ließen . . . Wenn er die Frage richtig verstanden habe, so habe die Kommission bei Festsetzung der Grenzen zwischen Österreich und Jugoslawien die Lage der bestehenden Eisenbahnlinien in diesen Gebieten sorgfältig in Erwägung gezogen und beschlossen, die Eisenbahnlinie zwischen Klagenfurt — Aßling und Triest freizulassen, d. h. außerhalb der Jugoslawien zuerkannten Gebiete. Um diesen Grundsatz aufrecht zu erhalten, wäre es notwendig, daß die Grenze, die bis zur Straße Klagenfurt — Laibach festgelegt wurde, dann in südlicher Richtung östlich von Aßling verlaufe, bis sie die italienische Grenze erreiche. Mit anderen Worten, es sei notwendig, daß die Eisenbahnlinie von Klagenfurt nach Triest via Aßling bis zur italienischen Grenze in Österreich verbleibe. Nach seiner Meinung habe die Kommission diese Idee verfolgen zu müssen geglaubt, in Übereinstimmung mit dem Grundsatze, der hinsichtlich der Eisenbahnverbindung von anderen Kommissionen beobachtet wurde. Bei dieser Lösung würde dann eine wichtige direkte Eisenbahnverbindung zwischen Triest und Wien bestehen, während die anderen östlich davon liegenden Linien durch jugoslawisches Gebiet gingen.

Mr. Lansing sagte, daß der Rat der Außenminister keine Spezialberichte über diese verschiedenen Fragen erhalten habe. Die „Kommission für das Studium der jugoslawischen Grenzfragen" habe über die in Erörterung stehenden besonderen Fragen keinen Bericht erstattet. Er schlage daher vor, daß diese Fragen vorerst dieser Kommission zur Prüfung überwiesen werden.

Sonnino erklärte, er sei bereit, Mr. Lansings Vorschlag anzunehmen. Immerhin möchte er aber darauf hinweisen, daß der Rat der Vier den Rat der Außenminister angewiesen habe, gerade über diese Fragen zu berichten. Sollten jedoch seine Kollegen darauf bestehen, diese Fragen der Kommission zu überweisen, so würde er sich ihrer Entscheidung beugen, aber nur unter der Voraussetzung, daß die der Kommission gegebenen Richtlinien den von ihm gerade ausgesprochenen Grundsatz klar festhalten, nämlich, daß die Haupteisenbahnverbindung zwischen Triest und Wien via Aßling und Klagenfurt ausschließlich über italienisches und österreichisches Gebiet gehen solle.

M. Pichon fragte, ob die Kommission auch beauftragt werden solle, sich mit der Frage der italienischen Grenzen in diesem Gebiete zu beschäftigen.

Baron Sonnino verneinte dies. Er machte seine Kollegen auf die Tatsache aufmerksam, daß der Oberste Rat die Entscheidung getroffen habe, daß alle Italien betreffenden Grenzfragen von diesem Rat erledigt werden sollten. Die Zuweisung an die Kommission würde sich daher nur

---
[1]) Miller, My Diary, Bd. 16, 235 f.; Almond-Lutz, S. 368 f., Nr. 127 (a). — Kurzer Auszug bei Aldrovandi-Marescotti, Guerra diplomatica, S. 214.

auf den Teil zwischen der Straße Klagenfurt — Laibach, wo die Kommission ihre Arbeit unterbrochen habe, und der Grenze Italiens erstrecken. Der Grundsatz, der die Kommission leite, scheine zu sein, die Eisenbahnlinie zwischen Triest und Wien außerhalb des jugoslawischen Gebietes zu lassen. Er glaube, diese Frage könne ohne weiteres angenommen werden, wenn nicht, so wäre sie seiner Meinung nach an den Obersten Rat und nicht an die Kommission für Jugoslawien zu leiten.

Mr. Lansing hielt seine Meinung aufrecht, daß weder in den Berichten, noch in den Karten, die von der „Kommission für das Studium der jugoslawischen Gebietsfragen" vorgelegt worden waren, etwas enthalten sei, das Baron Sonninos Spruch stütze.

Mr. Balfour sagte, er glaube Baron Sonnino dahin zu verstehen, daß der Rat der Außenminister derzeit nicht zuständig sei, Fragen über die italienischen Grenzen zu entscheiden. In dieser Ansicht stimme er vollkommen mit Baron Sonnino überein, unter allen Umständen so weit, als Großbritannien und Frankreich in Betracht kommen, da hier eine zusätzliche Verknüpfung hinsichtlich des Vertrages von London bestehe. Anderseits scheine es ihm mit den gegenwärtig verfügbaren Unterlagen schwer zu rechtfertigen, daß der Rat in diesem Zeitpunkte entscheide, daß eine bestimmte Eisenbahnverbindung außerhalb Jugoslawiens verbleiben und nur auf italienischem und österreichischem Boden verlaufen müsse.

Baron Sonnino stimmte zu, daß die Kommission ganz und gar nicht in der Lage sein würde, eine solche Frage zu erörtern, insbesondere wenn die Außenminister selbst dazu nicht in der Lage wären. Daher solle seiner Meinung nach diese Frage vor den Obersten Rat gebracht werden.

M. Pichon bemerkte, Mr. Lansing habe nicht gesagt, daß der gegenwärtige Rat nicht zuständig sei, diese Frage zu erörtern. Er habe bloß ersucht, daß sie der Kommission zum Studium und zur Besichtigung überwiesen werden solle.

M. Lansing stimmte zu und erklärte, er fühle sich selbst augenblicklich nicht zuständig, da er von seinen Experten keinerlei Gutachten, weder über die ethnographischen Verhältnisse, noch über die Eisenbahnen erhalten habe.

Baron Sonnino meinte, er stelle sich selbst die Frage, was die Kommission tun werde, sobald sie die italienische Grenze erreiche, da sie nicht zuständig sei, die weitere Frage zu behandeln. Die Kommission könnte sich daher nur mit weiteren 20 km jenseits der Straße Klagenfurt — Laibach befassen.

Mr. Balfour fragte, ob es nicht vorteilhaft wäre, die Frage von einer Kommission prüfen zu lassen, bevor sie entweder vor dem gegenwärtigen oder dem Obersten Rate zur Erörterung käme. Bisher sei die Frage von der Kommission noch nicht geprüft worden, da die italienische Delegation die Ansicht vertrete, daß Kommissionen aus politischen Gründen sich nicht damit befassen sollen. Er stimme der von der italienischen Delegation vorgebrachten Ansicht hinsichtlich der Frage der internationalen Politik vollkommen bei. Doch könne die Kommission die ethnographischen und wirtschaftlichen Gesichtspunkte des Falles ausarbeiten, was dem Rate die Behandlung der größeren Fragen sehr erleichtern würde. Beispielsweise sei, soweit er verstanden habe, das Gebiet, das nach dem Wunsche der Italiener Österreich zugeteilt werden solle, zum großen Teil von Jugoslawen bewohnt. Dies sei eine Frage, zu der die Kommission Feststellungen machen könne.

Der italienische Delegierte beharrte darauf, daß aus wirtschaftlichen Gründen eine direkte Eisenbahnverbindung zwischen Triest — Wien und Böhmen ausschließlich durch italienisches und österreichisches Gebiet gehen solle, ohne Jugoslawien zu berühren. Dies sei zum Teile eine wirtschaftliche Erwägung. Sicherlich könnten beide Fragen durch eine zuständige Kommission von Experten geprüft werden. Er glaube zu verstehen, daß Mr. Lansing diese Anregung geben wollte.

Mr. Lansing stimmte zu, daß Mr. Balfour seinen Vorschlag richtig ausgelegt habe.

Sonnino erklärte sich bereit, den von der italienischen Delegation hinsichtlich der Gebiete von Marburg und Klagenfurt gemachten Vorbehalt zurückzuziehen, falls der Rat der Außenminister die von der Kommission für jugoslawische Angelegenheiten vorgeschlagene Linie annehme.

M. Tardieu wies darauf hin, daß zwei Vorbehalte gemacht wurden: Einer von der italienischen Delegation hinsichtlich des Klagenfurter Beckens, das nach Ansicht der Delegation bei Österreich verbleiben solle, da es einen wesentlichen Teil des geographischen und wirtschaftlichen Systems Österreichs bilde. Anderseits haben sich die Vereinigten Staaten, die britische und französische Delegation dahin ausgesprochen, daß eine Erhebung oder eine Befragung an Ort und Stelle erfolgen solle, um den Bewohnern des Klagenfurter Beckens die Gelegenheit zu bieten, gegen die Vereinigung mit Österreich, wenn sie es so wünschten, Einspruch zu erheben oder die Vereinigung mit Jugoslawien zu verlangen. Daraus gehe hervor, daß die Kommission keine endgültigen Vorschläge gemacht habe. Die italienische Delegation sei der Meinung, daß das Klagenfurter Becken Österreich einverleibt werden solle, während die anderen drei Delegationen vorschlagen, daß südlich im Klagenfurter Becken eine Linie gezogen werden solle, bis zu der die Erhebung oder Befragung stattfinden sollte.

Mr. Balfour fragte, ob nicht der bei Malmedy beobachtete Vorgang im vorliegenden Falle eingehalten werden könne. Malmedy sei Belgien einverleibt worden, doch sei die Vorkehrung getroffen, es den Bewohnern zu ermöglichen, innerhalb einer gewissen Zeit gegen ihre Einverleibung in den belgischen Staat Einspruch zu erheben. Dann stünde die Verweisung des Falles an den Völkerbund offen, der zu entscheiden hätte. Er glaube, dieser Vorgang könnte geeignet befunden werden, um auf die Klagenfurter Frage angewendet zu werden.

Sonnino wies darauf hin, daß diese beiden Fälle sehr verschieden seien. In Malmedy habe es sich darum gehandelt, Deutsche unter die belgische Staatsoberhoheit zu stellen, während die Bevölkerung von Klagenfurt bereits einen Teil des österreichischen Staates bilde.

... (Es herrschte Übereinstimmung, daß die mit dem Studium der jugoslawischen Gebietsfragen betraute Kommission eine Empfehlung hinsichtlich der Grenzen zwischen Jugoslawien und Österreich auf Grund ethnographischer und wirtschaftlicher Erwägungen vorlegen solle; die Kommission solle diesen Bericht am Morgen des 10. Mai 1919 vorlegen).

7.

Protokoll einer Sitzung der Außenminister[1]).
Paris, Quai d'Orsay. Samstag, 10. Mai 1919, 4 Uhr Nachmittag.
Anwesend: Die 5 Außenminister und die Mitglieder der Gebietskommission.

Grenze zwischen Österreich und Jugoslawien.

Besprechung des von der Kommission für Jugoslawien erstatteten ergänzenden Berichtes (Beilage A).

... Baron Sonnino führte aus, daß ihm die schließlich von der Kommission im Teile II des Berichtes vorgeschlagene Lösung einigermaßen verwickelt erscheine. Italien wünsche im Interesse des Hafens von Triest eine ununterbrochene Verbindung dieses Hafens mit Deutsch-Österreich und Böhmen. Zu diesem Zwecke sollte die Bahnlinie nicht durch das Gebiet eines dritten Staates laufen, der kein unmittelbares Interesse an der Entwicklung dieser Linie, ja möglicherweise sogar ein entgegengesetztes Interesse habe. Ähnlichen Erwägungen sei in den Verhandlungen mit Polen, der Tschechoslowakei, Ungarn etc. Rechnung getragen worden. Zweifellos würde dies die Unterstellung einer gewissen Zahl von Slowenen unter österreichische Herrschaft nach sich

---

[1]) Miller, My Diary, Bd. 16, S. 258f.; Almond-Lutz, S. 373f., Nr. 127 (b). — Vgl. Nicolson, Friedensmacher, S. 315.

ziehen, aber es fehlt auch anderswo nicht an solchen Beispielen. So wurde die Stadt Marburg Jugoslawien zugewiesen, obwohl dort 18 000 bis 20 000 Deutsche lebten. Er wolle den Friedensschluß mit Österreich nicht verzögern und würde deshalb, wenn notwendig, der vorgeschlagenen Lösung zustimmen, doch weise er darauf hin, daß es keine wirkliche Lösung, sondern nur ein Hinausschieben sei.

M. Pichon erklärte, daß dies den Vorteil habe, eine frühere Unterzeichnung des Vertrages mit Österreich zu ermöglichen. Die schließliche Zuweisung des Gebietes könne nachher unter den Alliierten entschieden werden.

Baron Sonnino bemerkte, daß die Alternativvorschläge dahingingen, das fragliche Gebiet, nämlich das Klagenfurt[2]) umgebende Dreieck, entweder Österreich oder Jugoslawien zuzuweisen. Wenn es Österreich zufallen solle, warum soll man dann nicht gleich die Entscheidung treffen? Solle es aber jetzt oder später an Jugoslawien fallen, so würden sich die wirtschaftlichen Schwierigkeiten, auf die er hingewiesen habe, unvermeidlich ergeben. Es gebe noch eine dritte Möglichkeit, nämlich die, das Gebiet Italien zu übergeben; das entspreche aber nicht den Wünschen Italiens, das die Einverleibung nicht-italienischer Völker vermeiden möchte, ausgenommen in Fällen, wo Gebiete für die Sicherheit Italiens gefordert werden.

M. Balfour führte aus, er wünsche nicht, irgendwelche starre dogmatische Ansichten zum Ausdruck zu bringen, doch wünsche er, einige Anregungen zu geben. Er fühle eine gewisse Schwierigkeit, sich den Anschauungen der italienischen Delegation anzuschließen und die der französischen, britischen und amerikanischen Delegation außer Acht zu lassen. Die italienische Lösung beinhalte nicht nur die Trennung von Jugoslawen von der Masse ihrer Nation, sondern auch deren Einverleibung in einen feindlichen Staat. Es sei schwierig, die Auslieferung der natürlichen Angehörigen eines Staates, dessen Gründung beabsichtigt sei, an den Feind zu rechtfertigen. Weiters glaube er zu verstehen, daß die von allen mit Ausnahme der italienischen Delegation vorgeschlagene Grenze dem Kamme einer hohen Gebirgskette folge. Dieser Kamm bilde die natürliche Grenze zwischen Jugoslawien und Österreich. Der italienische Vorschlag würde die Österreicher auf die Südseite dieser Gebirgskette bringen. Dies wäre bei Behandlung eines feindlichen Staates ein ganz ungewöhnlicher Vorgang. Der Vorschlag scheine sowohl ethnographische wie geographische Rücksichten zu verletzen. Der Fall sei nicht analog der Frage des Brenner, dessen Erwerbung durch Italien mit geographischen Gründen gerechtfertigt werden konnte, obwohl er der Kritik aus ethnographischen Gründen ausgesetzt sei. Im vorliegenden Falle träfen aber Ethnographie und Geographie zusammen und beide sollten verletzt werden. Die einzige Erwiderung auf diese Einwände wäre, daß eine der zwei Triest mit dem Norden verbindende Eisenbahnlinien diese Gebietszunge durchlaufe. Es werde angenommen, daß diese Gebietszunge, wenn sie Jugoslawien gehöre, dazu benützt werden könne, den Handel Triests mit dem Norden zu behindern. Dies sei ein sehr ernster Einwurf, da zweifellos alle Alliierten den Handel Triests zu fördern wünschten. Doch werde dieser Einwurf dadurch eingeschränkt, daß noch eine andere Eisenbahnlinie bestehe, die Triest mit Deutsch-Österreich verbinde. Es sei richtig, daß diese Linie nicht so zweckentsprechend sei als die mehr östlich gelegene. Immerhin bestehe sie und sei bei der gegebenen Sachlage in Betracht zu ziehen. Eine weitere Einschränkung sei, daß sich die alliierten Mächte bei den Unterhandlungen mit Polen einem ähnlichen, aber noch viel lebenswichtigeren Eisenbahnproblem gegenübergestellt fanden. Die Lage zu Deutschland habe es möglich gemacht, daß die einzige Hauptverbindungslinie zwischen der Hauptstadt von Polen und der See auf deutschem Gebiete abgeschnürt werden könnte. Diese Möglichkeit sei in Betracht gezogen worden und es seien Vorkehrungen getroffen worden, für diesen Fall den Verkehr zu sichern. Der polnische Fall sei offensichtlich ein

---

[2]) Anmerkung des Übersetzers: Es kann sich nur um einen Druck- oder Schreibfehler handeln, es soll jedenfalls Aßling heißen. Auch bei Almond-Lutz, S. 374, heißt es: Klagenfurt.

viel schwierigerer gewesen als der in Frage stehende, da die lebenswichtigsten Interessen eines ganzen Landes in Gefahr standen. Es könne nicht die Anschauung aufrechterhalten werden, daß die Eisenbahnverbindung von Triest nach dem Norden die italienischen Interessen im gleichen Ausmaße berühre. Wenn daher die für Polen getroffenen Vorkehrungen ausreichend seien, so müßten ähnliche Vorkehrungen auch für Triest entsprechen. Schließlich wünsche er die Aufmerksamkeit auf eine sehr ernste Folge zu lenken, die die Übergabe dieses Gebietes an Österreich nach sich zöge. Dadurch würde den nördlichen Mächten der Zugang in ein Gebiet eröffnet, von dem aus sie Jugoslawien unter günstigen Voraussetzungen angreifen könnten. Er glaube nicht, daß Italien irgendeinem seiner Feinde einen solchen Vorteil leichthin gewähren würde. Der Rat könne seiner Meinung nach diesen Fall nicht gegen die Jugoslawen entscheiden, bis nicht der militärische Teil dieser Frage bearbeitet worden sei. Die vorgebrachten Bemerkungen seien nur die Ergebnisse der durch den Bericht M. Tardieus gegebenen Anregungen. Schließlich wünsche er noch zu sagen, daß er mit dem italienischen Wunsche, Triest zu entwickeln, herzlichst sympathisiere. Alle wünschten, daß Triest gedeihe und einen freien Zugang zu allen nördlich gelegenen Ländern habe.

Mr. Lansing . . . erklärte, daß er zu den erschöpfenden Ausführungen des Baron Sonnino und Mr. Balfours wenig hinzuzufügen habe. Hinsichtlich der Grundsätze, auf denen die Lösung aufgebaut werden solle, stimme er mit Mr. Balfour überein. Im Falle des Brennerpasses habe sich der Rat entschlossen, den topographischen Erwägungen vor den ethnographischen den Vorzug zu geben und Italien ein Gebiet zu übergeben, das eine große Zahl Deutsch-Österreicher in sich schließe. Nun verlange man eine Änderung der Grundsätze und eine Entscheidung im Gegensatze zur natürlichen Grenze. Es scheine ihm, daß ein ähnlicher Einwand auch im Falle von Fiume vorgebracht werden könne. Wenn dieses Gebiet nicht jugoslawisch sein solle, weil es die Jugoslawen dazu benützen könnten, um die Verbindung mit einem italienischen Hafen zu unterbrechen, so könnte gleicherweise geschlossen werden, daß das Hinterland von Fiume nicht jugoslawisch sein dürfe, da die den Hafen versorgenden Eisenbahnen in gleicher Weise gefährdet werden könnten.

Baron Sonnino erwiderte, er könne die Parallelität der beiden Fälle nicht zugeben. Im vorliegenden Beispiel durchlaufe die Eisenbahn einen Gebietsstreifen von 20 km Breite. Die Jugoslawen seien an der Eisenbahn nicht interessiert und wenn sie diesen Streifen besäßen, könnten sie die Gelegenheit ergreifen, diese Strecke zu vernachlässigen, um den Verkehr an einer anderen Stelle zu begünstigen. Im Falle Fiume käme der ganze Handel aus einem Gebiete, bei dem niemand daran denke, es Jugoslawien vorzuenthalten. Der Wettbewerb besteht tatsächlich zwischen zwei Häfen und der natürliche Zustrom des Handels zu jedem von ihnen solle so weit als möglich getrennt bleiben und kein Übergreifen zugelassen werden. Dies sei die einzige Möglichkeit, die Entwicklung beider Häfen sicherzustellen.

Was die ethnographische Frage betrifft, sind in Polen ungefähr 300 000 Deutsche zu Untertanen des neuen polnischen Staates und ungefähr 280 000 Ungarn zu rumänischen Untertanen gemacht worden als unvermeidliche Folge einiger Hundert Eisenbahnkilometer.

Mr. Lansing bemerkte, daß man daran sei, den Vorgang, eher Freunden als Feinden Zugeständnisse zu machen, in das Gegenteil zu verkehren. Das Gebiet wäre den Jugoslawen wegzunehmen, um es den Österreichern zu geben.

Baron Sonnino erklärte, daß die Slowenen in nicht höherem Maße seine Freunde seien als die Österreicher.

Mr. Lansing entgegnete, daß Amerika sie als Freunde betrachte.

Baron Sonnino sagte, daß die neuen Staaten weder als Freunde noch als Feinde betrachtet werden sollten. Wenn Deutsch-Österreich sich z. B. einer Donaukonföderation anschlösse, so müßten die Österreicher als Freunde betrachtet werden. Sollten sie sich mit Deutschland vereinigen, dann müßte man sie zu den Feinden zählen. Die Frage betreffe in der Tat dauernde Handelsbeziehungen. Weiters beanspruche er, wenn die Frage der Freundschaft erhoben werde, auch einen Teil für Italien.

Mr. Balfour meinte, daß er den zuletzt geäußerten Gedanken herzlich vertrete.

Mr. Lansing stimmte zu, wies aber darauf hin, daß diese Frage eher ein österreichisches als ein italienisches Problem darstelle.

Baron Sonnino sagte, daß es eine italienische Frage sei, insoweit als Triest, Istrien und die Adria dadurch betroffen würden.

Mr. Lansing sagte, es mache auf ihn einen starken Eindruck, daß Österreich, wenn es so weit nach Süden reichen sollte, meinen könnte, es habe einen Anspruch, die Küste zu erreichen.

Baron Sonnino bemerkte, daß Österreich nur ungefähr 20 km näher der See gerückt werde.

(Nach längerer Wechselrede erklärte Baron Sonnino, er nehme den Vorschlag der Kommission unter der Voraussetzung an, daß die — von allen anerkannte — Notwendigkeit der Erhaltung der Eisenbahnverbindung von Triest nach Norden berücksichtigt werde. Auf Antrag Lansings wurde beschlossen, in der von der Gebietskommission empfohlenen Formel den Satz: „und zwar derart, daß der Nordausgang des Tunnels von Rosenbach südlich der Grenze verbleibe", wegzulassen ist, so daß die Grenze entlang dem Kamm der Karawanken zu verlaufen hat. Die Gebietskommission wurde beauftragt, auf Grund obiger Wechselrede einen Vorschlag zu formulieren, der dem Rat der Vier zu überreichen wäre, wenn sie zu einem einheitlichen Beschluß käme.)

Beilage A.
Bericht der Gebietskommission an den Rat der Außenminister.
Paris, 10. Mai 1919[1]).

I. Tatbestand.

1. Die italienische Delegation verlangt, daß die Grenze zwischen Jugoslawien und Österreich westlich der Straße Klagenfurt — Laibach in südöstlicher Richtung verlaufe und die Italien im Vertrage von London zugesicherte Grenze so erreiche, daß der obere Teil des Sawetales bis Radmannsdorf bei Österreich verbleibe.

2. Die italienische Delegation stützt diese Forderung durch wirtschaftliche und militärische Gründe, denen sie die größte Wichtigkeit beimißt.

(a) Wirtschaftliche Gründe.

Die Linie Udine — Pontebba ist unzureichend, um den Verkehr zwischen Triest und Österreich und dem Norden zu bewältigen, erstens wegen ihrer begrenzten Leistungsfähigkeit, zweitens wegen der längeren Strecke, wodurch die Transportkosten erhöht werden. Die vollkommen freie Benützung der Linie Görz — Aßling — Rosenbach ist daher für das wirtschaftliche Leben Triests unerläßlich, da das geplante Verbindungsstück zwischen Tolmein und Tarvis über den Predilpaß nach den Angaben der italienischen Delegation für lange nicht zu verwirklichen ist und die Verzögerung dem Handel von Triest ernsten Schaden zufügen würde. Wenn auch nur eine kurze Strecke (25 km) der Linie Görz — Aßling — Rosenbach auf jugoslawischem Gebiete läge, so würde der Handel von Triest geschädigt werden, erstens, weil innerhalb einer so kurzen Strecke zwei Zollgrenzen zu passieren wären, und zweitens, weil sich bei der Spannung, die zwischen den beiden Staaten entstehen könnte, Verkehrshemmungen ergeben würden.

(b) Militärische Gründe.

Die in Frage stehende Eisenbahnlinie bedeutet nach Angabe der italienischen Delegation keine militärische Bedrohung Italiens hinsichtlich eines von Norden angreifenden Feindes, da jeder

---

[1]) Miller, My Diary, Bd. 16, 264f. — Almond-Lutz, S. 377f., Beilage A zu Nr. 127 (b) Protokoll der Sitzung der Außenminister vom 10. Mai 1919.

Angriff von dieser Seite sich notwendigerweise auf diesen einzigen Punkt beschränken müßte, anderseits stellt diese Linie aber eine ernste Bedrohung dar, da sie jeden von Osten kommenden Angriff begünstigt, wenn sie durch ein Kommunikationssystem über mehr offenes Terrain unterstützt wird. Diese Bedrohung würde den linken Flügel der Verteidigungslinie vom Ursprung des Isonzo bis zur Adria schwächen. Die Erfahrungen des Krieges und die Ereignisse von Oktober 1917 beweisen dies.

3. Vom ethnogaphischen Standpunkt weist die italienische Delegation darauf hin, daß, wenn infolge ihres Anspruches eine gewisse Anzahl von Slowenen Österreich einverleibt werden müßte, an anderen Orten gleich starke Gruppen von Deutschen (Marburg, Gottschee etc.) Jugoslawien einverleibt wurden.

Es wird weiter angeführt, daß Kommissionen und der Oberste Rat in vielen ähnlichen Fällen wirtschaftliche Interessen wie den von Italien hinsichtlich der Eisenbahn angeführten vor ethnographischen den Vorzug gegeben haben.

II. Anschauung der Kommission.

Nach drei, am 9. und 10. Mai abgehaltenen Sitzungen legte die Kommission folgenden Bericht vor:

1. Die Kommission stellt übereinstimmend fest, daß die Zahl der Slowenen, die infolge des italienischen Verlangens auf österreichischem Gebiete verbleiben würden, rund 50000 beträgt.

2. Die Kommission ist der Ansicht, daß sie für die Behandlung der militärischen Gründe nicht zuständig ist, und regt an, daß diese Seite des Problem von anderen Sachverständigen studiert werden solle.

3. Die Wichtigkeit der wirtschaftlichen Gründe wird übereinstimmend anerkannt.

(a) Die amerikanische Delegation ist der Meinung, daß die von Italien betonten Schwierigkeiten durch besondere Abmachungen betreffend die Zollbehandlung behoben werden könnten. Die Abmachungen könnten unter internationale Aufsicht gestellt werden, die Italien die vollkommen ungehinderte Benützung der Eisenbahnlinie sichern würde.

Die britische und französische Delegation sind der gleichen Meinung.

(b) Ebenso glauben die Delegationen, daß dies durch den Bau einer Linie von Tolmein nach Tarvis über den Predil erreicht würde, ohne den Handel von Triest zu schädigen.

4. Die obenerwähnten Delegationen sind der Meinung, daß dieses lokale Problem eng verknüpft ist mit der Lösung der allgemeinen Grenzfragen zwischen Italien, Österreich und Jugoslawien, ein Problem, mit dem die Kommission nicht betraut ist. Die Lösung dieses Problems kann möglicherweise die ganze Grundlage der von der italienischen Delegation gemachten Bemerkungen verschieben.

Aus diesem Grunde und um jede Verzögerung im Entwurfe der Bestimmungen des Friedensvertrages mit Österreich zu vermeiden, wird folgende Formel vorgeschlagen:

„Die südliche Grenze Österreichs soll von dem Punkte südlich von Klagenfurt, an dem die im Berichte der Kommission vorgeschlagene Linie endet, so weiter verlaufen, daß sie dem Kamme der Karawanken westwärts bis zur Kote 2035[2]) nordwestlich von Tarvis folgt, und zwar derart, daß der Nordeingang des Tunnels von Rosenbach südlich der Grenze verbleibe.

Das Gebiet von Tarvis und die Zone Südost davon, welche die italienische Delegation Österreich zuzuteilen wünscht, wird somit von Österreich an die alliierten und assoziierten Mächte abgetreten.

Italiens Interesse an der Freihaltung entsprechender Eisenbahnverkehrswege von allen Hindernissen zwischen Italien und Österreich würde dadurch gewährleistet sein."

---

[2]) Osternig.

Die italienische Delegation macht alle Vorbehalte bezüglich jeder Lösung, die Fragen aufwerfen würde, mit denen die Kommission nicht betraut ist.

Anhang.

Es wurde anerkannt, daß die in dem Bericht vom 6. April niedergelegten Grenzen des Klagenfurter Beckens, wenn sich die Bevölkerung für die Vereinigung mit Jugoslawien entscheiden sollte, eine Änderung der Staatszugehörigkeit des Gebietes herbeiführen würden, über das die Triest und Wien verbindenden Eisenbahnlinien gehen.

Diese Erwägung rechtfertigt eine Revision der Grenzen des Klagenfurter Beckens, innerhalb derer der Wille der Bevölkerung hinsichtlich einer Überweisung des Gebietes an Jugoslawien erhoben werden soll.

Die Kommission schlägt daher vor, die Grenzen des Klagenfurter Beckens folgendermaßen festzulegen:

Im Süden: der Kamm der Karawanken.

Im Westen: eine Linie, ausgehend vom Kamm der Karawanken, nordöstlich von Aßling, und sich nordwärts gegen die Drau erstreckend, die sie so erreicht, daß der Eingang des Tunnels der Linie Rosenbach — Aßling 5 km westlich davon verbleibt; von dort, dem Lauf der Drau folgend, bis 5 km östlich von St. Ruprecht.

Im Norden: eine Linie entlang dem Kamme des Gebirges zwischen Wörthersee und Ossiachersee, sich fortsetzend gegen Nordost derart, daß sie gleich weit von St. Veit und Klagenfurt verläuft; von dort über den Steinbruchkogel (1075 m, Karte 1:200000), über den Ausläufer des Kammes der Saualpe (Kote 1458)[3] nach Südost nördlich von Griffen, das Tal der Lavant 5 km nördlich ihrer Einmündung in die Drau schneidend und schließlich gegen Osten den Kamm zwischen Lavant und Feistritzbach erreichend.

Im Osten: entlang dem Kamme zwischen Lavant und Feistritz und die Drau südlich von ihrem Zusammenfluß mit der Lavant überquerend, dann sich gegen Südwesten so fortsetzend, daß sie östlich von Eisenkappel verläuft und den Kamm der Karawanken bei Kote 2559[4] erreicht.

Diese Linie ergibt vom ethnographischen Standpunkte aus gegenüber der früher von der Kommission angegebenen Linie den Ausschluß einer Bevölkerung von ungefähr 60000 Deutschen.

8.

Protokoll einer Besprechung des Obersten Rates bei M. Pichon[1]).

Paris, Quai d'Orsay. Montag, den 12. Mai 1919, 4 Uhr Nachmittag.

Anwesend: Der Rat der Vier, der Rat der Fünf, Mitglieder der Gebietskommission und andere Sachverständige, Sekretäre.

... M. Clemenceau ersuchte M. Tardieu, das Gutachten der Kommission für die jugoslawischen Angelegenheiten zu erklären.

Grenze zwischen Jugoslawien und Österreich

M. Tardieu gab eine Erklärung über das Gutachten der Kommission, das im wesentlichen mit dem ... in J. C. 184[2]) gegebenen identisch ist.

---

[3]) Sapotnigofen.
[4]) Grintouc.
[1]) Miller, My Diary, Bd. 16, S. 269 f.; Almond-Lutz, S. 380 f., Nr. 128. — Aldrovandi-Marescotti, Guerra diplomatica, S. 334.
[2]) J. C. 184 = Beilage A zu Anhang II Nr. 7, S. 435, zum Protokoll der Sitzung der Außenminister vom 10. Mai 1919.

Mr. Balfour fragte, ob irgendein Vorgang ausgearbeitet sei, um ein Plebiszit im Klagenfurter Becken abzuhalten.

M. Tardieu antwortete, daß diesbezüglich keine Anregungen gemacht worden seien, weil die Kommission Vorschläge nicht für notwendig erachtet habe, so lange das Plebiszit nicht grundsätzlich angenommen worden sei.

M. Clemenceau fragte, ob der Grundsatz eines Plebiszites angenommen wäre.

Präsident Wilson antwortete bejahend, Mr. Lloyd George stimmte ebenfalls zu.

Baron Sonnino brachte die Meinung zum Ausdruck, daß, wenn man sich für ein Plebiszit in diesem Gebiete entscheide, ein solches auch in Marburg und in anderen zweifelhaften Punkten entlang der vorgeschlagenen Grenze, vorgenommen werden solle.

Mr. Balfour sagte, es sei richtig, daß es auch noch andere Gebiete mit gemischter Bevölkerung gäbe. Wenn aber die Konferenz die vorliegenden Informationen für genügend erachte, um diese Probleme ohne eine Volksbefragung zu lösen, so sehe er nicht ein, warum man nicht in dem einzelnen Fall von Klagenfurt auf ein Plebiszit greifen solle, sobald die Konferenz selbst sich nicht für genügend informiert erachte, das Schicksal dieses Gebietes ohne ein solches zu entscheiden.

M. Tardieu wies darauf hin, daß die Kommission einer Meinung war, nicht nur hinsichtlich des Restes der Grenze, sondern auch hinsichtlich der Empfehlung eines Plebiszites für dieses Gebiet.

Präsident Wilson betonte, daß es die dringendste Aufgabe sei, vor der Sitzung den Wortlaut für den Vertrag auszuarbeiten. Irgendeine endgültige Fassung solle festgelegt werden. Er las den Entwurf vor, der von der Kommission für Rumänien und Jugoslawien vorbereitet war und als Artikel 5, Seite 31 des Berichtes Nr. 2 aufgenommen ist[3]):

„Im ganzen Becken von Klagenfurt, wie unten umschrieben, wird eine interalliierte Kommission von den alliierten und assoziierten Mächten mit der Aufgabe betraut werden, an Ort und Stelle den Willen der Bevölkerung hinsichtlich der Zuteilung ihres Gebietes an den jugoslawischen Staat zu ermitteln. Wenn die Schlußfolgerungen dieser Kommission den formellen Wunsch der Bevölkerung ergeben, dem jugoslawischen Staate angegliedert zu werden, so behalten sich die 5 alliierten und assoziierten Mächte das Recht vor, einem solchen Wunsche zu entsprechen."

Mr. Balfour stimmte zu; alles, was Österreich wissen müsse, sei nur, daß die Bevölkerung dieses Gebietes befragt werden würde.

M. Orlando sagte, wenn er diese Fassung richtig verstanden habe, so bedeute sie, daß die Entscheidung über das Schicksal dieses Gebietes bis zum Abschlusse der Arbeiten der im Entwurfe vorgesehenen Kommission vorbehalten sei. Unter dieser Voraussetzung würde er den Entwurf dieses Artikels annehmen.

(Der Entwurf des Artikels hinsichtlich der Befragung der Bevölkerung im Klagenfurter Becken durch eine interalliierte Kommission wurde angenommen.)

M. Tardieu setzte dann fort und erklärte die Schwierigkeit hinsichtlich des Dreieckes südöstlich von Tarvis.

Baron Sonnino fragte, zu welchem Zeitpunkt die endgültige Zuweisung erfolgen werde. Er gab der Meinung Ausdruck, daß die Gelegenheit des Vertragsabschlusses mit Österreich der beste Zeitpunkt für die Ordnung dieser Frage sei.

M. Balfour erklärte, das bei der letzten Sitzung der Außenminister erzielte Ergebnis, ein Kompromiß, sei nur zustande gekommen, um rasch mit Österreich zu einer Regelung zu kommen. Er stimme mit Baron Sonnino überein, daß die endgültige Zuweisung dieses Gebietes zu einer gewissen Zeit erfolgen müsse. Er rege an, wenn diese Frage nicht unmittelbar geregelt

---

[3]) Entwurf der vom Komitee beantragten Artikel vom 6. April 1919. Vgl. Nr. 3.

werde, so möge sie in Erörterung gezogen werden, sobald die Konferenz über die Grenzen Jugoslawiens zu entscheiden habe.

M. Clemenceau empfahl, diesen Vorgang anzuwenden.

Baron Sonnino blieb bei seiner Anschauung, daß die Frage unmittelbar geordnet werden solle. Es wäre nicht nur ein italienisches Interesse, sondern auch für Österreich von höchster Wichtigkeit. Es sei wesentlich für die Österreicher, zu wissen, durch welche Mittel sie mit der See in Verbindung stehen würden. Das in Frage stehende Gebiet sei ein schmaler gebirgiger Teil mit geringer Bevölkerungszahl. Die Frage sei von der Fiumes vollkommen getrennt und könnte ohne weiters im Zusammenhang mit dem bevorstehenden Vertrag mit Österreich entschieden werden.

Präsident Wilson betonte, daß zwei Fragen vorliegen, die eine sei, daß die endgültige Staatszugehörigkeit von der Bevölkerung des Gebietes anerkannt werden solle. Da diese Bevölkerung vorherrschend jugoslawisch sei, so ergebe sich als natürliche Antwort die der jugoslawischen Staatszugehörigkeit. Die zweite Frage sei die einer direkten Eisenbahnverbindung zwischen Österreich und Italien. Bei einem ähnlichen Falle habe die Konferenz keine große Schwierigkeit gefunden, ein beinahe identisches Problem zu regeln. Abmachungen seien getroffen worden, um einen ungehinderten Verkehr zwischen Ost- und Westpreußen zu sichern.

Baron Sonnino wies darauf hin, daß ungefähr 60 000 Magyaren der tschechoslowakischen Landeshoheit unterstellt worden seien, um der Tschechoslowakei einige 60 km Bahnlinien zu geben und eine ungehinderte Eisenbahnverbindung zwischen der Tschechoslowakei und Rumänien sicherzustellen. In ähnlicher Weise seien nicht weniger als 280 000 Magyaren unter rumänische Staatsoberhoheit und in Polen einige Hunderttausend Deutsche zusammen mit 100 km Eisenbahnlinie unter polnische Staatsoberhoheit gekommen.

(Bei dieser Feststellung kamen bedeutende Meinungsverschiedenheiten zum Ausdrucke. Solche Lösungen mögen vielleicht von Kommissionen vorgeschlagen worden sein, seien aber von dem Rate noch nicht angenommen worden.)

M. Clemenceau sagte, der Vorschlag, von dem er wünsche, daß der Rat ihn annehme oder ablehne, sei, daß die Grenzen Österreichs provisorisch festgelegt werden sollten und daß die endgültige Zuteilung des in Frage stehenden Dreiecks für den Zeitpunkt vorbehalten werden solle, in dem die Grenzen Jugoslawiens bestimmt würden. Dies würde in Übereinstimmung mit dem Beschlusse der Außenminister vom vorhergehenden Samstag stehen (J. C. 184).

(Dem wurde schließlich zugestimmt und die Grenze Österreichs so, wie von der Kommission für Jugoslawien in dem Berichte und in der Beilage zu J. C. 184 vorgeschlagen, angenommen).

9.

Memorandum an die amerikanischen Kommissäre für die Vorbereitung des Friedens[1]).

27. Mai 1919.

Von: Clive Day, Charles Seymour, Colonel Miles, Douglas Johnson.

An: die Kommissäre.

Gegenstand: Klagenfurter Becken.

Um dem Präsidenten und den Kommissären die genaue Sachlage des Klagenfurter Problems darzulegen, erklären die Unterzeichneten, die dem Präsidenten zwei voneinander abweichende Meinungen unterbreiteten, ihre Übereinstimmung in folgender Feststellung der Tatsachen:

1. Die amerikanische Meinung hat nicht übereinstimmend die Zuteilung des Klagenfurter Beckens an Österreich befürwortet. In einer eingehenden Untersuchung, die am letzten Novem-

---

[1]) Almond-Lutz, S. 505, Nr. 183.

ber angestellt wurde, empfahl Dr. Seymour aus geographischen und wirtschaftlichen Gründen eine Grenze auf den Karawanken, wodurch das ganze Klagenfurter Becken Österreich gegeben würde, trotzdem dies ein Abgehen von der ethnographischen Linie beinhaltete. Drei Monate später empfahl Dr. Seymour in dem „Schwarz-Buch"-Bericht an den Präsidenten eine Grenze entlang des Drauflusses, die das Becken teilte, und wies den südlichen oder slowenischen Teil Jugoslawien zu.

Nach dem Einlangen der Berichte des Oberst Miles entschlossen sich sowohl Dr. Seymour wie Dr. Johnson, zum Teil wegen ihres Inhaltes, in der Gebietskommission die Karawanken-Grenze zu unterstützen und das ganze Becken Österreich zuzuweisen. Aus Gründen, die bereits in einem getrennten Memorandum dargelegt sind, befürwortet Dr. Johnson jetzt die Teilung des Beckens nach der von den Jugoslawen vorgeschlagenen und von der französischen, britischen und italienischen Delegation angenommenen Linie. Dr. Day vertritt die im ersten Bericht der Gebietskommission empfohlene Linie.

2. Obwohl die Gebietskommission in ihrer schließlichen Empfehlung der österreichisch-jugoslawischen Grenze als Ganzes einig war, kam keine Übereinstimmung über die beste Verfügung über das Klagenfurter Becken zustande. Die französischen Vertreter und Sachverständigen widersetzten sich vom Anfang an einhellig der Zuteilung des jugoslawischen Teiles des Beckens an Österreich. Die britischen Vertreter wollten einen Teil des Ostendes des Beckens Jugoslawien zuweisen. Die amerikanischen Delegierten wollten nicht nur das Klagenfurter Becken, sondern auch das Marburger Becken weiter im Osten, das die Kommission später Jugoslawien zusprach, Österreich überweisen. Übereinstimmung war durch wechselseitige Zugeständnisse an verschiedenen Punkten der nördlichen jugoslawischen Grenze erzielt, um eine Krompromißlinie zu erreichen, die alle annehmen konnten. Einhelligkeit der Meinung galt der Linie als Ganzem, nicht aber dem Klagenfurter Problem für sich allein.

3. Es war kein ungewöhnlicher Vorgang des Rates der Außenminister, den Bericht einer Gebietskommission anzunehmen, wenn er einhellig war. So war auch das Verhalten im gegenwärtigen Falle und die Kompromißlinie erhielt so die Billigung der Minister. Der Rat der Zehn verhielt sich ähnlich, nachdem das Gebiet und die Bedingungen der im Klagenfurter Becken vorzunehmenden Befragung oder Volksabstimmung erörtert worden waren. Die Frage der Teilung des Beckens nach ethnogaphischen Linien wurde in keiner der beiden Räte meritorisch behandelt, noch wurden die Grundsätze, auf denen die Gebietskommission ihre Empfehlungen gründete, von beiden Körperschaften erörtert oder ihnen zugestimmt.

4. Die zuverlässigste verfügbare Darstellung der Wünsche der Bevölkerung des Klagenfurter Beckens ist die, welche von Oberst Miles vorgelegt wurde. Seine Erhebungen dehnten sich auf 10 Tage aus und wurden von zwei in Autos reisenden Gruppen vorgenommen, die mündlich die Bevölkerung befragten. Sie fanden im Winter statt, als der Boden hoch mit Schnee bedeckt war, was die Unternehmung zum Teile verzögerte und behinderte. Die Erhebungen beschränkten sich zum großen Teile auf die Städte und Ortschaften und die Hauptverkehrsstraßen, wo der größte Teil der Bevölkerung wohnt, und die auch die Mittelpunkte der deutschen Bevölkerung und des deutschen Einflusses sind. Die Erhebungen waren hauptsächlich bestimmt, eine vorläufige Demarkationslinie in einem Gebiete festzulegen, um das von gegnerischen Truppen gekämpft wurde. Sie fanden unter den ganz ungewöhnlichen Umständen statt, daß das ganze Gebiet von Truppen der einen oder anderen Seite besetzt war, obwohl der gemischten militärisch-zivilen Kommission ganz ungewöhnliche Möglichkeiten geboten wurden, sich frei zu bewegen und jede gewünschte Nachforschung nach dem Willen der Bevölkerung vorzunehmen. Das Ergebnis der Nachforschung war ein geteilter Bericht; drei von vier berichteten eine überwiegende proösterreichische Stimmung in dem jetzt zur Erörterung stehenden Gebiete, der vierte berichtete eine überwiegende projugoslawische Stimmung und erklärte, daß zwar kein österreichischer „Terrorismus" vorhanden war, daß sich aber die Pro-

jugoslawen offensichtlich nicht frei fühlten, ihrer Neigung für eine jugoslawische Herrschaft Ausdruck zu geben.

Oberst Miles ist der Anschauung, daß nach den tatsächlichen Bekundungen der Selbstbestimmung die Mehrheit der Bevölkerung des Klagenfurter Beckens bei Österreich zu verbleiben wünscht und daß, solange diese Bekundung nicht durch eine freie Willensäußerung des ganzen Beckens in das Gegenteil verkehrt ist, die zugegebene Einheit des Beckens nicht durch eine willkürliche und künstliche Grenze zerstört werden solle.

Dr. Day und Dr. Seymour sind geneigt, mit Oberst Miles anzunehmen, daß eine Mehrheit der slowenisch sprechenden Bevölkerung des Klagenfurter Beckens es vorziehen würde, nicht von der historischen österreichischen Provinz Kärnten getrennt zu werden. Sie sind überzeugt, daß eine Linie, die, wie die jetzt von den Jugoslawen beanspruchte, das Becken entzweischneidet, den Interessen der Bevölkerung auf beiden Seiten schädlich sein würde; Unzufriedenheit würde die Folge sein und die Ursachen späterer Unruhen würden vervielfacht werden. Sie sind daher gegen eine Änderung des bereits von der Gebietskommission vorgelegten Berichtes.

Dr. Johnson, der nach einem Listensystem mit Dr. Seymour an Stelle Dr. Day in der Kommission war, als die österreichisch-jugoslawische Grenze erörtert wurde, ist der Meinung, daß der militärische Charakter der Mission des Oberst Miles, die abnormalen Bedingungen, unter denen sie stattfand, und die unvermeidlichen Einschränkungen, denen solch eine Methode der Erhebung notwendigerweise unterworfen ist, ihr den Wert als Grundlage für eine Verfügung über die slowenische Bevölkerung des Klagenfurter Beckens nehmen. Die Voraussetzung, daß die slowenische Mehrheit slowenisch fühlte, sollte angenommen und das Gebiet eher einer verbündeten als einer feindlichen Macht überlassen werden. Er anerkennt, daß geographische und wirtschaftliche Überlegungen für die Zuweisung an Österreich sprechen, glaubt aber, daß in einem landwirtschaftlichen Gebiete, wie dem Klagenfurter Becken, die wirtschaftlichen Bindungen weniger stark und weniger wichtig sind, als sie es in einem Industriegebiet wären. Ethnographische, strategische und politische Erwägungen, sie alle sprechen zugunsten einer Zuteilung des Gebietes an Jugoslawien. Er stimmt daher der britischen, französischen und italienischen Delegation bei, indem er diese Verfügung über das Gebiet empfiehlt unter der Voraussetzung, daß die Bevölkerung das Recht haben solle, nach einer Reihe von Jahren dagegen Einsprüche zu erheben.

Clive Day. Charles Seymour. Colonel Miles. Douglas Johnson.

10.

Aus dem Bericht Aldrovandi-Marescottis[1]) über die Sitzung des Vierer-Rates.
Paris, bei Wilson, 29. Mai 1919, 11 Uhr Vormittag.

. . . Orlando: Es ist mir berichtet worden, daß die Redaktionskommission bis jetzt keine Weisung wegen der Grenze zwischen Österreich und Italien erhalten hat.

Wilson: Soviel ich mich erinnere, ist vereinbart, daß als Grenze jene in Betracht kommt, die im Vertrag von London angegeben ist, mit Berichtigungen, die das Sextental wie auch einige Gegenden in der Nähe von Tarvis Italien zuweisen. Alles dies muß deutlich auf einer Karte eingezeichnet werden, wie man auch über Klagenfurt und das Aßlinger Dreieck eine Entscheidung treffen muß.

Die Vier begeben sich mit den Sekretären in den oberen Stock, wo wir auch die Sachverständigen und anderen Sekretäre treffen, unter ihnen für Italien Vanutelli-Rey.

Wilson breitet am Boden eine geographische Karte aus und prüft sie kniend, soweit sie

---

[1]) Guerra dipl., S. 440f.

Klagenfurt und Aßling betrifft. Er beauftragt einen amerikanischen Sekretär, eine Karte nach bestimmten Anweisungen vorzubereiten. Dann bemerkt er, er wünsche, daß im Vertrag von den Vorbehalten bezüglich Aßlings keine Erwähnung getan werde. Ich sage ihm: „Wenn man die Grenze festsetzt, das Dreieck von Österreich wegläßt und den Vorbehalt nicht angibt, werden die Jugoslawen glauben, das Dreieck gehöre ihnen." Wilson antwortet mir: „Hier machen wir einen Vertrag mit Österreich, das übrige geht uns nichts an." Ich mache Wilson auf das gegenwärtige Vorrücken der jugoslawischen Truppen in der Zone und auf die Gefahr eines Konfliktes aufmerksam. Wilson sagt, man schreibe den Österreichern und den Jugoslawen eine Warnung (intimazione). Ich erwidere: „Wie soll man die Ordnung aufrechterhalten, wo von Rechts wegen niemand da ist?"

Wilson, noch immer kniend, studiert die Karte weiter. Vanutelli erklärt ihm klar die Frage des Handels. Wilson aber antwortet ihm: „Wir lassen niemals nationale Fragen von wirtschaftlichen abhängig sein." Vanutelli beharrt mit größter Höflichkeit und mit den eindringlichsten Argumenten auf seinem Standpunkt. Aber Wilson macht der Diskussion ein Ende. „Wir lassen diese Art von Argumenten nicht zu."

Wir gehen in das gewöhnliche Zimmer zurück, wo die Versammlungen der Vier stattfinden.

Die Sekretäre A. Portier (Franzose) und E. Abraham (Engländer) von der Kommission für die jugoslawischen Angelegenheiten, denen Wilson eine entsprechende Instruktion gegeben hatte, bringen eine geographische Karte und den folgenden Text vor, der von den Vier gebilligt und angenommen wird:

Das Redaktionskomitee wird in den Vertrag des Friedens mit Österreich die Grenze zwischen Italien und Österreich, wie sie im Vertrag von London vom 26. April 1915 angegeben ist, aufnehmen, mit den in einer beigelegten Karte veranschaulichten Berichtigungen, die das Tal von Sexten und eine bestimmte Zone in der Nachbarschaft von Tarvis Italien zuweisen. Das Tal (valle!) von Klagenfurt einschließlich der Stadt Klagenfurt wird auf Grund einer Volksabstimmung innerhalb von 6 Monaten nach Unterzeichnung des Friedensvertrages mit Österreich zugeteilt. Die Frage des Dreiecks von Aßling wird der Entscheidung der all. und ass. Hauptmächte vorbehalten und diese Entscheidung wird von Österreich angenommen werden.

11.

Friedensvertrag mit Österreich.

Siebente Fassung vom 31. Mai 1919[1]).

Teil III.

Abschnitt II.

Staat der Serben, Kroaten und Slowenen.

Art. 1 = Art. 46 des Vertrages vom 2. September, Bericht II, S. 418.
Art. 2 = Art. 47 des Vertrages vom 2. September, Bericht II, S. 418.
Art. 3 = Art. 48 des Vertrages vom 2. September, Bericht II, S. 418.

Artikel 4.

Im Gebiete von Klagenfurt, innerhalb der nachstehend bezeichneten Grenzen, hat die Bevölkerung das Recht, durch Stimmenabgabe zu bestimmen, welchem Staate ihr Gebiet angeschlossen werden soll:

---

[1]) Akten des serbischen Außenministeriums. — Diese Fassung des Teiles III, Abschnitt II war ursprünglich in dem am 2. Juni der deutsch-österreichischen Delegation übergebenen Entwurf enthalten, wurde aber vom Clemenceau unmittelbar vor der Vollsitzung der Friedenskonferenz am 2. Juni herausgerissen. Siehe VIII, S. 248 und 251.

[Ausgehend von der Kote 871[2]), ungefähr 10 km ostnordöstlich von Villach, gegen Süden bis zur Kote 2143 (Mittagskogel): eine im Gelände festzusetzende, über die Kote 717[3]) gehende Linie[4]];

[von hier gegen Ostsüdost, dann gegen Nordost bis zur Kote 1929 (Uschowa): die Wasserscheide zwischen der Drau im Norden und der Save im Süden;

von hier gegen Nordosten bis zur Kote 1054 (Stroina): eine im Gelände festzusetzende Linie, welche im allgemeinen der Westgrenze des Mießbeckens folgt und über die Koten 1558—2124[5])—1185[6]) geht;

von hier gegen Nordosten bis zur Kote 1522 (Hühnerkogel): eine im Gelände festzusetzende, die Drau südlich von Lavamünd schneidende Linie;

vom Hühnerkogel gegen Westen bis zur Kote 842, 1 km westlich vom Kasparstein: eine im Gelände festzusetzende, nördlich von Lavamünd verlaufende Linie;

von hier bis zur Kote 1899 (Speikkogel): die Nordostgrenze des Verwaltungsbezirkes Völkermarkt;

von hier gegen Südwesten bis zum Ufer der Gurk: die Nordwestgrenze des Verwaltungsbezirkes Völkermarkt;

von hier gegen Südwesten bis zu einem Punkt der Verwaltungsgrenze westlich der Kote 1075 (Steinbruchkogel): eine im Gelände festzusetzende über die Kote 1076 gehende Linie;

von hier gegen Westen bis zu einem bei der Kote 725 zu wählenden Punkte, ungefähr 10 km nordwestlich von Klagenfurt: die Grenze zwischen den Verwaltungsbezirken St. Veit und Klagenfurt; von hier bis zur Kote 871, die als Augangspunkt dieser Beschreibung gedient hat: eine im Gelände festzusetzende über die Koten 815 (Freudenberg) — 1045 (Gallinberg) und 1069 (Taubenbühel) laufende Linie][7]).

Artikel 5.

In einem 15 Tage nicht überschreitenden Zeitraum nach Inkrafttreten des vorliegenden Vertrages haben die österreichischen Truppen und Behörden das oben begrenzte Gebiet zu räumen. Bis zur Vollendung der Räumung haben sie sich aller Beschlagnahmen (Requisitionen) von Geld und Waren und aller Maßnahmen, welche die wirtschaftlichen Interessen des Landes betreffen, zu enthalten.

Nach Ablauf des obenerwähnten Zeitraumes kommt das genannte Gebiet unter die Verwaltung einer internationalen Kommission von 5 Mitgliedern, welche durch die all. und ass. Hauptmächte ernannt werden. Diese Kommission wird, gegebenenfalls unterstützt von den nötigen Truppen, allgemeine Verwaltungsvollmacht haben, im besonderen aber für die Organisation der Abstimmung Sorge tragen und alle Maßnahmen treffen, die sie für nötig erachtet, um eine freie, echte und geheime Abstimmung zu gewährleisten. Die Kommission wird auch in allen die Ausführung der vorliegenden Klausel betreffenden Fragen Vollmacht haben. Die Kommission wird alle nötigen Maßnahmen ergreifen, um sich in der Ausübung ihrer Arbeit durch von ihr unter der heimischen Bevölkerung gewählte Hilfskräfte unterstützen zu lassen. Die Beschlüsse der Kommission werden mit Stimmenmehrheit gefaßt.

---

[2]) Knapp östlich der Ruine Eichelberg (nordöstlich Wernburg).

[3]) Rudnik, nordöstlich von Faakersee.

[4]) [ ] Statt dessen ist die Grenze im Entwurf vom 20. Juli und im endgültigen Vertrag vom 2. September, Art. 27, p. 3, vom Mallestiger Mittagskogel über die Polana zur Drau gezogen.

[5]) Petzen.

[6]) Gornia.

[7]) [ ] übereinstimmend mit dem Entwurf vom 20. Juli (Art. 55) und dem endgültigen Vertrag vom 2. September (Art. 49), Bericht II, S. 14 und 240.

Das Stimmrecht steht allen Personen ohne Rücksicht auf das Geschlecht zu, die nachstehenden Bedingungen entsprechen:

a) das vollendete 20. Lebensjahr bei Inkrafttreten des vorliegenden Vertrages,

b) Geburtsort innerhalb der Abstimmungszone oder Wohnsitz oder gewöhnlicher Aufenthaltsort seit einem von der Kommission noch festzusetzenden Tage.

Jeder wird in der Gemeinde seines Wohnsitzes abstimmen oder, falls er nicht in der erwähnten Zone wohnhaft ist, in der Geburtsgemeinde.

Das Abstimmungsergebnis wird nach der Stimmenmehrheit im ganzen der Volksabstimmung unterworfenen Gebiete bestimmt.

Das Abstimmungsergebnis wird durch die Kommission den all. und ass. Hauptmächten mit einem Bericht über die Durchführung der Abstimmung übermittelt und verlautbart.

Fällt die Abstimmung zugunsten einer Angliederung des Gebietes an das Königreich SHS aus, so erklärt Österreich, von jetzt an allen seinen Ansprüchen und Rechten auf dieses Gebiet zugunsten der SHS-Regierung zu entsagen. Im Einverständnis mit der Kommission wird die SHS-Regierung das Recht haben, das Gebiet sofort nach Verlautbarung des Abstimmungsergebnisses durch seine Verwaltungs- und Militärbehörden besetzen zu lassen.

Im gegenteiligen Falle wird Österreich vom erwähnten Gebiet wieder Besitz ergreifen. Nachdem dann die Verwaltung des Landes, sei es durch den SHS-Staat, sei es durch Österreich, gesichert ist, enden die Rechte der Kommission.

Die Ausgaben der Kommission für ihre Arbeit wie für die Verwaltung des Gebietes werden aus den örtlichen Einkünften bestritten; ein allfälliger Mehrbetrag wird je zur Hälfte von Österreich und dem SHS-Staate getragen.

Artikel 6.

Österreich verzichtet zugunsten der all. und ass. Hauptmächte auf alle Rechte auf das Dreieck von Aßling, welches wie folgt beschrieben wird: . . . (Lücke) . . .

Österreich verpflichtet sich, alle Maßnahmen, die die all. und ass. Hauptmächte bzgl. dieses Gebietes treffen werden, anzuerkennen, besonders soweit diese die Nationalität der Bewohner betreffen.

12.

12. Mai 1919.

Vorschläge der jugoslawischen Delegation für die Volksabstimmung im Klagenfurter Becken[1]).

Der Völkerbund übernimmt die Verwaltung des nachstehend bezeichneten Gebietes: . . . . .

Nach einem Zeitraum von mindestens 6 Jahren nach Inkrafttreten des vorliegenden Vertrages wird die Bevölkerung des erwähnten Gebietes aufgefordert werden, bekanntzugeben, unter welche Herrschaft sie zu kommen wünscht. Der Völkerbundsrat wird die Regierungsgewalt, welche ehemals Deutsch-Österreich und den autonomen Landesbehörden zustand, einer Kommission von 5 Mitgliedern anvertrauen. Diese Kommission besteht aus je einem Delegierten der Vereinigten Staaten, Großbritanniens, Frankreichs, des SHS-Staates und Deutsch-Österreichs[2]).

In einem Zeitraum von höchstens 10 Tagen nach Inkrafttreten des vorliegenden Vertrages haben die österreichischen und Kärntner Truppen das der Volksabstimmung unterworfene Gebiet zu räumen. In demselben Zeitraum werden in diesem Gebiete auch alle Soldaten- und Arbeiterräte aufgelöst.

Die Aufrechterhaltung der Ruhe und Ordnung in diesem Gebiete wird Truppen der Vereinigten Staaten, Großbritanniens und Frankreichs anvertraut.

---

[1]) Akten des serbischen Außenministeriums.
[2]) Italien fehlt.

Die Rückkehr aller Flüchtlinge sowie auch der Kriegsgefangenen, die sich noch in Italien befinden, hat sofort zu erfolgen.

Alle slowenischen Priester und Lehrer müssen sofort auf ihre Posten zurückkehren.

Die österreichischen Behörden (einschließlich Landesregierung, Landesausschuß, Landesschulrat, Bezirkshauptmannschaft) haben das Volksabstimmungsgebiet zu verlassen. Die Kommission hat unverzüglich dafür zu sorgen, daß diese österreichischen Behörden durch Funktionäre ersetzt werden, welche die hierzu nötige Eignung sowie die vollkommene Kenntnis der slowenischen Sprache besitzen.

Die von den österreichischen Behörden aufgelösten oder trotz gesetzlichen Beschlusses nicht eröffneten Volksschulen müssen sofort eröffnet, bzw. wiedereröffnet werden. Die utraquistischen Schulen, die bereits bestehen, müssen, falls die Bevölkerung es wünscht, in slowenische umgewandelt werden. In Schulen, wo slowenischer Religionsunterricht stattgefunden hat, muß dieser im gleichen Maße wieder aufgenommen werden. Für die slowenische Bevölkerung ist eine genügende Anzahl von Bürgerschulen zu schaffen.

Die Gemeindewahlen auf Grund des allgemeinen, geheimen und gleichen Wahlrechtes müssen im Laufe von 2 Jahren stattfinden.

Stimmberechtigt sind ohne Unterschied auf Alter und Geschlecht jene, welche nachstehenden Bedingungen entsprechen:

a) zurückgelegte 24 Lebensjahre bei Inkrafttreten des vorliegenden Vertrages,

b) Geburtsort im Volksabstimmungsgebiet oder Wohnsitz daselbst seit einem vor dem 1. Jänner 1905 liegenden Zeitpunkt.

Jeder stimmt in seiner Wohn- oder Zuständigkeitsgemeinde.

Das Ergebnis wird gemeindeweise nach der Stimmenmehrheit bestimmt.

Die Kommission wird die Grenzen nach den Ergebnissen der Volksabstimmung in den einzelnen Gemeinden vorschlagen.

Der Völkerbund wird entscheiden.

13a.

Präsidium Kärntner Landesregierung.

3./VI. 11 h Vorm.   Spittal d. Drau.

Interventionen Renners hatten Erfolg. Entente hat Einstellung Kämpfe und beiderseitige Räumung Klagenfurter Beckens verlangt. Text des Vorbehaltes bezüglich der Grenze vom Mittagskogel über Ossiacher Tauern Ulrichsberg Kleine Saualpe Hühnerkogel über Verlangen Südslawen zurückgestellt. Vorbehalt betrifft vermutlich Volksabstimmung. Bericht folgt.

Schumy.

13b.

St. Germain, 3. Juni 1919.

An das

Präsidium der Kärntner Landesregierung

dzt. Spittal a/Dr.

Im Anschlusse übersenden wir die Abschrift des heute abgegangenen Telegrammes. Die dortige Depesche mit der Aufforderung zur sofortigen Intervention Dr. Renners wegen Einstellung der Kämpfe haben wir gestern erhalten.

Renner hat über unser dringendes Ersuchen sofort noch einmal die Entente ersucht, die sofortige Einstellung der Kämpfe in Kärnten zu veranlassen.

Gestern mittags wurden uns endlich die Friedensbedingungen übergeben. Der zweite Teil enthält eine genaue Darstellung der Grenzen von Kärnten. Eine Abschrift hiervon liegt bei.

Hierzu ist folgendes zu bemerken:

1. Der Gerichtsbezirk Tarvis ist als verloren zu betrachten; falls irgendwie möglich, werden wir für die Verlegung der Grenze bis zur Saifnitzer Wasserscheide und für die Festlegung der bisherigen Grenze in den Gailtaler Bergen eintreten. Ersteres ist notwendig wegen Tarvis und Raibl, letzteres wegen der Freimachung der Gailtaler Alpen für Weidezwecke.

2. Das Gailtal, die Bahn Thörl—Villach, ferner die Stadt Villach mit ihrer Umgebung ist gerettet.

3. Die im Punkt 3 erwähnte neue Linie, welche auch aus mitfolgender Karte ersichtlich ist, deckt sich, was ihren nördlichen Verlauf anbetrifft, ziemlich genau mit der Maximalforderung von Dr. Žolger und Dr. Ehrlich. Ihr Verlauf ist also: vom Mittagskogel nordwärts über den Rudnik bei Föderlach bis Winklern bei Köstenberg, sodann ostwärts über Taubenbühel, Gallinberg, Freudenberg, um den Ulrichsberg herum, bei St. Michael a. Z. über die Glan, Magdalensberg, Steinbruchkogel, Schmieddorf, Speikkogel, Bezirksgrenze zwischen Völkermarkt und Wolfsberg, bei Lavamünd nordwärts bis zum Hühnerkogel.

4. Vom Hühnerkogel an ist erst die Grenze mit Südslawien genannt, während auf der Strecke Mittagskogel—Hühnerkogel von einer unmittelbaren Angrenzung an Südslawien keine Rede ist. Vielmehr heißt es zu Beginn des Punktes 3 „mit den im Abschnitte II des 3ten Teiles gemachten Vorbehalten". Bedauerlicherweise aber wurden diese Vorbehalte zurückbehalten. In den Friedensbedingungen ist lediglich der Umschlag dieses Kapitels, jedoch noch kein Text enthalten.

Die Blättermeldungen lassen folgende Schlußfolgerung zu:

Am Mittwoch, den 25. Mai, wurde den interessierten kleinen Mächten der Inhalt des Friedensvertrages zur Kenntnis gebracht. Bratianu hat es als Wortführer der anwesenden Vertreter der Nationalstaaten durchgesetzt, daß das Friedensinstrument ihnen auch zur eingehenden Kritik für einige Tage ausgehändigt wurde. Am Samstag fand eine weitere vertrauliche Beratung zwischen den interessierten kleinen Mächten und dem Rate der Vier statt, bei welchem Anlasse es den SHS-Vertretern gelungen ist, die vorläufige Zurückstellung des IIten Abschnittes, IIIter Teil, enthaltend die näheren Vorbehalte bezüglich Kärntens, zu erwirken. Daher haben wir eine Grenzlinie, ohne daß genau bekannt wäre, was mit dem Gebiete zwischen dieser Linie und den Karawanken geschehen soll.

Vermutlich ist im Vorbehalte die Abstimmung und die vorherige Besetzung durch eine Ententemacht vorgesehen. Hierzu berechtigt der Wortlaut jener Note, welche am 31. Mai an die südslawische Delegation in Paris und gleichzeitig an die SHS-Regierung in Belgrad abgegangen ist und in welcher der Rat der alliierten und assoziierten Mächte letzterer den Auftrag erteilt, die Feindseligkeiten sogleich einzustellen und die Truppen an den Südrand des Klagenfurter Beckens zurückzuziehen. Im bezüglichen Berichte heißt es auch, daß auch die österreichische Regierung den Auftrag erhielt, ihre Truppen an den Nordrand des Klagenfurter Beckens zurückzunehmen und daß eine noch zu bestimmende Ententemacht den Auftrag erhalten wird, das Becken durch 6 Monate zu besetzen. Hierbei ist noch ein ausdrücklicher Hinweis auf die Friedensbedingungen enthalten. Es scheint also, daß die bezüglichen Beschlüsse noch vor der Sitzung am Samstag, den 31. Mai, gefaßt wurden.

Nunmehr muß Italien alles aufbieten, daß die Abstimmung aufrecht bleibt, und daß das Gebiet des Klagenfurter Beckens nicht zu eng begrenzt wird. Zum Becken gehört zweifellos das Gebiet zwischen der neuen Linie und den Karawanken. Bitte in diesem Sinne auf Segré und durch den italienischen Kommissär auf Sonnino und Orlando einwirken zu lassen. Wir werden hier im gleichen Sinne tätig sein.

Wir sind im Begriffe, unsere Antwort zu verfassen. Etwaige Weisungen und Forderungen ersuchen wir uns drahtlich bekanntzugeben. Ein Ausschnitt aus dem „Petit Parisien" liegt bei. Er zeigt auch, daß die Kärntner Frage noch nicht entschieden ist.

Wutte e. h.   V. Schumy e. h.

14.

Denkschrift D. Johnsons über das Klagenfurter Becken[1].

Paris, 2. Juni 1919.

Sehr geehrter Herr Präsident!

Oberst House hat mich aufgefordert, Ihnen mit Bezug auf die Lage im Klagenfurter Becken meine Auffassung dieser Frage ausführlich auseinanderzusetzen. Ich entschließe mich dazu nur schwer, denn ich erachte es als meine Pflicht, den Präsidenten nicht durch weitere Erörterungen unsicher zu machen, wenn er sich einmal eine Meinung auf Grund des ihm von den Experten unterbreiteten Materials gebildet hat. Wenn aber der Präsident es für angezeigt erachtet, noch ein anderes Memorandum über die Klagenfurter Frage entgegenzunehmen, so freut es mich, gewisse Punkte dieses Problems aufzuzeigen, auf die vielleicht bis jetzt seine Aufmerksamkeit noch nicht gelenkt wurde.

Vor allem ein aufklärendes Wort über die Geschichte dieser Frage. Memoranda, die kürzlich dem Präsidenten überreicht wurden (besonders das des Oberst Sherman Miles vom 22. Mai) erwecken den Eindruck, daß die amerikanischen Experten die Übergabe des ganzen Beckens an Österreich übereinstimmend empfohlen haben, daß diese Empfehlung unabhängig von und vor der Miles-Untersuchung erfolgt ist und von der Gebietskommission einstimmig gebilligt wurde, daß die Grundsätze, auf denen diese Empfehlung gegründet war, einstimmig vom Rate der Minister und dem Rate der Zehn gebilligt wurden und nur politische Zweckmäßigkeit das Wiederaufnehmen der Frage notwendig machte. Wenn es sich in der Tat so verhielte, so könnte wohl die Einhelligkeit der Meinung als genügender Grund angesehen werden, um die Erörterungen über diesen Fall zu beenden. Aber es gelang mir, am 27. Mai die Herren Day, Seymour und Oberst Miles zu veranlassen, mit mir eine Feststellung von Tatsachen zu unterfertigen, die dem Präsidenten und den Mitgliedern der Kommission übermittelt wurde und aus der hervorgeht[2]:

a) daß unmittelbar vor Einlangen des Miles-Berichtes die endgültige Empfehlung der amerikanischen Experten an den Präsidenten (Schwarzbuch[3] vom 21. Jänner) dahin ging, das Klagenfurter Becken entlang der Drau zu teilen und die südliche oder slowenische Hälfte Jugoslawien zu überweisen, so wie durch die rote Linie auf der beigefügten Karte ersichtlich;

b) daß nur nach Empfang des Miles-Berichtes und zum Teil wegen seines Inhaltes die amerikanischen Experten bewogen wurden, die Karawankengrenze festzusetzen und das ganze Becken Österreich zu geben;

c) daß die Gebietskommission bezüglich der besten Verfügung über das Becken geteilter Meinung war; und

d) daß der Rat der Minister und der Rat der Zehn die Kompromißgrenze (einhellig von der Gebietskommission angenommen, nach wechselseitigen Zugeständnissen, um die Einhelligkeit zu erreichen) einfach annahm, ohne auf die einzelnen Punkte der Klagenfurter Frage einzugehen. Mit anderen Worten, das Klagenfurter Problem stellt nicht das klare Ergebnis einer durchschlagenden allgemeinen Übereinstimmung dar, sondern war immer eine schwierige Frage, bezüglich der die Meinung der Sachverständigen niemals einmütig oder übereinstimmend war.

Nach meiner Meinung sollten die folgenden Überlegungen sorgfältig abgewogen werden, um zu einer endgültigen Entschließung in diesem schwierigen Fall zu gelangen:

1. Es besteht kein verläßlicher Beweis, daß eine Mehrheit der slowenischen Bevölkerung, die

---

[1] Miller, My Diary, Bd. 9, 471f. Mit 1 Karte.
[2] Siehe S. 439, Beil. 9.
[3] Vgl. S. 147f.

die südliche Hälfte des Beckens bewohnt, den Wunsch hegt, unter österreichischer Herrschaft zu sein. Die Untersuchung des Oberst Miles hatte, wie aus dem von ihm unterzeichneten Protokoll vom 27. Mai hervorgeht, militärischen Charakter und zielte vor allem darauf ab, eine zeitliche Demarkationslinie zwischen feindlichen Armeen festzusetzen; sie fand während einer einseitigen militärischen Besetzung und Verwaltung — die Hälfte des in Frage kommenden Gebietes war von Deutsch-Kärntner Truppen besetzt — und im Winter statt, zu einer Zeit, da die germanisierten Orte leichter zugänglich waren als die rein slowenischen ländlichen Bezirke; sie wurde durch mündliche Befragung der Leute, die man in den Ortschaften und auf den Straßen traf, geführt und es wurden, wie aus den Berichten hervorgeht, Schlußfolgerungen gezogen, die nicht auf statistischen Aufzeichnungen gegründet, sondern durch einen allgemeinen Eindruck gewonnen worden waren. Dies hatte einen Sonderbericht zur Folge, indem eines der vier Mitglieder der Kommission berichtete, daß in dem jetzt in Erörterung stehenden Gebiete die jugoslawische Gesinnung überwiege, und weiters feststellte, daß erwiesenermaßen die jugoslawenfreundliche Bevölkerung sich nicht so frei fühle, um ihren Wunsch nach Aufrichtung der jugoslawischen Herrschaft frei auszusprechen, wenn auch nicht von einem österreichischen Terror gesprochen werden kann. Ich bin überzeugt, der Präsident wird nie dulden, daß in irgendeinem der Gebiete, für die nach den in Vorbereitung befindlichen Verträgen eine Volksabstimmung vorgesehen ist, die Entscheidung über den Willen der Bevölkerung durch solche Mittel und unter solchen Umständen getroffen wird. Aus dem gleichen Grunde erscheint es mir unmöglich, den Miles-Bericht, wonach eine Mehrheit der im Klagenfurter Becken lebenden Slowenen die österreichische Herrschaft vorziehe, als zuverlässig hinzunehmen.

2. Die geographische und wirtschaftliche Einheit des Klagenfurter Beckens ist von weitaus geringerer Wichtigkeit, als allgemein angenommen wird. Es ist ein Agrargebiet und die Städte und Ortschaften sind mit wenigen Ausnahmen sehr klein. Die wirtschaftlichen Bande in einem Agrargemeinwesen sind im Vergleich mit solchen eines Industriegemeinwesens nur schwach und können verhältnismäßig leicht neuen Bedingungen angepaßt werden. Völkermarkt, einer der drei Hauptmarktplätze ist nach jeder der vorgeschlagenen Grenzziehungen in den slowenischen Teil des Beckens einbezogen; Villach dagegen, ein anderer der drei Plätze, ist in jedem Falle nach der vom Rate der Vier angenommenen Grenzlinie außerhalb der Plebiszitzone belassen, eine Linie, die die geographische Einheit des Beckens zerstört, indem sie einen großen Teil des nördlichen Gebietes mit der Eisenbahnlinie Villach—St. Veit ausschließt. Die deutsche Stadt Klagenfurt ist der Marktplatz, der die größten Schwierigkeiten schüfe, wenn er von dem Gebiete ausgeschlossen würde, das schließlich Jugoslawien zugeteilt werden soll. Aber es kann wohl bezweifelt werden, ob sich der Schaden als groß oder dauernd erweisen würde. Die Wiederherstellung der ökonomischen Beziehungen, wie sie jetzt sind, könnte, wenn notwendig, durch besondere handelspolitische Vorkehrungen für eine Anzahl von Jahren erleichtert werden.

3. Die wirtschaftlichen Beziehungen zwischen Klagenfurt und der übrigen Welt sind wahrscheinlich am stärksten entwickelt gegen Osten und Süden (Jugoslawien) und nicht gegen Norden (Österreich). Im Norden liegt die Hauptmasse der Alpen, während sich das Becken nach Osten erstreckt, gegen die Ebene hin, die sich bei Marburg ausbreitet und Jugoslawien zuerkannt ist (siehe die große beigeschlossene topographische Karte)[4]. Zwei Bahnlinien überqueren den Kamm der Karawanken und verbinden das Becken mit dem Süden, eine mit Laibach und dem Meere bei Fiume, die andere mit Agram. Sicherlich ist das Becken von den jugoslawischen Städten Marburg, Laibach, Agram und dem Hafen von Fiume leichter zu erreichen als von österreichischen Städten gleicher politischer und wirtschaftlicher Bedeutung.

---

[4]) Die Karte fehlt.

4. Während die Karawanken die beste geographische Grenze ergeben, so ist doch die zuletzt von der jugoslawischen Delegation vorgeschlagene Grenzlinie geographisch weitaus besser als ein großer Teil der neuen, von der Konferenz gezogenen Grenzen. Während des größten Teils ihrer Länge folgt sie Flüssen, Seen oder Wasserscheiden oder entfernt sich von diesen nur, um schon bisher bestehenden Verwaltungsgrenzen zu folgen. Ist es vernünftig, auf der besten natürlichen Grenze zu bestehen, die von der ethnographischen weit abgerückt ist, wenn eine genügend gute geographische Grenze nahe der Nationalitätengrenze gegeben ist?

5. Die beigeschlossene ethnographische Karte[5]) zeigt das besonders harte Los, dem die kleine slowenische Nation wegen ihrer geographischen Lage unterworfen ist. Die vorgeschlagenen Grenzen (rot) zeigen, daß ein großer Teil ihres nationalen Gebietes zwischen Italien im Westen und Österreich im Norden aufgeteilt wird. Italien verlangte eine gute geographische und strategische Grenze in diesem Gebiete und es schien vernünftig und notwendig, ihm dies zuzugestehen, trotz des schweren Opfers, das damit dem slowenischen Volke auferlegt wurde. Ist es vernünftig oder notwendig, Österreich mit der besten geographischen und strategischen Grenze zu beschenken, wenn dadurch einem Volke, das schon einen schmerzlichen Verlust erlitten hat, ein neues schweres Opfer auferlegt wird? Ganz besonders aber, wenn, wie in diesem Falle, das Opfer von einem befreundeten Staat zugunsten eines feindlichen Staates und früheren Unterdrückers verlangt wird? Würde es nicht gerechter sein, in diesem Falle den Grundsatz der deutlichen Nationalitätengrenze anzuwenden?

6. Die Slowenen sind viel mehr als die südlich von ihnen lebenden Kroaten für den Gedanken eines jugoslawischen Staates begeistert. Es liegt mehr im Interesse eines einheitlichen Jugoslawien, ein Volk an seinen Grenzen zu haben, das für die Einheit begeistert ist, als eines mit deutlich erkennbaren separatistischen Bestrebungen. Aus diesem Grunde ist es wünschenswert, daß das slowenische Volk so groß, stark und befriedigt sei, als es nur möglich ist, und daß ihm nicht mehr als notwendig Anlaß zur Beschwerde gegeben werde, daß die Serben und Kroaten angegeben hätten, es werde im Interesse eines Ausgleiches geopfert.

7. Ich glaube, daß die Friedenskonferenz nirgendwo sonst auf der Karte Europas von einem befreundeten Volk schwere Opfer verlangt habe, um die besten natürlichen Grenzen zwischen ihm und einem feindlichen Staate zu erhalten. Können wir den Jugoslawen die Gerechtigkeit eines solchen Vorganges in ihrem Fall begreiflich machen?

8. Die Jugoslawen betonen mit gutem Grunde, daß die gegenwärtige deutsche Mehrheit in der nördlichen Hälfte des Gebietes das unmittelbare Ergebnis einer systematischen Germanisation ist, die bis zu dem heutigen Tage mit Härte durchgeführt wurde. Ohne diese Politik einer herrschenden Rasse gegenüber einer unterworfenen gebe es nach ihrer Meinung heute keinen Zweifel, daß das gesamte Becken aus ethnographischen Gründen Jugoslawien zuzusprechen sei. Sie fragen: Will die Konferenz diese wohlbekannte österreichische Politik durch ihre Zustimmung besiegeln und Österreichs Ausdehnung gegen Süden bis zum Kamm der Karawanken mit voller Absicht sichern?

Im Hinblick auf die im Vorhergehenden ausgeführten Überlegungen scheint es mir, daß die amerikanische Stellungnahme wohl die folgende sein könnte:

I. Anzunehmen, daß die jugoslawische Bevölkerung in der südlichen Hälfte des Klagenfurter Beckens die jugoslawische Herrschaft der österreichischen vorzieht: die Grenze entlang den Flüssen, Seen und Wasserscheiden möglichst nahe der Nationalitätengrenze zu ziehen. Dies würde die österreichischen Eisenbahnverbindungen im Becken nicht beeinträchtigen und der Bau eines kurzen Bahnstranges würde das jugoslawische System vervollständigen.

II. Die unmittelbaren Interessen der Bevölkerung durch Vorkehrungen wahrzunehmen, die die zeitliche Freiheit des lokalen Handels innerhalb des Beckens gewährleisten, um die

---

[5]) Auch diese Karte fehlt.

Schwierigkeiten der Wiederanknüpfung der bestehenden wirtschaftlichen Beziehungen auf ein Minimum zu verringern.

III. Wenn es für den weitgehenden Schutz der Interessen der Bevölkerung notwendig erschiene,

a) den Slowenen (!) des in Frage kommenden Gebietes das Recht zuzusichern, nach einer angemessenen Zeitperiode gegen das Verbleiben im jugoslawischen Staate Einspruch zu erheben, wenn sie es wirtschaftlich oder sonst wie nicht wünschenswert erachten; um andererseits, falls kein wirksamer Einspruch erhoben wird,

b) den Deutschen Klagenfurts und des engen westlich anliegenden Streifens das Recht zu gewähren, innerhalb einer weiteren festgesetzten Periode für die Einverleibung in den jugoslawischen Staat zu stimmen, wenn sie dies in ihrem Interesse erachten.

Eine solche Lösung würde es den Slowenen ermöglichen, ihr eigenes Schicksal unabhängig von den deutschen Stimmen in und um Klagenfurt zu bestimmen, und würde diese Bevölkerung gegen eine Trennung von dem Gebiete im Süden sichern, falls eine solche nicht gewünscht wird.

Ergebenst unterbreitet
Douglas Johnson.

15.

Protokoll der Versammlung des Rates der Vier bei Wilson[1]).

Paris, 4. Juni 1919, 16 Uhr.

Wilson: Wir müssen zuerst Herrn Vesnić hören.

Lloyd George: Ja.

Vesnić wird hereingeführt, bleich, nervös.

Wilson: Es ist für uns wichtig, ihre Meinung darüber zu hören, ob das Becken von Klagenfurt für die Volksabstimmung geteilt werden soll oder nicht.

Vesnić: Soll ich französisch oder englisch sprechen? Mir würde es leichter sein, französisch zu sprechen. — Man stimmt zu.

Vesnić: Zunächst danke ich Ihnen, daß Sie unserer Bitte um eine weitere Prüfung der Frage von Klagenfurt entsprochen haben. Es schien uns, als ob die Frage nicht unter jedem Gesichtspunkt genügend studiert worden sei. Die Sache ist sehr wichtig und überschreitet die Frage einer einfachen Grenzbestimmung zwischen dem serbo-kroatisch-slowenischen Staate und der Republik Österreich. Um sie ordentlich begreifen zu können, ist es nötig, die Umstände zu prüfen, unter welchen der Krieg begonnen hat. Er wurde von Deutschland zur Durchsetzung eines lange Zeit vorher gefaßten Planes geführt. Der deutsche Plan war, nach dem Südosten Europas vorzudringen, um einerseits am Ägäischen Meer, andererseits an der Adria Fuß zu fassen. Ich sage dies nicht bloß, um im vorliegenden Fall ein Argument zu haben, sondern weil es eine positive Tatsache ist. Das ist von einem Professor der Universität Prag, dem Österreicher Niederle[2]), vorausgesehen worden, der es schon 1911 durchblickt und in seinem Buche die Folgen davon entwickelt hat. Im Kampfe des Germanismus zur Erreichung dieser Ziele ist das slowenische Element am meisten in Mitleidenschaft gezogen worden. In der Vergangenheit waren die Slowenen gezwungen, sich von der Gegend von Salzburg gegen Südosten zurückzuziehen. Es genügt ein Atlas, um zu sehen, wieviele Namen die frühere Anwesenheit von Slowenen bezeugen. Graz z. B., die Hauptstadt von Steiermark, hieß vor alters Gradac. Der politische Pangermanismus, der deutsche Vorstoß gegen Südosten, setzte stärker nach Bismarck ein. Die

---

[1]) L. Aldrovandi-Marescotti, Nuovi Ricordi, S. 23f.
[2]) Tscheche, Professor an der tschechischen Universität Prag. Vgl. S. 72, Anm. 4.

Mischung der Rassen ist das Ergebnis der Arbeit der letzten 50 Jahre. Priester wurden von Württemberg und Bayern mit Hilfe des außerordentlich mächtigen Schulvereines entsendet[3]). In diesem Sinne wurde das Land mit größtem Nachdruck bearbeitet. Mit dem Einfluß der Kirche verband sich die Wirtschaftspolitik. Wie in Polen geschahen auch hier Enteignungen zugunsten des deutschen Elementes[4]). Die Bewegung wurde mehr von Berlin als von Wien aus geleitet. Diese slowenische Bevölkerung sah nicht voraus, daß der Schutz ihrer Nationalität durch die Dazwischenkunft Frankreichs, Amerikas, Italiens und Englands im großen Krieg verwirklicht werden würde, und mußte weichen und sich zurückziehen. Ich habe davon sprechen gehört, daß es Slowenen gibt, die auch heute noch mit Österreich gehen möchten[5]), aber das ist auch in anderen Ländern geschehen. Ich verweise auf das Zeugnis des italienischen Schriftstellers Antonio Fogazzaro, der in seinem Roman „Piccolo mondo antico" bemerkt, wie viele Italiener in der Lombardei, durch längere Zeit unter österreichischer Herrschaft stehend, es vorgezogen haben, Österreicher zu bleiben. Dies hängt vom Druck der Regierung, der Polizei, der Verwaltung usw. ab. Daher haben nicht alle den Mut, große Patrioten zu sein. Der Rat möge diese Tatsache in Erwägung ziehen. Wir hatten den Ehrgeiz, in das jugoslawische Territorium mit Ihrer Zustimmung den größten Teil des slowenischen Gebietes einzuschließen. Aber nachdem wir mit Ihren Fachleuten gesprochen hatten, sind wir uns der Schwierigkeiten bewußt geworden, denen wir begegnet wären, und haben wir unsere Forderung ermäßigt, indem wir nur das verlangten, was unbestreitbar slowenisch ist oder unseren unentbehrlichen Notwendigkeiten entspricht.

Wir bestehen darauf aus zwei Gründen, einem jugoslawischen und einem allgemeinen.

1. Der jugoslawische Grund. Die Slowenen sind diejenigen, die unter der deutschen Herrschaft am meisten gelitten haben, aber sie sind wenigstens beisammen geblieben und haben in der gleichen Hoffnung gelebt. Dieses kleine Volk wird jetzt in vier Teile geteilt: ein Teil ist bei uns, ein Teil wird österreichisch bleiben, ein Teil wird magyarisch, ein großer Teil, 350 000 bis 400 000, italienisch. Ich bin mir der Notwendigkeiten bewußt, die sich der Rat gegenwärtig halten mußte. Unsere Delegation hat um eine Volksabstimmung für die Bevölkerung gebeten, die unseren italienischen und rumänischen Freunden zugewiesen wird. Sie wurde uns aus verschiedenen Gründen verweigert. Jetzt legt man uns mit Rücksicht auf eine feindliche Regierung eine Volksabstimmung für die Slowenen auf. Warum? Ich fürchte, daß dies auf unser Volk im Widerspruch zu den Wünschen des Rates einen schmerzlichen Eindruck machen wird.

2. Der allgemeinde Grund ist noch viel wichtiger. Geben Sie sich keinen Täuschungen hin! Gestatten Sie mir zu sagen, was zu sagen ich als Pflicht erachte. Glauben Sie nicht, einen kleinen österreichischen Staat zu schaffen, den zu leiten Sie ein Interesse haben. Es ist ein deutscher Staat und er wird niemals ein anderer sein. Dieser Staat wird das Streben haben, und zwar in einem viel stärkeren Maße als bisher, sich mit Deutschland zu vereinigen. Dr. Renner hat trotz seines in St. Germain zur Schau getragenen honigsüßen Verhaltens verlangt, daß seinem Land das Recht der Selbstbestimmung gewährt wird. Und noch wichtiger (ist folgendes): In der deutschen Antwort auf unsere Friedensbedingungen beharrt man darauf, daß Österreich das Recht der Selbstbestimmung habe. Das bedeutet, daß Brockdorff-Rantzau dies als eine deutsche Frage betrachtet. Die heutige Situation erlaubt es den Mächten, Deutsch-

---

[3]) Eine glatte Erfindung. Nicht ein einziger deutscher Priester wurde durch den Deutschen Schulverein nach Kärnten gebracht. Wohl aber wurden zahlreiche slawische Geistliche aus Böhmen, Mähren, Südsteiermark und Krain ins Land gezogen und viele von ihnen auch in reindeutschen Pfarren verwendet. Vgl. S. 35.

[4]) Wie das Folgende glatt erfunden.

[5]) Wohl infolge der Unterdrückung durch die Deutschen?

land zu zwingen, die Notwendigkeiten des Augenblicks anzunehmen. Aber es gibt auf der Welt wichtigere Fragen als Verträge. Sie haben gleichzeitig erklärt, daß die Völker das Recht der Selbstbestimmung haben. Es wird der Augenblick kommen, in 15 oder 20 Jahren, in dem sich Österreich mit Deutschland vereinigen wird. Werden Sie sich in einen Krieg stürzen, um es zu verhindern? Die Regierungen sind nicht die Herren der öffentlichen Meinung und es ist nicht möglich, zu sagen, ob die öffentliche Meinung einen Krieg für diesen Zweck zulassen wird.

Ich weiß nicht, warum die deutsche Politik, über die ich gesprochen habe, mittelbar oder unmittelbar dadurch unterstützt werden soll, daß in der in Frage stehenden Zone eine deutsche Regierung errichtet wird und daß man einem kleinen Volk Anlaß zu Pessimismus gibt und ihm sagt, daß sein Kampf in Zukunft so unnütz sein wird, wie er es in der Vergangenheit war.

Ich bitte Sie eindringlich, diese Lage zu erwägen und die Folgerungen daraus zu ziehen. Ich vertrete ein kleines Land. Ich habe den Kultiviertesten und Größten keine Ratschläge zu erteilen. Österreich, wie es übriggeblieben ist, wird ein Lieblingssohn der deutschen Rasse sein. Deutschland wird Österreich allen notwendigen Beistand leisten, um heute dasselbe Spiel fortzusetzen, das es in der Vergangenheit getrieben hat. Nichts wird sich ändern. Österreich, wenn auch klein, wird mit deutscher Hilfe und mit großer Energie ein Werkzeug der deutschen Politik werden. Stärken sie es also nicht mit Elementen, auf die es kein Recht hat. Machen Sie sich im Gegenteil diese Elemente zunutze, die bis jetzt eine Barriere gegen das Vordringen Deutschlands nach Südosten gewesen sind.

Ich möchte noch ein Wort hinzufügen.

Die letzten Grenzen, die wir in der Zone von Klagenfurt verlangt haben, begreifen nach der österreichischen Statistik 24 000 Deutsche und 60 000 Slowenen. Es ist bekannt, daß die Statistiken der österreichischen Regierung für die Nichtdeutschen niemals günstig gewesen sind. Im Gebiete, das wir preisgeben würden, würden 21 000 Slowenen mit Österreich vereinigt bleiben. Gemäß diesem Vorschlag würden wir 24 000 Deutsche erhalten und auf 21 000 Slowenen verzichten, mit einem Unterschied von 3000 zu unseren Gunsten. Wenn wir aber die kirchlichen Statistiken nähmen, so würden wir, immer in der angegebenen Zone, 80 441 Slowenen gegen nur 4854 Deutsche finden. Eine in Wien von deutschen Kartographen veröffentlichte ethnographische Karte weist die Zone, die wir verlangen, den Slowenen zu. Handler[6], eine Autorität der deutschen Propaganda, bezeichnet die Gegend als slowenisch. Wir begreifen nicht, warum unsere Freunde uns das verweigern, was uns unsere Feinde zuerkennen. In solchen Gegenden muß man auch die wirtschaftlichen Tatsachen in Betracht ziehen. Wir sind bereit, Handelsübereinkommen sorgfältig zu studieren, die abgeschlossen werden müßten, um den anliegenden Gebieten die Beständigkeit des wirtschaftlichen Lebens zu gewährleisten.

Wir bitten daher, uns die Grenzen zu bewilligen, die wir verlangt haben (Zone A in der vorgelegten Karte) und ersuchen, daß man die proklamierten Grundsätze und Kriegsziele nicht beiseitestelle und uns die eingeschränkte und von uns angegebene Linie ohne jede andere Formalität gewähre, auf das das friedliche Leben der Gegend baldigst beginne. Wenn Sie ein neues Verfahren annehmen, wird die gegenwärtige Unruhe aufrechterhalten und sich die Befestigung des neuen Staates verzögern.

Lloyd George: Was verlangen Sie genau?

Vesnić: Die verlangte Linie ist die Seelinie. Auch die Sachverständigen haben diese Linie gebilligt.

Wilson: Oh! Die Sachverständigen wechseln ihre Meinung, einmal billigen sie eine Sache und dann billigen sie eine andere.

---

[6]) Soll heißen: Pfaundler. Vgl. S. 168.

Clemenceau: Zwischen den Slowenen und den Österreichern des Beckens besteht eine starke wirtschaftliche Einheit.

Vesnić: Wie ich gesagt habe, sind wir bereit, alle möglichen wirtschaftlichen Übereinkommen zu studieren.

Lloyd George: Ist die Bevölkerung südlich des Sees slowenisch?

Vesnić: Ohne Zweifel slowenisch.

Wilson: Nach meinen Informationen ist das Becken geographisch eine Einheit, aber es ist nicht sehr fortgeschritten. Klagenfurt ist eine kleine Stadt mit 18 000 oder 20 000 Einwohnern. Es ist kein Industriegebiet und die Landwirtschaft ist nicht entwickelt. Man hat mir gesagt, daß man Korn einführen muß. Ich habe zuletzt gehört, daß eine Volksabstimmung im ganzen Becken keine günstige Entscheidung für Jugoslawien haben würde.

Clemenceau: Sind Sie dieser Ansicht?

Vesnić: Ich bin nicht dieser Ansicht. Das Ergebnis der Volksabstimmung wird zu einem großen Teil von ihrer Form, von ihrem Zeitpunkt usw. abhängen.

Wilson: Wir haben uns hier auf eine Karte des Gebietes von Klagenfurt bezogen, das in 2 Distrikte geteilt ist, wovon der südliche Teil, mit A bezeichnet, das Gebiet darstellt, das von Jugoslawien beansprucht wird, und ein anderer, mit B bezeichnet, eine Zone, auf die Jugoslawien zu verzichten sich bereiterklärt. Ich lege nahe, daß zu einem sehr nahegelegenen Zeitpunkt, sagen wir 6 Monate nach Unterzeichnung des Friedens mit Österreich, die Bewohner der Zone A durch ein Plebiszit befragt werden, ob sie mit Jugoslawien vereint sein wollen oder mit Österreich. Wenn sie für Österreich stimmen, wird das ganze Becken Österreich zufallen; wenn sie für Jugoslawien stimmen, wird eine Volksabstimmung in der Zone B stattfinden. Wenn sie in dieser letzten Zone für Jugoslawien stimmen, wird die Zone insgesamt an Jugoslawien fallen; wenn sie für Österreich stimmen, wird die Zone zwischen Österreich und Jugoslawien geteilt bleiben, wie es auf der Karte angezeigt ist.

Vesnić: Dieser Vorschlag bestürzt mich. Ich glaube alle Gründe angegeben zu haben, auf Grund deren das Gebiet ohne Notwendigkeit einer Volksabstimmung mit Jugoslawien vereinigt werden müßte. Ich würde wünschen, daß der Rat die geschlossene slowenische Bevölkerung ohne Volksabstimmung Jugoslawien zuteile. Ich bestreite nicht, daß die Bevölkerung der Zone gemischt ist, aber auch die Feinde werden anerkennen, daß die Mehrheit slowenisch ist. Doch Sie glauben den Freunden nicht einmal dann, wenn Sie darin mit den Feinden selbst übereinstimmen.

Wilson: Ich gebe zu, daß es eine breite slowenische Mehrheit ist. Wir haben ein gleiches Problem für Oberschlesien und dort haben wir beschlossen, daß eine Volksabstimmung stattfinde, um die vollkommene Gerechtigkeit und Sauberkeit des Vorgehens im Vertrage mit Deutschland zu zeigen.

Lloyd George (zu Vesnić): Ich sehe nicht, wo die Ungerechtigkeit der Volksabstimmung ist. Ich begreife nicht, warum Sie zwar zugeben, daß die Mehrheit im erwähnten Distrikt A slowenisch ist, aber nicht hören wollen, ob sie lieber mit den Deutschen als mit den Slowenen gehen wollen.

Vesnić: Es wäre ungerecht und ungangbar. Diese Orte sind der Schauplatz eines starken Wettkampfes der Rasse gewesen. In der deutschen Politik nimmt Polen eine sekundäre Stellung ein. Die deutsche Politik strebte immer nach Kleinasien und zur Adria. Daher fand der erbittertste und beständige Kampf in dieser Gegend statt. Der Grund hierfür liegt in der Überheblichkeit der deutschen Rasse.

Lloyd George: Ich verstehe das Argument nicht. Für die nördliche Zone B höre ich, daß viele einer Volksabstimmung abgeneigt sind. Aber ich sehe nicht, warum man die slowenische Bevölkerung nicht fragen will, ob sie bei den Deutschen bleiben oder sich lieber mit ihrer Rasse vereinigen wolle.

Vesnić: In den letzten Jahren ist die deutsche Propaganda so stark gewesen, daß die Bevölkerungen unter diesem Zeichen geblieben sind. Sie sind wie die Vögel, die sich nicht zu fliegen getrauen. Durch 50 Jahre ist ihnen gepredigt worden, daß die Serben und Kroaten die schlechtesten Völker der Erde sind und daß es unter ihrer Herrschaft weder Gerechtigkeit noch Sicherheit geben könne. Es ist das gleiche, das in der Lombardei durch ungefähr 50 Jahre gesagt wurde. Ich sage nicht, daß die Volksabstimmung schlecht für uns ausgehen würde, aber wir würden Gefahr laufen.

Lloyd George: Ich glaube nicht, daß man in der Lombardei für Österreich gestimmt hätte.

Aldrovandi: Gewiß nicht.

Wilson: Nach meinen Informationen würde das ganze südliche Gebiet (A) für Jugoslawien stimmen, aber Herr Vesnić scheint daran zu zweifeln.

Vesnić: Ich zweifle nicht, aber ich wiederhole, daß die deutsche Aktion dort übermächtig ist. Die Deutschen beherrschen die Städte, die sozusagen ihre Festungen sind. Vielleicht könnten wir das Plebiszit annehmen, wenn man darunter verstehen würde, daß nach Gemeinden abgestimmt werde.

Wilson: Das würde Schwierigkeiten bringen und Ergebnisse, die die Geschlossenheit zerstören.

Vesnić: Trotzdem würde man auf diese Art und Weise Unzukömmlichkeiten auf sich nehmen können.

Lloyd George: Auch ich sehe Schwierigkeiten in einer Volksabstimmung nach Gemeinden.

Vesnić: Wenn sich die Slowenen durch ein paar Jahre dem deutschen Einfluß entziehen könnten oder auch dem slowenischen, bin ich überzeugt, daß sie für uns günstig stimmen würden.

Lloyd George (zu Aldrovandi, lächelnd): Lassen wir die Zone für 2 oder 3 Jahre von italienischen Truppen besetzen!

Wilson: Zuerst haben die Sachverständigen eine Volksabstimmung 3 Jahre nach Unterfertigung des Friedens empfohlen. Aber Herr Vesnić und seine Kollegen haben auf die Gefahren der deutschen Propaganda hingewiesen. Also wurde der Termin auf 6 Monate verkürzt. Wenn die Serben es wünschen, könnte man vielleicht, um die Gefahren der deutschen Propaganda zu vermeiden, eine Kommission einsetzen, die die Zone durch 3 Jahre verwaltet und dann die Volksabstimmung durchführt. Was zieht Herr Vesnić vor? Die Volksabstimmung binnen 6 Monaten oder nach einem längeren Zeitraum von 2 oder 3 Jahren?

Lloyd George: Ja. In der Zwischenzeit würde die Zone eine örtliche Unabhängigkeit genießen, eine Autonomie unter der Verwaltung des Völkerbundes.

Orlando: Es wäre vielleicht gut, das Ganze in Schwebe zu lassen.

Vesnić: Ich werde mich mit meinen Kollegen besprechen, bevor ich Antwort gebe. Mir schien, daß unser Vorschlag, der eine bedeutende Fläche der Zone bei Österreich belassen hat, von solcher Art sei, daß er keine Notwendigkeit einer Volksabstimmung in sich schließt. Nach meinem bescheidenen Urteil sollten die Mächte sich nicht mit dem Gewicht so vieler Fragen belasten.

Clemenceau: Das ergibt sich aus unserer Verpflichtung, der Welt den Frieden zu geben.

Der Rat beschließt, daß man den Sachverständigen Weisungen geben soll, in Übereinstimmung mit den Vorschlägen, nämlich die (opportunità) einer Volksabstimmung nach Zonen zu prüfen, indem man in der Zeit zwischen der Unterfertigung des Friedens mit Österreich und dem Datum der Volksabstimmung die Verwaltung der Zone einer örtlichen Regierung unter dem Völkerbund anvertraut. Vesnić wird seine Delegation wegen des Datums der Volksabstimmung befragen.

Vesnić geht hinaus.

16.

Verhandlungsschrift Nr. 28 der Gebietskommission[1]).
6. Juni 1919. 14.30 Uhr.
Vorsitzender: Tardieu.
Gegenwärtig: Dr. C. Day und Dr. C. Seymour (Vereinigte Staaten), Sir Eyre Crowe und Mr. Leeper (Großbritannien), Mr. Tardieu und Laroche (Frankreich), de Martino und Conte Vanutelli-Rey (Italien).
Der Sitzung wohnen außerdem bei: Douglas W. Johnson und Kapitän L. W. Perrin (Vereinigte Staaten), Major Temperley und M. Palairet (Großbritannien), General Le Rond, Mr. Aubert und de Saint Quentin (Frankreich), General Vinci (Italien).
Der Präsident liest eine Note des Obersten Rates der Alliierten vor, der zufolge die Versammlung der Kommission (?) entschieden hat:
1. Die Gruppe der Sachverständigen, die das Problem von Klagenfurt studiert hat, wird ein detailliertes Projekt auf folgenden Grundlagen ausarbeiten:
Die Bevölkerung des südlichen Teiles der Zone, der auf der Karte des Präsidenten Wilson eingezeichnet ist, wird durch Volksabstimmung erklären, ob sie mit Südslawien oder mit Österreich verbunden werden will. In dem Zeitraum zwischen der Unterzeichnung des Friedens und dem Tage der Volksabstimmung wird die Gegend durch eine lokale Regierung unter der Autorität des Völkerbundes verwaltet. Der Tag der Volksabstimmung wird nach Anhören der Meinung der serbisch-kroatisch-slowenischen Delegation festgesetzt.
2. Herr Vesnić wird seine Delegation befragen, ob sie vorzieht, daß die Volksabstimmung sechs Monate nach der Unterzeichnung des Friedens oder in einem längeren Zeitraum stattfinde.
Der Vorsitzende glaubt der Kommission zwei Präjudizialfragen vorlegen zu müssen:
1. Die erste Frage, über welche die Übereinstimmung nicht zweifelhaft zu sein scheint, ist folgende: Die Organisation, die eingerichtet werden muß, wird wesentlich verschieden sein, je nachdem die vorgesehene Frist sechs Monate oder drei Jahre beträgt. Kann nun die Delegation mit Erfolg hierüber beraten, bevor die Antwort der SHS-Delegation über diesen Punkt eingelangt ist? Offenbar nicht.
2. Die zweite Frage bezieht sich auf einen Punkt, der in der Note des Obersten Rates dunkel geblieben ist: Bezieht sich die vorgesehene Regelung ausschließlich auf die Zone A oder auch auf die Zone B?
Crowe glaubt, daß sich die Organisation auf beide Zonen erstrecken muß.
Seymour glaubt, die Entscheidung des Obersten Rates genau auszulegen, wenn er sagt, daß während eines Zeitraumes von drei Jahren oder mehr die beiden Zonen der Verwaltung einer internationalen Kommission übertragen werden. Beim Ablauf dieses Zeitraumes wird eine Volksabstimmung in der Zone A stattfinden. Fällt sie günstig für Südslawien aus, stimmt auch die Zone B ab. Wünscht die Zone A den Anschluß an Österreich, wird die Zone B das Schicksal teilen, ohne daß es notwendig ist, sie darüber zu befragen.
Der Vorsitzende wiederholt, daß die Kommission das Projekt, das von ihr verlangt wird, nicht ausarbeiten kann, bevor sie die Antwort der SHS-Delegation über die Frist kennt, die der Befragung vorangehen soll. Der Typus, welcher für den Regierungsbezirk Allenstein oder für Schleswig angenommen ist, würde passen, wenn die Frist drei Monate wäre. Wenn die Volksabstimmung in drei Jahren stattfinden soll, so wäre ein Regime ähnlich dem des Saarbeckens notwendig.
Auf eine Frage Leepers antwortet der Vorsitzende, daß er sich nicht dazu verstehen könne, im vorliegenden Fall die zweite Lösung zu empfehlen. Er weiß aus der Teilnahme an der Kom-

---

[1]) Übersetzung erhalten in St. Germain, August 1919.

mission für das Saarbecken, daß 29 Sitzungen notwendig gewesen sind, um mit der erforderlichen Genauigkeit eine gangbare Lösung zu finden. Er hält es daher für unmöglich, in einer oder zwei Sitzungen ein analoges Regime für ein Land festzustellen, in dem man einer besonderen und fast unübersteiglichen Schwierigkeit begegnet: der Unmöglichkeit, an Ort und Stelle Menschen zu treffen, welche das Slowenische und Deutsche sprechen, um die Lokalverwaltung unter der Aufsicht der internationalen Kommission während der Übergangszeit zu sichern. Das slowenische Element Kärntnes besteht aus Bauern, Kleinhandwerkern und Kleinhändlern, die der notwendigen Organisation entbehren. Die internationale Kommission wird genötigt sein, als subalterne Beamte entweder Deutsche zu nehmen, welche die pangermanischen Ränke der altösterreichischen Regierung fortsetzen, oder Südslawen aus dem südslawischen Staat, die auch nicht unparteiisch sein werden.

Day schlägt vor, daß die Kommission, bevor sie die Frage prüft, vom Obersten Rat genaue Instruktionen verlange und die Schwierigkeiten bekanntgebe, die ihr begegnet seien.

Crowe glaubt, daß es nützlich wäre, wenn die Kommission schon jetzt die möglichen Lösungen studiert und Vorschläge dem Obersten Rat erstattet. Was die erste Frage anbelangt, die durch den Präsidenten gestellt ist, so sind die verschiedenen Delegationen nicht ohne Anhaltspunkte über das wahrscheinliche Ergebnis der Volksabstimmung für den Fall, daß unmittelbar zu einer solchen geschritten würde.

Laroche glaubt, daß eine sofortige Volksabstimmung den Österreichern günstig wäre.

Der Vorsitzende glaubt, daß die Dörfer mit ihrem Pfarrer oder mit ihrem „Landesrat" (wohl Gemeinderat) stimmen würden.

Martino teilt die Meinung Dr. Days. Der Beschluß des Obersten Rates, gefaßt unter dem Eindruck der Rede des Herrn Vesnić, läßt in bezug auf das Datum der Volksabstimmung eine wesentliche Unsicherheit bestehen, die es der Kommission nicht erlaubt, eine nützliche Arbeit zu leisten, bevor sie vom Obersten Rat ergänzende Instruktionen gefordert und erlangt hat.

Der Vorsitzende erklärt sich mit dem Vorschlag Crowes einverstanden. Er stellt fest, daß unter diesen Bedingungen die Kommission einstimmig der Meinung ist, daß sie dem Obersten Rat darüber berichten will, aber die englischen und französischen Delegierten wünschen zugleich mit ihren Fragen einige Bemerkungen darüber zu machen. Indem die Kommission um eine genaue Weisung bezüglich der Frist der Volksabstimmung bittet, würde sie in ihrem Bericht an den Obersten Rat bemerken, daß die zu treffende Regelung verschieden sein müßte, je nachdem diese Frist 6 Monate oder drei Jahre wäre. Im ersteren Fall würde das Regime von Allenstein oder Schleswig, im zweiten das des Saarbeckens in Frage kommen. Sie würde die Schwierigkeiten aufzeigen, denen die letztgenannte Lösung begegnen würde: die Unmöglichkeit, den Bestand an subalternen Personen für die Lokalverwaltung und die notwendigen Truppen zu beschaffen, um während dreier Jahre die Besetzung des Landes zu sichern. Die Kommission würde sich ferner darüber aussprechen, ob sie alle Elemente besitzt, um sofort ein Zollregime, ein Finanzregime, ein solches der Eisenbahnen, der Kanäle und Wasserstraßen, eine Justizorganisation zu schaffen, die auf dieses Gebiet anwendbar wäre. Auf diese letzte Frage, ob die Kommission diese Elemente besitze, antwortet die französische Delegation ohne Zögern mit nein.

Laroche bemerkt, daß eine neue Organisation für 6 Monate ebenso schwierig sei, wie für drei Jahre. Er schlägt vor, daß die Abstimmungszonen provisorisch, die eine an die südslawischen, die andere an die österreichischen Behörden, zur Verwaltung übertragen werden unter der Kontrolle der internationalen Kommission, die alle Maßregeln treffen würde, um die Freiheit der Abstimmung zu sichern.

Der Vorsitzende unterstützt diesen Vorschlag Laroches. Der Wille der Bevölkerung könnte sich in einer Form ausdrücken, welche für die deutschen Gebiete, die an Belgien abgetreten sind, angenommen worden ist. Die Kommission würde die Freiheit der Willensäußerung sichern.

Der Vorsitzende bittet nun die verschiedenen Delegierten, Stellung zu nehmen.

Vanutelli hebt hervor, daß der Oberste Rat die Frage nicht sehr klar gestellt hat. Anderseits stellt die italienische Delegation fest, daß ihre Vertreter im Obersten Rat nach dem Protokoll in der Debatte nicht das Wort ergriffen haben. Sie hatten die Überzeugung, daß die Kommission unter den gegebenen Umständen keine nützliche Arbeit leisten könne. Sie verlange daher Rückverweisung an den Obersten Rat, damit die Instruktionen ergänzt werden.

Der Vorsitzende bittet Vanutelli, die Punkte genau zu bezeichnen, auf welche sich die Unentschiedenheit erstrecke.

Vanutelli antwortet, der Beschluß des Obersten Rates sei weder in den Grundsätzen, noch in den Details der Anwendung klar.

Laroche sieht in dieser Unklarheit einen Grund für die Kommission, einen festen Vorschlag zu erstatten, über den der Oberste Rat sich aussprechen werde.

Der Vorsitzende geht nicht so weit und glaubt nicht, daß die Kommission Vorschläge erstatten könne, da sie keinen Auftrag dazu erhalten habe. Anderseits sieht er voraus, daß, wenn die Kommission sich darauf beschränke, neue Nachrichten zu verlangen, sie sich, sobald sie diese Nachrichten erhalten habe, vor den gleichen Schwierigkeiten sehen werde. Sie soll daher den Obersten Rat aufklären und soll in der Form von Fragen die Betrachtungen vorlegen, die sie im Augenblick nicht in Vorschläge verwandeln könne.

Vanutelli glaubt, daß die Chefs der Regierungen ihre Sachverständigen fragen können. Er hat den Eindruck, daß der Beschluß des Obersten Rates gefaßt worden ist, unmittelbar nachdem Vesnić gehört worden ist und ohne daß die verschiedenen Delegationen ausreichend ihre Thesen geltend machen konnten.

Laroche bemerkt, daß die Sachverständigen ja gerade die Mitglieder der Kommission sind. Wenn sie Vorschläge zu machen haben, so ist es besser, daß sie sie insgesamt machen, als jeder für sich. Die Absicht des Obersten Rates ist übrigens nicht zweifelhaft: zu einer Volksabstimmung zu schreiten, sie innerhalb einer bestimmten Zeit zu organisieren nach Modalitäten, die für zwei verschiedene Zonen festzusetzen sind.

Vanutelli beharrt auf der Tatsache, daß der Beschluß des Obersten Rates ein wenig in Eile gefaßt zu sein scheint.

Der Vorsitzende setzt in aller Offenheit auseinander, daß ihm die offenbar gewordenen Schwankungen davon zu kommen scheinen, daß der Oberste Rat einen Beschluß gefaßt hat, ohne sich die Erwägungen vor Augen zu halten, welche die verschiedenen Delegationen inspirieren und in Gegensatz zueinander gebracht haben: die Eisenbahn von Aßling für die italienische Delegation, die slowenische Frage für die englische und französische Delegation, die wirtschaftliche Orientierung des Klagenfurter Beckens gegenüber Österreich für die amerikanische Delegation. Alle diese Erwägungen, die in gleicher Weise berechtigt sind, können und müssen Platz finden in den Fragen, welche die Kommission dem Obersten Rat vorlegen wird. Diese Diskussion im Obersten Rat war sehr summarisch. Das Protokoll verzeichnet nur den Vorschlag von Lloyd George: Das Becken von Klagenfurt wird von einer lokalen Regierung unter der Kontrolle des Völkerbundes verwaltet. Aber diese Lösung schafft eine außerordentliche Schwierigkeit wegen der Notwendigkeit, daß man, da es nicht möglich ist, eine Verwaltung mit Leuten einzurichten, die unfähig sind, sich selbst zu verwalten, Beamte in Deutschland (Allemagne) oder Südslawien suchen müsse. Daher schlägt der Präsident vor, die Sitzung sofort aufzuheben und einen Bericht zu verfassen.

Crowe teilt die Meinung des Vorsitzenden, aber macht doch aufmerksam, daß die Unklarheit der Entscheidung des Obersten Rates nur die Anwendung und nicht das Wesen betrifft.

Der Vorschlag des Vorsitzenden wird von der Kommission angenommen.

Der Vorsitzende bittet die Delegation, bevor er die Sitzung schließt, ihre Bemerkungen für die Abfassung des Berichtes zu machen.

Martino erklärt, daß die Teilung des Beckens von Klagenfurt, so wie sie aus dem Beschluß des Obersten Rates hervorgeht, den Lebensinteressen Italiens an einer direkten Verbindung zwischen Triest und dem Norden nicht Rechnung trägt. Die italienische Delegation verlangt, daß der Teil der Zone A, in dem sich die Nordmündung des Karawankentunnels und die Abzweigung nach Villach befindet, der Abstimmung nicht unterzogen werde.

Der Präsident bemerkt, daß die von der Kommission am 10. Mai angenommene Lösung diesem italienischen Interesse Rechnung trage[2]).

Vanutelli erklärt, daß nach der Meinung der italienischen Delegation das Wohlbefinden der Bevölkerung und die ökonomischen Rücksichten, von denen es abhängt, den ethnischen Erwägungen vorangehen müssen. Unter diesem Gesichtspunkte kann das Klagenfurter Becken in zwei Teile geteilt werden: den Osttteil, das ist die Gegend von Völkermarkt und Eisenkappel, und den Westteil, das ist das Becken des Wörthersees. Dieses letztere ist eine geographische Einheit. Es ist von einem Netz von großen Straßen durchzogen, die in Klagenfurt zusammenlaufen. Die Bevölkerung hat ihren wirtschaftlichen Mittelpunkt in Klagenfurt und hat keine Berührung mit der Gegend von Völkermarkt und Eisenkappel. Die ialienische Delegation schlägt daher vor, daß, wenn das Klagenfurter Becken in zwei Teile geteilt werden soll, dies nicht durch eine Linie von Ost nach West, sondern von Nord nach Süd geschehen soll, die östlich von Klagenfurt verläuft. Die Linie Ost-West, welche zuletzt vorgeschlagen worden ist, entspricht vielleicht den ethnographischen Gesichtspunkten, aber gewiß nicht den wirtschaftlichen Notwendigkeiten. Sie durchquert den Wörthersee, dessen beide Ufer in beständigen Beziehungen zueinander stehen, und geht im Süden von Klagenfurt so nahe an dieser Stadt vorbei, daß die Bauern jeden Morgen die Grenze überschreiten müssen, um auf den Markt zu kommen.

Auf eine Anfrage des Präsidenten fügt Vanutelli hinzu, daß die italienische Delegation, die immer Achtung vor dem Willen der Völker hat, sich dem nicht entgegensetzt, daß dieser Wille durch eine Volksabstimmung zum Ausdruck gebracht werde. Aber er erkläre, die italienische Delegation verlangt die Aufrechterhaltung der früher getroffenen Entscheidung der Kommission, daß der Karawankentunnel und die Abzweigung nach Villach von der Volksabstimmung ausgenommen werden. Die entgegengesetzte Lösung, die vom Obersten Rat angenommen worden ist, der die Frage nicht mit der ganzen Aufmerksamkeit studiert zu haben scheint, die sie verdient, würde dazu führen, daß auf einer Strecke von 8 km die Lebensader von Triest abgeschnitten und die direkte Verbindung unterbrochen würde, die Italien mit Österreich zu besitzen ein wesentliches Interesse hat.

Crowe bemerkt, Vanutelli habe die Frage dieses Gebietes bereits aufgerollt, als die Entscheidung des Obersten Rates den Sachverständigen mitgeteilt wurde; man habe ihm geantwortet, daß der Oberste Rat die Einwendung schon geprüft und verworfen habe. Die Kommission könne schwer auf diesen Punkt wieder zurückkommen.

Day erklärte, daß alle Empfehlungen, Vorschläge und Gutachten der Kommission notwendig auf den Instruktionen des Obersten Rates beruhen müssen. Diese nun beruhen auf einer Demarkationslinie von Ost nach West. Die amerikanische Delegation sieht keine Möglichkeit, auch im günstigen Fall die Prüfung wieder aufzunehmen oder zu verlangen, daß der Oberste Rat auf seine eigenen Entscheidungen wieder zurückkomme.

Der Präsident glaubt, daß die Gesichtspunkte der italienischen und der amerikanischen Delegation nicht unvereinbar seien. Es besteht kein Hindernis, daß die Bemerkungen der italienischen Delegation im Bericht erwähnt werden.

Die Sitzung wird um 15.55 Uhr geschlossen und um 16.15 Uhr wieder eröffnet.

Der Vorsitzende verliest den Protokollentwurf, den er inzwischen verfaßt hat.

---

[3]) Vgl. s. 435.

(Dieser Entwurf stellt fest, daß die Kommission noch keine Antwort der SHS-Delegation über die Frist für die Volksabstimmung hat. Je nachdem, ob die kürzere oder die längere Frist gewählt wird, muß die Regelung eine sehr verschiedene sein. Im ersten Fall nach dem Muster Allenstein oder Schleswig, im zweiten Fall nach dem Muster des Saarbeckens. Im zweiten Fall ergeben sich bedeutende Schwierigkeiten. Das in Rede stehende Gebiet, besonders die Zone A, umfaßt eine slowenische Bevölkerung, die nur aus Bauern und Kleinhandwerkern zusammengesetzt ist, die der geplanten Lokalregierung keine Quelle für die Verwaltung bieten. Daher wird sich die internationale Regierungskommission, um diese Verwaltung zu sichern, entweder an die Deutschen dieses Gebietes oder an die Slowenen, die nach dem Vertrag dem SHS-Staat zugeteilt sind, wenden müssen, um Leute zu bekommen, die beide Sprachen sprechen. Ferner würde die Regelung der Justiz-, Finanz-, Münz-, Zoll- und Handelsverwaltung eine detaillierte Studie wie beim Saarbecken erfordern, für welche die genauen Unterlagen fehlen. Daher schlägt die Kommission vor, die Zone B Österreich, die Zone A Südslawien zuzuweisen. In jeder Zone hat die Bevölkerung das Recht, binnen sechs Monaten von der Unterzeichnung gegen die Zuteilung zu protestieren. Eine vom Völkerbunde ernannte Kommission wird beauftragt, die Lokalverwaltung in den beiden Zonen zu überwachen und die Freiheit der Willensäußerung der Bevölkerung zu sichern.)

Der Präsident bemerkt hierzu, diese Lösung würde die Schwierigkeiten vermeiden.

Seymour verlangt, die einfache Befragung solle durch eine Volksabstimmung ersetzt werden, mit anderen Worten, die Bevölkerung soll nicht nur das Recht haben, zu protestieren, sondern sie soll ausdrücklich durch ihr Votum den Staat bezeichnen, mit dem sie verbunden zu sein wünscht.

Dieser Forderung und den Bemerkungen von Crowe Rechnung tragend, schlägt der Präsident vor: Schaffung einer Kommission von 5 Mitgliedern, ernannt durch den Völkerbund, die in den Zonen A und B die freie Meinungsabgabe der Bevölkerung vorbereitet und die Parteilichkeit[3]) der Lokalverwaltung durch das Recht der Überwachung und das Vetorecht beaufsichtigt. Die Zone A wird den Südslawen, die Zone B dem österreichischen Staat zur Verwaltung anvertraut. In jeder Zone findet nach einer Frist von ... eine Volksabstimmung statt.

Crowe glaubt, daß die Abstimmung in der Zone A früher sein soll als in der Zone B.

Der Präsident glaubt, daß eine Zwischenzeit nicht nützlich wäre, denn er ist überzeugt, daß sich vor einem Jahr in jeder der beiden Zonen eine definitive Mehrheit gebildet haben wird. Immerhin nimmt er gern den britischen Vorschlag auf und beantragt, noch hinzuzufügen: Die Volksabstimmung in der Zone A wird sechs Monate nach Unterzeichnung des Friedensvertrages, in der Zone B drei Monate nach der Kundmachung des Ergebnisses der Zone A stattfinden.

Crowe glaubt, daß die Zwischenzeit zwischen beiden Abstimmungen, die nur bezweckt, die Stimmberechtigten in der Zone B zu unterrichten, aber nicht sie zu beeinflussen, nicht drei Monate, sondern nur wenige Wochen betragen sollte. Außerdem fragt er, ob die Kommission nicht lieber durch die Großmächte statt durch den Völkerbund eingesetzt werden sollte.

Der Präsident antwortet, daß die Kommission für das Saarbecken vom Völkerbund ernannt werden soll; er würde eine einheitliche Regel für alle Fälle vorziehen.

Laroche bemerkt, daß man für das Saarbecken eine Militärkommission vorgesehen hat, welche erlauben wird, zu warten, bis der Völkerbund konstituiert ist. Da man im Becken von Klagenfurt das militärische Regime vermeiden will, wird man genötigt sein, Österreich und Südslawien ohne Aufsicht verwalten zu lassen. Er ist daher der Meinung, daß die Kom-

---

[3]) Soll wohl heißen Unparteilichkeit; vgl. S. 461.

mission vom Völkerbund oder solange ein solcher nicht besteht, durch die Hauptmächte ernannt werden soll.

Der Vorsitzende beantragt, daß die Kommission durch die Hauptmächte unter Vorbehalt der Genehmigung durch den Rat des Völkerbundes ernannt werde.

Martino zieht die Ernennung der Kommission durch den Völkerbund vor, obwohl er anerkennt, daß das auf dasselbe hinauslaufen würde. Bevor der Völkerbund sich konstituiert, könnte man die Aufsicht der Militärbehörde einer Großmacht anvertrauen.

Laroche glaubt, daß diese Lösung von vornherein ausgeschlossen sein soll.

Crowe ist einer Meinung mit Martino darin, daß er keinen Unterschied zwischen dem Rat des Völkerbundes und den fünf Großmächten sehen kann.

Martino sieht nicht ein, warum man, wenn man für das Becken von Klagenfurt dasselbe Regime anwendet wie für das Saarbecken, nicht absolut identische Vorkehrungen treffen könne.

Laroche entgegnet, die Verschiedenheit der Maßregel rechtfertigt sich dadurch, daß man für das Saarbecken eine militärische Besetzung vorgesehen hat.

Martino antwortet, daß man auch das Klagenfurter Becken militärisch besetzen kann.

Der Präsident bemerkt, ohne daß er die Möglichkeit und die Bedingungen einer solchen Besetzung erörtern wolle, daß diese Fragen die Kommission, die sich versammelt hat, um das Regime für eine Volksabstimmung zu studieren, nicht unmittelbar angehen. Er erinnert an den Gesichtspunkt, von dem er ausgegangen war, daß die Errichtung einer Regierung im Klagenfurter Becken sehr große Schwierigkeiten schaffen würde, um sehr mittelmäßige Ergebnisse zu erhalten.

Laroche betrachtet wie Crowe den Völkerbund und die fünf Großmächte als Vertreter desselben Prinzips. Er schlägt daher vor, daß die Kommission von den Großmächten ernannt wird und ihre Befugnisse unter der Aufsicht des Völkerbundes ausübt.

Vanutelli fragt, welches die Zusammensetzung dieser Kommission sein wird. Er schlägt eine analoge Lösung wie für Schleswig vor.

Der Präsident sieht nicht, welchem Lande die beiden neutralen Kommissäre entnommen werden könnten, die im Falle von Schleswig von Schweden und Norwegen bestimmt wurden.

Die Kommission entscheidet, diese Frage der Würdigung des Obersten Rates zu überlassen.

Crowe schlägt eine neue Fassung einer Stelle des Protokolles vor, nämlich, daß die beiden Zonen p r o v i s o r i s c h der österreichischen und südslawischen Verwaltung übertragen werden.

Die oben erwähnten Vorschläge des Präsidenten über die Fassung des Protokolls und dieser letzte Antrag Crowes werden von der Kommission angenommen.

Nunmehr liest der Präsident den von der italienischen Delegation formulierten Vorbehalt vor. Nach einem Meinungsaustausch zwischen Vanutelli, Martino und dem Präsidenten wird dieser Vorbehalt wie folgt textiert:

„Die Kommission hat außerdem die Ehre, dem Obersten Rat zwei Bemerkungen der italienischen Delegation vorzulegen, über die mit Rücksicht auf den Wortlaut der Note vom 5. Juni sie sich nicht für berechtigt gehalten hat, Beschluß zu fassen und die folgende sind:

1. die italienische Delegation glaubt, daß die geographischen und wirtschaftlichen Bedingungen des Beckens von Klagenfurt es ratsam erscheinen lassen, die zwei Zonen, welche für die Volksabstimmung vorgesehen sind, nicht von Ost nach West, sondern von Nord nach Süd durch eine Linie abzugrenzen, welche im Osten von Klagenfurt läuft.

2. Die italienische Kommission verlangt auf jeden Fall, daß aus der Abstimmungszone das Dreieck ausgeschlossen wird, das sich an den Nordausgang des Karawankentunnels anschließt, eine Strecke der Eisenbahn von ungefähr 10 km umfaßt und ein wesentliches Interesse für den Hafen von Triest darstellt. Dieses Dreieck müßte ähnlichen Regeln unterworfen werden wie die

südlichere Zone[4]), in der die von Österreich abgetrennten Gebiete bezüglich ihrer definitiven Zuteilung der Entscheidung der Hauptmächte vorbehalten sind."

Die Kommission entscheidet in gleicher Weise in Erwiderung einer Bemerkung von Martino, es solle im Protokolle erwähnt werden, daß sich die italienische Delegation den Beschlüssen der Kommision in den vier oben vom Präsidenten formulierten Punkten nicht anschließt. Der Bericht wird sagen, daß viele Vorschläge erstattet werden ohne die italienische Delegation, deren Gesichtspunkt später präzisiert werden wird.

Martino bringt eine allgemeine Betrachtung vor, welche ihm die Frage von Aßling eingibt. Unter den verschiedenen Beschlüssen über diesen Gegenstand, sei es der Kommission, sei es des Obersten Rates, ist keiner der Anträge, welche Italien bis zu einem gewissen Grad befriedigen könnten, durchgedrungen. Die Geschichtsschreiber der Zukunft, die ein allgemeines Urteil über die Arbeiten der Konferenz fällen werden, werden die Hindernisse aufzählen, die fast bei jedem Schritt wesentlichen italienischen Interessen bereitet worden sind. Sie werden daraus schließen, daß die Konferenz systematisch gegen die italienischen Interessen Partei ergriffen hat.

Der Präsident antwortet, daß die Diskussion, die sich über diese allgemeinen Bemerkungen des Vorredners entspinnen könnte, die Befugnisse der Kommission überschreitet. Aber er glaubt mit Recht versichern zu können, daß die Kommission immer den besten Willen gehabt hat, der italienischen Delegation Rechnung zu tragen.

Martino anerkennt den guten Willen, den der Präsident persönlich bewiesen habe.

Der Präsident spricht im Namen der ganzen Kommission, welche unter allen Umständen alles getan hat, was sie tun konnte, um den italienischen Wünschen gerecht zu werden. Sie war sogar zu einer Lösung gelangt, welche die einstimmige Zustimmung erhalten hat. Sie kann nicht dafür verantwortlich gemacht werden, wenn der Oberste Rat sie vor eine neue Entscheidung gestellt hat. Übrigens, ohne die Bedingungen zu kennen, unter welchen diese Entscheidung getroffen worden ist, sie ist gegründet auf den Gedanken, daß die Gegenwart des italienischen Ministerpräsidenten bei der Beratung des Obersten Rates die besten Garantien für die italienischen Interessen gegeben hat.

Damit wird die Sitzung geschlossen.

Das als Anhang beigedruckte Protokoll enthält nochmals die bereits oben vom Präsidenten vorgeschlagene und von der Kommission angenommene Formulierung (Ausständigkeit der Antwort der SHS-Delegation über die Frist, Regime entweder nach Typus Allenstein, bzw. Schleswig oder Saargebiet, im zweiten Fall die oben beschriebenen Schwierigkeiten). Sodann fährt das Protokoll fort:

Die Kommission, ohne die italienischen Delegierten, deren Gesichtspunkt später fixiert werden wird, glaubt daher, daß es ihre Pflicht ist, an den Obersten Rat die Frage zu richten, ob es ihm nicht geeigneter schiene, in bezug auf die Zonen A und B das folgende Regime anzuwenden:

1. Schaffung einer Kommission von 5 Mitgliedern, ernannt vom Völkerbund und beauftragt, in den Zonen A und B die freie Äußerung des Volkswillens vorzubereiten, indem sie durch ein Überwachungs- und ein Vetorecht die Unparteilichkeit der Lokalverwaltung sichert.

2. Die Lokalverwaltung der Zone B wird provisorisch unter diesen Bedingungen den österreichischen Behörden nach den allgemeinen Regeln der österreichischen Gesetze anvertraut.

3. Die Lokalverwaltung der Zone A wird provisorisch unter diesen Bedingunen den SHS-Behörden nach den allgemeinen Regeln der SHS-Gesetzgebung anvertraut.

4. In jeder der beiden Zonen, nach Ablauf einer Frist von . . . findet eine Volksabstim-

---

[4]) Das Dreieck von Aßling.

mung statt, die der Bevölkerung erlaubt, nach den Modalitäten, die von der Kommission beschlossen werden, frei ihre Meinung auszudrücken, über ihren Anschluß an Österreich in der Zone B, an den SHS-Staat in der Zone A.

Außerdem hat die Kommission die Ehre, dem Obersten Rat die beiden Bemerkungen der italienischen Delegation mitzuteilen, auf welche einzugehen sie sich nach dem Wortlaut der Note vom 5. Juni nicht für berechtigt gehalten hat und welche lauten wie folgt: (folgt nochmals der Wortlaut der oben mitgeteilten italienischen Einwendungen).

17.

Aus dem Protokoll einer Sitzung der Außenminister bei M. Pichon[1]).
Paris, Quai d'Orsay. Mittwoch, den 18. Juni 1919. 3 Uhr Nachmittag.
R ä u m u n g d e s K l a g e n f u r t e r B e c k e n s.
3. M. Pichon sagte, daß ein Einschreiten des Rates auf Grund des folgenden Briefes erforderlich sei:

17. Juni 1919.
Verehrter Kollege!

Der Rat der all. und ass. Hauptmächte zog heute Nachmittag die Lage, die sich mit Bezug auf den Waffenstillstand in Kärnten ergeben hat, in Beratung. Der Rat wurde unterrichtet, daß die Truppen der Serben, Kroaten und Slowenen entgegen der Aufforderung der all. und ass. Hauptmächte weiter vorgedrängt, Klagenfurt besetzt und die Österreicher gezwungen haben, Waffenstillstandsbedingungen anzunehmen, die das Aufgeben von Klagenfurt enthalten.

Unter diesen Umständen entschied der Rat, die Räumung des ganzen Klagenfurter Gebietes von den Truppen beider Parteien, der Serben, Kroaten und Slowenen und der Österreicher, zu verlangen.

Es herrschte Übereinstimmung, daß der Rat der Außenminister aufgefordert werde, eine Depesche an die Regierungen des Königreiches der Serben, Kroaten und Slowenen und der österreichischen Republik zu genehmigen und abzusenden, in der die Räumung des Klagenfurter Beckens von den Truppen der beiden kämpfenden Parteien verlangt wird. Die Grenzen, hinter die sie sich zurückzuziehen haben, sollen in dieser Depesche festgelegt werden. Eine Kopie dieser Depesche soll den Offizieren der alliierten und assoziierten Mächte, die den Waffenstillstand überwachen, übersendet werden.

Seit der Sitzung habe ich erfahren, daß die Kommission, welche die Klagenfurter Frage behandelt, morgen eine Sitzung abhält. Ich sende daher eine Abschrift dieses Briefes an M. Tardieu, den Vorsitzenden der Kommission, mit dem Ersuchen, die Kommission aufzufordern, die Grenzen für die Sitzung des Rates der Außenminister am Nachmittag vorzubereiten.

Ich bin angewiesen, Eure Exzellenz zu bitten, daß Sie dieses Einschreiten M. Tardieu gegenüber bestätigen und die ganze Angelegenheit am Nachmittage vor den Rat der Außenminister bringen.

Über M. Sonninos Ersuchen sende ich Abschriften dieses Briefes an die fünf Außenminister.
(Schlußformel.)

M. P. A. Hankey[2]).

(Gerichtet an Se. Exzellenz M. Dutasta.)

M. Tardieu teilte hierzu mit, daß die Kommission für die jugoslawischen Angelegenheiten eine Abschrift dieses Briefes am vorhergehenden Tage erhalten habe. Die Kommission habe

---

[1]) Miller, My Diary, Bd. 16, S. 433 f.
[2]) Oberstlt. Hankey, Generalsekretär der britischen Delegation.

die Angelegenheit erörtert und es seien drei verschiedene Meinungen zum Ausdruck gebracht worden (siehe Beilage C).

Baron Sonnino sagte, daß er in Orlandos Abwesenheit diese Frage im Rate der Vier vorgebracht habe. Die folgende Darstellung sei die Geschichte der Angelegenheit. Am 31. Mai habe der Rat der Vier beschlossen, nach Wien und Belgrad eine Aufforderung an beide Parteien zu senden, sich aus dem Klagenfurter Becken zurückzuziehen. Die Österreicher hätten sich jenseits der nördlichen Linie, die Slawen jenseits der südlichen zurückzuziehen. Das Telegramm nach Belgrad habe eine Verzögerung in der Übermittlung erfahren, während das nach Wien gerichtete zeitgerecht angekommen sei. Am 5. Juni seien jugoslawische Truppen gegen Klagenfurt vorgerückt, am 6. hätten sie die österreichischen Truppen gezwungen, einen Waffenstillstand anzunehmen. Als die an Ort und Stelle befindlichen alliierten Generäle die jugoslawischen Kommandierenden von den Aufträgen des Rates in Kenntnis gesetzt hätten, hätten diese erwidert, sie hätten keine derartigen Befehle erhalten und würden auf den Waffenstillstandsbedingungen beharren. Die alliierten Offiziere hätten sich nicht für zuständig erachtet, den Truppen einen Rückzug anzubefehlen, und hätten Weisungen von der Konferenz verlangt. Deswegen habe er die Frage im Rate der Vier zur Sprache gebracht. Der Rat habe tags vorher beschlossen, daß vom Rate der Außenminister ein Telegramm abgesendet werde, das von beiden Parteien die Räumung des Klagenfurter Beckens fordert.

Sir Maurice Hankey habe seinem Briefe eine weitere Anregung hinzugefügt, nämlich, daß die Kommission für jugoslawische Angelegenheiten die Grenzen festlegen solle, hinter die sich die feindlichen Streitkräfte zurückziehen sollten. Nun seien aber diese Grenzen bereits am 31. Mai geregelt worden, als der frühere Befehl gegeben worden sei. Der Rat der Vier habe auch entschieden, daß die an Ort und Stelle befindlichen Offiziere der all. und ass. Mächte davon in Kenntnis gesetzt werden sollten, damit sie die Ausführung des Befehls überwachen und etwa notwendige Vorschläge machen könnten. Als Ergebnis der Intervention Sir Maurice Hankeys schlage die Kommission nun etwas vor, das von den Absichten des Rates der Vier vollkommen abweiche, nämlich zwei Zonen für ein Plebiszit, deren Grenzen die Linien sein sollten, hinter die sich die feindlichen Armeen zurückzuziehen hätten. Dies gebe ein ganz neues Bild. M. Tardieus Ansicht sei, daß die militärischen Besetzungslinien soweit als möglich schon die schließlichen politischen Grenzen sein sollten, doch seien die Umgrenzungen in diesem Falle nicht solcher Art, sondern nur die Grenzen eines Abstimmungsgebietes. Er stelle den Antrag, zu entscheiden, daß es notwendig sei, bei dem Beschlusse des Rates der Vier zu verharren, nämlich, daß sich beide Armeen aus dem ganzen Klagenfurter Becken zurückziehen müßten. M. Tardieu habe weiters angeregt, daß das von den Truppen geräumte Gebiet voraussichtlich zur Aufrechterhaltung der Ordnung besetzt werden müsse. Er würde meinen, daß eine lokale Polizeitruppe aufgestellt werden solle. Übrigens wäre dies nicht die Aufgabe des Rates. Alles, was der Rat zu tun hätte, sei, den Auftrag vom 31. Mai neuerlich zu erteilen und ihn den neuen Umständen anzupassen. Es bestehe kein anderes, den Rat verpflichtendes Mandat und der im Briefe Sir Maurice Hankeys mit den Worten beginnende Absatz: „Seit der Sitzung habe ich erfahren" habe keine verpflichtende Wirkung.

M. Tardieu bemerkte, wenn Baron Sonnino recht habe, so sei die Kommission auf Grund eines Mißverständnisses zur Beratung einberufen worden.

M. Pichon las den Brief und sagte, daß da deutlich ein Widerspruch vorliege. Der erste Teil enthalte die Weisung, daß das ganze Becken zu räumen sei, im zweiten sei ausgedrückt, daß Grenzen festgelegt werden sollen.

Sonnino erklärte, daß in dem Telegramm vom 31. Mai keine genaue Umschreibung des Klagenfurter Gebietes gegeben worden sei. Der Rat der Außenminister sei ersucht worden, die Grenzen zu bestimmen, nicht aber neue aufzustellen. Der Rat habe den früheren Auftrag, den gegenwärtigen Umständen angepaßt, zu wiederholen.

Mr. Lansing sagte, er könne nicht ersehen, daß der Rat der Vier Sir Maurice Hankey ermächtigt habe, die Frage der Kommission vorzulegen. Es scheine ihm, der Rat der Vier habe nur die Weisung gegeben, das Telegramm abzusenden.

. . . . Mr. Balfour sagte, er könne Sir Maurice Hankeys Brief nicht verstehen. Meine er, daß der Rat der Außenminister ohne Diskussion das, was angeregt sei, „gut zu heißen" habe? Er selbst könne nicht zustimmen, daß das Klagenfurter Becken unbesetzt bleibe. Man müßte ihm schon sehr schwerwiegende Beweisgründe vorbringen, bevor er einer solchen Sache zustimmen könnte. Weiters sei der Rat der Außenminister aufgefordert worden, ein Telegramm zu entwerfen; seiner Meinung nach wäre dies nicht die Aufgabe des Rates . . . Wenn der Rat der Vier nur beabsichtigt hätte, daß sein früheres Telegramm neuerlich abgesendet werde, dann hätte er nicht den Rat der Außenminister aufgefordert, zu diesem Zwecke eine Sitzung abzuhalten und das Telegramm abzusenden. Dies hätten sie voraussichtlich selbst tun können.

Sonnino wies darauf hin, daß der Auftrag nicht gleichlautend wiederholt werden könnte, da in der Zwischenzeit ein Waffenstillstand geschlossen worden sei und nähere Nachrichten darüber eingeholt werden müßten.

M. Tardieu sagte, daß er mit Mr. Balfour vollkommen übereinstimme. Wenn es sich nur darum handelte, das frühere Telegramm zu wiederholen, dann wäre keine Aussprache notwendig. Wenn aber eine neue Umschreibung des Klagenfurter Beckens zur Erörterung stehe, so wolle er darauf hinweisen, daß zwei wesentliche Änderungen angeregt worden seien, eine von der jugoslawischen Delegation, nämlich die Einfügung des Mießtales in das Abstimmungsgebiet, die andere von der italienischen Delegation, nämlich der Ausschluß des Aßlinger Dreieckes.

. . . . Mr. Lansing regte an, die Frage zu vertagen, bis die Kommission Unterlagen für die Begrenzung des Klagenfurter Beckens habe.

(In diesem Zeitpunkte zog sich Mr. Balfour zurück.)

M. Tardieu wies darauf hin, daß durch einen Aufschub nichts gewonnen werde, da die Gutachten der Kommission nicht einhellig seien. Er könne am folgenden Tage nur dieselben verschiedenen Ansichten vorlegen, die er bereits erklärt habe.

Sonnino bemerkte noch, daß selbst einheitliche Gutachten der Kommission keine endgültigen Grenzen des Klagenfurter Beckens bestimmen könnten, so lange sie nicht vom Rate der Chefs der Regierungen angenommen worden wären.

(Mr. Lansing zog sich nach diesem Punkte zurück.)

Die Sitzung wurde dann aufgehoben.

Beilage C zum Protokoll der Außenminister vom 18. Juni 1919[1]).

Entwurf eines Berichtes der Kommission für jugoslawische Angelegenheiten (Gebietskommisson).

18. Juni 1919.

Die Kommission hat die durch den Brief Sir Maurice Hankeys vom 17. Juni an M. Dutasta aufgeworfene Frage geprüft.

Folgende Anschauungen wurden zum Ausdruck gebracht:

1. Die amerikanische Delegation empfiehlt, die Grenzen so zu ziehen, wie sie in dem Kommissionsbericht[2]) als Antwort zu Sir Maurice Hankeys Note vom 11. Juni angegeben sind, äußert sich aber nicht über die zu ergreifenden militärischen Maßnahmen.

2. Die britische und die französische Delegation bringen die Tatsache in Erinnerung, daß

---

[1]) Miller, My Diary, Bd. 16, S. 442.

[2]) Fehlt. Die darin gezogenen Grenzen stimmen jedenfalls mit den Zonengrenzen überein.

der Oberste Rat hinsichtlich der Tschechoslowakei, Rumäniens und Ungarns darin übereingekommen sei, keine militärischen Besetzungslinien festzulegen, die von den endgültigen Grenzen verschieden wären und empfehlen daher, denselben Vorgang hinsichtlich des Klagenfurter Beckens einzuhalten, d. h. möglichst rasch die Grenzen in Übereinstimmung mit dem obenerwähnten Berichte festzulegen und die Jugoslawen zu ermächtigen, die Zone A, und die Österreicher die Zone B zu besetzen.

3. Die italienische Delegation ist — in der Erwägung, daß einerseits Sir Maurice Hankeys Brief vom 17. Juni die vollständige Räumung des Klagenfurter Beckens sowohl durch die Jugoslawen wie die Österreicher erwähnt, und andererseits die von der amerikanischen, britischen und französischen Delegation vorgeschlagenen Grenzen nach der Anschauung der italienischen Delegation nur solche von Abstimmungszonen sind und daher nicht als politische Grenzen betrachtet werden können, — der Anschauung, daß die von den Österreichern und Jugoslawen zu räumende Zone das ganze Becken (Zone A und B), so wie es vom Obersten Rat festgelegt wurde, in sich begreifen solle.

18.

Protokoll einer Sitzung der Außenminister bei M. Pichon[1]).
Paris, Quai d'Orsay. Dienstag, den 19. Juni 1919. 3 Uhr Nachmittag.
R ä u m u n g d e s K l a g e n f u r t e r B e c k e n s.

1. M. Pichon sagte, er halte es für das beste, M. Tardieu zu ersuchen, daß er den Rat über die Schlußfolgerungen seiner Kommission hinsichtlich der Grenzen des Klagenfurter Beckens zum Zwecke des vom Rate abzusendenden Telegrammes informiere.

M. Tardieu bemerkte, die Antwort auf diese Frage sei im Absatze 5 einer von der Kommission für rumänische und jugoslawische Angelegenheiten an den Obersten Rat gerichteten Note enthalten (siehe Beilage A). Es ergebe sich, daß keine Änderung in Zone A vorgenommen und keine in Zone B vorgeschlagen werde, und daß die Grenzen, wie sie auf der sogenannten „Präsident-Wilson-Karte"[2]) ersichtlich seien, unter einhelliger Zustimmung des Komitees aufrecht bleiben.

M. Pichon erklärte, wenn der Rat den ihm vom Rate der Vier zugekommenen Vorschlag annehme, so ergebe sich daraus, daß ein Telegramm mit dem Verlangen nach Räumung des Klagenfurter Beckens durch beide Parteien abgesendet werden solle. Als Grenzlinien gelten die auf Präsident Wilsons Karte ersichtlichen, mit Ausschluß des Mießtales.

(In der folgenden Wechselrede verlangte Baron Sonnino, es solle das Telegramm vom 31. Mai, das die vollkommene Räumung des Beckens anordne, wiederholt und die interalliierte Militärmission in Klagenfurt aufgefordert werden, etwa notwendige Vorschläge zur Aufrechterhaltung der Ruhe und Ordnung in dem geräumten Gebiet zu erstatten. Es wurde jedoch schließlich folgende Entschließung angenommen:)

„Der Rat der Außenminister beschloß, dem Rate der Regierungschefs zu antworten, daß ihre (der Außenminister) Auslegung des von Sir Maurice Hankey an den Generalsekretär der Friedenskonferenz am 17. Juni 1919 gerichteten Briefes hinsichtlich der Räumung des Klagenfurter Beckens dahingehe, daß sie (die Außenminister) aufgefordert werden, die im Abschnitte 3 angeregte Maßnahme gutzuheißen.

Mit Ausnahme des Baron Sonnino seien sie einhellig dieser Auffassung und mit der gleichen Ausnahme laute ihre Antwort, daß der Rat der Außenminister die vollkommene Räumung des Klagenfurter Beckens n i c h t gutheißen könne."

Es wurde weiters von Mr. Lansing vorgeschlagen und von den anderen Außenministern mit Ausnahme des Bar. Sonnino gutgeheißen, daß die gegnerischen Streitkräfte beauftragt werden,

---

[1]) Miller, My Diary, Bd. 16, S. 444f.
[2]) Vgl. S. 287.

sich nördlich und südlich der auf der sogenannten „Präsident-Wilson-Karte" gezogenen roten Linie zurückzuziehen.

Bar. Sonnino blieb dabei, daß es Aufgabe des Rates sei, ein Telegramm mit dem Befehl der vollkommenen Räumung des Beckens abzusenden und die vier an Ort und Stelle befindlichen Vertreter der alliierten und assoziierten Mächte zu fragen, welche Vorschläge sie im Hinblick auf die Folgen einer Räumung zu machen hätten.

(Die Sitzung wird sodann vertagt.)

Beilage A zum Protokoll der Sitzung der Außenminister am 19. Juni 1919[1]).
Note der Gebietskommission an den Rat der Alliierten.

18. Juni 1919.

Die Kommission wurde in einem Briefe des Sir Maurice Hankey vom 17. Juni ersucht, ihre Empfehlungen betreffend zwei Briefe des M. Vesnić vorzulegen.

Die Kommission war nicht in der Lage, früher als am 18. Juni zusammenzutreten, da mehrere ihrer Mitglieder in dem Komitee zur Überprüfung der Antwort der deutschen Delegation tätig waren.

Folgendes ist die Meinung der Kommission:

1. Die zwei Briefe des M. Vesnić vom 7. Juni, ergänzt durch einen vom 9. Juni, schlagen einen Vorgang vor, der in einem Brief vom 3. Juni angeregt ist und folgendermaßen lautet:

„Zuweisung der Zone A an den serbo-kroatisch-slowenischen Staat; doch ist den Bewohnern das Recht zuerkannt, durch eine Volksabstimmung innerhalb eines Zeitraumes von 3 oder längstens 6 Monaten ihren Willen auszudrücken, daß dieses Gebiet unter österreichische Staatsoberhoheit gestellt werde.

Zuweisung der Zone B an Österreich, doch ist den Bewohnern dieses Gebietes das gleiche Recht zugestanden, sich zugunsten der Zugehörigkeit zum serbo-kroatisch-slowenischen Königreich auszusprechen."[2])

Die Kommission stimmt dieser Anregung im allgemeinen bei, wobei das Einverständnis besteht, daß beide Zonen unter die Kontrolle der interalliierten Kommission gestellt werden sollen.

2. Hinsichtlich § 1 des Briefes vom 7. Juni[3]) empfiehlt die Kommission einhellig, daß die im Punkt a vorgesehene Frist vom 1. Jänner 1919 anstatt von dem „Inkrafttreten des vorliegenden Vertrages" laufen soll. Die amerikanische, britische und französische Delegation empfehlen die Annahmen der Vorschläge des M. Vesnić, so wie sie in den Punkten b und c enthalten sind. Die italienische Delegation stimmt dem Punkt b zu und verlangt, daß im Punkt c die Worte: „vom 1. August 1919" ersetzt werden sollen durch „ein Zeitpunkt vor dem 1. Jänner 1905".

3. Zu § 2 im Briefe des M. Vesnić empfiehlt die Kommission die Aufstellung einer internationalen Kommission von 7 Mitgliedern, nämlich: 5 ernannt von den alliierten und assoziierten Hauptmächten, eines vom serbo-kroatisch-slowenischen Staate und eines von der Republik Österreich.

4. Zu § 3 des Briefes des M. Vesnić empfehlen die amerikanische, britische und französische Delegation, daß das Plebiszit in der Zone A 3 Monate nach dem Inkrafttreten des Vertrages abgehalten werden solle. Die italienische Delegation verlangt, daß es frühestens nach 6 und spätestens nach 18 Monaten, so wie für Oberschlesien festgesetzt, stattfinden solle.

Hinsichtlich des Zeitpunktes, wann das Plebiszit in der Zone B stattfinden soll, wurde M. Vesnićs Vorschlägen einhellig zugestimmt.

---

[1]) Miller, My Diary, Bd. 16, S. 448 f.

[2]) Übereinstimmend mit dem 2. Vorschlag der jugoslawischen Delegation vom 6. Juni, S. 288.

[3]) Vgl. S. 292 P. 2.

5. Zu § 4 des Briefes des M. Vesnić empfiehlt die Kommission einhellig, daß die Grenzen der Zone A, so wie auf der sogenannten „Präsident-Wilson-Karte" ersichtlich, beibehalten werden sollten, was den Ausschluß des Mießtales bedeutet.

19.

Aus der am 16. Juni 1919 von der deutsch-österreichischen Delegation der Friedenskonferenz überreichten Denkschrift über Kärnten[1]).
(Übersetzung aus dem Französischen.)

Die Denkschrift verweist zunächst auf die beigegebene Abbildung des Oberlercherischen Reliefs von Kärnten, das die von der Natur gezogenen Grenzen Kärntens zeigt, und schildert hierauf kurz die Karawankengrenze. Dann heißt es weiter:

Dieses inmitten von Bergen gelegene Land ist eine von der Natur, insbesondere durch ein Flußbecken, die Beschaffenheit seines Bodens, sein Klima und seine Verbindungen geschaffene Einheit und bildet daher seit ungefähr tausend Jahren ein homogenes und vom Standpunkte der Verwaltung einheitliches Gebiet.

Ein einziger Hauptwasserlauf, die Drau, durchfließt das Land, ein Fluß, welcher als Zuflüsse alle Wasserläufe des Landes mit Ausnahme der Fella und der Kanker, eines unbedeutenden Flüßchens, aufnimmt. Alle Nebenflüsse der Drau, alle Täler und alle Verbindungsstraßen sind auf den Mittelpunkt des Landes, das Klagenfurter Becken, gerichtet. In den Städten Klagenfurt (27 000 Einwohner) und Villach (18 000 Einwohner), welche in diesem Becken liegen, konzentriert sich also das intellektuelle und materielle Leben des Landes, dessen Teile alle mit diesen zwei Städten eng verbunden sind — ebenso in wirtschaftlicher und geographischer Hinsicht als vom kulturellen Standpunkte. Überdies ist Klagenfurt, die Landeshauptstadt, der Sitz der Regierung. Alle anderen Städte von Kärnten reichen an diese Städte nicht heran und zählen bloß 5000 bis 6000 Einwohner. Der Rest des Landes, von diesen zwei Städten getrennt, wäre dem Untergange preisgegeben, da er nur mehr aus Tälern bestünde, die keine Verbindung miteinander besitzen und infolge der jede Verbindung behindernden Berge nicht die Möglichkeit der Vereinigung mit den Nachbarländern haben.

Die Teilung des Landes würde nicht nur die Verwaltungseinheit zerreißen, sondern würde auch die geographische Einheit verletzen, welche durch die Natur klar abgegrenzt ist — eine Einheit der Wirtschaft so gut wie des Verkehres. Diese Teilung würde zwei isolierte Teile schaffen, von denen einer ohne den anderen nicht bestehen könnte und welche vom Anfang an das Bestreben zur Wiedervereinigung hätten.

Neue Konflikte und neue Kämpfe würden sich daraus ergeben und würden erst ein Ende finden durch die Wiederherstellung der Einheit dieses Landes, dessen Grenzen die Natur selbst gezogen hat. Überdies wären zwei Hauptverbindungswege Mitteleuropas durch die Zersplitterung Kärntens unterbunden: Die Eisenbahnlinie Udine — Villach — Wien und die Südbahnlinie Franzensfeste — Klagenfurt — Marburg — Ungarn.

Hinsichtlich der Sprache gibt es nur eine schmale nach Osten erweiterte Zone, welche von einer aus Deutschen und Slowenen bestehenden Bevölkerung bewohnt wird. Die ganze deutsche Bevölkerung ebenso wie der größte Teil der Slowenen haben durch klare und deutliche Kundgebungen die Einheit des Landes verlangt nach der Devise:

Kärnten den Kärntnern!

Kundgebung

der Vertreter der Gemeinden Kärntens, betreffend die Erkärung der jugoslawischen Abgeordneten vom 30. Mai 1917 (Vereinigung mit dem künftigen jugoslawischen Staat im Schoße der österreichisch-ungarischen Monarchie).

---
[1]) Bericht I, S. 156.

Gegen die Vereinigung mit dem jugoslawischen Staat erklärten sich . . . . 240[2]) Gemeinden
Für die Vereinigung mit dem jugoslawischen Staat erklärten sich. . . . . . 9 "
Ohne Erklärung verblieben . . . . 14 "

           Im ganzen 263 Gemeinden

Ergebnis der Abstimmung
in den strittigen Bezirken, welche nicht von den Jugoslawen besetzt waren
(im Monate März 1919).

Für die Vereinigung mit dem deutsch-österreichischen Staat
erklärten sich . . . . 81 451 Wähler = 84,6 Prozent
Für die Vereinigung mit dem jugoslawischen Staat
erklärten sich . . . . 771 " = 0,8 "
Ohne Erklärung verblieben . . . . 14 000 " = 14,6 "

Im ganzen . . . . 96 222 Wähler = 100 Prozent

20.

Note der SHS-Delegation zu den die österreichisch-jugoslawische Grenze betreffenden Bemerkungen der österreichischen Delegation zu den Friedensbedingungen mit Österreich[1]).

Paris, 11. August 1919.

Die von der österreichischen Delegation gemachten Bemerkungen über die Grenze in Kärnten und Steiermark entbehren nicht nur jeder tatsächlichen Grundlage, sondern enthalten offensichtliche Widersprüche in den wichtigsten Punkten und scheinen die Friedenskonferenz irreführen zu wollen, gegen welches Vorgehen die SHS-Delegation ihre schwersten formellen Vorbehalte machen muß.

(1. Betrifft die Denkschrift über Steiermark, abgedruckt im „Bericht der dö. Friedensdelegation" II. Bd. S. 202.)

2. . . . . Was Kärnten betrifft, so widersetzt sich die österreichische Delegation der Annahme der Querlinie, die gezogen wurde, um die Zonen A und B zu trennen, mit der Begründung, daß sie zu knapp an Klagenfurt verlaufe. Gleichzeitig aber schlägt sie für Steiermark als Querlinie zwischen zwei Zonen die Drau vor, die die Stadt Marburg in zwei Teile zerschneidet.

Die österreichische Delegation behauptet, daß die Mur wegen einiger weniger Wasserkraftwerke, wie Sägen und anderer, auf der nur 25 km langen Strecke zwischen Spielfeld und Radkersburg als Staatsgrenze ungeeignet sei, während nach ihren Vorschlägen die Drau die Staatsgrenze zwischen Österreich und dem jugoslawischen Staate auf der ganzen Strecke von Villach bis Marburg (150 km) bilden könnte.

3. Betreffend den wesentlichen Gesichtspunkt verlangt die österreichische Delegation, daß die territoriale Frage in den Gebieten von Marburg und Radkersburg sowie in Kärnten durch eine Volksabstimmung gelöst werde.

Die SHS-Delegation fühlt sich verpflichtet, sich grundsätzlich gegen diese Forderung der österreichischen Delegation auszusprechen, daß die Volksabstimmung, die uns bereits in Kärnten gegen unseren Willen auferlegt wurde, auf diese Weise auch für Steiermark, somit für die ganze slowenisch-deutsche Grenze, auferlegt werden soll, während uns für kein Gebiet eine Volksabstimmung zugestanden wurde, wo wir eine solche verlangt hatten. Eine Volksabstimmung in Steiermark würde, wie wir schon in Kärnten dargelegt haben, den Deutschen nur das

---

[2]) Darunter waren 37 Gemeinden mit slowenischer Majorität.
[1]) Von der SHS-Delegation der Friedenskonferenz überreicht mit Note Nr. 3129 vom 11. August 1919. Almond-Lutz, S. 395, Nr. 134.

formale Recht und die Möglichkeit geben, das Ergebnis ihres gewalttätigen Germanisations-Systems zu stabilisieren.

4. Betrifft Marburg.

5. . . . Ein Argument, das den gleichen Gedankengang wie die oben behandelten aufweist, ist, daß man von der Tatsache, daß die Stadt Wien durch die Linien Bruck-Villach und Bruck-Marburg mit dem Drautal verbunden ist, die Folgerung ableitet, daß die Transversal-Bahnlinie Villach — Marburg ebenfalls in österreichischem Besitz sein sollte[2]). Unter allen Umständen bleibt die Behauptung unverständlich, daß „der Handel mit Italien und den Seehäfen", falls diese Transversallinie nicht Österreich gehören sollte, „unmöglich werden würde", da die Tatsache außer Zweifel ist, daß die erwähnte Transversallinie keine Bedeutung für diesen Handel hat. Aber die österreichische Politik, die nur von ihren selbstischen Erwägungen geleitet ist, kümmert sich nicht um die Tatsache, daß diese Bahnlinie rein slowenisches Gebiet durchquert und dieses letzte mit dem übrigen Teil des SHS-Staates verbindet[3]). . . .

6. Die österreichische Delegation verlangt ferner eine Änderung des Vorganges, der für die Volksabstimmung in Kärnten von der Friedenskonferenz nach langer und gründlicher Überlegung in Übereinstimmung mit der SHS-Delegation niedergelegt wurde. Auch diese Forderung ist ohne Begründung und die SHS-Delegation ist verpflichtet, gegen eine solche Änderung formellen Einspruch zu erheben.

Im Hinblick auf die wirtschaftliche Einheit des Klagenfurter Beckens hat die Volksabstimmung in Kärnten einen besonderen Zweck, dem der gewählte Vorgang angemessen ist; dieser Vorgang kann nicht durch Formen ersetzt werden, die anderswo möglich wären. Es folgt daraus, daß eine Abstimmung nach Gemeinden nicht in Betracht gezogen werden kann.

Dasselbe gilt für die von der österreichischen Delegation vorgeschlagene Teilung des Abstimmungsgebietes in vier Zonen, die ungeeignet ist, da sie zu ganz unannehmbaren Ergebnissen führen könnte.

Durch den oben erwähnten Leitgedanken ist auch die Wahl an zwei aufeinanderfolgenden Zeitpunkten begründet und kann daher nicht fallen gelassen werden. Es ist klar, daß bei den aufeinanderfolgenden Volksabstimmungen das Gebiet mit der größeren Ausdehnung und der größeren Bevölkerung den Vorrang haben solle.

21.

Bericht des Generalsekretärs der jugoslawischen Sektion der Abstimmungskommission über eine Unterredung mit Oberst Peck.

Klagenfurt, den 3. August 1920 um 5½ Uhr.

Um ¾5 Uhr erhielt ich den telefonischen Auftrag des Herrn Delegierten Dr. Cvijić, ihn beim Herrn Präsidenten Peck wegen des Zwischenfalles bei der Finanzwache zu entschuldigen, die von ihm 330 Dinar Zoll für der englischen Mission zugedachte Lebensmittel beim Übergang aus der Zone A in die Zone B verlangt. Herr Peck empfing mich um 5 Uhr.

Ich sagte zu ihm: „Herr Präsident, ich bin in Sachen des Herrn Delegierten Cvijić gekommen, um mich wegen des Zwischenfalles mit der Finanzwache an der Gurk zu entschuldigen. Herr Cvijić bedauert sehr, daß dies geschehen ist, insbesondere, weil dadurch Ihre Person betroffen wurde."

Herr Peck: „Zu spät — ich war heute um 3 Uhr an der Grenze und sah, daß die Demarkationslinie nicht offen war. Ihr fügt Euch den Anordnungen der Kommission nicht, deshalb werde ich dieses Gebiet verlassen. Ihr macht Euch lustig über unsere Weisungen. Nicht nur, daß die Linie nicht geöffnet war, es war sogar die Wache überall verstärkt."

---
[2]) Bericht der dö. Friedensdelegation II, S. 102.
[3]) Anfang und Ende dieses Punktes betreffen Marburg.

Ich: „Pardon, Herr Präsident, das ist vielleicht eine andere Angelegenheit — ich bitte bloß, meinen Auftrag zur Kenntnis zu nehmen, ich bin gekommen, mich seiner dadurch zu entledigen, daß ich mich nochmals wegen des Zwischenfalles bei der Finanzwache entschuldige."

Peck: „Zu spät — ich will nichts mehr davon hören."

Ich: „Herr Präsident, ich bedaure den Vorfall sehr und bitte neuerlich, zur Kenntnis nehmen zu wollen, daß alles geschehen wird, was möglich ist, um ähnliche Fälle zu verhindern, und dies auf Grund des Telegramms, welches Herr Cvijić soeben erhielt[1])."

Peck: „Das ist mir schon einige Tage bekannt."

Ich: „Uns erst seit heute."

Peck: „Gut, ich nehme zur Kenntnis."

Ich: „Ich habe den Auftrag, den Mann, der den Zwischenfall verursacht hat, mit 15 Tagen Arrest zu bestrafen."

Peck: „Dieser Mann interessiert mich nicht."

Ich: „Darf ich um eine kleine Information darüber bitten, ob dies alles Herrn Peck persönlich widerfahren ist oder ob es sich um den Fall des Colonels Hordern handelt."

Peck: „Ich verliere kein Wort mehr. Fragen Sie Ihre Leute im allgemeinen und sagen Sie dies Herrn Cvijić; wir, die englische Mission, und Ihr, die Jugoslawen, sind auseinander. Jeder private Verkehr ist abgebrochen. Ich werde dieses Gebiet bald verlassen, ich kann es nicht dulden, daß man mit unseren Weisungen spielt. Ihr wollt nicht gehorchen. Ihr hattet den Auftrag, dies und jenes durchzuführen, aber Ihr zieht alles nur hinaus."

Ich: „Sicherlich handelt es sich um ein Mißverständnis . . ."

Peck: „Ach was, alles ist klar. Wenn Herr Steinmetz nicht verstanden oder falsch ausgelegt hat, kann man doch nicht von einem Mißverständnis sprechen. Ihr habt die Pflicht, für Übersetzer Sorge zu tragen. Ihr wollt Euch einfach nicht fügen. Im übrigen aber rede ich darüber nicht mehr, für mich ist alles zu Ende und morgen telegraphiere ich alles nach Paris. Die ganze Welt wird gegen Euch sein — ich kenne alle diese Verwicklungen und dieses Hinausziehen. Die Laibacher Regierung möge ja nicht glauben, daß sie sich lustig machen können."

Ich: „Herr Präsident, ich bedaure, daß Sie die Sache so auffassen."

Herr Peck: „Dies ist kein Bedauern, Ihr wollt einfach nicht."

Ich: „Ich bin gekommen, um mich wegen des Zwischenfalles zu entschuldigen, und bitte, diese Entschuldigung zur Kenntis zu nehmen. Für das übrige bitte ich um ein eventuelles Schreiben, damit ich es Herrn Cvijić überbringe."

Herr Peck: „Das werde ich nicht tun. Ein Schreiben harrt Ihrer bei Bryce. Good by."

Ich: „Good by, Präsident Peck."

Die Hand reichte er mir nicht, ich verneigte mich und ging. In seinem Zimmer folgte mir Herr Bryce ein Schreiben für Herrn Cvijić aus, wie es in der Beilage ist, und ersuchte mich zugleich, ein großes Schreiben mit unserer offiziellen Post an die englische Gesandtschaft nach Belgrad zu senden (was ich zu tun versprach).

Auf mein Ersuchen informierte er mich dahin, daß der Zwischenfall mit der Finanzwache jener des Colonel Hordern war, der am Samstag, den 31. Juli Lebensmittel für Herrn Peck aus Völkermarkt nach Pörtschach sandte.

Herr Bryce sagte, die Zollwache habe 330 Dinar verlangt und nicht, wie mich Herr Peck ursprünglich informierte, 330 Pfund Sterling. Dann empfahl ich mich.

Stare, Generalsekretär.

---

[1]) Das Telegramm enthält lediglich eine Weisung des Ministers Davidović an die untergeordneten Stellen in der Abstimmungszone, alle Aufträge des Präsidenten der Abstimmungskommission an den jugoslawischen Vertreter auszuführen.

Anhang III

ERGEBNISSE DER ABSTIMMUNG

Distrikt A, Rosegg

Gemeinde	Umgangssprache 1910		Volksabstimmung 1920					Ungültige und nicht abgegebene Stimmen
	deutsch	slow.	Stimmberechtigte	Abgegebene Stimmen				
				für Österreich		für Südslawien		
	%	%		absolut	%	absolut	%	
Augsdorf . . .	5,4	94,6	651	262	43,2	344	56,8	45
Drau	50,6	49,4	389	252	64,1	141	35,9	4
Latschach . .	36,6	63,4	663	228	35,7	410	64,3	25
Ledenitzen . .	3,2	96,8	591	233	41,6	327	58,4	31
St. Jakob . . .	10,2	89,8	1893	816	45,8	968	54,2	109
Rosegg . . .	28,5	71,5	321	189	59,6	128	40,4	4
Summe	17,6	82,4	4508	1980	46,3	2318	53,7	210[1])

Distrikt B, Ferlach

Ebental . . .	74,5	25,5	245	165	67,3	80	32,7	—
Feistritz i. R. . .	44,5	55,5	947	410	45,1	500	54,9	37
Ferlach . . .	89,8	10,2	1708	1235	72,5	468	27,5	5
Keutschach . .	7,4	92,6	598	304	52,6	274	47,4	20
Köttmannsdorf	42,6	57,4	794	449	62,3	272	37,7	73
Ludmannsdorf	3,9	96,1	438	86	20,6	331	79,4	21
Maria Rain . .	69,8	30,2	607	428	75,1	142	24,9	37
Maria Wörth .	57,7	42,4	375	248	68,1	116	31,9	11
Mieger	3,8	96,2	522	383	78,5	106	21,5	33
Oberdörfl . .	9,6	90,4	214	63	31,2	139	68,8	12
Radsberg . . .	29,9	70,1	383	181	49,0	188	51,0	14
St. Margareten	7,5	92,5	607	291	51,1	279	48,9	37
Schiefling . .	5,7	94,3	664	354	55,3	286	44,7	24
Unterferlach .	34,2	65,8	558	315	58,3	225	41,7	18
Unterloibl . .	49,8	50,2	916	558	63,9	315	36,1	43
Viktring . . .	84,5	15,5	910	703	82,3	152	17,7	55
Weizelsdorf .	11,3	88,7	516	166	34,1	321	65,9	29
Wind.-Bleiberg	3,5	96,5	375	71	20,5	276	79,5	28
Zell	1,3	98,7	566	17	3,2	511	96,8	38
Summe	40,4	59,6	11943	6427	56,4	4981	43,6	535[2])

[1]) Davon 50 ungültig.   [2]) Davon 125 ungültig.

Distrikt C, Bleiburg

Gemeinde	Umgangssprache 1910		Volksabstimmung 1920					Ungültige und nicht abgegebene Stimmen
	deutsch	slow.	Stimmberechtigte	Abgegebene Stimmen				
				für Österreich		für Südslawien		
	%	%		absolut	%	absolut	%	
Bleiburg	88,2	11,8	562	414	75,3	136	24,7	12
Eberndorf ...	21,4	78,6	1625	985	66,1	505	33,9	135
Eisenkappel ..	73,6	26,4	612	381	67,8	181	32,2	50
Feistritz	0,9	99,1	1070	355	35,3	653	64,7	62
Gallizien ...	2,0	98,0	559	391	71,5	156	28,5	12
Globasnitz ...	1,6	98,4	708	314	46,2	366	53,8	28
Leifling	7,5	92,5	704	290	42,9	387	57,1	27
Loibach	11,9	88,1	681	286	45,1	348	54,9	47
Moos	2,2	97,8	807	115	15,0	650	85,0	42
Rückersdorf ..	5,5	94,5	997	607	65,0	327	35,0	63
St. Kanzian ..	14,0	86,0	701	358	54,6	298	45,4	45
Schwabegg ...	1,1	98,9	260	61	25,0	183	75,0	16
Sittersdorf ...	11,1	88,9	796	474	59,9	317	40,1	5
Vellach	3,2	96,8	1507	281	21,5	1029	78,5	197
Summe	15,5	84,5	11589	5312	49,0	5536	51,0	741[3])

Distrikt D, Völkermarkt

Diex	12,3	87,7	904	507	65,0	273	35,0	124
Grafenstein ..	50,1	49,9	968	832	88,1	112	11,9	24
Griffen	26,8	73,2	1786	1290	77,2	380	22,8	116
Haimburg ...	22,9	77,1	795	443	58,8	310	41,2	42
Lavamünd ...	96,9	3,1	768	717	92,9	55	7,1	4
St. Peter	5,6	94,4	627	347	58,0	251	42,0	29
Poggersdorf ..	45,4	54,6	726	574	81,1	134	18,9	18
Pustritz	99,7	0,3	674	634	96,8	21	3,2	19
Ruden	13,3	86,7	823	505	63,9	285	36,1	33
Tainach	24,7	75,3	324	269	85,9	44	14,1	11
Völkermarkt ..	80,6	19,4	1424	1154	83,5	229	16,5	41
Waisenberg ..	35,0	65,0	1423	1026	74,6	349	25,4	48
Gefängnis ...	–	–	9	8	–	1	–	–
Summe	43,6	56,4	11251	8306	77,2	2444	22,8	501[4])
Gesamtsumme der Zone A	31,4	68,6	39291	22025	59,04	15279	40,06	1987

[3]) Davon 87 ungültig. [4]) Davon 70 ungültig.

Anhang IV

1920 November 18. Die interalliierte Abstimmungskommission übergibt die Zone A an die Regierung der Republik Österreich.

Die am 10. Oktober 1920 gemäß den Bestimmungen des Vertrages von St. Germain durchgeführte Volksabstimmung hat eine Mehrheit zugunsten Österreichs ergeben. Das ganze Gebiet von Klagenfurt wird kraft des Vertrages unter österreichischer Oberhoheit (sovreignity) bleiben (remain). Gemäß dem Vertrage wurde die Staatsgewalt (authority) der österreichischen Regierung auf das ganze Gebiet der Zone I ausgedehnt, indem die österreichischen Gesetze und Verwaltungsorgane an Stelle jener des SHS-Königreiches gesetzt wurden und die Verwaltung (administration) wurde seither österreichischerseits (by Austrian agency) unter der Kontrolle der Interalliierten Plebiszitkommission geführt.

In Anbetracht des Umstandes, daß die österreichische Souveränität (sovreignity) und Verwaltung (administration) über das gesamte Klagenfurter Abstimmungsgebiet gesichert ist, übergeben wir Unterzeichnete, Präsident und Mitglieder der Interalliierten Abstimmungskommission hiermit an und von diesem Tage an die Verwaltung (administration) des ganzen Klagenfurter Gebietes der Regierung der Republik Österreich, und der Vertreter der österreichischen und kärntnerischen Regierung in unserer Kommission hat namens des von ihm vertretenen Staates die Verwaltung förmlich übernommen.

Urkund dessen haben wir, Präsident und Mitglieder, in Vertretung der Regierungen von Großbritannien, Frankreich, Italien und des Königreiches SHS, unsere Unterschriften beigesetzt und der österreichische Vertreter hat gleichfalls zum Zeichen der Annahme der Verwaltung seine Unterschrift beigefügt.

    S. Capel Peck e. h., Britischer Kommissär (Präsident).
    Charles de Chambrun e. h., Französischer Kommissär.
    Livio Borghese e. h., Italienischer Kommissär.
    K. N. Hristić e. h., SHS-Vertreter.
    A. Peter-Pirkham e. h., Österreichischer Vertreter.

Klagenfurt, am 18. November 1920.
Übersetzung nach dem engl. Original. Landesarchiv B. 300.

Verzeichnis der Personennamen

Abkürzungen: Bev. = Bevollmächtigter; Del. = Delegierter; FD. = Friedensdelegation; FK. = Friedenskonferenz; Lv.M. = Mitglied der vorläufigen Kärntner Landesversammlung; Pol. = Politiker; Rrabg. = Reichsratsabgeordneter; Rtabg. = Reichstagsabgeordneter; jgsl. = jugoslawisch. Quellen sind mit einem * bezeichnet.

Abraham, E., 442
Aichelburg-Labia, Leop., Frh. v., Landeshauptmann, 50, 65
Aichholzer, Franz, 8
Alby, franz. Generalstabschef, 292
Alexander, serb. Prinzregent, 62, 107, 116, 253
Aldrovandi-Marescotti, L., Sekretär der ital. Del., 183, 184*, 237*, 243*—244*, 248*, 249*, 250, 250*, 278*, 286*, 437*, 441, 450*, 454
Almond-Lutz* 137, 160, 184, 189, 194, 237, 246, 249, 286, 289, 291, 295, 317—319, 355, 356, 374, 378, 405, 425, 427, 430, 432, 433, 435, 439, 468
Andrassy, Julius, Gf., letzter österr.-ungar. Außenminister, 60
Andrejka, Viktor, jgsl. Oberst, 94, 95, 101, 135, 146, 152, 212, 257*, 283*
Angerer, Hans, Nationalrat, 65, 67, 111, 137, 328
Apih, Jos.*, 18, 20, 21, 24, 25, 29, 30
Arnejc, Joh., Dr., 211
Arneitz, Viktor, Oblt., 141, 198—201, 228, 229, 269, 332
Aubert, 455
Axmann, Gustav, Lv.M., 65
Bach, Alex. v., österr. Minister, 28
Badoglio, Pietro, General, Stellvertreter des Generalstabschefs des ital. Heeres, 236, 278
Balfour, Arthur, brit. Außenminister, 183, 239, 285, 431—433, 435, 438, 464
Banfield, Ferdinand, Hauptmann, 140, 141, 262
Bartel, Fritz, Lv.M., 111
Bartl, Alois, 269
Bauer, Otto, Staatssekretär für Äußeres, 75, 90, 123, 125, 231
Beck, Vlad., Frh. v., österr. Ministerpräsident, 53
Begouen, Graf, franz. Schriftsteller, 187
Bernold, Oswald, 134
Biser (Wieser), Andreas, 8
Bjelovučić, Nik., 46
Bleiweiß, Joh., 20—22
Bleiweiß, slow. Oberst, 135, 136, 207, 217, 218
Bliss, Tasker, USA-General, 160, 292
Bogensberger, Gust., 42
Bohatta, Julius, 219*
Bonin, Gf., ital. Botschafter, 428
Bono, E. de, ital. Generalleutnant, 278, 279, 313
Borghese, Livio, Prinz, 351, 352, 359, 400, 473
Boroević, Svetozar, Feldmarschall, 80
Bourgoin, 415
Bratianu, rum. Minister, 245
Breisky, österr. Staatssekretär, 360
Breitegger, Ignaz, Landtagsabg., 280, 281

Brejc, Joh., Landespräsident in Laibach, 35, 37, 46—48, 61, 62, 68—70, 79, 87, 97, 102, 114—116, 123, 146, 150, 152, 158, 160, 170, 184*, 187, 190, 211, 212, 243, 243*, 245, 284*, 287, 288, 288*, 318, 330, 345, 346, 358*, 364, 375, 375*, 404, 407, 411, 412, 412*, 413, 414
Brestel, Rtabg., 25
Brunngereuth, Jos.*, 49, 95
Bryce, Roland L'E, 184*, 358*, 362, 470
Burger, Max, R. v., Lv.M., 50, 56, 64, 114, 331
Butz, A., 382, 382*
Carantanus, s. Rožič
Černe, slow. Oblt., 209
Chambrun, Gf., franz. Vertreter in der ia. Abstimmungskommission, 352, 359, 368, 369, 473
Christalnigg, Oskar, Gf., 53, 70
Clemenceau, Georges, franz. Ministerpräsident, 87, 183, 186, 240, 241, 244, 248, 250, 251, 278, 285, 437—439, 453, 454
Coolidge, Archibald Cary, Vorsitzender der amerik. Studienkommission in Wien, 149, 150, 151, 159, 160, 161, 170
Coolidge, Harold Jefferson, 150*
Cornevall, brit. Sachverständiger, 422
Crespi, Silvio, ital. Deleg.*, 184, 185, 194, 236, 239, 245, 249
Cristan, jgsl. Abgeordneter, 213
Crowe, Eyre, 194, 422, 427, 455—460
Cvijić, Jovan, Universitätsprofessor, Vertreter des Staates SHS in der Abstimmungskommission, 192, 241, 358, 362, 363, 367, 368, 370, 408, 469, 470
Czoernig, Karl, Frh. v., Statistiker*, 12, 13, 188, 189, 192
Dajnko, Peter, Slawist*, 5
Davidović, serb. Minister, 470
Day, Clive, USA-Prof., 162, 194, 242, 244, 245, 292, 293, 296, 422, 427, 439—441, 447, 455, 456, 458
Delme-Radcliffe, Charles, brit. General, 303, 347
Deutsch, Julius, Staatssekretär f. Heerwesen, 90, 173, 214, 231, 232, 360
Dobernig, Jos. Wolfg., Rrabg., 47
Dolar, A.*, 365, 368
Dolinar, Joh., 45, 106
Dörflinger, Fritz, Lv.M., 111, 112, 131, 228, 256, 261, 269, 269*, 328
Dominian, Leon, 72*
Dopsch, Alphons, Univ.-Prof., 108
Dorn, S., 11
Dragoni, A., Hauptmann, 164, 178, 198*, 200, 228*, 229, 283

475

Drexler, Albert, Oblt., 121
Druškovič, A., Sekretär der Laib. Landesregierung, 212, 232, 233, 307, 309, 346, 348
Dubois, Fred, Schweizer Schriftsteller, 153
Dulles, Alan W., USA-Sachverständiger, 244
Duschan, Stefan, Serb. König, 44
Dutasta, M. P., Generalsekretär der FK., 248, 462, 464
Ebert, Erich, Lt., 140
Ebner, Joh., 8
Eglseer, Karl, Hauptmann, 139, 139*, 140, 141, 178, 198, 198*, 201, 204, 228, 228*, 269*, 270
Ehrlich, Lambert, slow. Sachverständiger, 50, 54, 110, 155, 157, 158, 162, 163, 183, 184*, 192*, 193*, 285, 287, 297, 321, 347, 359, 365, 446
Eichhoff, Joh. A., Baron, Sektionschef, 350, 377
Einspieler, 8
Einspieler, Andreas, slow. Pol., 20, 21, 22, 26, 27, 30, 32, 35, 39, 190*
Einspieler, Gregor, slow. Landtagsabg., 37
Fabiančič, Vlad., jgsl. Agitator, 51
Fasching insg. Hollauf, 129, 345
Fattinger, Franz, Ltabg., Hauptmann, 131, 217, 217*, 223*
Fercher v. Steinwand, Joh., Dichter, 42
Ferdinand, Erzherzog, 44
Ficker, A.*, Statistiker, 12, 28, 189
Fischel, A.*, 34
Foch, Marschall, 212, 236, 237, 429
Fogazarro, A., 451
Franchet d'Esperay, Kommandant der franz. Orientarmee, 125
Frank, Gustav, Landesverweserstellvertreter, 66
Franzel, Friedrich, Oblt., 261*
Franziszi, F., Volkskundler, 40
Fresacher, Herbert, Hauptmann, 131
Fritz, Karl, Lt., 198*, 198—202, 228, 234*, 269*, 270, 333, 370
Frodl, K., 410
Fugger, Jos., 8
Fürnschlief, Anton, Obstlt., 128*, 143, 180, 204, 207*, 208*, 217*, 224*, 225, 225*, 263, 263*
Gabrys, J., 51*
Gay, Ludw., Kroat. Schriftsteller, 20, 44
Gallant, 208*
Gartner, 206*
Gattermeier, 55
Gatternig, M.*, 139, 259
Gerstmann, Jos., Hauptmann, 83, 141*, 142, 202, 202*, 203, 220, 221, 259, 393
Ginhart, Karl*, 26, 339
Glantschnig, Josef, 170, 171, 332
Glišić, slow. Hauptmann, 274
Goëß, Rud., Gf., 19
Goldmann, Emil, 108
Golouh, R., 243
Gönitzer, Emerich, Oblt., 102, 128, 208
Gouvain, A., Pariser Journalist, 193
Graber, Georg, Prof., 16*, 108, 153, 410
Grafenauer, Franz, Rrabg., 8, 36, 37, 46, 146, 190, 330, 341, 347
Grass, Rudolf, Oblt., 207*, 217, 262, 263, 272

Gray, A.*, 286, 289, 291, 295
Gregorec, slow., Rrabg., 35
Gregorin, Gustav, Rrabg., Mitglied des jgsl. Ausschusses, 49, 183
Gressel, Karl, Mj., 132, 133, 133*, 138
Grimschitz, Bruno, 339
Grisold, Mario, jgsl. Mj., 171*, 207, 207*, 217, 217*, 218*, 222*, 263*
Gröger, Florian, Lv.M., 67, 75, 329
Großmann, Ernst, 226
Gruden, J., 108
Gstättner (richtig Gstettner), Vinzenz, Oblt., 263, 270*
Gürtler, Alfred, Univ.-Prof., Nationalrat, 235
Gutsmann, Oswald, Slawist*, 5, 19
Gvaic, slow. Gerent, 156
Hackofer, Ernst, Oblt., 207
Haderlapp, 8
Hain, J., Statistiker*, 12, 189, 192
Hallier, franz. Obstlt., 303
Hanau, Heinrich, 47
Hankey, Maurice, Obstlt., Generalsekretär der brit. Deleg., 183, 293, 463—466
Harrich, F., 204*
Hatheyer, Paul, 410
Hauger, Adolf, Mj., 204, 208, 208*, 216, 216*, 217, 217*
Hauger, Georg, Oblt., 142
Hefter, Adam, Fürstbischof von Gurk, 36, 54, 389
Heinrichar, slow. Lt., 91, 92
Heinzel, J., 269*
Heller, H., 410
Henßler, ital. Rittmeister, 276, 277
Herberstein, Sigismund, Frh. v., 10*
Herbst, Gustav, 156
Hermanitz, 188*
Hermann, Heinr., Hist., 26*
Hincovich, Hinko, kroat. Pol., 175
Hobel, Urban, 259
Hočevar, Janko, 166—168
Hochl, Hans, Lt., 128
Hochmüller, 8
Hofer, Hans, Lv.M., 136
Hoffinger, Max, R. v., österr. Vertreter in Belgrad, 146, 152, 232, 274, 277, 360, 406
Hohenwart, Karl, Gf., Landespräs. v. K., 32, 35, 420
Holzer, Erwin*, 49, 59, 185
Hordern, brit. Colonel, 470
House, Eduard, USA-Oberst, 87, 162, 245, 248, 285, 447
Hribar, Iwan, 87, 115—117, 160, 212
Hristić, K. N., SHS-Vertreter in der ia. Abstimmungskomm., 404, 473
Hubmann, Hans, Gendarmeriewachtmeister, 138
Hülgerth, Ludwig, Landesbefehlshaber, 80, 88, 95, 121, 133*, 133—136, 163, 164, 171, 178, 201, 214, 216, 219, 232, 259*, 273, 274, 405
Hurst, brit. Botschaftsrat, 248
Huß, Joh., Oblt., 92
Hussarek, Max, Frh. v., Min.präs., 60

In der Maur, Gilbert*, 44, 49, 59
Invernizzi, ital. Oberst, 303
Inzinger, Karl, Hauptmann, 131
Jakomini, R. v., Ltabg., 23
Jaksch, Aug. v.*, 24, 27, 51, 108, 109
Janesch u. Schnell, 347
Janežič, Anton, Slawist, 20, 21
Janković, Brože, General, Kommandant der 4. jgsl. Armee, 253
Jankowich, Karl, Lt., 259
Jantsch, F.*, 204, 222
Jaritz, Thomas, 27*
Jarnik, Urban, Slawist*, 5, 9, 15, 19, 36
Jedlovski, Jos., Mitglied des jgsl. Ausschusses, 49
Jeglič, Bonav., Fürstbischof v. Laibach, 45, 183, 184*, 243, 330
Jelavčič, 197
Jobst, F., 232
Johnson, Douglas, Chef der geogr. Abteilung der USA-FD, 148, 158, 159, 162, 187, 241, 242, 244, 245, 285, 292, 296, 439—440, 447, 450, 455
Jovanović, Jovan, Min., SHS-Vertreter in der Abstimmungskommission, 363, 370, 373 bis 375, 397, 404, 407, 408
Jurkowitsch, slow. Oblt., 128
Kaan v., Landeshauptmann in Steiermark, 146
Kahn, Jos., Fürstbischof von Gurk, 35, 106
Kainradl, Leo, 325, 334, 339, 345, 400, 410
Kakl, Matth., jgsl. Bezirkshauptmann, 117, 342
Kaltenegger, 375
Kamniker, Franz, Sachverst. für Steiermark in der d.-ö. FD., 234, 235
Karner, Ltabg. 1848, 23
Kaspar, Vinzenz, Lt., 133, 138
Kastellitz, Adalbert, Oblt., 263, 272
Kavčič, Rtabg. 1848, 24, 25
Kerner, Robert, Prof., USA-Sachverständiger, 149, 152, 193, 245
Khepitz, Lor., Reimchronist, 9
Kindermann, Jos. K., 192*
King, Le Roy, 149, 150, 151, 152, 159
Klausner, Hubert, Oblt., 217, 261
Klebel, Ernst, 6*
Kleinmayer, W. v., Oblt., 278
Klingbacher, Joh., Korporal, 129, 208
Klinge-Praschek, Lt., 206*, 222, 223, 261, 262, 332, 381
Klimann, Thom., Mj., 113, 137, 161, 177, 178, 311
Klose, Josef, Bezirkskommissär, 132
Knaus, Siegmund, Obstlt., 113, 177, 213*, 227*, 253, 257*, 274
Knez, slow. Hauptmann, 91
Koberer, Josef, 156
Kohla, F. X., Hauptmann, 113, 121, 123*, 174, 178, 219, 224*, 230, 405
Komauer, E., 410
Kommetter, V., Bezirkshauptmann, 232, 302*, 349, 365
König, R., Oblt., 266
König, Sepp, 381

Kopitar, Balth., Slawist, 5*
Kopper, Hans, Magistratssekretär, 77, 161
Korošec, Anton, slow. Pol., 52, 59, 62, 87, 114
Korpitsch, Othmar, 261*
Kosar, F., 19*
Kovačič, slow. Del., 212
Kozler, P., Kartograph, 15*
Kraigher, Franz, Oblt., 333, 381
Krajnz, Rtabg. 1848, 24, 25
Kranzmayer, Eberhard*, 6, 16
Krašna, Franz, Kaplan, 156
Kraßnig, H., richtig Franz, Oblt.*, 207, 220, 227
Krassnig, Jos., Hauptmann, 203
Kraus, Felix, Hauptmann, 137, 143*, 198*, 334, 338, 410
Krebs, Norbert, Univ.-Prof., 153
Kreipner, Friedr., Obstlt., 178, 204
Krek, Josef, slow. Rrabg., 43, 45, 48, 51, 52, 69
Krenn, jgsl. Hauptmann, 143, 257
Kronegger, Fritz, Oblt., 208, 208*, 216*, 217, 223
Krones, F. v., 6*
Kronig, Jos., 29, 420
Kullnig, Sepp, Oblt., 208
Kumerdey, B., 5*
Kun Bela, 227
Kuschej, slow. Univ.-Prof., 302
Kuß, J., Gend.-Wachtmeister, 221
Kuzel, A. K., Kartograph, 14*
Lackenbucher, Reinhold, Lt., 266
Lackenbucher, Hans, Hauptmann, 266
Lackner, Christoph, 334
Lamasch, Heinr., d.-ö. Del., 249
Lamprecht, 8
Lansing, Rob., USA-Staatssekretär, 60, 68, 149, 160
Lansing, Robert, 183, 185, 239, 240, 241, 430, 431, 434, 435, 464, 465
Lanux, Pierre de, Sekretär bei Tardieu, 241
La Roche, Laroche, franz. Sachverst. in der Gebietskommission der FK., 186, 194, 195, 244, 422, 425, 427, 455—457, 459, 460
Lasser, F., 8
Laufenstein, V., Rtabgb. 1848, 24, 25
Launsky, J., Kartograph, 14*
Lavrič v. Zaplaz, Alfred, jgsl. Mj., 75, 91, 92, 94—99, 111, 115, 117, 119, 120, 136, 137, 141, 142
Lechner, H.*, 95, 171, 228
Leeper, A. W. Allen, Sekretär des brit. Min. d. Äuß., 194, 241, 292, 296, 422, 423, 427, 455
Lemisch, Arthur, Landesverweser, 54, 64—67, 97, 98, 100, 101, 111, 136, 147*, 156, 168, 173, 201, 214, 227, 230, 232, 274, 279, 320, 361, 378, 407
Le Rond, 195, 422, 424, 455
Lessiak, Primus, Univ.-Prof.*, 7, 8, 16, 27, 108, 410
Leukert, Lt., 91
Lex, Franz, Realschulprof., 340
Liechtenstein, Alois, Prinz, 47
Ligotzky, Vinzenz, Mj., 178
Limpl, Val., 8, 106, 107

Lingl, Oskar, 332 f.
Lloyd George, brit. Ministerpräsident, 183, 240, 244, 248, 287, 291, 450, 452—454, 457
Lobisser, Suitbert, 410
Lobmeyr-Hohenleiten, O. v., Landesregierungsvizepräs., 34, 66, 415
Lodron-Laterano, Karl, Gf., Landespräs., 36, 66
Loesch, K. C. v., 383
Löhner, Ludw. v., Rtabg. 1848, 23
Lokar, slow. Hauptmann, 232
Löw, Ernst, Hauptmann, 199
Lukas, Julius, Landesversammlungspräs., 101, 361
Lutz, Ralph Haswell, s. Almond-Lutz
Mack, Wolf, 334
Mader, Josef, Stabsfeldwebel, 142
Mahr, Walter, Hauptmann, 133, 133*, 134, 136, 138, 178
Maierhofer, Val., Oblt., 127*, 128, 172, 207, 332, 381
Maier-Kaibitsch, Alois, Oblt., 83, 223, 223*, 261, 262*, 380
Majer, Matth., 20, 22, 39
Majoni, 200
Majster, Rud., slow. General, 92*, 95, 96, 98, 111, 115, 116, 118, 120, 161, 162, 197, 212, 228, 234, 256, 259, 263, 267, 268, 270, 275, 306, 307, 325, 326, 330, 342, 346, 361, 368, 373, 374, 384
Makino, japan. Außenminister, 183
Malessye-Melun, 303
Malgaj, Franz, slow. Oblt., 81, 91, 99—102, 104, 115, 117, 223
Mandelsloh, Elisabeth, 184*
Marić, Ljubomir, jgsl. Oberst, 253, 253*, 256, 257, 259, 261—263, 263*, 267, 268, 270, 273
Marković, Lazar, serb. Journalist, 51
Martin, Lawrence, Univ.-Prof., USA-Sachverständiger, 149, 152, 158, 158*, 159, 161
Martinčič, slow. Hauptmann, 119, 141
Martino, G. d., ital. Sachverst., 194, 244, 422, 427, 455, 456, 458, 460, 461
Mayer, Ernst, 269
Mayrhofer v. Grünbühel, 191*
Megiser, H., 9, 10
Meier, H. P., Realschulprof., 340
Melcher, Peter, Obmann des Wehrausschusses, 65, 88
Menner, Hans, Lt., 217
Meško, Franz, 304*
Metelko, F., Slawist, 5*
Meynen, E., 10*
Michner, Emil, Mj., 180, 204, 206, 206*, 216*, 217, 223, 223*, 256, 261, 261*, 262, 263, 270*
Mikl, Hans, Oblt., 180, 228, 266
Miklitsch, Karl, 334
Miklosich, Franz, Slawist, 21
Milenković, Dobroslav, jgsl. Oberst, 257, 259, 261, 267, 273, 282, 303, 312
Miles, Sherman, USA-Oberstlt., 149—153, 157, 159, 160, 162, 168, 187, 242, 285, 439—441, 447, 448
Miljukow, Paul, russ. Staatsmann, 44, 49
Miller, David H.*, 148, 160, 184, 189, 237, 243, 245, 249, 427, 429, 430, 432, 435, 437, 462, 464—466
Millerand, A., Präs. der Botschafterkonferenz, 353
Millonig, Landtagsabg. 1848, 29
Millonig, Jos., Lt., 93, 139
Millonig, Filipp, Gefr., 138
Milosavljević, Milowan, 105, 120, 122
Miltschinsky, Viktor, 380, 388
Mitterbacher, Heinz, Oblt., 223
Montegu, franz. Major, 161
Moro, Gotbert*, 206, 259, 269
Moro, Oswin, 410
Moser, Stefan, 93, 134, 141, 200
Müller, Ferd., slow. Rechtsanwalt, 8, 68, 97, 107, 116, 117, 161, 170, 211, 213, 307
Müller, E., 382*
Muri, Franz, Ltagbg., 37
Naumović, jgsl. Obstlt., 260, 273, 303
Navarini, ital. Obstlt., 378
Nedić, Milutin, Obstlt., Chef des Generalstabs der Draudivision, 116, 232, 253, 274, 311
Neutzler, August, Landesverweserstellvertreter, 66, 146
Nicolson, H., brit. Gesandtschaftssekretär, 184*, 187, 244, 248, 248*, 432*
Niederle, Lubor, Univ.-Prof., 72, 450
Novak, 162
Oberguggenberger, Lorenz, 208*
Oberhummer, Eugen, Univ.-Prof., 49*
Oberlercher, Paul, 108
Oblak, Jos., 51*, 73, 108*
Ogris, Josef, 86
Orlando, V. E., ital. Ministerpräsident, 183, 236, 241, 244, 250, 278, 291, 293, 438, 441, 454
Otter, Rudolf, 200
Palacky, Franz, 25
Palairet, M., 455
Paller, H., 225*
Paschinger, Viktor, 3*
Pašić, Nik., jgsl. Ministerpräsident, 49, 52, 61, 62, 87, 183, 241, 246, 279, 285, 321
Passy, Oberst, 96, 97
Pavissich, Schulrat, 29
Peck, Capel, Vorsitzender der Abstimmungskommission, 350, 351, 358, 362, 368, 369, 373, 374, 396, 400, 405, 469, 470, 473
Perko, Willibald, Mj., 141, 178, 202, 202*, 203, 204, 204*, 205, 219, 219*, 220, 256, 259, 259*
Perkonig, Josef, Lt., 199, 201
Perkonig, Jos. Friedr., 16*, 334, 340, 380
Perrin, L. W., 455
Pesnić, jgsl. General, 429
Peter-Pirkham, Albert, Fregattenkapitän a. D. österr. Vertreter in der Abstimmungskommission, 90, 146, 147, 150, 150*, 153, 155, 278, 281, 349, 357, 358, 358*, 373, 378, 392*, 396, 397, 400, 403, 405, 412, 473
Petz*, 15, 188
Petz, Karl, Hauptmann, 139, 139*, 201, 259*, 261, 262
Pfaundler, Rich., 168, 452
Pflanzl, Jos., Lv.M., 88, 92, 95, 111, 150

Piccolomini, Aeneas Silvio, 10*
Pichler, Franz, Lv.M., 341
Pichon, Stephan, franz. Außenminister, 87, 183, 430, 431, 433, 437, 462, 463, 465
Pietschnig, Wilh., Feldwebel, 97
Pirchegger, H., 5*
Pirkenau, Erich v., Lt., 121, 141, 142, 172, 224*, 225, 225*, 263, 264
Pirker, Max, 108, 339
Plachki, A.*, 95, 225
Plahna, Kurt, 206
Plasch, Lorenz, 142, 204, 220
Pliemitscher, B., 127*
Poetsch, Josef, 155
Pogačnik, Lovro, 61, 116
Pogačnik, Jos. R. v., ehemals Vizepräsident d. österr. Abgeordnetenhauses, 52, 61, 232, 346
Polaczek-Wittek, Albert, Obstlt., 256, 260, 270
Polak, slow. Oberst, 119
Poppmeier, Leop., Lt., 129
Portier, F., 442
Poschinger, 8, 86
Pramberger, Wilh., Oblt., 203
Praschek, s. Klinge-Praschek
Pražak, tschech. Min., 34
Premitzer, Karl, Mj., 206*, 207, 216, 223, 223*, 256, 261, 261*, 262, 270*
Prepeluh, A.*, 243
Preschl, 22
Pressien, Franz, Vizebürgermeister, 282
Prokop, Sepp, 327, 334, 410
Prosen, Th., 340
Protić, Stojan, serb. Staatsmann, 62, 160, 161, 307
Ptatschek, Anton, Oblt., 203, 260
Puschnig, Roman, 340
Rabitsch, 419
Rach, Rich., Vizebürgermeister, 282, 301*
Rader, Erich, 184*
Rainer, Josef, Schützenhauptmann, 145
Rainer-Harbach, Hans, 302
Raktelj, jgsl. Oberst, 267, 270
Ramsauer, Hermann, Hauptmann, 204, 205
Raspotnig, Josef, Oblt., 208
Ratzer, F., 376, 376*
Raunegger, Ferdinand, 410
Rauter, 8
Rauter, Thomas, Oblt., 141, 143, 223, 229, 261, 262
Ravnihar, Wladimir, 61, 87*, 183, 243, 288, 399
Razlag, jgsl. Hauptmann, 221
Reichmann, Bl., 8
Reindl, Richard, Hauptmann, 142, 202, 203, 219, 221, 259
Reinlein, Jakob v., 109, 146, 152, 170, 274, 278, 349
Reinprecht, Franz, Lv.M., 98*, 137, 341, 380
Renner, K., österr. Staatskanzler, 213, 218, 235, 248, 293, 321, 330, 335, 346—348, 357, 360, 445, 451
Rieger, Franz, 25
Riehl, Walter, 55
Riggs, USA-Obstlt., 303, 311

Rintelen, A., 235*
Rizzi, Vinzenz, 40, 41
Rizzi, Rolando, ital. Generalstabschef, 279
Roškar, Ivan, ehemals slow. Rrabg., 52
Rothaug, A., 410
Rožič, Val., 108, 210*, 314*
Rudmasch, Sim., 28
Rugio, Mj., ital. Sachverst., 422
Rulitz, 23, 24
Rybar, ehemals Abgeordneter von Triest, dann Mitglied der jgsl. FD., 52, 183
Saint Quentin, de, 455
Salzmann, L., Kartograph, 13*
Samonig, Ernst, 109
Sanitzer, A., Mj., 134, 136, 139, 139*, 140, 198*, 200, 228*
Saionjo, Marquis, 183
Schaar, Christoph, Lt., 202
Schaller, Jos., 8
Schar, Karl, Hauptmann, 256
Schenk, Anton, Obstlt., 99, 101, 141*, 142, 178, 204, 256
Schenk, F., 8
Scheließnig, Jak., Abg. d. Frankfurter Parlaments, 39
Schilling, Karl*, 59, 185
Schloißnigg, Joh., Frh. v., Statthalter in K., 27, 28, 29, 30, 421
Schmid, Josef, Oblt., 263
Schmigoz, L., Slawist, 5*
Schoderböck, Grete, 177, 219
Scholl, Rtagb. 1848, 24
Schueller, Otto, Lv.M., 111
Schumy, Vinzenz, Vertreter Kärntens in der d.-ö. Friedensdel. in St. Germain, 46, 65, 78, 134, 146, 249, 315, 341, 403, 445, 446
Schuschnig, Franz, Lt., 217
Schwegel, Ivan, Mitglied der jgsl. FD., 288, 288*
Sebera, Oblt., 200
Segré, ital. General, 218, 229, 230, 231, 276, 281, 282
Seidl, Franz, 228
Seidl, Fritz, 140
Seidler, Ernst, Frh. v., österr. Ministerpräsident, 53
Sekol, Joh., 156
Sellenko, Slawist, 5*
Seymour, Charles, Univ.-Prof., USA-Sachverständ., 147, 162, 194, 242, 244, 245, 290, 422—424, 427, 439—441, 447, 455, 459
Siegl, Hans, 77
Sille, Gottfried, 206
Siller, Heinrich, v., 333
Simonič, F., Slawist, 20*
Singer, Stefan, 8
Sirnik, Franz, 142
Sitter, Bezirksrichter, 156
Skalka, L., 216*
Škerlej, Stanko, 415
Skorianz, H., 333
Slatin, Pascha, 249
Slomšek, Anton, Fürstbischof v. Lavant, 19, 20, 22, 26, 28

Smiljanić, Krsta, jgsl. General, 116, 117, 136, 212, 253, 266, 267
Smodej, Franz, slow. Generalkommissär, 45, 47, 48, 59, 68—70, 85, 86, 91, 96, 98, 107, 110, 116, 117, 146, 150—153, 160, 212, 213, 307, 375
Sonnino, ital. Außenminister, 183, 237, 239, 240, 293, 294, 430—435, 438, 439, 462—466
Sorko, August, Oblt., 83, 101, 141*, 142, 202, 203, 205, 220, 221, 259
Spitra, Emil, Oblt., 206, 220
Spitzer, Hermann, 302
Springer, Anton, 24*
Srstka, Anton, Mj., 121, 143
Šubelj, J., jgsl. Vertreter in der ia. Abstimmungskommission, 404
Südland (Pilar), L. v., 44*
Šusteršič, Joh., Landeshauptmann in Krain, 53
Svabić, serb. Obstlt., 94
Stare, H., 369
Steidler, Josef, Hauptmann, 201
Steinacher, Hans, Oblt., 83, 97, 101, 121, 143, 143*, 205*, 206, 206*, 222, 222*, 223, 223*, 273, 331, 334, 335, 341, 358*, 380
Steinmetz, R., 470
Sternath, Feldwebel, 129
Stocks, 374
Stor, Joh., Oblt., 207, 217
Stossier, Josef, Hauptmann, 205, 205*
Streicher, Feldwebel, 263
Strohal, Emil, Politiker, 39
Taaffe, Ed., Gf., Staatsmann, 28, 32, 34, 36, 37, 43, 191
Tangl, Ferd., Lt., 217
Tangl, J., 128*
Tardieu, A., Vorsitzender der Gebietskommission der FK., 183, 186, 187, 194, 237, 244, 245, 285, 290, 292, 422, 427, 430, 432, 437, 438, 455—465
Taurer, Rudolf, 156
Tavčar, Franz, 116
Tavčar, Janko, 68, 116
Tavčar, 213
Temperley, Mj., 455
Terstenjak, Dav., 26
Thalhammer, H., 219*
Thiers, A., 44
Tittoni, ital. Außenminister, 183
Todorović, jgsl. Obstlt., 267, 270
Torkar, Alfr., Oblt., 205*, 206, 220
Trainacher, Matth., 131, 261*
Trattnig, F., 259*
Treiber, Franz, 318
Treu, Josef, Hauptmann, 178, 204, 205, 205*, 256, 261*, 262
Triller, Karl, slow. Pol., 114, 184*, 243, 245, 330
Tripković, Sava, jgsl. Obstlt., 257, 269
Trumbić, Ante, jgsl. Außenminister u. Bev. der FK., 48, 52, 53, 62
Trumbić, serb. Außenminister, 183, 188, 194, 241, 321, 374, 413
Trunk, Georg, slow. Sachverständiger für Kärnten, 8, 86, 183, 184*, 287, 299
Truppe, H., 228
Tschebull, Anton, 380
Ulmansky, Milan, jgsl. Obstlt., 116

Umfahrer, Kornelius, Obstlt., 180, 204
Unterkreuter, Feldwebel, 101
Unterluggauer, 140
Unterwelz, Walter, Lt., 139*, 140
Urbani, Joh., Hauptmann, 266
Urschler, G., 225*
Uzorinac, jgsl. Obstlt., 257
Vanutelli-Rey, Conte, ital. Dipl., 194, 244, 422, 424, 427, 442, 455, 457, 458, 460
Vaulande, franz. Hauptmann, 161
Velikogna, Florian, 333
Verständig, Emil, Gend.-Obstlt., 100
Verstovšek, Karl, slow. Pol., 52
Vesnić, Milenko, jgsl. Bevollmächtigter, 45, 63, 169, 183, 188, 194, 241, 286—288, 293, 294, 375, 450, 452—455, 457, 466, 467
Vinci, ital. General, 455
Vodopivec, Franz, Sekretär der Landesreg. in Laibach, 110
Vodušek, 22
Vošnjak, Bogumil, Univ.-Prof., Generalsekretär der jgsl. FD., 31, 44, 49, 51
Wahrmund, F., 31*
Waldner, Viktor, Rrabg., 63
Walker, Harald, brit. General, 278, 303
Wambaugh, S.*, Miß, 148, 159, 184, 242, 248, 249, 286, 289, 294, 358, 425
Webenau, J. v., 419
Weghofer, Ignaz, 155
Weißberger, E., 198*
Weißel, Joh., Obstlt., 178
Wenedikter, R., Sektionschef, 382
Werzer, Anton, 14*
White, USA-Bevollmächtigter, 245, 292
Wiegele, Hans*, 207, 217, 218
Wiery, Val., Fürstbisch. v. Gurk, 31
Wilson, Woodrow, 51, 60, 63, 75, 87, 126, 147, 149, 162, 183, 187, 240—242, 244, 245, 248, 250, 281, 285—288, 293, 295, 438, 439, 441, 442, 450, 452, 455, 465
Winkler, Jak., Lv.M., 111
Winkler, W., 283*
Wissell, Rud., 8*
Wlattnig, Ernst, 379
Wolf, K. H., Rrabg., 55
Wolsegger, Ferd., Min.-R., 382
Wulz, Josef, Feldkurat, 219
Wouk, F., 109
Wutte, Martin, 4*, 6*, 16*, 17*, 28*, 33*, 34*, 36*, 150*, 153, 249, 301*, 358*, 409*, 413*, 415*, 416
Yllam, 130, 142
Zarnik, 31
Zbasnik, 50
Zechner, Josef, Hauptmann, 269
Žerjav, slow. Mj., 135
Žerjav, Gregor, Vizepräs. d. Landesreg. in Laibach, 87, 152, 211, 253, 274, 279, 306, 307, 309—311, 346, 387, 412
Žolger, Ivan, R. v., Univ.-Prof., bev. Del. d. jgsl. FD., 52, 72, 110, 160, 161, 163, 168, 183, 184*, 186—189, 191, 194, 241, 248, 253, 281, 290, 292, 293, 295, 307, 318*, 321, 346, 446
Zupanič, Niko, Mitglied des jgsl. Ausschusses in London, 49